dtv junior Schauspielführer

Der Autor:

Klaus Jürgen Seidel stammt aus Augsburg. Er studierte an der Universität München Theater- und Musikwissenschaft, Germanistik und Kunstgeschichte und promovierte zum Dr. phil. Bereits während des Studiums war er als Theater-, Musik- und Filmkritiker für eine Münchener Tageszeitung tätig, arbeitete später im Bereich Öffentlichkeitsarbeit bei einem Medienkonzern und ging 1983 als »künstlerischer Referent« zu August Everding in die Generalintendanz der Bayerischen Staatstheater. Er beschäftigt sich dort mit Fragen der künstlerischen Koordination zwischen den Staatstheatern, mit Medien- und Hochschulthemen, Ausbildungsmodellen für Theaterberufe und Fortbildungsveranstaltungen, pflegt Künstler- und Verlagskontakte und organisiert sämtliche Eigenveranstaltungen.

Er gab Bücher über das Prinzregententheater und über August Everding heraus, war Mitarbeiter eines Buchprojekts über die Musiktheaterstadt München und schrieb zahlreiche theater- und medienpolitische Aufsätze.

Klaus Jürgen Seidel

dtv junior Schauspielführer

Deutscher Taschenbuch Verlag

Die Abbildung auf der Umschlagvorderseite zeigt eine Szene aus *Miss Sara Sampson,
von und nach Lessing,* in einer Aufführung des Bayerischen Staatsschauspiels im
Münchner Prinzregententheater. Regie: Frank Castorf. Bühnenbild und Kostüme:
Hartmut Meyer. Schauspieler: Herbert Fritsch, Silvia Rieger und Gabriele Köstler.
Premiere dieser Inszenierung war am 22. Oktober 1989.

Bei dtv junior sind außerdem erschienen:
Arnold Werner-Jensen: dtv junior Opernführer, Band 79005
Heinrich Pleticha (Hrsg.): dtv junior Literatur-Lexikon, Band 79013

Originalausgabe
November 1991
© 1991 Deutscher Taschenbuch Verlag GmbH & Co. KG, München
Umschlaggestaltung: Irmgard Voigt, unter Verwendung
eines Fotos von Wilfried Hösl
Gesetzt aus der Times 10/11½·
Gesamtherstellung: Kösel, Kempten
Printed in Germany · ISBN 3-423-79038-5

Für Christian und Birgit

INHALT

Das Zeichen * verweist im fortlaufenden Text auf alle in diesem Schauspielführer ausführlich vorgestellten Stücke.

VORWORT

Dieses Buch soll neugierig machen. Neugierig auf Theater, auf seine Inhalte und seine Macher.

Es ist kein umfassend informierendes Nachschlagewerk über die dramatische Literatur aus zweieinhalb Jahrtausenden. Keine Geschichte des Theaters, vielmehr Geschichten, die Theater sind, ein Einstieg in diese Geschichten.

Dieses Buch kann nicht das Theater ersetzen. Vieles, was auf dem Theater geschieht, hat seine höchste Lebendigkeit in dem Moment, wo es geschieht. Theater und Publikum hängen zusammen. Jedes für sich genommen gibt es gar nicht. Zwischen beiden spielt sich Theater ab. Reaktion folgt auf Aktion, Protest auf Provokation, Besinnung auf Erregung. In diesen Momenten erfüllt Theater seinen Zweck. Es bildet Bewußtsein, indem es uns plötzlich dazu verführt, unsere Gegenwart, unsere Gesellschaft, unser Leben neu zu sehen. Diese Augenblicke im Theater sind nicht zu ersetzen, auch nicht durch Fernsehen, Video und Film. Aber man kann sich ihnen von außen nähern. Dazu dient dieses Buch.

67 Stücke von 35 Theaterautoren habe ich ausgewählt, 67 Stücke, die ich für den Grundbestand der dramatischen Literatur im europäischen Raum halte. Ganz oben steht Shakespeare – vielleicht der einzige, den ich einschränkungslos zum »Theater der Welt« zähle, der Gültigkeit hat, wo auch immer auf der Welt eine Bühne steht. Andere Autoren sind von Eingrenzungen betroffen und haben nicht überall die gleiche Wirkung, jedoch dort eine starke, wo sie aufgeführt werden.

Die Auswahl – das ist mir bewußt – wird auf Kritik stoßen. Wo bleiben Camus, Genet, Claudel, Ionesco, Shaw, Osborne, O'Neill, Eliot, Pinter, Gogol, Pirandello, Sternheim, Wedekind? Was ist mit Kroetz, Handke, Botho Strauß? Gern hätte ich von ihnen allen etwas mitaufgenommen. Die *Johanna* zum Beispiel von Schiller, Shaw und Brecht einander gegenübergestellt. Oder ein Zaubermärchen von Raimund nacherzählt. Oder die verrückten Situations-komödien von Feydeau und Labiche behandelt. Oder wäre auf Achternbusch eingegangen. Aber ich mußte mich beschränken.

Anders als bei einem Opernführer lassen sich bei einem Schauspielführer gleichen Umfangs die Akzente viel schwerer setzen. In der Oper ist die Anzahl unverzichtbarer Repertoirewerke verhältnismäßig gering. 50 Stücke sind es etwa, die alljährlich rauf- und runtergespielt werden, weltweit sogar. Schau-spiele jedoch, die Jahr für Jahr allein über die deutschsprachigen Bühnen gehen, zählen zu Tausenden. Die Uraufführung einer Oper ist immer eine Besonderheit, die Ausnahme im Jahresspielplan. Neue Sprechtheaterstücke dagegen füllen bereits mehr als die Hälfte eines Saisonspielplanes. In der Spielzeit 1989/90 gab es auf den deutschsprachigen Bühnen (noch ohne die neuen deutschen Bundesländer) 1325 verschiedene Schauspiele, demgegenüber 325 Opern.

Es galt also auszusondern. Aus der Flut von Schauspielen des internationalen Bühnenmarktes habe ich diejenigen ausgewählt, die zum Grundbestand der Theaterspielpläne gehören und ihre Anziehungskraft auf Theaterbesucher immer irgendwie bewahrt haben. Ein zusätzlicher Gesichtspunkt, allerdings nur am Rande, war die Analyse von Stücktexten im Deutschunterricht der Gymnasien. Schließlich richtet sich dieses Buch vorwiegend an Jugendliche, an Schüler und Studenten. Nicht berücksichtigt worden sind Theaterstücke aus allerneuester Zeit, die zwar von vielen Bühnen gespielt werden, aber doch nur die Sensation einer einzigen Spielzeit sind und dann meist wieder verschwinden. (Das gilt übrigens auch für die ehemaligen DDR-Dramatiker nach der deutschen Wiedervereinigung. Gab es im ersten Halbjahr 1989 noch 27 Aufführungen von Stücken Heiner Müllers, Volker Brauns, Ulrich Plenzdorfs oder Christoph Heins, so waren es in derselben Zeit ein Jahr später nur noch fünf.)

Manche Stücke, so muß ich gestehen, sind mir heute seltsam fremd geworden, viele Schauspiele der 50er Jahre etwa oder aus der Zeit der Studentenrevolte, die gewiß literarischen Rang oder dramatische Aussagekraft für sich beanspruchen dürfen, aber meinem heutigen Verständnis von Theater und Bühnenwirksamkeit nicht mehr nahekommen.

Manch andere Stücke wiederum treten mit einemmal wieder ins Rampenlicht, werden plötzlich auf der Bühne durch neue Darstellungsweisen lebendig. Grillparzer ist für mich so ein Beispiel. Oder vor einigen Jahren Marivaux. Gleichwohl konnten auch sie hier nicht berücksichtigt werden.

Ich danke den vielen Regisseuren und Schauspielern, die mir den Gegenstand dieses Buches durch die Praxis ihrer Arbeit plausibel gemacht haben. Ich danke meinem Theatermentor August Everding, der mich Theater immer wieder neu entdecken läßt. Und dann all denen, die mir beim Zustandekommen dieses Buches durch kritische Anteilnahme geholfen haben, allen voran meiner Verlegerin Maria Friedrich und der Lektorin Beate Schäfer, die so geduldig das Manuskript im dtv betreut haben.

München, im Frühjahr 1991
Klaus Jürgen Seidel

SOPHOKLES

Sophokles wird 496 v. Chr. in Kolonos bei Athen geboren. Er erhält eine umfangreiche Ausbildung in Politik, den Wissenschaften, Sport und auch in den Künsten. Er wird Schauspieler. In seiner politischen Laufbahn ist er Schatzminister des Attischen Seebundes, zu dem sich die Küsten- und Inselstädte Griechenlands im Kampf gegen die Perser zusammengeschlossen hatten; als Heerführer zieht er in den Krieg gegen Samos. 83jährig ist er Mitglied eines zehnköpfigen Kabinetts, das Athen in zwei Krisenjahren regiert, schließlich wird er Priester. 406 stirbt er 90jährig und wird in seinem Geburtsort Kolonos beigesetzt.

Sophokles schreibt als Theaterdichter nachweislich 123 Stücke, von denen nur noch sieben erhalten sind: *Aias, Antigone*, Die Trachinierinnen, König Ödipus*, Elektra, Philoktet* und *Ödipus auf Kolonos*. 24 mal ist er Sieger im jährlichen athenischen Dichter-Wettstreit, er gewinnt auch gegen den älteren Aischylos. Inhalt und Gestalten seiner Stücke stehen im unmittelbaren Bezug zu aktuellen politischen Tagesereignissen, der Blüte und dem Zerfall der athenischen Demokratie, den Machtkämpfen im Innern und den Kriegen nach außen. *König Ödipus* gilt als Denkmal für den athenischen Staatsmann Perikles, mit dem Sophokles befreundet war.

Sophokles ist vom Alter her der mittlere der drei großen Tragiker in der klassischen Periode des griechischen Dramas. Der ältere von ihnen ist Aischylos (525–456 v. Chr.). Dieser zeigt den handelnden Menschen in schicksalhafter Verstrickung. Er muß schuldig werden, doch erlöst ihn die göttliche Ordnung, die sich damit immer von neuem feierlich bestätigt. Aischylos schuf den dramatischen Dialog zwischen zwei Schauspielern und dem Chor, dem größte Bedeutung zugemessen wird. Der jüngere Euripides (um 484–406 v. Chr.) dagegen macht einen bereits psychologisch differenzierten Zweifel an der bestehenden Ordnung von Göttlichem und Menschlichem zum Angelpunkt seiner Tragödien.

Zwischen beiden ist Sophokles. Bei ihm steht der Mensch bereits auf sich selbst gestellt im Mittelpunkt und muß sich, unvermeidlich schuldhaft geworden, in tragischer Handlung vor den Göttern verantworten. Das hat auch formale Auswirkungen. Im Gegensatz zu Aischylos, der überwiegend Dramen-Trilogien mit durchgehendem Stoff (zum Beispiel die Orestie) verfaßte, wählt Sophokles die Form des in sich abgeschlossenen Dramas mit dem Einzelmenschen als tragischem Mittelpunkt. Sophokles führt außerdem einen dritten Schauspieler ein und verstärkt zahlenmäßig den Chor, schränkt aber dessen Textmenge ein – Neuerungen, die selbst Aischylos für seine späteren Dramen übernimmt. In der Folgezeit tritt nur in seltenen Fällen ein vierter Schauspieler hinzu.

Zusammen mit Aischylos, Euripides und dem Komödiendichter Aristophanes (um 445–385 v. Chr.) gilt Sophokles als der Begründer des abendländischen Dramas.

Antigone

Antigone

Tragödie

PERSONEN
Antigone, Tochter des Ödipus und der Iokaste
Ismene, ihre Schwester
Kreon, König von Theben, ihr Onkel
Eurydike, seine Gemahlin
Haimon, beider Sohn, Antigones Verlobter
Teiresias, ein blinder Seher
Ein Wächter
Ein Bote
Ein Diener
Chor: thebanische Greise

ORT
Vor dem Königspalast in Theben

ZEIT
Um 1230 v. Chr.

HANDLUNG
Zur Vorgeschichte: Jahre sind seit dem Tod des Königs Ödipus von Theben ins Land gegangen. Antigone und Ismene, die beiden Töchter aus der blutschänderischen Ehe des Ödipus mit seiner Mutter (siehe *König Ödipus**), hatten den blinden und hilflosen Vater noch bis zu seinem Tode gepflegt. Die beiden Söhne des Ödipus, Eteokles und Polyneikes, hatten beschlossen, sich die Thronfolge

Thebens zu teilen. Jeder von ihnen sollte nacheinander für ein Jahr die Herrschaft ausüben und sie dann an den Bruder weitergeben. Nach Ablauf des ersten Jahres jedoch weigerte sich Eteokles, der den Anfang gemacht hatte, zurückzutreten. Zwischen den Brüdern brach der Kampf um die Macht aus. Polyneikes mußte fliehen, sammelte im Ausland Truppen und marschierte gegen die Vaterstadt. (Die Geschehnisse dieses Feldzuges behandelt Aischylos in seiner Tragödie *Sieben gegen Theben*). Vor den Toren der Stadt kommt es zur Entscheidungsschlacht, in der beide Brüder fallen. Die Truppen des Polyneikes ziehen wieder ab, und in Theben übernimmt Kreon, der Onkel der toten Brüder, die Macht.

Kreons erste Amtshandlung ist eine Demonstration seiner Macht als neuer Diktator. Zur Siegesfeier der Thebaner kündigt er ein feierliches Staatsbegräbnis für Eteokles an und verhängt ein absolutes Bestattungsverbot für den Landesverräter Polyneikes. Dessen Leichnam soll im Freien verwesen, den Hunden und Vögeln zum Fraß. Zuwiderhandlungen werden mit dem Tode bestraft.

Schrecklicheres kann einem Griechen der Antike kaum widerfahren. Die Nichtbestattung des Leichnams bedeutet nämlich nichts anderes als den Verlust der Totenruhe, weil der Seele des Verstorbenen damit der Zugang ins Totenreich versperrt bleibt. Durch Kreons Edikt kann also der tote Polyneikes auch noch über seinen Tod hinaus mit Haß verfolgt werden.

Für Antigone steht außer Frage, wie sie als Schwester zu handeln habe: sie muß den toten Bruder bestatten.

Das Drama beginnt mit dem vergeblichen Versuch Antigones, ihre Schwester Ismene zur Mithilfe bei ihrem Vorhaben zu bewegen. Obwohl sie weiß, daß sie ihr Leben riskiert, beschließt sie, nunmehr allein den toten Bruder zu begraben. Sie weiß, daß sie damit gegen Kreons Staatsgebot verstößt, aber ihre Bruderliebe und ihr Pflichtgefühl dem Gebot der Götter gegenüber, das Tote zu beerdigen befiehlt, sind größer als der Druck autoritärer Staatsräson. Indem sie dem Bruder die Totenruhe verschafft, wird sie zum Staatsfeind.

Antigone wird, als sie das Begräbnisritual wiederholt, an der Leiche des Bruders verhaftet und vor Kreon geschleppt. Sie bekennt sich offen zu der Tat und rechtfertigt ihr Handeln durch Berufung auf die ungeschriebenen Gesetze der Götter. Auch Ismene wird verhaftet.

Kreons einziger Sohn Haimon, mit Antigone seit kurzem verlobt, verteidigt vor Kreon Antigones Handlungsweise und appelliert an die politische Vernunft des Vaters, dem er vorwirft, das Edikt selbstherrlich und ohne Rückendeckung der Volksvertretung erlassen zu haben. Kreon bleibt hart und verurteilt Antigone zum Tode durch Einmauern in ein Felsgewölbe. Antigones Schwester Ismene, die an der Tat nicht beteiligt war, wird auf dringendes Anraten des Chores freigesprochen.

Erst als sich der blinde greise Seher Teiresias einschaltet, ändert Kreon seine Haltung. Mit der Autorität des heiligen Mannes warnt er Kreon vor der Überschätzung seiner Macht und prophezeit furchtbares Unheil für Kreons Haus und die ganze Stadt, die bald vom Leichengestank erfüllt sein werde. Nun will Kreon rasch alles rückgängig machen und hebt Edikt und Todesurteil wieder auf. Der Chor drängt: schnell die Leiche bestatten und die Eingemauerte freilassen, bevor es zu spät ist; und Kreon stürzt hinaus aufs Feld, vor die Stadt. Aber es ist bereits zu spät.

Ein Bote meldet der zurückgebliebenen Königin Eurydike, daß sich Antigone im Grabgewölbe erhängt habe. Ihr Sohn Haimon war bei der Leiche. Beim Anblick Kreons habe er zum Schwert gegriffen, den Vater bedroht und sich dann selbst erstochen. Wortlos stürzt die Königin ins Innere des Palastes. Kreon kehrt mit dem toten Haimon in den Armen zurück und beklagt seine Schuld. Da wird aus dem Palast erneuter Greuel gemeldet. Eurydike habe sich, Kreon als den Mörder ihres Kindes verfluchend, ebenfalls mit dem Schwert umgebracht. Die Leiche der Königin wird aus dem Palast gebracht, und Haimon wird neben ihr aufgebahrt. Der Chor hält Kreon vor Augen: »Keiner frevle am Gesetz der Götter!« Seiner Schuld sich voll bewußt, verläßt Kreon den Palast.

ERLÄUTERUNGEN

Wer hat recht, Antigone oder Kreon? König Kreon hat befohlen: Wer die Leiche des Terroristen und Rebellen gegen den Staat mit Erde bedeckt, der wird mit dem Tode bestraft. Antigone rebelliert gegen diesen Staatsbefehl. Über ihn stellt sie das göttliche, nein, menschliche Gebot, ihren Bruder zu beerdigen, ob er nun für oder gegen seine Vaterstadt gekämpft hat. Sie lehnt sich auf gegen ein vom Staat diktiertes Verbrechen an der Bruderliebe, der Pietät, dem göttlichen Gebot. In der Tragödie des Sophokles sagt sie den oft zitierten Satz: »Nicht mitzu*hassen*, mitzu*lieben* bin ich da.« Diesem Motto, diesem moralischen Gesetz ist sie verpflichtet, und kein königlicher Befehl, kein Gebot des Staates kann sie von dieser Haltung abbringen. In ihrer konsequenten und unbeirrbaren Menschlichkeit ist sie die Verkörperung der abendländischen Humanität, eine Zwillingsschwester der Goetheschen Iphigenie (siehe *Iphigenie auf Tauris**).

Ihr Gegenspieler ist Kreon, der die Staatsgewalt verkörpert und Recht und Ordnung durch eine große Demonstration seiner Macht durchsetzen will. Er ist überzeugt, nach Recht und Gesetz, dem Recht und Gesetz des Staates, zu handeln. Deshalb fordert er auch von allen Bürgern der Stadt absoluten Gehorsam. Wer diese Macht unterläuft, ist ein Staatsfeind. Daß ausgerechnet ein Familienmitglied, dazu noch die Braut seines Sohnes, dieser erste Staatsfeind sein würde, hat er nicht bedacht. Diese Tatsache ist für ihn deshalb so furchtbar, weil er nicht in Verdacht geraten will, jemanden, der vielleicht Ansprüche auf den Thron geltend machen könnte, aus politischen Gründen umzubringen. Eben darum ist sein Zorn auf die jugendliche, starrköpfige Revolutionärin so grenzenlos.

Kreon muß handeln, wenn er seine Machtposition nicht verlieren will. So statuiert er das erste grausame Exempel an seiner Nichte. Doch die Voraussetzungen für den Erhalt seiner Macht sind bereits falsch. Kreons Vermessenheit, das Staatsgesetz gegen das Göttergesetz zu stellen, ist in Wahrheit Religionsfrevel, ist die menschliche Selbstüberhebung gegenüber den Göttern, ist Hybris. Antigones Bereitschaft, für ihre Vorstellung von Liebe und Menschlichkeit das Leben zu opfern, und der Tod seines Sohnes Haimon lassen Kreon schließlich zur Besinnung kommen und zur tragischen Figur emporwachsen. Kreons hybride Selbstüberschätzung kommt ins Wanken und schlägt um in Ratlosigkeit und verspätete Einsicht – ausgelöst weniger durch die Warnungen und Appelle des Sehers Teiresias, seines Sohnes Haimon und des Chores als vielmehr durch das Verhalten Antigones. Sie kann sich auf das göttliche Gesetz stützen und findet damit Sicherheit im Tod. Kreon bleibt nach den Selbstmorden zerbrochen und ratlos zurück, obwohl er doch auch nach Recht und Gesetz, allerdings dem Recht und Gesetz des Staates, zu handeln glaubte.

Beide, Antigone und Kreon, sind tragische Figuren, die sich in die selbstgewählte, beziehungsweise selbstverschuldete Isolation begeben und an ihrer eigenen, einseitigen Unbedingtheit zugrundegehen. Die Konfrontation dieser beiden Schicksale wird von Sophokles mit höchstem dramatischem Gespür vorgeführt. Die Spannung entsteht durch die Unvereinbarkeit zweier menschlicher Positionen, durch den Zusammenprall der Gegensätze und das vorhersehbare Ende in der Katastrophe.

Antigone ist neben *König Ödipus** und *Elektra* die bekannteste und bis zum heutigen Tage meistgespielte Tragödie des Sophokles. Die erste Aufführung der *Antigone* wird wohl im Jahre 442 v. Chr. oder ein wenig früher in Athen stattgefunden haben, denn aufgrund dieser Aufführung wurde Sophokles zusammen mit dem athenischen Staatsmann Perikles beauftragt, als Stratege den 441 v. Chr. ausgebrochenen Aufstand von Samos niederzuwerfen.

Der *Antigone*-Stoff hat die Nachwelt immer wieder zu Nach- und Umdichtungen angeregt. Die Themen dieses mythischen Stoffes sind bis heute nicht aus der Welt: Humanität und/oder Staatsräson, Hybris, Patriarchat, Familientragödie. Große Philosophen wie Hegel und Kierkegaard und Poeten wie Hölderlin und Brecht sind davon zu immer neuen, immer kühneren Variationen inspiriert worden. Jede Epoche hatte ihr eigenes Interpretationsmuster. Die verschiedenen *Antigone*-Fassungen sind auch ein Abbild der Zeit, in der sie entstanden sind. Im frühen 19. Jahrhundert galt für Hegel die *Antigone* des Sophokles durch die dargestellte Konfliktsituation und die Ranggleichheit von Staat und Religion, Macht und Individuum als das »vortrefflichste Kunstwerk« überhaupt. Wie anders liest sich die Auseinandersetzung Kreon – Antigone nach Hitler und Stalin, wie überraschend anders wird der Blick auf Antigone nach Sigmund Freud oder Karl Marx.

Berühmt ist die Neudichtung von Friedrich Hölderlin (gedruckt 1804), die oft gespielt wird. Eine musikalische Bearbeitung dieses Textes stammt von Carl Orff. Bertolt Brecht hat die Hölderlin-Fassung unter dem Eindruck des Zweiten Weltkriegs erneut bearbeitet. Sein *Antigone-Modell 1948,* unter seiner Regie am Stadttheater Chur 1948 uraufgeführt, deutet den *Antigone*-Stoff in ein revolutionäres Lehrstück um. Auch Jean-Paul Sartre, Jean Giraudoux und vor allem Jean Anouilh haben den Versuch unternommen, an dem antiken Stoff Probleme der Gegenwart aufzuzeigen. Antigone ist bei diesen Autoren eine Figur des Widerstands gegen die herrschende Gewalt. Walter Hasenclevers pazifistische Nachdichtung der *Antigone* ist ein expressionistisches Manifest gegen Krieg, Unterdrückung und politische Diktatur. In den 60er Jahren versuchte das Living Theatre sich der *Antigone* mit Darstellungen von Gewalt und Brutalität zu nähern. In Kassel wurde 1969 der Versuch unternommen, der traditionellen Spielweise der Hölderlinschen Übertragung eine neue, der Gegenwartssprache angepaßte Version gegenüberzustellen: Gegen den großen dramatischen Dialog wurde ernüchternder Alltagsjargon gesetzt.

König Ödipus

Oidipus tyrannos

Tragödie

PERSONEN
Ödipus, König von Theben
Iokaste, seine Gemahlin
Kreon, ihr Bruder
Teiresias, ein blinder Seher
Der Priester des Zeus
Ein Bote aus Korinth
Ein Hirte
Ein Diener
Chor: thebanische Greise

ORT
Vor dem Königspalast in Theben

ZEIT
Um 1250 v. Chr.

HANDLUNG
Zur Vorgeschichte: In Theben regierte König Laios. Seine Ehe mit Iokaste war kinderlos. Laios befragte deswegen das Orakel zu Delphi. Die Antwort dort fiel gleichermaßen glückversprechend wie vernichtend aus. Tatsächlich wurde Laios die Geburt eines Sohnes prophezeit. Aber: Dieser Sohn werde ihn eines Tages umbringen und die eigene Mutter heiraten. Als das Kind zur Welt kam, übergaben es die Eltern aus Angst vor dem Orakelspruch einem Hirten mit dem Befehl, es zu töten. Doch der vertraute das Baby mit zerschnittenen Fußsehnen einem Schafhirten jenseits der Grenze an, der es sogleich zu dem kinderlosen König Polybos von Korinth brachte. Dieser adoptierte das Kind und nannte es Ödipus, »Hinkefuß«.

Jahre vergingen, und Ödipus wurde erwachsen. Nur wenige wußten, daß der junge Thronfolger in Wahrheit nicht der Sohn des Königs war, sondern ein Findelkind. Während eines Festes ließ einer der Gäste sich in Weinlaune zu einer unbedachten Äußerung über die Herkunft des Kronprinzen hinreißen. Ödipus, darüber verschreckt, suchte von seinen Eltern die Wahrheit zu erfahren. Vergeblich. In Delphi beim Orakel erhoffte er sich Aufschlüsse über seine

Herkunft. Und dort verkündete ihm die Priesterin des Apollo jene grauenvolle Weissagung, die schon Laios und Iokaste in Angst und Schrecken versetzt hatte: er werde seinen Vater umbringen und die Mutter ehelichen. Entsetzt beschloß Ödipus, nie wieder zu seinen Eltern nach Korinth zurückzukehren, damit sie vor ihm sicher wären.

An einer Gabelung von drei Wegen begegnete er einem Wagen, der von einer bewaffneten Eskorte begleitet wurde und auf dem ein alter Mann saß. Ödipus wurde rücksichtslos vom Wege abgedrängt. In Notwehr griff er zur Waffe und erschlug, bis auf einen, der fliehen konnte, alle – auch den alten Mann auf dem Wagen. Dieser war niemand anderes als Laios, der König von Theben und Ödipus' leiblicher Vater. – Der erste Teil des Orakels war in Erfüllung gegangen.

Ohne zu ahnen, wessen Mörder er geworden war, wanderte Ödipus weiter und kam vor die Tore Thebens. Dort wütete ein menschenfressendes Ungeheuer, das die Stadtbewohner terrorisierte. Die Sphinx, ein Mischwesen mit Frauenkopf, Löwenkörper und Adlerflügeln, hatte lange die Stadt belagert und jedem, der des Wegs kam, ein Rätsel aufgegeben. Konnte er es nicht lösen, war er des Todes. Ödipus hatte nun endlich die Antwort gewußt, worauf sich das Untier vom Felsen stürzte. Die Stadt war vom Terror befreit. Die dankbaren Bürger boten Ödipus den Thron und die Hand der Königin an, die verwitwet war, nachdem ihr Mann Laios, wie es hieß, von einer Räuberbande erschlagen worden war. So heiratete Ödipus also Königin Iokaste, seine leibliche Mutter, und wurde König in Theben. Damit hatte sich auch der zweite Teil des Orakels erfüllt.

Lange Jahre regierte Ödipus weise und gerecht, vom Volk als Retter der Vaterstadt geliebt und geehrt. Mit Iokaste, seiner Mutter, hatte er vier Kinder.

Eines Tages bricht in Theben die Pest aus. Wieder wendet sich das Volk hilfeflehend an Ödipus, der schon einmal die Stadt gerettet hat. Damals war es die Sphinx, jetzt ist es eine Seuche, die nicht weniger Menschen hinwegrafft als damals das Ungeheuer. Ödipus erweist sich als umsichtig. Er schickt seinen Schwager Kreon zur Ursachenforschung in das Apollo-Heiligtum nach Delphi. Kreon kehrt zurück und übermittelt folgenden Spruch des Orakels: Die Stadt werde erst dann von der alles vernichtenden Pest befreit, wenn eine alte Schuld gesühnt sei, nämlich der schon Jahre zurückliegende Mord an König Laios. Ödipus läßt sofort nach den Tätern fahnden.

Der berühmte Seher Teiresias, der blind ist, aber die Zukunft kennen soll, wird dem König von Kreon empfohlen. Als die von allen Griechen geachtete, größte Autorität in Fragen, die mit unheilvoller Vorbedeutung belastet sind, könne er das Verbrechen aufklären helfen. Teiresias jedoch warnt Ödipus vor weiteren Nachforschungen. Das muß Ödipus mißtrauisch machen. Er beschuldigt Teiresias, an einem politischen Komplott, das die Ermordung des Königs betrieb, mitbeteiligt gewesen zu sein und dies jetzt vertuschen zu wollen. Da öffnet der blinde Seher dem König die Augen: »Der Mörder, den du suchst, das bist du selbst.«

Für Ödipus ist das eine absurde Anschuldigung, die ihn an der Glaubwürdigkeit des von allen geschätzten Sehers noch stärker zweifeln läßt. Ödipus wittert dahinter kalkulierten Rufmord und eine Verschwörung seines Schwagers Kreon gegen seinen Thron. Kreon war es schließlich auch, der den Spruch aus Delphi brachte und zur Hinzuziehung des Sehers riet. Nach bewährter Tyrannenart will Ödipus sofort einen politischen Säuberungsprozeß in Gang bringen und verurteilt Kreon wegen Hochverrats zum Tode. Aber Ödipus wäre nicht der kluge Staatsmann, als den man ihn in Theben kennt und der immer einen Ausweg aus Staatskrisen gewußt hat, wenn er nicht doch wieder zurückfände zu kühlerem und genauerem Nachforschen. Er nimmt, auch auf Anraten des Chors und seiner Gemahlin Iokaste, das Todesurteil gegen Kreon wieder zurück und läßt weiter nach dem oder den Königsmördern fahnden.

Im Gespräch des Königs mit Iokaste kommt nun ein erstes Tatindiz ans Licht: Iokaste erinnert sich nämlich an jenes Orakel, das ihr erster Gatte Laios einst eingeholt hatte und in dem der Vatermord vorhergesagt wurde. Und Ödipus erinnert sich an den Spruch Apollos, daß er einmal seinen Vater erschlagen werde. Noch können sie keinen Zusammenhang zwischen den beiden Prophezeiungen erkennen. Aber da macht Iokaste wie zufällig eine Bemerkung, die Ödipus zusammenzucken läßt: Laios sei an einer Gabelung dreier Wege getötet worden. Ödipus erinnert sich, daß er vor vielen Jahren an einer ähnlichen Stelle einen Alten und dessen Gefolge in Notwehr erschlagen hat. Sollte es doch einen heimlichen Zusammenhang zwischen dieser Tat und dem Tod des Königs geben? Jetzt kann auch Iokastes Bericht, daß schließlich eine ganze Räuberbande den König erschlagen habe, Ödipus nicht mehr beruhigen. Er weiß genau, warum er einst Korinth verlassen hatte, warum er nach Delphi gegangen war und warum er beschlossen hatte, nie wieder zu seinen Eltern zurückzukehren. Und was dann an der Weggabelung geschah, hat er auch nicht vergessen. Ödipus ahnt die Wahrheit und will jetzt Beweise. Er läßt Nachforschungen anstellen nach dem einzigen Überlebenden seiner damaligen Tat.

Inzwischen ist ein Bote aus Korinth eingetroffen mit der traurigen Nachricht, daß König Polybos von Korinth – Ödipus' Vater, wie alle meinen – gestorben sei und der Sohn nun die Thronfolge in Korinth antreten solle. Alles scheint sich zum Guten zu wenden. Apollo muß sich geirrt haben, denn Ödipus' Vater ist ja eines natürlichen Todes gestorben. Die Nachricht müßte Ödipus eigentlich freudig stimmen, aber erneute Zweifel beschleichen ihn. Da ist noch die Sache mit seiner Mutter, grübelt er weiter. Der zweite Teil des göttlichen Orakels ist als Problem noch nicht aus der Welt. Vielleicht sollte er doch nicht nach Korinth zurückkehren, um dort den Thron zu besteigen, denn seine Mutter ist ja noch gefährdet. Aber der Bote, geschwätzig und übergescheit, versucht den König zu beruhigen: Die Königin von Korinth ist in Wahrheit gar nicht Ödipus' Mutter, und im übrigen war auch Polybos gar nicht sein Vater. Er selbst habe damals Ödipus als Findelkind mit zerschnittenen Fußsehnen ins Königshaus gebracht.

Als Iokaste dies hört, fällt es ihr wie Schuppen von den Augen. Sie war es doch, die einst mit ihrem ersten Mann Laios ihr gemeinsames Kind aufgrund des Orakelspruches in der Wildnis aussetzen ließ. Und der Gehfehler ihres jetzigen Mannes ist ihr auch schon immer aufgefallen. Es gibt keinen Zweifel mehr: Dieses Kind von damals ist niemand anderes als Ödipus, ihr jetziger Gemahl. Und Ödipus? Er fordert auch diesmal den Beweis. Die Anschuldigung der Blutschande ist doch zu ungeheuerlich. Er läßt den greisen Hirten suchen und herbeischaffen, der ihn als Säugling einst ausgesetzt hat, und preßt aus ihm die Wahrheit heraus. Und noch eines erfährt Ödipus: Laios ist nicht von einer Räuberbande an der Weggabelung erschlagen worden, sondern von einem einzelnen Wanderer. Er, der Hirte, ist zufällig jener Begleiter des Laios gewesen, der als einziger die Bluttat überlebt hat.

Damit ist der letzte Beweis für den ganzen Wahrheitsgehalt des Orakels erbracht. Alle Vorhersagen des Gottes haben sich für Ödipus bis in die letzte Einzelheit erfüllt. Entsetzt laufen der Bote und der Hirte davon. Auch der Chor, der jetzt zum ersten Mal die volle Wahrheit hört, weicht zurück. Schreiend bricht Ödipus zusammen. Hätte er nur nicht getötet, aber er wußte ja nicht, gegen wen er die Waffe erhoben hat! Hätte er nur nicht geheiratet, aber wie konnte er ahnen, mit wem er ins eheliche Bett geht! Wäre er nur nicht geboren worden, aber dafür kann er doch auch nichts! Donnernd fällt das Tor des Palastes hinter dem hinaustaumelnden Ödipus ins Schloß.

Die Ereignisse überstürzen sich jetzt. Ein Bote berichtet von neuen Greueln aus dem Palast: Iokaste hat sich über dem Bett der Blutschande erhängt und damit die Konsequenz aus der für sie unerträglichen Situation gezogen. Und Ödipus hat sich an der Leiche seiner Mutter und Gemahlin mit ihren Schmucknadeln die Augen ausgestochen. Sich umzubringen, wäre ihm zu einfach gewesen. Er wird mit seiner Schuld und mit der Einsicht in die Ausweglosigkeit schicksalhafter Vorbestimmung weiterleben. Als gebrochener Mann verläßt er freiwillig die Stadt.

ERLÄUTERUNGEN

Das zentrale Gewicht dieser Tragödie liegt nicht so sehr im äußerlichen, grausigen Geschehen, auch nicht, wie oft behauptet, in dem angeblich zwanghaften Schicksalsverhängnis, das über Ödipus lastet, sondern in der Kunstfertigkeit, mit der Sophokles das Geschehen der Wahrheitsfindung, der »tragischen Analyse«, wie Friedrich Schiller sagt, zu dieser unerhörten dramatischen Eindringlichkeit emporschraubt. Dazu dient ihm vor allem das klassische Stilmittel der Einheit von Ort, Zeit und Handlung.

König Ödipus ist im Grunde ein äußerst raffiniert gestaltetes und inszeniertes Kriminalstück über die Aufklärung eines Mordes durch den Mörder. Alle Nachforschungen, die Ödipus anstellt, um seine Mitmenschen von der alles vergiftenden Seuche zu befreien, fördern nur immer mehr eigene Verbrechen zutage. Verbrechen allerdings, die unwissend geschahen. *König Ödipus* ist zugleich ein Horrorstück über die Suche eines Menschen nach seiner dunklen Herkunft und Vergangenheit, ein Stück Identitätsfindung mit tragischem Ausgang. Der Zuschauer kennt bereits die Handlungsvoraussetzungen und Abläufe des Stücks und wird Augenzeuge der ganz allmählichen, unerbittlich konsequenten und mitleidlosen Enthüllung der Wahrheit. Im Frage- und Antwortspiel verstrickt sich Ödipus bewußt und absichtsvoll in seinen eigenen Nachforschungen, die in der Entlarvung seiner Herkunft und schließlich in der blutigen Selbstbestrafung durch Blendung gipfeln. Solange Ödipus sieht, ist er ahnungslos und verblendet. Sobald er die schreckliche Wahrheit über seine Vergangenheit weiß, also das Dunkel um seine Existenz gelichtet ist, blendet er sich selbst. Seine Größe ist die Konsequenz und Furchtlosigkeit, mit denen er nach der letzten Wahrheit seiner Herkunft und seines Wesens forscht, auch als er schon die Ungeheuerlichkeit seiner Tat erahnt. Und mit derselben Konsequenz und Furchtlosigkeit nimmt er die Schuld dann auf sich, obwohl er sich subjektiv unschuldig fühlen muß. Er beklagt zwar sein Unglück und nennt sich verderbensvoll, ja den Verfluchtesten, den den Göttern Verhaßtesten, einen Gottverlassenen. Aber ohne zu zögern und ohne um Mitleid für seine subjektive Schuldlosigkeit nachzusuchen, haftet er auch dafür. Das ist seine freie Entscheidung.

Insofern ist *König Ödipus* auch nicht das »Schicksalsdrama« eines Menschen, der trotz aller Anstrengungen und Mühen, seinem über ihn verhängten Schicksal zu entgehen, eben diesem Schicksal um so unausweichlicher ins Garn läuft. Schließlich zeigt Sophokles dieses Schicksalswalten nur in seiner Schlußphase. Die bereits abgeschlossene Vorgeschichte, die lediglich erzählt wird, kann man beim antiken Zuschauer auch als bekannt voraussetzen. Die eigentliche Tragödie des Ödipus ist nicht seine schicksalhafte Verstrickung, sondern die Pflicht, angesichts dieser Verstrickung selbstverantwortlich zu handeln und die Schuld auf sich zu nehmen. Die Erkenntnis des Ödipus am Schluß der Tragödie soll letztlich auch der Erkenntnis des antiken Zuschauers dienen, soll ihn zur »Katharsis«, zur Läuterung führen. Die im Verlaufe der tragischen Ereignisse des *König Ödipus* heraufbeschworenen Affekte wie Furcht und Mitleid werden am Schluß aufgehoben und machen einer befreienden Erleichterung Platz.

Wie in allen Dramen des Sophokles spielt der Chor auch im *König Ödipus* eine entscheidende Rolle: er hat dramatische Funktion. Er begleitet die Handlung von Anfang an, kommentiert sie und greift mitfühlend, räsonierend, warnend in die Geschichte ein. In den dramatischen Situationen steigert er im Zuschauer die emotionale Stimmung und regt zum Nachdenken über die Geschehnisse an.

Die *Ödipus*-Geschichte geht, wie viele Stoffe der griechischen Tragödie, auf alte Mythen zurück. Diese Mythen wurden immer wieder neu gedeutet, umgestaltet und auf die aktuellen Zeitereignisse bezogen. Die Athener sahen darin einen Spiegel ihrer eigenen Alltagspolitik, aber auch generelle Antwort auf Fragen von Recht und Unrecht, Richtig und Falsch – also auf alles, was sich im geistig-seelischen Haushalt des damaligen Athen abspielte.

Alle drei großen Tragiker Athens haben diesen Ödipus-Stoff dramatisiert. Die Bearbeitungen des Aischylos und Euripides sind verlorengegangen, und nur die Tragödie des Sophokles blieb erhalten. Sie zählt zu den Meisterwerken der gesamten antiken Dichtung. Entstanden ist die Tragödie etwa 429 v. Chr., in dem Jahr der furchtbaren Pest in Athen und dem Todesjahr des Staatsmannes Perikles. Uraufführung war vermutlich um 425 v. Chr.

Im hohen Alter wandte sich Sophokles noch einmal dem *Ödipus*-Stoff zu. Als Fortsetzung des *König Ödipus* schrieb er seine letzte erhaltene Tragödie, *Ödipus auf Kolonos*.

Wie die *Antigone** des Sophokles, so hat auch sein *König Ödipus* eine Reihe von Nach- und Umdichtungen in der europäischen Literatur bis in unsere Tage hinein erfahren. Schon im Altertum fanden sich zahlreiche Bewunderer der Tragödie (so zum Beispiel der Römer Seneca, der in Anlehnung an die griechischen Tragiker ein neues *Ödipus*-Drama schrieb). Die Humanisten des ausgehenden Mittelalters lieferten eine Fülle von Übersetzungen. Corneille und Voltaire nahmen den Stoff auf. Die deutsche Dramatik des 19. Jahrhunderts untermauerte mit dem *König Ödipus* ihre Vorstellungen von der »Schicksalstragödie« (Schiller). Friedrich Hölderlin dichtete 1804 den Sophokles-Text nach. Im *Zerbrochenen Krug** kehrt Heinrich von Kleist an entscheidender Stelle die Grundkonstruktion um, so daß sich der Stoff ins Komische wendet. Im 20. Jahrhundert entstehen weitere Neudichtungen des Stoffes, von Jean Cocteau, Hugo von Hofmannsthal, André Gide und Heiner Müller etwa. Igor Strawinsky vertont den Text Cocteaus, Carl Orff die Hölderlin-Übersetzung. Eine weitere *Ödipus*-Oper gibt es von George Enescu. Wolfgang Rihms Oper *Oedipus* geht auf Texte von Sophokles/Hölderlin, Nietzsche und Heiner Müller zurück (Uraufführung 1987). Der italienische Regisseur Pier Paolo Pasolini drehte nach den beiden Sophokles-Dramen *König Ödipus* und *Ödipus auf Kolonos* 1967 einen Spielfilm mit dem deutschen Verleihtitel *Edipo Re – Bett der Gewalt*.

Psychoanalytisch einengend gedeutet wurde der Ödipus-Mythos von Sigmund Freud:»Sein Schicksal ergreift uns nur darum, weil es auch das unsere hätte werden können . . . Uns allen war es beschieden, die erste sexuelle Regung auf die Mutter, den ersten Haß und gewalttätigen Wunsch gegen den Vater zu richten; unsere Träume überzeugen uns davon. König Ödipus, der seinen Vater Laios erschlagen und seine Mutter Iokaste geheiratet hat, ist nur eine Wunscherfüllung unserer Kindheit.« Diese ins Unterbewußte verdrängte sexuelle Neigung des Sohnes zur Mutter oder der Tochter zum Vater und der gleichzeitige Drang, den anderen Elternteil zu beseitigen, ist in der Psychoanalyse der »Ödipus-Komplex«.

WILLIAM SHAKESPEARE

William Shakespeare kommt zwischen dem 21. und 25. April 1564 (Taufdatum 26. April) in Stratford-upon-Avon als Sohn eines wohlhabenden Bürgers zur Welt; wahrscheinlich besucht er die Lateinschule. Sein Vater wird 1568 Bürgermeister in Stratford. Es ist die Regierungszeit Elisabeths I., die ihr Land zu weltgeschichtlicher Höhe führt. In dieser Zeit, der Renaissancezeit, kommt es zu einer Blüte der dramatischen Dichtung in England. 1576 wird das erste Londoner Theater, »The Theatre«, im Vorort Shoreditch eröffnet.

Ende 1582 heiratet Shakespeare, 18jährig, die etwa acht Jahre ältere Anne Hathaway; aus ihrer Ehe entstammen drei Kinder. Um 1586 schließt sich Shakespeare einer reisenden Schauspieltruppe an und geht mit ihr nach London. Er wird Schauspieler, Regisseur und schließlich Bühnenautor.

Zwischen 1590 und 1593 entstehen die Frühwerke *Heinrich VI.*, *Richard III.** und *Titus Andronicus,* um 1594 bereits die ausgereifte Liebestragödie *Romeo und Julia**. In dieser Zeit schreibt Shakespeare aber auch Komödien: *Die beiden Veroneser, Die Komödie der Irrungen, Verlorene Liebesmüh, Der Widerspenstigen Zähmung* und *Ein Sommernachtstraum**.

Zwischen 1593 und 1594 schließen die Londoner Theater, weil die Pest wöchentlich mehr als 30 Opfer fordert. Von 1594 bis 1595 gehört Shakespeare zu »The Lord Chamberlain's Men«, der erfolgreichsten Londoner Theatertruppe, die die Gunst der Königin Elisabeth sowie später die ihres Nachfolgers Jacob I., des Sohns Maria Stuarts, besitzt. Shakespeare wird Teilhaber des Theaters und kommt zu Wohlstand.

Die beiden Königsdramen *König Johann* und *Richard II.* entstehen. 1598 erscheint ein Katalog der ersten zwölf Dramen Shakespeares und zwischen 1597 und 1600 eine Reihe weiterer großer Stücke: *Der Kaufmann von Venedig**, *Heinrich IV., Die lustigen Weiber von Windsor, Viel Lärm um Nichts, Heinrich V., Julius Cäsar, Wie es euch gefällt* und *Was ihr wollt**.

Im Juli 1599 eröffnet das Globe Theatre mit Shakespeare als Mitdirektor seine Pforten. Ab nun schreibt Shakespeare seine Stücke für dieses Theater. Es erscheinen *Troilus und Cressida, Ende gut, alles gut, Maß für Maß* und *Othello**. 1602 ist die erste Aufführung von *Hamlet** in London belegt, ein Jahr später erfolgt die Buchausgabe.

1603, nach der Thronbesteigung Jacobs I., wird das Theater wegen einer erneuten Pestepidemie für elf Monate geschlossen. Zwischen 1605 und 1608 schreibt Shakespeare die Dramen *Macbeth, Timon von Athen, Antonius und Cleopatra, Coriolan* und vor allem *König Lear**, dessen erste Aufführung im Schloß Whitehall vor König Jacob I. am 26. Dezember 1605 nachgewiesen ist. Im Jahre 1607 zieht sich Shakespeare nach Stratford zurück. 1609 erscheint die Sammlung von 154 *Sonetten* über Themen der Liebe und Freundschaft im Druck. Zwischen 1609 und 1613 entstehen die Dramen *Cymbelin, Das Wintermärchen, Der Sturm** und *Heinrich VIII.* Während der Aufführung von *Heinrich VIII.* brennt 1613 das Globe Theatre ab, wird aber schon 1614 in einem Neubau wieder eröffnet. Am 25. März 1616 unterzeichnet Shakespeare sein Testament, er stirbt am 23. April 1616 und wird in der Pfarrkirche von Stratford begraben.

Shakespeare gilt als der größte Theaterdichter der Welt. Seine Persönlichkeit, sein Verhältnis zu anderen Menschen, zu seiner Zeit, liegen weitgehend im dunkeln. Zwar haben wir einige Dokumente und Zeugnisse, aber sie verraten nur wenig über sein Leben.

Fest steht, daß Shakespeares Dramen beim Publikum seiner Zeit außerordentlich beliebt waren. Man kannte damals die Personen, auf die seine Texte oft anspielen, auch die Stoffe waren fast jedem vertraut. Die englische Geschichte, die den Stoff zu den Königsdramen liefert, lag noch nicht weit zurück, war fast noch Tagesgeschehen. Die vielen literarischen Quellen, aus denen Shakespeare schöpfte, waren allgemein bekannt, gleichsam Volksgut. Das Theaterpublikum der Shakespeare-Zeit setzte sich aus allen Schichten zusammen, vorwiegend jedoch aus der nicht-aristokratischen Londoner Bevölkerung. Man spielte auf einer offenen Plattformbühne, die Zuschauer saßen oder standen vor der Vorderbühne oder auf den überdachten Galerien. Die berühmteste Shakespeare-Bühne war The Globe. Auch nach Shakespeares Tod wurden seine Stücke viel gespielt, bis die Puritaner 1642 alle Theateraufführungen verboten. 1660 wurde das Verbot zwar wieder aufgehoben, aber die Tradition war abgebrochen, Shakespeare erschien auf den Bühnen nur noch in zerstückelten Textversionen.

Erst in der zweiten Hälfte des 18. und im 19. Jahrhundert besann man sich wieder auf die Originaltexte. Die Bühnenverhältnisse des Elisabethanischen Theaters wurden rekonstruiert. Mit Lessing (1729–1781) und Christoph Martin Wieland (1733–1813) beginnt in Deutschland, fortschreitend über den Sturm und Drang und die Romantik, die bis heute anhaltende Übersetzungstätigkeit.

Shakespeare ist auch im 20. Jahrhundert der meistgespielte Autor des deutschsprachigen Theaters. Er verlangt von seinem Publikum, auch dem heutigen, enorme Kenntnisse, er verlangt vor allem, daß man den Versen zuhört, schwierige Sätze begreift, lange Reden überblickt, gedankenreiche Monologe mitdenkt.

König Richard der Dritte

The Tragedy of King Richard the Third

Tragödie in 5 Akten

PERSONEN

König Edward der Vierte

Elisabeth, Gemahlin König Edwards des Vierten

Edward, Prinz von Wales ⎱
Richard, Herzog von York ⎰ minderjährige Söhne des Königs und der Elisabeth

George, Herzog von Clarence ⎫
Richard, Herzog von Gloster ⎬ Brüder des Königs
  (später König Richard der Dritte) ⎭

Herzogin von York, Mutter von Edward dem Vierten, George und Richard

Margareta von Anjou, Witwe des ermordeten Königs Heinrich des Sechsten

Lady Anna, Schwiegertochter des ermordeten Königs Heinrich des Sechsten, Witwe des
  ermordeten Prinzen Edward (später mit Richard dem Dritten vermählt)

Heinrich, Graf von Richmond (aus dem Hause Tudor, später König Heinrich der Siebte)

Herzog von Buckingham

Herzog von Norfolk

Graf von Surrey, sein Sohn

Graf Rivers, Bruder Elisabeths

Marquis von Dorset ⎱
Lord Richard Grey ⎰ Söhne Elisabeths aus erster Ehe

Graf von Oxford, Lord Hastings, Lord Stanley, Lord Lovel, Sir Thomas
  Vaughan, Sir Richard Ratcliff, Sir William Catesby, Sir James Tyrrel, Sir
  James Blount, Sir Walter Herbert, Sir Robert Brakenbury (Kommandant des
  Tower), Lord Mayor von London, Sheriff von Wiltshire

Erzbischof von Canterbury, Erzbischof von York, Bischof von Ely

Sohn des Herzogs von Clarence, Tochter des Herzogs von Clarence

Edelleute, Priester, Herold, Schreiber, Bürger, Mörder, Boten, Geister,
  Soldaten

ORT
England

ZEIT
1471–1485, die Zeit der »Rosenkriege«

HANDLUNG

Es beginnt bereits mit einem Königsmord: Heinrich der Sechste, der letzte Herrscher des Hauses Lancaster, ist von Edward dem Vierten aus dem Hause York entthront und in das berüchtigte Londoner Staatsgefängnis, den Tower, geworfen worden. Dort wird er von Edwards Brüdern, den beiden Herzögen George von Clarence und Richard von Gloster, ermordet. Zurück bleiben die Witwe Margareta von Anjou und die Schwiegertochter Anna, deren Mann ebenfalls ermordet worden ist.

Richard, Herzog von Gloster, der jüngste der Brüder, ist seit Geburt ein Krüppel. Er sieht sich vom Schicksal schuldlos benachteiligt und von der Natur um alle Vorzüge betrogen, die das Leben lebenswert machen. Daraus zieht er die Konsequenz: Er will Macht, Macht im Staat und Macht über Menschen. Um zu diesem Ziel zu gelangen, macht er das Böse zu seinem Prinzip. Nur als Verbrecher kann er weiterkommen, erreicht er sein Ziel, den Thron von England nämlich. Dafür muß er aber zuerst seine nächsten Verwandten beseitigen.

Aber nun findet erst einmal die Beerdigung des gerade ermordeten Königs Heinrich des Sechsten statt. Richard hält den vorbeikommenden Trauerzug auf. Am Sarg macht er sich an die trauernde Schwiegertochter Anna heran und versucht, sie zu bezirzen. Anna weiß, daß niemand anderes als Richard der Mörder ihres Schwiegervaters Heinrich ist und daß Richard auch dessen Sohn, ihren Gemahl, auf dem Gewissen hat. Sie ist wie gelähmt vor Entsetzen über Richards ungeheuerliche Anträge und über die Frechheit, mit der er sich über ihre Trauer lustig macht: Richard gesteht ihr mit unterdrückter Ironie seine leidenschaftliche Liebe und entschuldigt seine Mordtaten mit Annas Schönheit, der er verfallen sei. Als er ihr gar sein Schwert reicht, damit sie sich an ihm rächen könne, sinkt sie hilflos zu Boden. Fast willenlos wird sie bald darauf seine Frau. (Auch sie wird nur kurze Zeit an seiner Seite zu leben haben.)

Noch ist der Thron von Richards ältestem Bruder, König Edward dem Vierten, besetzt und der Zugang verstellt durch den zweitältesten Bruder George. Zunächst legt Richard seinen Bruder George aufs Kreuz. Er hetzt den König gegen ihn auf. George wird verhaftet und in den Tower gebracht. Ein leichtes für Richard, ihn dort umbringen zu lassen. Der kranke König Edward der Vierte stirbt zu gelegener Zeit. Somit steht der Thron schon fast leer. Aber da sind noch die beiden minderjährigen Söhne Edwards. Richard, ihr Onkel, wird zum Protektor der beiden ernannt und läßt sie, angeblich zu ihrem Schutz, in den Tower bringen. Der ältere, Edward, will schon nach der Krone greifen, der jüngere, Richard, dagegen durchschaut seinen gleichnamigen Oheim und gibt seinen düsteren Vorahnungen in keck-verzweifelter, ja sogar witziger Rede Ausdruck.

Mittlerweile ist im Volk jedoch Unruhe entstanden über die vielen Todesfälle am Hof. Richard inszeniert deshalb vor den Stadtvätern und Bürgern Londons ein geschicktes Spiel, um seine Machtübernahme vorzubereiten. Er zeigt sich dem Volk als gottesfürchtiger Mann, der sein Leben in frommer Zurückgezogenheit und mit geistlichen Übungen verbringt, und läßt sich dabei scheinbar widerwillig von seinem treuesten Anhänger, Lord Buckingham, die Krone aufdrängen, die nicht an einen Unwürdigen wie Prinz Edward fallen solle. Nun wird es Zeit, die Prinzen zu beseitigen. Als Richards williger Helfer Buckingham auch nur einen Augenblick zögert, den Mordauftrag anzunehmen, läßt Richard ihn köpfen. Ein Killer schafft im Tower die Prinzen heimlich beiseite. Nun endlich ist der Weg frei. Als Richard der Dritte besteigt der Herzog von Gloster den Thron.

Elisabeth, die Witwe Edwards des Vierten, Margareta, die Witwe des ermordeten Heinrich des Sechsten und sogar Richards eigene Mutter verfluchen den Massenmörder auf dem Thron. Richard läßt das ungerührt von Trommelwirbel übertönen. Bei der Königinwitwe Elisabeth hält er sogar um die Hand der blutjungen Tochter an, nachdem er schnell noch seine Frau Anna hat beseitigen lassen. Wie bei seiner ersten Brautwerbung hat er Erfolg. Elisabeth, die ihn eben noch verflucht hat, läßt sich herumkriegen und verspricht ihm ihre Tochter. Auch sie verfällt der Dämonie des Bösen.

Kaum überschaubar sind die Verbrechen geworden, mit denen Richard Gloster sich seinen Weg zum Königsthron gebahnt hat. Kaltblütig hat er Mord auf Mord gehäuft. Hat ganze Familien ausgerottet und selbst vor den nächsten Verwandten nicht haltgemacht. Es wird wirklich Zeit, so denken Richards Gegner, sich zusammenzuschließen und dieses Ungeheuer vom Thron zu stürzen. Unter der Führung des jungen Grafen Heinrich von Richmond aus dem Hause Tudor, dem einst in Gegenwart Richards die Königskrone geweissagt worden war, zieht ein Heer gegen den König. In der Nacht vor der Entscheidungsschlacht erscheinen Richard die Geister der von ihm Hingemordeten und verkünden ihm seinen Untergang. Zum erstenmal wird Richard von Gewissensbissen geplagt. Die Traumbilder der Nacht vor Augen, reitet er in die Schlacht. Dagegen hat Richmond die Nacht in frommem Gebet verbracht, in der Gewißheit, für eine gerechte Sache zu kämpfen und den Bann des Bösen durchbrechen zu müssen. Dieselben Geister, die Richard bedrohen, sagen ihm den Sieg voraus. In der Schlacht wird Richard verwundet, verliert sein Pferd und ruft verzweifelt nach einem neuen: »Ein Pferd, ein Pferd, mein Königreich für ein Pferd.« Zu Fuß kämpft er weiter und fällt.

Richmond hat gesiegt und verkündet triumphierend den Tod des »Bluthundes« Richard. Als Heinrich der Siebte besteigt er den Thron von England, wird die junge Tochter der Königinwitwe Elisabeth ehelichen (um die schon Richard angehalten hatte) und wird mit ihr die Tudor-Dynastie begründen. Die Häuser Lancaster und York sind ausgestorben.

ERLÄUTERUNGEN

Richard der Dritte ist Shakespeares düsterstes Königsdrama. Natürlich sind auch *Richard der Zweite, König Johann* und die *Heinrich*-Dramen angefüllt mit Greueltaten, blutigen Komplotten und Machtkämpfen. Doch der Usurpator Richard von Gloster ist bei weitem das gräßlichste Monster unter den blutbesudelten Gestalten der »Rosenkriege«. Der historische Richard (geboren 1452, König von 1483 bis zu seinem Tod 1485) war im übrigen wesentlich harmloser und durchaus nicht so teuflisch veranlagt, wie ihn Shakespeare später gesehen hat. Die redegewandte Intelligenz, der blutige Witz und die zynische Überlegenheit, die diesen dritten Richard so faszinierend böse machen, sind Zutaten Shakespeares.

Als ein äußerlich Mißgebildeter, von der Natur Zurückgesetzter, hat Richard früh das Spiel der Verführung, der Verstellung und der Heuchelei gelernt. Sein körperlicher Defekt hat ungeahnte Triebenergien in ihm freigesetzt, hat ihn auch innerlich zum Scheusal gemacht. Dieses verwachsene Monstrum aus dem Hause York weiß, daß mit Artigkeit und Liebsein nichts zu erreichen ist. Richard tut das Böse mit Lust, sozusagen als sein gutes Recht, wie es ein Diener des Teufels für sich beanspruchen darf, weil es die Natur eben so gewollt hat. Deshalb ist er so vollkommen in seiner Bösartigkeit, kann Männer, Frauen und Kinder in den Tod schicken, als wären es Puppen, die man in den Müll wirft. Und wie ein politischer Massenmörder macht er sich selbst nicht die Hände schmutzig, sondern läßt ausführen, meist ohne auf Kritik und Widerspruch zu stoßen. Wie riskant das geringste Zaudern für den Befehlsempfänger werden kann, zeigt sich an Buckingham, der sehr schnell dafür bezahlen muß.

Richards eigentliche Mordwaffe ist nicht das Schwert, sondern das Wort, mit dem er alle in seinen Bann zieht. Ein Agitator, ein Propagandataktiker, der Unbeteiligte genauso für sich einzunehmen vermag, wie er Betroffene sich gefügig macht. Stets ist er präsent, auch wenn er selbst nicht persönlich erscheint: das allgegenwärtige Böse. Dafür bleibt er auch unfähig, menschliche Beziehungen aufzunehmen. Richard ist nicht nur der zynischste, sondern auch der einsamste der Shakespeare-Helden. Richards pathologisch bösartiger Charakter steht bei Shakespeare von Anfang an offen und unveränderbar fest.

Richards erster Auftritt, zugleich der Beginn des Dramas, ist eine Demonstration seiner menschenverachtenden und machtgierigen Charakterzüge. Die Faszination des Bösen umgibt diesen Richard während des ganzen Stücks. Ihr erliegen alle, die Richard begleiten, seine Helfershelfer wie seine Feinde, schließlich sogar diejenigen, die allen Grund hätten, ihn zu verfluchen, die Witwen Anna und Elisabeth nämlich, die seiner erotischen Rhetorik ins Garn gehen. Kein wirklicher Widersacher stellt sich Richard in den Weg, auch nicht der junge Richmond. Daß ihn Richmond am Ende niederringt, ist zwar ein Sieg des Guten, aber letztlich doch ein aufgesetzter Sieg. Denn Richmond wächst im Stück nie zu einer wirklich individuellen Größe heran, die der teuflischen Größe der Richard-Figur das Wasser reichen könnte. So gesehen ist die Schlußapotheose Richmonds von Tudor auch frommer Fürstendienst Shakespeares an der zu seiner Zeit regierenden Tudor-Königin Elisabeth der Ersten.

Warum ist dieses Shakespeare-Drama auch heute immer noch so aufregend? Ist es die immer aktuell bleibende Faszination des Bösen, das Prinzip des Diabolischen, die Teufelsausgeburt, die in Richard steckt? Oder ist Richard ein von dämonischen Kräften Getriebener, der gar nicht anders kann, weil die Natur ihn schon so festgelegt hat, ihn schon äußerlich denaturiert hat? Hat Richard nur Minderwertigkeitskomplexe, für die er sich an der Menschheit rächen will? Oder ist Richard etwa eine tragische Figur, was sein letzter Monolog ja nahelegen könnte? Geht es um Machtpolitik, um Aufstieg und Fall eines Herrschsüchtigen? Alles steckt in dem Drama und läßt sich je nach Sicht entsprechend stark herauskehren. Aktuell wird *Richard der Dritte* jedoch immer bleiben, beängstigend aktuell, wenn man an Diktatoren der jüngsten Geschichte denkt, an einen Saddam Hussein zum Beispiel, die wie er vom Verbrechen fasziniert waren und sind.

Historisch gesehen behandelt *Richard der Dritte* die letzte Phase der sogenannten»Rosenkriege«, in denen sich die beiden Adelsfamilien Lancaster und York innerhalb von 30 Jahren im Kampf um die Herrschaft in England gegenseitig auslöschten (»Rosenkriege«, weil Lancaster eine rote Rose und York eine weiße im Wappen trug). Richard der Dritte und seine Familie stammten aus dem Adelsgeschlecht von York, Graf Richmond jedoch, sein größter Gegenspieler, war ein Mitglied der Familie Tudor. Mit Richmond, der in der Schlacht von Bosworth (1485) Richard den Dritten besiegt und getötet hatte, bestieg als Heinrich der Siebte erstmals ein Tudor den englischen Thron. Quelle für Shakespeares *König Richard der Dritte* sind Geschichtschroniken aus der Tudor-Zeit. Sie beschreiben die englische Geschichte tendenziös aus dem Blickwinkel dieser Dynastie.

Richard der Dritte entstand um 1592/93, unmittelbar im Anschluß an die Trilogie *Heinrich der Sechste,* als deren historische Fortsetzung. Die erste bezeugte Aufführung war in London am 30. Dezember 1593. Das Stück hatte in den Folgejahren großen Erfolg auf der Bühne, was sich auch in den zahlreichen, allerdings schlechten Buchausgaben niederschlug.

Richard der Dritte ist ein ausgesprochenes Star-Stück, weil trotz des Riesenaufgebots an Personen nur diese Figur der Aufführung Schärfe und Wucht geben kann. Kaum ein großer Darsteller der Theatergeschichte hat um diese Rolle einen Bogen gemacht. Einige dieser Darsteller waren in den letzten Jahrzehnten auf deutschen Bühnen Romuald Pekny (unter Fritz Kortner an den Münchner Kammerspielen 1963), Hans Christian Blech (1968 in Stuttgart unter Peter Palitzsch), Hilmar Thate (1972 am Deutschen Theater im damaligen Ost-Berlin unter Manfred Wekwerth) und Gert Voss (in Claus Peymanns Wiener Debüt-Inszenierung 1987). Berühmt ist der Film von und mit Laurence Olivier aus dem Jahre 1955. Die gebräuchliche deutsche Übersetzung ist von August Wilhelm Schlegel (1810). Eine gute Neuübersetzung stammt von Thomas Brasch (1988).

Romeo und Julia

The Tragedy of Romeo and Juliet

Tragödie in 5 Akten

PERSONEN

Escalus, Fürst von Verona
Graf Paris, Verwandter des Fürsten

Zwei verfeindete Familien:

Graf Montague	Graf Capulet
Gräfin Montague	Gräfin Capulet
Romeo, ihr Sohn	Julia, ihre Tochter
Benvolio, Romeos Vetter	Ohm Capulet
Mercutio, Romeos Freund und	Tybalt, Julias Vetter
Verwandter des Fürsten	Die Amme Julias
Balthasar, Romeos Diener	Peter, deren Diener
Abraham, Diener im Hause Montague	Simson und Gregorio, Diener im Hause Capulets

Bruder Lorenzo
Ein Apotheker
Bedienstete, Musikanten, Bürger von Verona, Gefolge, Wachen, ein
    Ansager für den Prolog

ORT
Verona und Mantua

ZEIT
Beginn des 15. Jahrhunderts

HANDLUNG
Die beiden vornehmen Veroneser Familien Montague und Capulet sind seit
Jahren tödlich miteinander verfeindet. Das gegenseitige Morden hat bereits
Ausmaße angenommen, die ein erträgliches Zusammenleben aller Bürger der
Stadt unmöglich machen. Fürst Escalus von Verona schafft durch Verordnun-
gen mühsam Frieden und droht strengste Strafen jedem an, der die Ruhe stört.
    Beide Familien haben halbwüchsige Kinder: Romeo Montague und Julia
Capulet. In Julia ist ein Verwandter des Fürsten, Graf Paris, verknallt und hält
um ihre Hand an. Capulet will mit der Hochzeit zunächst noch zwei Jahre
warten.
    Romeo, der Sohn der Montagues, besucht mit seinen Freunden Mercutio und
Benvolio ein Maskenfest der Capulets, was nicht ganz ungefährlich ist, denn
trotz des offiziellen Friedenserlasses bleibt es für einen Montague weiterhin
riskant, das feindliche Haus zu betreten. Tatsächlich wird er, obwohl maskiert,
von dem streitsüchtigen Neffen der Capulets, Tybalt, erkannt, und nur das
Eingreifen des Hausherrn verhindert Tätlichkeiten. Ein anderes Ereignis jedoch
bricht über Romeo herein und wird sein Leben von einem Augenblick zum
anderen verändern: Romeo sieht Julia, die einzige Tochter der Capulets, und
Julia sieht ihn. Bei beiden ist es Liebe auf den ersten Blick, kompromißlos,
leidenschaftlich und selbstvergessen. Erste Worte und Küsse werden wie in
Trance gewechselt, und erst nach und nach wird ihnen im beiderseitigen
Erkennen die schaurige Realität bewußt, das Verhängnis, das durch den
Familienhaß auf ihrer jungen Liebe lastet. Trotzdem schwören sie einander
ewige Liebe. Und es folgt der Höhepunkt des Dramas, die berühmte »Balkon-
szene« in Capulets Garten. Romeo hat am Ende der Nacht die hohe Mauer
überwunden, und Julia erscheint oben am Fenster. Voll von beiderseitigem
Glück und voll Seligkeit beteuern sie sich ihre Liebe. Sie spüren, daß sich damit
ihr Leben erfüllt, und alles, was außerhalb dieser Liebe steht, wird ihnen

unwesentlich. So beschließen sie voller Ungeduld und koste es, was es wolle, schon am nächsten Tag zu heiraten.

Am frühen Morgen läßt Romeo durch die Amme Julia ausrichten, sie möge sofort zu dem Franziskanermönch Bruder Lorenzo kommen. Unter dem Vorwand, zur Beichte zu gehen, eilt Julia in das Kloster. Bruder Lorenzo vollzieht die heimliche Trauung, denn er erhofft sich von dieser Heirat die Versöhnung der verfeindeten Familien. Nur Julias Amme ist eingeweiht.

Auf dem Marktplatz von Verona geraten Julias Vetter Tybalt und Mercutio, Romeos bester Freund, trotz des Verbots des Fürsten aneinander. Romeo, der hinzukommt, will den Streit schlichten. Sogar Tybalts Provokationen läßt er über sich ergehen, weil er sich nach seiner Vermählung mit Julia auch Tybalt verwandt weiß. Mercutio jedoch, durch Tybalts Sticheleien und Romeos Friedfertigkeit bis zur Weißglut gereizt, zieht den Degen. Als Romeo sich zwischen die Streithähne wirft, um den Kampf zu verhindern, verschafft er Tybalt unbeabsichtigt eine Gelegenheit, Mercutio tödlich zu verwunden. Jetzt dreht Romeo durch. Außer sich vor Wut und blind vor Rache ersticht er Tybalt.

Das Verhängnis nimmt seinen Lauf. Romeo wird aus Verona verbannt, weil er gegen den Erlaß der Waffenruhe verstoßen hat. Nur noch eine Nacht ist ihm in Verona vergönnt, die Hochzeitsnacht, die er mit Hilfe der Amme heimlich im Hause Capulet an der Seite Julias verbringt. Am nächsten Morgen flieht er nach Mantua, ermutigt von Bruder Lorenzo, der zu gegebener Zeit die Heirat Romeos mit Julia öffentlich bekanntgeben will und damit einen Straferlaß für Romeo zu erreichen hofft.

Julia ist verzweifelt: Das Verbannungsurteil für Romeo ist für sie wie ein Todesurteil. Trotzdem weiß sie sich zu verstellen und gibt vor, um Tybalt zu trauern. Die nichtsahnenden Eltern möchten sie von dieser Trauer ablenken und kündigen ihr darum die baldige Heirat mit dem schönen, angesehenen und reichen Grafen Paris an. Als Julia sich weigert, droht der Vater, sie aus dem Haus zu werfen. Julias Amme, die als einzige im Hause von der Vermählung mit Romeo weiß und immer zu Julia gehalten hat, schlägt sich jetzt auch auf die andere Seite.

Für Julia bricht alles zusammen. Unter dem Vorwand, ihr Aufbegehren gegen die Eltern beichten zu wollen, eilt sie zu Bruder Lorenzo und bittet um Hilfe. Lorenzo weiß einen einzigen Ausweg, gefährlich und phantastisch: Julia soll zum Schein auf die Heirat mit dem Grafen Paris eingehen. Am Vorabend der Hochzeit soll sie einen Betäubungstrank einnehmen, den er selbst aus verschiedenen geheimnisvollen Kräutern gemixt hat und der sie in einen fast zweitägigen todesähnlichen Schlaf versetzen wird. Alle Welt wird von ihrem Tod überzeugt sein, und die Eltern werden sie alsbald in der Familiengruft beisetzen lassen müssen. Nach 42 Stunden wird sie dort wieder erwachen. Inzwischen will Bruder Lorenzo zu Romeo nach Mantua einen Boten mit der Nachricht senden, er solle Julia am übernächsten Tag aus der Gruft befreien und mit ihr nach Mantua fliehen.

Der Plan wird ausgeführt. Julia trinkt das Mittel. Am nächsten Morgen, dem festgesetzten Hochzeitstag Julias mit Graf Paris, wird sie von ihren Eltern leblos im Bett liegend aufgefunden und erwartungsgemäß für tot gehalten. Unter großen Trauerklagen bahrt man sie in der Familiengruft auf.

Alles scheint wie vorausgeplant abzulaufen, doch da wird der Bote, den Bruder Lorenzo mit der Botschaft zu Romeo geschickt hat, unterwegs wegen dringenden Pestverdachts aufgehalten. Statt dessen erreicht Romeo durch Zufall die falsche Nachricht, nämlich die vom Tode Julias. Jetzt ist die Katastrophe nicht mehr aufzuhalten. Romeo besorgt sich Gift und eilt nach Verona zurück, um Julia in der Familiengruft noch ein letztes Mal zu sehen. Vor dem Grabgewölbe tritt ihm Graf Paris entgegen, der ebenfalls von der totgeglaubten Julia Abschied nehmen will, und verwehrt ihm den Zutritt. Romeo tötet den Grafen und stürzt zu der leblosen Julia. Nachdem er sie zum letztenmal geküßt hat, nimmt er das Gift – übereilt, denn Julia kommt kurz darauf wieder zu sich. Sie entdeckt an ihrer Seite den toten Romeo, begreift, daß sie zu spät erwacht ist, und ersticht sich.

Bruder Lorenzo hat inzwischen erfahren, daß sein Bote Romeo in Mantua nicht erreicht hat. Er eilt, Unheil ahnend, zur Gruft und entdeckt die Leichen. Den herbeigerufenen Eltern Montague und Capulet hält Bruder Lorenzo das Unheil vor Augen, das sie mit ihrem unversöhnlichen Haß heraufbeschworen haben. Über den Leichen ihrer einzigen Kinder versöhnen sich die Familien.

Erläuterungen

Die schönste, traurigste, leidenschaftlichste, zarteste, mörderischste Liebestragödie der Weltliteratur, das ist Shakespeares *Romeo und Julia*. Vier Jahrhunderte lang hat sie Theaterbesucher und Leser jeden Alters gleichermaßen ergriffen und erschüttert. *Romeo und Julia* ist ein nahezu perfekter Liebesmythos geworden, dessen Titelgestalten zu Symbolfiguren für Liebe und unmöglich gemachtes Glück geworden sind.

Romeo und Julia ist die tragische Geschichte zweier Jugendlicher, die sich trotz Familienhasses, gesellschaftlicher Engstirnigkeit und verhängnisvoller

Zufälle mit allen Konsequenzen zueinander bekennen und an diesem Bekenntnis schließlich zugrunde gehen. Doch sie gehen zugrunde nicht nur an der Unversöhnlichkeit ihrer Umwelt – auch an der radikalen Unbedingtheit ihrer Liebe, die in den Untergang rast, ohne Versöhnung und Erfüllung abwarten zu können. Ihre Leidenschaft ist plötzlich, hitzig, unbedingt und kompromißlos. Sie überkommt sie wie eine Ekstase. Und sie kommt nicht von ungefähr. Sie ist eine Antwort auf die gesellschaftlichen und familiären Gegebenheiten, auf den Zwang und die Abrichtung innerhalb des Familienclans, auf die Väterwelt, die ihre willenlosen Töchter einfach verschachern darf, auf die gelangweilten Adel-Yuppies, die Auslauf aus ihren Durchhängern nur im tödlichen Haß auf die andere Gruppe finden. In diesem Milieu kann Liebe zuschlagen, jemanden wie der Blitz treffen, zu Tode erschrecken. In den allerersten Sekunden ihrer Begegnung sagt Julia über Romeo: »Ist er vermählt, so ist das Grab zum Brautbett mir erwählt.«

Bereits von Anfang an lasten über der ganzen Handlung böse Omen und die trübe Vorahnung des Todes. Die Liebe, die zwischen Romeo und Julia explosionsartig ausbricht, ist stets von Todesnähe und Todesbereitschaft umgeben, drohend spürbar bei der ersten Begegnung und sogar gegenwärtig noch im Zustand äußersten Glücksgefühls. Wie in der Fabel von Tristan und Isolde erfüllt sich dieses absolute Liebesgefühl nur in der Nacht und damit im Tode. Erst der Tod besiegelt die Liebe.

Dieser Einbruch der Liebe verändert die Menschen. Er macht aus wehrlosen Kindern Jugendliche, die mündig sind, macht sie selbständig und unabhängig in ihren Gefühlen und ihrem Handeln. Und alles vollzieht sich blitzschnell. In fünf Tagen durchleben die beiden Kinder der feindlichen Häuser alles Weh und alle Wonnen der Liebe bis zum selbstgewählten Ende mit Dolch und Gift. Das kleine Mädchen Julia macht plötzlich Ernst mit ihrer Liebe. Julia verhärtet sich geradezu, als sie sieht, wie die Entwicklung ihrer Liebe und die Reaktion der Umwelt sie zu zermalmen drohen. Sie beginnt zu taktieren, um ihre Liebe zu retten, gibt ihre Trauer um Romeo als die um Tybalt aus. Kalt weist sie Mutter und Amme von sich, als sie kein Verständnis mehr findet. Nur ein Ziel hat sie noch, nichts wie weg aus diesem Elternhaus und zu Romeo nach Mantua. Deshalb folgt sie dem Rat des Bruders Lorenzo und sieht dem durchaus nicht risikolosen Scheintod entschlossen ins Auge.

Liebe ist nicht kalkulierbar, deshalb auch dem Zufall unterworfen, und der ist in dieser Tragödie wirklich banal, aber tödlich. Ein Bote kommt zu spät, und die Katastrophe ist ausgelöst. Als bedingungsloses und absolutes Gefühl wird Romeos und Julias Liebe über den gemeinsamen Tod hinauswirken und die haßerfüllte Umwelt – wenigstens zeitweise – zum Guten verändern.

Romeo und Julia ist ein Höhepunkt in Shakespeares früher Schaffensperiode, entstanden zwischen 1591 und 1595 im Umkreis von zahlreichen Komödien. Eine erste Ausgabe erschien 1597 anonym und fragmentarisch als Raubdruck, ohne Genehmigung Shakespeares und seiner Schauspieltruppe. Eine zwei Jahre später veröffentlichte, wesentlich umfangreichere Ausgabe kann als von Shakespeare autorisiert angesehen werden. Alle späteren Editionen des Dramentextes basieren auf dieser Edition von 1599. Die erste Aufführung ist wahrscheinlich um 1595 in London gewesen.

Auf die Nachwelt und vor allem auf die deutsche und französische Romantik hat Shakespeares Liebestragödie eine ungeheure Wirkung ausgeübt. Das Gefühl bedingungsloser Liebe, das sich verselbständigt, das Verbundensein zweier Menschen war ebenso Inspirationsquelle wie das Spiel mit Todesrequisiten (Lorenzos Trank, der Sarg als Brautbett) und das Spiel mit vom Zufall heraufbeschworenen Todesursachen (statt ihn zu retten, bringt Romeo seinem Freund Mercutio den Tod, er zerstört sein eigenes Glück, indem er Julias Vetter Tybalt erschlägt, und er tötet schließlich sich selbst, als er Julias Scheintod irrtümlich für bare Münze nimmt).

Übersetzungen, Nachdichtungen, Bearbeitungen, Paraphrasen sind in vielen Sprachen bis in die heutige Zeit hinein erschienen. Bildende Künstler haben die Schlüsselszenen der Tragödie festzuhalten versucht, und Komponisten fühlten sich durch den Stoff angeregt zu Opern, Balletten und symphonischen Dichtungen (Bellini, Berlioz, Gounod, Tschaikowski, Prokofjew, Sutermeister). Leonard Bernsteins berühmtes Musical *West Side Story* modernisiert die Geschichte von Romeo und Julia und verlegt sie in das Milieu der Bandenkriege der New Yorker West Side (verfilmt 1961). Endlos ist die Liste der Verfilmungen, unter denen am berühmtesten und am treffendsten Franco Zeffirellis Film von 1968 ist, weil er die beiden Hauptrollen mit glaubwürdig jungen Schauspielern besetzte und die Geschichte in einem aufwendig prachtvollen und detailreichen Renaissance-Verona spielen ließ.

Ein Sommernachtstraum

A Midsummer Night's Dream

Komödie in 5 Akten

PERSONEN

Theseus, Herzog von Athen

Hippolyta, Amazonenkönigin, Braut des Theseus

Egeus, Vater der Hermia

Lysander ⎱
Demetrius ⎰ verliebt in Hermia

Hermia, verliebt in Lysander

Helena, verliebt in Demetrius

Philostrat, Haushofmeister

Oberon, Elfenkönig

Titania, Elfenkönigin

Puck, ein Elf

Squenz		
Zettel		Prolog
Flaut		Pyramus
Schnock	Handwerker, im Rüpelspiel als	Thisbe
Schnauz		Löwe
Schlucker		Wand
		Mond

Squenz ⎱ Prolog
Zettel ⎥ Pyramus
Flaut ⎥ Thisbe
Schnock ⎬ Handwerker, im Rüpelspiel als ⎨ Löwe
Schnauz ⎥ Wand
Schlucker ⎰ Mond

Elfen, Gefolge

ORT

Athen. Saal im Palast des Theseus, Stube der Handwerker.
Wald bei Athen.

ZEIT

Zu unbestimmter Zeit

HANDLUNG

Am Hofe von Athen soll die Vermählung des Herzogs Theseus mit der besiegten Amazonenkönigin Hippolyta gefeiert werden. Mitten in die Hochzeitsvorbereitungen hinein platzt der Edelmann Egeus und beschuldigt vor dem Herzog seine Tochter Hermia, nicht den von ihm auserkorenen Bräutigam Demetrius heiraten zu wollen. Eine derartige Auflehnung gegen den väterlichen Beschluß ist in

Athen ein Kapitalverbrechen, das mit der Todesstrafe oder zumindest mit Ehelosigkeit und ewiger Enthaltsamkeit bestraft wird. Demetrius liebt zwar Hermia, aber Hermia nicht ihn. Sie liebt Lysander. In Demetrius ist andererseits Hermias Freundin Helena hoffnungslos und bis zur Selbstpreisgabe verliebt.

Um der drohenden Strafe zu entgehen, fliehen Hermia und Lysander in den nahegelegenen Wald. Sie haben das leider Helena anvertraut, die diese Flucht sofort dem Demetrius verrät, um sich wenigstens so bei ihm einige Sympathien einzuheimsen. Der verliebte Demetrius eilt also nun Hermia und Lysander nach, um Hermia zu gewinnen. Die verliebte Helena irrt im Wald hinter Demetrius her.

In diesem Wald herrscht der Elfenkönig Oberon mit seiner Gemahlin Titania über ein Heer von Waldgeistern, Elfen und Kobolden. In der Oberonschen Ehe mit Titania kriselt es schon seit geraumer Zeit. Titania wirft Oberon vor, er sei nur deswegen nach Athen gekommen, um noch einmal mit der Amazonenkönigin Hippolyta zu schlafen. Oberon kontert, sie sei schließlich scharf auf Theseus. Erneuter Streit bricht aus, weil Titania sich weigert, ihrem Ehemann einen indischen Edelknaben zu überlassen. Oberon will seiner Gemahlin einen Denkzettel verpassen. Er beauftragt seinen Gehilfen Puck, eine bestimmte Wunderblume herbeizuschaffen. Deren Saft, aufs Auge geträufelt, bewirkt, daß die so verzauberte Person sich in das nächstbeste Wesen verliebt, das ihr zu Gesicht kommt. Als Titania im Wald eingeschlafen ist, träufelt Oberon ihr höchstpersönlich den Blumensaft auf die Augen.

Bei dieser Gelegenheit bemerkt Oberon auch die arme Helena, wie sie dem Demetrius hinterherläuft, der sie verschmäht. Oberon gibt Puck den Auftrag, mit dem Saft der Wunderblume Demetrius in Helena verliebt zu machen. Dann, so Oberons Überlegung, würde Demetrius nicht mehr hinter der bereits vergebenen Hermia hersein, sondern endlich Augen für Helena haben. Aber Puck nimmt es mit seiner Wundersaftbehandlung nicht ganz genau und drückt den Saft dem Falschen, nämlich Lysander, aufs Auge. Die Verwirrung für das athenische Liebesquartett im Wald wird komplett, als Oberon verärgert selbst eingreift und alles zurechtbiegen will. Am Schluß sind zwei Männer, nämlich Lysander und Demetrius, vernarrt in die einst verschmähte Helena, während jetzt Hermia leer ausgeht. Helena, durch ihre bitteren Erfahrungen kritisch geworden, mißtraut diesem plötzlichen Sinneswandel und fühlt sich auf die Schippe genommen. Und Hermia, von der sich binnen kürzester Zeit zwei Liebhaber abgewandt haben, versteht die Welt nicht mehr. Die Mädchen geraten sich in die Haare, die jungen Männer greifen zum Degen.

Inzwischen hat sich im Wald, unweit von der Stelle entfernt, wo Titania eingeschlafen ist, eine Gruppe athenischer Handwerker eingefunden, um ein

Festspiel einzustudieren. *Die höchst jammervolle Komödie und der höchst grausame Tod von Pyramus und Thisbe* heißt das blutige Spektakel, in dem der verliebte Pyramus seine Braut Thisbe nicht kriegt, weil diese vor einem Löwen davonläuft und Pyramus sich daraufhin ersticht. Am Hochzeitstag des Herzogs wollen die Handwerker damit zur Erbauung der Hofgesellschaft beitragen. Bei der Probe der Handwerker im Wald nun zaubert der Kobold Puck aus lauter Übermut dem Weber Zettel einen Eselskopf an, ohne daß dieser es merkt. Die anderen Handwerkskollegen sind zu Tode erschrocken. Sie suchen entsetzt das Weite, weil sie überzeugt sind, daß es hier im Walde spukt. Und es dauert eine Weile, bis der arme Zettel seine Verwandlung kapiert.

Titania erwacht, und ihr erster Blick fällt auf den verhexten Zettel. Sie reagiert ganz nach Oberons Wunsch und verliebt sich auf der Stelle in den Esel. Ihr tolles Liebeswerben prallt jedoch an den Eselsgelüsten des armen Zettel ab. Da wandelt sich selbst Oberons Zorn in Mitleid, zumal ihm Titania jetzt ohne mit der Wimper zu zucken den indischen Edelknaben ausliefert. Oberons Forderung ist erfüllt.

Noch eine Weile dauert das nächtliche Verwechslungsspiel im Wald. Ermattet von der Schwerarbeit des ständigen Hin- und Herliebens fallen schließlich alle in Schlaf. Am Morgen werden sie von Oberon und Puck geweckt. Der unkontrollierbare Liebeswahn ist zu Ende, und die richtigen Paare finden zueinander: Hermia und Lysander, Helena und Demetrius. Und auch Oberon versöhnt sich mit Titania.

Herzog Theseus vergibt den Geflüchteten, überredet Egeus, Lysander als Schwiegersohn anzuerkennen und lädt alle zu seiner eigenen Hochzeitsfeier ins Schloß. Dort führen die Handwerker zur Erheiterung der Hochzeitsgesellschaft ihr urkomisches Trauerspiel auf. Das Fest geht zu Ende, und alle begeben sich zur Ruhe. Oberon und Titania segnen die drei Hochzeitspaare.

ERLÄUTERUNGEN

Der *Sommernachtstraum* von Shakespeare ist die Komödie der Verzauberung durch Liebe. In keinem anderen Shakespeare-Drama ist die Erotik so ungeniert vital, vordergründig und derb, aber gleichzeitig so intim, innig und zart empfunden wie hier. Der Wahnsinn der Liebe, wenn der Verstand aussetzt, die Liebessehnsucht und die Liebeserfüllung sind das Thema Nummer eins. Die Menschen sind der Natur, auch ihrer eigenen, hilflos ausgeliefert, ihre tiefsten und daher um so heftiger verschwiegenen Wünsche brechen plötzlich hervor, der Haß-Liebes-Wahn führt sie zu Extremhaltungen. Echte Freundschaften werden deswegen auseinandergerissen und falsche gekittet, Zartes verbindet sich mit Rohem, Menschliches mit Animalischem. Die Personen stehen einmal in inniger Beziehung zueinander und reduzieren ein andermal ihre Gefühle und Bedürfnisse aufs rein Sexuelle. Und wie die einzelnen Partner, so sind auch die Empfindungen jederzeit austauschbar und hemmungslos auf den Nächstbesten zu übertragen.

Die vielfältigen Formen der erotischen Beziehungen zwischen den Geschlechtern kommen ins Spiel: der archaische Liebeskampf nebst Frauenraub in der Vorgeschichte von Theseus und Hippolyta, das über die Tochter befindende und ihr Schicksal bestimmende Vaterrecht des Egeus, die schwankenden Liebesbeziehungen mit Partnertausch und mißlungenem Liebeswerben bei der Athener Jugend, der kosmisch sich ausweitende Liebeskonflikt im Feenreich, homosexuelle Andeutungen zwischen Oberon und Titanias Knaben, Sodomitisches (die sexuelle Beziehung zu einem Tier) bei Titania und dem Esel, der in Wahrheit Zettel ist, und schließlich die Veralberung einer tragisch bedrohten Liebe im Rüpelspiel der Handwerker. Liebe, Erotik, Sex machen alle betroffen und verwirren jeden. So in der höfischen Welt eines zeitlosen Märchen-Athens mit patriarchalischem Heiratszwang und enthemmtem Partnertausch. So in der proletarischen Handwerkerrunde, die auf ihrer Laienbühne das Thema Liebe abhandelt und die edlen Gefühle und schicksalhaften Verwicklungen des antiken Liebespaares Pyramus und Thisbe aus der Sicht des beschränkten Kleinbürgerverstandes deutet. Unfreiwillig ironisch machen sie dabei die Tragödie zur Komödie. Und so auch im Feen- und Elfenreich, das im turbulenten Verwechslungsspiel selber auch noch fleißig mitmischt, aber zum Schluß alles wieder entwirrt und zu einem prächtigen Happy-End führt.

Es entspricht dem Elisabethanischen Weltbild der Shakespeare-Zeit, daß der königliche Zwist sich auch kosmisch auswirkt: Die Natur kommt nicht zur Ruhe, Naturgewalten brechen herein, Überschwemmungskatastrophen, Mißernten und Seuchen begleiten Eifersucht und Liebesentzug des Herrscherpaares. Die Unwetter verebben erst dann wieder, wenn die Aussöhnung zwischen dem zerstrittenen Königspaar stattgefunden hat. Reale, irreale und theatralisch-kunstvolle Welten mit all ihren tragischen und komischen Möglichkeiten haben sich zusammengefunden im Zeichen des Traumes. Tag und Nacht verschmelzen, Realität und Traum sind nicht mehr zu trennen. Am nächsten Morgen ist die Welt wieder heil, und zurück bleibt die Erinnerung an den Wahnsinn einer Juninacht.

Daß die Liebe den Menschen wie eine tödliche Krankheit befallen kann und Verwirrungen derartigen Ausmaßes hervorzurufen weiß, ist Shakespeares ungebärdige Aussage, die er allerdings in einer äußerst poesiereichen, bildhaften, blühenden Sprache trifft. Liebe ist Wahnsinn, deshalb ohne Wohlgefälligkeit, und die Vernunft ist außer Kraft gesetzt. Daß dieser Wahnsinn, diese Liebestrance, ausgerechnet einem Festspiel für eine Fürstenhochzeit zugrundeliegt, ist eine zusätzliche Pointe Shakespeares, denn geschrieben wurde der *Sommernachtstraum* schließlich aus Anlaß dreier Adelshochzeiten am englischen Hof in den Jahren 1592, 1595 und 1598. Diesen drei Anlässen entsprechen auch die drei überlieferten Fassungen der Komödie.

Der *Sommernachtstraum* erschien kurz nach 1598 auch auf dem öffentlichen Theater und im Jahre 1600 erstmals im Druck. Inhaltlich geht das Drama auf verschiedene Quellen und zeitgenössische Anregungen zurück, die *Canterbury Tales* von Geoffrey Chaucer, Plutarch- und Ovid-Übersetzungen und das altfranzösische Epos *Huon de Bordeaux,* dem die Gestalt des Elfenkönigs Oberon entlehnt ist. Der *Sommernachtstraum* erlebte bereits zu Shakespeares Zeiten außerordentliche Erfolge auf der Bühne, allerdings meist in einer zerstückelten Aufführungsform. In einer Vielzahl von Nachahmungen und Bearbeitungen wurde das Thema immer wieder aufgegriffen. Henry Purcell schrieb die erste Musik zu diesem Stoff (*The Fairy Queen,* uraufgeführt 1692), der deutsche Barockdichter Andreas Gryphius seine *Absurda Comica oder Herr Peter Squentz.*

Hauptsächlich im Zusammenhang mit der Bühnenmusik Felix Mendelssohn Bartholdys (1843) und der Übersetzung August Wilhelm Schlegels und Ludwig Tiecks bildete sich im 19. Jahrhundert die romantische Auffassung des *Sommernachtstraums* als einem poetischen Zaubermärchen heraus. Kein anderes Stück Shakespeares ist seitdem so mit romantischen Sehweisen verklärt worden, gipfelnd in den wiederholten Inszenierungen Max Reinhardts seit 1905 und in dem heute niederschmetternd trivial wirkenden Hollywood-Film von Max Reinhardt und William Dieterle vom Jahre 1935. Als Gegenströmung setzte dann im 20. Jahrhundert nach und nach der Abbau dieser von der Romantik beeinflußten Aufführungspraxis ein. Die kritischere Haltung zur Schlegel-Tieck-Übersetzung und eine Lösung von der Begleitmusik Mendelssohns deckten die ernsten, bedrohlichen und unheimlichen Seiten dieser Sommernacht auf. Aus einem idyllisch-märchenhaften Traum wurde ein Natur-Pandämonium, in dem die Liebespaare und Handwerker den unkontrollierbaren Kräften der Natur erliegen und die Elfen nicht mehr hübsch-harmlose Ballettfiguren sind, sondern dämonische Elementargeister. Der Shakespeare-Forscher Jan Kott hat auf diese Freilegung unheimlicher Kräfte in Natur und Seele hingewiesen, die Musik von Carl Orff zum *Sommernachtstraum* betont sie.

1959 komponierte Benjamin Britten eine Oper nach diesem Bühnenstück. Botho Strauß hat mit *Der Park* die *Sommernachtstraum*-Motivik neu gestaltet. Ein bonbonfarbenes Zaubermärchen vor Shakespeareschem Hintergrund ist Woody Allens Film und Stück *A Midsummer Night's Sex Comedy*. Imponierende Theateraufführungen der letzten Jahrzehnte waren Peter Brooks ekstatisch-artistisches Modell (Stratford-upon-Avon 1970) und Dieter Dorns die Erotik bloßlegender *Mittsommernachtstraum* von 1978 an den Münchner Kammerspielen.

Der Kaufmann von Venedig

The Merchant of Venice

Komödie in 5 Akten

PERSONEN

Antonio, der Kaufmann von Venedig

Bassanio, sein Freund

Solanio ⎤
Salarino ⎟
Graziano ⎬ Freunde des Antonio
Salerio ⎦

Lorenzo, Liebhaber der Jessica

Shylock, ein Jude

Jessica, seine Tochter

Tubal, ein Jude, Shylocks Freund

Lanzelot Gobbo, Shylocks Diener

Der alte Gobbo, Lanzelots Vater

Leonardo, Bassanios Diener

Der Doge von Venedig

Porzia, eine reiche Erbin

Nerissa, ihre Begleiterin

Prinz von Marokko ⎤
Prinz von Arragon ⎦ Freier der Porzia

Balthasar ⎤
Stephano ⎦ Diener der Porzia

Senatoren von Venedig, Beamte des Gerichtshofs, Gefangenenwärter, Bedienstete, Gefolge

ORT
Venedig und Porzias Landsitz in Belmont

ZEIT
Shakespeare-Zeit

HANDLUNG
Der reiche venezianische Kaufmann Antonio hat sein gesamtes Vermögen in Schiffe und in diverse Handelsunternehmungen mit Übersee investiert. Als ihn sein Freund Bassanio eines Tages dringend um Geld bittet, um in Belmont standesgemäß um die Hand der schönen und maßlos reichen Porzia anhalten zu können, sieht sich Antonio gezwungen, ein Darlehen aufzunehmen. Er wendet sich ausgerechnet an den wohlhabenden Juden Shylock, der in Venedig berüchtigt ist wegen seines Geizes und seiner üblen Geldgeschäfte mit Wucherzinsen.

Shylock verachtet die Christen aus tiefster Seele, weil sie ihm in Venedig das Leben zur Hölle machen und ihn wie einen Aussätzigen behandeln. Besonders Antonio ist ihm schon seit langem verhaßt. Nicht erst, seit er von ihm auf offener Straße einmal grundlos beleidigt und angespuckt worden war, sondern hauptsächlich deswegen, weil er ihm die Geschäfte verdirbt. Seitdem nämlich Antonio häufig zinslose Kredite vergibt, ist der Zins auf dem venezianischen Kapitalmarkt auf einen Tiefststand gesunken, bei dem Shylock keine Gewinne mehr erzielt.

Um so erstaunter ist nun Antonio, als Shylock ihm die geforderte Darlehenssumme anstandslos und sogar ohne Zinsansprüche gewährt und nur eine Bedingung, fast wie zum Spaß, daran knüpft. Er möchte bei Nichteinhaltung der Darlehensfrist ein Pfund Fleisch aus Antonios Körper schneiden dürfen. Antonio und seinen Freunden erscheint diese Forderung verrückt und darum völlig unrealistisch, niemand will an eine Einlösung dieser Bedingung auch nur ernsthaft denken. Der Kaufmann Antonio unterschreibt also den Schuldschein.

Ein ganz anderer Schauplatz: das von Licht, Musik und schöner Nachtluft durchflutete Belmont, der Landsitz der hübschen Porzia. Sie ist Alleinerbin eines großen Vermögens und muß nach und nach die verschiedensten Freier empfangen, die sich um ihre Hand bewerben. Der letzte Wille ihres Vaters nämlich engt sie in ihren eigenen Heiratsabsichten völlig ein. Sie darf selbst nicht wählen, wen sie will, und nicht ausschlagen, wen sie nicht will. Die Entscheidung, wen sie heiraten darf, wird durch ein Losverfahren getroffen. Wer von den Freiern aus drei verschlossenen Kästchen, einem goldenen, einem silbernen und einem aus Blei, dasjenige auswählt, das Porzias Bild enthält, darf die reiche Erbin heiraten. Die Prinzen von Marokko und Arragon sind angetreten, ihr Glück zu versuchen, und auch Bassanio ist, mit Antonios Darlehen fürstlich herausgeputzt, aus Venedig eingetroffen. Bassanio wählt als einziger das richtige, nämlich das bleierne Kästchen und gewinnt damit Porzia zur Frau, die ihn heimlich längst schon liebt.

In Venedig ist indessen die Hiobsbotschaft eingetroffen, daß Antonio seine sämtlichen Schiffe und damit sein gesamtes Vermögen auf See verloren hat. Für Antonio heißt das, daß er Shylock das Darlehen mit Sicherheit nicht mehr rechtzeitig wird zurückzahlen können. Shylock hat auch schon Anzeige erstattet. Shylocks Rachegefühle gegen Antonio und überhaupt gegen alle Christen finden zusätzliche Nahrung, als er feststellen muß, daß seine Tochter Jessica, nicht ganz unfreiwillig, von dem Venezianer Lorenzo entführt worden ist und dabei reichlich Schmuck und Bargeld hat mitgehen lassen.

Bassanio, durch seine bevorstehende Heirat mit Porzia vermögend geworden, eilt aus Belmont nach Venedig zurück, um dem Freund das Darlehen zurückzugeben. Aber die Frist für die Rückzahlung an Shylock ist bereits abgelaufen. Der Jude macht vor Gericht mit aller Härte und Unerbittlichkeit seine, wie er meint, berechtigten Ansprüche aus dem Schuldschein geltend, nämlich ein Pfund Fleisch aus Antonios Körper schneiden zu dürfen. Er bleibt auch dann unnachgiebig, als selbst der Doge ihn um Milde bittet und Bassanio die sofortige Rückzahlung der doppelten Darlehenssumme anbietet. Das Gericht ist ratlos und beschließt, ein Gutachten des Rechtsgelehrten Doktor Bellario aus Padua anzufordern.

Als dessen Abgesandte geben sich nunmehr die verkleidete Porzia und ihre Freundin Nerissa aus und übernehmen die Verhandlungsführung, ohne daß sie jemand erkennt. Selbst ihr zukünftiger Ehemann Bassanio ahnt nicht, daß der so außerordentlich kluge und kühle, wenn auch etwas schmächtige Advokatus seine geliebte Porzia ist, und er läßt sich von diesem wunderlichen Gesellen auch noch den Ring abschwatzen, den Porzia ihm geschenkt hat. Ein Faustpfand für die übermütige Porzia, um den armen Bassanio noch ganz schön ins Schwitzen zu bringen.

Noch einmal ergeht der Appell an Shylock, Gnade zu zeigen und die bereitliegende Darlehenssumme anzunehmen. Shylock besteht auf seinem Recht. Da verkündet Porzia das Urteil: Shylocks Ansprüche bestehen zu Recht. Ein Pfund Fleisch darf er sich aus Antonios Körper schneiden. Doch Vorsicht! Kein Gramm mehr oder weniger. Und auch kein Tropfen Blut darf fließen, denn im Schuldschein ist ausdrücklich nur von einem Pfund Fleisch die Rede. Shylock sieht sich mit seinen eigenen Waffen geschlagen, und Porzia erhebt im Namen des Staates Venedig Gegenklage: Weil Shylock einem venezianischen

Bürger nach dem Leben getrachtet habe, sei er des Todes schuldig, und sein gesamtes Vermögen falle an den Staat. Der Doge von Venedig mildert das Urteil ab, indem er den Juden am Leben läßt und nur die eine Vermögenshälfte einzieht. Die andere Hälfte wird Antonio überschrieben, der diesen Anteil für Shylocks Tochter Jessica verwalten will. Shylock wird aufgefordert, diesen Teil offiziell Jessica und ihrem Bräutigam Lorenzo zu vermachen und sich außerdem taufen zu lassen. Als gebrochener Mann verläßt der Jude Shylock den Gerichtssaal.

Auf Porzias Landsitz in Belmont wird das glückliche Ende des Prozesses gefeiert. Porzia und Nerissa, die verkleideten Advokaten, haben sich zu erkennen gegeben. Antonio erfährt, daß doch nicht alle seine Schiffe untergegangen sind. Drei Hochzeiten werden gefeiert: Porzia heiratet Bassanio, Nerissa Antonios Freund Graziano und Jessica den Lorenzo. Die peinliche Angelegenheit mit dem Juden in Venedig ist vergessen.

ERLÄUTERUNGEN

Keine der Komödien Shakespeares grenzt so hart ans Tragische und wird so sehr von düsteren Untertönen begleitet wie *Der Kaufmann von Venedig*. Zwei durch innere Wechselbeziehungen verbundene Handlungen laufen nebeneinander her, um im kritischen Moment zusammenzutreffen, wobei sich die Tragik der einen der Heiterkeit der anderen schließlich unterordnet. Auf der einen Seite die venezianische Geschäftswelt mit ihren riskanten Handelsunternehmungen, ihrem dubiosen Finanzschacher und den damit verbundenen Rassendiskriminierungen, und auf der anderen die schöne heile Welt von Belmont, in der Reichtum, noble Lebensart und verklärtes Liebesglück sich zu einer wirklichkeitsfernen Märchenidylle zusammenfinden. Antonio ist der »königliche Kaufmann« in diesem venezianischen Geschäftsalltag, schwermütig, grüblerisch, ja fast weibisch in seiner Liebe zu Bassanio, ein Mensch, der seinem Geschäftsfeind Shylock ins Gesicht spuckt und ihm Fußtritte versetzt und ihn dann doch wieder um Geld angeht. Daneben die Hallodris aus reichem Haus, geldgierig und oberflächlich, die den Tag mit Nichtstun verbringen und nur auf Genuß und persönlichen Vorteil aus sind. Sie stellen die Verbindung zu Porzia in Belmont her, einem idealisierten Märchenfräulein voller Tugend und Schönheit, klug und reich, sehr reich. Und obwohl Porzias Vater der Tochter die eigene Wahl des Gatten verwehrt hat, bekommt das schöne Mädchen den Mann, den sie liebt. Ob sie bei der Kästchenwahl ein bißchen nachgeholfen hat?

Sie alle sind echte Lustspielfiguren, die Shakespeare nicht fest umrissen vorführt. Sie handeln teilweise unlogisch und inkonsequent und sind den

Zufällen der Ereignisse ausgeliefert. Einzig der Jude Shylock, der Außenseiter der Gesellschaft, läßt klare Motive und sichtbare Anlässe seiner Handlungs- und Verhaltensweisen erkennen. Er wächst darin zur echten Tragödienfigur empor, die ins Zentrum der ganzen Handlung tendiert, obwohl sie von der Anlage und dem Stücktitel her nicht unbedingt dorthin gehört. Shylock überragt alle anderen Gestalten des Dramas durch seine entsetzliche, deprimierende Größe. *Der Kaufmann von Venedig* ist entweder 1594 oder um 1596/97 entstanden. Die erste Druckausgabe erschien 1600, die Uraufführung fand davor in London statt. Die beiden Handlungsabläufe hat Shakespeare älteren Quellen entnommen. So stammt die Geschichte von den drei Kästchen, zwischen denen die Freier eines Mädchens zu wählen haben, bereits aus einem Roman des 8. Jahrhunderts. Die Geschichte vom Juden, der als Pfand für ein Darlehen ein Pfund Fleisch aus dem Körper des Schuldners fordert, kommt aus dem Orient. Zwei verschollene Schauspiele, *Der Jude* und *Joseph, der Jude von Venedig* (um 1593), könnten Shakespeare als Vorlage gedient haben.

Eine Aufführungsgeschichte des *Kaufmanns von Venedig* ist auch stets eine Darstellungsgeschichte der Shylock-Gestalt, die im 18. Jahrhundert noch durchaus als komische Figur gesehen und erst später in ihren wahren, ungeheuerlichen Dimensionen interpretiert worden ist. Nach dem Zweiten Weltkrieg und den Nazi-Greueln an den Juden ist dann die Frage gestellt worden, ob diese in ein Lustspiel eingeflochtene Shylock-Tragödie in Deutschland überhaupt noch zu spielen sei. Denn dem Unrecht, das der Jude Shylock im Stück, nicht ganz ohne eigenes Verschulden allerdings, erdulden muß, rechnet der heutige Zuschauer zwangsläufig all das hinzu, was den Juden inzwischen an Unrecht angetan worden ist. Alles, was Shylock zu sagen hat, hat nach Auschwitz einfach mehr Gewicht und wird mit wacheren Ohren aufgenommen als je zuvor. Natürlich war das Shylock-Stück der Nazis liebstes Hetzwerk auf dem Theater. Allein 1933 gab es 20 Inszenierungen. Bei einer Berliner Premiere 1942 saßen Statisten im Parkett, die den Juden Shylock mit Schmähungen begrüßten. Werner Krauss spielte den Juden, einer zeitgenössischen Nazi-Kritik zufolge, »in speckigem Kaftan« und mit »kralliger Gestik«. Er schleppte sich wie »etwas widerlich Fremdes, verblüffend Abschreckendes über die Bühne«.

In deutschsprachigen Theatern haben nach dem Zweiten Weltkrieg zwei große Schauspieler gegen die von der Vergangenheit beeinflußte Einstellung angespielt. Bei Ernst Deutsch (zum erstenmal 1957 und dann noch einmal 1964 im Deutschen Theater in München) war Shylock auch noch in seinen Haßausbrüchen ein ausgemergeltes, vereinsamtes Opfer der Gesellschaft, ein mit Füßen getretenes Tier, das den Ausbruch versucht und Mitleid erregt. Fritz

Kortner (in einer Fernsehproduktion von 1968) spielte einen unerbittlichen, bösen Greis, der in seinem Drang nach Vergeltung maßlos geworden ist, einen mitleidlosen Unmenschen, der die eigene Tochter verflucht und sein Messer wetzt, um seinem Gegner bei lebendigem Leib ein Stück Fleisch herauszuschneiden. Kortners Shylock war ein ungeliebtes, häßliches und verachtetes Monstrum, dessen Rachsucht und unbarmherzige Rechtsversessenheit erst durch die unmenschliche Behandlungsweise der christlichen Umwelt ausgelöst worden sind. Sein gnadenloser Haß, so wurde erkennbar, ist Reaktion auf ständig ertragene Unterdrückung.

Neuere Inszenierungen lösen sich allmählich von den philosemitischen Verklemmungen. Erschrocken muß man sich angesichts solcher Judendarstellung fragen, ob Shylock wieder böse sein darf (Peter Zadek 1973 in Bochum und 1988 am Wiener Burgtheater). Thomas Langhoff, Alfred Kirchner, Luca Ronconi und andere Regisseure versuchten mit unterschiedlichem Ergebnis szenisch zu erklären, warum dieser Jude Shylock das wurde, was er ist.

Was ihr wollt

Twelfth Night, or What You Will

Komödie in 5 Akten

PERSONEN

Graf Orsino, Herzog von Illyrien

Viola, verkleidet als Page Cesario

Sebastian, Violas Zwillingsbruder

Antonio, ein Kapitän

Olivia, eine reiche Gräfin

Junker Tobias von Rülp, Olivias Onkel

Junker Christoph von Bleichenwang, verliebt in Olivia

Malvolio, Olivias Haushofmeister

Maria, Olivias Kammermädchen

Der Narr ⎫
Fabio ⎬ in Olivias Diensten

Valentin ⎫
Curio ⎬ Kavaliere des Herzogs

Hofgefolge, Dienstleute Olivias, ein Priester, Matrosen, Gerichtsdiener, Musikanten

ORT

Eine Stadt in Illyrien und die benachbarte Seeküste

ZEIT

Shakespeare-Zeit

HANDLUNG

Orsino, Herzog von Illyrien, verzehrt sich in schwärmerischer Liebe zur schönen und reichen Gräfin Olivia. Doch er wird nicht erhört, weil Olivia geschworen hat, sieben Jahre lang den Tod ihres Bruders zu betrauern. Soeben kommt der Bote Valentin, den Orsino mit Liebesschwüren zu Olivia geschickt hat, unverrichteter Dinge wieder zurück.

Das Mädchen Viola hat sich bei einem Schiffbruch vor der Küste Illyriens retten können. Ihr Zwillingsbruder Sebastian, der mit ihr auf dem Schiff war, ist jedoch verschollen. Viola muß annehmen, daß er das Unglück nicht überlebt hat. Sie verkleidet sich als Page und bietet unter dem Namen Cesario Herzog Orsino ihre Dienste als Kastratensänger an, dann aber verliebt sie sich in ihn. Orsino seinerseits findet den Pagen ebenfalls nicht unsympathisch und stellt ihn ein. Nach und nach zieht er ihn ganz in sein Vertrauen, verrät ihm sogar seine intimsten Gefühle und schickt ihn schließlich mit einer neuen schmachtenden Botschaft zur angebeteten Olivia. Viola ärgert sich, als Page Cesario Liebesbriefe des liebeskranken Herzogs an eine andere Frau übermitteln zu müssen, sie will den Herzog selber haben.

Der Besuch bei Olivia nimmt dann jedoch einen unvorhergesehenen Verlauf. Viola ist zwar höchst zufrieden, als Olivia die Werbung des Herzogs schroff zurückweist, aber ihre Überraschung ist groß, als Olivia ihr plötzlich eröffnet, sie habe sich in sie, also den Pagen Cesario, verliebt. Als Viola geht, schickt ihr Olivia sogar noch einen Ring nach.

Somit ist bereits allerhand vorprogrammiert an Verwicklungen und Täuschungen von Gefühlen und Liebesbeziehungen, denn Viola liebt den Herzog, dieser Olivia und Olivia den Pagen Cesario, also Viola. Und alle Gefühle bleiben unerwidert.

Doch das Chaos der Verstrickungen wird noch größer, als Violas Bruder Sebastian unverhofft auftaucht. Er ist von seinem Freund, dem Kapitän Antonio, aus dem Schiffbruch gerettet worden. Seiner als Page verkleideten Schwester Viola sieht er zum Verwechseln ähnlich. Beide wissen jedoch noch nichts voneinander.

Olivia, die von der Existenz eines Bruders des Pagen Cesario erst recht nichts ahnt, wiederholt Sebastian gegenüber ihre Werbung, in der Meinung, Cesario vor sich zu haben. Sebastian ist zwar ebenso überrascht über den plötzlichen Heiratsantrag Olivias wie kurz vorher Cesario, aber er willigt ein und läßt sich von Olivia zum Altar führen.

Im Hause Olivias geben sich ihr Onkel Tobias von Rülp und dessen Freund, der alberne und in Olivia verliebte Junker Christoph von Bleichenwang, einem liederlichen Lebenswandel hin. Sie randalieren betrunken durchs Haus, pöbeln herum und sind dem sittenstrengen und pedantischen Haushofmeister Malvolio längst ein Dorn im Auge. Es kommt zu ständigen Reibereien, so daß beide Junker eines Tages beschließen, Malvolio mit einem üblen Streich aufs Glatteis zu führen. Das muntere Kammermädchen Maria hat eine Idee. Sie schreibt einen fingierten Brief an Malvolio, den dieser als Liebeserklärung seiner Herrin Olivia auffassen muß. Um ihr besonders zu gefallen, so heißt es darin, soll er gelbe Strümpfe tragen und sie kreuzweise mit Riemen umknoten. In ihrer Gegenwart soll er ununterbrochen lächeln. Als Malvolio sich daran hält, glaubt Olivia, er sei übergeschnappt, und läßt ihn einsperren.

Junker Tobias hetzt den in Olivia verliebten Junker Bleichenwang auf, sich mit dem Pagen Cesario im Zweikampf zu messen. Wenn er nämlich Cesario als Nebenbuhler ausschalten könne, dann sei ihm die Gunst Olivias so gut wie sicher. Bleichenwang, mutig geworden in der Hoffnung auf Olivias Hand, gerät jedoch an Sebastian und wird von ihm verprügelt.

Herzog Orsino erscheint nun selbst bei der Gräfin Olivia. Er will Olivia sprechen und der Sache mit seinem Pagen auf den Grund gehen, der auch gleich selber eintrifft. Und natürlich kommt jetzt schnell heraus, daß Cesario schon mit Olivia verheiratet ist. Der Priester, der die Trauung vorgenommen hat (zwischen Olivia und Sebastian allerdings), bestätigt das. Jetzt will sich der Herzog mit Cesario duellieren. Cesario-Viola fällt aus allen Wolken. Und nun erscheint auch noch Kapitän Antonio, der in Cesario-Viola den Mann erkennt, den er gerade heil an Land gebracht hat. Unfaßbar für ihn, daß ihn dieser »Mann« jetzt verleugnet.

Das Maß der Verwirrungen hat eine unerträgliche Spannung erreicht. Keiner traut mehr dem anderen, ja, man beginnt sogar an sich selbst zu zweifeln. Da löst sich plötzlich alles in Wohlgefallen auf, als Sebastian auftritt. Viola schließt ihren totgeglaubten Bruder in die Arme und gibt sich als Mädchen zu erkennen. Herzog Orsino entdeckt seine Liebe zu Viola, seinem ehemaligen Pagen, und bittet sie um ihre Hand. Im Hause Olivias soll die Hochzeit gefeiert werden. Gekränkt bleibt als einziger Malvolio zurück, obwohl er schließlich voll rehabilitiert worden ist.

Der Narr, der mit seinem melancholischen Witz immer wieder in die Handlung eingegriffen und sie begleitet hat, beschließt das Geschehen mit seinem Lied vom Regen und Wind.

ERLÄUTERUNGEN

Was ihr wollt ist die letzte große Komödie Shakespeares, die Krönung all seiner heiteren Spiele, bevor der Dichter endgültig Abschied nimmt von den Lustspiel-situationen, um sich vollends den großen, »schweren« Tragödien zuzuwenden. In *Was ihr wollt* deutet sich dieser Umschwung ins Ernsthafte und beinahe Tragische schon merklich an. Es ist eine schwarze Komödie. Doch eine Komödie eben auch. Das Lachen korrespondiert mit der Bitternis und umgekehrt. Immer wieder scheint eine Schwermut durch, die sich in einzelnen Handlungszügen besonders deutlich niederschlägt und in der Figur des Narren einen skeptischen, traurig-ironischen Deuter gefunden hat. Die beiden später entstandenen Stücke *Troilus und Cressida* und *Maß für Maß* sind bereits so mit Trübsinn und Bitternis gesättigt, daß sie ihre Bezeichnung als Komödie eigentlich nicht mehr zu Recht tragen.

Die Melancholie in *Was ihr wollt* ist im Grunde auch dort immer noch spürbar, wo Shakespeare dem Komödiantischen ein breites Feld einräumt: in den komischen Nebenhandlungen um den gespreizten Haushofmeister Malvolio, die beiden Junker Tobias von Rülp und Bleichenwang, die Dienerin Maria und den Narren. Sie ist spürbar, obwohl diese Nebenhandlungen sogar recht ausführlich ausgespielt werden und obwohl letztlich doch niemand das generelle Happy-End für (fast) alle ernstlich bezweifelt. So bleibt ein schaler Geschmack auf der Zunge zurück, wenn man gelacht hat. Für jeden Spaß muß man bezahlen – früher oder später.

Der unglückselige Malvolio ist ein beredtes Symbol dafür. Ausgerechnet mit der Verführung zum Lächeln, einer doch liebenswerten menschlichen Äußerung, wird er aufs Glatteis seines Ehrgeizes geführt und dann in die Demütigung gestoßen. Treffender als mit diesem aufgesetzten Kunstlächeln kann jener schale Geschmack kaum ins Bild gebracht werden.

Fast alle beteiligten Personen lassen sich extrem leicht täuschen, verkennen die Tatsachen, handeln überstürzt, geben sich Illusionen hin und sind am Ende ihrem Selbstbetrug aufgesessen. Orsino ist in Wahrheit doch mehr in sich selbst und in den Zustand seines Schwärmens verliebt als in die angebetete Olivia. Olivia wiederum baut ein künstlich-frigides Trauergebäude um sich und ihre Frustration auf, weil der Richtige noch nicht gekommen ist – nur um dann prompt auf den Falschen hereinzufallen, auf den Pagen Cesario, der in Wirklichkeit das Mädchen Viola ist. Viola wiederum, nach dem Schiffbruch und dem vermuteten Tod des Bruders in blanker Existenzangst, geht als Kastrat, also geschlechtsloser Eunuch, zum Herzog und gibt sich dem Lauf ihrer Gefühle hin. »Was sonst geschehen mag, wird die Zeit schon zeigen«, meint sie. In einem Dreiecksspiel gehen Orsino, Olivia und Viola-Cesario durch ein Gestrüpp von Liebesverirrungen und Täuschungen, Gefühlsgefährdungen und Frustrationen, bis schließlich das unvermutete Auftreten des Zwillingsbruders Sebastian den Knoten löst. Und auch unter den komischen Gestalten herrschen Selbstbetrug und gegenseitige Täuschung.

Am Schluß haben sich die Paare gefunden, Viola und der Herzog, Sebastian und Olivia, nachdem sie erst durch eine Verwirrung ihrer Gefühle bis zur Zerrüttung ihrer Existenz getrieben wurden und zwei von ihnen bei anderen als den ursprünglich erhofften Partnern, die aber dann die richtigen sind, gelandet sind. Malvolio geht leer aus – und auch Antonio, der Sebastian liebt.

Der Narr sieht die Wirklichkeit so, wie sie ist, und läßt sich in seiner realistischen Weltsicht auch nicht durch die Euphorie der endlich vereinten Liebespaare irritieren. Seine Weisheit und Einsicht in die Zusammenhänge menschlichen Geschehens und Handelns haben seinen dünnhäutig gewordenen Humor gebrochen und diesen mit einer stets durchscheinenden Wehmut umkleidet.

Was ihr wollt ist zwischen 1600 und 1602 unmittelbar nach den beiden anderen Komödien *Viel Lärm um Nichts* und *Wie es euch gefällt* entstanden und gilt als Abschluß und Höhepunkt der früheren Lustspieldichtungen. Teile des Stoffs stammen, wie bei vielen Shakespeare-Komödien, aus italienischen Quellen. Andere Teile und Figuren sind Shakespeares ureigenste Erfindung, so etwa die Gestalt des Haushofmeisters Malvolio, der im Stück als »Puritaner«, also als extrem sittenstrenger Mensch, bezeichnet wird und mit dem der Autor wohl die Zensurbestrebungen und Reglementierungsversuche des damaligen Londoner Puritanertums dem Theater gegenüber lächerlich machen wollte. Die erste bezeugte Aufführung war in London am 2. März 1602. Im Druck ist *Was ihr wollt* erst viel später, 1623, überliefert.

Die klassische Übersetzung stammt von August Wilhelm Schlegel. Neuere Übersetzungen gibt es von Erich Fried, Hans Rothe und Rudolf Alexander Schroeder. Eine bemerkenswerte Aufführung brachte Fritz Kortner 1962 am Schiller-Theater in Berlin heraus. Wichtige neuere Aufführungen sind die von Dieter Dorn (1980 in den Münchner Kammerspielen) und Andrea Breth (1989 in Bochum).

Hamlet, Prinz von Dänemark

The Tragedy of Hamlet, Prince of Denmark

Tragödie in 5 Akten

PERSONEN

Claudius, König von Dänemark, Hamlets Onkel
Hamlet, Sohn des vorigen Königs und Neffe des gegenwärtigen
Gertrud, Hamlets Mutter, Witwe des vorigen Königs und Gattin des gegenwärtigen
Polonius, Oberkämmerer
Ophelia, dessen Tochter
Laertes, dessen Sohn
Horatio, Hamlets Freund
Rosenkranz ⎤
Güldenstern ⎥
Voltimand ⎬ Hofleute
Cornelius ⎦
Osrick, ein Hofmann
Fortinbras, Prinz von Norwegen
Der Geist von Hamlets Vater
Marcellus ⎤
          ⎬ Offiziere
Bernardo ⎦
Hofleute, Offiziere, Soldaten, Diener, Priester, Schauspieler, Totengräber,
    Matrosen, Boten, Gefolge

ORT
Am dänischen Königshof von Helsingör, eine Ebene in Dänemark, ein Kirchhof

ZEIT
Spätes Mittelalter

HANDLUNG
Auf der Burgterrasse in Helsingör erscheint den wachhabenden Offizieren seit drei Nächten ein Geist. Der tote König in Kriegsrüstung geht um. Den Soldaten ist das »Schreckbild« nicht geheuer, vielleicht auch nur ein Phantom ihrer eigenen Angst. Jedenfalls gibt das Gespenst auf Anrede keine Antwort. Deshalb weihen die Offiziere Marcellus und Horatio den Prinzen Hamlet in die Erscheinung ein. Vielleicht redet der Geist mit ihm.

Hamlet ist seit einigen Tagen wieder am dänischen Hof. Von der Universität Wittenberg, wo er studiert, hat man ihn heimgerufen, damit er an der Bestattungsfeier für seinen ganz plötzlich gestorbenen Vater teilnehmen kann. Es stellt sich heraus, daß nach dem Begräbnis auch noch die Hochzeit von Hamlets Mutter mit dem Bruder seines verstorbenen Vaters, Claudius, gefeiert werden soll. Für Hamlet eine zu eilige Hochzeit, da man doch eigentlich zum Begräbnis da sei. Widerlich findet er das. Er bekommt Ekelgefühle für diese Welt, in der seine Mutter wenige Wochen nach dem Tod des Vaters einen Fiesling wie Claudius heiraten kann. Claudius, Hamlets Onkel und plötzlicher Stiefvater, wird durch die Heirat neuer König, nicht Hamlet. Was steckt hinter dieser Eile?

Hamlet erhofft sich Aufschluß vom Geist des Vaters und will ihn in der kommenden Nacht selbst erwarten. Während im Schloß gefeiert wird, erscheint der Geist tatsächlich wieder und winkt Hamlet zu sich. Er bestätigt Hamlets Ahnung: Sein Vater ist vom eigenen Bruder Claudius ermordet worden, heimtückisch mit Gift, und sogar seine Mutter Gertrud war mit von der Partie. Hamlet soll die Schandtat rächen, dabei aber seine Mutter schonen.

Hamlet schwört es und läßt auch Marcellus und Horatio schwören, nichts von der Erscheinung zu verraten. Das Ereignis wird Hamlets Leben grundlegend ändern. Alle menschlichen Bindungen will er von nun an vergessen, alle bis auf eine, die zum verstorbenen Vater: »Die Zeit ist aus ihren Fugen gekommen; o! unseliger Zufall! daß ich geboren werden mußte, sie wieder zurecht zu setzen!«

Hamlet will Zeit für seinen Racheplan gewinnen, er muß überlegen, wie er vorgehen soll, will prüfen und taktieren. Niemand soll wissen, daß er schon was weiß. Deshalb will er sich nach außen hin verstellen, will ablenken, um den König samt seiner Hofgesellschaft in Sicherheit zu wiegen und unangreifbar zu sein. Hamlet nimmt ein »wunderliches Wesen« an, spielt verrückt.

Dem Königspaar ist Hamlets seltsames Benehmen, das er neuerdings zeigt, aufgefallen: Ist Hamlet so verschlossen, weil er die Wahrheit ahnt? Polonius, des Königs übereifriger und geschwätziger Oberkämmerer, glaubt eine Erklärung für Hamlets Benehmen zu haben. Er sei einfach verliebt in seine Tochter Ophelia, dafür gebe es sogar Beweise: Briefe und Gedichte Hamlets. Er, Polonius, will aber nicht, daß seine Tochter ein Verhältnis mit dem Prinzen hat. Das habe Hamlet eben um den Verstand gebracht.

Das Königspaar bleibt skeptisch. Claudius vermutet mehr hinter Hamlets eigenartigem Verhalten und will das ausspionieren lassen. Rosenkranz und Güldenstern, zwei ehemalige Studienfreunde Hamlets aus Wittenberg, jetzt Lackaffen im Dienste des Königs, werden auf Hamlet angesetzt. Auch eine Begegnung Hamlets mit Ophelia will man einfädeln, die abgehört werden soll.

Doch Hamlet hat die Absichten des Königs durchschaut und durchkreuzt sie: Mit seinen beiden Ex-Kommilitonen redet er viel wirres Zeug, aus dem sie nicht schlau werden.

Eine Schauspielertruppe, die Hamlet aus Wittenberger Tagen kennt und mit deren Mitgliedern er vertraut ist, wird angemeldet und hereingebeten. Sie kommt Hamlet gerade recht. Er ist noch immer nicht so weit, seinen Schwur dem Geist gegenüber in die Tat umzusetzen. Er zögert weiter und wägt ab. Schließlich muß er erst noch prüfen, ob der Geist nicht vielleicht doch ein Phantom der Hölle war. Mit Hilfe der Schauspieltruppe hofft er, Beweise für die Schuld des Königs zu bekommen. Er fordert die Schauspieler auf, am nächsten Tag vor dem Hof *Die Ermordung des Gonzago,* ein Repertoirestück der Truppe, zu spielen. Rosenkranz und Güldenstern können nun Hamlets Verhalten überhaupt nicht mehr deuten.

Schlimmer jedoch ergeht es der armen Ophelia. Der König und Polonius arrangieren eine Zusammenkunft zwischen Hamlet und ihr, um der Ursache seines Verhaltens auf den Grund zu kommen. Ophelia stellt sich lesend, während König und Polonius im Versteck warten. Hamlet kommt und spricht seinen berühmten Monolog »Sein oder Nichtsein, das ist hier die Frage« – Reflexionen über den Selbstmord, das Leben nach dem Tode, über Todesangst und Weltverzweiflung. Dann eröffnet er der im stillen immer noch verehrten Ophelia, daß er sie nie geliebt habe (trotz der zahlreich geschriebenen Liebesbriefe), warnt sie vor ihm und rät ihr, zu heiraten oder ins Kloster zu gehen. Das Mädchen bleibt verstört zurück:»Oh, was für ein edles Gemüt ist hier zugrunde gerichtet«, sagt sie.

Für den König ist klar: Dies hier ist kein Liebeswahn. Er befürchtet, daß Hamlet bereits alles herausgefunden hat, und beschließt, ihn bei nächster Gelegenheit mit einem politischen Auftrag außer Landes zu schicken.

Am nächsten Abend wird die mit den Schauspielern vereinbarte Pantomime, in der ein König mit Gift ermordet wird und der Mörder die Königin zur Frau nimmt, vor dem Königspaar und dem Hof vorgetragen, und Hamlets Rechnung geht auf: Aufs äußerste erregt bricht der König an der entlarvenden Stelle die Vorstellung ab und verläßt überstürzt mit dem ganzen Hofstaat das Fest.

Endlich: Hamlet hat die Gewißheit. Der Geist hat die Wahrheit gesagt. Jetzt müßte er handeln. Die Gelegenheit bietet sich schnell, als Hamlet auf dem Weg zur Mutter den König allein im Gebet überrascht. Jetzt könnte er seinen Vater rächen, doch er zögert erneut und überlegt: So will er den König nicht sterben lassen – mit einem Gebet der Reue auf den Lippen und dann in den Himmel!

In ihren Gemächern erwartet die Königin ihren Sohn. Nur sie könnte noch etwas aus Hamlet herausholen. Deshalb erlaubt sie Polonius, das Gespräch hinter einem Vorhang zu belauschen. Hamlet kommt. Im Verlauf der Unterredung verrät sich Polonius in seinem Versteck. Hamlet rammt seinen Degen durch die Tapetentür, weil er den König als Spitzel dahinter vermutet. Der tote Polonius fällt heraus. Hamlet bereut seinen Irrtum. Der Mutter sagt er, daß er alles weiß, und wirft ihr Mitschuld am Tod des Vaters vor. Als er sie mit Worten zu hart angreift, ruft ihn der Geist des toten Vaters, von der Königin unbemerkt, zur Ordnung: Claudius gelte die Rache, nicht der Mutter. Hamlet zwingt sich zur Mäßigung und rät der Mutter, das Bett des Onkels zu meiden.

Der König, der von den Vorgängen erfahren hat, will Hamlet so schnell wie möglich loswerden und schickt ihn per Schiff nach England. Rosenkranz und Güldenstern sollen ihn dorthin begleiten und einen Brief weiterleiten, der den Auftrag enthält, Hamlet zu beseitigen. Hamlet entdeckt unterwegs das Schreiben und ändert es heimlich ab: Statt seines eigenen Namens setzt er – erstaunlich kaltblütig – die von Rosenkranz und Güldenstern ein. Während eines Korsarenüberfalls gelingt es ihm, sich abzusetzen. Allein kehrt er nach Dänemark zurück und unterrichtet Freund Horatio von dem Vorgefallenen.

Inzwischen hat Ophelias Bruder, Laertes, seinen Frankreichaufenthalt unterbrochen, um den Tod seines Vaters an Hamlet zu rächen. Er erfährt, daß sich Ophelia, dem Wahnsinn verfallen, in einem See ertränkt hat. Der König bestärkt Laertes in seinen Racheplänen und betont die Mitschuld Hamlets am Selbstmord Ophelias.

Auf dem Friedhof von Helsingör kommen Hamlet und Horatio hinzu, als zwei Totengräber ein Grab ausschaufeln und auf den Totenschädel des Spaßmachers Yorick stoßen. Den Schädel in der Hand philosophiert der Prinz über die Vergänglichkeit irdischen Lebens.

Ein Trauerzug naht, angeführt von Laertes, mit der Leiche Ophelias. Man sagt Hamlet, daß Ophelia in geistiger Umnachtung ins Wasser gegangen und ertrunken sei. Am offenen Grab Ophelias kommt es zu einem Handgemenge zwischen Laertes und Hamlet, das der hinzugekommene König geschickt abbricht. Viel besser sei es doch, einen offenen sportlichen Zweikampf vor aller Augen auszutragen. Claudius überredet Laertes insgeheim, für das Schauduell einen geschärften Degen statt des vorgesehenen stumpfen zu wählen und die Spitze zu vergiften. Um ganz sicher zu gehen, wird er selbst noch einen Becher mit vergiftetem Wein bereithalten, den er dem erhitzten Hamlet in einer Fechtpause reichen will.

Hamlet möchte sich vor dem Zweikampf noch mit Laertes aussöhnen. Er begründet sein Verhalten mit seiner Geistesverwirrung. Das Duell beginnt und nimmt einen katastrophalen Verlauf. Während des Kampfes trinkt die ahnungslose Königin auf Hamlets Wohl aus dem Giftbecher. Hamlet wird von Laertes mit dem vergifteten Degen leicht verletzt. Nun weiß er, daß Laertes mit scharfer Klinge kämpft. Es gelingt ihm, die Waffen während des Kampfes zu vertauschen und Laertes eine schwere Verwundung zuzufügen. Die Königin ist mittlerweile tot zu Boden gesunken. Der sterbende Laertes beichtet Hamlet den ganzen Mordplan des Königs. Hamlet, von der Wirkung des Giftes bereits geschwächt, rafft sich auf und ersticht den König mit der Giftwaffe. Dann stirbt auch er.

Das dänische Königshaus ist ausgestorben. Damit ist auch ein aus Hamlets Vaters Zeit schwelender Gebietskonflikt mit Norwegen gelöst. Der Norweger Fortinbras, der längst Truppen an den Grenzen zu Dänemark mobil gemacht hatte, wird ohne Kampf die dänische Krone übernehmen. Hamlet soll mit königlichen Ehren bestattet werden.

Erläuterungen

»Es ist was faul im Staate Dänemark« – Krisen und Konflikte im Innern und auch in äußeren Angelegenheiten lassen das dänische Königreich nicht zur Ruhe kommen. Die Ordnung ist zerstört. Im Innern: Der alte König, kürzlich verstorben, findet keine Ruhe und geht als Geist um. Dessen Bruder hat die Herrschaft entgegen der natürlichen Erbfolge durch Mord an sich gerissen. Im Äußeren: Der norwegische Prinz Fortinbras steht mit Truppen an den Grenzen und erhebt Gebietsansprüche. Dazwischen der legitime Thronfolger Hamlet, 30 Jahre alt, ein melancholischer Intellektueller, zwischen aufgeklärtem Vernunftsdenken (Universität Wittenberg) und altem Feudalismus schwankend; er soll eingreifen, ordnen und die Konflikte lösen, soll ungesühnten Brudermord und Thronraub rächen, das Böse richten und die Ruhe im Lande wiederherstellen.

Ausgerechnet eine Schauspieltruppe bringt dann für Hamlet die bittere Wahrheit ans Licht (wo sie doch sonst nur mit Illusionen handelt) und führt mit ihrem Spiel zwischen Schein und Sein den dramatischen Umschwung herbei. Ein schonungsloses Gemetzel findet statt, bei dem jedoch alle, bis auf den echten Übeltäter Claudius, Verlegenheitsopfer sind, Zufallstote: Polonius, der intrigante Politiker, wird unbeabsichtigt Opfer seines Berufsstandes. Ophelia nimmt Hamlets vorgetäuschten Wahnsinn für bare Münze und geht an einer eigenen, echten Gefühlsverwirrung zugrunde. Sie ist am schlimmsten dran, denn sie liebt Hamlet, eben »bis zum Wahnsinn«, während Hamlet ihr zwar seine Liebe oftmals versichert, aber sich ihr seelisch und körperlich verweigert hat. Ausgerechnet bei ihr, der unschuldigsten aller Beteiligten, beginnt Hamlet mit dem Abschied von der Welt, was sie nicht begreifen kann. Und ihr ungeduldiger Bruder Laertes, beileibe kein böser Gegenspieler Hamlets, nur gegen ihn aufgehetzt: er stirbt im aufgedrängten Zweikampf. Die Mutter fällt dem Gift zum Opfer, das für Hamlet vorgesehen war. Rosenkranz und Güldenstern enden durch eine simple Brieffälschung. Und Hamlet selbst stirbt durch die Intrige des Königs an einer manipulierten Waffe. Hamlets Freund Horatio spricht am Schluß »von lüstern, unnatürlich-blutrünstigen Taten, von blinder Himmelsfügung, Zufallsmorden, von Toden durch Verstrickung, List, Gewalt, von Plänen, fehlgelaufnen, zurückgefallen auf der Erfinder Haupt.«

Eine gewaltige Anhäufung also von Irrtümern und Zufällen, von Fehlverhalten, Verzerrungen und Unnatürlichkeiten, die allesamt von Hamlet ausgelöst und verschuldet wurden. Was treibt diesen Hamlet dazu? Ist er nur feige und handlungsträg, ist er listig, ist er theologisch verunsichert, weil er Mord mit Mord vergelten soll? Was will dieser Unglückswurm Hamlet eigentlich?

Die Entscheidungsfindung, die Hamlet vom Geist des Vaters aufgezwungen wurde, wird für ihn zum intellektuellen Problem. Er soll den Mord am Vater rächen, aber sich selbst dabei nicht in Schuld verstricken. Wie kann das geschehen, wo doch Hamlets Mutter vom Mord weiß und ihr Bett mit dem Mörder teilt? Soll er sein Wissen über den Mord gleichfalls in einen Mord umsetzen? Soll er sich dem vielleicht durch Selbstmord entziehen, wie er im Monolog »Sein oder Nichtsein« erwägt? »Von des Gedankens Blässe angekränkelt«, ist er zu keiner konkreten Entscheidung fähig. Er kann das Versprechen, das er dem Geist gegeben hat, nicht einlösen. Der unauslöschliche Widerspruch zwischen der Notwendigkeit, die Gerechtigkeit wiederherzustellen, und der Selbstverschuldung, die dabei entsteht, lähmt Hamlets Entschlußkraft.

Gleichzeitig ist Hamlets Charakter nicht stabil und gefestigt genug, um die notwendigen, dem Vater geschworenen Entschlüsse durchzuführen. Er ist alles mögliche, ein melancholischer Spötter, ein Zauderer mit Mutterbindung, ein neurotischer Einzelgänger, ein kraftloser Grübler, der aber zu spontanen Handlungen neigt, nur: entschlossen ist er nicht. Hamlet geht sogar noch einen Schritt weiter: Um für seine Umwelt erst gar nicht den Eindruck von Entschlossenheit aufkommen zu lassen, stellt er sich wahnsinnig, wenn es die Sachlage erfordert. Er wird zum Schwachsinnssimulanten aus purer Selbsthilfe. Sein Wahnsinn ist die Maske, hinter der er seine Absichten versteckt und durch die er Wahrheiten ungestraft äußern kann. In ihm und durch ihn verschafft er sich den Abstand zu der Welt, die er anders nicht mehr anschauen und verstehen kann. Nur in ihm erträgt er noch diese Hofgesellschaft mit ihren Intrigen und vor allem das Verhalten seiner Mutter.

Als Intellektueller, der alle Ereignisse und Begebenheiten um sich herum analytisch betrachtet, steht Hamlet sich selbst und seinem Handeln im Weg. Er will Gewißheit. Er benötigt erst unumstößliche Erklärungen und Beweise, ehe er tätig wird. Und da diese Beweise lange Zeit ausbleiben, findet er auch immer wieder Gründe, sein Handeln hinauszuzögern. Während seines Studiums in Wittenberg hat er gelernt, alles, sogar das eigene Gewissen, zu prüfen, ehe er etwas unternimmt. Dort hat er ein studentisches Leben geführt, eine intellektuellere, freiere Luft geatmet, während er zu Hause wieder auf den alten Muff stößt. (Der Umgang mit den Schauspielern, die er von Wittenberg her kennt, verrät da viel von seinem damaligen Leben.)

Aber Hamlet ist nicht in der Lage, mit aller Konsequenz und allem Nachdruck dem zu folgen, was sein Gewissen ihm eingibt. Die inneren Konflikte bleiben unlösbar und machen ihn handlungsunfähig; das aber führt zu Fehlhandlungen: zum Beispiel, wie er äußerst kaltblütig seine Studienfreunde Rosenkranz und Güldenstern ans Messer liefert oder den Spion Polonius in einer Schnellreaktion ersticht.

Hamlets Charakterzüge und Handlungsweisen finden eine Erklärung in der generellen Protesthaltung gegen das unbegreiflich Böse in der Welt, das der »von Gottes Gnaden« inthronisierte Claudius in seinen Augen verkörpert und das von Hamlets Mutter bereits Besitz ergriffen hat. Er muß die Frage des Widerstands gegen das Böse, die Frage nach der befreienden Tat in einer Welt des abgrundtiefen Verbrechens lösen, ohne selbst zum Verbrecher zu werden. An der Bekämpfung dieses Bösen muß Hamlet scheitern, weil sich ihm mal sein eigenes Denken, mal sein Gefühl, mal sein Gewissen und mal alle drei zusammen behindernd in den Weg stellen. Er hat dieses Scheitern vor Augen, wenn er seinen gierigen Selbstzerstörungswunsch herausschreit: »Wär' die Nacht erst da!«

Dieser Prinz von Dänemark ist eine der komplexesten Figuren Shakespeares. Unmöglich, sie auf einen Nenner zu bringen. Keine Aufführung wird diese Titelfigur schlüssig deuten können, und die Fragen, die das Stück mit dieser Gestalt aufwirft, werden immer ohne abschließende Antwort bleiben. Allein aus Hamlets wahrer psychischer Verfassung und seinem jeweiligen Verhalten – und nicht etwa aus seinem gespielten Wahnsinn heraus – ließe sich fast so etwas wie ein Katalog seelischer Defekte zusammentragen: Halluzinationen, Hysterie und Wutausbrüche, manische Depression, verdrängter Ödipuskomplex mit starker Mutterbindung, Sadismus, Andeutungen von Masochismus, Selbstsucht und Narzißmus (er ist verliebt in das eigene Unfertigsein), gefährliches Außenseitertum mit Bedrohung für die Umwelt, bis zum Autismus gehend, übertriebener Puritanismus, homosexuelle Ansätze, sexuelle Neurosen, Neigung zur Schizophrenie. Was man auch anführen mag, Hamlet hat es. Wer die Hamlet-Rolle also psychologisch spielen will, muß sie pathologisch spielen.

Aber die Vielschichtigkeit dieses Dramas liegt nicht nur in der Undurchschaubarkeit der Hamlet-Gestalt, in der Vielzahl der hamletischen Themen wie Melancholie und Tod, Zwiespalt und Hinfälligkeit des Menschen, Liebe, Macht, Vergeltung. *Hamlet* wäre nicht *Hamlet*, wenn es nur um Hamlet ginge. Es geht auch um die aus den Fugen geratene Zeit, um eine dramatische Zeitenwende. Die Welt ist nicht die Welt, die sie war, weil die politische Ordnung, die gottgewollte Gefügtheit des mittelalterlichen Königtums, durch Verbrechen erschüttert ist und sich auflöst. Die alten Werte sind verrottet, und die neuen haben noch nicht Fuß gefaßt. Heillos ist das Erbe, das die Elterngeneration hinterläßt. Auch der alte Polonius kann seinen Kindern nur noch Lehren hinterlassen, die hohl geworden sind und nicht mehr ankommen. Die »reiche Erfahrung«, auf die er so stolz ist, zählt nicht mehr. Und eben dies kann er nicht begreifen. Durch Zufall, gleichsam nebenbei, kommt er dann auch um, durch die Hand der Nachfolgegeneration.

Ein System, eine ganze Gesellschaft, bricht auseinander. Der Untergang des Mittelalters kündigt sich an und damit der Aufbruch in die Moderne. Es ist die Krisenzeit zwischen mittelalterlichem Gespensterglauben und aufgeklärter Weltskepsis. Zwar werden die alten Worte und Parolen noch gebraucht, aber das neue Denken macht sich schon breit. Die alte Macht ist im Abklingen, ist nur noch eine Geist-Erscheinung, die neue wartet mit dem Marschtritt der Fortinbras-Truppen bereits vor den Toren. Dazwischen steht Hamlet, nicht als Rebell oder Repräsentant des Neuen, sondern als Verweigerer mit Einsamkeitswünschen und Todesgedanken. Die Geburtswehen der neuen Zeit hinterlassen ihre tödlichen Spuren.

Der Stoff der *Hamlet*-Tragödie reicht zurück weit vor die Zeit Shakespeares. Bereits in den *Historiae Danicae* des Chronisten Saxo Grammatius (Ende 12. Jahrhundert) finden sich die Personen und die wesentlichen Handlungselemente vorgeprägt. Als unmittelbare Vorlage für Shakespeare darf eine erweiterte Bearbeitung der *Hamlet*-Geschichte aus dem Jahre 1582 angesehen werden. In London wurde 1594 ein *Hamlet*-Drama aufgeführt, das viel Aufsehen erregt hat und dessen Text nicht überliefert ist. Mit Sicherheit hat Shakespeare auch auf dieses *Hamlet*-Stück zurückgegriffen. Die erste Aufführung von Shakespeares Tragödie war im Juli 1602 in London. Unmittelbar danach, 1603, erschien ein schlechter Raubdruck, der die gesamte *Hamlet*-Geschichte auf das rein kriminalistische Handlungsgerüst reduziert. Hier kommt freilich die Königin noch gut weg, weil sie ausdrücklich beteuert, von der Ermordung ihres Gemahls nichts gewußt zu haben. (Diese Urfassung der Tragödie erschien als *Hamlet 1603* um 1970 auch auf manchen deutschsprachigen Bühnen.) Die erste offizielle Druckausgabe kam 1604 als Korrektur des Raubdrucks heraus.

Hamlet, Prinz von Dänemark ist mit rund 4000 Zeilen Shakespeares längstes Drama, zugleich das vieldeutigste und facettenreichste. Heute, nach vier Jahrhunderten, ist es noch immer die meistinterpretierte und meistdiskutierte Shakespeare-Tragödie. Mit der Sekundärliteratur dazu ließe sich gut eine ganze Bibliothek füllen. Zu allen Zeiten hat *Hamlet* die unterschiedlichsten Deutungen und Auslegungen erfahren. Es gibt kein Schauspiel der Weltliteratur, das durch sich selbst alle Sehgewohnheiten und Konventionen, mit denen man es begreiflich machen will, immer wieder so zerstört wie *Hamlet*. Die Unruhe, die in ihm liegt, wirkt immer und nach allen Seiten.

Hamlet auf der Bühne: Auch in den »besten« Aufführungen bleibt immer ein Theaterrätsel übrig. Die Liste ehrgeiziger, kurioser, extremer, fragmentarischer, dubioser, bedeutungsvoll »tiefer« *Hamlet*-Deutungen ist genauso lang wie die Aufführungsgeschichte. Shakespeares *Hamlet* ist ein politisches, höfisches, psychologisches, religiöses, philosophisches, mythisches, familiäres Drama oder alles zusammen. Hamlet gibt es im Frack oder als Nudist, als Popstar, Operettenfigur, Neurotiker, Fernsehfreak, als tückisches Monstrum, als Frau oder als »Deutschen«. Wer ist Hamlet? Die berühmteste, begehrteste und am meisten malträtierte Rolle der Weltliteratur wird sich nie eindeutig darstellen lassen. *Hamlet,* das Stück und die Figur, hat Regisseure und Darsteller immer zu extremen Darstellungsweisen provoziert. Kein Regisseur, der sich nicht mit diesem unerklärlichsten aller Bühnenvorkommnisse intensiv beschäftigt, kein Schauspieler, der nicht eigene Gedanken zu dem berühmtesten aller Bühnenmonologe entwickelt hat. Der englische Shakespeare-Forscher John Dover Wilson dazu:»Es gibt so viele Hamlets, wie es Schauspieler gibt, die ihn spielen.« Der deutsche Dichter Wilhelm Schlegel dagegen bezweifelte,»daß den Hamlet darzustellen ein Unternehmen für einen sterblichen Mann ist.« Dennoch haben fast alle großen Schauspieler ihn gespielt.

Auch andere Sparten haben sich des Rätsels *Hamlet* angenommen. Es gibt zahlreiche Opern (darunter als wichtigste, aber kaum gespielt, die Vertonungen von Ambroise Thomas, Hermann Reutter und Humphrey Searle), *Hamlet*-Ballette (zum Beispiel von Boris Blacher) und Filme, besonders die beiden großen von Laurence Olivier (England 1947/48) und Grigorij Kosinzew (UdSSR 1964) mit der Musik von Schostakowitsch. Weitere Spiele um das Hamlet-Thema sind etwa *Hamlet in Wittenberg* von Gerhart Hauptmann

(1935), *Rosenkranz und Güldenstern* von Tom Stoppard (1966) und Joseph Papps Hamlet-Paraphrase *Der nackte Hamlet* (1971). Um den Vorhangzieher bei einer ausgefallenen *Hamlet*-Aufführung geht es in Rainer Lewandowskis Stück *Heute wieder Hamlet* (1985).

Mehrere deutsche Übersetzungen existieren, etwa die von Erich Fried, Johann Joachim Eschenburg, Peter Zadek und Gottfried Greiffenhagen, Hans Rothe, Adolf Dresen, Heiner Müller. Meist entscheidet man sich für die klassische von August Wilhelm Schlegel und Ludwig Tieck.

Othello, der Mohr von Venedig

The Tragedy of Othello, the Moore of Venice

Tragödie in 5 Akten

PERSONEN
Der Doge von Venedig
Brabantio, Senator
Mehrere Senatoren
Gratiano ⎱
                ⎰ Verwandte des Brabantio
Lodovico ⎰
Othello, der Mohr, Feldherr in Diensten Venedigs
Cassio, sein Leutnant
Jago, sein Fähnrich
Rodrigo, ein junger Venezianer
Montano, Statthalter von Zypern
Herold
Narr, als Diener Othellos
Desdemona, Brabantios Tochter
Emilie, Jagos Frau, Desdemonas Kammerfrau
Bianca, leichtes Mädchen, Cassios Geliebte
Edelleute, Diener, Ratsdiener, Boten, Musikanten, Matrosen, Gefolge

ORT
Venedig und Zypern

ZEIT
1570

Handlung

Der dunkelhäutige venezianische General Othello und Desdemona, die Tochter des Senators Brabantio, haben in aller Heimlichkeit und gegen den Willen ihres Vaters geheiratet. Jago, Othellos Fähnrich in der Armee, ist vor kurzem bei einer Beförderung von Othello übergangen worden. Der viel jüngere Cassio wurde Leutnant. Jago vermutet außerdem, daß der Mohr etwas mit seiner Frau Emilie gehabt habe. Seitdem verfolgt er Othello mit seinem Haß und setzt auf Rache. Er hetzt den jungen, in Desdemona verliebten Venezianer Rodrigo auf, mit ihm zusammen nachts vor dem Haus des Senators Brabantio zu randalieren. Mit obszönen Anspielungen bringen sie dem bisher noch ahnungslosen Vater bei, daß seine Tochter Desdemona mit einem Neger durchgebrannt sei.

Othello gegenüber spielt Jago den ergebenen Diener und warnt ihn scheinheilig vor Gegenmaßnahmen Brabantios. Cassio kommt dazu und berichtet, Othello solle dringend zu einer Nachtsitzung in den Senat. Eine Nahostkrise ist der Anlaß: Die Türken greifen Zypern an.

Brabantio ist durch Rodrigos und Jagos Andeutungen so in Weißglut geraten, daß er Othello vor Gericht bringen will. Auch er kommt in den Senat und beschuldigt Othello, er habe seine Tochter verhext und sie gewaltsam aus dem Elternhaus entführt. Othello schickt nach Desdemona. Vor dem versammelten Senat Venedigs bekennt sie sich offen und unerschrocken zu Othello, dem sie aus Liebe gefolgt sei. Der Doge spricht Othello von jeder Schuld frei. Gleichzeitig bekräftigt der Senat sein Vertrauen in Othello als Feldherrn und entsendet ihn mit einer Flotte ins Krisengebiet Zypern. Desdemona bittet, Othello begleiten zu dürfen. Othello vertraut sie auf der Reise der Obhut Jagos an.

Rodrigo will sich aus Liebeskummer ertränken. Jago redet ihm gut zu: noch sei nichts verloren.

Die türkische Flotte ist im Sturm vor Zypern untergegangen. Othello übernimmt als Statthalter Venedigs die Regierungsgeschäfte auf Zypern.

Jago brütet einen perfiden Plan aus, um den verhaßten Othello zu ruinieren. Er will Othellos Vertrauen in Desdemona mit geschickt geschürter Eifersucht zerstören. Mittel dazu ist ihm der junge Leutnant Cassio, der ihn um seine Beförderung gebracht hat. Zuerst weckt er in Othello den Verdacht, daß der Leutnant etwas mit Desdemona haben könne. Dann macht er Cassio betrunken, provoziert mit ihm einen nächtlichen Krawall und diffamiert ihn dann als Ruhestörer. Wie erwartet fällt Cassio daraufhin bei Othello in Ungnade und wird degradiert. Jago rät nun dem wieder nüchtern gewordenen Cassio, bei Desdemona Hilfe zu suchen und sie um Fürsprache bei Othello zu bitten. Als Desdemona sich für Cassio einsetzt, ist Othellos Mißtrauen erwacht.

Durch geschickte Andeutungen Jagos, daß Othello als Fremdländer von den Venezianern nicht für ganz voll genommen werde, daß man ihn zwar brauche, aber nicht achte, und durch Andeutungen über die leichtlebige Auffassung von Treue bei allen venezianischen Mädchen, zu denen ja auch Desdemona gehöre, gelingt es Jago, Othellos Argwohn weiter zu schüren. Othello fordert nun von Jago handfeste Beweise für Desdemonas Untreue, und Jago verspricht, sie zu beschaffen.

Geschickt spielt Jago dem ahnungslosen Cassio ein besticktes Spitzentaschentuch Desdemonas in die Hände, das sie einmal von Othello als besonderes Zeichen seiner Liebe geschenkt bekommen hatte. Als Desdemona dieses Tuch eines Tages entglitten war, hatte es Emilie, Jagos Frau und Zofe bei Desdemona, auf Wunsch ihres Mannes beiseitegeschafft und ihm weitergegeben. Damals hatte sie Stillschweigen versprochen, ohne weiter über die Sache nachzudenken. Jago macht vor Othello eine Bemerkung über dieses Taschentuch: er habe es einmal bei Cassio gesehen. Othello, fast schon sicher, daß seine Frau ihn betrügt, drängt Desdemona, ihm das Taschentuch zu zeigen. Sie kann es nicht finden – und will schließlich auch gar nicht mehr danach suchen, denn Othellos bedrohlicher Ton verletzt und irritiert sie.

Jago bietet Othello einen letzten Beweis für die Untreue Desdemonas an. Er fordert Othello auf, heimlich ein Gespräch zu belauschen, das er mit Cassio führen will und das Othello endgültig Aufschluß geben soll. Das Gespräch dreht sich eigentlich um Bianca, eine oberflächliche Liebschaft Cassios. Jago weiß es aber so doppeldeutig zu führen, daß Othello annehmen muß, nur Desdemona könne gemeint sein. Als Othello schließlich noch das bewußte Taschentuch in Biancas Händen entdeckt, ist er endgültig von Desdemonas Schuld überzeugt. Er will Desdemona nachts vergiften. Jago sagt, es sei besser, sie zu erwürgen.

Eine Gesandtschaft des Senats überbringt Othello den Befehl, nach Venedig zurückzukehren, was ihn sehr beunruhigt. Während seiner Abwesenheit soll Cassio ihn als Gouverneur auf Zypern vertreten. Desdemona zeigt sich erfreut und glücklich über diesen Senatsbeschluß, weil sie sich damit die Versöhnung Othellos mit Cassio erhofft – sie ahnt ja immer noch nicht, daß gerade die Anteilnahme an Cassio sie schwer belastet. Othello hingegen sieht in dieser Reaktion Desdemonas den erneuten Beweis der Untreue und ohrfeigt Desdemona vor allen Gästen.

Jago ist beinahe am Ziel. Dem naiven Rodrigo macht er Hoffnung auf Desdemona, wenn er Cassio beiseite schaffe. Aber der Anschlag auf Cassio mißlingt, und Jago tötet Rodrigo als lästigen Mitwisser.

Desdemona spürt, wie sich das Netz der Bedrohung immer dichter um sie zusammenzieht, ohne die Ursache erkennen zu können. Noch immer liebt sie ihren Mann. Und sogar Emilie, die doch immerhin in der Taschentuchaffäre mitgewirkt hat und die Jago durchaus ein paar Gemeinheiten zutraut, ahnt nichts von dem gewaltigen Lügengespinst ihres Mannes.

Othello, der inzwischen selbst Befehl gegeben hat, Cassio zu töten, geht zu Desdemona ins Schlafgemach. Er sagt ihr, daß er sie jetzt umbringen werde, und sie beteuert erneut ihre Unschuld. Doch Othello erwürgt sie in ihrem Bett. Emilie stürzt herein. Im Sterben bezichtigt sich Desdemona als Selbstmörderin, um die Schuld an ihrem Tode von Othello zu nehmen. Doch Emilie durchschaut endlich das tödliche Intrigenspiel ihres Mannes und deckt alles auf. Jago ersticht seine Frau, versucht zu fliehen, wird aber gefaßt. Othello erdolcht sich, die tote Desdemona im Sterben noch einmal küssend.

Erläuterungen

Ein Mann und eine Frau lieben sich und heiraten. Aber der Mann ist ein Schwarzer, das Mädchen eine Weiße. Er ist ein Fremder, sie ist hier, in Venedig, zu Hause. Der Vater des Mädchens ist gegen die Verbindung. Obwohl er zur herrschenden Klasse gehört, kann er sie nicht verhindern, denn man braucht den Schwarzen, um Venedigs Kolonialbesitz zu sichern. So bleibt die Ehe geduldet, aber die Problematik bestehen. Man arbeitet jetzt unauffälliger und dadurch wirkungsvoller gegen die Verbindung, denn das Opfer ist naiv, vertrauend, mit klaren Linien und deshalb linken Machenschaften nicht gewachsen.

Solange Othello liebt und sich wiedergeliebt glaubt, ist alles intakt. Sobald diese Liebe durch Aktivitäten von außen und durch eigene Irritation erschüttert wird, wenn der Liebesrausch aufgebraucht ist, muß alles schiefgehen. »Und wenn ich dich nicht liebe, dann kehrt das Chaos wieder«, sagt er.

Othello ist angesehen und geachtet, weil man ihn braucht. In Wirklichkeit aber paßt er nicht in die Gesellschaft, weil er sich in deren Spielregeln nicht auskennt. Von Herkunft und Hautfarbe her ist er ohnehin ein Fremder und wird es bleiben. Sein sexuelles Selbstvertrauen und sein Berufserfolg müssen Neid und Eifersucht schüren. Aufgrund seiner Dienstbarkeit, seiner früheren Taten hat er die kluge Desdemona für sich gewonnen. Das macht ihn am Anfang so selbstbewußt und glücklich. Er meint, auch als Fremder gleichberechtigt aufgenommen zu sein, spürt aber zugleich unbewußt die Situation des Diskriminierten. Das macht ihn wiederum labil. Deshalb reagiert er auch so empfindlich, schnell und radikal am Schluß, als ihm sein Glück genommen wird. Er verkennt die Beweggründe und die Abgefeimtheit der Menschen, besonders die Jagos, der schließlich genügend Motive für seine Bösartigkeit hat. Wer so blind ist, daß er an Jago nicht zweifelt und dessen menschliche Deformiertheit nicht erkennt, muß schließlich zerbrechen.

Othello vertraut, wo er mißtrauen müßte, und mißtraut, wo er vertrauen sollte. Er vermutet Treue, wo keine ist, und Untreue, wo sie nie war. Im Verbrecher Jago sieht er den Freund, in Desdemona, seiner Frau, die Verbrecherin. Sogar ein Gegenstand, mit dem er einmal seine Liebe bezeugt hatte, Desdemonas Taschentuch, dient ihm jetzt zum Beweis verratener Liebe. Am Ende hat die Raserei der Eifersucht von ihm Besitz ergriffen wie ein übler Wahn, aus dem er nicht mehr herausfindet. Er läßt Cassio töten und erwürgt seine Frau. Er übt »Gerechtigkeit«, wie er meint, aber an den falschen Personen.

Eine Welt, in der Othello aufgrund einer doch relativ schlichten Intrige zum Verbrecher wird, in der Freundschaft, Treue, Loyalität nur in ihrer Umkehrung funktionieren, nämlich, wenn sie falsch sind, ist aus dem Lot. Sie kann nur böse sein. Es ist dieselbe Welt, in der sich auch König Lear nicht mehr zurechtfindet und den Verstand verliert (siehe *König Lear**). Jago ist der Regisseur dieser Welt. Er setzt die Mechanismen von Bosheit und Gewalt in Gang, manipuliert die Menschen und führt sie wie Marionetten. Er vermag dabei die Grundlagen und Voraussetzungen eines normalen menschlichen Zusammenlebens scheinbar mühelos aus den Angeln zu heben. In diesem Drama herrscht die Theologie der Hölle, und Jago verkündet das Credo. Die Menschen sind ihrer wahren Werte beraubt, entartet. Wer unschuldig ist, wird Opfer.

Aber auch die Frauen in diesem Stück verdienen Erwähnung. Desdemona wagt es kraft ihrer Liebe, sich dem gesellschaftlichen Vorurteil zu widersetzen. Bei all ihrer guten Erziehung hat sie aber nicht gelernt, wie sie sich außerhalb der Norm verhalten müßte, wie sie sich schützen könnte. Da weiß die weniger sorgfältig erzogene Emilie schon eher, wie sie Jago hie und da ein Schnippchen schlagen und aus dem Ehejoch ausbrechen kann. Aber erst nach Desdemonas Ermordung durchschaut sie das Lügengespinst ihres Mannes und klärt es ohne Rücksicht auf das eigene Leben auf. Angesichts des Todes gewinnt sie Format.

Shakespeares *Tragödie von Othello, dem Mohren von Venedig* stützt sich auf eine italienische Novelle des Giraldi Cintio aus dem Jahre 1566. Shakespeare kannte diese simple Renaissance-Erzählung über die Rache eines verschmähten Liebhabers (Jago) an seinem glückhaften Nebenbuhler wahrscheinlich aus einer englischen Übersetzung. Er brachte sie zusammen mit einem tatsächlichen historischen Ereignis, dem Angriff der Türken auf Zypern und der Entsendung einer venezianischen Flotte dorthin im Jahre 1570. *Othello* ist also ein »Gegenwartsstück«. Es entstand möglicherweise um 1603, als Shakespeare sich wegen der in London grassierenden Pest-Epidemie nach Stratford zurückgezogen hatte. Die erste Aufführung war in London 1604, als die wegen der Pest geschlossenen Theater wieder spielen durften. Das Werk erschien erst 1622 im Druck, sechs Jahre nach Shakespeares Tod.

Später stieß *Othello* teilweise auf Ablehnung und Desinteresse, bis das 19. Jahrhundert die Wucht der Dramatik, den Reichtum der Bilder, Ironien, Beziehungen und Exzesse neu entdeckte. Auf der Opernbühne ist *Othello* durch Guiseppe Verdis Vertonung lebendig.

An neueren Darstellungen ist berühmt geworden die Aufführung des britischen Nationaltheaters im Old Vic in London von 1964, in der Laurence Olivier den Mohren von Venedig spielte. Sie wurde auch verfilmt. Eine andere, sehr eigenwillige Verfilmung stammt von Orson Welles (1950). Bemerkenswerte Inszenierungen waren die von Fritz Kortner (Wiener Burgtheater 1966) und von Peter Zadek (Hamburger Schauspielhaus 1976). George Tabori inszenierte 1990 am Wiener Akademie-Theater in dieses Stück die Liebe als Obsession: Je stärker jemand liebt, desto größer der Zweifel, geliebt zu werden.

König Lear

King Lear

Tragödie in 5 Akten

PERSONEN

Lear, König von Britannien

Goneril ⎫
Regan ⎬ seine Töchter
Cordelia ⎭

Herzog von Albany (Schottland), verheiratet mit Goneril

Herzog von Cornwall, verheiratet mit Regan

König von Frankreich, Bewerber um die Hand Cordelias

Herzog von Burgund, Bewerber um die Hand Cordelias

Graf von Gloster

Edgar, sein Sohn

Edmund, sein unehelicher Sohn

Graf von Kent

Der Narr

Arzt, Haushofmeister, Höfling, Hauptmann, Herold, Edelmann, Bedienstete, alter Mann, Ritter, Offiziere, Bote, Soldaten und Gefolge

ORT
Britannien

ZEIT
Mythische Vorzeit

HANDLUNG
König Lear von Britannien, mit dem Alter launisch, eigensinnig und reizbar
geworden, faßt eines Tages den Entschluß, sein Reich unter seine Töchter
Goneril, Regan und Cordelia aufzuteilen. Den größten Teil soll diejenige
erhalten, die ihn am meisten liebt.

Vor versammeltem Hof überbieten sich Goneril und Regan gegenseitig mit
Schmeicheleien und falschen Liebesbeteuerungen, um dem Vater zu gefallen.
Cordelia kann sich nicht richtig ausdrücken. Sie liebt ihren Vater von Herzen,
findet aber nur schlichte, einfache Worte für ihre Zuneigung. Lear ist maßlos
enttäuscht und gleichzeitig so erzürnt über diesen angeblichen Mangel an Liebe,
daß er seine jüngste Tochter auf der Stelle enterbt und verstößt. Goneril und
Regan erhalten zusammen mit Cordelias Anteil je eine Reichshälfte zugesprochen, unter der Bedingung, daß sie den Vater mit seiner Hofhaltung abwechselnd bei sich aufnehmen. Der Graf von Kent, der für Cordelia eintritt und dem
König seine im Jähzorn getroffene Entscheidung vorhält, wird von Lear des
Landes verwiesen.

Cordelia verläßt Britannien mit dem König von Frankreich, der um ihre Hand
angehalten hatte und sie auch ohne Mitgift heiraten möchte – im Gegensatz zum
Herzog von Burgund, der ebenfalls um sie geworben hatte, sich aber nun von ihr
abkehrt. Mit ihren Ehemännern, dem Herzog von Albany (das ist Schottland)
und dem Herzog von Cornwall, teilen sich die beiden Schwestern Goneril und
Regan das Reich.

Zur selben Zeit bahnt sich woanders eine ähnliche Familientragödie an: Der
alte Graf von Gloster hat zwei Söhne, Edgar und den unehelichen und daher von
der Erbfolge ausgeschlossenen Edmund. Um dennoch an das Erbe zu gelangen,
verleumdet Edmund seinen Halbbruder Edgar beim Vater. Er kann dem Vater
sogar weismachen, daß Edgar ihn ermorden wolle. Gleichzeitig aber warnt er
Edgar, der von dieser Intrige natürlich nichts ahnt, vor einem angeblichen
Zornesausbruch des Vaters auf ihn. Er rät Edgar, sich sicherheitshalber zu
bewaffnen und kann ihn schließlich zur schnellen Flucht überreden. Für Gloster
aber ist diese Flucht nichts anderes als ein Schuldgeständnis. Er läßt nach dem
Sohn fahnden. Edgar fühlt sich vor den Häschern des Vaters nur sicher, wenn er

sich als geistesgestörter Bettler ausgibt und durchs Land irrt. Der bösartige Edmund wird von Gloster als Universalerbe eingesetzt. Er hat sein Ziel erreicht.

Inzwischen haben die beiden Töchter Goneril und Regan die Herrschaft angetreten und ihr wahres Gesicht gezeigt. Sie wollen den alten Vater, der ihnen nur lästig ist, so schnell wie möglich ganz ausschalten. Dazu ist ihnen jedes Mittel recht. Zuerst vernachlässigen sie ihn, ignorieren seine einfachsten Bedürfnisse und lassen ihn überdeutlich spüren, daß er gerade noch geduldet ist. Auf Druck seiner Töchter muß er auch noch die wenigen seiner Gefolgsleute entlassen, die ihm als Restbestand seiner früheren Königsmacht geblieben sind. Erst jetzt erkennt Lear, wie verlogen die einstige Liebesprüfung war und wie falsch und überstürzt seine Erbauteilung. Außer sich vor Zorn über seine totale Entmachtung verflucht er seine beiden Töchter und verschwindet in die Nacht. Regan befiehlt, sofort die Burgtore zu versperren, und überläßt den hilf- und schutzlosen Vater dem aufziehenden Unwetter. Der Graf von Kent, der einst von Lear wegen seines Eintretens für Cordelia verbannt worden war, tritt in seine Dienste. Er gibt sich beschränkt und einfältig, um von Lear nicht erkannt zu werden.

Im Gewittersturm irrt Lear, mehr und mehr dem Wahnsinn verfallen, über die Heide und schreit seine Wut und seinen Jammer in die tobende Natur. Sein Begleiter ist jetzt der Narr, dessen halb ironische, halb wehmütige Wahrheiten er verzweifelt erduldet. Erschöpft und ausgebrannt begegnet er dem verstoßenen Edgar, der in einer Hütte Zuflucht gefunden hat. Beide freunden sich an: der wahnsinnig gewordene Lear und der Wahnsinn vortäuschende Edgar.

Mittlerweile hat Kent einen Boten nach Frankreich geschickt, um Cordelia von den erschütternden Vorgängen zu unterrichten. Cordelia ist mit einem französischen Heer nach Britannien unterwegs, um ihrem Vater zu helfen. Auch der Graf von Gloster hat, angewidert von dem unmenschlichen Verhalten der beiden königlichen Schwestern Goneril und Regan, heimlich Kontakt zu Cordelia aufgenommen, die inzwischen mit ihren Truppen in Dover gelandet ist. Er läßt Lear nach Dover bringen, wo Cordelias Leute ihn in Empfang nehmen. Die liebende Tochter übergibt ihn im französischen Lager einer ärztlichen Betreuung. Das Wiedersehen mit ihr erlöst den greisen König schließlich vom Wahnsinn.

Glosters Sohn Edmund jedoch hat die Hilfsaktion seines Vaters an Regan verraten, die daraufhin Gloster gefangensetzen läßt. Sie selbst und ihr Mann Cornwall stechen dem Alten die Augen aus und jagen ihn davon. Ein Diener lehnt sich empört dagegen auf. Im Handgemenge verwundet er Cornwall schwer. Regan ersticht den Diener von hinten.

Jetzt, als hilfloser, geblendeter alter Mann, erkennt Gloster Edmunds Bösartigkeit und das Unrecht, das er Edgar angetan hat. Dieser hat inzwischen die Rolle des geistesgestörten Bettlers weitergespielt und gibt sich auch seinem blinden Vater nicht zu erkennen, als sie sich begegnen. Gloster will sich bei Dover vom Felsen ins Meer stürzen. Edgar läßt den Blinden an ungefährlicher Stelle den Sprung tun, so daß Gloster glaubt, durch Einwirkung eines Wunders sonderbar gerettet worden zu sein.

Die beiden betrogenen und geschändeten Väter, der geisteskranke Lear und der geblendete Gloster, sind sich in der Gegend von Dover begegnet. Sie haben beide denselben Fehler gemacht: Sie haben auf die Falschen gesetzt, den verlogenen Kindern vertraut und die aufrichtigen verstoßen. Jetzt werden sie von den Kindern, die es in Wahrheit immer ehrlich mit ihnen gemeint haben, geheilt, Gloster durch Edgar aus seiner Verzweiflung, Lear durch Cordelia von seinem Irrsinn.

Aber noch ist die Geschichte nicht zu Ende. Edmund ist inzwischen mit Hilfe Gonerils und Regans zur Macht gekommen und führt die gemeinsamen Truppen gegen das in Dover gelandete französische Heer. Die beiden Schwestern rivalisieren miteinander um die Gunst Edmunds. Regans Ehemann Cornwall ist an der Verwundung durch den Diener gestorben. Regan wäre also frei. Goneril, in rasender Eifersucht, will sich nun auch ihres Ehemanns Albany, der sich vor Dover neben dem kampfentschlossenen Edmund eher zögerlich auf die Schlacht vorbereitet, entledigen. Der Hofmarschall des Reichs soll einen Brief Gonerils an Edmund befördern. In diesem Schreiben verspricht sie dem Liebhaber die Ehe, wenn er Albany tötet. Aber auch Regan hat einen Auftrag für den eifrigen Boten. Als Beweis seiner Treue soll er auf dem Weg ins englische Lager den erblindeten Gloster umbringen. In der Gegend bei Dover hätte er dies auch beinahe getan, wenn es der noch immer als Bauerntölpel verkleidete Edgar nicht verhindert hätte. Der tötet den Hofmarschall und liest obendrein den Brief Gonerils an Edmund. Weiterhin unerkannt warnt er den betrogenen Herzog Albany. Indes wird die Schlacht leider von Edmund gewonnen, der auch gleich Lear und Cordelia gefangennimmt.

Inzwischen haben sich auch die königlichen Schwestern im britischen Lager eingefunden. Am liebsten würde Edmund das Doppelspiel mit Regan und Goneril aufrechterhalten. Weiß er doch nicht, wer von den beiden einmal die alleinige Herrschaft davontragen wird. Doch da hat schon Goneril ihre Schwe-

ster vergiftet. Während Regan weggebracht wird, kommt Edgar und fordert den
Bruder zum Zweikampf. Als Edmund schwer verwundet zu Boden sinkt,
ersticht sich Goneril. Im Todeskampf gesteht Edmund, daß er noch Befehl
gegeben habe, Lear und Cordelia zu erhängen. Der Anschlag gelingt nur zur
Hälfte. Lear entgeht dem Mordplan, aber Cordelia ist tot. Der greise König
erscheint, die tote Cordelia in den Armen haltend. An ihrer Leiche bricht er
zusammen und stirbt. Die menschliche Ordnung hat sich aufgelöst. Im Chaos
bleiben Edgar und Albany zurück.

ERLÄUTERUNGEN

König Lear, die blutgetränkte Geschichte einer Zerstörung und Selbstzerstörung, beginnt harmlos, mit einer Nichtigkeit, und endet apokalyptisch: Ein
König will sein Reich unter seinen drei Töchtern aufteilen und mißversteht
ihre Aussagen. Keiner der Beteiligten überlebt das. Eine Parallelhandlung
von einem Vater mit zwei Söhnen nimmt einen ähnlich schrecklichen Verlauf. Beide Geschichten verflechten sich miteinander und enden im Untergang.

Was hat diesen Untergang bewirkt? Das allein kann es doch nicht sein:
Ein Mann, zu herrschen gewohnt, ist sich seiner Kräfte nicht mehr sicher und
fühlt deshalb Mißtrauen gegen jedermann. So ist er nichts mehr als ein
Einfaltspinsel von König. Bar jeder Menschenkenntnis und auf vollmundig
tönende Artigkeiten hereinfallend, stolpert er über diesen Liebestest. Müssen
denn als Strafe für dieses Fehlverhalten gleich alle untergehen? Der läppische
Anlaß der Vernichtung steht also in keinem Verhältnis zu ihrem Ausmaß.

Anders als in all seinen anderen Tragödien geht Shakespeare direkt und
ohne Umwege auf das Ziel seiner Geschichte zu, die durch nichts aufzuhal-
tende Eskalation eines Konfliktes bis zur totalen Vernichtung. Systematisch,
immer schneller anwachsend, entfaltet sich aus einem Fehler, einer kleinen
menschlichen Schwäche, das Böse. Die beteiligten Menschen werden in
immer grauenvollere Geschehnisse verwickelt. Und kein Rettungsversuch
gelingt, die Mechanik dieses Verfalls zu verlangsamen oder gar aufzuhalten. Der Druck, mit dem alle in den Untergang getrieben werden, ist beängstigend, weil er sich potenziert und am Schluß ins Gigantische gesteigert
hat.

Nichts lenkt in der dramatischen Konstruktion von dieser Zielsetzung ab. Es
gibt kaum Angebote von psychologischen Deutungen oder Differenzierungen
von Charakteren, die vielleicht manches erklären oder gar entschuldigen
könnten. Es ist wie ein schroffes, unbekümmert erzähltes »Es-war-einmal«-

Märchen, aus alter Zeit stammend, erst in der Summe aller Figuren und Verhaltensweisen archetypisch, das heißt in Urbildern, die Wahrheit über das Mensch-Sein aufdeckend. Shakespeare stellt keine Fragen nach dem Sinn des Leids, dem verschuldeten und unverschuldeten Leid. Das Leid gehört zur menschlichen Beschaffenheit, und nur wenn man dies anerkennt, kann man es einigermaßen ertragen. Wer davor die Augen verschließt, provoziert das Grauen und den Untergang. Lear und Gloster sind die Verblendeten, die durch Wahnsinn und Blindheit geheilt werden, damit sie die Wahrheit sehen und den Sinn des Lebens erkennen können. Mit der Wucht einer antiken Tragödie wird die Unausweichlichkeit einer menschlichen Bestimmung geschildert und im Untergang die Erkenntnis vermittelt, daß sie tatsächlich unausweichlich war. Real folgerichtig und innerlich logisch wird das Drama des törichten alten Königs zur Menschheitstragödie.

Die Sage vom König, der die Aufteilung seines Reiches unter seinen drei Töchtern vom Ausgang einer Liebesprobe abhängig macht, findet sich bereits in der im Mittelalter entstandenen *Historia regnum Britanniae* des Geoffrey of Monmouth. Das Motiv taucht in der englischen Literatur der folgenden Jahrhunderte sehr häufig auf. Shakespeare konnte bei seiner Dramatisierung des Stoffes nachweislich auf vier Fassungen zurückgreifen. Die Tragödie entstand mit großer Wahrscheinlichkeit im Winter 1604/05. Die erste bezeugte Aufführung war am 26. Dezember 1606 vor König Jakob I. im Palast zu Whitehall. Zwei Jahre später erschien *König Lear* zum erstenmal im Druck.

Die Deutungsmöglichkeiten der Tragödie auf der Bühne reichen vom Märchenspiel über den Versuch einer Charakterstudie bis zum Erkenntnisdrama. Kaum ein Regisseur von Rang, der sich nicht schon mit dieser Tragödie auseinandergesetzt hat. Die beiden bedeutendsten *Lear*-Inszenierungen der Nachkriegszeit waren die von Peter Brook (Stratford 1962) und Giorgio Strehler (Mailand 1972). Der englische Dramatiker Edward Bond schrieb ein eigenes Stück zum Thema *Lear* (Uraufführung 1971), das sich mit Shakespeares Tragödie nur schwer vergleichen läßt. Ein bedeutendes musikdramatisches Werk des 20. Jahrhunderts ist die Vertonung des Dramas durch Aribert Reimann (Uraufführung 1978 an der Bayerischen Staatsoper).

Der Sturm

The Tempest

Komödie in 5 Akten

PERSONEN

Prospero, der rechtmäßige, doch vertriebene Herzog von Mailand
Miranda, seine Tochter
Antonio, sein Bruder, unrechtmäßiger Herzog von Mailand
Alonso, König von Neapel
Ferdinand, sein Sohn
Sebastian, sein Bruder
Gonzalo, ein ehrlicher alter Rat
Adrian ⎱ Herren am Hof zu Mailand
Francisco ⎰
Stephano, Kellermeister
Trinculo, Matrose
Caliban, Mißgeburt ⎱ Diener Prosperos
Ariel, Luftgeist ⎰
Schiffspatron, Bootsmann, Matrosen, Geister

ORT
Schiff auf See, Prosperos Insel

ZEIT
Zu unbestimmter Zeit

HANDLUNG

Die Vorgeschichte: Seit zwölf Jahren lebt Prospero, einst Herzog von Mailand, mit seiner nun 15jährigen Tochter Miranda auf einer einsamen Insel. Er ist der rechtmäßige Herzog von Mailand. Als Forscher und Bücherwurm hatte er damals seine Regierungsgeschäfte zu sehr vernachlässigt, so daß es für seinen machtgierigen Bruder Antonio ein leichtes war, ihn mit Hilfe des Königs Alonso von Neapel vom herzoglichen Thron zu vertreiben und die Herrschaft an sich zu reißen. Einen offenen Mord an Prospero und Miranda hatte Antonio noch gescheut, weil Prospero zu beliebt beim Volke gewesen war. Statt dessen hatte man versucht, sie beide einfach verschwinden zu lassen, indem man sie in einem seeuntüchtigen Boot auf dem Meer aussetzte.

Der ehrliche Gonzalo, Berater des Königs Alonso, hatte Prospero heimlich noch Proviant und Bücher mit ins Boot gegeben. Die beiden Ausgesetzten überlebten und erreichten eine Insel, die von Geistern, Nymphen, dem zarten, immateriellen Luftgeist Ariel und dem wilden und mißgeborenen Caliban bewohnt wird. Prospero hat sich mit Hilfe seiner früheren wissenschaftlichen Studien und den mitgebrachten Büchern gewisse Zauberfähigkeiten verschafft und ist damit zum Herrscher über die Insel und die dort hausenden Elementargeister geworden.

Eines Tages nun erfährt Prospero, daß sich seiner Insel und damit dem Bannkreis seiner Zauberkraft ein Schiff nähert, das alle seine früheren Gegner an Bord hat: seinen Bruder Antonio, der jetzt unrechtmäßig Herzog von Mailand ist, und dessen Komplizen, den König Alonso. Ferner Alonsos Bruder Sebastian und Sohn Ferdinand. Aber auch Gonzalo, der Prospero einst heimlich geholfen und damit ihre Rettung möglich gemacht hatte. Prospero entfesselt mit Hilfe seiner Zauberkraft einen Sturm – und damit beginnt das Stück –, um die Besatzung des Schiffes zur Notlandung zu zwingen und seine ehemaligen Gegner damit in die Hand zu bekommen. Denn im stillen rechnet er, auch nach zwölf Jahren Abwesenheit von zu Hause, immer noch mit der Möglichkeit seiner Rückkehr in die Heimat.

Mit Ariels Hilfe plant nun Prospero die Bestrafung seiner Gegner. Zunächst trennt er den jungen Ferdinand, den Sohn König Alonsos, von der Gruppe der Schiffbrüchigen, so daß der Vater glauben muß, er sei ertrunken. Alonso ist verzweifelt. Auf der Suche nach seinem Sohn irrt er kreuz und quer über die Insel und wird schließlich von Prospero in einen tiefen Schlaf der Erschöpfung versenkt. So finden ihn sein Bruder Sebastian und Antonio. Dem Antonio kommt der schlafende König nicht ungelegen, hat er doch längst schon Überlegungen angestellt, sich auch noch des Königreichs Neapel zu bemächtigen. Er heckt einen Mordplan aus: Sebastian soll den König im Schlaf ermorden, er selbst will sich um den alten Gonzalo kümmern. Ariel vereitelt die Mordabsichten, indem er beiden den Verstand raubt und sie in geistiger Verwirrung über die Insel hetzt.

Ein zweites Mordkomplott wird an anderer Stelle der Insel geschmiedet. Caliban, der unentwegt an Aufruhr und Revolte gegen seinen Herrn Prospero denkt, hat in dem Matrosen Trinculo und dem ewig betrunkenen Kellermeister Stephano zwei Gesinnungsgenossen gefunden. Sie beratschlagen, wie man Prospero beseitigen und sich dann in den Besitz der Insel bringen könne. Mit Ariels Hilfe werden auch diese Mordpläne zunichte gemacht.

Inzwischen sind sich Ferdinand, der Sohn des Königs Alonso, und Prosperos junge Tochter Miranda auf der Insel begegnet und haben sich ineinander verliebt. Prospero billigt diese Verbindung seiner Tochter mit dem Sohn seines Feindes erst, nachdem beide sich einer Reihe von Prüfungen, harter Arbeit und Enthaltsamkeit unterzogen haben. Ariel führt nun alle vor den Herrscher der Insel. Prospero löst ihren Wahnsinn, gibt sich zu erkennen und vergibt großmütig den Übeltätern. König Alonso bereut seine damalige Mittäterschaft an der Vertreibung Prosperos und bestätigt dessen rechtmäßigen Anspruch auf das Herzogtum Mailand. Ferdinand und Miranda dürfen in Neapel heiraten. Caliban und seine Spießgesellen bekommen ihre verdiente Tracht Prügel. Prospero zerbricht seinen Zauberstab und entläßt Ariel und die Geister aus seinen Diensten. Er verzichtet damit auf seine Zauberkräfte und wird wieder in sein Herzogtum Mailand zurückgehen.

ERLÄUTERUNGEN

Noch einmal beschwört Shakespeare in diesem seinem vorletzten Werk (das Königsdrama *Heinrich VIII.* folgt noch nach) die unerschöpfliche Vielfalt und Fülle der von ihm gestalteten menschlichen Daseinsformen, die von Liebe und Verrat, Edelmut und Rache, Geist und Ungeist, Leidenschaft und Resignation beherrscht und gelenkt werden. Noch einmal spiegeln sich in diesem Stück Sommernachtstraum und Wintermärchen, Utopien von Herrschaft und Gewaltlosigkeit, von Fortschritt und Rückfall. Eine Märchenwelt wird zum Abbild der wirklichen Welt und gleichzeitig zur Vision einer neuen, besseren Welt. Nur durch Zauber läßt sich das Böse in der Welt bändigen, werden Verbrecher schuldbewußt und reuig, lassen sich Liebe und Güte schließlich durchsetzen. Prospero zerbricht seinen Zauberstab, verzichtet freiwillig auf die magischen Kräfte und wird als Herzog von Mailand nur noch menschliche Mittel anwenden. Alonso bereut seinen Verrat und gewinnt seinen Sohn zurück. Die jungen Liebenden Ferdinand und Miranda haben den Segen der Väter, der Luftgeist Ariel geht in seinem Element auf, und selbst der Tiermensch Caliban erkennt seine Selbsttäuschung. Durch Prosperos Einwirken sind Schuld und Verbrechen vergeben, und alle kehren mehr oder weniger geläutert in eine erhoffte heile Welt zurück.

Es ist eine utopische Welt, wie Shakespeare weiß, denn die Wirklichkeit sieht anders aus. Die Machtpolitiker sind durch das Sturm-Erlebnis nur halbherzig geläutert. So nehmen denn alle am Ende ihre alten Plätze wieder ein, und die Geschichte kann von neuem beginnen. Dem Frieden ist nicht zu trauen. Vielleicht war alles nur ein Traum? »Wir sind vom gleichen Stoff, aus dem

Träume sind, und dies kleine Leben umfaßt ein Schlaf«, sagt der weise Prospero.

Der Sturm gehört zu einer Reihe von Stücken, die als »Romanzen« bezeichnet werden und in die letzte Schaffensperiode Shakespeares fallen, darunter *Perikles, Cymbeline* und *Das Wintermärchen.* Inhaltlich werden sie geprägt durch zahlreiche Elemente der Märchendramen wie Meer, Sturm und Schiffbruch, Trennung und Wiedervereinigung von Liebespaaren und Familien, sensationelle Zufälle, abenteuerliche Ereignisse und Gestalten. Dem *Sturm* liegt die geradezu klassische Einheit von Ort und Zeit des antiken Dramas zugrunde sowie ein streng organisierter Handlungsablauf, der sich zeitlich mit dem Zeitplan einer Aufführung fast vollständig deckt.

Man könnte meinen, daß Shakespeare mit diesem tiefsinnig-phantastischen Märchendrama selbst eine Art Abschied von der Bühne geschrieben hat. Dieser Abschied ist Prospero geradezu in den Mund gelegt, wenn er seinen Zauberstab vernichtet und die hilfreichen Geister, die ihm immer zu Diensten waren, entläßt.

Unmittelbarer Anlaß zu dieser Dichtung war für Shakespeare möglicherweise ein äußeres Ereignis. Im Mai 1609 erlitten mehrere englische Schiffe, die mit Auswanderern auf dem Weg nach Virginia waren, vor den Bahamas Schiffbruch. Zahlreiche mehr oder weniger glaubwürdige Berichte und Beschreibungen sorgten dafür, daß diese Katastrophe in England lange Zeit Tagesgespräch blieb. Für den Grundablauf der Handlung des *Sturm* sind keine direkten Quellen nachweisbar. Auf eine Volkssage geht die Ausgangssituation zurück, in der ein Fürst vom Thron vertrieben wird, den Sohn seines Gegners in seine Gewalt bringt und den Thron durch Hochzeit des Gefangenen mit seiner Tochter und mit den Mitteln der Magie wieder zurückgewinnt. Für Einzelheiten der Handlung jedoch sind, wie in vielen Shakespeare-Stücken, eindeutige Vorlagen nachzuweisen.

Wie aus einem »Verzeichnis der Hoflustbarkeiten« am englischen Königshof hervorgeht, wurde Shakespeares Komödie in fünf Akten *Der Sturm* am 1. November 1611 vor König Jacob I. gespielt. Vermutlich war die Uraufführung schon früher. Erstdruck in der Folio-Ausgabe von 1623.

Kaum ein Shakespeare-Stück ist in seiner Interpretation so nach allen Seiten hin offen wie der *Sturm.* Zwischen heiterem, magischem Zauberlustspiel und politischem Spiel um Macht, zwischen dichterischem »Schwanengesang« und Tragigroteske voll Skepsis liegen die Pole der Bühnendarstellung. Gustav Gründgens hat 1960 im Hamburger Schauspielhaus dem Prospero die Altersweisheit genommen und das Böse, das Prospero widerfahren ist, nicht unterdrückt. Fritz Kortner ließ 1968 am Schiller-Theater in Berlin den *Sturm* sich langsam und bedächtig entfalten.

Bemerkenswerte Aufführungen gab es auch in Salzburg 1968 durch Oscar Fritz Schuh und 1974 im Londoner Nationaltheater durch Peter Hall mit dem intelligenten, alten, abgeklärten Schauspieler John Gielgud. Giorgio Strehler hob 1978 in Mailand das Musikalische dieses Stückes, die zahlreichen sing-spielhaften Momente hervor und eröffnete 1983 mit demselben Stück das Pariser Théatre de l'Europe. 1988 faßte Claus Peymann den *Sturm* in seiner Burgtheater-Inszenierung als unterhaltsames Märchen ohne doktrinäre Festlegung auf. 1990 ist der *Sturm* schließlich in der Hand des großen englischen Regiezauberers Peter Brook zu einem Theaterereignis geworden (1990 in Zürich und Paris). Nach Motiven des Shakespeare-Stückes drehte Paul Mazursky 1982 seinen in der Gegenwart spielenden Film *Der Sturm,* in dem John Cassavetes den Part des Prospero übernahm.

PEDRO CALDERÓN DE LA BARCA

Pedro Calderón de la Barca wird am 17. Januar 1600 als mittlerer von fünf Geschwistern in Madrid geboren. Er entstammt einer alten asturischen Adelsfamilie und wird ab seinem neunten Lebensjahr im Jesuitenkloster erzogen. Schon als Dreizehnjähriger besucht er die Hohe Schule in Salamanca und studiert dort – gegen den Wunsch der Mutter, die ihn gerne als Priester sähe – Jura, Mathematik und Philosophie. Bereits mit vierzehn Jahren schreibt er sein erstes Stück, *Der Himmelswagen*.

1622 erhält Calderón den dritten Preis bei einem Dichterwettstreit in Madrid und findet mächtige Freunde am königlichen Hof. Ab 1625 kämpft er fast zehn Jahre lang unter den Fahnen des Königs in Mailand und den Niederlanden. 1629 erscheint die sogenannte Mantel-und-Degen-Komödie *Dame Kobold*, in der mit Hilfe eines drehbaren Wandschranks eine junge Witwe ihren sittenstrengen Brüdern immer wieder entkommt und in listenreichem Übermut den von ihr geliebten Mann gewinnt.

Philipp IV. ruft Calderón 1635 an den Hof zurück und überträgt ihm die Leitung seines Theaters sowie die Anordnung aller königlichen Feste und Lustbarkeiten. 1637 erhebt er ihn zum Ritter des Ordens von Santiago. 1635 entsteht das Schauspiel *Das Leben ein Traum**, in dem Calderón Antwort auf letzte Lebensfragen gibt. 1640 kämpft der Dichter gegen die aufständischen Katalanen. Da ihn der König aber an seinem Hof halten will, befiehlt er ihm, ein Festspiel zu schreiben. Calderón vollendet das Stück *Kampf der Liebe und Eifersucht* in wenigen Tagen und folgt wieder der Armee an die Front. 1642 wird er bei Constanti kampfunfähig verwundet. Er nimmt seinen Abschied vom Militär und erhält später eine Pension. Daß Calderón sich immer wieder in allerlei Liebeshändel einläßt und in Raufereien verwundet wird, erzählt er selbst in einer nur halb erhaltenen Romanze. 1643 wird in Madrid sein Schauspiel *Der Richter von Zalamea* uraufgeführt, in dem ein Rechtsstreit um die Ehre eines Bauernmädchens blutig ausgetragen wird.

In seinem 50. Jahr bemächtigt sich des einst so lebensfrohen Dichters ein Hang zum Mystizismus. Mit 51 Jahren wird er Priester. 1653 gibt ihm der König eine Kaplanstelle an der Erzbischöflichen Kirche zu Toledo, später macht er ihn, um ihn mehr in seiner Nähe zu haben, zum Kaplan an der Königlichen Hofkapelle zu Madrid. Von dort aus leitet Calderón die Fronleichnamsspiele in der Hauptstadt. 1675 erscheint das geistliche Festspiel *Das große Welttheater*, in dem Gott die Welt als Bühne erschafft und das Spiel der Menschen beobachtet und richtet.

An einem Pfingstsonntag, dem 25. Mai 1681, stirbt Calderón während der Arbeit. Auf eigenen Wunsch läßt er sich in einem offenen Sarg zur Schau stellen, um die Vergänglichkeit seines Leibes zu demonstrieren. Dreitausend Madrider folgen dem Leichenzug. Sein Grabmal und Monument befindet sich heute in der Heilandskirche zu Madrid.

Calderón gilt als der größte dramatische Dichter Spaniens. Er schöpft aus einer klaren religiösen Überzeugung. Die Zahl seiner Werke wird verschieden angegeben. Es sind ungefähr 120 Komödien und 80 sogenannte »Autos sacramentales«, Einakter, bei denen das Mysterium der Eucharistie oder der Erlösung im Mittelpunkt steht, und andere Kurzstücke. Seine Beliebtheit dauerte länger als die Lope de Vegas (1562–1635), der mit rund 1500 Dramen der produktivste spanische Schriftsteller und Begründer des spanischen Nationaltheaters war. Calderóns Theaterfiguren sind meist Träger einer bestimmten Idee, der Idee von der Scheinhaftigkeit der irdischen Welt und von der inneren Freiheit des Menschen. In den »Autos sacramentales«, die anläßlich kirchlicher Festtage und öffentlicher Zeremonien (Fronleichnam) aufgeführt wurden, verkörpern allegorische Figuren bestimmte moralische und theologische Begriffe. Sein berühmtestes Werk, *Das große Welttheater,* wurde von Hugo von Hofmannsthal und Max Reinhardt im 20. Jahrhundert erneuert.

Das Leben ein Traum

La vida es sueño

Schauspiel in 3 Akten

PERSONEN
Basilius, König von Polen
Sigismund, sein Sohn
Astolf, Herzog von Moskau, Neffe des Königs
Estrella, Nichte des Königs
Clotald, Sigismunds Wächter und Erzieher
Rosaura, illegitime Tochter Clotalds
Clarin, Rosauras Diener
Anführer der Soldaten
Wachen, Soldaten, Musiker, Gefolge, Volk

ORT
Im Wald und am Hofe des Königs

ZEIT
Spätes Mittelalter

HANDLUNG
Zur Vorgeschichte des Stücks: König Basilius von Polen hat in den Sternen gelesen, daß sein Sohn Sigismund, wenn er an der Macht ist, Mord und Totschlag über das Land bringen und sogar seinen eigenen Vater vor allen Leuten demütigen werde. Aus Furcht vor der Erfüllung dieser Prophezeiung hat er seinen Sohn gleich nach der Geburt in ein geheimes Turmverlies im Wald bringen lassen und die gesamte Umgebung zum Sperrgebiet erklärt. Unbefugtes Betreten des Geländes wird mit dem Tode bestraft. Als Bewacher, aber auch als Erzieher des jungen Prinzen ist Clotald bestimmt worden.

Sigismund wächst in der Wildnis ohne Kontakt zu anderen Menschen außer Clotald auf.

Am Königshofe streiten sich indessen Astolf und Estrella, Neffe und Nichte des vermeintlich kinderlosen Königs, um die Thronrechte. Sie kommen überein, durch gegenseitige Heirat den Streit zu begraben und die Erbansprüche zu legitimieren.

Astolf war allerdings bis vor kurzem noch der Liebhaber Rosauras, der Tochter Clotalds, die er am Moskauer Hof kennengelernt, verführt und dann sitzengelassen hatte. Um ihrer Ehre willen möchte Rosaura Astolf zurückgewinnen. Hier beginnt das Stück.

Rosaura, in Männerkleidern, ist mit ihrem Diener Clarin auf der Suche nach dem treulosen Astolf. Die beiden geraten in den Sperrbezirk des Gefängnisturms und finden den gefesselten Sigismund. Der beklagt sein Schicksal, das er nicht begreift. Trotz der Verkleidung erkennt er, daß Rosaura eine Frau ist. Er ist von ihrem Anblick tief betroffen, ist sie doch das erste weibliche Wesen, das er in seinem Leben sieht. Der Wächter Clotald entdeckt die Eindringlinge und läßt sie verhaften. Nach geltendem Recht haben sie ihr Leben verwirkt. An einem Schwert, das die als Mann verkleidete Rosaura mit sich führt, glaubt Clotald, in ihr seinen verschollenen Sohn zu entdecken; daß er seine Tochter vor sich hat, ahnt er nicht. Seine Loyalität dem König gegenüber läßt ihn jedoch nicht zögern, die beiden Eindringlinge dem königlichen Gericht zu überantworten.

Inzwischen hat König Basilius vor Astolf und Estrella das Geheimnis um den Gefangenen im Turm gelüftet und die Existenz seines Sohnes bekanntgegeben. Er kündigt ein Experiment an. Sigismund soll probeweise König sein. So kann der Vater das einstige Horoskop auf seine Richtigkeit prüfen. Vom Ausgang dieses Versuchs macht er die Erbansprüche Astolfs und Estrellas abhängig.

Clotald erbittet vom König die Begnadigung Rosauras und Clarins. Der König gewährt diese Bitte, da er ja mittlerweile das Geheimnis um den Turm und dessen Insassen selbst aufgehoben hat. Rosaura gibt sich als Frau zu erkennen und berichtet, daß Astolf sie einst verführt und dann verlassen habe.

Indessen ist Sigismund im Turm mit einem Schlaftrunk betäubt worden. Er wird in den Palast gebracht, wo er nach seinem Erwachen als König behandelt werden soll und die Regierungsgeschäfte ausüben darf. Alle schlimmen Vorhersagen und Erwartungen erfüllen sich nun. Sigismund bedroht seinen Erzieher Clotald mit dem Dolch, beleidigt Astolf und Estrella, ermordet einen Hofbeamten, indem er ihn aus dem Fenster wirft, versucht Rosaura, die erste Frau in seinem Leben, zu vergewaltigen und will schließlich sogar seinen Vater dafür bestrafen, daß er ihn fern der Welt in einem Turm hat aufwachsen lassen. Basilius läßt seinen gewalttätigen Sohn schnell durch einen Trank betäuben und wieder in den Turm einsperren, bevor dieser seine Drohungen wahrmachen kann.

Als Sigismund im Turmverlies wieder erwacht, glaubt er, alle Erlebnisse und Geschehnisse am Königshof nur geträumt zu haben. Und Clotald, der als Betreuer den Prinzen wieder begleitet, bestärkt ihn darin und erklärt ihm die Notwendigkeit, immer das Rechte zu tun. Sigismund ist erleichtert, daß jene Episode nur ein böser Alptraum war, und kommt zu der Erkenntnis, daß das ganze Menschenleben ein langer Traum sei. Er beschließt, in Zukunft vorsichtiger zu träumen und in allen seinen Träumen gut zu sein.

Durch das Experiment des Basilius mit Sigismund als provisorischem König hat das Volk von der Existenz eines Thronerben erfahren und fordert die Freilassung des Prinzen. Ein Aufstand bricht aus. Sigismund wird von den Rebellen befreit und zum König ausgerufen. An der Spitze der Aufrührer zieht er gegen das Heer seines Vaters und gewinnt die Schlacht. Doch jetzt zeigt sich die Wandlung des Prinzen. Im Bewußtsein, daß das ganze irdische Leben ein Traum ist, aus dem nur die Erinnerungen an die geleisteten Taten zurückbleiben, bittet er seinen besiegten Vater um Vergebung, ehrt seinen Lehrer Clotald und verzichtet auf Rosaura, die er um ihrer Ehre willen mit dem treulosen Astolf verheiratet. Er selbst nimmt – im Interesse des Staates –

Estrella zur Frau. Den Anführer jener Revolutionäre, die ihn aus dem Turm befreit hatten, verurteilt er als Rebellen zu lebenslanger Haft in seinem ehemaligen Turmverlies.

ERLÄUTERUNGEN

Träumen wir das Leben vielleicht nur? Findet unser Dasein genau genommen nur im Schlaf statt? Ist das, was uns beglückt und erschreckt, nur die Ausgeburt eines existentiellen Tiefschlafs? »Wir sind vom gleichen Stoff, aus dem Träume sind, und dies kleine Leben umfaßt ein Schlaf«, heißt es in Shakespeares *Sturm**. Eine faszinierende Fiktion.

In seinem moralischen Lehrstück über den Wandel von Personen zum Guten hin überträgt Calderón theologische und weltanschauliche Probleme seiner Zeit auf die Bühne. Historischer Hintergrund seiner Dichtung ist die katholische Gegenreformation, der Begriff der Treue zu König und mittelalterlichen Idealen sowie der Ehrenkodex im Spanien des 17. Jahrhunderts. Für den Katholiken Calderón ist das irdische Leben ein langer, von Versuchungen, Prüfungen und Hindernissen begleiteter Übergang in das eigentlich wahre Leben im Jenseits. Eine Einstellung, die letztlich auch die spanische Inquisition eingenommen und mit systematischer Grausamkeit an allen Andersdenkenden praktiziert hat.

Wie Sigismund seine im Machtrausch durchgelebte Probeherrschaft nur erträumt zu haben glaubt, so ist das irdische Leben des Menschen nur ein Vorspiel, nur Traum, aus dem man im Tode erwacht, um im göttlichen Jenseits zu leben.

»Wie unterscheide ich, wenn Traum und Wahrheit sich nicht unterscheiden lassen?« fragt Sigismund. Und er kommt zu der Erkenntnis: »Wahrheit oder Traum, was zählt, ist einzig, gut zu handeln.« Und um gut handeln zu können, muß man die Notwendigkeit einer festen und unerschütterlichen politischen Ordnung in dieser irdischen Schein-Welt anerkennen. Sigismund verhilft dieser Ordnung zum Recht, indem er am Schluß dem Vater verzeiht und ihm seine königliche Macht zurückgibt. Und er läßt den rebellischen Anführer, dem er doch seine Freilassung verdankt, sogar einsperren, denn schließlich gefährde jede Revolution die staatliche Ordnung! Im Verzicht auf Rosaura überwindet er seine sexuellen Triebwünsche und heiratet, die Staatsräson über sein persönliches Glück stellend, die ihm gesellschaftlich ebenbürtige Prinzessin Estrella. Am Schluß ist die Ordnung der Welt wiederhergestellt.

Die sittliche Bewährung in diesem Leben, die Calderón fordert, ist dem freien Willen des Menschen unterworfen. Anders als König Ödipus in der Tragödie* des Sophokles hat Sigismund die Freiheit, sein Schicksal selbst zu bestimmen und die Aussagen der Orakel, der Gestirne, zu widerlegen. Wie König Laios bei Sophokles vom Orakel Auskunft erhält, daß sein Sohn Ödipus ihn einmal erschlagen und dem Staat Schaden zufügen werde, so empfängt auch König Basilius bei der Geburt seines Sohnes erschreckende Vorhersagen. Laios und Basilius wollen der Prophezeiung entgehen: Laios setzt seinen Sohn in der Wildnis aus, Basilius sperrt Sigismund in ein Turmverlies. Bei beiden erfüllen sich die Weissagungen, allerdings mit unterschiedlichem Ausgang. Der Grieche Sophokles läßt Ödipus erbarmungslos untergehen. Der Orakelspruch muß sich unentrinnbar verwirklichen. Der Christ Calderón gibt Sigismund noch eine zweite Chance: Sigismund hat die freie Entscheidung, trotz der schlimmen Prophezeiung sich selbst und sein Handeln zum Guten zu ändern.

Calderóns dreiaktiges Schauspiel *Das Leben ein Traum* stammt aus der Zeit des Dreißigjährigen Krieges. Calderón hat es 1635, im Jahr seiner Berufung zum Leiter des Hoftheaters von Buen Retiro, geschrieben und aufführen lassen. Es gilt als das reifste Werk des spanischen Theaters seiner Zeit, ein Dokument christlicher Weltanschauung von großartiger literarischer Kraft und Dichte.

Zahlreiche Nachdichtungen und Bearbeitungen sind bis ins 20. Jahrhundert hinein überliefert. Zu den wichtigeren Adaptionen gehört Grillparzers dramatisches Märchen *Der Traum ein Leben* von 1840, das an das Wiener Volkstheater anknüpft und Calderóns Spiel umkehrt: Der junge Rustan sehnt sich nach Abenteuer und Ruhm. Er erlebt sie im Traum und wird darin zum Mörder. Im Erwachen erkennt er die Verfehltheit seiner früheren Wünsche. Hugo von Hofmannsthals Trauerspiel *Der Turm* (uraufgeführt 1928) ist eine große Variation über das Thema Calderóns (mehrere Fassungen). Nestroy hat den Stoff ins Komische übertragen *(Die beiden Nachtwandler oder Das Notwendige und das Überflüssige)*, Rossini auf die Opernbühne *(Sigismondo)*. Komödiantische Elemente herrschen vor in Gerhart Hauptmanns *Schluck und Jau*.

MOLIÈRE

Jean-Baptiste Poquelin, der sich später Molière nennt, kommt in Paris zur Welt und wird am 15. Januar 1622 getauft. Sein Vater ist königlicher Hoftapezierer. Jean-Baptiste besucht die berühmteste Pariser Schule, das von Jesuiten geleitete »Collège de Clermont«. 1636 beginnt er auf Wunsch des Vaters mit dem Rechtsstudium in Orleans. 1641 wird er als Notar bestätigt. 1643 entscheidet sich Jean-Baptiste Poquelin für das Theater. Daraufhin entzieht ihm der Vater die finanzielle Unterstützung. Jean-Baptiste ist inzwischen mit der Schauspielerin Madeleine Béjart liiert. Mit ihr, ihrem Bruder und neun weiteren Schauspielern gründet er im Juni 1643 das Illustre-Théâtre, dessen Leitung er unter dem Namen Molière übernimmt. 1644 wird das Theater eröffnet, aber der große Erfolg stellt sich nicht ein, und die Truppe tingelt zwölf Jahre durch die Provinzen. In dieser Wanderperiode arbeitet der Schauspieler und Regisseur Molière kleine Stücke um und verfaßt 1654 das erste eigene Stück: *Der Unbesonnene.*

1658 kehrt er nach Paris zurück, und am 24. Oktober spielt die Truppe zum erstenmal vor König Ludwig XIV. im Louvre. Monsieur, der Bruder des Königs, übernimmt die Schutzherrschaft über die Schauspieler. Molière spielt ab 1660 im Palais Royal, dem Sitz Monsieurs. Mit den Sittenkomödien *Der Liebeszwist* und *Die lächerlichen Preziösen* festigt sich Molières Stellung in der Hauptstadt. Ab 1665 darf seine Truppe den Titel »Troupe du Roi« führen. Die erste Ballett-Komödie, *Die Lästigen,* entsteht. 1662 hat Molière Armande Béjart, die Tochter oder Schwester Madeleines, geheiratet. Die Aufführung der Sittenkomödie *Die Schule der Frauen* (Dezember 1662) ist so erfolgreich, daß sie binnen drei Wochen elftausend Taler einspielt; sie bringt Molière aber auch Anfeindungen von Frömmlern und Neidern wegen vermeintlicher Frivolitäten ein. Es folgen zahlreiche Gelegenheitsarbeiten für Festlichkeiten in Versailles.

Am 12. Mai 1664 führt Molière vor dem König die ersten drei Akte des *Tartuffe** auf. Die Bloßlegung eines frömmelnden Heuchlers verschafft ihm diesmal die Feindschaft der Bruderschaft von Saint-Sacrement, die ein Aufführungsverbot erreicht. In den folgenden Jahren entstehen *Don Juan* (1665), *Der Menschenfeind** und *Der Arzt wider Willen* (beide 1666), bis 1668 liegen *Amphitryon* und *Der Geizige** vor. Erst 1669 darf *Tartuffe* wieder aufgeführt werden. 1670 entstehen die Ballett-Komödien *Die Prachtliebenden, Herr von Pourceaugnac* und *Der Bürger als Edelmann.* Es folgen 1671 *Scapins*

Streiche und 1672 das literarisch-soziale Lustspiel *Die gelehrten Frauen*. Die Musik zu den Ballett-Komödien schreibt der Hofkomponist Lully. 1672 entzweit sich Molière mit ihm und verliert dadurch die Gunst des Königs.

1673 wird *Der eingebildete Kranke**, die Geschichte eines Hypochonders, uraufgeführt. Molière spielt die Hauptrolle, obwohl er schon von einem Lungenleiden gezeichnet ist. In der vierten Aufführung am 17. Februar 1673 wird er auf der Bühne von einem Hustenanfall überwältigt und stirbt wenige Stunden später. Der Erzbischof von Paris verweigert ihm zunächst das christliche Begräbnis, später setzt es Ludwig XIV. durch.

In seinen 32 erhaltenen Komödien gibt Molière ein getreues Abbild der Gesellschaft seiner Zeit. Neben den allgemeinmenschlichen Schwächen wie Geiz, Heuchelei, Egoismus, Hypochondrie, Dünkel werden die zeitbedingten Laster und der Sittenverfall dargestellt. Der Hauptakzent liegt auf der genauen Charakter- und Typenzeichnung, auf der Schilderung der Sitten, nicht auf der Handlung. So sind die Charaktere auch keine Individuen, sondern Träger bestimmter menschlicher Eigenschaften. Sie werden unter virtuoser Verwendung aller Spielarten des Komischen (Charakter-, Situations- und Wortkomik) der Lächerlichkeit preisgegeben.

Tartuffe oder Der Heuchler

Le Tartufe ou L'imposteur

Komödie in 5 Akten

PERSONEN

Orgon, ein wohlhabender Pariser Bürger

Elmire, seine Frau

Damis, sein Sohn

Mariane, seine Tochter, verlobt mit Valère

Madame Pernelle, seine Mutter

Cléante, sein Schwager

Valère, verlobt mit Mariane

Tartuffe, ein Frömmler

Dorine, Marianes Zofe

Loyal, Gerichtsvollzieher

Ein Polizeibeamter

Flipote, Dienerin Madame Pernelles

ORT
Orgons Haus in Paris

ZEIT
17. Jahrhundert

HANDLUNG
Im Haus des reichen, bornierten Pariser Bürgers Orgon herrscht helle Aufregung. Seit kurzem geht ein gewisser Tartuffe ein und aus, der sich dem Hausherrn und dessen Mutter, Madame Pernelle, als frommer, ehrbarer und tugendhafter Mann anbiedert. In Wirklichkeit ist er ein heruntergekommener Landstreicher, der es auf das Vermögen Orgons abgesehen hat.

Madame Pernelle ist hingerissen von der angeblich so tiefen Religiosität und Frömmigkeit Tartuffes, und Orgon vertraut ihm blind und einschränkungslos. Die übrige Familie, Orgons Frau Elmire, die Kinder Damis und Mariane und der Schwager Cléante, sind da ganz anderer Meinung. Sie wissen, daß sich hinter Tartuffes frommer Maske ein Betrüger verbirgt, der sich eingeschlichen hat, um Orgon nach Strich und Faden auszunehmen. Aber Orgon ist nicht zu bekehren, er hört weder auf die besonnenen Warnungen seines Schwagers Cléante noch auf die Spötteleien des resoluten und gewitzten Kammermädchens Dorine. Für ihn bleibt Tartuffe ein Gottesmann, ein Heiliger, den er zum Segen seines Hauses und seiner Familie von der Straße weg bei sich aufgenommen hat.

Tartuffe gewinnt immer mehr Macht im Hause seines Gönners. Eines Tages beschließt Orgon, die Verlobung seiner Tochter Mariane mit ihrem Freund Valère zu lösen und Tartuffe zu seinem Schwiegersohn zu machen. Mit großer Mühe nur gelingt es der schlauen Dorine, wenigstens einen vorübergehenden Aufschub der fatalen Heiratspläne Orgons zu erreichen. Sie rät Mariane, zum Schein auf die Absicht des Vaters einzugehen, die Heirat selbst aber durch vorgetäuschte Krankheit immer wieder zu verschieben. Valère soll in der Zwischenzeit seine Freunde dazu mobilisieren, bei Orgon Fürsprache für ihn und Mariane einzulegen.

Als Orgons Sohn Damis ein Gespräch zwischen Tartuffe und seiner Mutter Elmire belauscht, in dem sich Tartuffe unverhohlen und sehr handgreiflich an Elmire heranmacht, kommt es zum Familienkrach. Von Damis zur Rede gestellt, weist Tartuffe vor Orgon alle Beschuldigungen als bösartige Verleumdungen zurück, denen er in seiner naiven Frömmigkeit wehrlos ausgeliefert sei. Orgon empört sich dermaßen über die angebliche Gemeinheit seines Sohnes, daß er ihn auf der Stelle enterbt und aus dem Haus jagt. Gleichzeitig setzt er

Tartuffe zu seinem Universalerben ein und überschreibt ihm sein gesamtes Vermögen.

Die Familienmitglieder wagen einen letzten Versuch, Orgon über den wahren Charakter Tartuffes die Augen zu öffnen. Tartuffe hat erneut Elmire mit schamlosen Anträgen nachgestellt. Elmire bittet ihren Mann, sich unter dem Tisch zu verstecken und das verabredete Rendezvous mit Tartuffe zu belauschen. Widerwillig läßt sich Orgon darauf ein. Aber dann fällt es ihm wie Schuppen von den Augen. Sein angeblich so tugendhafter Tartuffe ist in Wahrheit ein Lustmolch, der sich, in Mißachtung aller Moralbegriffe, tatsächlich an seine Frau heranmacht und sich schließlich sogar noch über die Beschränktheit seines Wohltäters lustig macht. Außer sich vor Zorn weist Orgon Tartuffe aus dem Haus. Aber nun bekommt er die Folgen seiner Dummheit und Leichtgläubigkeit unverzüglich und gefährlich zu spüren: Tartuffe ist nach der Überschreibung aller Besitztümer Orgons der Herr im Haus. Er kündigt an, von seinem Recht als Hausherr Gebrauch zu machen und die ganze Familie vor die Tür setzen zu lassen. Die Situation spitzt sich zu, als Orgon eingestehen muß, in seiner blinden Vertrauensseligkeit Tartuffe einst persönliche Dokumente anvertraut zu haben, die ihm jetzt politisch gefährlich werden können. Und tatsächlich: Tartuffe hat prompt reagiert, Orgon bei der Polizei angezeigt und die Papiere als Belastungsmaterial vorgelegt. Orgon wird verhaftet.

Doch die drohende Katastrophe wendet sich zum Guten, als ein Bote des Königs erscheint. Natürlich hat der König die ganzen Betrügereien Tartuffes längst durchschaut. Er hat ihn jetzt nur gewähren lassen, um ihn auf frischer Tat, bei einem erneuten Verbrechen, ertappen zu können. Nicht Orgon, sondern Tartuffe wandert hinter Schloß und Riegel. Orgon und seine Familie sind noch einmal mit dem Schrecken davongekommen. Orgon bekommt sein Eigentum zurück und ist, wie auch seine Mutter Madame Pernelle, von aller Bigotterie geheilt. Und Mariane darf endlich ihren geliebten Valère heiraten.

ERLÄUTERUNGEN

Tartuffe, diese Komödie um einen raffinierten Heuchler, ist ein Höhepunkt in Molières gesamtem Schaffen und ein Meisterwerk der europäischen Komödie. Sogar dem alten Goethe hat die mit äußerster Raffinesse gestaltete Form des Handlungsablaufs Bewunderung abgenötigt, die langsame und extrem breite Exposition, die dramatische Zuspitzung im dritten Akt mit dem lange vorbereiteten erstmaligen Auftritt Tartuffes und die schnelle und überraschungsreiche Lösung des Schlußbilds. Es sei »das Größte und Beste, was in dieser Art vorhanden«, sagt Goethe zu seinem Sekretär und Vertrauten Eckermann.

Die scharfe Anklage, die Molière gegen Heuchelei unter dem Deckmantel der Frömmigkeit formuliert, hat ihren Ausgang in Molières eigenen Erfahrungen mit pseudoreligiösen Existenzen und falschen Moralaposteln seiner Zeit. Der verbissen und fanatisch geführte Kampf religiöser Organisationen und kirchlicher Kreise gegen die Aufführung und die Veröffentlichung des *Tartuffe* in Paris ist ein Beleg für die aktuelle Brisanz des von Molière behandelten Themas. Obwohl die Gestalt des Tartuffe als Verbrecher, der sich die fromme Maske nur als Deckmantel für seine Betrügereien umgehängt hat, in keinem Punkt mißverständlich dargestellt ist, haben kirchliche Kreise damals dahinter sofort eine Verunglimpfung von Religion und religiöser Gesinnung gesehen und sind massiv gegen das Stück Sturm gelaufen. Die Komödie wurde nach dem Skandal der Uraufführung vor König Ludwig XIV. in Versailles am 12. Mai 1664 als religionsfeindlich und gemeingefährlich erklärt. Drahtzieher der Kampagne gegen Molières Stück waren in erster Linie die bei Hofe sehr einflußreichen Mitglieder der Compagnie du Saint-Sacrement, die in der Handlung eine Anspielung auf eigene Praktiken vermuteten, die ihnen schon öffentlich vorgeworfen worden waren, nämlich die Einflußnahme auf Testamente und die Anbiederung an reiche Familien aus Profitgier. Als auch noch eine Reihe prominenter Geistlicher in Paris gegen das Stück Stellung bezog, man sogar allen Ernstes für den Autor den Scheiterhaufen forderte, sprach Ludwig XIV. nach der ersten Aufführung ein generelles Spielverbot aus – obwohl er sich selbst noch sehr über die Komödie amüsiert haben soll.

Auch eine gemilderte Fassung, die Molière am 5. August 1667 in Paris zum erstenmal öffentlich aufführte, fand keine Gnade. Der Parlamentspräsident und der Erzbischof von Paris sahen im *Tartuffe* ein gefährliches revolutionäres Dokument, das staats- und religionsumstürzlerische Gedanken verbreite und die Ordnung gefährde. Allen Besuchern einer Aufführung wurde sogar die Exkommunikation, also der Ausschluß aus der Kirchengemeinschaft, angedroht. Erst zwei Jahre später hob der König das Verbot auf. *Tartuffe* erschien in einer endgültigen Fassung am 5. Februar 1669 im Palais-Royal auf der Bühne und gleichzeitig im Druck. Es wurde Molières größter und finanziell einträglichster Erfolg seiner ganzen Theaterlaufbahn.

Die Anziehungskraft dieser Komödie hat bis heute nicht nachgelassen und Inszenatoren zu stets neuen Interpretationsansätzen zwischen Komödie und Tragödie mit satirischem Einschlag inspiriert. Wie die Rolle des Hamlet oder die des Faust gehört die Gestalt des Tartuffe seit eh und je zu den großen und anspruchsvollsten Aufgaben eines Schauspielers. Die heuchlerische, schmarotzende, geile, zynische Titelfigur hat seit den ersten Aufführungen bis heute sowohl den Regisseuren wie den Darstellern unerschöpflich reizvolle Darbietungsmöglichkeiten geboten, wobei manchmal mehr der Lüstling, mehr der religiöse Heuchler oder mehr der von der Gesellschaft zum Verbrechen Getriebene in den Vordergrund gerückt wird. Alle übrigen Figuren sind daneben darstellerisch blanke Randfiguren, so auch Orgon, in dessen Haus das Stück ja schließlich spielt und auf dessen Verblendung und Voreingenommenheit zugunsten des Frömmlers Tartuffe das Stück weitgehend beruht. Sein Verhalten ist zumindest verantwortungslos exzentrisch, denn er ruiniert immerhin beinahe seine Familie, bringt Menschenleben in Gefahr, macht sich zum Bettler, doch er ist nicht bösartig wie Tartuffe. Über Orgon, den Molière bei der Uraufführung selbst gespielt hat, darf man sich amüsieren, weil er an der Nase herumgeführt wird und weil die ganze Affäre für ihn letztlich doch gut ausgeht. Vor Tartuffe dagegen muß man schaudern. Er wird bestraft, wie es sich gehört.

Das angeklebte Happy-End des königlichen Eingreifens wirkt hier genauso boshaft und wirklichkeitsfern wie in Bert Brechts *Dreigroschenoper**, wo in auswegloser Situation ebenfalls ein gnädiger Retter erscheint: »Und so kommt zum guten Ende alles unter einen Hut.« Der Kratzfuß Molières vor dem allergnädigsten, allerchristlichen und allwissenden König diente nicht zuletzt auch dazu, das vom Klerus angefeindete Stück für die öffentliche Aufführung freizubekommen. Vier Jahre dauerte der Kampf. Noch ein bißchen länger dauerte es, bis der katholische Leser und Zuschauer der Komödie nicht mehr mit der Exkommunikation rechnen mußte.

Der russische Dramatiker Michail A. Bulgakow (1891–1940) hat diesen historischen Hintergrund in seinem Stück *Molière oder Die Verschwörung der Heuchler* verarbeitet und mit dem Dualismus des Künstlers gegenüber der Macht verschlüsselt auch auf seine eigenen Erfahrungen mit Unverständnis und Zensur, Intrige und Verfolgung in seiner unmittelbaren sowjetischen Gegenwart von 1930 angespielt.

Der Menschenfeind

Le Misanthrope

Komödie in 5 Akten

PERSONEN

Alceste, der Menschenfeind
Philinte, sein Freund
Oronte
Celimène, eine junge Witwe, von Alceste geliebt
Eliante, ihre Kusine, Alceste verehrend
Arsinoe

Clitandre, Marquis
Acaste, Marquis
Basque, Diener bei Celimène
Dubois, Diener Alcestes
Gardist

ORT
Paris, in Celimènes Haus

ZEIT
17. Jahrhundert

HANDLUNG

Alceste kommt mit seiner Umwelt nicht mehr ins reine. Er ist zum Menschenfeind geworden, weil ihm das Treiben seiner Mitmenschen zuwider ist. Überall sieht er sich von Schmeichelei, Lüge, Selbstsucht, Heuchelei umgeben, von Aufrichtigkeit und redlicher Gesinnung nicht die Spur. Sein Freund Philinte versucht vergeblich, Alceste davon zu überzeugen, daß seine Haltung untragbar ist. Man müsse schließlich die Menschen nehmen, wie sie sind, und dürfe keine zu hohen moralischen Forderungen an sie stellen. Idealistische Weltverbesserer hätten in dieser Gesellschaft nun mal keinen Erfolg. Doch Alceste läßt sich seine Verbitterung nicht nehmen. Er will keine Kompromisse machen.

Da also Alceste sich den Spielregeln der Gesellschaft nicht anpassen kann und will, muß er eine Lektion nach der anderen einstecken. Als er das beschränkte Sonett des eitlen Möchtegernpoeten Oronte nicht gebührend lobt, sondern erbarmungslos kritisiert, macht er sich diesen und dessen Anhänger zu Feinden. Weil er es ablehnt, den Richter zu bestechen, verliert er einen Prozeß. Und tragisch wird es für ihn, als er sich ausgerechnet in die schöne, aber kokette und oberflächliche Celimène verliebt, für die das flatterhafte Getändel und der Klatsch der Salons höchstes Vergnügen bedeuten. Ausgerechnet der Mann, dem die Lügen, Rücksichtnahmen und Schwächen des gesellschaftlichen Lebens eine Gänsehaut des Ekels über den Rücken jagen, verzehrt sich vor Liebe zu einer Frau, die sich genau in diesem Milieu am wohlsten fühlt.

Schließlich fordert Alceste als Liebesbeweis von Celimène, daß sie mit ihm zusammen in die ländliche Einsamkeit ziehen und auf ihre vielfältigen Flirts und das verlogene gesellschaftliche Gerede verzichten solle. Geschickt versteht es Celimène jedoch, Alceste hinzuhalten, ohne dabei ihr eigenes Verhalten zu ändern. Alceste lastet ihr diese Lebensweise auch gar nicht an, denn er ist überzeugt, daß nur die beiden Marquis Acaste und Clitandre die Angebetete so verdorben haben. Alceste hofft, Celimène eines Tages doch noch auf den seiner Meinung nach richtigen Weg bringen zu können. Für die schöne Eliante, die ihn schon immer verehrt hat, hat er dagegen keine Augen.

Celimène und die schon angejahrte, prüde und intrigante Arsinoe geraten auf einem Fest in Streit miteinander, wobei sich beide in recht derber Weise die Wahrheit über die jeweils andere an den Kopf werfen. Die beleidigte Arsinoe rächt sich, indem sie Alceste einen Brief Celimènes an Oronte zuspielt, der für Alceste der Beweis für die offenkundige Untreue seiner Geliebten ist. Und noch mehr kommt zutage: Komplimente kassieren, abwarten und die anderen auflaufen lassen – mit dieser Taktik führt Celimène seit geraumer Zeit nicht weniger als vier Bewerber um ihre Gunst an der Nase herum: Oronte, Acaste, Clitandre und eben auch Alceste. Es stellt sich heraus, daß Celimène mit ihren Verehrern eigentlich nur spielt und sich hinter deren Rücken sogar über sie lustig macht. Das ist zuviel für die Liebhaber. Sie räumen entrüstet das Feld, nur Alceste ist gewillt, Celimène noch einmal zu verzeihen. Er will sie heiraten, wenn sie mit ihm kommt und ihrem bisherigen leichtfertigen Leben den Rücken kehrt. Doch nein. Celimène möchte ihr Leben gar nicht ändern, auch wenn sie jetzt von ihren einstigen Verehrern sitzengelassen wird. Das Opfer, mit Alceste zu gehen und sein Leben zu teilen, ist ihr doch zu groß, und sie gibt Alceste einen Korb.

Alceste bleibt allein und wird sich von der Gesellschaft, in der er nicht leben kann, zurückziehen. Sein Freund Philinte, der inzwischen Eliante, die einzige wirklich ehrliche Verehrerin von Alceste, geheiratet hat, hofft, ihn von seinem Entschluß doch noch abbringen zu können.

ERLÄUTERUNGEN

Molière hat seinen *Menschenfeind* als Komödie bezeichnet, obwohl tragische Züge in der Titelfigur unüberhörbar sind. (Goethe empfahl sogar, »Inhalt und Behandlung des Stückes tragisch zu nennen«.) Alceste wirft sich zum Richter seiner Umwelt auf, wenn er fordert, daß jeder ausschließlich nach seinen eigenen Verdiensten behandelt werden soll. Nur die Tugend darf als alleiniger Maßstab gelten, und Ehrlichkeit und Wahrheit sollen das Zusammenleben der Menschen regeln. Alceste muß jedoch feststellen, daß er mit dieser Forderung allein steht, daß selbst ehrenwerte Männer wie sein Freund Philinte von diesem, wie er meint, selbstverständlichen Verlangen nichts wissen wollen. Seine moralischen Ansprüche an die Gesellschaft, in der er lebt, sind so utopisch und unerfüllbar, daß er sich selbst dadurch aus dieser Gesellschaft hinausmanövriert.

Alceste ist das Opfer eines eigenen hohen Anspruchs, seine Weltverbesserungsabsicht eine fixe Idee. Denn einer Epoche, die von hochentwickelter Geselligkeit ihre eigentliche Bedeutung ableitet, muß diese Weltverachtung als kauziges Außenseitertum erscheinen. Und damit sind wir mitten drin in Molières Kritik an seiner eigenen Umwelt und den Bedingungen des Zusammenlebens, die ihm von dieser Umwelt diktiert werden. *Der Menschenfeind* ist im Grunde eine Kritik Molières an den Zuständen seiner Zeit. Nur sieht Molière – wie Philinte – ein, daß es aussichtslos ist, die Welt verbessern zu wollen. Er macht diese persönliche Erkenntnis deutlich auch in der Figur des Alceste, die im Grunde tragisch scheitert. Alceste muß mit seiner Prinzipienreiterei und schrullenhaften Egozentrik gerade in seiner Zeit lächerlich wirken. Wenn Alceste ausgerechnet noch die Frau liebt, die all das verkörpert, was er verabscheut, bleibt ironischerweise sein Blick auf die wahren Verhältnisse getrübt.

Die Gestalt des Alceste trägt neben der Kritik an den Zuständen der Zeit zugleich aber auch private Züge Molières. Hinter der Verletzlichkeit des Alceste verbirgt sich auch die persönliche Lebenssituation des Dichters in den Jahren zwischen 1664 und 1666, als das Stück entstand. *Tartuffe**, seine Komödie um einen raffinierten Heuchler, bleibt weiterhin verboten. Und die persönlichen Angriffe gegen Molière, besonders von seiten fanatischer klerikaler Kreise, nehmen ungeheuerliche Ausmaße an. Molières kleiner Sohn stirbt 1664 nach wenigen Monaten, ein Jahr darauf Molières Schwester. Er selbst ist kränklich und glaubt an sein baldiges Ende. Und seine um etwa zwanzig Jahre jüngere Ehefrau Armande Béjart betrügt ihn mit anderen Liebhabern nach Strich und Faden. Insofern ist der Alceste auch eine Art ironisches Selbstporträt des Dichters, das zusätzlich an Leuchtkraft gewinnt, wenn man sich vor Augen hält, daß Molière selbst den Alceste gespielt hat und seine kokette Ehefrau die Celimène.

Der Menschenfeind von Molière wurde am 4. Juni 1666 im Palais Royal in Paris uraufgeführt.

1979 übertrug Hans Magnus Enzensberger den *Menschenfeind* erneut ins Deutsche und versetzte die Handlung in die Bundesrepublik der siebziger Jahre.

Der Geizige

L'avare

Komödie in 5 Akten

PERSONEN
Harpagon, Vater von Cléanthe und Elise
Cléanthe, Harpagons Sohn, in Mariane verliebt
Elise, Harpagons Tochter, in Valère verliebt
Anselme, ein reicher Witwer
Valère, Anselmes verloren geglaubter Sohn
Mariane, Anselmes verloren geglaubte Tochter
Frosine, Kupplerin
Meister Simon, Makler
Meister Jacques, Harpagons Koch und Kutscher
La Flèche, Cléanthes Diener
Haushälterin, Lakaien, Polizeikommissar, Schreiber

ORT
Paris, Harpagons Haus

ZEIT
17. Jahrhundert

HANDLUNG
Der ebenso reiche wie geizige Harpagon will seine Kinder vernünftig verheiraten, und das heißt für ihn: reich. Seine Tochter Elise soll also den vermögenden, aber alten Witwer Anselme ehelichen, obwohl sie insgeheim den elternlosen jungen Valère liebt. Anselme fordert von Elises Vater keine Mitgift, was für Harpagon ein zusätzlicher Vorzug dieser Verbindung ist. Und seinem eigenen Sohn Cléanthe verbietet Harpagon die Beziehung zu der jungen, aber mittellosen Mariane aus der Nachbarschaft, weil von ihrer Seite aus keine Mitgift zu erwarten ist. Cléanthe soll statt dessen mit einer reichen Witwe verkuppelt werden. Für sich selbst jedoch stellt Harpagon geschäftliche Absichten zurück: ausgerechnet die schöne Mariane soll seine künftige Ehefrau werden.

Valère hat sich nun, um seiner geliebten Elise möglichst oft nahe zu sein, als Haushofmeister bei Harpagon anstellen lassen und das Vertrauen seines Dienstherrn gewonnen. Als es zu einem Streit zwischen Vater und Tochter kommt, gibt Valère zum Schein dem Vater recht. Harpagon ist darüber so erfreut, daß er Valère beauftragt, auf seine Tochter Elise aufzupassen. Valère und Elise können dadurch um so besser die geplante Hochzeit mit dem Witwer Anselme hintertreiben.

Cléanthe klagt über den Geiz des Vaters. Um seine Finanzen aufzubessern, will er über einen Mittelsmann, den Makler Simon, Geld aufnehmen und gerät an einen Wucherer. Der ist niemand anderes als sein eigener Vater, der Cléanthe daraufhin sofort wegen seiner offensichtlichen Liederlichkeit zur Schnecke macht.

Die Kupplerin Frosine bringt Harpagon die frohe Botschaft, daß die Mutter Marianes einer Heirat ihrer Tochter mit Harpagon zustimmt. Ihre Hoffnung auf anständige Belohnung wird herb enttäuscht, als Harpagon sie lediglich zu einem ärmlichen Essen einlädt, das er aus Anlaß seiner bevorstehenden Vermählung mit Mariane vorbereitet.

In seiner ständigen Furcht, betrogen und bestohlen zu werden, hat Harpagon schon seit längerem sein ganzes Geld in einer verschlossenen Kassette im Garten vergraben. Diese Geldtruhe ist eines Tages verschwunden. Alle Sorgen mit der eigenen Hochzeit und die Heiratspläne mit seinen Kindern sind vergessen, als Harpagon den Diebstahl bemerkt. Er ruft sofort die Polizei und verdächtigt jeden, vom Kutscher bis zu seinem Haushofmeister Valère, des Diebstahls. Tatsächlich hat La Flèche, der Diener Cléanthes, die Kassette ausgegraben und sie seinem Herrn als wirkungsvolles Erpressungsmittel gegen seinen Vater gegeben. Cléanthe bietet sich prompt an, die Kassette ausfindig zu machen, unter der Bedingung, daß sein Vater ihm Mariane überläßt und auf seine eigenen Heiratsabsichten verzichtet. Harpagon willigt sofort ein.

Der reiche Witwer Anselme trifft ein, um mit Harpagon seine Hochzeit mit Elise zu besprechen. Es stellt sich heraus, daß Valère und Mariane seine beiden verloren geglaubten Kinder sind und Marianes Mutter seine für tot gehaltene Frau ist. Selbstverständlich wird damit seine Heirat mit Elise hinfällig, und er verzichtet zugunsten seines wiedergefundenen Sohnes Valère. Als Cléanthe die verschwundende Geldkassette dem Vater zurückgibt, ist auch sein Glück gesichert. Harpagon gibt die Zustimmung für die Hochzeit Cléanthes mit Mariane. Alle haben also zusammengefunden: Valère heiratet Elise, Cléanthe Mariane und Harpagon sein Geld. Anselme muß sich allerdings noch verpflichten, die beiden Hochzeiten zu finanzieren, Harpagon einen Festanzug zu kaufen und den Polizeikommissar zu entlohnen für seinen Einsatz bei der Suche nach der Geldschatulle.

ERLÄUTERUNGEN

Der Geiz des Harpagon ist nicht nur eine zunächst harmlos erscheinende menschliche Schwäche, sondern er wirkt gemeingefährlich. Für Harpagon ist der Inhalt seiner im Garten vergrabenen Geldschatulle sein ganzes Leben, den Verlust setzt er gleich mit Mord an seiner Person (»Man hat mir die Kehle durchgeschnitten«). Für Harpagons Kinder, die auf das Wohlwollen des Vaters angewiesen sind, wird diese Einstellung existenzbedrohend. Alle natürlichen Empfindungen und Reaktionen des Vaters seinen Kindern gegenüber sind verkümmert, Gefühle ausgelöscht, wenn sie nicht in Einklang zu bringen sind mit Besitztum und Zugewinn. So werden Hochzeiten beschlossen und Liebesverbindungen getrennt nur nach Mitgiftgesichtspunkten und blankem Profitdenken. Das Glück seiner Kinder ist Harpagon letzten Endes egal, wenn nur die Kasse stimmt. So liegt es für alle auf der Hand, sich aus der Abhängigkeit des Geizhalses so schnell wie möglich zu befreien. Nur wie?

Befreien können sie sich nicht durch Appelle an Vernunft und Mitleid, durch Gefühl oder durch kindliche Zuneigung. Hier hilft nur Geld. Der Geldgier des Vaters ist nur Geld gewachsen. Da die Kinder kein eigenes Geld besitzen, müssen sie den Vater mit seinem eigenen Geld unter Druck setzen. Das ist Erpressung. Die endgültige Hilfe kommt dann von außen. Ein gütiger Zufall löst alle Zwänge und Schikanen des Vaters. Anselme kauft die beiden Liebespaare buchstäblich frei. Das Happy-End ist allerdings, wie oft bei Molière, nicht rosig. Auch wenn die jungen Paare endlich zur Doppelhochzeit schreiten, ist Harpagon noch keineswegs davon überzeugt, daß Liebe wichtiger ist als Geld. Um ihn herum herrscht Jubel. Er aber denkt weiter an seine Kassette.

Molières *Der Geizige* ist kein draller Spaß, sondern ein im Grunde böses, bitteres und beinahe tragisch ausgehendes Spiel. Harpagon ist mit seinem irren Geiz furchterregend und hassenswert. Er könnte sein Geld ja auch auf die Bank schaffen, wo es sich mit Zinsen vermehren würde. Er selbst müßte dann keine schlaflosen Nächte mehr haben wegen eines möglichen Diebstahls. Aber er kann es nicht einmal aus dem Haus geben. Es ist sein zweites Ich, seine Geliebte, seine Welt, sein Gott. Die Kassette ist das Allerheiligste im Haus. Harpagon ist ein Psychopath, ein Besessener, der andererseits auch wieder so viele lächerliche Züge und Gewohnheiten aufweist, daß er fast schon wieder menschlich wirkt.

Molière ist es gelungen, aus einem bösartigen Stück stets noch die Heiterkeit hervorscheinen zu lassen, ohne die pessimistische Aussage zu vertuschen. Bei allem Entsetzen vor diesem alles beherrschenden Geiz bleibt doch irgendwo das Lachen möglich – und Mitleid mit einem Menschen, der sich von einigen lumpigen Geldstücken dermaßen abhängig macht. Denn Geiz, so erläutert uns Molière, ist für Harpagon nicht nur Mittel zum Zweck, andere zu unterdrücken, sondern ein Ding an sich, zu dessen erstem Opfer Harpagon selbst wird. Sich selber will er gefoltert wissen, sich selber denkt er den Tod zu, wenn man die gestohlene Kassette nicht wiederfindet. Ein Kranker wird vorgeführt, unsympathisch zwar, aber doch auch beklagenswert.

Den Stoff zu dieser Prosakomödie, die Jean Anouilh einmal das bitterste Drama aller Zeiten genannt hat, entnahm Molière der Komödie *Aulularia* des römischen Dichters Plautus. Die Uraufführung war, mit Molière in der Rolle des Harpagon, am 9. September 1668 im Palais Royal in Paris. Eine Umdichtung von Molières Charakterkomödie in den schwäbischen Dialekt durch Thaddäus Troll wurde 1976 in Stuttgart uraufgeführt.

Der eingebildete Kranke

Le malade imaginaire

Prosakomödie in 3 Akten mit Balletteinlagen

PERSONEN

Argan

Béline, seine zweite Frau

Angélique, seine Tochter aus erster Ehe

Béralde, sein Bruder

Cléanthe, Angéliques Liebhaber

Toinette, Argans Dienstmädchen

Doktor Diafoirus

Thomas Diafoirus, sein Sohn

Doktor Purgon, Argans Hausarzt

Fleurant, Apotheker

de Bonnefois, Notar

Louison, die kleine Schwester Angéliques

ORT

Paris, Argans Wohnung

ZEIT

17. Jahrhundert

HANDLUNG

Argan ist nicht davon abzubringen, sich unheilbar krank zu fühlen. Er umgibt sich mit Pillen und Klistieren, Salben und Säften, ruft ständig nach Ärzten und Apothekern und vertraut dabei selbst übelsten Quacksalbern, wenn sie ihm nur irgendwie eine Behandlung zuteil werden lassen. Sein Wahn wird noch bestärkt durch seine zweite Ehefrau Béline, die ihn beerben möchte und nur auf seinen Tod wartet.

Argan will sicher sein, daß er auch in Zukunft ärztliche Hilfe niemals entbehren muß. Deswegen und auch, um zu sparen, hat er vor, seine Tochter Angélique mit einem tüchtigen Arzt zu verheiraten. Er hat auch schon einen im Auge, nämlich den Neffen seines Hausarztes Purgon, einen akademisch-vertrockneten Nachwuchsmediziner namens Thomas Diafoirus. Angélique ist allerdings alles andere als begeistert von der Idee ihres Vaters, denn sie liebt Cléanthe. Dieser Cléanthe hat sich inzwischen als Musiklehrer im Hause Argans dienstbar gemacht, um dadurch seiner geliebten Angélique nahe zu sein.

Einen schweren Stand hat Angélique gegenüber ihrer Stiefmutter Béline, die nichts unterläßt, um Angélique bei ihrem Vater schlecht zu machen. Béline würde ihre Stieftochter am liebsten in ein Kloster stecken, um ungehindert von Argan als Alleinerbin eingesetzt zu werden. Argans Bruder Béralde und das clevere Dienstmädchen Toinette haben längst die Falschheit Bélines und die Verlogenheit der Ärzte durchschaut. Beide sind davon überzeugt, daß reine Gewinnsucht dahintersteckt. Besonders der Bruder Béralde versucht immer wieder, Argan von seinem Krankheitswahn und seiner Besessenheit zu heilen. Er bringt ihn schließlich dazu, wenigstens ein Gebräu des Apothekers Fleurant zu verweigern, das ihm der Arzt Purgon verschrieben hat. Nun allerdings ist Doktor Purgon stocksauer darüber, daß sein Rezept mißachtet wurde, und lehnt es ab, seinen Patienten weiterhin zu behandeln. Alle Krankheiten der Welt ruft er auf das Haupt des armen Argan hernieder, der jetzt dermaßen eingeschüchtert ist, daß er mehr denn je an die Kunst der Ärzte und an seine eigene Krankheit glaubt.

Um Argan die Augen zu öffnen, greift die Zofe Toinette schließlich zur Radikalkur. Sie verkleidet sich als Arzt und gibt vor, bereits viel von jenem »berühmten« Kranken gehört zu haben, den sie jetzt selbst in Augenschein nehmen wolle. Nach gründlicher Untersuchung empfiehlt sie, einen Arm zu amputieren und ein Auge zu entfernen, damit die anderen Körperteile besser funktionieren. Argan ist perplex über diese medizinische Logik, lehnt aber dann doch verständlicherweise ab. Schließlich verschreibt Toinette ihm eine neue

Diät, nämlich seine sämtlichen Leibgerichte. Argans Hochachtung vor diesem »Arzt« ist vollkommen. So ist es schließlich auch nicht sehr schwierig, ihn zu einem Experiment zu überreden. Argan soll sich tot stellen, um die wahren Gefühle seiner Familie besser ergründen zu können.

Es kommt, wie zu erwarten war. Die Ehefrau Béline stellt sich wirklich als gerissene Erbschleicherin heraus, die froh ist, daß ihr kranker Mann endlich das Zeitliche gesegnet hat. Empört jagt Argan sein falsches Eheweib zum Teufel.

Angélique aber zeigt ehrlichen Schmerz über den »Tod« ihres Vaters. Gerührt schließt Argan seine Tochter in die Arme. Natürlich braucht sie den Trottel Diafoirus jetzt nicht mehr zu heiraten. Gegen eine Ehe mit Cléanthe hat Argan nun nichts mehr einzuwenden, vorausgesetzt, Cléanthe studiert als sein künftiger Schwiegersohn auch Medizin. Béralde ist allerdings der Überzeugung, daß sein Bruder Argan doch lieber gleich selber Arzt werden solle. Mit Doktorhut und Talar kämen die medizinischen Kenntnisse schließlich doch von selbst. In einer rasch arrangierten Promotionsfeier wird Argan daraufhin zum Dr. med. ernannt.

ERLÄUTERUNGEN

In diesem seinem letzten Werk hat Molière noch einmal seine beiden stets wiederkehrenden Grundthemen zusammengebunden, die Charakterstudie eines Sonderlings und die Kritik an der eigenen aktuellen Umwelt. Argan bildet sich nicht nur ein, daß er krank ist. Seine Einbildung selbst nimmt bereits die Form einer Krankheit an. Argan ist der Musterfall eines Hypochonders. Anfänglich mag diese Einbildung Argans, krank zu sein, ja noch als eine einfache menschliche Schwäche gegolten haben. Unter Mitwirkung von Ärzten und Ehefrau ist aber dann eine echte Besessenheit daraus geworden, von der Argan nicht mehr lassen kann und will. Dahinter steckt die Angst vor dem Tod, die sich allein schon in den Bedenken Argans ausdrückt, ob es nicht gefährlich sein könnte, sich auch nur zum Spaß totzustellen. Dahinter steckt aber auch ein Stück Lebensangst, für die als einziger Ausweg nur die Flucht in die Krankheit übrigbleibt. Diese Flucht steigert sich bei Argan bis zu einem selbstzerstörerischen Krankheitswahn, der auch die Umwelt miteinbezieht und sie rücksichtslos bedroht.

Unterstützt wird dieser Wahn Argans ironischerweise genau von den Mitmenschen, die ihn eigentlich heilen sollten, von seiner Ehefrau, den Ärzten und den Apothekern. Sie brauchen in Wahrheit diesen Patienten mit seinen Wahnvorstellungen und seinen Todesängsten, um sich selbst zu bereichern und sich für später das Erbe sichern zu können. Ihr eigener Vorteil ist das Motiv ihrer Anteilnahme an Argans Krankheit, nicht das Wohlbefinden des Patienten.

Argan durchschaut weder die Hinterhältigkeit der Ärzte noch die Durchtriebenheit seiner Frau und schon gar nicht den Scheincharakter seiner eigenen Krankheit. Er ist auch hier krank, nämlich mit Blindheit geschlagen. Heilung, zumindest was Argans Einstellung zu den Ärzten und zu seiner Ehefrau anbelangt, geschieht mit den Mitteln der Verstellung: Sein vorgetäuschter Tod öffnet ihm die Augen über die Falschheit seiner Umwelt. Übrig bleibt ihm dann aber immer noch die eigene Krankheit, das Vertieftsein in die eigene Wehleidigkeit. Hilfe kann nur bei ihm selbst liegen: Nachdem er durch eine feierliche Doktorpromotion die, wie er meint, nötigen Fachkenntnisse erlangt hat, kann er sich nunmehr selbst medizinisch fachkundig weiterbehandeln. Die Hoffnung auf Heilung seines Leidens ist jetzt möglicherweise gestiegen.

Der eingebildete Kranke ist eine Ballettkomödie (Musik: Marc Antoine Charpentier), in der zwischen den einzelnen Aufzügen Tanzeinlagen vorgesehen sind, so auch ein Tanz der Ärzte und Apotheker ums »Goldene Klistier«. Die parodistische Verleihung der Doktorwürde an Argan geschieht in Form einer grotesken Tanzpantomime, die indirekt Molières eigenes vernichtendes Urteil über die Praxis der Medizin seiner Epoche ausdrückt. Diese Schlußzeremonie wird noch heute zu jedem Geburtstag Molières vom Ensemble der Comédie Française in Paris aufgeführt.

Die Uraufführung des *Eingebildeten Kranken* fand am 10. Februar 1673 im Palais Royal in Paris statt mit Molière selbst in der Rolle des Argan. Tragische Ironie scheint auf, wenn man die autobiographischen Hintergründe des Stückes mitbedenkt. Da schreibt ein Todkranker eine Komödie über einen Menschen, der sich nur einbildet, todkrank zu sein, spielt die Rolle selbst und muß sich dabei sogar totstellen, nicht ohne vorher voller Angst zu fragen, ob das auch nicht sehr gefährlich sei. In der vierten Vorstellung des *Eingebildeten Kranken* erleidet ebenderselbe Schauspieler, der 51jährige Molière, auf offener Bühne und im Bühnenkostüm des eingebildeten Kranken einen Blutsturzanfall, dem er unmittelbar darauf erliegt. Der wirkliche Tod wird zur Bühnenpointe für ein ganzes Komödiantenleben.

CARLO GOLDONI

Carlo Goldoni wird am 25. Februar 1707 in Venedig geboren. Sein Vater ist Arzt. Nach dem Schulbesuch bei Jesuiten und Dominikanern in Perugia und Rimini studiert er bis 1728 an den Universitäten von Padua und Modena mehrere Semester Jura. Stets unruhig, zwischendurch auch mal mit einer Schauspieltruppe unterwegs, wechselt er immer wieder die Aufenthaltsorte. Von 1728 bis 1730 findet man ihn bei den Justizbehörden in Chioggia und Feltre. Hier richtet er im Gouverneurspalast ein Liebhabertheater ein, für das er Lustspiele schreibt. Durch den Tod seines Vaters finanziell in Not geraten, nimmt er sein Jurastudium wieder auf und promoviert 1731 zum Doktor beider Rechte in Padua. 1732 ist er Advokat in Venedig, flieht aber aus der Stadt, um finanziellen Schwierigkeiten und einer unerwünschten Heirat zu entgehen. Nach vielen unruhigen Wanderjahren heiratet er eine Notarstochter aus Genua.

Inzwischen hat seine Tragödie *Belisario* Erfolg in Venedig. So kehrt Goldoni dorthin zurück, wird Theaterleiter am Teatro S. Giovanni Crisostomo und schreibt wieder Komödien. *Der Lebemann* und *Der Diener zweier Herren** beruhen zunächst auf Szenen im Commedia dell'arte-Stil für den berühmten Schauspieler Antonio Sacchi; erst im nachhinein schreibt Goldoni die Stücke vollständig nieder. *Der Diener zweier Herren* zum Beispiel wird erst 1747 in Mailand textlich fixiert. 1743 erscheint die erste sofort mit vollem Text niedergeschriebene Komödie *Die liebenswürdige Frau*.

Goldonis Leben bleibt unruhig, er ist bald Theaterdichter, bald Advokat in den verschiedensten italienischen Städten. 1748 kehrt er nach Venedig zurück und beginnt das Theater nach seinen Vorstellungen zu reformieren. Immer mehr entfernt er sich von der Commedia dell'arte, um nach dem Muster Molières natürliche Charaktere in dem bürgerlichen Milieu seiner Zeit zu schaffen.

Bis 1762 entstehen seine reifsten Werke: *Die listige Witwe, Das Kaffeehaus, Der Lügner, Das ehrbare Mädchen, Mirandolina, Il Campiello, Die Herren im Haus, Krach in Chiozza, Der Fächer, Die Trilogie der Sommerfrische.*

Durch Mißerfolge enttäuscht, angefeindet und von den satirischen Märchenkomödien Carlo Gozzis aus der Gunst des Publikums verdrängt, verläßt Goldoni 1762 Venedig und geht nach Paris, wo er für das Théâtre des Italiens Stegreifstücke und Szenarien schreibt. 1765 wird er Italienischlehrer am Hof von Versailles, ab 1769 gewährt ihm der König einen Ehrensold. 1771 hat er mit *Der herzensgute Unwirsch* seinen einzigen großen Theatererfolg in Paris. 1774 beginnt er auf französisch seine Memoiren zu schreiben, die 1787 in drei Bänden erscheinen.

Während der Französischen Revolution wird ihm die königliche Pension wieder aberkannt. Am 6. Februar 1793 stirbt Goldoni, arm und erblindet. Am selben Tag wird ihm auf Antrag des Dichters Marie-Joseph Chénier seine Pension wieder zugesprochen. Goldonis Grab ist unbekannt.

Goldoni schrieb etwa 150 Theaterstücke, zuerst in der Manier der Commedia dell'arte, dann entwickelte er in einem Reformprozeß nach dem Vorbild Molières eine realistische und psychologische Darstellungsweise der Gesellschaft und der Sitten seiner Zeit.

Der Diener zweier Herren

Il servitore di due patrone

Komödie in 3 Akten

PERSONEN
Pandolfo, ein reicher Kaufmann
Clarice, dessen Tochter
Dottore Lombardi
Silvio, dessen Sohn
Beatrice, eine Turinerin (in Männerkleidern unter dem Namen Federigo Rasponi)
Florindo, Beatrices Geliebter
Truffaldino, der Diener Beatrices und später auch noch der Florindos
Brighella, Wirt
Smeraldina, Zofe Clarices
Harlekine

ORT
Pandolfos Haus, in und vor Brighellas Gasthof in Venedig

ZEIT
Mitte des 18. Jahrhunderts

HANDLUNG
Florindo und Beatrice lieben sich. Florindo ist mit Ziel Venedig aus Turin geflohen, weil er dabei war, als Beatrices Bruder im Streit zwischen Freunden mit dem Schwert tödlich verletzt wurde. Niemand wußte im nach-

hinein so recht, wie das geschehen konnte. Um einer drohenden gerichtlichen Untersuchung zu entgehen, haben die meisten der Freunde die Stadt verlassen. Beatrice reist nun in Männerkleidern ihrem Geliebten nach und nennt sich jetzt nach ihrem getöteten Bruder Federigo Rasponi. Unterwegs hat sie sich einen Diener namens Truffaldino genommen. Dies ist die Vorgeschichte.

In Venedig begibt sich Beatrice als erstes zu Pandolfo, einem reichen Kaufmann, um von ihm 10 000 Dukaten einzutreiben, die dieser ihrem verstorbenen Bruder noch schuldet. Sie läßt sich von Truffaldino als Federigo Rasponi anmelden. Und um der Geldforderung noch mehr Nachdruck zu verleihen, erinnert sie Pandolfo daran, daß er früher einmal ihr, oder vielmehr ihm, Federigo Rasponi, seine Tochter Clarice zur Frau geben wollte.

Das Auftauchen des angeblichen Federigo bringt Pandolfo in höchste Verlegenheit. Aufgrund der Nachricht, daß Federigo vor kurzem bei einer Rauferei ums Leben gekommen sei, hat er seine Tochter Clarice schließlich mit dem jungen Silvio, dem Sohn des Dottore Lombardi, verlobt. In Brighellas Gasthof soll die Hochzeit stattfinden. Brighella ist gerade zur Besprechung der letzten Vorbereitungen bei Pandolfo vorstellig. Er kennt den wahren Federigo aus seiner Turiner Zeit und durchschaut jetzt den Rollentausch. Mit einem Beutel Geld läßt er sich von Beatrice alias Federigo sein Schweigen erkaufen. Beatrice verspricht, in Brighellas Gasthof zu logieren. Pandolfo macht die Verlobung seiner Tochter mit Silvio rückgängig, denn er will Federigo nicht zum Feind haben. Clarice, von ihrer Zofe Smeraldina bereits über den Handel informiert, besteht jedoch auf der Heirat mit Silvio. Das ist Pandolfo sehr unangenehm, aber Beatrice/Federigo nimmt es gelassen und verspricht, Clarice zu beschwichtigen. Da gibt es manchen Botengang für Smeraldina und Gelegenheit, mit Truffaldino ins Gespräch zu kommen.

In der Zwischenzeit ist Florindo, der Liebhaber Beatrices, auf der Flucht aus Turin ebenfalls in Brighellas Gasthof eingetroffen, ohne von der Anwesenheit Beatrices zu wissen. Diener Truffaldino klagt über den Geiz seines »Herrn«, der ihn schlecht bezahle und ihn mit knurrendem Magen herumlaufen lasse. Florindo verspricht dem hungrigen Truffaldino mehr Lohn, wenn er in seine Dienste trete. Truffaldino willigt ein, ohne indes sein Dienstverhältnis zu Beatrice aufzukündigen. So wird er zum Diener zweier Herren, die im selben Gasthof logieren, aber voneinander nichts wissen und auch nicht ahnen, daß sie denselben Diener haben.

Für Truffaldino wird dieses doppelte Dienstverhältnis zu einem Knäuel von Verwechslungen und Verwicklungen, aus denen er sich aber immer wieder mit akrobatischem Geschick und viel Zungenfertigkeit zu retten weiß. So wird er zunächst von beiden Herren zur Post geschickt, um Briefe abzuholen. Da er nicht lesen kann, gibt er alle Briefe Florindo. Dieser entdeckt zu seinem großen Erstaunen in der Post ein Schreiben aus Turin, das an Beatrice gerichtet ist. Er öffnet den Brief und erfährt, daß seine Geliebte unter dem Namen Federigo nach Venedig gereist sei, um ihn zu suchen, und auch, daß seine, Florindos, Unschuld am Tode des Bruders erwiesen sei. Florindo will jetzt von Truffaldino wissen, weshalb dieses Schreiben nun gerade in seine Hände gelangt sei. Truffaldino behauptet, er habe den Brief vom Diener eines ihm unbekannten Herrn zur Aufbewahrung bekommen und müsse ihn am Nachmittag auf dem Markt wieder zurückgeben. Als Truffaldino später den Brief Beatrice aushändigt, erzählt er, er habe den Brief nur aus Versehen geöffnet. Im übrigen könne er gar nicht lesen.

Ein zweites Mißgeschick passiert: Der Kaufmann Pandolfo übergibt dem gestreßten Truffaldino 200 Dukaten mit dem Auftrag, sie seinem Herrn als Anzahlung für seine Schulden auszuhändigen. Da Truffaldino nicht weiß, für welchen seiner beiden Brötchengeber das Geld bestimmt ist, leitet er die Summe an den ersten, der ihm begegnet, weiter. Es ist ausgerechnet der Falsche, nämlich Florindo.

Als seine beiden Herrschaften zum gleichen Zeitpunkt, aber in getrennten Zimmern speisen wollen, bringt Truffaldino noch das Kunststück fertig, beiden zugleich zu servieren und dabei auch noch seinen eigenen Heißhunger zu stillen. Aber mit dem fälschlicherweise Florindo ausgehändigten Geldbetrag verstrickt sich Truffaldino immer mehr in sein Lügenspiel: Florindo hat ihm nämlich die 200 Dukaten samt einem Kästchen zur Aufbewahrung überlassen, und Beatrice, die mittlerweile von Pandolfo weiß, daß ihr Diener die 200 Dukaten ausgehändigt bekam, verlangt nun das Geld. Auch sie übergibt Truffaldino eine Kassette zur Aufbewahrung, und dieser steckt sie in dieselbe Tasche, in der er bereits Florindos Kassette verstaut hat. Als nun Florindo nach kurzer Zeit seine Kassette zurückverlangt, händigt Truffaldino die falsche aus, und Florindo erkennt sie sofort als sein einstiges Geschenk an Beatrice wieder. Und umgekehrt entdeckt auch Beatrice wenig später in der Kassette Florindos ihr eigenes früheres Geschenk an den Geliebten. Nacheinander stellen beide Truffaldino zur Rede und wollen die Herkunft des jeweiligen Kästchens erfahren. Truffaldino fällt schließlich keine andere Ausrede mehr ein als zu behaupten, er habe die Kassette von seinem früheren Dienstherrn erhalten, der aber vor kurzem gestorben sei. Für Beatrice ist das ein Beweis, daß ihr Geliebter tot ist, und auch Florindo ist von dieser Hiobsbotschaft schwer getroffen.

Ihrer beider Verzweiflung ist jedoch nicht von langer Dauer. Florindo und Beatrice begegnen sich endlich und fallen sich in die Arme. Beide sind so glücklich darüber, den anderen am Leben zu sehen und einander endlich gefunden zu haben, daß sie Truffaldino seine Betrügereien verzeihen. Statt einer Strafe darf er sogar die Zofe Smeraldina heiraten. Und natürlich steht jetzt auch der Hochzeitsfeier Clarices, die der Vater Pandolfo schließlich schon vorbereitet hatte, nichts mehr im Wege.

Erläuterungen

In der zweiten Hälfte des 16. Jahrhunderts hat sich in Italien eine Theaterform entwickelt, die als Commedia dell'arte alle Bühnen Europas sehr schnell überwucherte. In diesem komödienhaften Stegreiftheater gab es keine vorgefertigte Textgrundlage, vielmehr waren nur lockere Handlungsumrisse festgelegt, die man mit Improvisationen füllte. Nur die Figuren und ihre Verhaltensmuster standen fest. Dem Venezianer Carlo Goldoni gelang nach und nach die Überwindung des Stegreifs durch fixierte Charakter- und Milieudarstellungen, die einen psychologischen Realismus vorwegnehmen. Statt festgelegter Typen treten bei Goldoni Menschen auf, deren Handlungsweisen der Wirklichkeit entsprechen, statt Slapstick und fester Rollenmuster entwickeln sich »Schicksale«.

Sein meistgespieltes Lustspiel *Der Diener zweier Herren* ist noch der alten Commedia dell'arte verpflichtet. Goldoni entwarf es für den damals berühmtesten venezianischen Stegreifkomödianten Antonio Sacchi, der sich die Bearbeitung eines älteren Commedia dell'arte-Stoffes erbeten hatte. So ist es nicht verwunderlich, daß die ganze Handlung um die Figur des Harlekin, des festgelegten Dienertypus' (hier unter dem Namen Truffaldino), kreist und für den Schauspieler eine ausgesprochene Paraderolle bereithält.

Der Harlekin, der »Arlecchino«, ist ein Diener, der sich virtuos, mit viel Witz und auch Glück aus brisanten Situationen befreit. Er erntet häufig Prügel und ist als einer, der sich sehr schnell und leidenschaftlich in Liebesdingen engagiert, oft maßgeblich beteiligt an amourösen Affären.

Wie sehr diese Komödie Goldonis noch dem alten Stegreifspiel mit seinen komischen Situationen, seinen possenhaften Handlungselementen, seiner Gewitztheit und der Akrobatik der Schauspieler verhaftet ist, zeigt die Entstehung des Stücks: Goldoni hat seine Komödie erst *nach* der ersten Aufführung, nämlich 1747 in Mailand, im Text niedergeschrieben.

Das Extemporieren, also das Sprechen ohne festen Text, wie es die Commedia dell'arte zu hoher Kunst entwickelt hat, ist im *Diener zweier Herren* sogar virtuoser Handlungsbestandteil: Da Truffaldino stets kurz entschlossen reagieren und seine Handlungsweise schnell auf die neue Situation einstellen muß, wird das Improvisieren zum Stilmittel und zentralen Strukturprinzip.

So wie der Gestalt des Truffaldino der Arlecchino der Commedia dell'arte zugrundeliegt, sind auch die meisten anderen Rollen in diesem Lustspiel dem typischen Figurenfundus dieser Komödienform entnommen. In der Smeraldina steckt zum Beispiel der Typus der »Colombina«, einer weiblichen Parallelfigur zum Arlecchino. Die Colombina ist eine listige, kein Blatt vor den Mund nehmende Zofe, die stets aktiv ins Intrigenspiel mitverstrickt ist. Sie löst mit weiblicher Schläue die kompliziertesten Verwicklungen und ist selbst meist in Arlecchino verliebt.

Eine der zentralen Figuren der Commedia dell'arte ist »Pantalone«, der hier im Kaufmann Pandolfo auftaucht. Er ist der komische Alte, meist Junggeselle oder Witwer, der als Vater einer ins Heiratsalter gekommenen Tochter von Mißtrauen allen Bewerbern gegenüber erfüllt ist. Er ist geizig, O-beinig und schlappschwänzig, und leicht hereinzulegen, wenn man ihn bei seiner Eitelkeit packt.

Doktor Lombardi ist der typische »Dottore«, der Arzt oder Advokat, der meist ein mit lateinischen Zitaten gespicktes Pseudowissen auszubreiten versucht.

»Brighella«, hier der Wirt, führt ähnlich wie Arlecchino als Intrigant die Handlungsfäden, wobei er stets auf seinen Vorteil bedacht ist und die Hand für klingende Münze offenhält.

Obwohl *Der Diener zweier Herren* mit dem bloßen Szenarium und den vorhandenen Rollen die italienische Stegreifkomödie glänzend repräsentiert, geht Goldoni in einzelnen Charakterzeichnungen über die Commedia dell'arte hinaus. Truffaldino ist nicht nur der geschickte Drahtzieher der Handlung, er wird auch charakterlich gekennzeichnet: Sein Analphabetismus zwingt ihn in niedrigste Dienstverhältnisse und steht in krassem Gegensatz zu seiner Schläue. Sein Hungerleiderschicksal und die regelmäßigen Prügel, die er einstecken muß, lassen ihn zum unverfrorenen Lügner werden, der mit den Gefühlen seiner beiden Herrschaften skrupellos umspringt.

Im 20. Jahrhundert gab es von dieser Komödie Goldonis zwei Modellaufführungen, die bis heute als unübertroffen gelten und Maßstäbe gesetzt haben. 1924 hatte Max Reinhardt in Wien und zwei Jahre später in Salzburg den *Diener zweier Herren* ganz als Stegreifstück spielen lassen, auf einem kleinen Podium mit keiner anderen Ausstattung als einigen Paravents. Und nach dem Zweiten Weltkrieg begeisterte fast ein Vierteljahrhundert lang Giorgio Strehlers »Piccolo Teatro« in Mailand mit den beiden legendären Arlecchino-Darstellern Marcello Moretti und Ferruccio Soleri die Theaterwelt. Strehler ließ eine »Kunstfertigkeitskomödie« abrollen, die in ihrem atemberaubenden Dialoggewitter, ihrer Zirkus-Akrobatik und dem funkensprühenden Spieltempo jedes, auch das des Italienischen nicht mächtige Publikum zu Beifallsstürmen hinriß.

GOTTHOLD EPHRAIM LESSING

Gotthold Ephraim Lessing wird am 22. Januar 1729 als ältestes von zwölf Kindern einer protestantischen Theologenfamilie in Kamenz (Sachsen) geboren. Ein Stipendium ermöglicht ihm von 1741 bis 1746 den Besuch der Fürstenschule St. Afra in Meißen, die er mit Glanz durchläuft und vorzeitig verlassen kann. Er erhält ein weiteres Stipendium zum Studium der Theologie in Leipzig, das er später abbricht, um Medizin zu studieren.

Inzwischen hat er Beziehungen zu Friederike Caroline Neuber aufgenommen, einer Theaterleiterin, die mit ihrer Wandertruppe das französische Drama gegen die volkstümlichen Hanswurstspiele durchsetzen will. Dort lernt er das Theaterhandwerk kennen. 1748 führt diese Truppe sein erstes Lustspiel *Der junge Gelehrte* auf. Lessing weicht nach Berlin aus, weil er für Schauspieler Bürgschaften übernommen hat, die er nicht einlösen kann. Hier lebt er als freier Schriftsteller und macht sich als Literaturkenner einen Namen durch Rezensionen, Aufsätze und die Aufführung seiner Lustspiele *Die Juden* und *Der Freigeist*. Er lernt Voltaire kennen, dessen Charakter er verachtet, den er als Schriftsteller aber bewundert. Voltaire schwärzt ihn bei Friedrich II. wegen eines Mißverständnisses an. Von 1751 bis 1752 studiert er in Wittenberg und macht seinen Magister.

Von 1752 bis 1755 lebt er wieder als Rezensent und Übersetzer in Berlin. Er verfaßt literaturkritische und philosophische Schriften und Epigramme und verwickelt sich in Streitschriften und Dispute. Im Juli 1755 wird in Frankfurt an der Oder sein bürgerliches Trauerspiel *Miß Sara Sampson* uraufgeführt. Zum erstenmal stehen bürgerliche Personen im Mittelpunkt eines ernsten Dramas. Die Anteilnahme des Publikums ist überwältigend. Von 1755 bis 1758 ist Lessing wieder in Leipzig, bereitet mit einem Gönner eine Bildungsreise durch Europa vor, die jedoch beim Ausbruch des Siebenjährigen Krieges frühzeitig beendet wird. Von 1758 bis 1760 ist er Mitherausgeber und Hauptkritiker der Wochenschrift *Briefe die Neueste Litteratur betreffend*. Er veröffentlicht die *Fabeln* und das dramatische Epigramm *Philotas*. Fünf Jahre, von 1760 bis 1765, verbringt er als Sekretär des Generalgouverneurs Tauentzien in Breslau, einerseits in heiterer Geselligkeit im Kreise von Offizieren, andererseits aber in konzentrierter Arbeit. 1763, gegen Ende des Krieges, beginnt er mit der Arbeit an dem Lustspiel *Minna von Barnhelm**, dessen Umfeld er in Breslau gut studieren kann. Außerdem schreibt er die kritische Untersuchung

Laokoon oder Über die Grenzen der Malerei und Poesie. 1764 erkrankt er lebensgefährlich.

1765 kehrt er erneut nach Berlin zurück. Friedrich II. lehnt mehrfach eine Anstellung Lessings als Königlicher Bibliothekar ab. Von 1767 bis 1770 ist er in Hamburg Dramaturg des neugegründeten Hamburger Nationaltheaters. Er gibt die sogenannte *Hamburgische Dramaturgie* heraus, in der er sich von den noch immer geltenden französischen Vorbildern deutlich absetzt. Im September 1767 wird *Minna von Barnhelm* in Leipzig uraufgeführt. 1770 macht das National-theater in Hamburg bankrott. Lessing nimmt die Stelle des Hofbibliothekars in Wolfenbüttel an. Im nahen Braunschweig wird 1772 das Schauspiel *Emilia Galotti** uraufgeführt. Lessings Gehalt ist sehr klein. Erst eine leichte Aufbesse-rung macht 1776 die Heirat mit Eva König, der Witwe eines Hamburger Kaufmanns und Freundes, möglich. Nach glücklicher eineinhalbjähriger Ehe stirbt seine Frau im Wochenbett. Lessing vereinsamt zunehmend, zumal er nach dem Wegzug des Herzogs von Braunschweig der einzige Bewohner des Wolfenbütteler Schlosses ist.

In die folgende Zeit fallen schwierige theologische Auseinandersetzungen mit dem Hamburger Hauptpastor Melchior Goeze, die Lessing mit äußerster Schärfe führt. Deshalb läßt der Herzog von Braunschweig seine Schriften zensieren. Lessing antwortet 1779 mit dem dramatischen Gedicht *Nathan der Weise**, einem Drama über Humanität und Toleranz. 1780 folgen das Freimau-rergespräch *Ernst und Falk* und *Die Erziehung des Menschengeschlechts*. Am 15. Februar 1781 stirbt Lessing, erst 52 Jahre alt, auf einer Reise nach Braunschweig.

Lessing ist der wichtigste Vertreter der Aufklärung und zugleich ihr Über-winder. Er löst die deutsche Dichtung von den französischen Vorbildern ab. Er entdeckt Shakespeare für seine Zeit. Toleranz, Humanität und eine unbestechli-che Wahrheitsliebe sind Grundzüge seiner Dichtungen. Durch sein Humani-tätsideal wird er Wegbereiter der deutschen Klassik. In seinen theoretischen und kritischen Schriften schreibt er eine klare, schlagkräftige und witzig-ironische Prosa.

Lessing ist der erste deutsche Dramatiker, dessen Werke bis heute auf der Bühne lebendig geblieben sind.

Minna von Barnhelm oder Das Soldatenglück

Lustspiel in 5 Akten

PERSONEN

Major von Tellheim, aus dem Militärdienst verabschiedet
Minna von Barnhelm
Graf von Bruchsall, ihr Onkel
Franziska, ihr Mädchen
Just, Bedienter des Majors
Paul Werner, ehemaliger Wachtmeister des Majors
Der Wirt
Eine Dame in Trauer
Ein Feldjäger
Riccaut de la Marlinière, Leutnant

ORT
Ein Wirtshaus in Berlin. Abwechselnd in einem Saal und dem daranstoßenden Zimmer.

ZEIT
Unmittelbar nach dem Siebenjährigen Krieg, also kurz nach 1763

HANDLUNG
Der preußische Major von Tellheim mußte während des Siebenjährigen Krieges die hohen Kriegssteuern bei den besiegten Sachsen eintreiben. Um dabei die ärgsten Härten zu mildern, hatte er den sächsischen Ständen die Steuern aus eigener Tasche vorgeschossen und dafür entsprechende Wechsel erhalten. Bei dieser Gelegenheit traf er im thüringischen Winterquartier das adelige Fräulein von Barnhelm. Beide verliebten sich ineinander und beschlossen, nach Ende des Krieges zu heiraten.

Nun sind die Kämpfe vorüber, und über Tellheim bricht die Katastrophe herein: Die preußische Kriegskasse legt ihm die Wechsel, die er von den sächsischen Ständen erhalten hatte, als Bestechungsgelder aus und verweigert die Einlösung. Ein Verfahren wegen Unterschlagung und schweren Betrugs wird eingeleitet und Tellheim aus der Armee entlassen. In einem Berliner Gasthof erwartet er nun, gänzlich abgebrannt, in seiner Ehre gekränkt und überdies noch mit einer Kriegsverletzung am rechten Arm, den Ausgang des Verfahrens. Ruiniert und völlig am Ende bricht er die Verbindung zu seiner

Verlobten Minna von Barnhelm ab, denn an eine Heirat ist vorerst nicht mehr zu denken. Er schreibt Minna einen Brief und versucht sein Verhalten zu entschuldigen. Hier beginnt das Stück.

Der Wirt des Gasthofs hat den Major in ein miserables Zimmer umquartiert, um Platz zu bekommen für eine soeben eingetroffene vornehme Dame. Sie scheint ihm zahlungskräftiger zu sein als der bankrotte Major, der mittlerweile schon einige Monatsmieten schuldig geblieben ist. Der neue Gast ist niemand anderes als Minna von Barnhelm, die mit ihrer Kammerzofe Franziska nach Berlin gereist ist, um ihren Verlobten wiederzufinden.

Tellheim ist empört über den Raffzahn von Wirt und beschließt, unverzüglich den Gasthof zu wechseln. Um seine noch ausstehenden Mietschulden zu bezahlen, braucht er dringend Bargeld. Trotzdem will er die Rückzahlung einer ansehnlichen Summe, die er einem Kriegskameraden einmal geliehen hatte, nicht annehmen, weil er davon überzeugt ist, daß dessen Witwe das Geld noch notwendiger brauche als er. Und auch den Geldbetrag, den ihm sein ehemaliger Wachtmeister Werner diskret schenken will, weist er zurück. Statt dessen will er seinen Verlobungsring versetzen. Sein treuer Diener Just soll den Ring beim Wirt beleihen. Auch ihn, Just, hatte Tellheim aus Geldnot schon wegschicken wollen, doch der hatte sich strikt geweigert zu gehen.

Als der Wirt die Personalien seines neuen Gastes, Frau von Barnhelm, aufnimmt, zeigt er ihr ahnungslos den Ring. Minna erkennt an dem Pfandstück sofort den Ring ihres Verlobten und ist hocherfreut, Tellheim nun endlich wiedergefunden zu haben. Sie löst den Ring ein und beauftragt den Wirt, Tellheim sofort zu ihr zu rufen.

Tellheim ist überrascht, Minna in Berlin zu sehen. Er beteuert ihr zwar seine Liebe, weigert sich aber, Minna unter den gegebenen Umständen zu heiraten. Als verkrachte Existenz sei es ihm unmöglich, irgend jemanden an sich zu binden, und schon gar nicht jemanden, der ihm lieb ist. Doch Minna läßt nicht locker. Als Tellheim schließlich fühlt, daß er den, wie er glaubt, fadenscheinigen Argumenten der redegewandten Minna kaum noch etwas entgegensetzen kann, zieht er sich zurück. Statt mit ihr zu reden, schreibt er einen Brief, in dem er seine Einwände gegen eine Heirat noch einmal darlegt und sich zu rechtfertigen versucht.

Minna läßt den nur scheinbar ungelesenen Brief von ihrer lebhaften und energischen Kammerjungfer Franziska zurückbringen und bittet statt dessen noch einmal um eine persönliche Unterredung, die Tellheim schließlich zusagt. Bei diesem Botengang lernt Franziska den ehemaligen Wachtmeister Werner kennen, der Tellheim ebenfalls helfen will. Obwohl sie seine Flunkereien durchschaut, ist sie doch sehr angetan von ihm ...

Das Fräulein aber dreht den Spieß jetzt um und verweigert sich Tellheim mit dessen eigenen Argumenten von Ehrgefühl. Weil ihr Onkel sie angeblich enterbt und verstoßen habe, sei *sie* es jetzt, die auf einer Auflösung der Verlobung bestehen müsse. Ihr Ehrgefühl könne es nun nicht mehr zulassen, sich in dieser Situation noch einem Manne zu verbinden, der sich ihr gegenüber immer als absoluter Ehrenmann gezeigt habe.

Jetzt ist Tellheim zu allem bereit, woran ihn zuvor noch sein eigener Ehrbegriff gehindert hatte. Natürlich will er Minna sofort heiraten, will nun doch Geld bei Werner leihen und sogar in fremde Kriegsdienste treten, um Minna in ihrer finanziellen Notlage beizustehen. Und plötzlich stellt sich auch heraus, daß er sich um die finanziellen Dinge gar keine Sorgen mehr zu machen braucht. Ein gewisser Leutnant Riccaut de la Marlinière überbringt nämlich die Nachricht von der angeblich bevorstehenden Rehabilitation Tellheims und der damit verbundenen Rückzahlung der vorgestreckten Gelder.

Aber Minna läßt Tellheim noch etwas zappeln. Sie gibt ihm den Verlobungsring zurück, und damit sei die Sache für sie abgeschlossen. Es ist allerdings jener Ring, den Tellheim vor kurzem versetzt und den sie beim Wirt eingelöst hat. Tellheim ahnt nichts von diesem Rückkauf und muß annehmen, daß es Minnas Ring ist. Nun sieht er wirklich alle Felle davonschwimmen. Die Rückgabe des Ringes bedeutet für ihn, daß es Minna tatsächlich ernst meint mit der Auflösung der Verlobung.

Erst als Minnas Onkel, der Graf von Bruchsall, ankommt, wird der Schwindel mit der Enterbung Minnas offenbar, und alles klärt sich auf. Minna öffnet Tellheim die Augen: Der Ring, den sie ihm zurückgab, ist in Wahrheit sein eigener, den er als Verlobungsring bis vor kurzem noch getragen hat. Mit der Rückgabe habe sie die Verlobung eigentlich wieder bekräftigt. Tellheim ist überglücklich. Einer Ehe mit Minna steht jetzt nichts mehr im Wege. Und auch der treue Wachtmeister Werner kommt zu seinem Glück: Die Kammerzofe Franziska macht ihm einen Heiratsantrag.

ERLÄUTERUNGEN

Lessing hat den politisch-historischen Zusammenhang, in den er sein Stück stellt, selbst hautnah miterlebt. Zwischen den europäischen Großmächten tobt der Siebenjährige Krieg (1756–1763). Lessing verläßt Berlin und geht als Sekretär des preußischen Generals und Festungskommandanten Friedrich von Tauentzien nach Breslau. Neben seinen Amtsgeschäften beschäftigt er sich dort mit mehreren Dramenentwürfen, darunter auch dem zu *Minna von Barnhelm*.

Im preußischen Offiziersmilieu und bei den Soldaten, die Lessing in der unmittelbaren Umgebung Tauentziens kennenlernt, sammelt er die Erfahrungen, aus denen er sein Lustspiel um Liebe, Enttäuschung und überspitztes Ehrgefühl formt. Die Handlung spielt unmittelbar nach dem Hubertusburger Frieden (1763) und entlehnt ihre Grundelemente dem Krieg selbst.

Die Geschichte vom Major von Tellheim, der nach dem Siebenjährigen Krieg in einem billigen Berliner Gasthaus auf seine Rehabilitation wartet und sein Verlöbnis mit dem Fräulein von Barnhelm lösen will, weil er sich in seiner Ehre gekränkt fühlt, ist im Grunde alles andere als ein Lustspiel. Es ist eine Geschichte mit Widerhaken. Eigentlich könnte das Stück aus sein, kaum daß es begonnen hat, denn die beiden Verlobten haben sich zu Beginn bereits wiedergefunden. Er liebt sie, sie liebt ihn, und auch am nötigen Geld fehlt es nicht. Aber die Idylle trügt. Man erfährt nämlich erst im vierten Akt, nachdem man sich schon geraume Zeit auf Tellheims Kosten amüsiert hat, daß der Major allen Grund hat, böse zu sein, und nicht bloß ein Hypochonder, ein dem Trübsinn Verfallener, ist, der leicht einschnappt und sich ständig zurückgesetzt fühlt. Nicht nur sein Abschied von der Armee, ein finanzielles Desaster und die Kriegsverletzung haben sein Herz erstarren lassen, sondern mehr noch die Anklage, er habe sich bestechen lassen, er habe Geld unterschlagen und seinen König betrogen. Daß dem Major da irgendwo die Heiratslust vergeht, kann man ihm wohl auch heute noch nachfühlen.

Auch der historische Hintergrund, der überall mithereinspielt, ist im Grunde alles andere als heiter. Eine bittere Wirtschaftskrise ist die Folge des Krieges. Ausgediente, also unbezahlte Soldaten und Invaliden beherrschen das Stadtbild. Das Alltagsleben hat sich nach sieben entbehrungsreichen Kriegsjahren noch nicht normalisiert. Die Zweifel an der wohlgehüteten Ordnung des Staates nehmen zu. Wie soll da Heiterkeit entstehen?

Daß die Geschichte nicht vollends ins Ernste abgleitet und man schließlich doch noch guten Gewissens lachen kann, bewirkt der ironische Unterton, den Lessing anschlägt. Er macht das Klima sozialer Unruhe und individueller Verbitterung doch wieder irgendwie erträglich und mildert die vorhandenen Probleme.

So bewegen sich fast alle Figuren in Bereichen überlebensgroßer Musterhaftigkeit und schier unmenschlicher Güte, alle mit goldenem Herzen unter den friderizianischen Gewändern: der aufrechte Tellheim, der getreue Werner, der brave Just, die großherzige Minna, die kluge Franziska mit ihrem unschlagbaren Witz. Die überschwappende Hochherzigkeit regelt auch die Beziehungen untereinander, und das Verhältnis Knecht – Herr ist aufgehoben. Ironisch ist schließlich auch der Titel: *Minna von Barnhelm oder Das Soldatenglück.*

Zum Bild eines idealen Preußenstaates und eines idealen preußischen Offiziers gehört in einem preußischen Stück auch die Karikatur des Fremden. Der französische Glücksritter und Schluri Riccaut de la Marlinière wirkt in seiner Gespreiztheit und seinem affigen Getue albern und lächerlich. Als er Tellheim die Botschaft von der Rückzahlung des vorgestreckten Geldes bringt, versäumt er nicht, auch noch seine Lebensgeschichte mitzuerzählen und die höflich zuhörende Minna zum Glücksspiel aufzufordern. »Corriger la fortune« lautet seine Devise. Ironischerweise wird die alles entscheidende öffentliche Rehabilitierung Tellheims ausgerechnet von dieser Witzfigur angekündigt. Verständlich, daß die Botschaft anfänglich auch von niemandem für voll genommen wird.

Und Minna, die anmutige, intelligente, gefühlsstarke, optimistische, witzige und einsichtsvolle sächsische Rokoko-Grazie? Sie durchschaut die Bedingungen und Voraussetzungen, die ihren geliebten Major so radikal reagieren lassen, und führt seine Schwächen mit sanfter Ironie und Charme auf ein rechtes Maß zurück. Sie ist der wahre Drahtzieher im Hintergrund. Wie denn überhaupt im ganzen Stück vorwiegend die Frauen die Fäden in der Hand haben. Sogar die Kammerzofe Franziska übernimmt die Initiative: Sie macht Werner den Heiratsantrag.

Das übertriebene Preußentum, das strikte Ehrgefühl und die angebliche Einsichtslosigkeit Tellheims unterläuft Minna mit dessen eigenen Argumenten und führt dadurch seinen Ehrbegriff ad absurdum. Indem sie sich ihm versagt, vermittelt sie ihm die Einsicht, wie er sich ihr versagt hat. Die Therapie Minnas schlägt an, obgleich man ahnt, daß spätere Rückschläge nicht ausbleiben werden. Trotzdem: Happy-End.

Minna von Barnhelm gilt in der Theatergeschichte als das erste deutsche Lustspiel, das sich freigemacht hat von den bislang geltenden französischen Theaterregeln und den englischen Vorbildern, die den Geschmack des Publikums bestimmt haben.

Als am 30. September 1767 *Minna von Barnhelm* zum erstenmal auf der Bühne des Hamburgischen Nationaltheaters herauskam, wurde es mit einem Schlag als »theatralisches Elementarereignis« bejubelt. Endlich standen nicht mehr festgelegte Theatertypen oder deutschsprechende Franzosen auf der Bühne, sondern eigenständige Menschen aus Deutschland, und zudem spielte das Stück in der aktuellen Gegenwart des soeben beendeten Siebenjährigen Krieges. Ein Franzose, der Leutnant Marlinière, wird nur noch als alberne Kontrastfigur benötigt.

Die heute über 200jährige *Minna von Barnhelm* hat an Anziehungskraft und

Frische nichts verloren: Zwei attraktive junge Frauenspersönlichkeiten brechen in eine kaputte und verkrustete Männerwelt ein und krempeln sie um. Goethe hat das so ausgedrückt: »Die Anmut und Liebenswürdigkeit der Sächsinnen überwindet den Wert, die Würde, den Starrsinn der Preußen.«

Emilia Galotti

Trauerspiel in 5 Akten

PERSONEN
Emilia Galotti
Odoardo Galotti
Claudia Galotti
Hettore Gonzaga, Prinz von Guastalla
Marinelli, Kammerherr des Prinzen
Camillo Rota, Ratsherr des Prinzen
Conti, Maler
Graf Appiani
Gräfin Orsina
Angelo
Pirro
Battista
Kammerdiener

ORT
Am Hofe von Guastalla, in der Wohnung der Familie Galotti, auf Schloß Dosalo

ZEIT
Mitte des 18. Jahrhunderts

HANDLUNG
Der haltlose und tyrannische Prinz von Guastalla ist seiner ehemaligen Geliebten, der Gräfin Orsina, überdrüssig und will sie endlich loswerden. Er hat sich in das Bürgermädchen Emilia verliebt, die Tochter des stolzen und rauhen Obersten Odoardo Galotti, deren Porträt er von dem Maler Conti um jeden Preis erwerben möchte. Als der Prinz erfährt, daß Emilia unmittelbar vor der Hochzeit mit dem Grafen Appiani steht, einem Mann, der ein freies, unabhängiges Leben dem Hofdienst vorzieht, ist er zunächst ratlos. Dann gibt er jedoch

dem Kammerherrn Marinelli, einem intriganten, gewissenlosen Höfling, Vollmacht, diese Heirat zu verhindern.

Marinelli schlägt zunächst vor, den Grafen Appiani im Dienste des Prinzen noch am selben Tag mit einem diplomatischen Auftrag ins Ausland zu schicken. Damit soll die Vermählung Appianis mit Emilia zuerst einmal hinausgezögert werden. In der Zwischenzeit wird der Prinz auf sein Lustschloß Dosalo übersiedeln und dort den Ausgang von Marinellis weiteren Vorkehrungen abwarten.

Emilia kommt völlig verstört vom morgendlichen Kirchgang nach Hause. Sie erzählt ihrer Mutter, der Prinz sei in der Kirche gewesen und habe ihr Liebesbeteuerungen ins Ohr geflüstert, denen sie sich nicht so habe verschließen können, wie es sich gehört hätte. Sie erwägt in ihrer Aufregung, ihrem zukünftigen Mann davon zu berichten. Emilias Mutter, zunächst sehr betroffen, wiegelt den Vorgang als galante Nichtigkeit ab, um die Tochter zu beruhigen.

Als Appiani seine Braut zur Trauung abholen möchte, erscheint Marinelli und unterbreitet ihm den offiziellen und scheinbar so ehrenvollen Auftrag des Prinzen. Der Graf aber schlägt das Ansinnen, noch vor seiner Hochzeit abzureisen, rundweg ab. Und als nun Marinelli die bürgerliche Ehre Emilias anzweifelt, läßt sich der Graf zu einer Beleidigung des Kammerherrn hinreißen.

Jetzt greift Marinelli zu härteren Mitteln. Er läßt das Brautpaar auf dem Weg zur Hochzeit in der Nähe des fürstlichen Lustschlosses Dosalo von seinen maskierten Dienern zum Schein überfallen. Dabei wird Emilia aus den Händen der angeblichen Banditen befreit und auf das nahegelegene Schloß des Prinzen »gerettet«. Appiani wird bei dem Überfall getötet – so, wie es Marinelli gewollt hatte.

Auf dem Schloß empfängt Marinelli die erregte Emilia mit geheucheltem Mitgefühl. Als sich auch noch der Prinz auffallend liebevoll um sie bemüht, ahnt sie den Zusammenhang zwischen ihrer Anwesenheit auf dem Schloß und dem Überfall. Emilias Mutter, die die Hochzeitskutsche begleitet hatte und erst kurze Zeit später ins Schloß gebracht wird, darf ihre Tochter nicht sehen. Auch sie durchschaut die Hintergründe des Überfalls, zumal Graf Appiani sterbend noch den Namen Marinellis gehaucht hatte.

Der Prinz ist über den tödlichen Ausgang des Überfalls außerordentlich beunruhigt. Er macht Marinelli für die Ermordung Appianis, die nicht geplant gewesen sei, verantwortlich. Marinelli entgegnet, daß es ebenso planwidrig war, Emilia in aller Öffentlichkeit mit Liebesschwüren zu bestürmen. Damit sei jetzt eine Verbindung des Prinzen mit dem Überfall gegeben.

Gräfin Orsina, die ehemalige Geliebte des Prinzen, wird im Schloß gemeldet. Sie möchte zum Prinzen vorgelassen werden. Marinelli versucht sie hinauszukomplimentieren und erzählt ihr von dem angeblichen Überfall. Die Gräfin errät sofort den Schuldigen, denn sie hat mittlerweile auch von dem Liebesantrag des Prinzen in der Kirche erfahren. Sie beschuldigt den Prinzen offen des Mordes an Graf Appiani und droht, alles, was sie wisse, in der Stadt bekanntzumachen. Als Emilias Vater Odoardo, durch die Nachricht von dem Überfall alarmiert, auf dem Schloß erscheint, um seine Tochter und seine Frau abzuholen, trifft er auf die tödlich beleidigte Gräfin. Sie öffnet dem Vater die Augen über die Hintergründe und die wahren Ursachen des Todes von Appiani. Sie warnt ihn vor dem Prinzen und vor der Gefahr, in der Emilia jetzt schwebe. In ihrer Eifersucht händigt sie Odoardo ihren Dolch aus und fleht ihn an, sie und den Tod Appianis am Prinzen zu rächen. Odoardo ersucht die Gräfin, seine Frau mit in die Stadt zu nehmen. Er selbst will noch mit dem Prinzen sprechen und dann mit Emilia nachkommen.

Als Odoardo seine Tochter in Empfang nehmen möchte, wird ihm dies mit einem fadenscheinigen Vorwand von Marinelli verwehrt. Emilia soll angeblich so lange in der Obhut des Kanzlers Grimaldi bleiben, bis die Umstände des dubiosen Überfalls restlos geklärt sind. Odoardo erreicht schließlich doch noch, mit Emilia allein zu sprechen. Eindringlich bittet Emilia ihren Vater, sie zu töten. Sie hat Angst – nicht vor der Gewalt, die man ihr möglicherweise antun könnte, sondern vor ihrer eigenen Schwäche, denn sie fürchtet, dem Prinzen und dessen Verführungskünsten nicht widerstehen zu können. Odoardo zögert. Da hält ihm Emilia das Beispiel des Römers Virginius vor Augen, der seine Tochter ebenfalls getötet habe, um sie vor Schande zu bewahren. Als Emilia sich schließlich selbst umbringen will, durchbohrt der Vater sie mit dem Dolch der Gräfin. Emilia stirbt vor den Augen des entsetzten Prinzen. Odoardo will sich dem Gericht stellen. Der Prinz schiebt alle Verantwortung Marinelli in die Schuhe und weist ihn außer Landes.

ERLÄUTERUNGEN

Auf den ersten Blick scheint der Konflikt in Lessings Trauerspiel *Emilia Galotti* längst überholt und von gestern zu sein. Ein absolutistischer Fürst hat sich in ein Bürgermädchen verliebt. Er läßt es kurz vor der Hochzeit entführen, den Bräutigam töten und das Mädchen zwecks Verführung aufs Lustschloß bringen, wo freilich der sittenstrenge Vater zum Dolch greift und die Tochter lieber umbringt, als sie der Willkür des Fürsten zu überlassen. Zweihundert Jahre nach der ersten Aufführung erscheint uns dieser Grundgedanke so fremd, als käme er von einem anderen Stern. Ein Mädchen nimmt lieber den Tod von der Hand des

Vaters hin, als mit dem Prinzen in dessen Lustschloß zu schlafen. Emilia stirbt, noch ehe sie verführt werden konnte. Ist ein heutiger Zuschauer überhaupt noch in der Lage, sich mit dieser Figur zu identifizieren? Wie kann man diesen Stückinhalt im 20. Jahrhundert überhaupt noch glaubwürdig gestalten und besonders den letzten Akt bühnenfähig machen?

Wenn man das Stück aus den allzu zeitgebundenen Moralvorstellungen herauslöst, kommt ein entscheidendes und sehr aufschlußreiches Handlungselement klar zutage. Lessing stellt hier zwei Welten einander gegenüber, die Welt der absolutistisch regierenden Fürsten und die Welt des erwachenden Bürgertums. Dessen mittlerweile stabiles Selbstbewußtsein basiert auf Bildung, Fleiß und einem gefestigten Moralbegriff. Dies steht in bewußtem Gegensatz zum ausschweifenden, nur auf Lust, Ausbeutung und Macht gerichteten Lebensideal des Adels. Beide Welten haben absolut nichts miteinander gemein; die Gestaltung eines normalen menschlichen Miteinanders zwischen ihnen ist ganz undenkbar. Kommt es irgendwann jedoch zu einer gefühlsbedingten Grenzüberschreitung, ist die Katastrophe vorprogrammiert. Der Prinz kann aufgrund seiner ererbten Machtposition menschliche Beziehungen nur noch erzwingen. Seine Liebesbeziehung zur Gräfin Orsina wird durch die Vorstellung der Käuflichkeit bestimmt, die zu Emilia durch Herrschaftsdenken und Anwendung von Macht. Dazu gehört für die Durchsetzung der eigenen privaten Ziele die Zuhilfenahme skrupelloser Vertrauensmänner, deren man sich letzten Endes ungerührt auch wieder entledigen kann. In diese Welt gehört Marinelli, der alles für manipulierbar hält und seinen höfischen Job gewissenlos und ohne Skrupel ausübt.

Auf der anderen Seite steht Emilia, die ihren Vater nicht aus Angst vor Vergewaltigung und Entehrung um den Tod bittet, sondern aus der Kenntnis ihrer eigenen Gefühle. Sie bangt um ihre Standfestigkeit, hat Angst allein schon vor der vehementen Anziehungskraft der anderen Welt, gegen die sich ihre eigene bürgerliche Welt so stark abgrenzt. Die sterbende Emilia sieht sich als Rose, die gebrochen wird, »ehe der Sturm sie entblättert«. Sie stirbt weniger an den Notwendigkeiten der Ereignisse als an den Zwängen ihrer bürgerlichen Vorstellungswelt.

Diese bürgerliche Welt repräsentiert der unbeirrbare Vater Galotti, der über ein todsicheres moralisches System verfügt, das ihn wohl zur Ermordung seiner Tochter, nicht aber zu der des Prinzen befähigt. Der unüberbrückbare Gegensatz beider Lebensbereiche kann in letzter Konsequenz nur durch Umsturz oder Selbstopfer aufgehoben werden.

Im Stück ist dieses Selbstopfer noch das bürgerliche Mädchen, das anstelle des schuldigen Fürsten getötet wird. Jahre später sieht die Wirklichkeit anders aus: die Französische Revolution ist ausgebrochen . . .

Emilia Galotti ist wie *Minna von Barnhelm** ein aktuelles Zeitstück. Es beschreibt einen gesellschaftlichen Gärungsprozeß: den Aufstand des Bürgers gegen die Fürstenwillkür 17 Jahre vor der Französischen Revolution.

In seiner politischen Grundhaltung ist *Emilia Galotti* verwandt mit der literarischen Vorlage, die auf den antiken Historiker Livius zurückgeht. Dort wird die jungfräuliche Tochter eines einfachen Bürgers von ihrem Vater erstochen, weil ein einflußreicher Ratsherr ihr mit recht schamlosen Anträgen nachstellt. Ihr Tod ist bereits bei Livius hochpolitisch, denn er löst einen Volksaufstand aus.

1755 hatte der 26jährige Lessing in Potsdam ein Stück geschrieben, das sich als erstes bürgerliches Trauerspiel einen Platz in der Literatur- und Dramengeschichte eroberte: *Miß Sara Sampson*. Aber erst mit *Emilia Galotti* tritt ein politisches Drama aus dem Bürger-Milieu auf den Plan (Uraufführung nach langem und intensivem Feilen an Inhalt und Text am 13. März 1772 in Braunschweig). Der Bürger ist bühnenfähig geworden. Seine Probleme haben Eigenwert und sind deshalb zur Tragödie geeignet. Schillers Jugendwerk, insbesondere *Kabale und Liebe**, ist ohne *Emilia Galotti* nicht denkbar.

Seit den 60er Jahren dieses Jahrhunderts stößt *Emilia Galotti* wieder häufiger auf das Interesse der Regisseure. 1970 lehrte uns Fritz Kortner in seiner Wiener Inszenierung, die dann zu seiner letzten wurde, das Trauerspiel neu zu sehen. Er zeigte mit Lessings Stück nicht mehr das Aufbegehren reiner Bürgermoral gegen feudale Überheblichkeit und Machtwillkür, sondern die Tragödie eben dieser Moral. Kortner machte die Verinnerlichung des Bürgerstolzes plausibel, der sich nicht mehr gegen das Herrschaftssystem richtet, sondern sich selbst auf die Spitze treibt. Die bürgerliche Selbstbehauptung pervertiert zur völligen Selbstaufgabe. Heute ist *Emilia Galotti* die Tragödie der mißglückten Menschwerdung an der Wende vom Feudalismus zum Bürgertum. So inszenierten Thomas Langhoff 1984 an den Münchner Kammerspielen und Jürgen Flimm im selben Jahr in Zürich das Stück als ein Beispiel versäumter Emanzipation – ein sehr deutsches Trauerspiel.

Nathan der Weise

Dramatisches Gedicht in 5 Akten

PERSONEN

Sultan Saladin
Sittah, dessen Schwester
Nathan, ein reicher Jude in Jerusalem
Recha, dessen adoptierte Tochter
Daja, eine Christin, aber im Hause des Juden als Gesellschafterin der Recha
Ein junger Tempelherr
Der Derwisch Al-Hafi
Der Patriarch von Jerusalem
Ein Klosterbruder
Ein Emir
Mamelucken des Saladin

ORT
Jerusalem, im Hause des Nathan und am Hofe Saladins

ZEIT
Mittelalter, zur Zeit des dritten Kreuzzuges 1189–1192

HANDLUNG
Das Stück spielt im mittelalterlichen Jerusalem, in dem drei Weltreligionen, das Christentum, der Islam und das Judentum – untereinander unversöhnlich –, ihren Platz zu behaupten suchen.

Nathan, ein reicher Jude, ist gerade von einer Geschäftsreise nach Jerusalem zurückgekehrt und erfährt zu Hause von Daja, der christlichen Haushälterin und Gesellschafterin seiner Tochter Recha, was während seiner Abwesenheit geschehen ist: Recha wäre bei einem Brand beinahe ums Leben gekommen. Im letzten Augenblick sei sie von einem jungen Tempelherrn unter Einsatz seines Lebens aus den Flammen gerettet worden. Der junge Mann habe sich jedoch seit diesem Vorfall nicht mehr sehen lassen. Dieser Tempelherr, so erzählt man sich in Jerusalem, sei nach einem Gefecht von Sultan Saladin gefangengenommen worden und sollte mit all seinen Mitgefangenen hingerichtet werden. Einer plötzlichen Anwandlung folgend habe Saladin den jungen Mann jedoch als einzigen begnadigt, weil dieser angeblich seinem toten Bruder Assad ähnlich sehe.

Nathan läßt den jungen Tempelherrn in ganz Jerusalem suchen, um ihm für die Errettung seiner Tochter zu danken. Daja findet ihn endlich in einem Palmenhain, wird aber mit ihrer Einladung in Nathans Haus schroff abgewiesen: Der Tempelherr will nichts mit Juden zu schaffen haben. Erst als Nathan selbst den störrischen jungen Mann aufsucht, ihn in ein Gespräch verwickelt und ihn von seinen lauteren Absichten überzeugt, ist dieser bereit, der Einladung in sein Haus zu folgen.

Der junge Mann, der sich Curd von Stauffen nennt, begegnet dort erneut Recha, die ihn seit ihrer Rettung in mädchenhafter Schwärmerei und Wundergläubigkeit verehrt. Nun verliebt sich der Tempelherr auch in sie, denn ihre intelligente Menschlichkeit beeindruckt ihn. Trotzdem ist dem jungen Tempelherrn seine plötzliche Zuneigung zu Recha fast unverständlich. Für ihn ist Recha immerhin eine Jüdin. Da klärt ihn Daja auf: Recha sei, ohne es zu wissen, Christin und gar nicht Nathans Tochter. Der Jude habe das Mädchen einst als Waisenkind adoptiert, nachdem seine Frau und seine sieben Söhne von den Christen bei einer Judenverfolgung ermordet worden waren. Der Tempelherr ist sehr empört darüber, daß Nathan eine Christin im jüdischen Glauben erzieht.

Inzwischen ist Nathan zu Saladin, der in Jerusalem herrscht, gerufen worden. Der Sultan ist in Geldverlegenheit, denn er führt eine aufwendige und verschwenderische Hofhaltung, die Unsummen verschlingt und bislang heimlich von Saladins kluger und feinfühliger Schwester Sittah finanziert worden war. Saladin beauftragt seinen Schatzmeister Al-Hafi, Geld aufzunehmen, von wem und zu welchen Bedingungen auch immer. Es fällt schnell der Name Nathans, denn der ist einer der reichsten Geschäftsmänner in Jerusalem. Auch geht ihm der Ruf großer Klugheit voraus.

Saladin möchte Nathans viel gepriesene Weisheit einer Prüfung unterziehen. Er stellt ihm eine heikle Frage: Welche der drei großen Religionen, die christliche, jüdische oder mohammedanische, ist eigentlich die wahre? Nach kurzem Zögern – es ist gefährlich, sich vor einem Mohammedaner zu einer anderen Religion zu bekennen – antwortet Nathan mit einem Gleichnis, einer Erzählung von einem Ring, der die Kraft besitzt, »vor Gott und Menschen angenehm zu machen«. Diesen Ring vererbt seit Jahrhunderten ein König nach dem anderen seinem jeweiligen Lieblingssohn, bis er eines Tages auf einen Herrscher kommt, der drei Söhne besitzt. Der König kann sich nicht entscheiden, welcher von seinen Söhnen ihm der liebste ist, und läßt deshalb insgeheim zwei täuschend ähnliche Kopien des Ringes anfertigen. So erhält jeder seiner Söhne einen Ring. Nacheinander, versteht sich, damit keiner vom Ring des anderen etwas weiß. Und der Vater stirbt. Als dann aufkommt, daß drei identische Ringe vorhanden sind, geraten die Söhne miteinander in Streit und eilen zum Richter, der den echten Ring herausfinden soll. Der Richter sieht sich dazu außerstande, und so bleibt der echte Ring unerkannt – wie der rechte Glaube jetzt auch. Eines rät der Richter schließlich noch den Söhnen. Jeder soll an seinen eigenen Ring als den wahren glauben und im Sinne des Wunderringes ohne irgendwelche Vorurteile handeln. Dann müßte doch die Zauberkraft des echten Ringes eines Tages sichtbar werden.

Saladin ist überwältigt von dieser Erzählung und ihrer tiefen Erkenntnis. Er bittet Nathan um seine Freundschaft. Nathan weiß, daß Saladins Frage nach der wahren Religion nicht der einzige Grund war, weshalb er gerufen worden ist, und bietet dem Sultan von sich aus das gewünschte Geld an. Geschickt bringt er das Gespräch auf den Tempelherrn, der ohne die Begnadigung des Sultans nicht mehr am Leben wäre und seine Tochter Recha nicht hätte retten können. Mit der Bitte, in Begleitung des Tempelherrn bald wiederzukommen, entläßt der Sultan den Juden.

Der junge Tempelherr Curd von Stauffen bittet Nathan um die Hand seiner Tochter Recha. Nathan weicht aus und fragt ihn erst nach den Eltern; insbesondere will er wissen, wer der Vater des Tempelherrn gewesen sei. Curd ist enttäuscht über diese womöglich aus Religionsgründen hinhaltende Reaktion Nathans. Verärgert und angestachelt vom religiösen Eifer Dajas, geht er zum Patriarchen, dem Bischof von Jerusalem, und erzählt ihm ohne Namen zu nennen, daß in Jerusalem eine getaufte Christin in Unkenntnis ihres wahren Glaubens von einem Juden aufgezogen werde. Der Patriarch ist außer sich und verlangt die sofortige Bestrafung des »gottlosen« Juden durch den Feuertod. Der Tempelherr gibt jedoch nicht den Namen Nathans preis, denn ihm mißfällt der fanatische Eifer des Patriarchen.

Nach und nach klärt sich jedoch die zögernde Haltung Nathans gegenüber dem Tempelherrn auf. Nathan hat nämlich untrügliche Beweise gefunden, aus denen hervorgeht, daß sein Pflegekind Recha die Tochter eines Ritters von Filnek ist.

Vor Saladin eröffnet Nathan schließlich dem sprachlosen Tempelherrn, daß dessen wahrer Name nicht Curd von Stauffen ist, sondern Leu von Filnek. Der Ritter von Stauffen habe ihn in Deutschland nur an Sohnes Statt angenommen. Curd und Recha sind also Geschwister. Ihr Vater aber war gar kein Deutscher, also auch kein Christ, sondern ein Muselman, nämlich Assad, der verschollene Bruder Saladins, der sich zeitweise Wolf von Filnek genannt hatte. So sind das von dem Juden Nathan erzogene Christenmädchen Recha und der christliche Tempelherr Curd Nichte und Neffe des mohammedanischen Sultans Saladin und seiner Schwester Sittah: Fünf Menschen erkennen, daß sie eine Familie sind.

ERLÄUTERUNGEN

Gewissermaßen als Protest gegen schriftstellerische Einengung durch die staatliche Zensur ist Lessings letztes dramatisches Werk entstanden. Von seiten der Behörden war Lessing die Fortsetzung seiner theologischen Streitschriften gegen den strenggläubigen Hamburger Pastor Melchior Goeze verboten und damit unmöglich gemacht worden. Lessing läßt sich nicht entmutigen, er wechselt nur den Kampfplatz: Mit den Mitteln des Theaters hofft er sich jetzt Gehör zu verschaffen. Die Bühne soll nun seine »Kanzel« werden, von der aus er religiöse Toleranz predigen will. Das neue Stück heißt: *Nathan der Weise.*

Lessing bezieht sich auf eine Novelle aus Boccaccios *Decamerone,* einer italienischen Novellensammlung aus dem 14. Jahrhundert. Dort wird die Geschichte eines Juden erzählt, der den Sultan Saladin aus Geldnöten befreien soll. Der Sultan will den Juden mit der Frage nach der wahren Religion aufs Glatteis führen, doch dieser antwortet mit dem Gleichnis von den drei Ringen, unter denen der eine wahre Ring, genau wie die eine wahre Religion, nicht mehr erkennbar ist, sondern jeder der drei Ringe für seinen Träger zum wahren Ring wird.

Diese berühmte Parabel von den drei Ringen macht Lessing zum Kernstück seines Dramas, wobei er die alte Novelle noch um wesentliche Züge erweitert und vertieft. Der Ring besitzt jetzt Wunderkraft, nämlich angenehm zu machen vor Gott und den Menschen, wenn man ihn in diesem Glauben trägt. Lessing fügt auch den Urteilsspruch des Richters hinzu, der ganz Sinnbild und Ausdruck seiner eigenen religiösen und philosophischen Grundanschauung ist. Die Besitzer der drei Ringe sollen in ihrer Lebensweise und ihrer ethischen, menschlichen Haltung der Kraft des echten Ringes entgegenkommen, sie sollen miteinander wetteifern in vorurteilsfreier Liebe, gegenseitiger Hochachtung und wohltätiger Gesinnung. Nicht der Religionsinhalt, der kirchliche Lehrbegriff, der dogmatische Glaube ist bei der Suche nach dem echten Ring das Erkennungsmerkmal, sondern die gegenseitig geübte Toleranz, die sittliche Kraft, die dahintersteckt. Dies ist die Wunderkraft des Ringes.

Zu dieser Parabel hat Lessing als Handlungsrahmen eine Geschichte hinzugestaltet, die die Aussage der Ringerzählung vergegenwärtigt. Im Jerusalem des dritten Kreuzzuges (1189–1192) stoßen drei miteinander verfeindete Religionen aufeinander, das Christentum, der Islam und das Judentum. Wie in einer ironisch-heiteren Utopie finden schließlich alle feindlichen Religionen zu einer einzigen harmonischen Familie zusammen. Im Mittelpunkt der Handlung steht Nathan, der sein Auschwitz bereits hinter sich hat: seine gesamte

Familie ist dem fanatischen Verfolgungswahn der Christen zum Opfer gefallen. Trotzdem hat er ein verlassenes Christenkind bei sich aufgenommen und großgezogen.

Erst die hohe sittliche Gesinnung des Juden Nathan, die mit ihrer direkt praktizierten Nächstenliebe ja durchaus Christliches aufweist, macht letztlich die umfassende Verbrüderung der Religionen möglich.

Nathan ist aus Erfahrung weltklug geworden und durch sein eigenes schmerzliches Schicksal versöhnlich gestimmt. Seine verträgliche, vorurteilslose und großmütige Haltung relativiert die festgefahrenen Glaubensgewißheiten und bringt dadurch die wahren familiären Beziehungen von Christen und Mohammedanern ans Licht.

Schlecht weg kommt bei Lessing nur der unbelehrbar fanatische Patriarch von Jerusalem. Als selbstgefälliger, widerwärtiger Kirchenmann ist er nichts anderes als das unverwechselbare Porträt von Lessings unangenehmem theologischen Gegenspieler, dem Hauptpastor Goeze. Lessings Forderung nach Toleranz und Verständnis als Grundlage des menschlichen Zusammenlebens enthält herbe Kritik an der eigenen Religion. »Ihr Stolz ist: Christen sein – nicht Menschen«, heißt es einmal.

Die Anhänger der drei verschiedenen, ursprünglich miteinander verfeindeten Religionen werden von Lessing konsequent und bestimmt auf das versöhnliche Ende zugeführt, wo dann mit dem Sieg der Vernunft auch der Triumph der Aufklärung gefeiert wird. Nicht ganz ohne sachte Skepsis allerdings, denn schließlich ist die Harmonie der Weltordnung am Schluß des Dramas nur mittels vieler Zufälle hergestellt worden. Genau gesehen, trügt das Happy-End. Wieder ist es Nathan, der einen Verlust erleidet. Zum zweitenmal verliert er seine Familie. Bei der allgemeinen Umarmung am Schluß steht er abseits. Die Verbrüderung aller Menschen ist mehr utopischer Entwurf als Realität.

Die erste Aufführung des *Nathan* fand zwei Jahre nach Lessings Tod, am 14. April 1783, in Berlin mit mäßigem Erfolg statt. Erst nach der Weimarer Aufführung von 1801 in Schillers Bearbeitung wurde das Drama fester Repertoirebestandteil der deutschsprachigen Bühnen und obligate Schullektüre. Es »wird sich lange erhalten, weil sich immer tüchtige Schauspieler finden werden, die sich der Rolle Nathans gewachsen fühlen«, urteilte einst Goethe. Und weiter: »Möge zugleich das darin ausgesprochene göttliche Duldungs- und Schonungsgefühl der Nation heilig und wert bleiben.«

Goethe rechnete nicht mit dem haßverzerrten, staatlich gelenkten und schließlich blutig durchexerzierten Antisemitismus unseres Jahrhunderts. Während der Nazizeit blieb *Nathan der Weise* als sogenanntes »Tendenzstück«, wie es hieß, verboten. Nach dem Zweiten Weltkrieg wurde das Drama als Versöhnungsschauspiel aufgeführt (mit Ernst Deutsch als berühmtestem Nathan-Darsteller). Nach zwölf Jahren deutscher Barbarei sollte das Hohelied von Menschlichkeit und Toleranz für die Forderung stehen, daß sich Auschwitz niemals wiederholen dürfe.

JOHANN WOLFGANG GOETHE

Johann Wolfgang Goethe wird am 28. August 1749 in Frankfurt am Main als Sohn des Kaiserlichen Rats Johann Caspar Goethe geboren. Von früh auf erhält er zusammen mit der Schwester Cornelia eine sorgfältige Privaterziehung. Vier Jahre ist er alt, als ihm die Großmutter ein Puppentheater schenkt, das die Phantasie des Kindes außerordentlich anregt. 16jährig geht Goethe im Jahr 1765 zum Jurastudium nach Leipzig. Dort, in »Klein-Paris«, widmet er sich aber mehr den schöngeistigen als den juristischen Fächern. Kleine Dichtwerke im Geist der Aufklärung entstehen. Aus der leidenschaftlichen und unglücklich endenden Liebe zu Käthchen Schönkopf, seiner Wirtstochter, entsteht das Lustspiel *Die Laune der Verliebten*. Eine schwere physische wie psychische Krankheit läßt Goethe für fast anderthalb Jahre nach Frankfurt zurückkehren.

Endlich kann Goethe 1770 sein Jurastudium in Straßburg fortsetzen. Dort lernt er den um fünf Jahre älteren Schriftsteller, Theologen und Philosophen Johann Gottfried Herder kennen, der ihn mit den Werken Homers und Shakespeares vertraut macht und ihm einen Zugang zur Volksdichtung eröffnet. Goethe verliebt sich in die junge Pfarrerstochter Friederike Brion im nahegelegenen Sesenheim. Für sie schreibt er Gedichte von tiefem Gefühl. Nach bestandenem Jura-Examen 1771 kommen Anwaltsjahre in Frankfurt und Wetzlar. Diese Jahre sind Goethes eigentliche Geniezeit. Gedichte wie *Wanderers Sturmlied, Ganymed* und *Prometheus* entstehen. Das regellose, in kräftiger Sprache geschriebene historische Drama *Götz von Berlichingen** erscheint 1773; es wird 1774 in Berlin uraufgeführt. In Wetzlar lernt Goethe Charlotte Buff kennen und lieben, und aus dieser Erfahrung schreibt er den tragisch endenden Briefroman *Die Leiden des jungen Werthers* (1774). Goethe ist nun mit einem Schlag berühmt. Auch der erste Entwurf zu *Faust** – später *Urfaust* genannt – entsteht in dieser Zeit. Goethe wird zum Wortführer der jungen Protestgeneration, dem sogenannten »Sturm und Drang«.

1775 ruft ihn der fast gleichaltrige Herzog Karl August nach Weimar. Dort beginnt das langsame Hineinwachsen in hohe Staatsämter und, mit der Freundschaft zu Charlotte von Stein, eine Reifung und Mäßigung seines Wesens. Für seine Werke entwickelt er ein klassisch-maßvolles Formideal. Aber erst auf der Italienischen Reise (1786–1788) reift die neue Gestaltungsweise aus. Hier entstehen die endgültigen Fassungen der klassischen Dramen *Egmont**, *Iphigenie auf Tauris** und *Torquato Tasso**. Goethe vertieft auch seine schon in

Weimar begonnenen Naturforschungen (Entdeckung des Zwischenkieferknochens). Nach der Rückkehr nach Weimar begegnet er Christiane Vulpius, seiner Lebensgefährtin, späteren Frau und Mutter seines Sohnes August. Goethe behält nur noch wenige seiner Staatsämter.

Die »Weimarer Klassik« erreicht ihren Höhepunkt, als Goethe Friedrich Schiller kennenlernt, mit dem ihn ab 1794 eine enge, fruchtbare Freundschaft verbindet. Zwischen 1794 und 1796 entsteht der Bildungsroman *Wilhelm Meisters Lehrjahre.* Wie Schiller verfaßt Goethe im Jahr 1797 seine großen Balladen: unter anderem *Die Schatzgräberlegende, Die Braut von Korinth, Der Gott und die Bajadere, Der Zauberlehrling.* Zehn Jahre – bis zu Schillers Tod 1805 – schreiben sich die Dichterfreunde fast täglich und führen am Weimarer Hoftheater, das Goethe von 1791 bis 1817 leitet, beider Theaterstücke auf. Das Theater wird zu einer der ersten Bühnen Europas. Nach Schillers Tod arbeitet Goethe erneut an seinem *Faust*-Drama, dessen ersten Teil er 1808 abschließt. 1809 entstehen *Die Wahlverwandtschaften,* die Geschichte eines Ehepaares, dessen Partner sich »über Kreuz« leidenschaftlich verlieben. Dieser Roman ist ein menschliches Gleichnis für die gegenseitige Anziehung chemischer Elemente. Er spiegelt Goethes Einsichten in naturwissenschaftliche Zusammenhänge wider. *Die Farbenlehre* ist 1810 beendet. Aus dem Formenreichtum und der Wissensvielfalt des Orients schöpft Goethe verjüngende Lebenskraft beim Schreiben der Gedichtsammlung *West-östlicher Divan* (1819).

Zwischen 1809 und 1831, dem vorletzten Lebensjahr, schreibt Goethe seine Lebenserinnerungen *Dichtung und Wahrheit,* zwischen 1821 und 1829 den Roman *Wilhelm Meisters Wanderjahre,* der mit *Faust II,* den er erst kurz vor seinem Tod vollendet, einer neuen Kunstrichtung, der Romantik, wichtige Impulse gibt. 1823, nach einer heftigen Leidenschaft zu der jungen Ulrike von Levetzow, kündet die *Marienbader Elegie* von Schmerz und Entsagung. Im selben Jahr lernt Goethe Johann Peter Eckermann kennen, der zu seinem engsten literarischen Berater wird und seine Gespräche mit ihm aufzeichnet. Am 22. März 1832 stirbt Goethe, nachdem Frau und Sohn bereits ihr Leben beendet haben.

Goethe, der größte deutsche Dichter, hatte mit seiner universellen Bildung und vielseitigen Begabung stärksten Einfluß auf die europäische Literatur und Geistesgeschichte. Er begann mit erlebnishafter Lyrik, gab dem Sturm und Drang neue Ausdruckstiefen, schrieb dann, vom Erlebnis der Antike ausgehend, formstrenge und gleichnishafte Epik und Dramatik. Neben der Dichtung und den umfangreichen autobiographischen Schriften ist seine naturwissenschaftliche Auseinandersetzung mit Anatomie, Botanik, Zoologie, Optik, Mineralogie und Farbenlehre bedeutend.

Götz von Berlichingen mit der eisernen Hand

Schauspiel in 5 Akten

PERSONEN

Kaiser Maximilian

Götz von Berlichingen

Elisabeth, seine Frau

Maria, seine Schwester

Karl, sein Söhnchen

Georg, sein Reiterbub

Bischof von Bamberg

Adalbert von Weislingen } am Hofe des Bischofs von Bamberg
Adelheid von Walldorf

Liebetraut

Abt von Fulda

Olearius, Doktor beider Rechte

Bruder Martin

Hans von Selbitz

Franz von Sickingen

Lerse

Franz, Weislingens Knappe

Kammerfräulein der Adelheid

Metzler, Sievers, Link, Kohl, Wild, Anführer der rebellischen Bauern

Max Stumpf, pfalzgräfischer Diener

Hoffrauen und Hofleute am Bambergischen Hofe

Kaiserliche Räte

Richter des heimlichen Gerichts

Ratsherrn von Heilbronn

Zwei Nürnberger Kaufleute

Ein Unbekannter

Brautvater } Bauern
Bräutigam

Berlichingische, Weislingische, Bambergische Reiter

Hauptleute, Offiziere, Knechte der Reichsarmee

Schenkwirt

Gerichtsdiener

Heilbronner Bürger
Stadtwache
Gefängniswärter
Bauern
Zigeunerhauptmann, Zigeuner, Zigeunerinnen

ORT
In Franken, Bayern und Württemberg, an einer Vielzahl von Schauplätzen wie Ritterburgen, Schlössern, am Bamberger Hof, in Augsburg, Heilbronn und im Spessart, in bäuerlichen Herbergen, Soldatenlagern, im Waldversteck einer Zigeunerbande und in brennenden Dörfern des Bauernkrieges, in einem Gewölbe, wo das Femegericht tagt, und in vielen einzelnen Landschaftsteilen Süddeutschlands.

ZEIT
Erstes Viertel des 16. Jahrhunderts, von der Zeit kurz vor dem Augsburger Reichstag (1518) bis nach den Bauernkriegen (1524/25)

HANDLUNG
Götz von Berlichingen, der Ritter mit der eisernen Hand, hat sich mit dem Bischof von Bamberg angelegt, weil dessen Söldnertruppen kürzlich einen seiner Reiterbuben überfallen und gefangengenommen hatten. Götz rächt sich, indem er den engsten Vertrauten des Bischofs kidnappt, Adalbert von Weislingen, der früher mal sein Jugendfreund war. Auf seiner Burg Jaxthausen hält er Weislingen gefangen, behandelt ihn aber wie einen Gast.

Götz erinnert Weislingen an ihre gemeinsam verbrachte Jugendzeit. Schade, daß sich dann ihre Wege so getrennt haben: Weislingen ist als »Fürstenknecht« am Bamberger Hof, er, Götz, dagegen ein freier Ritter, »der nur abhängt von Gott, seinem Kaiser und sich selbst«.

Weislingen läßt sich zu einem neuen Leben umstimmen. Die wiedergewonnene Freundschaft wird mit einem Treueschwur besiegelt und mit einer Verlobung: Weislingen hat auf Jaxthausen Maria, die Schwester von Götz, kennen und lieben gelernt. An den Bamberger Hof will er nicht mehr zurückkehren, vielmehr Maria als Braut auf seine eigene Burg heimführen.

Inzwischen ist Franz, Weislingens Diener, aus Bamberg gekommen und berichtet in Jaxthausen, daß die attraktive Adelheid von Walldorf neuerdings Mittelpunkt des Bamberger Hoflebens sei. Ein kurzer Besuch Weislingens in Bamberg genügt, und er erliegt der Faszination der kühl kalkulierenden Adelheid. Damit geht auch die Rechnung des Bamberger Bischofs auf: Weislingen wird wortbrüchig, heiratet Adelheid und stellt sich erneut als Gegner Götzens auf die Seite des Bischofs.

Als über Götz wegen eines Überfalles auf Nürnberger Kaufleute die Reichsacht ausgesprochen wird und er damit rechtlos ist, soll Weislingen gegen ihn das kaiserliche Urteil vollstrecken.

Der Ritter Franz von Sickingen hat inzwischen mit Erfolg um die Hand von Götzens Schwester, der von Weislingen sitzengelassenen Maria, geworben. Die beiden haben auf Jaxthausen geheiratet. Götz bittet nun das Paar, die Burg rasch zu verlassen, weil die Belagerung durch die Truppen Weislingens unmittelbar bevorstehe.

Die Reichstruppen fordern Götz auf, sich samt seiner Burg zu ergeben. Götz antwortet mit dem populärsten Zitat der deutschen Literatur: »Vor Ihro Kaiserliche Majestät hab ich, wie immer, schuldigen Respekt. Er aber, sag's ihm, er kann mich im Arsch lecken.«

Die Vorräte in der Burg gehen zu Ende. Als die kaiserlichen Truppen Götz freien Abzug zusichern, nimmt er an. Doch kaum hat er die Burg verlassen, wird er entgegen der Zusage gefangengenommen und nach Heilbronn zum Verhör gebracht. Dort fordert man ihn auf, Urfehde zu schwören, das heißt, sich dem Kaiser bedingungslos zu unterwerfen und in Zukunft auf Rachehandlungen und Rebellion gegen ihn zu verzichten. Götz weigert sich, denn diese Forderung stempelt ihn zum Aufrührer gegen Kaiser und Reich ab, obwohl er in Wirklichkeit nie die Hand gegen ihn erhoben hat.

Daraufhin überfällt sein Schwager Franz von Sickingen mit seinen Truppen das Heilbronner Rathaus und befreit ihn. Götz gelobt, sich auf seine Burg Jaxthausen zurückzuziehen und Frieden halten zu wollen.

Durch dieses Versprechen zur Untätigkeit verurteilt, beginnt Götz, seine Memoiren zu schreiben. Da bricht der Bauernkrieg aus. Als er hört, daß die aufständischen Bauern ihn zu ihrem Führer machen wollen, willigt er ein, vor allem weil er glaubt, die streunenden Bauernhorden so besser unter Kontrolle halten zu können. Seine Absicht, Mord und Brandstiftung in Grenzen zu halten, mißlingt jedoch. Als die Stadt Miltenberg durch einige Bauernbanden in Schutt und Asche gelegt wird, bricht offener Streit zwischen Götz und den Bauernführern aus. Götz sagt sich von den Bauern los. Aber es ist bereits zu spät. Die kaiserlichen Reiter unter Weislingens Befehl überfallen die aufständischen Bauern. Götz wird dabei verwundet und erneut als Gefangener in den Turm von Heilbronn gebracht.

Der skrupellosen Adelheid ist Weislingen mittlerweile lästig geworden. Ihre Pläne gelten nun Karl, dem Sohn des Kaisers. Als Weislingen aus Eifersucht plant, Adelheid vom Bamberger Hof zu entfernen und sie unter Hausarrest zu stellen, stiftet sie Weislingens Diener Franz, mit dem sie ihren Mann schon betrogen hatte, an, Weislingen zu vergiften.

Weislingen liegt auf seinem Schloß im Sterben. Götzens Schwester Maria kommt zu ihm, um für das Leben ihres Bruders zu bitten. Weislingen zerreißt das Todesurteil. Da gesteht Franz seine schreckliche Tat und stürzt sich aus einem Fenster des Schlosses in den Main. Maria bleibt bei dem Sterbenden.

Adelheid wird von einem geheimen Femegericht zum Tode verurteilt. Götz erliegt in seinem Heilbronner Gefängnis seinen schweren Verwundungen. Seine letzten Worte sind »Freiheit! Freiheit!«

ERLÄUTERUNGEN

Die Handlung des *Götz* spielt in Franken und Schwaben zu Beginn des 16. Jahrhunderts und rückt die Figur des geschichtlich überlieferten Ritters Gottfried von Berlichingen (1480–1562) in den Mittelpunkt. Goethe stieß um 1770 auf die Autobiographie des historischen Götz und erkannte in dieser Gestalt den »großen Charakter«, das »Original-Genie«, wie er es nannte, eine menschliche Naturkraft, die sich vor dem Hintergrund der politischen Begebenheiten der Zeit wuchtig und überragend abhebt. Allerdings geht Goethe sehr frei mit den überlieferten historischen Fakten um. Insbesondere ist die geschichtlich höchst zwielichtige Figur des Götz nun idealisiert und überhöht, ganz im Sinne der Sturm-und-Drang-Absichten, Gestalten und Ereignisse der eigenen Nationalgeschichte in den Mittelpunkt zu stellen und zu verherrlichen. Nicht der lange Zeit vorherrschende französisch-höfische Geschmack sollte auf der Bühne Vorrang haben, sondern ein neues, überall auflebendes deutsches Kulturbewußtsein.

Goethes großes Vorbild bei der Niederschrift seines Schauspiels ist Shakespeare, für den er sich während seiner Straßburger Studienzeit sehr begeistert. Besonders dessen Königsdramen gewinnen für ihn modellhaften Charakter. Sie enthalten inhaltlich wie auch formal in ihrer Episodentechnik all das, was auch ihm für ein deutsches historisches Schauspiel vorschwebt: die Ausbreitung eines Panoramas an der Nahtstelle zwischen Mittelalter und Neuzeit. Alle Gesellschaftsstände von 1525 treten in Erscheinung: Kaiser, Kirche und Adel ebenso wie Ritter, Soldaten, Kaufleute, Ratsherrn und Bauern, bis herab zu den Zigeunern. Eine absterbende Lebens- und Gesellschaftsform wird mit dem Rittertum gezeichnet (Maximilian I., der »letzte Ritter«), und eine neue, freiere Gesellschaft versucht, sich gewaltsam gegen alle traditionsverhafteten Widerstände Bahn zu brechen. Die alte Ordnung muß der neuen weichen. Das streng rationale römische Recht löst die gewachsenen deutschen Rechtsbräuche ab.

Die großen historischen und sozialen Ereignisse dieser Umbruchszeit spielen direkt hinein, der Reichstag in Augsburg (1518), der Tod des Kaisers Maximilian (1519), der Bauernkrieg (1524/25). Und daneben, gleichsam zur Verlebendigung der gesamten Zeitereignisse, die privaten Fehden und Intrigen.

Götz von Berlichingen ist eine Revolution des deutschsprachigen Dramas auf der deutschen Bühne. Nicht nur die ausufernde Fülle der Stoffwelt ist neu, auch die Sprache bricht mit allen herkömmlichen Vorstellungen. Sie ist blutvoll, ungebändigt und unmittelbar, übernimmt den Tonfall der alten Chroniken ebenso wie den des alltäglich gesprochenen Wortes. Kein »klassisches« Bühnendeutsch, weg vom steifen Alexandriner-Versmaß, hin zu einer lebendig gesprochenen Sprache in Prosa.

Und ebenso revolutionär wie diese neue Bühnensprache ist die Form. Goethe hat in seinem *Götz* die überlieferten Dramenregeln der Einheit von Ort, Zeit und Handlung radikal über Bord geworfen. Eine kontinuierlich und zielstrebig durchgeformte Handlung gibt es nicht, die Schauplätze wechseln ständig – es sind nicht weniger als 59, im Erstdruck 56 –, und zwischen Anfang und Ende des Stückes liegen Monate. *Götz von Berlichingen* ist kein Drama im damals herkömmlichen Sinn, nämlich »regelmäßig« gebaut, sondern ein ausuferndes Gemälde, das Zeitkolorit und Atmosphäre einer ganzen Epoche einzufangen sucht. Es ist eine Genietat des Sturm und Drang, die sich über alle traditionellen Regeln und Dogmen der zeitgenössischen Dramatik hinwegsetzt.

Die Schwierigkeiten, die einer erfolgreichen Bühnendarstellung im Wege stehen, hat Goethe wohl erkannt. Es gibt von seinem Stück zwei Fassungen und eine nachträgliche Bühnenbearbeitung. Die erste Fassung, den sogenannten *Urgötz,* schrieb Goethe nach eingehenden historischen und rechtsgeschichtlichen Recherchen innerhalb von sechs Wochen im Herbst 1771 nieder. Die zweite Fassung von 1773 brachte neue entscheidende Handlungseingriffe und ist sofort auch im Druck erschienen. Sie war eine literarische Sensation und begründete Goethes Ruhm als »deutscher Shakespeare«. Beide Fassungen sind im Grunde Lesedramen, die ohne Rücksicht auf bühnengemäße Darstellungsart geschrieben wurden. 1804 hat sich Goethe an einer Bearbeitung für die Bühne versucht, ohne mit dem Ergebnis sonderlich zufrieden zu sein. Er sah ein, daß sein Stück »ohne bedeutende Umarbeitung« nicht auf das Theater zu bringen sei. Diesem Umstand sehen sich die Regisseure seit der Berliner Uraufführung von 1774 noch immer ausgesetzt. Auch heutige Aufführungen, die freilich rar geworden sind, kommen nicht ohne größere Eingriffe in den Text aus.

Der Erfolg der Buchveröffentlichung und der ersten Aufführung des *Götz von Berlichingen* war dennoch außerordentlich groß. Er löste zugleich eine Lawine von meist seichten Ritterspektakeln aus, die nach dem theatralisch lockeren Muster des *Götz* gestrickt waren und sich an den Lebensläufen mehr oder weniger historisch gesehener Figuren der deutschen Vergangenheit entlanghangelten.

Egmont

Trauerspiel in 5 Akten

PERSONEN

Margarete von Parma, Tochter Karls V., Regentin der Niederlande

Graf Egmont, Prinz von Gaure

Wilhelm von Oranien

Herzog von Alba

Ferdinand, sein Sohn

Machiavell, im Dienste der Regentin

Richard, Egmonts Geheimschreiber

Silva ⎫
Gomez ⎭ unter Alba dienend

Klärchen, Egmonts Geliebte

Klärchens Mutter

Brackenburg, ein Bürgersohn

Soest, Krämer ⎫
Jetter, Schneider ⎬ Bürger von Brüssel
Zimmermann ⎪
Seifensieder ⎭

Buyck, Soldat unter Egmont

Ruysum, Invalide und taub

Vansen, Schreiber

Volk, Gefolge, Wachen

ORT

Brüssel. Platz mit Armbrustschützen, Palast der Regentin, Bürgerhaus Klärchens, Palast in Brüssel, Egmonts Wohnung, Straße, der Culenburgische Palast als Wohnung des Herzogs von Alba, Gefängnis.

ZEIT

Um 1568

HANDLUNG

Die Niederlande sind von den Spaniern besetzt. Margarete von Parma, die Schwester des katholischen Königs Philipp II. von Spanien, regiert mit milder Hand und beläßt den Niederländern ihre eigene Verfassung und ihre Konfession. Noch ist der Status quo erträglich. Aber die ersten Unruhen flackern auf. Aus der Provinz Flandern hört man von protestantischen Bilderstürmern, die Kirchen und Klöster geplündert haben. Der Schreiber Vansen ruft in Brüssel offen zum Widerstand gegen die Spanier auf.

Eine politische Kursverhärtung deutet sich an. Die Regentin fürchtet, daß der Hof in Madrid die Unruhen im Lande zum Anlaß nehmen wird, die verbliebenen politischen und religiösen Freiheiten der Niederländer ganz aufzuheben und die Besatzungstruppen zu verstärken.

Idol aller freiheitlich gesinnten Bürger ist Graf Egmont, den viele am liebsten sogar als Regenten der Niederlande sehen würden. Egmont wird als Freiheitsheld von allen verehrt und genießt sogar die Bewunderung der Regentin. Das Bürgermädchen Klärchen ist Egmont in bedingungsloser Liebe zugetan, und auch Egmont liebt das heitere Naturkind, das er immer wieder heimlich besucht. Klärchen denkt nur an die Gegenwart, alle dunklen Wolken, die sich vor die Zukunft stellen, schiebt sie tapfer zurück. Auch die Hand des ihr ganz und gar ergebenen Freundes Brackenburg, der trotz der vielen Zurückweisungen Klärchen noch heiraten möchte, schlägt sie aus.

Die Lage in den Niederlanden wird ernst, als König Philipp tatsächlich seine Schwester Margarete als Regentin absetzt. Der spanische Herzog von Alba ist bereits mit einem Todeskommando in die Niederlande unterwegs, um für »Ruhe und Ordnung« zu sorgen. Alba, das weiß in den Niederlanden jedes Kind, ist ein skrupelloser Machtpolitiker, der eine harte Unterdrückungspolitik verfolgt und vor keiner Maßnahme zurückschreckt, die der Festigung der spanischen Terrorherrschaft dient. Seine Grausamkeit und Brutalität in der Durchsetzung seiner Ziele sind bekannt.

Die Niederländer bekommen sie sehr schnell zu spüren, als Alba mit einem großen Truppenaufgebot einmarschiert. Alle Privilegien, Freiheiten und Rechte werden aufgehoben, der Ausnahmezustand wird verhängt. Die Regentin Margarete von Parma verläßt das Land. In dieser Lage setzt das Volk mehr denn je alle Hoffnung auf Egmont, dessen unerschütterliches Selbstvertrauen den Mut und den Willen zum Widerstand stärkt.

Egmont freilich ist sich der akuten Gefahr gar nicht bewußt. Die Tumulte in den Provinzen nimmt er nicht allzu ernst, und im Gespräch mit seinem Freund Wilhelm von Oranien zeigt er nur Sorglosigkeit. Wilhelm fürchtet, daß Alba die führenden Köpfe der Niederländer verhaften wird, um jeden Widerstand im Lande auszuschalten und seine Schreckensherrschaft ungehindert errichten zu können. Er rät dem Freund, Brüssel sofort mit ihm zu verlassen und sich im Ausland in Sicherheit zu bringen. Doch Egmont winkt ab. Alba wird sich an einem »Ritter des Goldenen Vlieses«, dem Unantastbarkeit zusteht, doch nicht vergreifen wollen! Überzeugt, daß Egmont in sein Verderben rennt, nimmt Wilhelm Abschied.

Es kommt, wie dieser vorausgesehen hat. Alba lädt Egmont und Wilhelm von Oranien zu einer gemeinsamen Besprechung ein und trifft Vorkehrungen, beide bei dieser Gelegenheit zu verhaften. Oranien läßt sich brieflich entschuldigen, doch Egmont nimmt die Einladung an. Als Egmont den Palast betritt, wird er entwaffnet. Alba zögert das Gespräch mit Egmont so lange hinaus, bis ihm auch die Festnahme von Egmonts Geheimschreiber gemeldet wird. Er provoziert den arglosen Egmont zu unbedachten Äußerungen und bekommt so nun auch einen offiziellen Grund, Egmont zu verhaften und wenig später wegen Hochverrats zum Tode zu verurteilen.

Auf die Nachricht von der Verhaftung Egmonts hin rennt Klärchen durch die Straßen und versucht die Bürger zum bewaffneten Aufstand und zur gewaltsamen Befreiung Egmonts zu bewegen. Doch inzwischen hat sich Angst breitgemacht; keiner findet den Mut, für den einst so bewunderten und verehrten Egmont einzutreten. Nur Brackenburg bleibt an Klärchens Seite. Als Klärchen von dem Todesurteil erfährt, nimmt sie Gift und stirbt.

Egmont empfängt in seiner Todeszelle das Urteil. Ferdinand, Herzog Albas Sohn, sucht Egmont im Gefängis auf und bekennt sich offen zu dem Verhafteten. Aber er kann das Todesurteil nicht rückgängig machen. Als Egmont sieht, daß sich sogar der Sohn seines Todfeindes rückhaltlos auf seine Seite stellt, gewinnt er seine innere Sicherheit zurück und nimmt ruhig und gefaßt das Urteil an. In einem letzten Schlaf unmittelbar vor der Hinrichtung erscheint ihm Klärchen und verheißt ihm die Freiheit der Niederlande.

ERLÄUTERUNGEN

Zwölf Jahre hat Goethe gebraucht, um in mehreren Anläufen sein Trauerspiel *Egmont* zu beenden. Er begann es 1775 in Frankfurt, noch ganz unter dem Eindruck der Sturm-und-Drang-Zeit, die seinen *Götz von Berlichingen** hervorgebracht und ein Jahr später seinem folgenreichen Roman *Die Leiden des jungen Werthers* Aufsehen und Aufregung besonders unter der Jugend verschafft hatte. Dann ließ er den *Egmont* liegen bis in die Weimarer Jahre, glättete hier und ergänzte dort und legte das Stück wieder in die Schublade; er arbeitete jetzt an der *Iphigenie** und der Prosafassung des *Tasso**. Erst auf seiner Italienreise 1787 in Rom nahm er die Arbeit an dem Trauerspiel wieder auf. Aus dem empfindsamen, stürmischen jungen Mann war jetzt der in den Adelsstand erhobene Geheime Rat Goethe und Minister geworden, der sich dem Staatsdienst zugewandt und bereits seine einschlägigen Erfahrungen gemacht hatte.

Diese entwicklungsgeschichtlich weit auseinanderliegenden Arbeitsphasen haben sich natürlich auch auf den Gehalt und die Gestalt des Dramas ausgewirkt. Die Ausführung wirkt streckenweise uneinheitlich. Einige der Motive und Handlungsteile werden nur angeschnitten und nicht weiter ausgeführt. Insbesondere der Schluß mit der Erscheinung Klärchens als Freiheitsgöttin und Egmonts Vision von dem siegreich kämpfenden niederländischen Volk bereitete nicht nur den Zeitgenossen Unbehagen. Schon Friedrich Schiller hat in seiner berühmt gewordenen Rezension von 1788 die Schwächen des Trauerspiels mit Scharfsinn und Sachverstand beim Namen genannt und vom Schluß als einem »Salto mortale in eine Opernwelt« gesprochen.

Trotzdem ist *Egmont* ein geniales dichterisches Bühnenwerk voll Stimmung und Temperament, voll Schwermut und Lebensfreude, das allein durch die großartige Gestalt der Hauptperson zusammengehalten wird. In seiner Erscheinung, seinem Charakter, seiner Persönlichkeit ist Egmont die idealisierte Verkörperung des selbstbewußten, freien, dem Dasein uneingeschränkt zugewandten Menschen, dessen überwältigender persönlicher Ausstrahlung sich niemand entziehen kann. Durch diese Gabe vermag er »die Gunst des Volkes, die stille Neigung einer Fürstin, die ausgesprochene eines Naturmädchens, die Teilnahme eines Staatsklugen, ja selbst den Sohn seines größten Widersachers für sich einzunehmen« (Goethe, *Dichtung und Wahrheit*). Aber all seine Offenherzigkeit, Lebenslust und Liebenswürdigkeit können ihn vor berechnender Staatsgewalt letztlich nicht schützen. Sein Vertrauen erweist sich als blind, sein Glück und seine ungeschützte Arglosigkeit gegenüber der politisch kalkulierenden Umwelt werden ihm zum Verhängnis. Egmont geht schließlich zugrunde an seinem übermäßigen Lebensgefühl, das ihm die klare Sicht auf die Realität verstellt. Er fühlt sich als Sieger, auch noch in der Todeszelle, als er seine endgültige Niederlage sogar in einen Triumph umzumünzen weiß. Doch letzten Endes ist Egmont eine tragische Figur, weil er mit seiner glücklich-zuversichtlichen Lebenshaltung die politische Alltagswelt nicht bewältigen kann.

Mit dieser Charakterisierung des Titelhelden ist Goethe von der ursprünglichen Gestalt des flandrischen Grafen Egmont, der von Alba 1568 in Brüssel hingerichtet wurde, völlig abgerückt. Goethes Egmont ist nicht nur jünger als der historische Graf Egmont, sondern im Gegensatz zu diesem, einem Familienvater mit festen politischen Überzeugungen, auch frei von jeder persönlichen und politischen Bindung.

Goethes Trauerspiel *Egmont* ist also alles andere als ein Historienstück, das sich seine Handlung aus irgendwelchen geschichtlichen Ereignissen holt, sondern ein tiefgründiges Charakterdrama. Die historische Persönlichkeit und der hereinspielende zeitgeschichtliche Hintergrund sind nur Anlaß für die Darstellung einer Lebenshaltung, in der sich der junge Goethe selbst idealisierend widerspiegeln wollte.

Egmont wurde am 9. Januar 1789 in Mainz zum erstenmal aufgeführt. Aber erst die Bühnenbearbeitung durch Friedrich Schiller, am 25. April 1796 in Weimar erstmals gespielt, ebnete dem Trauerspiel den Weg über die Bühnen. 1810 komponierte Ludwig van Beethoven zu *Egmont* eine Schauspielmusik, die vor allem das Freiheitsdrama kraftvoll in den Mittelpunkt rückt und aus der heute vor allem die großartige Ouvertüre noch aufgeführt wird.

Iphigenie auf Tauris

Schauspiel in 5 Akten

PERSONEN
Iphigenie
Thoas, König der Taurier
Orest, Iphigenies Bruder
Pylades, sein Freund
Arkas

ORT
Hain vor dem Tempel der Diana auf Tauris

ZEIT
Mythische Vorzeit

HANDLUNG

Zur Vorgeschichte muß man wissen: Auf dem Geschlecht der Iphigenie lastet
der Fluch der Götter. Der Ahnherr Tantalus hatte gefrevelt und wurde von den
Göttern grausam bestraft. Auch seine Nachkommen, von Pelops angefangen
über Atreus und Agamemnon bis zu Elektra, Iphigenie und Orest, alle waren sie
verflucht, in unentrinnbarer Konsequenz eine Greueltat nach der anderen
innerhalb der Familie verüben zu müssen. So reihen sich Kindermord und
Gattenmord an Muttermord. Und ein Mord zwischen den Geschwistern Iphigenie und Orest ist bereits vorhersehbar.

König Agamemnon, von den Griechen zum Oberbefehlshaber im Feldzug
gegen Troja gewählt, hat seine eigene Tochter Iphigenie auf Befehl der Göttin
Diana als Menschenopfer zum Altar schleppen lassen, um Diana für einen guten
Fahrtwind günstig zu stimmen. Über dieses blutige Opfer ist Klytämnestra,
seine Frau, nie hinweggekommen. Nach Agamemnons Rückkehr aus dem
Krieg zehn Jahre später hat sie ihn auf grausame Weise umgebracht. Agamemnons Sohn Orest wiederum hat blutige Vergeltung für diesen Mord geübt, jetzt
an der eigenen Mutter. So ergab bislang ein Mord den anderen, und ein Ende des
Blutvergießens ist nicht abzusehen.

Die ahnungslose Iphigenie aber ist seinerzeit kurz vor ihrer Opferung auf
wundersame Weise in einer Wolke verschwunden und gerettet worden. Die
Göttin Diana hat sie nämlich im letzten Augenblick in ihr Heiligtum nach Tauris
am Schwarzen Meer entrückt. Und hier beginnt die Handlung.

Iphigenie ist seit Jahren Priesterin im Dianatempel auf Tauris. Es ist ihr
in dieser Zeit gelungen, einen alten grausamen Brauch der Taurier abzu-
schaffen, wonach jeder Fremde, der die Küste betritt, der Göttin Diana
geopfert werden mußte. Trotz der vielen Jahre, die sie nun schon bei den
Tauriern lebt, fühlt sich Iphigenie immer noch als Fremde und sehnt sich
nach ihrer Heimat Griechenland zurück. So weist sie auch die Werbung
von Thoas, dem kinderlosen Taurierkönig, zurück und enthüllt ihm dabei
das Geheimnis ihrer Herkunft und den Fluch, der auf ihrer ganzen Familie
lastet. Aber trotz dieser schrecklichen Eröffnung will Thoas Iphigenie heiraten. Ja, er droht ihr sogar, die alten Menschenopfer wieder einzuführen,
wenn sie bei ihrer Weigerung bleibe. Gerade jetzt eben seien zwei fremde
junge Männer in Tauris aufgegriffen worden. An ihnen soll der alte
Brauch wieder praktiziert werden, und die Priesterin Iphigenie soll ihre
Pflicht tun.

Die beiden Fremden sind niemand anderes als Iphigenies Bruder Orest und
sein Freund Pylades. Sie sind nach Tauris gekommen, weil der Gott Apoll

durch das Orakel von Delphi Orest Heilung von seinem Wahnsinn versprochen hat; in diesen Wahnsinn hatten ihn nämlich die Rachegöttinnen, die Furien, nach dem Muttermord getrieben. Bedingung für die Heilung ist, er soll »die Schwester, die an Tauris' Ufer im Heiligtum wider Willen« lebt, nach Griechenland zurückbringen. Orest und Pylades haben diesen Spruch auf das Götterbild der Diana, Apolls Schwester, bezogen und glauben nun, daß sie dieses Götterbild aus dem Tempel rauben und nach Griechenland schaffen sollen. An Iphigenie denken sie gar nicht, denn die gilt schließlich seit über zehn Jahren als tot.

Nach ihrer Gefangennahme werden die beiden Freunde in Dianas Tempel gebracht. Sie wissen bereits, daß sie sterben sollen. Nur Pylades hofft noch auf das Mitgefühl der Priesterin. Von ihm erfährt nun Iphigenie vom Untergang Trojas und den schrecklichen Ereignissen in ihrem Elternhaus, denen ihr Vater und ihre Mutter zum Opfer gefallen sind. Noch gibt sich Iphigenie nicht zu erkennen, aber Pylades schöpft Hoffnung aus ihrer so ungewöhnlich starken Anteilnahme. Erst später, in einem Gespräch mit dem Gefangenen Orest, ihrem Bruder, enthüllt die Priesterin, wer sie ist.

Nach und nach gelingt es Iphigenie, Orest aus seiner zwanghaften Gewissensqual zu befreien und ihn von seinem Wahnsinn zu heilen. Zusammen mit Pylades bereiten die beiden die Flucht aus Tauris vor. Und natürlich wollen sie auch das Götterbild mitnehmen. Doch Iphigenie ist nicht fähig, König Thoas zu belügen. Sie ringt sich zu unbedingter Wahrheit durch und offenbart dem König die Fluchtabsicht, obwohl sie nur zu gut weiß, daß damit ihr Leben und das ihres Bruders und seines Freundes verwirkt sind.

Thoas ist beeindruckt von Iphigenies Charakter, ihrer Ehrlichkeit, ihrer Wahrheitsliebe, ihrem Mut und zeigt sich menschlich. Er verzeiht, verzichtet sogar auf die Hand Iphigenies und läßt alle drei nach Griechenland zurückkehren. Das Standbild bleibt allerdings in Tauris, weil die »Schwester«, die Apolls Spruch gemeint hat, Iphigenie selbst ist.

ERLÄUTERUNGEN

»Ganz verteufelt human« hat Goethe einmal Schiller gegenüber seine *Iphigenie* genannt, und so ist das Stück auch im 19. Jahrhundert und bis weit ins zwanzigste hinein nur von dieser Seite her gesehen worden. Auf der Bühne und mehr noch im Schulunterricht wurde es mißverstanden als Demonstration eines hehren Humanitätsideals, das menschliche Wirrnisse und Katastrophen stets zu einer glücklichen Lösung zu bringen vermag, als ein weihevolles Festspiel, das hymnisch und von edlem Pathos getragen den Glauben an reine

Menschlichkeit verkündet. Vieles blieb bei dieser verengten Sichtweise auf der Strecke, denn der Humanitätsgedanke ist schließlich nur die eine Seite der *Iphigenie*. Er steht in einem spannungsreichen Verhältnis zum eigentlichen Hintergrund des ganzen Dramas, einer blutig-düsteren Geschichte, in der Verbrechen und Lebensekel, Mißtrauen und Ausweglosigkeit herrschen. Man hat oft übersehen, daß sich hier menschliche Abgründe auftun, die sich mit einem gefälligen und abstrakten Humanitätsglauben nicht so ohne weiteres übertünchen lassen. Wer nur eine, die erhaben-idealistische Seite des Dramenstoffes betont und sich auf äußere Harmonie festlegt, verfälscht die Intention Goethes. Die *Iphigenie* enthält eine grausame menschliche Wirklichkeit, die von Goethe mit keinem Wort verharmlost oder unterdrückt wird. Sie kann allerdings durch eine Haltung verbessert und lebenswert gemacht werden, die von Humanität, Liebe und Mitgefühl getragen ist.

Iphigenie selbst ist die fluchbeladene Tantalus-Nachfahrin, in sich verschlossen, freudlos, wider ihren Willen im Heiligtum auf Tauris, ihr Schicksal beklagend. Die Greueltaten, die auf der Familie lasten, beschönigt sie keinesfalls, bittere Zweifel an den launischen Göttern, die mit den Menschen ein grausames Spiel treiben, werden laut. Iphigenie spürt diesen schicksalhaft vorgegebenen Druck, der auf ihr lastet, und die Notwendigkeit, sich endlich davon freizumachen.

Anders ihr Bruder Orest. Der Teufelskreis der Morde unter Verwandten erdrückt ihn, und er dankt den Göttern, daß sie ihn kinderlos gelassen haben. Während Orest die Erlösung nur noch im eigenen Tod sieht, setzt sich Iphigenie zur Wehr. Sie macht das mit den ihr zu Gebote stehenden Mitteln, nämlich der Bereitschaft, menschlich wahre Werte rückhaltlos vorzuleben und den Göttern die im Lande bisher üblichen Sühneopfer zu versagen. So heilt sie Orest von seinem Wahnsinn, so bringt sie den trickreichen Pylades dazu, offen die Fluchtabsicht zu gestehen und dabei sogar die Todesstrafe zu riskieren, und so hält sie den König Thoas vom Rückfall in die Barbarei ab.

Menschliche Regungen zeigt der Barbarenkönig schon zu Beginn des Stücks, denn er hat unter dem Einfluß Iphigenies längst die blutigen Opfer abgeschafft. Und menschlich reagiert er nach dem mutigen Appell der Priesterin auch am Schluß. Die bloße Anwesenheit Iphigenies löst bereits eine Humanisierung ihrer Mitmenschen aus. Thoas verzeiht und läßt die Griechen ziehen. Er verzichtet sogar auf die Hand Iphigenies. Er entsagt, was bei Goethe soviel heißt wie: er liebt Iphigenie. Und aus diesem Beweggrund wird er unfähig, Gewalt auszuüben.

Die wunderbar sich auflösende Tragik des Geschehens am Ende des Dramas, die Aufhebung des Familienfluches, wird nicht durch das Eingreifen der Götter bewirkt und auch nicht durch einen abstrakten Humanitätsglauben. Es ist einfach die Haltung Iphigenies, die ihre Tat selbst als etwas »Unmögliches« bezeichnet, das eigentlich keine Aussicht auf Erfolg hat.

Der Grund, weshalb dieses »klassischste« Stück der deutschen Klassik früher oft so spannungsarm und blutleer, so weihevoll dargestellt werden konnte, liegt in der äußeren Gestalt, die Goethe seinem Schauspiel gegeben hat. Der Aufbau ist streng symmetrisch, die klassische Einheit von Ort, Zeit und Handlung ist strikt eingehalten, die Wortwahl bewegt sich im Bereich des Erhabenen, und die Sprache wird getragen von einem ruhigen, ausgewogenen Versstil.

Die Gestaltung des *Iphigenie*-Stoffes beschäftigte Goethe volle acht Jahre, von 1779 bis zu der Veröffentlichung 1787. Die Urfassung in Prosa von 1779 überarbeitete er schließlich dreimal, als Versfassung in freien Jamben (1780), dann wieder in Prosa (1781) und schließlich als endgültige Versfassung in fünffüßigen Jamben (Ende 1786 in Italien fertiggestellt). Die erste Prosa-version wurde 1779 am herzoglichen Privattheater in Ettersburg bei Weimar uraufgeführt, mit Goethe in der Rolle des Orest, die Versfassung am 7. Januar 1800 im Wiener Burgtheater, mit wenig Erfolg. Sie kam in einer Bearbeitung Friedrich Schillers am 15. Mai 1802 in Weimar auf die Bühne und wurde dort bis 1815 gespielt.

Der *Iphigenie*-Stoff geht auf frühgriechische Mythen zurück und ist bereits im antiken Drama mehrfach verarbeitet worden. Während die Dramen von Aischylos und Sophokles über das Schicksal der Agamemnon-Tochter nicht mehr erhalten sind, werden die beiden Meisterwerke des Euripides *Iphigenie in Aulis* und *Iphigenie bei den Taurern* auch heute noch gespielt. Beide Tragödien sind Ausgangsmaterial für Goethe gewesen, der allerdings zwei entscheidende Vorgänge ändert: Bei ihm findet die Entsühnung nicht durch den Raub des Götterbildes statt, sondern durch Iphigenie selbst. Und: Das rettende Eingreifen der Göttin am Schluß ist unnötig, weil Iphigenie die Wahrheit durchsetzt und sich als unfähig zur Lüge erweist. Der Mensch kann sich also selbst retten.

Vor Goethe gab es eine Neudichtung von Jean Racine, *Iphigénie* (1674 in Versailles uraufgeführt), die auf die *Iphigenie in Aulis* des Euripides zurück-geht. Im 20. Jahrhundert hat Gerhart Hauptmann mit seiner *Atridentetralogie* (1940–1944) diesen Stoff wieder aufgegriffen. Im ersten Drama *Iphigenie in Aulis* steht die Forderung nach der Opferung Iphigenies, im Schlußstück *Iphigenie in Delphi* erfüllt die fluchbeladene Tochter Agamemnons selbst das Menschenopfer an sich und stürzt sich in den Tod.

Der Komponist und Opernreformator Christoph Willibald Gluck

(1714–1787) hat aus dem *Iphigenie*-Stoff des Euripides zwei hochdramatische, aktionsreiche Opern geschrieben, *Iphigenie in Aulis* (1774) und *Iphigenie auf Tauris* (1779).

Goethes *Iphigenie* zählt heute nicht gerade zum gängigen Standardrepertoire der deutschen Bühnen. Die wenigen Aufführungen jedoch haben das ehemals gebräuchliche Klischee vom erhabenen »Festspiel« abgelegt und das Barbarisch-Archaische dieses Dramas, die Auflehnung der Menschen gegen göttliche Willkür, hervorgehoben. Ganz auf die reine Deklamation der makellos schönen Verse gesetzt hat Dieter Dorn in seiner Inszenierung 1981 an den Münchner Kammerspielen.

Torquato Tasso

Schauspiel in 5 Akten

PERSONEN
Alfons II., Herzog von Ferrara
Leonore von Este, seine Schwester
Leonore Sanvitale, Gräfin von Scandiano
Torquato Tasso
Antonio Montecatino, Staatssekretär

ORT
Lustschloß Belriguardo

ZEIT
Zweite Hälfte des 16. Jahrhunderts

HANDLUNG
Der Dichter Torquato Tasso ist zu Gast in Belriguardo, dem Sommersitz des Herzogs von Ferrara und dessen Schwester Prinzessin Leonore. Er hat soeben eine umfangreiche Dichtung beendet – *Das befreite Jerusalem* –, die er nun stolz, aber auch etwas zögernd im Garten des Schlosses seinem fürstlichen Gönner überreicht. Leonore, von diesem Augenblick sehr bewegt, bekränzt Tasso spontan mit einem Lorbeerkranz, mit dem sie zuvor die Büste des römischen Dichters Vergil geschmückt hatte. Ihre Freundin Leonore Sanvitale, die ebenfalls regen Anteil nimmt an den Erzeugnissen des Hofpoeten Tasso, assistiert ihr dabei.

Tasso, der Prinzessin Leonore schon seit langem schwärmerisch verehrt, ist glücklich und ergriffen. Er nimmt die Auszeichnung mit tiefem Ernst entgegen, während sie von der Hofgesellschaft doch eher als konventionelle Geste betrachtet wird. Eine Kluft deutet sich an zwischen Tassos geniebesessener Vorstellung von Dichtkunst und Künstlertum und einer gönnerhaften Gesellschaft, die sich an der Kunst nur laben möchte und dann schnell wieder zur Alltagswirklichkeit übergeht.

Diese Kluft reißt vollends auf, als der kluge und gewandte Staatssekretär des Herzogs, Antonio, von einer erfolgreichen diplomatischen Mission aus Rom zurückkehrt. Antonio hat für diese Art von Dichterehrung kein Verständnis. Hämisch hält er Tassos weltfernem Kunstverständnis die hohe Welt der Diplomatie entgegen, in der er soeben einen großen politischen Erfolg für den Hof von Ferrara errungen hat. Kunst könne die Welt nicht verändern, so glaubt er, höchstens verschönern, so wie es Tassos Dichterkollege Ariost tut, wenn er das Bestehende verherrlicht und das Liebenswerte den Menschen noch gefälliger macht. Deshalb verdiene dieser Ariost viel eher den Lorbeer als Tasso, der ihn jetzt trägt. Und daß der Herzog den jungen Dichter mit Lob überhäufe, solle Tasso nicht überbewerten. Alfons sei schon immer unmäßig im Belohnen gewesen.

Tasso ist fassungslos über so viel Arroganz und fühlt sich provoziert. Die Prinzessin, die Tassos Standpunkt zu verstehen glaubt, vermittelt. Auf ihren dringenden Wunsch hin bietet Tasso bei seiner nächsten Begegnung Antonio Hand und Freundschaft an. Doch der verhält sich kühl und reserviert. Es kommt schließlich zwischen beiden zu einem erbitterten Wortwechsel, in dessen Verlauf Tasso zum Degen greift. In diesem Augenblick kommt der Herzog hinzu. Unwirsch schickt er Tasso auf Zimmerarrest und weist auch Antonio zurecht.

Während Antonio seine wenig maßvolle Reaktion einsieht, ist Tasso völlig außer sich. In tiefem Mißtrauen gegen seine Umwelt steigert er sich in eine Art Verfolgungswahn hinein, der Züge von Selbstzerstörung annimmt. Leonore Sanvitale versucht die Wogen zu glätten. Sie lädt Tasso, nicht ganz uneigennützig, zu sich nach Florenz ein, um ihn dort in ihre Gesellschaftskreise einführen zu können.

Der Prinzessin wird der Gedanke an eine Trennung von Tasso schwer genug. Angesichts der Gefahr, den Freund zu verlieren, durchbricht sie im Gespräch mit Leonore ihre höfische Zurückhaltung und Beherrschtheit, die sie bislang bewahrt hatte. Schon in ihrer von Krankheit gezeichneten, glücklosen Jugend habe sie gelernt, Geduld zu üben, Sehnsüchte zu unterdrücken und zu verzichten. Deshalb sei sie auch nie so recht mit den Realitäten des Lebens vertraut geworden. Und gerade dies verbinde sie jetzt mit Tasso, stelle sie an seine Seite. So gibt sie sich dem Trugschluß hin, mit dem jungen Dichter eine Seelengemeinschaft genießen zu dürfen, die auf Äußerlichkeiten verzichten kann. Sie will nur die reine, ideelle Freundschaft.

Inzwischen überbringt Antonio im Namen des Herzogs dem ins Zimmer verbannten Tasso die Nachricht, daß sein Arrest aufgehoben sei. Er schließt mit Tasso Frieden. Doch Tassos Entschluß steht fest. Er möchte sich vom Herzog lösen und nach Rom gehen. Von seinen Freunden, vor allem aber von der Prinzessin, fühlt er sich verraten. Als diese ihn jetzt endlich besucht und ihm ihre Anteilnahme versichert, erwacht in Tasso eine jähe Leidenschaft zu ihr. Gegen jede Hofetikette läßt er sich dazu hinreißen, die Prinzessin zu umarmen. Nicht im geringsten darauf gefaßt, stößt diese ihn zurück und flieht aus dem Zimmer. Tasso wird jetzt seine gesellschaftliche Isolation vollends bewußt. Die Überzeugung, daß für Künstler kein Platz auf dieser Erde sei, läßt ihn verzweifeln.

Der Herzog, die Prinzessin und Leonore Sanvitale reisen aus Belriguardo ab. In tiefster Selbsterniedrigung bittet Tasso schließlich Antonio um Verständnis und Hilfe – ausgerechnet jenen Mann, der, wie er glaubt, ihn vernichten will. Mit einem Aufschrei endet das Stück:

>»Ich kenne mich in der Gefahr nicht mehr,
>Und schäme mich nicht mehr es zu bekennen.
>Zerbrochen ist das Steuer und es kracht
>Das Schiff an allen Seiten. Berstend reißt
>Der Boden unter meinen Füßen auf!
>Ich fasse dich mit beiden Armen an!
>So klammert sich der Schiffer endlich noch
>Am Felsen fest, an dem er scheitern sollte.«

ERLÄUTERUNGEN

Im Zentrum der *Tasso*-Handlung stehen zwei Konfliktsituationen, die ineinandergreifen: das schwierige Verhältnis des Künstlers zu Staat und Gesellschaft und eine mit der Realität nicht zu vereinbarende Liebe zwischen Tasso und der Prinzessin. Die beiden sind im innersten Wesen miteinander verbunden. Die Prinzessin ist die einzige, die Tasso überhaupt zu verstehen vermag. Sie spürt, wie es um ihn bestellt ist, und sieht ebenso wie er das Spannungsverhältnis zwischen Dichter und Gesellschaft, zwischen künstlerischer Existenz und Welt. Nur hat die Prinzessin für ihre Person bereits resigniert, hat Verzicht und

Entsagung zu ihrer Lebensmaxime gemacht, während Tasso im Augenblick höchster Erregung mit einer Umarmung alles erzwingen will und daran scheitern muß. Die Prinzessin stellt seinem Wahlspruch »Erlaubt ist, was gefällt« das maßvollere »Erlaubt ist, was sich ziemt« gegenüber, also Werte, die von Gesellschaft und Sitte vorgegeben und kultiviert werden. Tasso ist jedoch unfähig, diese Selbstbeschränkung zu akzeptieren.

Die Maßlosigkeit seines Gefühls verstößt ja nicht nur gegen die Hofetikette. Sie zeigt auch Tassos Unfähigkeit, sich innerhalb von festen Regeln zu bewegen und sich seiner Umwelt anzupassen. Tasso ist ein von der Kunst Besessener, ein »Spinner«, der extrem emotional auf alles reagiert und die Realität des Alltags übersieht. Die Realität aber ist das genormte Leben einer Adelsgesellschaft, deren Menschen nach erprobten Regeln miteinander verkehren und künstlerisches Schaffen allenfalls als dekoratives Beiwerk anerkennen. Dabei räumt der Hof von Ferrara diesem »Künstlertum« noch besonders viel Raum ein und bietet ganz gewiß die bestmöglichen Arbeitsbedingungen dafür. Doch selbst an diesem Hof gerät Tasso mit seinem ungebundenen Gefühlsleben, das ihn ebenso stolz wie verletzlich macht, in konfliktreichen Gegensatz zur berechenbaren Rationalität der Gesellschaft. Tasso reagiert auf alles, was ihn nicht unmittelbar betrifft, mit Mißtrauen und übertriebener Empfindlichkeit.

Bei Goethe heißt es mehrmals, daß Tasso krankhaft mißtrauisch sei, aufbrausend, ohne festen Halt. In seiner Schwäche steht er im Gegensatz zu den festen, gestandenen Männern des Staates, zu Antonio und zum Herzog, und auch zu der robusten und intriganten Leonore Sanvitale, die genau weiß, was sie will.

Am Ende einer stürmischen Entwicklung sieht Tasso ein, daß er sein Leben nur durch die Ausübung seiner Kunst und die gleichzeitige Annäherung an die Welt, gegen die er sich immer abgekapselt hat, in den Griff bekommen kann. Tasso sucht schließlich bei dem überlegen und praktisch handelnden Staatsmann Antonio Halt. Es ist das tragische Ergebnis eines schmerzhaften Reifungsprozesses.

Ausgangspunkt für Goethes Schauspiel *Torquato Tasso* ist die Gestalt des gleichnamigen italienischen Renaissance-Dichters (1544–1595), der an Verfolgungswahn, extremer Ruhelosigkeit, übergroßer Sensibilität und religiösen Wahnvorstellungen litt und sieben Jahre seines Lebens in einem Irrenhaus verbrachte.

Goethe nahm der historischen Figur die vordergründig krankhaften Züge und prägte wesentliche Konflikte und Verhaltensmotive so um, daß man darin eine Anspielung auf seine eigene Lage am Weimarer Hof und die bereits gemachten Erfahrungen erblicken kann. Die geschilderte Situation eines genial veranlagten

Fürstendieners läßt sich mit der des knapp 40jährigen Goethe durchaus vergleichen. Sie ist mit Sicherheit repräsentativ für die Verhältnisse, denen sich Goethe im Kleinstaat Weimar ausgesetzt sah. Wenn Goethe im *Tasso* die »Disproportion des Talents mit dem Leben« darstellt, wie er selbst sein Thema formuliert, so ist das in Wirklichkeit ein Abnabelungsprozeß von bedrückenden Weimarer Erfahrungen. Im hohen Alter gesteht er seinem Sekretär Eckermann, daß es »Bein von meinem Bein und Fleisch von meinem Fleisch« sei, was er im *Tasso* an Konfliktstoff ausgebreitet habe.

Diese Äußerung hat mit zur Folge gehabt, daß nach Goethes Tod die Gestalt des Tasso immer mehr mit der Goethes verschmolzen wurde. Von *Tasso* leitet sich ab, daß »der Dichter« sich über seine Mitmenschen erheben dürfe, daß er eine Ausnahmeerscheinung darstelle und mit seiner Kunst sogar das adeln könne, was uns gewöhnlich erscheint. Diese Einstellung, die äußerlich Unterstützung fand in der kunstvoll bilderreichen Sprachform Goethes, hat sich bis weit in unser Jahrhundert hinein auch auf die Bühnendarstellung ausgewirkt. Jene anderen Wahrheiten, die auch im *Tasso* stecken, sind schlichtweg übersehen worden – die pathologischen Züge etwa der Tasso-Gestalt, der Verfolgungswahn und die unkontrollierte, überhitzte Leidenschaft, aber auch die schwankenden Beziehungen zwischen Tasso und seinen Mitmenschen, das komplizierte Verhältnis von Kunst und Macht.

Diese lange Zeit einseitige Darstellungsweise mag auch ein Grund dafür gewesen sein, weshalb Goethes *Tasso* als Schullektüre vielen zur Qual wurde. Man hat eben nur den altmodischen und wenig problemgeladenen »Klassiker« vorgeführt, ein nationales Kulturgut, einen Katalog von Lebensregeln über die Kunst, die Frauen und das, was sich schickt. Kaum etwas war zu hören von existentiellen Abhängigkeiten, Künstlerfrust und Persönlichkeitskrisen. So war das, bis Peter Stein 1969 in Bremen das Stück auf einmal anders erzählte: Tasso als opportunistischer »Emotionalclown«, als ein Muster jenes Künstlervolks, das sich den notwendigen gesellschaftlichen Erfolg durch geniehaftes Getue sichern will und damit über die innere Substanzlosigkeit und die geringen formalen Ausdrucksmöglichkeiten hinwegtäuschen will. Eine eindrucksvolle Denunzierung übrigens des historischen Torquato Tasso, der mit seinem *Das befreite Jerusalem* ein unsägliches Trivialepos hinterlassen hat.

Elf Jahre später hat Claus Peymann in Bochum Tasso als einen Künstler-Märtyrer herausgestellt, der extrem ausnützbar ist und von seinem Brötchengeber in einen Glaskasten gesteckt und als Schoßhündchen gepflegt wird, damit er möglichst produktiv bleibt: die Isolation im Elfenbeinturm. Hier ging es also um das Mißverhältnis der realen Welt mit dem Talent, eine Umkehrung von Goethes Eigenkommentar.

Ernst Wendt zelebrierte an den Münchner Kammerspielen 1981 *Tasso* als totales Kunstgebilde außerhalb jeglicher Realität, als ein andachtsvolles Exerzitium Goethescher Jamben. Und Dieter Dorn hat ein Jahr später in Salzburg der überlieferten Vorstellung vom edlen Dichter vollends den Garaus gemacht, als er einen zerrissenen Außenseitertypen auf die Bühne gestellt hat, der von Widersprüchen geschüttelt ist und sich in einer extrem geschwätzigen Salonwelt zurechtfinden muß.

All diese Bemühungen um Goethes *Tasso,* so unterschiedlich sie in den letzten Jahren auch ausgefallen sein mögen, bezeugen doch die enorme aktuelle Aussagekraft, die in diesem Schauspiel steckt. Sie sind ein Beleg für ein echtes Theaterinteresse an dieser Figur.

Eine fragmentarische Prosafassung von Goethes *Torquato Tasso* entstand 1780/81 in Weimar. Sie ist nicht erhalten. Während seiner Italienreise schrieb Goethe die Urfassung in Verse um (fünffüßige Jamben). Diese Version erschien 1790 im Druck. Die Uraufführung des *Tasso* fand allerdings erst am 16. Februar 1807 in Weimar statt. Dann allerdings wurde *Tasso* regelmäßig gespielt, meist zu Ehrentagen Goethes. Auch für die Totenfeier im März 1832 wurde *Tasso* ausgewählt.

Faust

Eine Tragödie in zwei Teilen

PERSONEN
Sprecher der *Zueignung*

Vorspiel auf dem Theater
Direktor
Theaterdichter
Lustige Person

Prolog im Himmel
Raphael, Gabriel, Michael, Erzengel
Der Herr
Mephistopheles
Engel

Der Tragödie Erster Teil
Faust
Erdgeist
Wagner
Mephistopheles
Schüler
Hexe
Margarete (Gretchen)
Marthe Schwerdtlein
Lieschen
Valentin
Böser Geist
Handwerksburschen, Chor, Dienstmädchen, Bürger und Bürgermädchen,
    Volk, Bettler, Soldaten, Bauern, Studenten, Lustige Gesellen, Tiere, Irr-
    licht, Hexen und Hexenmeister

Der Tragödie Zweiter Teil. In 5 Akten
Faust
Mephistopheles
Ariel (Luftgeist)
Kaiser
Kanzler
Heermeister
Schatzmeister
Marschalk
Herold
Knabe Wagenlenker
Baccalaureus (Erster akademischer Grad. Studierter)
Wagner
Homunculus (künstlich erzeugtes menschliches Wesen)
Chiron (Kentaur, halb Mann halb Pferd, heilkundig und in den Wissenschaften
    bewandert)
Manto (Wahrsagerin, Tochter des Sehers Teiresias)
Seismos (Erdbebengeist)
Thales (griechischer Naturphilosoph)
Nereus (greiser Meeresgott)
Proteus (Meeresgott, der sich dauernd verwandelt)
Helena (Frau des Menelaos, von Paris einst entführt)

Panthalis (Chorführerin und Begleiterin der Helena)
Lynkeus (Turmwächter)
Euphorion (Sohn von Helena und Faust)
Die drei Gewaltigen
Obergeneral
Erzbischof
Wanderer
Philemon und Baucis (ein altes Ehepaar aus der griechischen Mythologie)
Die Sorge
Pater Ecstaticus, Pater Profundus, Pater Seraphicus
Doctor Marianus
Mater Gloriosa
Una poenitentium (eine Büßerin), sonst Gretchen genannt
Chor, Elfen, Hofgesellschaft, Gestalten des Mummenschanz, Gestalten der
    Klassischen Walpurgisnacht (Sphinxe, Greife, Lamien, Nymphen, Phor-
    kyaden, Telchinen, Sirenen u. a.), Fürsten, Lemuren, Engel, Schlußchor

ORT
Faust I: Vorspiel auf dem Theater, Prolog im Himmel, Fausts Studierstube, vor
der Stadt, Auerbachs Keller in Leipzig, Hexenküche, verschiedene Stätten in
einer deutschen Kleinstadt, Wald und Höhle, Feld, auf dem Brocken im Harz.
Faust II: Anmutige Gegend, Kaiserliche Pfalz, Fausts Studierstube und Labora-
torium, Pharsalische Felder und andere Orte im klassischen Griechenland, vor
dem Palast des Menelaos in Sparta, innerer Burghof, Hochgebirge, Vorgebirge,
offene Gegend, Palast, Großer Vorhof des Palastes, Bergschluchten.

ZEIT
16. Jahrhundert
Mythologische Zeiten

HANDLUNG

Zueignung
Goethe spricht die noch nebelhaft und verschwommen umrissenen Gestalten der
kommenden Tragödie an. Er hat sie früher mal vage entworfen und ins Unreine
gedacht. Jetzt drängen sie sich ihm wieder auf und wollen entstehen.

Vorspiel auf dem Theater
Der Theaterdirektor, der Dichter und die Lustige Person diskutieren über Sinn
und Zweck des Theaterspielens: Der Intendant hat hauptsächlich ausverkaufte

Vorstellungen und volle Kassen im Auge. Er führt sein Theater unter kommerziellen Gesichtspunkten, möchte den Erfolg aber doch auch künstlerischer Qualität verdanken. Der Bühnenautor hingegen schert sich einen Dreck um Abendkasse und Publikumsgunst. Sein Werk muß anspruchsvoll sein. Für den Ruhm sorgt die Nachwelt. Und der Komiker gibt praktische Tips, wie man ein Publikum unterhalten kann, notfalls auch ohne Dichter.

Streng genommen wäre jeder einzelne für sich das Ende und der Ruin der Bühne. Zusammen aber machen sie Theater erst möglich. Der Theaterdirektor faßt das in einer Frage zusammen:

>Wie machen wir's, daß alles frisch und neu
Und mit Bedeutung auch gefällig sei?«

Prolog im Himmel

Die drei Erzengel preisen die Schöpfung Gottes und die Ordnung der Welt. Da platzt der Teufel Mephistopheles herein. Er kann diese Lobhudeleien nicht mehr hören. Und was die Menschen anbelangt, so sind sie in seinen Augen einfach beschränkt. Sie könnten mit ihrem Dasein weitaus besser klarkommen, wenn sie nicht auch noch mit dieser sogenannten Vernunft ausgestattet wären, die sie nur dazu gebrauchen, um »tierischer als jedes Tier zu sein«.

Gott kommt auf »seinen Knecht«, den Doktor Faust, zu sprechen. Da kann Mephisto nur lachen. Er hält diesen weltfremden Intellektuellen mit seinen übertriebenen Ansprüchen und seinem fast krankhaften Wissensdurst schlichtweg für verrückt. Frech bietet der Teufel dem Herrn eine Wette an. Wenn es ihm gelingen sollte, Faust dem Herrn abzuwerben, dann soll ihm Fausts Seele am Ende auch ganz gehören dürfen. Der Herr überhört das Ansinnen. Mephisto ist für ihn kein Wettpartner und schon gar kein Widersacher. Er gehört zu seinem »Gesinde« und ist als Geist der Verneinung Teil seiner Schöpfung. Aber eines gestattet er Mephisto. Er darf Faust als Versuchskaninchen für seine Künste gebrauchen. Aber nur, »solang' er auf der Erde lebt«. Mephisto jubiliert und merkt dabei nicht, daß mit dieser Klausel nach Fausts Tod jeder Anspruch erloschen sein wird.

Der Tragödie Erster Teil

In seiner Studierstube grübelt Faust über sein unbefriedigendes Dasein nach. Die vielfältigen Bemühungen in der Wissenschaft sieht er als gescheitert an, das Rätsel des Lebens hat sich mit ihren Mitteln nicht lösen lassen, und was Leben eigentlich heißt, hat er nie am eigenen Leib erfahren. Nun hofft er, mit Hilfe der Magie dem Lebens- und Welträtsel auf die Spur zu kommen. Im Buch des

Magiers Nostradamus glaubt er die Kräfte der Natur rings um sich her enthüllt, er fühlt »die wirkende Natur« vor seiner Seele liegen. Aber was er vor sich sieht, ist nur »ein Schauspiel«, der Abglanz einer Erscheinung, die allzu schnell verblaßt.

Faust aber will aktiv mitmischen, will in den Ablauf der Welt unmittelbar einwirken und nicht unbeteiligt danebenstehen. Es gelingt ihm schließlich, den Erdgeist zu beschwören. Aber der weist ihn höhnisch in seine Schranken: »Du gleichst dem Geist, den du begreifst, nicht mir!« Faust bricht zusammen.

Der bornierte, engstirnige Famulus Wagner, sein Gehilfe, kommt und will beflissen und lerneifrig mit Faust über den Wert der Rhetorik diskutieren. Faust bricht das Gespräch ab, das ihm nach der Erscheinung des Erdgeistes unerträglich banal erscheint.

Faust ist verzweifelter denn je und denkt an Selbstmord. Das Läuten der Osterglocken und Klänge eines Auferstehungschorals dringen in seine Stube herein und rufen Erinnerungen an Kindheit und frühere Gläubigkeit wieder wach. Faust setzt den Giftbecher, den er gerade austrinken wollte, wieder ab.

Am Ostermorgen schließen sich Faust und Wagner leutselig den Spaziergängern an, die es aus der Enge der Stadt in die frühlingshafte Natur treibt. Und wieder befällt Faust das Gefühl der Beschränktheit und der Widersprüchlichkeit des eigenen Wesens. Er fühlt sich zwischen sinnlich-irdischer Lust und dem Drang nach geistiger Erkenntnis hin- und hergerissen: »Zwei Seelen wohnen, ach! in meiner Brust.«

Ein merkwürdiger schwarzer Pudel hat sich den beiden Spaziergängern angeschlossen und ist schließlich Faust bis nach Hause in die Studierstube gefolgt. Faust versucht wieder einmal, das Neue Testament ins Deutsche zu übersetzen. Doch schon beim ersten Satz stockt er. Am Anfang, so glaubt er, war nicht das Wort, auch nicht der Sinn und nicht die Kraft, sondern die Tat. Tätiges Leben erscheint ihm gleichgesetzt mit erfülltem Leben. Da wird der Pudel seltsam unruhig und verändert seine Gestalt. Als Faust mit Beschwörungsformeln dem Geheimnis des Pudels auf die Spur kommen will, steht plötzlich der Leibhaftige vor ihm, Mephistopheles in Gestalt eines reisenden Studenten.

Nach einigem Hin und Her schlägt Faust dem Teufel einen Pakt vor. Mephisto soll sich verpflichten, Faust auf Erden voll zu Diensten zu stehen. Dafür verspricht ihm Faust den Anspruch auf seine Seele im Jenseits. Der Pakt soll gültig sein bis zu dem Moment, in dem Faust die absolute Erfüllung seiner Wünsche erlangt. Wenn er am Ziel seines lebenslangen Strebens ist und zu diesem Augenblick sagen kann: »Verweile doch! du bist so schön!«, dann mag ihn der Teufel holen. Mephisto willigt, seines Erfolges gewiß, in den Pakt ein, ja, er will ihn sogar mit einem Tropfen Blut bestätigt haben.

Mephisto schlägt Faust nun vor, auf Reisen zu gehen, die Welt zu durchstreifen. Zuerst die kleine, bürgerliche Welt, später die große des Kaiserhofs. Bevor sie gemeinsam die Reise antreten, gibt Mephisto in Fausts Professorengewand einem Studenten, der bei Faust Rat sucht, Studienberatung auf seine Weise. Er rät ihm von Jura und Theologie entschieden ab, weil sie allzu theoretisch und lebensfern seien, und überredet ihn zum Medizinstudium. Hier kann er sich am Ende immer auf Gott verlassen, und was die Frauen anbelangt, so sind die schnell »aus einem Punkte zu kurieren«.

Fausts neuer Lebensweg zusammen mit Mephisto beginnt bei einem ausgiebigen Saufgelage in Auerbachs Keller in Leipzig. Die schmutzigen Reden und der grölende Gesang der besoffenen Studenten widern ihn an. Mephisto aber hat seinen Spaß daran, die Trinker an der Nase herumzuführen und Faust seine Zaubertricks zu zeigen.

Mephisto schleppt Faust in die »Hexenküche«. Faust, für den Frauen bislang kein Thema waren, der sich aber nach sinnlichen Genüssen sehnt, muß magisch verjüngt werden, damit er den erotischen Abenteuern, die Mephisto für ihn arrangieren will, auch wirklich gewachsen ist. In einem Spiegel sieht Faust das Bild konkurrenzloser weiblicher Schönheit. Die Hexe mixt einen Verjüngungssaft, den Faust trinkt. Mephisto verspricht Faust eine Steigerung seiner Potenz und prophezeit, daß er bald auf jede Frau scharf sein wird. In jeder wird er künftig das Schönheitsideal aller Zeiten erblicken: Helena.

Aus dem alternden Bücherwurm Faust ist ein neuer Mensch geworden. Der Verjüngungs- und Liebessaft hat seine Wirkung getan und aus Faust beinahe einen Lüstling gemacht. In gespielter Entrüstung stellt Mephisto fest, Faust rede bereits wie »Hans Liederlich« und »schon fast wie ein Franzos«.

Auf der Straße in einer mittelalterlichen Kleinstadt spricht Faust ein junges Mädchen an. Es ist Margarete, die auf dem Heimweg von der Kirche ist. Faust wird von ihr abgewiesen. Aber er will auf sein erotisches Abenteuer mit Gretchen unter keinen Umständen verzichten. Er treibt Mephisto an, ihm das Mädchen zu verschaffen und behilflich zu sein bei der Verführung. Die Rücksichtslosigkeit, mit der sich Faust im Folgenden über Gretchens Moralvorstellungen und ihre familiären Bindungen hinwegsetzt, läßt keinen guten Ausgang des Abenteuers ahnen.

Bereitwillig schmuggelt Mephisto Gretchen ein Kästchen mit wertvollem Geschmeide ins Zimmer. Mit ihm will Mephisto in Gretchen sinnliche Begierde wecken und ihr eine andere Welt zeigen. Gretchen findet den Schmuck, meint, es sei ein Pfand, das jemand bei ihrer Mutter hinterlassen hat, und legt ihn vor dem Spiegel an. Später wird Gretchen den Schmuck auf Anraten der Mutter, der die Sache nicht geheuer ist, dem Pfarrer bringen. Wütend über diesen Mißerfolg heckt Mephisto einen neuen Verführungsplan aus.

Im Haus und im Garten der kupplerisch veranlagten Nachbarin Marthe Schwerdtlein soll das frivole Spiel mit Gretchen fortgeführt werden. Mephisto arrangiert das erste Rendezvous. Während Faust mit Gretchen zusammen ist, gibt sich Mephisto mit Frau Marthe ab, um sie abzulenken – mit dem Erfolg, daß er sich ihrer unverblümten Anträge schließlich kaum mehr erwehren kann.

Im Gartenhäuschen küssen sich Faust und Gretchen zum erstenmal. Das rührende Liebesgeständnis Gretchens weckt auch in Faust ein ehrliches und inniges Gefühl für das Mädchen. Aus dem leichtfertig angezettelten Liebesspiel wird Ernst, tödlicher Ernst schließlich, denn Mephisto hat immer seine Hand im Spiel. Ihm paßt dieser plötzliche Gemütswandel Fausts, seine tiefe Zuneigung zu Gretchen, überhaupt nicht in den Kram. Sein Programm sieht Verführung und billigen Genuß vor, um den Vertragspartner Faust am Schluß auch ganz sicher in die Hand zu bekommen.

Bevor das Unabwendbare hereinbricht, überkommt Faust noch einmal ein Augenblick tiefer Besinnung. Im Wald fühlt er eine große Verbundenheit mit der unendlichen Natur, und ein Dankesgefühl dem großen, allumfassenden »Geist« gegenüber erfüllt ihn. Um so schmerzlicher kommt ihm zum Bewußtsein, wie eng er an den Teufel gebunden ist.

Gretchen liebt Faust: Ihr Monolog »Meine Ruh ist hin« gibt ihrer Liebe bewegenden Ausdruck. Sie klagt um ihren gestörten Seelenfrieden, seit sie Faust kennt, und doch fühlt sie, wie sich alles in ihr nach dem Geliebten sehnt. Sie sorgt sich um sein Seelenheil, und es tut ihr weh, Faust immer in der Gesellschaft Mephistos sehen zu müssen. Gretchens Besorgnis löst in Faust ein tiefsinniges Glaubensbekenntnis aus zu dem unendlichen »Allumfasser« und »Allerhalter«, für den es keinen Namen gibt:

> »Nenn's Glück! Herz! Liebe! Gott!
> Ich habe keinen Namen
> Dafür! Gefühl ist alles.
> Name ist Schall und Rauch.«

Mit Mühe gelingt es ihm, Gretchens Mißtrauen gegen seinen Gefährten zu beschwichtigen, aber er merkt sehr wohl, daß er Phrasen macht.

Damit Faust die Nacht mit Gretchen verbringen kann, besorgt Mephisto für Gretchens Mutter ein Schlafmittel, das sie jedoch tötet.

Gretchen wird schwanger. Am Brunnen beim Wasserholen muß sie sich eingestehen, wie leichtfertig sie selbst früher immer gelästert hatte, wenn ein armes Mädchen einen Fehltritt getan hatte. Verzweifelt betet sie vor dem Gnadenbild der Mater gloriosa, der Muttergottes:

>>Ach neige,
Du Schmerzensreiche,
Dein Antlitz gnädig meiner Not!<<

Gretchens Bruder Valentin hat von den Ereignissen erfahren und ist nach Hause gekommen, um mit Faust abzurechnen. Als es zum Zweikampf kommt, greift Mephisto ein und läßt Valentins Arm erlahmen. Faust sticht zu. Sterbend verflucht Valentin seine Schwester und beschimpft sie vor allen Leuten als eine Hure.

Im Dom versucht Gretchen ihr schlechtes Gewissen zu beruhigen. Als böser Geist setzen ihr die Selbstanklagen jedoch so zu, daß sie ohnmächtig zusammensinkt.

Faust hat von Gretchens Zustand kaum etwas mitbekommen, denn Mephisto versteht es geschickt, ihn abzulenken. Deshalb hat Mephisto ihn auch in der Walpurgisnacht zum Hexensabbat auf den Brocken im Harz mitgenommen. Dort soll Faust an der Orgie der Hexen teilnehmen und Gretchen vergessen. Beinahe gelingt es Mephisto auch, Faust mithineinzuziehen, da taucht die Erscheinung Gretchens auf, als Tote, mit den Spuren der Hinrichtung um den Hals. Die Faszination der Hexenwelt bricht für Faust mit einem Schlag zusammen, und schreckliche Ernüchterung folgt.

Gretchen hat in der Zwischenzeit ihr uneheliches Kind zur Welt gebracht und ertränkt und ist dafür ins Gefängnis gekommen. Faust verlangt von Mephisto die sofortige Befreiung Gretchens aus dem Kerker. Mephisto verschafft ihm den Schlüssel zur Zelle und schläfert den Wächter ein. Faust findet Gretchen geistig umnachtet wieder. Die Toten, die sie auf dem Gewissen zu haben glaubt, bedrängen sie: die vergiftete Mutter, der erstochene Bruder, das ertränkte Kind. Ihr Schuldbekenntnis trifft Faust bis ins Innerste. Mephisto erscheint und drängt zur Eile. Gretchen weiß plötzlich, daß Mephisto auch sie holen will, und weicht entsetzt vor Faust zurück. Sie nimmt alle Schuld und Strafe auf sich und ruft das Gericht Gottes an. Mephisto ist es nicht gelungen, Gretchen dem ewigen Leben zu entreißen. Zynisch stellt er fest: >>Sie ist gerichtet!<< Eine Stimme von oben ertönt: >>Ist gerettet!<< Doch noch behauptet er seine Gewalt über Faust. Er reißt ihn an seine Seite: >>Her zu mir!<< Gretchens Stimme verhallt im Kerker: >>Heinrich! Heinrich!<<

Der Tragödie Zweiter Teil

Faust, tief erschüttert und von Selbstvorwürfen geplagt, findet auf einer blumenübersäten Wiese im Hochgebirge Schlaf. Ein Geisterkreis hilft ihm, die grauenvollen Ereignisse und das tragische Ende Gretchens zu vergessen. Faust, vom Heilschlaf erwacht, fühlt sich von der Erde und der Natur um ihn herum wunderbar erquickt und hat alle seine Gewissensbisse vergessen.

Der regenerierte Faust gelangt mit Mephisto an den Hof des Kaisers, in die Welt der unumschränkten Staatsmacht, der hohen Finanz- und Sozialpolitik.

Der junge Kaiser ist in Schwierigkeiten. Die Staatskasse ist leer, die Wirtschaft ruiniert, und das Reich droht zu zerfallen. Mephisto tritt an die Stelle des Hofnarren, den er hat verschwinden lassen, und verspricht Hilfe. Faust organisiert ein gewaltiges Maskenfest am Hof, in dem er als Plutus, als Gott des Geldes, auftritt. Mephisto ist der Geiz und die Verkörperung der üblen Nachrede. Im Verlauf des Festes läßt Mephisto den Kaiser eine Anweisung auf die noch ungehobenen Bodenschätze des Reiches unterschreiben. Die Anweisung wird vervielfältigt und unter das Volk gebracht. Damit kommt Papiergeld in Umlauf, das durch Bodenschätze gedeckt sein soll, und Mephisto und Faust werden als Retter der Volkswirtschaft gefeiert. Die Finanzmisere ist damit nur scheinbar überwunden, doch niemand erkennt die Gefahr der Inflation und den Selbstbetrug, der hinter dem nur zweifelhaft gedeckten Geld steckt.

Das Fest nimmt einen chaotischen Verlauf. Faust läßt mit einem Zaubertrick eine Goldkiste erscheinen, auf die sich die Menge stürzt. Die Kiste fängt Feuer, und der Palast droht abzubrennen. Faust beendet den Zauber.

Der Kaiser will amüsiert werden. Er verlangt, die Idealbilder menschlicher Schönheit vor sich zu sehen, Paris und Helena. Mephisto muß passen. Seine magischen Künste wirken bei dem »Heidenvolk« der antiken Mythologie nicht. Aber er gibt Faust einen Tip: Er soll in das »Reich der Mütter« eindringen, wo die Urbilder aller Dinge wohnen, wo der »Ewige Sinn« herrscht. Mit einem Schlüssel, den er Faust mitgibt, soll dieser den Dreifuß der »Mütter« berühren, der ihm dann nachfolgen wird. Mit Hilfe dieses Dreifußes kann Faust auf der Erde Erscheinungen längst vergangener Zeiten heraufbeschwören.

So geschieht es auch. Im Rittersaal läßt Faust Paris und Helena körperlich vor dem Kaiser und der versammelten Hofgesellschaft erscheinen. Doch während sich die Höflinge in albernen Scherzen über das antike Liebespaar ergehen, ist Faust hingerissen von der Schönheit Helenas. Er verliebt sich in sie, will sie auch gleich ganz real besitzen und greift nach dem Phantom. Mit einem ohrenbetäubenden Knall verschwinden die Erscheinungen, und Faust stürzt bewußtlos zu Boden.

Mephisto hat den besinnungslosen Faust wieder in seine frühere Studierstube zurückversetzt. Der Schüler taucht auf, dem Mephisto schon einmal Studienberatung hat angedeihen lassen. Im Professorentalar Fausts will Mephisto ihm erneut das entsprechende Rezept im Umgang mit den Wissenschaften verabreichen. Doch der Schüler, inzwischen zum niederen Akademikergrad des Baccalaureus aufgerückt, liest jetzt Mephisto die Leviten. Seine Arroganz und Blasiertheit sind so übermäßig, seine jugendliche Überheblichkeit dem Alter gegenüber ist so groß, daß selbst dem Teufel die Puste ausgeht.

In Fausts Labor hat mittlerweile der einstige Famulus Wagner, jetzt Doktor der Naturwissenschaften, an der Entwicklung eines künstlichen Menschen gearbeitet. Es ist ihm gelungen, ein Männchen herzustellen, das als reiner Geist allerdings nur im Reagenzglas existieren kann. Dieser »Homunculus« sehnt sich danach, körperliche Gestalt zu erlangen. Homunculus erkennt Fausts Sehnsucht nach der mythischen Welt der griechischen Antike und nach dem Idol Helena. Er rät Mephisto, Faust doch zur klassischen Walpurgisnacht nach Griechenland mitzunehmen. Er selbst könne als Führer dienen. Mephisto, der als nordischer Teufel und Chef der romantischen Walpurgisnacht mit dem ganzen Griechenmythos eigentlich nichts im Sinn hat, läßt sich erst durch die Aussicht auf einige »thessalische Hexen« zur Reise überreden.

Auf einem ehemaligen Schlachtfeld in Thessalien, wo einst Cäsar den Pompeius besiegt hatte, treffen sich die Geister der Antike zur klassischen Walpurgisnacht, einem Gegenstück zum nordischen Hexentreffen auf dem Brocken. Antike Götter und mythische Fabelwesen, Philosophen und Monster, Zwittergestalten wie Sphinxe, Greife und Kentauren und Figuren der griechischen Sage geben sich hier ein mitternächtliches Stelldichein. Dazwischen Faust, Mephisto und Homunculus, die in dieser Nacht alle drei ihre eigenen Wege gehen werden.

Schnell wechseln nun die Bilder:

Faust ist auf der Suche nach Helena.

Mephisto streitet sich mit den Greifvögeln und trifft Faust bei den Sphinxen wieder. Die Sphinxe schicken Faust zu dem weisen Kentauren Chiron, und die vampirhaften Lamien locken Mephisto von den Sphinxen weg.

Faust hat Chiron gefunden, der ihm viel von Helena erzählt. Er verweist Faust an die Sibylle Manto, eine Wahrsagerin, die ihm den Weg in die Unterwelt zu Helena zeigen kann.

Homunculus trifft Mephisto wieder und erzählt ihm, daß er dem Philosophen Thales auf der Spur sei.

Der Geist Seismos macht ein kleines Erdbeben und baut dabei einen Berg.

Mephisto kommt mit den antiken Fabelwesen nur mühsam zurecht. Im Erdbeben verliert er fast die Orientierung. Er humpelt geil hinter den Lamien her, die ihn schließlich mit seinen Hoffnungen auf Sex hereinlegen.

Homunculus ist immer noch auf der Suche nach jemandem, der ihm sagen könnte, wie man ein vollständiger Mensch werden kann. Thales führt Homunculus zum Meeresgott Nereus, der beide an den sich immer wieder verwandelnden Kollegen Proteus weiterschickt.

Von den drei häßlichen Phorkyaden-Schwestern, die gemeinsam nur ein Auge und einen Raffzahn besitzen, borgt sich Mephisto die Gestalt und wird zu einem Abbild absoluter Häßlichkeit.

Thales und Homunculus sind bei Proteus angelangt, der sich in allen möglichen Gestalten zeigt und Homunculus schließlich den Rat gibt, im Meer seine Entstehung zu vollenden. Homunculus zerbricht seine gläserne Hülle am Thron der Meeresnymphe Galatee und ergießt sich ins Meer.

Am Ende der klassischen Walpurgisnacht hört man den Jubel der Sirenen: »So herrsche denn Eros, der alles begonnen!«

Szenenwechsel. Am Hof von Troja steht die Rückkehr des Königs Menelaos unmittelbar bevor. Menelaos hat seine ungetreue Gemahlin Helena, die ihm mit Paris einst Hörner aufgesetzt hatte, im Trojanischen Krieg zurückerobert und sie mit einer Schar gefangener Troerinnen nach Sparta vorausgeschickt. Helena fürchtet die Rache ihres Mannes. An den Palaststufen trifft sie auf die häßliche Phorkyas. Diese – es ist niemand anderes als Mephisto – bestätigt Helenas Verdacht: Menelaos möchte sie zusammen mit den gefangenen Frauen aus Troja den Göttern opfern. Das ist natürlich eine glatte Lüge, denn Mephisto will in Phorkyas' Gewand nur den edlen Retter für Helena spielen, um Faust endlich sein langersehntes Idol zu verschaffen.

Rasch zaubert er eine mittelalterliche Burg herbei, in deren Innenhof Faust in festlicher Ritterkleidung Helena empfängt. Faust macht Helena zu seiner Mitregentin und vermählt sich mit ihr. Der Ehe entspringt ein Sohn, Euphorion. Die Truppen des heranrückenden Menelaos, der seine Frau Helena erneut zurückerobern will, werden geschlagen.

Der heranwachsende Euphorion, in dem das Nordische und die Antike eine Verbindung eingegangen sind, entwickelt ein ungestümes Temperament. Sein Übermut und sein Erlebnisdrang sind kaum mehr zu bremsen. Vergebens halten ihn seine Eltern zu Maß und Besinnung an. Euphorion will höher und immer höher hinaus. Er löst sich von der Erde, steigt in die Lüfte und stürzt ab. Aus der Unterwelt ruft die Stimme Euphorions nach seiner Mutter. Helena folgt ihrem Sohn ins Reich der Schatten. Zurück bleiben Helenas Kleid und Schleier, die sich in Wolken verwandeln und Faust hinwegtragen. Die antike Welt verschwindet. Mephisto hebt Kleid, Mantel und Lyra des toten Euphorion auf, um sie weniger begabten Poeten der Nachwelt als Talentersatz auszuborgen. Die Epigonen, die dichterischen Nachahmer ohne eigene Ideen, werden also nie aussterben. Dann nimmt er die häßliche Phorkyas-Maske ab und zeigt sich wieder in seiner ursprünglichen Gestalt.

Die Wolke trägt Faust in heimische Landschaft, in ein nordisches Hochgebirge, zurück. Noch einmal hat er die Vision antiker Frauenschönheit, aber auch seine reale irdische Liebe taucht in der Erinnerung auf: Gretchen. Von beiden fühlt er sich wunderbar angezogen und motiviert. Das »Ewig-Weibliche« hilft ihm über die Depression hinweg, die ihn jetzt befallen hat, und gibt ihm Kraft für neue Taten.

Faust denkt an Landgewinn und Vermögensbildung. Er möchte »die zwecklose Kraft unbändiger Elemente« sich nutzbar machen, möchte Dämme ins Meer bauen und Land gewinnen. Vorher müssen allerdings noch die Besitzverhältnisse des zu erschließenden Landes geklärt werden.

Mephisto schlägt vor, dem Kaiser zu helfen im Bürgerkrieg, der im Augenblick das Reich erschüttert. Als Lohn für die Hilfe soll Faust das gesamte Meerufer fordern.

Die Entscheidungsschlacht steht unmittelbar bevor. Mephisto übernimmt den Oberbefehl, nachdem er Faust die »drei Gewaltigen«, Schlägertypen namens Raufebold, Habebald und Haltefest, zur Seite gestellt hat. Mit Hilfe einer Gespensterarmee und magischer Geheimwaffen verhilft er dem Kaiser zum Sieg. Faust wird mit der Küste belehnt.

Die »drei Gewaltigen« plündern das Lager der Besiegten. Die Fürsten des Reiches bringen ebenfalls ihr Schäfchen ins trockene. Am gierigsten gebärdet sich die Kirche: Der Erzbischof weiß zwar, daß der Sieg des Kaisers über die Rebellen nur durch »Satans Kunst« zustandegekommen ist und daß auch die künftige Landgewinnung Fausts Teufelswerk sein wird. Trotzdem erpreßt er immer höhere Schenkungen an die Kirche und nützt dabei das schlechte Gewissen des Kaisers schamlos für seine Interessen aus. Schließlich läßt er sich noch zehn Prozent aus dem Gewinn des neuen Landes verschreiben, das Faust erst noch erschließen muß.

Faust wird Unternehmer und Technokrat. Seine Energie und sein Tatendrang konzentrieren sich voll auf Landgewinnung und Industrialisierung. Für Millionen von Menschen möchte er neuen Grund und Boden schaffen und Arbeitsplätze errichten. Er selbst hat sich eine Prunkvilla auf dem neuen Land gebaut. Weitere Projekte zur Vergrößerung seines Landimperiums schweben ihm vor Augen.

Nun gibt es da ein Grundstück, das seinem Flurbereinigungsprogramm bislang im Wege gestanden hat. Es gehört einem alten Ehepaar, Philemon und Baucis. Da die beiden Alten sich nicht von ihrem Besitztum trennen wollen, beauftragt Faust den Mephisto mit der Regelung dieser Grundstücksfrage. Mephisto regelt die Umsiedelung auf seine Weise. Er läßt die Hütte von den »drei Gewaltigen« niederbrennen. Die beiden Alten kommen um, und ein Wanderer, der bei dem Paar rastete, wird erschlagen. Faust distanziert sich von diesem Verbrechen. Mephisto sollte einen Grundstückstausch anbieten und keinen Raubmord begehen.

»Vier Graue Weiber« versuchen, bei Faust Einlaß zu finden. Es sind der Mangel, die Sorge, die Schuld und die Not. Während Mangel, Schuld und Not bei dem reichen Faust keine Chance haben, schleicht sich die Sorge durchs Schlüsselloch ein. In der Ferne wird ihr Bruder sichtbar, der Tod.

Durch den Anhauch der Sorge erblindet Faust. Zugleich wird er aber sehend für die Fragwürdigkeit seiner Existenz.

Immer noch nimmt Faust regen Anteil an seinem Landgewinnungs- und Besiedelungsprojekt. Lemuren, Geister der Verstorbenen, die im Vorhof der Palastvilla im Auftrag Mephistos bereits das Grab für Faust schaufeln, hält er für Arbeiter am Kanalbau. Angesichts seines sich nunmehr vollendenden Kolonisierungsprogramms genießt Faust das Vorgefühl jenes Augenblickes vollkommenen Glücks, zu dem er sagen dürfte »Verweile doch, du bist so schön« – und stirbt.

ERLÄUTERUNGEN

Der historische Doktor Johannes Faustus lebte ungefähr von 1480 bis 1540. Er muß so etwas wie ein genialer Hochstapler gewesen sein, ein Allround-Magier, der sein Handwerk als Zauberkünstler, Alchimist, Geisterbeschwörer, Philosoph, Arzt und Wahrsager geschickt vermarkten konnte. Sehr bald nach seinem Tod setzt die Legendenbildung um ihn ein. Er wird dämonisiert und im Bund mit dem Teufel dargestellt. Bereits 1587 erscheint in Frankfurt das Volksbuch *Historia von D. Fausten,* das sehr schnell riesige Verbreitung findet. Der englische Dramatiker Christopher Marlowe überträgt diese Faust-Geschichte zum erstenmal auf die Bühne (um 1592).

In beiden Quellen, im Volksbuch und in einem von Goethe bereits im Elternhaus erlebten Puppenspiel, das sich an Marlowes *Doctor Faustus* anlehnte, liegen Anregungen und Ausgangspunkte für Goethes eigene *Faust*-Dichtung.

Über sechzig Jahre, also fast ein ganzes Leben lang, hat Goethe an seinem *Faust* gearbeitet. Manchmal unterbricht er mit großen Schaffenspausen die Arbeit, hält den Stoff für unausführbar und beginnt von neuem mit geänderter

Konzeption. Zwischen 1772 und 1775 entsteht der erste dramatische Entwurf, der sogenannte *Urfaust*. 1790, nach seiner Italienreise, veröffentlicht Goethe resignierend eine Bearbeitung und Erweiterung dieses Entwurfes unter dem Titel *Faust. Ein Fragment*. Erst durch den drängenden Einfluß Schillers kommt schließlich *Faust. 1. Teil* zustande, der 1808 im Druck erscheint. Zwischen 1825 und 1831 wird planmäßig *Faust II* geschrieben. Im August 1831, Goethe ist gerade 82 Jahre alt geworden, wird das 12 111 Verse starke Drama endgültig abgeschlossen. *Faust II* erscheint auf Goethes Wunsch hin allerdings erst nach seinem Tode 1832 im Druck. Die erste vollständige Aufführung von *Faust I* ist am 19. Januar 1829 im Nationaltheater Braunschweig, die Uraufführung von *Faust II* am 4. April 1854 im Hamburger Schauspielhaus. Beide Teile stehen zum erstenmal am 6. und 7. Mai 1876 in Weimar auf der Bühne.

Schon der *Urfaust* enthält in groben Zügen die Gelehrtentragödie um Faust. Vor allem aber in lückenloser Folge und strengem Ablauf die komplette Gretchentragödie. Diese Tragödie von Fausts Beziehung zu Gretchen ist hier ein völlig selbständiges Drama mit hohem Eigenwert. Ein *Faust*-Drama mit einem konsequent sich entwickelnden Handlungsablauf, in dem die Gretchenhandlung nur – allerdings gewichtiger – Bestandteil ist, ist der *Urfaust* noch nicht. Das Erscheinen Mephistos zu Beginn ist nicht vorbereitet oder begründet, und auch Fausts Entfernung von Gretchen im Kerker kommt abrupt und ohne Motivation.

Faust ist als Gesamtwerk eine der größten Dichtungen der Weltliteratur und in Form und Gehalt Goethes bedeutendstes Werk. Das Stück ist ein universaler Kosmos von Gedanken, Bildern, Sinngebungen und Anschauungen. Neben der reichen Bildsymbolik gibt es im *Faust* eine nicht minder reiche Klang- und Wortfülle und alle nur denkbaren rhythmischen Sprachformen. Und neben den vielfältigsten Versarten stehen die verschiedenartigsten Sprachschichten: das Alltägliche und das Heilige, das Derbe, Zarte, Nüchterne, Gefühlshafte, Schlichte und Raffinierte. All dem entspricht die innere Weite des Werkes: Altdeutsches und Antikes, Feierliches und Alltägliches, Magie, Liebe, Religion, Gesellschaft, Politik. Die Deutungsversuche der *Faust*-Welt mit ihrer Tiefe und Vielschichtigkeit sind mittlerweile unzählbar und unüberschaubar geworden.

Kaum ein Stück der deutschen Nationalliteratur ist so von Hochschätzung und Verehrung umgeben worden wie Goethes *Faust*-Dichtung. In ihr hat man eines der »heiligsten Güter der Nation« verehrt und ein Bildungsgut gesehen, das als Pflichtlektüre ganze Generationen von Schülern begleitet hat und in den Bücherschränken der Bildungsbürger ebenso anzutreffen war wie in den Tornistern der Soldaten zweier Weltkriege. In keiner anderen Gestalt der deutschsprachigen Dichtung hat sich der deutsche Geist so intensiv wiederzuerkennen geglaubt wie in diesem Doktor Faust.

Lange Zeit war ein unbehinderter Umgang mit dem *Faust* gar nicht möglich, weil der Zugang zu Inhalt und Text durch tiefgreifende Ideologisierung verschüttet gewesen war. Das sogenannte »Faustische« wurde zum Mythos eines national gefärbten Sendungsbewußtseins. Seit der Reichsgründung durch Bismarck 1871 war »faustisch« ein Prädikat deutschnationaler Gesinnung und erlebte schließlich in der Klischeevorstellung des »faustischen Germanen-Deutschen« in der Nazizeit seine größte Vergröberung. Die Verzweiflung der Faust-Figur, ihre Nähe zum Selbstmord, die innere Zerrissenheit und Hoffnungslosigkeit und die vielfältigen tragischen Züge des abendländischen Menschen, den Goethe darstellen will, sind dabei stillschweigend unter den Teppich gekehrt worden. Die Schuld, die Faust im Verlauf seiner Lebensreise durch zahllose Verbrechen von Gretchen bis Philemon und Baucis auf sich lädt, ist zwar nie geleugnet, aber oft entschuldigt worden. »Aus Schuld wurde Größe« hieß das Schlagwort. Als eine der »deutschen Tugenden« hat man stets auch das rastlose Streben Fausts nach höchsten Idealen und Zielen verstanden (»Wer immer strebend sich bemüht . . .«), wobei man wohlweislich übersehen hat, daß Faust seine irdischen Erfolge nur mit Hilfe des Teufels zuwegebringt.

Heute sieht man »das Faustische« kritischer, differenzierter. Nach dem Zweiten Weltkrieg hat sich langsam eine Sicht durchzusetzen begonnen, die naiver, unmittelbarer, unvoreingenommener an den Text herangeht und dessen Vielschichtigkeit enthüllt.

Wer heute *Faust* auf die Bühne bringt, muß sich trotzdem immer noch mit dem vielfach einseitigen Bild auseinandersetzen, das sich das Theater seit über hundert Jahren von dieser Dichtung gemacht hat, und er steht gleichzeitig einer Publikumserwartung gegenüber, die immer noch erstaunlich festgelegt ist.

Alle Bemühungen um *Faust I und II*, und insbesondere die reine Bühnendarstellung, können nur Annäherungsversuche sein. Jede Gesamtaufführung des Stückes muß notwendigerweise Fragment bleiben, da im zweiten Teil dichterisch Dunkles sich mit Unspielbarem paart, da die Ansichten über Kürzungen und Umstellungen immer geteilt bleiben werden. Selbst der Weimarer Theaterpraktiker Goethe zweifelte daran, ob *Der Tragödie erster Teil,* so wie er seit 1808 gedruckt vorlag, überhaupt bühnenfähig sei. Lange Zeit war *Faust* tatsächlich ein reines Lesedrama, bis dem Stück nach und nach auf den Bühnen zu seinem Recht verholfen wurde – zunächst dem ersten Teil, denn Teil zwei galt noch weiterhin als unspielbar. Schließlich lernte man den kompletten *Faust* als einen Spieltext für das Theater anzusehen, in dem die Einheit beider Teile eine zentrale Rolle spielt. Erst die Gesamtaufführung des *Faust* ermöglicht den Einblick in das Wesen und die Zusammenhänge dieser großartigen Dichtung, in der das *Vorspiel auf dem Theater* wie die beiden Walpurgisnächte, die Polarität der kleinen Welt Gretchens und der großen Helenas, das Mysterium wie die Studierstube, die kosmischen und antikischen wie die heidnischen und christlichen Elemente zusammenhängend sichtbar bleiben müssen.

Überragender *Faust*-Regisseur und Mephisto-Darsteller ist seit den dreißiger Jahren Gustaf Gründgens (1899–1963) gewesen. 1941/42 inszenierte er in Berlin beide Teile und brachte 1949 in Düsseldorf *Faust I* erneut heraus. Die Hamburger Aufführungen von *Faust I* (verfilmt 1961) und *Faust II* aus den Jahren 1957 und 1958 haben dem Stück eine neue Freiheit abgewonnen und die Erkenntnis vermittelt, daß *Faust* tatsächlich ein Werk für die Bühne ist.

1957 hat Klaus-Michael Grüber in der Chapelle de Salpetière in Paris aus Fausts Weltreise einen Traumweg durch Meditationsräume gemacht. In Stuttgart ließ 1977 Claus Peymann das Drama in Form einer Bilderorgie als mittelalterlichen Mummenschanz spielen. Hansgünther Heyme projizierte 1975/77 in Köln *Faust* in die Goethezeit. Hans Hollmann verweltlichte *Faust* in Hamburg total (1980). Und im Goethejahr 1982 (150. Todestag) provozierte Klaus-Michael Grüber in Berlin mit einer Anti-Festaufführung von *Faust I* die Zuschauer: *Faust* gesehen mit den Augen des alten Goethe, Spieldauer 135 Minuten. Drei Jahre später ließ Günther Krämer in Bremen dafür nicht einen einzigen Vers unter den Tisch fallen und spielte *Faust I* an zwei Abenden. Spieldauer: Acht Stunden.

Eine szenisch sehr strenge Lösung hat Dieter Dorn gefunden in der schwefelgelben Guckkastenbühne des Bühnenbildners Jürgen Rose an den Münchner Kammerspielen 1987. Ein Jahr später drehte er auf der Grundlage seiner Inszenierung einen Kinofilm, die dritte Übertragung des Dramas auf die Kinoleinwand nach Gründgens und dem beeindruckenden Stummfilm von F. W. Murnau (1926). Der große Theatermann Italiens, Giorgio Strehler, brachte 1989 und 1991 im Mailänder Teatro Studio die beiden Teile des *Faust* auf die Bühne – Fragmente, Vorskizzen, eine »Recherche in Schauspielform«, mit sich selbst in der Rolle des Faust.

Der französische Komponist Charles Gounod (1818–1893) hat den *Faust*-Stoff auf die Opernbühne übertragen. Das Werk, das sich textlich eng an Goethes Dichtung hält und von hoher musikalischer Qualität ist, ist ein viel gespieltes Repertoirestück des Musiktheaters geworden. Relativ nah am Goetheschen Text liegt die Oper *Mefistofele* des italienischen Dichterkomponisten Arrigo Boito (Uraufführung 1868 in Mailand, heute kaum mehr gespielt).

FRIEDRICH SCHILLER

Friedrich Schiller wird am 10. November 1759 in Marbach geboren. Er möchte Theologie studieren, muß aber ab 1773 – gegen seinen Willen und den seiner Eltern – die Militärakademie, die spätere Hohe Karlsschule, besuchen. Auf Anordnung des Herzogs Karl Eugen werden dorthin begabte Schüler des Landes befohlen. Hier studiert Schiller zunächst Jura, wechselt aber 1775 über zur Medizin. Auf der Schule, 1777, entstehen die ersten Szenen des Dramas *Die Räuber**. In ihnen spiegelt sich Schillers Protest und Auflehnung gegen die Unterdrückung von seiten des Herzogs. Im Jahr 1780 wird Schiller, 21 Jahre alt, aus der Karlsschule entlassen, untersteht aber als Regimentsmedicus in Stuttgart weiterhin dem Herzog. Ohne seine Erlaubnis darf er Stuttgart nicht verlassen. 1781 läßt Schiller das Schauspiel *Die Räuber* anonym im Selbstverlag drucken. Ein Jahr später, 1782, werden *Die Räuber* am Mannheimer Nationaltheater uraufgeführt. August Wilhelm Iffland spielt den Franz Moor. Schiller nimmt ohne Erlaubnis des Herzogs an der Aufführung teil. *Die Räuber* werden sofort von zahlreichen Bühnen nachgespielt. Einige Monate später erhält Schiller vierzehn Tage Arrest wegen einer zweiten unerlaubten Reise nach Mannheim zur zweiten Aufführung der *Räuber*. Karl Eugen verbietet Schiller das »Komödienschreiben«.

Im September 1782 flieht Schiller mit seinem Freund Andreas Streicher nach Mannheim, das als Residenz des Pfälzischen Kurfürsten zum Ausland zählt. Aus Furcht vor Auslieferung fliehen die Freunde über Darmstadt und Frankfurt weiter, doch ab Dezember findet der gänzlich mittellose Schiller für ein paar Monate Aufnahme bei der Mutter eines früheren Mitschülers. Ab 1783 wird Schiller für einen Hungerlohn als Theaterdichter am Mannheimer Nationaltheater angestellt. Ein Jahr später, 1784, bleibt die Mannheimer Aufführung von Schillers zweitem Stück, dem republikanischen Trauerspiel *Fiesco,* ohne besondere Resonanz. Im selben Jahr kommt es zur Uraufführung des bürgerlichen Trauerspiels *Kabale und Liebe** in Frankfurt am Main, zwei Tage später in Mannheim, diesmal unter begeisterter Aufnahme beim Publikum. In diesem dritten Stück wird der Feudalabsolutismus noch unverhüllter als in den *Räubern* kritisiert.

In Mannheim lernt Schiller auch Charlotte von Kalb, die Ehefrau eines in der französischen Garnison dienenden Offiziers, kennen und verliebt sich in sie. Charlotte von Kalb führt Schiller in einflußreiche gesellschaftliche Kreise ein und arrangiert eine Lesung am Darmstädter Hof.

1785 wird der Vertrag als Theaterdichter nicht mehr verlängert. Schiller leidet ebenso unter drückender Schuldenlast wie unter der unglücklichen Leidenschaft zu Charlotte von Kalb. Da wird er von Christian Gottfried Körner und dessen Verlobter eingeladen, eine Zeitlang bei ihnen in Leipzig zu wohnen. Zwei Jahre kann Schiller nun in fruchtbarem geistigen Kontakt mit den Freunden arbeiten. Er studiert das philosophische Werk Immanuel Kants, und es entsteht die *Hymne an die Freude*, die Beethoven dem letzten Satz seiner Neunten Symphonie zugrundelegt.

1786 beginnt für Schiller ein intensives Geschichtsstudium, woraus das Drama *Don Carlos** erwächst, das 1787 im Göschen Verlag, Leipzig, erscheint und in Hamburg uraufgeführt wird. Im selben Jahr besucht Schiller die Familie von Lengefeld in Rudolfstadt und befreundet sich mit den Töchtern Caroline und Charlotte. 1788 ist Schiller wieder mit geschichtlichen Studien aus dem Umfeld des *Don Carlos* beschäftigt. Er wird auf Empfehlung Goethes als Professor für Geschichte nach Jena berufen. 1789 hält er seine berühmt gewordene Vorlesung *Was heißt und zu welchem Ende studiert man Universalgeschichte?*. 1790 heiratet Schiller Charlotte von Lengefeld. 1791 erhält Schiller durch Vermittlung eine auf drei Jahre festgesetzte Ehrengabe von je tausend Talern des Dänischen Erbprinzen Friedrich Christian. Vorübergehend von Geldnöten befreit, kehrt Schiller in den Jahren 1793 bis 1794 zusammen mit seiner Frau erstmals nach seiner Flucht in die schwäbische Heimat zurück. In Ludwigsburg wird sein Sohn Karl geboren. Schiller erlebt die Überführung des Leichnams von Herzog Karl Eugen nach Ludwigsburg mit.

Die Zusammenarbeit zwischen Schiller und dem Verlag Cotta beginnt mit der Herausgabe der Literaturzeitschrift *Die Horen*, für die er später auch Goethe als Mitarbeiter gewinnt. Cotta wird jetzt alle Werke Schillers (und später auch Goethes) verlegen.

Nach Schillers Rückkehr nach Weimar kommt es im Anschluß an eine Sitzung der Naturforschenden Gesellschaft zum ersten ausführlichen Gespräch mit Goethe. Daraus entwickelt sich eine zehnjährige Freundschaft, die erst mit Schillers Tod endet. Goethe und Schiller schreiben sich nun fast täglich. 1797 verfassen beide in gegenseitiger Anregung ihre großen Balladen. Von Schiller entstehen unter anderem *Die Bürgschaft, Der Taucher, Der Handschuh, Der Ring des Polykrates* und *Die Kraniche des Ibykus*. 1799 beendet Schiller seine *Wallenstein*-Trilogie*, die im selben Jahr am Weimarer Hoftheater, das Goethe leitet, mit großem Erfolg uraufgeführt wird. Schiller beginnt mit der Arbeit an dem Trauerspiel *Maria Stuart**. Am 3. Dezember 1799 übersiedelt er mit seiner

Familie nach Weimar und beginnt sofort mit der Niederschrift der romantischen Tragödie *Die Jungfrau von Orléans*.

Er wird von immer wiederkehrenden Krankheiten heimgesucht, führt aber mit unverminderter Energie seine Dramenpläne aus. 1803 ist in Weimar die erfolgreiche Uraufführung von *Die Braut von Messina,* einer Tragödie über zwei verfeindete Brüder. Im selben Jahr wird Schiller vom Deutschen Kaiser in Wien in den erblichen Reichsadelsstand erhoben. Zwischen 1803 und 1804 arbeitet Schiller am Schauspiel *Wilhelm Tell**, das ebenfalls in Weimar uraufgeführt wird. Schiller entschließt sich jetzt zu einer Reise nach Berlin, wo Iffland, der erste Darsteller seines Franz Moor, Schauspieldirektor geworden ist. Zu Schillers Ehren werden drei seiner Werke aufgeführt und von den Berlinern mit Herzlichkeit und Ovationen aufgenommen. Schiller erhält das Angebot, in Berlin zu bleiben, aber er kehrt doch wieder in die gewohnten Verhältnisse in Weimar zurück. Immer mehr von seinem Lungenleiden behindert, beginnt Schiller noch 1804 mit der Arbeit an *Demetrius,* der Geschichte um den falschen russischen Zaren, und fängt an, *Phädra,* das Drama des französischen Dichters Racine, zu übersetzen und für die Bühne zu bearbeiten.

Nach schwerer Krankheit stirbt Friedrich Schiller am 9. Mai 1805, erst 46 Jahre alt, in Weimar.

Als Lyriker, Dramatiker, Erzähler, Ästhetiker und Historiker ist Schiller wichtigster Dichter der sogenannten »Deutschen Klassik« neben Goethe. Sein dramatisches Schaffen läßt sich grob in zwei Perioden aufteilen, in die sozialkritischen Sturm-und-Drang-Stücke der Jahre 1781 bis 1784 und die großen historischen Dramen nach 1785, in denen die historischen Vorlagen durch philosophische und ästhetische Fragestellungen verändert und ins allgemein Weltanschauliche erhöht werden. Die historische Wirksamkeit der Freiheitsidee ist in den Vordergrund gerückt. Durch Überwindung des Schicksals und meist auf Kosten der äußeren Freiheit gelangt die geschichtliche Persönlichkeit schließlich zu der ersehnten »inneren Freiheit«.

Die Räuber

Schauspiel in 5 Akten

PERSONEN

Maximilian, regierender Graf von Moor

Karl
Franz } seine Söhne

Amalia von Edelreich, Nichte des Grafen

Spiegelberg   Schufterle
Schweizer   Roller
Grimm   Kosinsky } Räuber
Razmann   Schwarz

Hermann, ein Edelmann, von unehelicher Geburt

Daniel, Hausknecht des Grafen

Pastor Moser

Weitere Räuber, Nebenpersonen

ORT

»Der Ort der Geschichte ist Teutschland.«
Im gräflichen Schloß und in der näheren Umgebung. Schenke an der sächsischen Grenze. In den böhmischen Wäldern. An der Donau. Im Wald beim Schloß.

ZEIT

Mitte des 18. Jahrhunderts, im Laufe von etwa zwei Jahren

HANDLUNG

Der Graf von Moor hat zwei Söhne. Karl, der Erstgeborene, ist intelligent, offen, von hitzigem Freiheitsdrang getrieben, in seinem lauten Kraftmeiertum stark von Gefühlen geleitet, während Franz das genaue Gegenteil ist, eine Kanaille, wie es heißt, zynisch und verschlagen, bösartig, mit sadistischen Neigungen, ein Schurke, wie er im Buche steht.

Franz, häßlich und behindert, der ungeliebte Sohn, der immer zu kurz kam, wehrt sich. Er will nicht ständig zurückgesetzt sein. Und so intrigiert er gegen Vater und Bruder. Er nützt die Zeit, die Karl als Student in Leipzig verbringt, um sich daheim beim Vater beliebt zu machen und den abwesenden Bruder auszubooten: er will Karl die Rückkehr ins väterliche Schloß unmöglich machen. Sein Fernziel ist jedoch die Herrschaft. Deshalb muß er auch den Vater beiseite schaffen. »Ich will alles um mich ausrotten, was mich einschränkt, daß ich nicht Herr bin«, ist sein Vorsatz.

Als ersten Schritt dazu verfaßt Franz einen Brief, in dem der Bruder als steckbrieflich gesuchter Verbrecher denunziert wird. Karl habe in Leipzig unermeßliche Schulden gemacht, die Tochter eines Bankiers entjungfert und deren Verlobten ermordet. Mit seinen Gesinnungsgenossen sei er jetzt auf der Flucht vor der Polizei. Der gefälschte Brief ist ein schwerer Schlag für den Vater, der daraufhin seinen einstigen Lieblingssohn enterbt und verstößt. Franz beeilt sich, dies dem Bruder brieflich mitzuteilen.

In einer Kneipe ist Karl mit seinen Kommilitonen beim Besäufnis. Man revoltiert gegen die politischen Verhältnisse, gegen Anpassung und staatliche Unterdrückung. Freiheit und Anarchie ist die Losung. Dem herrschenden System wird der Kampf angesagt. Alles soll neu geordnet werden. »Stelle mich vor ein Heer Kerls wie ich, und aus Deutschland soll eine Republik werden, gegen die Rom und Sparta Nonnenklöster sein sollen«, ruft Karl aus.

In dieser Situation trifft der Brief des Bruders ein mit der Nachricht von der Enterbung. Karl rastet aus. Der kriminelle Spiegelberg macht den Vorschlag, andere Unzufriedene um sich zu sammeln und mit ihnen in den böhmischen Wäldern eine Räuberbande zu gründen. Karl, der nun nichts mehr zu verlieren hat, macht begeistert mit und wird der Anführer der Bande. Alle geloben sich »Treue und Gehorsam bis zum Tod«.

Amalia, Karls Verlobte, lebt im Schloß des alten Grafen von Moor. Daß Karl von seinem Vater verstoßen worden ist, trifft sie schwer, denn sie liebt Karl. Franz sucht sie für sich zu gewinnen. Er fädelt eine erneute Intrige ein, um Karl auch bei Amalia in ein schlechtes Licht zu rücken. Doch sie durchschaut die Absicht und läßt Franz abblitzen.

Franz will seinen Vater nun endgültig loswerden. Ein Plan ist schnell zurechtgelegt. Ein gewisser Hermann soll sich als Bote ausgeben und dem Alten Karls Tod melden. Vielleicht bringt die Nachricht den Vater um, hofft Franz. Doch der alte Moor erleidet nur einen Schock. Daraufhin läßt Franz den Vater in einen verlassenen Turm im Wald sperren und erklärt ihn vor der Welt kurzerhand für tot. Er besteigt den nunmehr leeren Thron und verkündet sein »Programm«: »Nun sollt ihr den nackten Franz sehen und euch entsetzen.«

Auch Amalia ist durch die Falschmeldung über Karls Tod tief getroffen, besonders als sie davon hört, daß Karl im Sterben noch ihren Namen gerufen habe.

In der Zwischenzeit haben sich Karl und seine Kumpane zu einer gefürchteten Räuberbande in den böhmischen Wäldern zusammengeschlossen. Zwei

Gruppierungen stehen sich innerhalb der Bande gegenüber. Zum einen gibt es die gemäßigte Gruppe um den Anführer Karl, die wie einst Robin Hoods Rebellen die Reichen bestiehlt, um die Beute an die Armen zu verteilen. Die Anhänger dieser Gruppe nehmen sich die ausbeuterischen Landjunker und die korrupten Beamten vor und befreien unschuldig Verurteilte. Auf der anderen Seite stehen die Genossen Spiegelbergs, die auf puren Raub und Mord aus sind, Nonnen vergewaltigen, Häuser und Kirchen plündern und sich sogar an unschuldigen Kindern vergreifen. Karl versucht sein Räuberdasein mit sozial-revolutionären Motiven zu rechtfertigen, kann jedoch reine Terroraktionen der Bande nicht verhindern. Als bei einer Befreiungsaktion von Karls Freund Roller der sadistisch veranlagte Schufterle gar einen Säugling umbringt, jagt ihn Karl davon. Karl erkennt langsam den falschen Ansatzpunkt seines Kampfes um Recht und Freiheit. Er trägt sich mit dem Gedanken, die Bande zu verlassen.

Militär hat das Waldstück umzingelt, in dem sich die Räuber versteckt halten. Ein Pater übermittelt ein Generalpardon, unter der Bedingung, daß der Hauptmann ausgeliefert wird. Roller zerreißt das Dokument und stürmt mit den anderen gegen die Übermacht. Im Kampf fällt er, dem Grundsatz der Bande gehorchend, bis in den Tod zusammenzuhalten. Dieses Opfer kann Karl nicht ignorieren. Er muß bei der Bande bleiben.

Im gräflichen Schloß wehrt sich Amalia gegen die Zudringlichkeiten Franz Moors. Nur mit dem Degen vermag sie sich noch vor Vergewaltigung zu schützen. Vom reuegeplagten Hermann erfährt sie, daß Karl und der alte Moor noch leben.

Karl Moors Bande rastet an der Donau. Karl schwört »bei den Gebeinen« Rollers, seine Gefährten niemals zu verlassen. Kosinsky, ein böhmischer Adeliger, stößt zur Bande. Er hat ein ähnliches Schicksal hinter sich wie Karl und auch eine Braut namens Amalia. Karl erinnert sich an seine Heimat und befiehlt, sofort dorthin aufzubrechen.

Verkleidet und auch von Amalia unerkannt wohnt Karl als Gast im väterlichen Schloß. Er erfährt, daß ihn Amalia immer noch liebt, und wird von dem alten Diener Daniel, der sein Geheimnis durchschaut, über die Intrigen und Verbrechen des Bruders aufgeklärt. Franz hat bereits Verdacht geschöpft und beschließt, den »Gast« zu vergiften. Karl reist rechtzeitig ab.

Die Bande lagert im Wald in der Nähe des Turms, in dem der alte Moor eingesperrt ist. Man entdeckt ihn dort, halb verhungert, und Karl schwört Rache. Er beauftragt Schweizer, seinen Bruder Franz mit Gewalt aus dem Schloß herbeizuschaffen. Lebendig!

Franz, von Alpträumen und Visionen geplagt, läßt Pastor Moser kommen, um im Streitgespräch seine Ängste loszuwerden. Mittlerweile haben die Räuber das Schloß in Brand gesteckt und suchen Franz. Franz gerät in Panik, versucht zu beten und erhängt sich dann. Schweizer, der seinem Hauptmann geschworen hat, entweder mit Franz oder überhaupt nicht zurückzukommen, jagt sich eine Kugel durch den Kopf.

Der alte Moor ist aus seinem Turm befreit worden. Als Karl sich ihm als Hauptmann von Räubern und Mördern zu erkennen gibt, stirbt der alte Moor. Karl hatte immer gemeint, sich sein Recht mit Gewalt erkämpfen zu müssen – doch jetzt wird der eigene Vater zum Opfer seines Räuberdaseins. Angesichts dessen will Karl Schluß machen mit der Bande und an der Seite Amalias ein neues Leben beginnen. Da erinnern ihn die Räuber an den gemeinsamen Treueschwur »bis in den Tod«. Sie fordern von Karl, Amalia aufzugeben und bei der Bande zu bleiben. Karl sieht keinen Weg mehr zurück in ein geordnetes Leben. Einem Räuber, der auf Amalia die Waffe anlegt, kommt Karl zuvor: Er selbst bringt Amalia um. Dann stellt er sich der Justiz. Die Prämie, die auf seine Ergreifung ausgesetzt ist, läßt er einem armen Tagelöhner zukommen.

ERLÄUTERUNGEN

Schillers erstes Theaterstück ist undenkbar ohne den biographischen Hintergrund: Herzog Karl Eugen von Württemberg hatte bei Stuttgart ein militärisch ausgerichtetes Knabeninternat gegründet, um dort für sein Herzogtum geeigneten Offiziers- und Beamtennachwuchs heranzuziehen. Karl Eugens Vorstellungen von Erziehung waren schulmeisterlich autoritär und darauf ausgerichtet, aus seinen »Söhnen«, als die er seine Zöglinge ansah, mit Drill, Reglement und Strafen dankbare und unterwürfige Staatsdiener zu machen. Dabei wurden die Kinder mit allen nur denkbaren Mitteln ihren Eltern und Familien entfremdet.

Aus allen Schulen des Landes mußten also geeignete Schüler für das neue Internat gemeldet werden. Den Eltern wurde dann, wenn nötig unter Drohungen, die Aufnahme des Sohnes in dieses Internat beschieden. Auch Schillers Vater erhielt eines Tages die Aufforderung, seinen gerade dreizehnjährigen Sohn am 16. Januar 1773 dort abzuliefern.

Sieben Jahre blieb Schiller in dieser sogenannten »Militär-Pflanzschule«, verbrachte also seine gesamte Jugend in einer nach militärischen Regeln geführten Zuchtanstalt, abgesondert von seiner Familie, ohne Ferien, ohne frei gewählte menschliche Beziehungen, ohne Erfahrungen mit Mädchen. Vor dieser Ausgangssituation sind *Die Räuber* zu sehen, das Werk eines Zwanzigjährigen, der sich seine Zwänge von der Seele schreibt und sich in seinem ungestümen Freiheitsdrang mit den Leidensgefährten in der Anstalt solidarisch weiß. Es ist eine Art Überlebenstraining gegenüber dem täglichen Anstaltsdruck, das sich in der Lektüre verbotener Bücher, in den geheimen Knabenbünden mit ihren hochfliegenden Treueschwüren, in der versteckt vorgenommenen Niederschrift dieses wilden dramatischen Erstlingswerkes offenbart.

Schillers *Die Räuber* sind der Aufschrei eines Zwanzigjährigen gegen Unterdrückung und für Meinungsfreiheit, sind die Rebellion der Jugend gegen eine erstarrte Gesellschaft, gegen eine Welt, für die sie nur Verachtung übrig hat. Sie sind damit das wichtigste Beispielstück einer literarischen Strömung in Deutschland, die »Sturm und Drang« genannt wird und sich gegen die Nachahmung des höfisch-französischen Klassizismus wendet, gegen Fürstenwillkür kämpft und autoritäre Familienstrukturen verändern will. Und sie sind Schillers indirekter Darstellungsversuch von eigenen Neurosen, von Liebe und Tod, von hellsichtigen Todesphantasien und auch vom Liebesentzug des Vaters – des echten Vaters, der ihn in eine Anstalt steckt, und des angemaßten, Karl Eugen, der ihn dort drillt. Nicht der bösartige Franz schafft den lange hinausgezögerten Vatermord, sondern tatsächlich der »gute« Karl. Und nicht nur diese Radikallösung eines Vater-Sohn-Konflikts geht auf sein Konto, auch der Mord an seiner über alles geliebten Amalia. Die Geliebte muß geopfert werden, um ein den Männern gegebenes Wort halten zu können. Da mag natürlich pubertäre Unerfahrenheit dahinterstecken, die im abgeschotteten Anstaltsleben ihren Ausgang hat – wo sonst soll das Frauenbild des jungen Schiller geprägt worden sein. Aber auch ein ganz bestimmter Begriff von Freiheit ist herauszuhören, wie er damals nur in einer Männergesellschaft gedacht werden konnte. Die Frau war Objekt. Allenfalls ihre Unschuld galt es zu beschützen. Aber einer eigenen Entscheidungstat hielt man sie nicht für fähig.

Nie wieder wird Schiller seine Erziehungserfahrungen in der Anstalt derart intim und unverschlüsselt verbildlichen. In seiner (herausfordernd negativen) Selbstrezension der *Räuber,* die Schiller nach der Uraufführung anonym erscheinen ließ, hat er zu Karls Verhalten angemerkt: »Die Privaterbitterung gegen den unzärtlichen Vater wütet in einen Universalhaß gegen das ganze Menschengeschlecht aus.« Karl Moor will sich durch Anarchie und Terrorismus für das Unrecht rächen, das ihm der Vater angetan hat. Aus einem beleidigten Gefühl heraus wird er zum Verbrecher. Am Ende muß er schließlich erkennen, daß ihm von seinem freiheitstrunkenen Aufbegehren nur Ohnmacht und Handlungsunfähigkeit übriggeblieben sind, daß ihm das Revolutionäre aus den Händen geglitten ist und sich verselbständigt hat, daß alle, die ihm irgendwie nahestanden, ausnahmslos umgekommen sind.

Zwei Brüder, beide Kinder ihrer Zeit, machen die gleiche Laufbahn durch.

Beide stellen sich gegen die herrschende Ordnung, wehren sich gegen das Unrecht, das ihnen die Gesellschaft und der Vater zufügt. Beide gehen an ihrer Revolte zugrunde, weil sie falschen Ansatzpunkten und Maßstäben gefolgt sind, Karl als Bandenchef, Franz auf dem Weg zur Macht. »O über mich Narren, der ich wähnete, die Welt durch Greuel zu verschönern und die Gesetze durch Gesetzlosigkeit aufrecht zu halten«, gibt der Räuber Karl Moor am Ende zu.

»Das Gewalttätige an Schiller« – so ein Goethe-Wort –, das dieses Sturm-und-Drang-Stück so elementar-aggressiv macht, hat bei der Uraufführung am 13. Januar 1782 am Mannheimer Hof- und Nationaltheater eingeschlagen wie eine Bombe. Verständlicherweise. Ein Premierenbesucher berichtete: »Das Theater glich einem Irrenhaus, rollende Augen, geballte Fäuste, heisere Aufschreie im Zuschauerraum. Fremde Menschen fielen einander schluchzend in die Arme, Frauen wankten, einer Ohnmacht nahe, zur Tür. Es war eine allgemeine Auflösung wie ein Chaos, aus dessen Nebeln eine neue Schöpfung hervorbricht.«

Ein Jahr zuvor hatte Schiller sein Stück im Druck veröffentlichen lassen, aus Furcht vor obrigkeitlichen Repressalien anonym und mit fingiertem Druckort. Zur Uraufführung nach Mannheim reiste er heimlich und ohne Erlaubnis des Landesvaters. Dessen Reaktion kam prompt. Schiller erhielt Schreibverbot und durfte das Herzogtum bei Strafe nicht mehr verlassen. Ihm blieb nichts anderes übrig, als aus dem Herzogtum zu fliehen, nach Mannheim, ins »Ausland«, was überall dort war, wo das Herzogtum aufhörte. Schiller wurde nun, wie viele seiner Zeitgenossen auch, zu einem politisch Verfolgten, einem Emigranten auf der Flucht.

Und *Die Räuber* heute, nach zweihundert Jahren? Sie sind immer noch ein Bild der Jugend, die das Gegebene in Frage stellt und gegen die unbewegliche Väterwelt revoltiert. Sie sind Revolutionäre von heute, Comic-Figuren, lederbekleidete Rocker, Klappmesserhalbstarke mit gesellschaftskritischen Ambitionen. Bei Erwin Piscator in Berlin 1926 trat der »Chefideologe« und Bandengründer Spiegelberg noch in der Maske Leo Trotzkis auf, des Bolschewikenchefs und Gründers der Roten Armee. Peter Zadeks *Räuber* 1966 in Bremen waren ein riesig vergrößerter Comic-Strip voll Pop und Horror (Bühne: Wilfried Minks), ein kulturrevolutionärer Bürgerschocker, der sicherheitshalber nur in Spätvorstellungen gespielt wurde. Aktualisierungsversuche verantworteten Hans Neuenfels 1971 in Mannheim, das Team Manfred Karge und Matthias Langhoff in Ost-Berlin (ebenfalls 1971), Claus Peymann 1975 in Stuttgart und Ernst Wendt 1983 in Hamburg. Weit davon entfernt, in »klassischer« Darstellungsweise, war Hans Lietzaus vielgerühmte Münchner Aufführung von 1968.

Und ebenfalls am Staatsschauspiel in München, 21 Jahre später, der denkbar radikalste Kontrast dazu, die Hard & Heavy-Szene von Andras Fricsay: *Räuber.* *Von und nach Schiller,* mit Rambos, Skinheads, Kids und Groupies als Räuberbande.

Egal, wie auf die Bühne gebracht, Schillers genial-wirre Erstgeburt ist heute wie früher aktuell, voll Dynamit und Anklage. Es wird das große Unruhe- und Jugendstück des deutschen Theaters bleiben.

Kabale und Liebe

Ursprünglicher Titel: Luise Millerin

Bürgerliches Trauerspiel in 5 Akten

PERSONEN

Präsident von Walter, am Hof eines deutschen Fürsten

Ferdinand, sein Sohn

Hofmarschall von Kalb

Lady Milford, Favoritin des Fürsten

Wurm, Sekretär des Präsidenten

Miller, Stadtmusikant

Seine Frau

Luise, ihre Tochter

Sophie, Kammerjungfer der Lady Milford

Ein Kammerdiener des Fürsten

Verschiedene Nebenpersonen

ORT

In einer deutschen Residenzstadt

ZEIT

Zweite Hälfte des 18. Jahrhunderts

HANDLUNG

Im Hause des Stadtmusikanten Miller herrscht Aufregung. Die Tochter Luise soll etwas mit Ferdinand, dem Sohn des herzoglichen Präsidenten, haben. Tatsächlich haben sich Ferdinand und Luise rettungslos ineinander verliebt. Und nun ist Miller in Sorge um seine Tochter. In berechtigter Sorge, denn die Standesunterschiede zwischen seiner kleinbürgerlichen Familie und der adeligen des Präsidenten von Walter sind unüberbrückbar. In Millers Augen ist eine Ehe zwischen seiner Tochter und Ferdinand so gut wie ausgeschlossen. Und eine oberflächliche Liebelei kann nur Luises Ruf ruinieren. Anders denkt da Millers Frau. Sie sieht den Präsidentensohn recht gern im Hause und rechnet sich Chancen aus für einen gesellschaftlichen Aufstieg ihrer Familie. Miller liest seiner Frau die Leviten und deutet an, daß er dem Präsidenten von der Liebesaffäre Ferdinands mit seiner Tochter berichten und dabei keineswegs mit seiner ehrlichen Meinung hinter dem Berg halten will, daß ihm nämlich Luise als Schwiegertochter des Präsidenten zu schlecht sei, als Hure des Sohnes jedoch zu gut.

Wurm, ein Verwandter der Millers und Sekretär beim Präsidenten, macht sich Hoffnung auf die Hand Luises. Miller läßt ihn jedoch abblitzen, weil ihm der kriecherische Wurm unsympathisch ist, der auch noch die vermittelnde Fürsprache des Vaters bei der Tochter notwendig zu haben scheint.

Ferdinand beteuert Luise noch einmal seine tiefe und aufrichtige Liebe. Sein Entschluß ist unverrückbar. Er will sich über alle Standesunterschiede hinwegsetzen und Luise heiraten.

Der heimtückische Sekretär Wurm hat mittlerweile dem Präsidenten von der Liebschaft Ferdinands mit einer Bürgerlichen berichtet. Präsident von Walter will vorerst nur an eine oberflächliche Affäre seines Sohnes mit dieser »Bürgerkanaille«, wie er sich ausdrückt, glauben. Er hat andere Pläne: Auf höheren Wink hin will er Ferdinand mit der Mätresse des Herzogs, Lady Milford, verheiraten. Damit kann er sich selbst erneut die Gunst des Herzogs sichern und seine Stellung bei Hof weiter festigen. Über den klatschsüchtigen Hofmarschall von Kalb läßt er das Gerücht verbreiten, daß die Hochzeit seines Sohnes mit Lady Milford unmittelbar bevorstehe.

Der Präsident eröffnet seinem Sohn die Heiratspläne und die bereits angelaufenen Vorbereitungen. Ferdinand setzt sich entrüstet zur Wehr. Er will nicht »eine privilegierte Buhlerin« zur Frau nehmen, deren Bett er dann noch mit dem Herzog teilen muß. Den wahren Grund seiner Weigerung, nämlich Luise, nennt er jedoch nicht. Als nun der Präsident ihm zum Schein eine andere, moralisch untadelige Partie vorschlägt, lehnt Ferdinand jedoch auch hier ab. Walter sieht die Befürchtungen seines Sekretärs Wurm bestätigt: Es scheint Ernst zu sein zwischen seinem Sohn und der »Bürgerkanaille«. Jetzt sieht er rot. Denn wenn die Heirat Ferdinands mit Lady Milford platzt, steht er vor seinem Fürsten, der Lady Milford und der gesamten Residenz als Lügner da. Er droht Ferdinand, ihn mit all seiner verfügbaren Macht zur Heirat zu zwingen, und befiehlt ihm, Lady Milford auf der Stelle seine Aufwartung zu machen.

Aber da rennt er nur offene Türen ein: Ferdinand hatte ohnehin schon vor, die Lady aufzusuchen, allerdings in anderer Absicht. Er ist fest entschlossen, ihr die Meinung zu sagen und ihr das oberflächliche Leben als herzogliche Mätresse vorzuhalten. Zu seinem großen Erstaunen lernt Ferdinand jedoch in Lady Milford eine Frau kennen, die anders ist als ihr Ruf. Soeben hat sie das Geschenk des Herzogs zu ihrer künftigen Hochzeit mit Ferdinand zurückgewiesen, einen kostbaren Brillantschmuck. Denn sie hat von dem überbringenden Kammerdiener erfahren, daß der Fürst den Schmuck mit dem Verkauf von 7000 landeseigenen Soldaten nach Amerika finanziert hat. Darunter waren auch die beiden einzigen Söhne des Kammerdieners. Voll Entsetzen ordnet sie an, daß der Schmuck verkauft und der Erlös unter die Armen verteilt werden soll. Ferdinand erzählt sie die Geschichte ihres bisherigen Lebens. Der Herzog habe eine ausweglose Situation, in der sie sich einmal befunden habe, schamlos für sich ausgenützt. Sie sei zwar zu ihm als Mätresse an den Hof gekommen, habe aber diesen Schritt sehr schnell wieder bereut. Bei jeder sich bietenden Gelegenheit habe sie sich dann für die Ausgebeuteten und Wehrlosen des Landes eingesetzt und dem Fürsten manchen Gnadenerlaß abgeschmeichelt.

Als sie gesteht, daß sie Ferdinand schon seit längerem aufrichtig liebt und verehrt, kommt heraus, daß sie es war, die die geplante Hochzeit mit Ferdinand beim Fürsten eingefädelt hatte. Ferdinand gesteht ihr jetzt vertrauensvoll seine Liebe zu Luise, auf die er unter keinen Umständen verzichten will. Lady Milford sieht einen unheilvollen Ausgang dieser Beziehung voraus.

Ferdinand ist bei Luise. Er schwört ihr seine bedingungslose Liebe. Eher trennt er sich von seinem Vater, als sie aufzugeben. Da erscheint der Präsident mit Polizei im Hause Millers, um seinen Sohn zur Räson zu bringen. Der alte Miller soll ins Gefängnis, die Mutter samt Tochter an den Pranger. Ferdinand sieht keinen anderen Ausweg mehr, als seinem Vater mit Enthüllungen über dessen verbrecherische Karriere zu drohen. Das wirkt. Der Präsident lenkt ein.

Der Sekretär Wurm, selbst immer noch an Luise interessiert, schlägt dem Präsidenten eine »Kabale« vor, eine Intrige, wie man Ferdinand und Luise auseinanderbringen könne. Er setzt dabei auf Luises Liebe zu ihrem Vater: Miller wird verhaftet, weil er sich zu Drohungen gegen den Präsidenten habe hinreißen lassen. Auch seine Frau wird festgenommen. Wurm erklärt Luise, daß es jetzt von ihr abhänge, ob sie ihre Eltern lebend wiedersehen werde. Sie müsse einen Liebesbrief an den Hofmarschall von Kalb schreiben. Luise läßt sich diesen Brief diktieren, aber gleichzeitig muß sie schwören, niemals zu verraten, daß sie den Brief nicht freiwillig geschrieben hat. Wurm ist sich klar darüber: das Ganze kann nur klappen, wenn Luise den Eid nicht bricht. Aber er weiß, daß den Bürgerlichen Schwüre heilig sind. Sicherheitshalber führt er Luise noch in die Kirche. Dort soll sie das Sakrament auf den Eid nehmen. In der Zwischenzeit hat der Präsident auch den Hofmarschall eingeweiht und zum Mitmachen gezwungen. Der Brief wird nun Ferdinand in die Hände gespielt. Er tut seine Wirkung – zumal Luise ihm bei seinem letzten Besuch einen Vorschlag zur gemeinsamen Flucht abgeschlagen hat. Ihr war klar geworden, daß es für ihre Liebe keine Rettung mehr gibt. Jetzt glaubt Ferdinand den wahren Grund für ihre Absage zu kennen. Auf der Stelle will er sich mit dem Hofmarschall duellieren, der in Todesangst gesteht, Luise gar nicht zu kennen. Ferdinand glaubt ihm nicht, läßt ihn aber laufen. Er beschließt, Luise umzubringen.

Luise ist in der Zwischenzeit zu Lady Milford gebeten worden, die ihre Konkurrentin in der Gunst Ferdinands persönlich kennenlernen will. Beeindruckt vom ruhigen Selbstbewußtsein dieser Bürgerstochter und von ihrer ehrlichen Haltung und Charakterfestigkeit beschließt Lady Milford, ihr Leben zu ändern und das Herzogtum zu verlassen.

Miller, vom Präsidenten wieder aus dem Gefängnis entlassen, hat Mühe, Luise vom Selbstmord abzubringen. Ferdinand kommt ein letztes Mal ins Haus. Er schenkt Miller einen Beutel Goldmünzen und schickt ihn dann mit einem Brief zu seinem Vater. Allein mit Luise will er jetzt die ganze Wahrheit wissen. Luise bestätigt, getreu ihrem Eid, den Brief geschrieben zu haben. Ferdinand schüttet heimlich Gift in eine Limonade, um die er sie gebeten hatte, trinkt davon und läßt auch Luise trinken. Als er ihr eröffnet, daß sie beide diesen Trank nicht überleben werden, fühlt sich Luise nicht mehr an den Schwur gebunden. Sie deckt nun die wahren Hintergründe auf, die zu dem Brief geführt haben. Der herbeigeeilte Präsident trifft Ferdinand und Luise gerade noch lebend an. Er beschuldigt Wurm, Drahtzieher der ganzen Intrige gewesen zu sein, und läßt ihn verhaften. Wurm wird abgeführt und kündigt Enthüllungen über die Verbrechen des Präsidenten an. Ferdinand verzeiht seinem Vater. Der Präsident stellt sich einer gerichtlichen Untersuchung.

In der Mannheimer Bühnenfassung von 1784 wird dieser Schluß verschärft: Ferdinand stirbt, ohne seinem Vater verziehen zu haben. Wurm denunziert den Präsidenten öffentlich und reißt ihn mit sich in die Hölle: »Es soll mich kitzeln, Bube, mit dir verdammt zu sein.«

ERLÄUTERUNGEN

Wie in dem vorausgegangenen Schauspiel *Die Räuber**, so vermittelt Schiller auch in *Kabale und Liebe* ein Stück historischer Wirklichkeit. Auch *Die Räuber* waren eine Art Kriegserklärung des Autors gegen die herrschenden Zustände, eine Herausforderung des autoritären Herrschaftssystems und ein Akt der Selbstbefreiung. Hier, in der »bürgerlichen Tragödie« einer Liebe, die durch unüberwindbar scheinende Standesgegensätze niedergemäht wird, ist die Kritik an der Zeit und den politischen Verhältnissen noch viel radikaler, dichter und direkter als in den *Räubern*.

Die Zeitgenossen brauchten nach den Mustern der Figuren nicht weit Ausschau zu halten. Sie waren fast überall zu finden: ein schier allmächtiger Minister, der nur durch Mord und Betrug Karriere gemacht hat, eine parfümierte alberne Hofschranze in Gestalt des Hofmarschalls, ein schmieriger Sekretär und Provinzfiesling, der sich gewissenlos zum kriminellen Komplizen hochdient und jene Geschäfte besorgt, an denen sich der Chef nicht selbst die Finger schmutzig machen will, die fürstliche Mätresse, die hier wenigstens noch menschlich mitfühlende Züge hat. Endlich, im Hintergrund stets präsent, doch nie selbst in Erscheinung tretend, der Fürst eines deutschen Duodezreiches, despotisch, launisch und verschwendungssüchtig, der seine »Landeskinder«, wie sie genannt werden, als Soldaten ins Ausland verkauft, weil er seiner Mätresse Diamantschmuck schenken will. In der berühmten Szene zwischen dem Kammerdiener, der den Schmuck des Herzogs überbringt, und Lady Milford, aber auch im Dialog zwischen Lady und Ferdinand werden diese realen Zustände in einem grellen und leidenschaftlichen Protest gegen Ausbeutung, Erpressung und Unterdrükkung sichtbar gemacht. Den Zuschauern der Frankfurter Uraufführung am 13. April 1784 und der Mannheimer Aufführung zwei Tage später waren dieser zeitkritische Protest und die bittere Anklage durchaus bewußt. Man sehnte sich nach Aufdeckung der allerorts herrschenden Korruption und besonders nach Abschaffung des Menschenhandels.

Gerade dieser Verkauf von wehrtüchtigen Untertanen ins Ausland war für die einzelnen Landesfürsten das große Geschäft. England war der Hauptabnehmer. England brauchte für seine überseeischen Kolonien und für Schiffsbesatzungen laufend Soldaten. Zwischen 1775 und 1783 florierte das Geschäft am besten. Nahezu 30 000 Soldaten sind so aus deutschen Fürstentümern an England geliefert worden: Preis pro Kopf etwa 100 Taler plus Zusatzhonorar für Gefallene und Verwundete, wobei drei Krüppel gleich einem Toten verrechnet wurden. Verdienst des Hauptlieferanten Hessen–Kassel zum Beispiel: vier Millionen Pfund Sterling in Gold. Knapp 12 000 Soldaten sind dabei umgekommen.

Der Kammerdiener erzählt Lady Milford von der Musterung der Soldaten: »Es traten wohl so etliche vorlaute Bursch' vor die Front heraus und fragten den Obersten, wie teuer der Fürst das Joch Menschen verkaufe? – aber unser gnädigster Landesherr ließ alle Regimenter auf dem Paradeplatz aufmarschieren und die Maulaffen niederschießen. Wir hörten die Büchsen knallen, sahen ihr Gehirn auf das Pflaster spritzen, und die ganze Armee schrie: ›Juchhe, nach Amerika!‹.«

Obwohl aus heutiger Sicht der Angriff Schillers auf politische Mißstände und gesellschaftliche Trennung überholt scheint, so bleibt doch die Grundaussage des Dramas zeitlos. Ferdinand und Luise setzen sich gegen die Beschränktheit der realen Umwelt zur Wehr, wollen ihre Liebe bewahren und kommen unter die Räder des Regierungsapparates. Es ist, wie in den *Räubern,* die Revolte der Jugend gegen verkümmerte Werte und Unverständnis, gegen verkrustetes Denken und Handeln einer Elterngeneration. Der dreiundzwanzigjährige Schiller hat mit *Kabale und Liebe* – fünf Jahre vor der Französischen Revolution – ein echtes Revolutionsstück geschrieben, ein Tendenz- und Agitationsdrama voll extremer Emotionen, leidenschaftlicher Aussagen und einer selten so auf der Bühne gehörten Sprache. *Kabale und Liebe* ist, noch eindrucksvoller als Lessings *Emilia Galotti**, ein »bürgerliches Trauerspiel«, in dem das Aufeinanderprallen von Fürstenwillkür mit einem aufstrebenden und selbstbewußter werdenden Bürgertum dramatisch abgehandelt wird. An den Standesgegensätzen und den daraus entstehenden tragischen Konflikten entfaltet sich Gesellschaftskritik.

Schiller hat *Kabale und Liebe* im württembergischen Arrest entworfen, auf der Flucht skizziert und im thüringischen Exil zu Papier gebracht. Die politische und soziale Unterdrückung, die er im Württemberg des Herzogs Karl Eugen am eigenen Leibe erfahren hatte, haben sein politisches Bewußtsein geprägt und sind in sein Trauerspiel eingegangen als Ursache für das traurige Scheitern einer großen Liebe. Schillers utopischer Traum von Noblesse und Seelengröße unter den Menschen kann nur Wirklichkeit werden, wenn die tyrannische Welt aus den Angeln gehoben wird.

Kabale und Liebe wurde besonders in der zweiten Hälfte des 19. Jahrhunderts sehr viel gespielt. Theodor Fontane hat während seiner Tätigkeit als Theaterkritiker in den Jahren 1870 bis 1889 allein zwanzig Aufführungen rezensiert. Später ist im Zusammenhang mit *Kabale und Liebe*-Aufführungen sehr oft von einem entpathetisierten, »naturalistischen« Darstellungsstil die Rede. Nach dem Zweiten Weltkrieg haben Beachtung gefunden die Inszenierungen von Fritz Kortner (1965 an den Münchner Kammerspielen), Peter Stein (1967 in Bremen), Hans Hollmann (1969 im Berliner Schiller-Theater) und von Ernst Wendt (1978 wieder an den Münchner Kammerspielen).

1849 schrieb Giuseppe Verdi eine operngerechte Umformung des Schiller-Dramas für die Opernbühne, *Luisa Miller.*

Don Carlos, Infant von Spanien

Dramatisches Gedicht in 5 Akten

PERSONEN

Philipp II., König von Spanien
Elisabeth von Valois, seine Gemahlin
Don Carlos, der Kronprinz
Alexander Farnese, Prinz von Parma, Neffe des Königs
Infantin Clara Eugenia, ein Kind von drei Jahren
Herzogin von Olivarez, Oberhofmeisterin
Marquise von Mondecar ⎫
Prinzessin von Eboli   ⎬ Damen der Königin
Gräfin Fuentes   ⎭
Marquis von Posa, ein Malteserritter ⎫
Herzog von Alba   ⎪
Graf von Lerma, Oberster der Leibwache ⎬ Granden von Spanien
Herzog von Feria, Ritter des Vlieses ⎪
Herzog von Medina Sidonia, Admiral   ⎪
Don Raimond von Taxis, Oberpostmeister ⎭
Domingo, Beichtvater des Königs
Der Großinquisitor des Königreiches
Der Prior eines Kartäuserklosters
Ein Page der Königin
Don Ludwig Mercado, Leibarzt der Königin
Hofdamen und Granden, Pagen, Offiziere, Leibwache

ORT

Spanien, am Hofe König Philipps II.
Der königliche Garten von Aranjuez, verschiedene Räume im königlichen
Palast zu Madrid, in einem Kartäuserkloster.

ZEIT

Mitte des 16. Jahrhunderts

HANDLUNG

Das Drama spielt zur gleichen Zeit wie Goethes *Egmont**, und auch der
politische Hintergrund ist der gleiche: nämlich der Freiheitskampf der Niederlande, die von Spanien besetzt und unterdrückt werden und in denen eine freie,

nicht-katholische Religionsausübung verboten ist. Der Schauplatz im *Don Carlos* ist Spanien, in dem Philipp II., der Sohn Karls V., regiert.

König Philipp II. von Spanien hat seinen Beichtvater Bruder Domingo beauftragt, seinem Sohn Don Carlos nachzuspionieren. Er soll herausfinden, warum der Thronfolger seit einiger Zeit so verschlossen ist und ihm, seinem Vater, aus dem Wege geht. Don Carlos ist dieser Schnüffler lästig. Mißtrauisch und zurückhaltend reagiert er auf die Fragen des Beichtvaters. Seinem Jugendfreund Marquis von Posa jedoch, der soeben aus den spanischen Provinzen in den Niederlanden zurückgekehrt ist, vertraut er sich schwärmerisch an und enthüllt ihm sein Geheimnis. Er liebt seine junge Stiefmutter, Elisabeth von Valois, die Königin. Sie war ursprünglich seine Verlobte gewesen, bis sein Vater, der König, sie selbst zur Frau nahm. Das ist der wahre Grund für seine Reserviertheit dem König gegenüber. Deshalb auch hat er jene früheren Ideale aufgegeben, auf die ihn Posa jetzt anspricht, nämlich für ein freiheitliches Zeitalter zu kämpfen und den unterdrückten Provinzen in den Niederlanden in ihrer Rebellion gegen die spanische Herrschaft beizustehen.

Posa will Carlos helfen, eine Begegnung mit der durch das Hofzeremoniell streng abgeschirmten Königin herbeizuführen. Es gelingt ihm, die Hofdamen, die der Königin auf Schritt und Tritt folgen, abzulenken. Elisabeth ist für einen Augenblick allein. Don Carlos stürzt herein. Er ruft Elisabeth noch einmal die Tage ihrer glücklichen Verlobung in Erinnerung und gesteht ihr erneut seine Liebe. Elisabeth weist Carlos zurück. Sie macht ihm die Ausweg/osigkeit seiner Gefühle ihr gegenüber deutlich. Nicht für sie soll er sich in seinem Innern entscheiden, sondern für Spanien, das er einmal regieren wird.

Die plötzliche Ankunft des Königs wird gemeldet. Posa reißt Carlos mit sich fort. Philipp findet seine Gemahlin ohne Begleitung vor und entläßt die verantwortliche Hofdame auf der Stelle aus dem Hofdienst. Eisig erkundigt sich der König nach seinem Sohn, den er schon seit längerem nicht mehr gesehen hat und dessen sonderbares Verhalten ihm nicht geheuer ist. Dann ordnet er für den kommenden Tag in Madrid ein Autodafé an, eine Massenhinrichtung von Ketzern, bei der der gesamte Hof zugegen sein soll.

Don Carlos und Marquis Posa schwören sich erneut ewige Freundschaft. Don Carlos soll jetzt seine ganzen Kräfte auf die Befreiung des unterdrückten Flandern richten und seinen Vater bitten, ihn dorthin als Statthalter zu schicken und nicht den gewalttätigen und fanatischen Herzog Alba.

Carlos hat eine Unterredung unter vier Augen mit seinem Vater erreicht. Philipp schlägt die Bitte des Prinzen, nach Flandern entsandt zu werden, rundweg ab. Carlos erscheint ihm zu unreif und unausgeglichen. Statt dessen soll Alba mit einem Heer dorthin aufbrechen. Carlos ist enttäuscht über das Mißtrauen des Königs.

Prinzessin Eboli, eine Hofdame der Königin, liebt Don Carlos. Sie läßt ihm einen Brief mit einem eindeutigen Liebesgeständnis zukommen sowie einen Schlüssel zum Pavillon der Königin, wo sie auf ihn warten wird. Der Brief ist nicht unterschrieben. Carlos glaubt, Brief und Schlüssel stammten von der Königin, und eilt zum Rendezvous.

Er ist erstaunt, dort anstelle der Königin Prinzessin Eboli vorzufinden. Eboli gesteht ihm ihre Liebe. Sie habe ihm zuliebe sogar die Anträge des Königs ausgeschlagen und gibt ihm zum Beweis dafür einen Liebesbrief Philipps. Carlos ist so unvorsichtig, Eboli zu erkennen zu geben, daß er eine andere liebt. Der zurückgewiesenen Prinzessin wird plötzlich klar, daß nur die Königin ihre Rivalin sein kann. Sie beschließt, sich zu rächen, und verrät Carlos' Geheimnis dem König.

Fälschlicherweise unterstellt Philipp sofort, daß Elisabeth ihn bereits mit Don Carlos betrogen habe. Er will die Königin für ihre vermeintliche Untreue bestrafen, und auch Carlos soll zur Rechenschaft gezogen werden. Um letzte Beweise für den Ehebruch Elisabeths zu erhalten, läßt er auf Anraten Bruder Domingos und Herzog Albas heimlich eine Schatulle der Königin aufbrechen, die tatsächlich Liebesbriefe des Prinzen enthält, allerdings aus der Zeit vor der Heirat mit dem König. Mißtrauisch geworden durch den Übereifer des Herzogs und des Beichtvaters, sehnt sich Philipp nach einem Menschen, der ihn endlich auch uneigennützig berät, der ihm sagt, was er sonst nie zu hören bekommt, den er ins Vertrauen ziehen kann. Bei der Durchsicht bewährter Namen stößt er auf Marquis von Posa, der trotz großer Verdienste noch nie seine Nähe gesucht hat und ein unabhängiger Mann zu sein scheint. Er will ihn kennenlernen. Es kommt zum Gespräch zwischen Philipp und Posa, und damit zu einem Höhepunkt des Dramas.

Posa nützt diese Begegnung, um an den König zu appellieren, ein neues Spanien des Friedens und der Menschenrechte zu schaffen. Er stellt ihm ein »kühnes Traumbild eines neuen Staates« vor Augen und bittet ihn eindringlich: »Geben Sie Gedankenfreiheit!«

Philipp ist beeindruckt von so viel Mut und Aufrichtigkeit, obwohl er Posas freiheitliche Überzeugungen nicht teilen kann. Doch faßt er Vertrauen. Er beauftragt ihn schließlich, die Beziehung des Prinzen zur Königin zu erforschen, und stattet ihn mit weitreichenden Vollmachten aus. Gleichzeitig warnt er ihn jedoch auch vor den Nachforschungen der Inquisition.

Posa nützt die Vollmachten des Königs sofort für seine Zwecke: Er will die niederländischen Provinzen in ihrem Befreiungskampf gegen die spanische Unterdrückung unterstützen. Dazu braucht er Don Carlos. Ihn muß er für seine große Aufgabe gewinnen. Als erstes weiht er die Königin in seine Pläne ein. Sie soll Don Carlos beeinflussen, nach Flandern zu gehen und sich dort auf die Seite der Freiheitskämpfer zu stellen. Nur so könne man jetzt das Schlimmste verhüten: den Einmarsch Herzog Albas.

Als nächstes muß der König wieder Vertrauen zu Don Carlos gewinnen, soll ihn wieder als Sohn sehen und nicht als Nebenbuhler. Das ist nur zu erreichen, wenn er, Posa, Beweise liefert, die Elisabeth über jeden Verdacht des Ehebruchs erhaben machen.

Inzwischen beschwert sich die Königin bei ihrem Gemahl, daß ihre Schatulle aufgebrochen und Briefe gestohlen worden seien, die ihr Don Carlos früher einmal geschrieben habe. Sie entdeckt diese Briefe in den Händen des Königs. In der nun folgenden Auseinandersetzung verliert der König jede Beherrschung. Er beschimpft Elisabeth so unflätig, daß sie ohnmächtig zu Boden sinkt und sich dabei verletzt.

Marquis von Posa hat Don Carlos gebeten, ihm seine Brieftasche mit der gesamten Privatpost anzuvertrauen. Einige dieser Briefe, die inhaltlich harmlosen, händigt er dem König aus, darunter den Liebesbrief der Prinzessin Eboli an Carlos. Der König, der die Handschrift der Eboli eindeutig identifiziert, fühlt sich durch sie in seiner Ehre gekränkt. Er spürt, daß er zu weit gegangen ist und Elisabeth nicht hätte verdächtigen dürfen, ja er gewinnt immer mehr die Überzeugung, daß die Königin durch ein Komplott Herzog Albas, Bruder Domingos und der Prinzessin Eboli bei ihm verleumdet werden sollte.

Für Philipp ist Don Carlos rehabilitiert. Der König hat erkannt, daß er ihm zu Unrecht unlautere Beziehungen zur Königin unterstellt hat.

Posa läßt sich vom König einen Haftbefehl ausstellen. Er ist als zusätzliche Sicherheit für den Prinzen gedacht. Im Notfall will er damit den Prinzen festnehmen lassen, um ihn so dem Zugriff des Königs entziehen und nach Flandern bringen zu können.

Posa weiht Carlos jedoch nicht in seine Pläne ein. Das hat schwerwiegende Folgen. Graf Lerma, der Anführer der königlichen Leibwache, berichtet nämlich Don Carlos, daß er Posa im vertraulichen Gespräch mit dem König gesehen und dabei auch die Brieftasche des Prinzen beim König entdeckt habe. Carlos sieht sich von Posa verraten. In großer Erregung sucht er die Prinzessin Eboli auf, um sich ihr anzuvertrauen, ahnt er doch nichts von deren Intrigen gegen die Königin. Die aber glaubt er jetzt in höchster Gefahr, weil er annehmen muß, daß der König den Inhalt seiner Brieftasche mitsamt den Briefen der

Königin an ihn kennt. Er weiß ja nicht, daß Posa dem König nur die unverfänglichen Schriftstücke, vor allem aber den Eboli-Brief, gegeben hat und damit den König schließlich von der Unschuld des Prinzen überzeugen konnte. Jetzt muß Posa rasch handeln. Denn wenn Carlos sich der gefährlichen und rachsüchtigen Eboli eröffnet und das Geheimnis seiner Liebe zur Königin preisgibt, dann ist das mühsam erreichte Vertrauen des Königs in Don Carlos abermals gefährdet. In dieser Situation macht er von seinem Haftbefehl Gebrauch und läßt Carlos vor den Augen der Prinzessin festnehmen. Erst später erfährt er, was Carlos der Eboli inzwischen alles verraten hat. Um Carlos' guten Ruf beim König zu erhalten, muß Posa die Eboli mundtot machen oder sich selbst dem König ans Messer liefern. Er wählt den letzten Weg und spielt dem König einen Brief in die Hände, aus dem er als heimlicher Liebender der Königin hervorgeht. Damit ist sein Schicksal besiegelt. Posa nimmt Abschied von der auch von ihm tief verehrten Königin und bittet sie noch einmal, Carlos für den flandrischen Freiheitskampf zu gewinnen.

Prinzessin Eboli hat in der Zwischenzeit der Königin gestanden, daß sie sich an ihr aus verschmähter Liebe habe rächen wollen. Sie sei es gewesen, die für den König die Schatulle aufgebrochen habe. Elisabeth, sonst großmütig, verbannt Eboli in ein Kloster.

Posa besucht Don Carlos im Gefängnis. Er ahnt, daß sein Brief bereits in den Händen des Königs ist, und rechnet jeden Augenblick mit seiner Festnahme. Seinem Freund enthüllt er die wahren Beweggründe seiner Handlungsweise und gibt ihm die Briefe zurück, die er seinerzeit dem König nicht überlassen hatte. Den Freunden bleibt nur kurze Zeit: Durch die Gitterstäbe des Gefängnisses wird Posa von einem Schützen hinterrücks ermordet.

Der König kommt, um sich bei Carlos zu entschuldigen und ihn persönlich auf freien Fuß zu setzen. Doch an der Leiche seines Freundes schleudert Carlos dem Vater seine Verachtung entgegen und beschuldigt ihn als Mörder. Posa ist in den Tod gegangen, nur um ihn, Carlos, zu retten. Carlos sagt sich von seinem Vater los.

In Madrid ist in der Zwischenzeit ein Volksaufstand ausgebrochen, um den Kronprinzen zu befreien. Philipp resigniert für einen Augenblick. Herzog Alba nimmt es in die Hand, den Aufstand niederzuschlagen.

Geheimpapiere Marquis Posas sind in die Hände Herzog Albas gefallen. Damit weiß der König, daß Don Carlos nach Flandern gehen soll, um die Niederlande von Spanien zu befreien. Nach einem Gespräch mit dem Großinquisitor beschließt der König, seinen Sohn der Inquisition auszuliefern, die ihn mit Sicherheit wegen Hochverrats verurteilen und hinrichten lassen wird.

Philipp überläßt damit der Kirche die Macht auch in weltlichen Dingen und gibt sich damit selbst in deren Hände.

Carlos hat sich in Mönchskleidung zur Königin begeben. Sie übermittelt ihm die letzte Botschaft des toten Freundes. Carlos ist entschlossen, für die Freiheit der Niederländer zu kämpfen. Da taucht der König mit dem Großinquisitor auf: »Kardinal! ich habe das Meinige getan. Tun Sie das Ihre.«

ERLÄUTERUNGEN

Schillers Drama *Don Carlos* ist eine politische Utopie. Nicht die verbotene Liebe des Sohnes zu seiner jungen Stiefmutter, nicht die Freundschaft zweier Männer, des Thronfolgers und eines spanischen Granden, stehen im Mittelpunkt der Tragödienhandlung, auch nicht der Vater-Sohn-Konflikt oder die fatale Liebesintrige einer spanischen Prinzessin, sondern die Idee von der Würde des Menschen und der Freiheit der Völker. *Don Carlos* handelt »von dem enthusiastischen Entwurfe, den glücklichsten Zustand hervorzubringen, der der menschlichen Gesellschaft erreichbar ist«, so beschreibt Schiller selbst sein Thema und ordnet ihm Liebe (zur Königin) und Freundschaft (zu Posa), die beiden privat verstandenen Äußerungen von Menschlichkeit, unter. Beide Gefühlshaltungen stehen sogar im dramatischen Konflikt zur Grundidee des Stücks. Sie müssen geopfert werden, um die Vorstellung von Freiheit auch verwirklichen zu können. Carlos muß seine Liebe zu Elisabeth unterdrücken um der Freiheitsidee willen. Und auch die Freundschaft zwischen Carlos und Posa darf sich nicht entfalten, schon gar nicht Posas Verehrung für die Königin. Erst der Tod des Freundes macht Carlos fähig, sich aktiv in den Widerstand zu begeben. Doch gerade in diesem Augenblick, als Carlos durch Verzicht und Verlust reif ist für die große Aufgabe seines Lebens, ist sein Untergang entschieden. Daß am Schluß Staatspolitik, kirchlich abgesichert und übertrumpft noch durch die Inquisition, siegen wird und alle freiheitlichen Ideen und Ideale unter die Räder kommen, ist die eigentliche Tragik des Geschehens.

In einer Gesellschaft, in der politische, kirchliche und familiäre Unterdrückung perfekt funktioniert, kann die Freiheit nur durch Rebellion und Umsturz wiedergewonnen werden. Ausgehend von einer bereits im Aufruhr begriffenen Provinz des Reiches, will Carlos mit Hilfe seines Freundes das System sprengen. Dem ganzen Reich verspricht er für die Zukunft die Verwirklichung eines Traumes von Freiheit, eines gemeinsamen Jugendtraumes, einer Utopie, an deren Verwirklichung die beiden Freunde scheitern, obwohl sie ihr sehr nahe gekommen sind.

Dieser schließlich ja auch christlich motivierten Utopie tritt nun gerade die

Kirche mit fürchterlich real-weltlicher Macht entgegen. Zur Erhaltung ihrer Dogmatik sind ihr Lüge und Todesdrohung lieber als Freiheit. Dies ist übrigens auch der ungeheure antikatholische Effekt des Dramas.

Posas Vorstellungen von einem weltumfassenden menschlichen Zusammenleben in Freiheit und gegenseitiger Toleranz, ohne kirchliche Inquisitionsgerichte und weltliche Erschießungskommandos sind ein Ideal geblieben.

Nach den drei frühen Bühnenrevolten Schillers, den Sturm-und-Drang-Dramen *Die Räuber**, *Die Verschwörung des Fiesco zu Genua* und *Kabale und Liebe** ist *Don Carlos* das erste »klassische« Drama, das sich mit einem historischen Stoff beschäftigt. Inhaltlich und formal steht es zwischen den ungestümen Jugenddramen und den großen historischen Stücken der späteren Zeit, *Wallenstein**, *Maria Stuart**, *Die Jungfrau von Orléans* und *Wilhelm Tell**.

Mit *Don Carlos* beginnt Schillers eigentliches Grundthema auf der Bühne Fuß zu fassen, mit dem er sich fortan immer beschäftigen wird: der Konflikt zwischen Geschichtsrealität und Menschheitsidee.

Trotz zahlreicher historischer Studien Schillers weicht das Drama sehr erheblich von der geschichtlichen Wirklichkeit ab. Das gilt ganz besonders für die Charakterisierung der Personen. Der historische Don Carlos war ein ausgesprochener Schwächling, körperlich und geistig zurückgeblieben, verhaltensgestört und krank. Die wichtigste Gestalt des Dramas, der Marquis von Posa, ist in Wirklichkeit eine historische Randfigur, die erst von Schiller zum Sprachrohr seiner Lieblingsgedanken aufgewertet worden ist.

Philipp ist bei Schiller ein großartig glaubwürdiger, tragischer Charakter. Menschliche Größe zeigt er, als ihm der Verlust seiner Flotte, der Armada, gemeldet wird. Philipp ist ein König, der als Opfer eines unumstößlichen Machtapparats und als Gefangener seines eigenen Zeremoniells menschlich vereinsamt; ein Mann, der sich schließlich der Ausweglosigkeit seines Handelns bewußt wird. Mit niemandem an seinem Hofe, seinen Sohn eingeschlossen, hat sich Philipp jemals so gut verstanden wie mit seinem Gegenspieler, Marquis von Posa. Die Begegnung mit ihm bedeutet fast eine Wende seines Lebens: Freiheitsidee und Staatsterror, politischer Idealismus und sogenannte Realpolitik sind sich hier zum Berühren nahe. Als der König sich von Posa verraten fühlt, bricht für ihn eine Welt zusammen. »Der König hat geweint«, heißt es einmal.

Der Mannheimer Theaterintendant Wolfgang von Dalberg hatte Schiller im Juli 1782 auf die *Don Carlos*-Geschichte hingewiesen. Fünf Jahre sollte es dauern bis zur endgültigen Vollendung des Dramas, mit zahlreichen Umarbeitungen, auch in Prosa- und Versfassungen, die teilweise bis zu grundsätzlichen Abänderungen des Gesamtkonzeptes reichten. Die Uraufführung des *Don Carlos* war am 29. August 1787 in Hamburg. Die erste Buchausgabe erschien kurz davor, Ende Juni 1787.

Bis zu seinem Tod nahm Schiller immer wieder Überarbeitungen und vor allem rigorose Kürzungen des Textes vor, um das Drama für die Bühnenaufführung an verschiedenen Theatern geeignet zu machen. In der Buchausgabe von 1801 wird dann der Titel *Dom Karlos* in *Don Karlos* umgewandelt, für das sich heute die Schreibweise *Don Carlos* eingebürgert hat.

Schillers *Don Carlos*, das schönste Jugenddrama der deutschen Literatur, ist mit seiner politischen Tendenz, seinem Gedanken- und Themenreichtum und besonders mit seinen lebendig gestalteten, bühnenwirksamen Figuren auch heute noch fester Repertoire-Bestandteil der Theater. Dabei wird eine Neuinszenierung des *Don Carlos* stets auch eine Neufassung des Gesamt-*Don Carlos* sein. Denn der Text ist zu lang, als daß man ihn ungekürzt bringen könnte, und zu kompliziert, zu sehr ineinander verhakt, als daß man allzu rigoros streichen dürfte, wenn man sich nicht der Gefahr aussetzen möchte, die Figuren ums Fleisch und die dramatische Konzeption um ihre Logik zu betrügen. Jede einseitige Darstellungsweise zerstört die Grundstruktur und damit die Verwirklichung des Dramas.

Don Carlos-Aufführungen wurden in totalitären Staaten immer wieder als Öffnung für unterdrückte Freiheitsgedanken angesehen. Im Dritten Reich, aber auch in der ehemaligen DDR, wurde die Schlüsselszene zwischen Philipp und Posa vom Publikum oft leidenschaftlich beklatscht. Der Disput über den Idealzustand der Menschheit und die höchstmögliche Freiheit der Menschen hat auf der Bühne immer wieder seine politische Durchschlagskraft bewiesen.

Mehr oder weniger geglückte *Don Carlos*-Aufführungen der Nachkriegszeit zwischen antitotalitärer Aussage und Familiengeschichte in einem Königshaus waren die von Fritz Kortner (1950 im Berliner Hebbel-Theater, mit Kortner selbst als Philipp), Gustav Rudolf Sellner (1955 am Berliner Schiller-Theater), Gustaf Gründgens (1962 in Hamburg, mit Gründgens als Philipp), Hans Schweikart (1974 im Münchner Residenztheater), Hans Lietzau (1975 wiederum am Schiller-Theater), Alexander Lang (1985, Münchner Kammerspiele) und Niels-Peter Rudolph (Stuttgart 1988).

Eine großartige Umsetzung des *Don Carlos* auf die Opernbühne stammt von Giuseppe Verdi, der die einzelnen Charaktere des Dramas musikalisch noch vertieft hat.

Wallenstein

Dramatisches Gedicht mit den Teilen:

Prolog
Wallensteins Lager
Die Piccolomini (in 5 Akten)
Wallensteins Tod (Trauerspiel in 5 Akten)

PERSONEN

Wallenstein, Herzog von Friedland, kaiserlicher Generalissimus

Octavio Piccolomini, Generalleutnant

Max Piccolomini, sein Sohn, Oberst bei einem Kürassierregiment

Graf Terzky, Wallensteins Schwager, Befehlshaber mehrerer Regimenter

Illo, Feldmarschall, Wallensteins Vertrauter

Isolani, General der Kroaten

Buttler, Chef eines Dragonerregiments

Tiefenbach ⎫
Don Maradas ⎬ Generäle unter Wallenstein
Götz ⎪
Colalto ⎭

Kriegsrat von Questenberg, Gesandter des Kaisers

Baptista Seni, Astrologe

Herzogin von Friedland, Wallensteins Gemahlin

Thekla, ihre Tochter

Gräfin Terzky, Schwester der Herzogin

Oberst Wrangel, Gesandter der Schweden

Gordon, Kommandant von Eger

Deveroux ⎫
Macdonald ⎬ Hauptleute in der Wallensteinischen Armee

Generäle, Hauptleute, Dragoner, Kürassiere, Ulanen, Kroaten, Bürger,
    Bauern und andere

ORT

Pilsen und Eger

ZEIT

1634

HANDLUNG

Über die Vorgeschichte muß man etwas wissen: Von 1618 bis 1648 tobte der Dreißigjährige Krieg auf deutschem Boden. Als Feinde standen sich gegenüber die von dem bayerischen Herzog angeführte katholische Liga, vom Habsburger-Kaiser Ferdinand II. unterstützt, und die protestantischen Fürsten des Reiches, oftmals von ausländischen Fürsten angeführt. Ferdinand II. machte in höchster Gefahr Albrecht Wallenstein, inzwischen Fürst von Friedland, zum zweitenmal zum Feldherrn der katholischen Liga – obwohl er ihn schon einmal, auf dem Regensburger Fürstentag, hatte absetzen lassen, weil er ihm zu mächtig geworden war. Der König von Schweden, Gustav II. Adolf, Anführer der Protestanten, war nämlich schon in Süddeutschland eingefallen, und Eile war geboten. In der Schlacht bei Lützen dann ist es Wallenstein zwar nicht gelungen, die Schweden zu schlagen, doch Gustav Adolf ist gefallen. Wieder steht nun Wallenstein auf dem Höhepunkt seiner Macht. Hier setzt das dreiteilige Drama über Wallenstein ein. Es beginnt mit einer Vorrede. In diesem *Prolog* heißt es von Wallenstein, dem größten Feldherrn des Dreißigjährigen Krieges, daß er der Verführung der Macht allzu leicht erlegen und Opfer seines maßlosen Ehrgeizes geworden sei. Und weiter, daß sein Charakterbild in der Geschichte schwanke, »von der Parteien Gunst und Haß verwirrt.«

Wallensteins Lager

Wallensteins bunt zusammengewürfelte Söldnerarmee lagert vor den Toren der böhmischen Stadt Pilsen. Aus allen Ländern und Armeen des Reiches sind sie zusammengekommen, um unter der Fahne des Friedländers, wie Wallenstein, der Herzog von Friedland, genannt wird, zu kämpfen. Gemeinsam ist ihnen allen die Begeisterung für ihren Feldherrn. Als herauskommt, daß der Kaiser in Wien das Heer teilen will, um Wallensteins Macht zu schwächen, solidarisieren sich die meisten mit ihrem Feldherrn. Man beschließt, daß jedes Regiment eine Erklärung abgeben soll, in der bekundet wird, daß sie alle nur unter Wallensteins Kommando dienen wollen. Als ein Kapuzinermönch gegen die verlotterten Sitten des Lagerlebens und gegen Wallenstein als deren Urheber wettert, wird er davongejagt. Das Heer ist Wallenstein blind ergeben.

Die Piccolomini

Wallenstein hat seine gesamten Truppen in Böhmen zusammengezogen. Ein gewaltiger Heeresaufmarsch demonstriert seine Macht, die dem Kaiser in Wien längst ein Dorn im Auge ist. Kriegsrat von Questenberg ist vom Kaiser nach Böhmen entsandt worden, um die Lage in Wallensteins Pilsener Hauptquartier zu erforschen. Er muß feststellen, daß die meisten Offiziere mehr ihrem Feldherrn Wallenstein als dem Kaiser ergeben sind: »Hier ist kein Kaiser mehr. Der Fürst ist Kaiser!« stellt Questenberg fest.

Nur wenige Generäle sind noch gewillt, sich vom Kaiser etwas sagen zu lassen; einer von ihnen ist der Generalleutnant Octavio Piccolomini. Seine Kaisertreue wird von Wien aus belohnt: Er soll durch einen Geheimbefehl Oberbefehlshaber der Armee werden und Wallenstein absetzen. Wallenstein weiß davon nichts. Im Gegenteil, er vertraut Octavio blind und uneingeschränkt, denn dieser hat ihm in der Schlacht bei Lützen das Leben gerettet.

Dagegen ist Max Piccolomini, Octavios Sohn, ein glühender Bewunderer Wallensteins. Seit kurzem fühlt er sich zudem mit Wallensteins Tochter Thekla eng verbunden. Er hatte sie und ihre Mutter, die Fürstin von Friedland, auf der Reise ins Heerlager begleitet. Auf diesem Weg haben sich die beiden jungen Leute schätzen und lieben gelernt. Der gemeinsame Ritt führte sie durch blühendes, vom Krieg verschont gebliebenes Land. Von Wallenstein erhofft sich Max diesen Frieden nun auch für das übrige Europa. Diesen Standpunkt vertritt er auch gegen den Kriegsrat von Questenberg, den Gesandten des Kaisers, den er bei seinem Vater antrifft. Max beschuldigt den Kaiser, den Krieg unnötig zu verlängern und die Friedensabsichten Wallensteins zu verkennen.

Die beiden Wallenstein ergebenen Offiziere Graf Terzky und Feldmarschall Illo, sein Schwager, haben ebenfalls Questenberg bei Octavio ein- und ausgehen sehen und warnen ihren Feldherrn. Sie sind überzeugt davon, daß Octavio ein falsches Spiel spielt. Jetzt sei die Gelegenheit günstig, sich vom Kaiser loszusagen und ein Bündnis mit den Schweden einzugehen. Beide treibt allein nackte Machtgier, sie verstärken die niederen Instinkte in Wallenstein.

Dieser hat schon längst mit der Idee eines Bündnisses mit dem Feind spekuliert, möchte er doch als künftiger böhmischer König, zu dem die Schweden ihn machen wollen, das Reich einen und den Frieden in Europa herbeiführen. Doch er kann sich nicht entscheiden. Für seinen Hausastrologen Seni stehen die Sterne zu diesem Schritt noch nicht günstig genug. Und eine günstige Sternenkonstellation ist für Wallensteins Handeln unumgängliche Bedingung.

Als Questenberg vor versammelten Offizieren die Forderung des Kaisers vorträgt, Wallenstein solle die Armee nach Bayern verlegen und acht Regimenter zum Geleitschutz des spanischen Infanten abtreten, ist die Absicht des Wiener Hofs allen klar. Wallensteins Armee soll geschwächt und sein Handlungsspielraum eingeengt werden. Wallenstein bietet daraufhin zum Schein an, unter diesen Umständen sein Oberkommando niederlegen zu wollen. Doch dagegen protestieren die Offiziere. Terzky und Illo nützen die Begeisterung für Wallenstein sofort aus. Sie veranstalten ein großes Bankett. Vor dem Essen lassen sie die Generäle ein Schriftstück lesen, das die Verpflichtung enthält, sich nicht von Wallenstein trennen zu wollen, mit dem Zusatz »so weit nämlich unser dem Kaiser geleisteter Eid es erlauben wird«. Dieses Dokument wird nach dem Bankett allen zur Unterschrift vorgelegt. Doch jetzt fehlt die Klausel. Schon reichlich angetrunken, unterschreiben alle, ohne den Text noch einmal zu lesen, auch Octavio. Nur Max unterschreibt nicht. Er hält die Formalität für überflüssig. Seine Treue zu Wallenstein braucht nicht noch schriftlich bekräftigt zu werden. Der betrunkene Illo gerät deswegen mit Max in Streit und plaudert den Betrug mit der weggelassenen Klausel aus.

Octavio Piccolomini hat wohl bemerkt, daß Max nicht unterschrieben hat. Er legt es ihm als Besonnenheit aus und vertraut ihm nach dem Bankett die Verratsabsichten Wallensteins an. Ja, er weiht ihn sogar in seine eigenen Pläne ein und zeigt ihm den schriftlichen Auftrag des Kaisers, Wallenstein als Oberbefehlshaber abzulösen. Max gerät durch die Eröffnung seines Vaters in einen Gewissenskonflikt, zumal noch gemeldet wird, daß ein an die Schweden entsandter Unterhändler Wallensteins mit belastenden Dokumenten von den Kaiserlichen abgefangen worden sei. Max muß sich jetzt entscheiden zwischen seinem Vater und dessen kaisertreuer Einstellung und seinem Idol Wallenstein. Angewidert von den trickreichen Geschäften der »Staatskunst«, wie sie sein Vater betreibt, will Max sich Klarheit schaffen. Er glaubt noch nicht daran, daß der Herzog zum Verräter geworden ist, und will mit ihm darüber unter vier Augen sprechen. Dann wird sich entscheiden, wen er verlieren wird: den Freund oder den Vater.

Wallensteins Tod

Die Berechnungen des Astrologen Seni ergeben endlich die günstige Sternenkonstellation, auf die Wallenstein immer gewartet hat. Als dem Herzog die Gefangennahme seines Unterhändlers gemeldet wird, kann er eigentlich nicht mehr zurück. Er muß sich jetzt endgültig gegen den Kaiser stellen, denn mit seinem Unterhändler sind auch die Dokumente über sein geplantes Zusammengehen mit den Schweden in der Hand des Kaisers. Aber noch einmal zögert er. Die alten Zweifel bedrängen ihn, als der schwedische Abgesandte Oberst Wrangel ihm im Auftrag der Schweden die böhmische Königskrone anbietet. Denn die Schweden fordern als Gegenleistung den offenen Bruch Wallensteins mit dem Kaiser. Als Beweis dafür soll er die Stadt Eger und die Hauptstadt Prag räumen und den Schweden überlassen. Daß er Prag an die Schweden ausliefern soll, trifft Wallenstein hart und läßt ihn zu keinem Entschluß kommen. Erst als ihm seine Schwester Gräfin Terzky die Ausweglosigkeit seiner Lage vor Augen stellt, entschließt sich Wallenstein endgültig zum Pakt mit den Schweden.

Die Folgen dieses Schrittes sind sofort spürbar. Die bisherigen Anhänger Wallensteins spalten sich in zwei Lager, wobei die kaiserliche Seite durch das kluge staatspolitische Taktieren Octavios immer mehr Parteigänger gewinnt und Wallenstein in Verkennung der wahren Sachlage Anhänger verliert. Noch immer vertraut er Octavio Piccolomini und übergibt ihm sogar ein Kommando mit viel eigenem Handlungsspielraum; vergeblich hatten Illo und Schwager Terzky versucht, ihn von diesem Schritt abzuhalten. Und auch Max, der dem Feldherrn kurz zuvor noch kritiklos ergeben war, wendet sich nun von Wallenstein ab, weil er dessen Abfall vom Kaiser für unredlich hält.

Während Wallenstein die Sterne betrachten läßt und aufs Horoskop schwört, bereitet Octavio die letzten Schritte vor, die zur völligen Entmachtung Wallensteins führen sollen. Es gelingt Octavio, die beiden Generäle Isolani und Buttler auf seine Seite zu ziehen. Den Isolani überzeugt er mit jenem Geheimbefehl des Kaisers, durch den Wallenstein geächtet und er, Octavio Piccolomini, zum Oberbefehlshaber der Armee gemacht wird. Und den primitiven Buttler gewinnt er für sich, als er ihm nachweist, daß Wallenstein seine Bemühungen um einen Adelstitel einst boykottiert hatte.

In einer letzten und ernsten Aussprache zwischen Vater und Sohn Piccolomini wird Octavio klar, daß er Max nunmehr endgültig verloren hat, daß sich Max aber auch nicht auf die Seite des Friedländers schlagen wird. Max wirft seinem Vater Falschheit in seiner Handlungsweise und blanken Opportunismus vor, denn erst durch Wallensteins Untergang werde der Weg für seinen Aufstieg geebnet. Das falsche Spiel seines Vaters habe Wallenstein letztlich zum Abfall vom Kaiser getrieben. Im Grunde sei sein Vater mitschuldig am Verrat des Herzogs.

Graf Terzky und Feldmarschall Illo melden Wallenstein, daß bereits einige Regimenter und Generäle das Lager verlassen und sich zu den Kaiserlichen schlagen. Andere Regimentsführer erklären, nur Befehle entgegenzunehmen, die von dem neuernannten Feldherrn Octavio Piccolomini stammen. Langsam dämmert Wallenstein die bittere Wahrheit. Sein angeblich bester Freund hat ihn verraten. Eine letzte Stütze glaubt Wallenstein noch in Oberst Buttler zu sehen, der ihm ebenfalls seine treue Ergebenheit nur vorgaukelt. Wieder vertraut er zu lange dem Falschen: In Wirklichkeit ist Buttler an seiner Seite geblieben, um sich im passenden Moment für die einstige Zurücksetzung bei seinen Bemühungen um den Adelstitel rächen zu können.

Max hat, tief enttäuscht, auch von Wallenstein Abschied genommen. Seine Geliebte, Wallensteins Tochter Thekla, bestärkt ihn in seinem Gefühl, jetzt nur noch seinem eigenen Gewissen zu folgen, auch wenn sie beide dadurch auseinanderkämen. Max schließt sich mit seinen Truppen der Armee des Kaisers an. In einem Gefecht gegen die Schweden fällt er. Thekla stirbt am Grab des Geliebten.

Wallenstein, der sich in Pilsen nicht mehr sicher fühlt, hat sich mit seinen restlichen Truppen in Eger einquartiert. Auch Oberst Buttler ist bei ihm. Als der hört, daß schwedische Regimenter auf dem Weg nach Eger seien, um sich mit den noch verbliebenen Truppen des Herzogs zu vereinen, trifft er Vorbereitungen, Wallenstein zu ermorden. Trompetenklänge der heranziehenden Kaisertruppen unter Octavios Kommando hält Buttler irrtümlicherweise für Signale der Schweden und handelt. Die Generäle Illo und Terzky, die aus Freude über die bevorstehende Vereinigung mit den Schweden ein Bankett veranstalten, werden von Hauptleuten Buttlers ermordet. Buttler selbst dringt in die Gemächer Wallensteins ein unt tötet den Feldherrn in seinem Schlafzimmer. Als Octavio den Raum betritt, ist alles geschehen. Betroffen stellt er fest, daß er zu spät kommt. Er hat nämlich die kaiserliche Begnadigung mitgebracht. Nun wälzt er die alleinige Schuld an der überstürzten Ermordung auf Buttler ab. Doch der sieht sich nur als Octavios Befehlsempfänger und geht davon aus, in Wien den verdienten Lohn für seinen Gehorsam zu erhalten. In diesem Augenblick bringt ein Kurier des Kaisers ein Schreiben, das Octavio zum Fürsten ernennt.

ERLÄUTERUNGEN

Wallenstein – das ist Schillers Versuch, historische und politische Wirklichkeit exemplarisch zu vergegenwärtigen. Dieses »dramatische Gedicht«, in Verssprache geschrieben und in klassischer Formgebung gestaltet, ist nichts anderes als solcher Wirklichkeit auf der Spur. Es geht Schiller nie ausschließlich um Ideen, Ideale und höhere Werte, sondern um die Ergründung realer Ereignisse und politischer Tatsachen. Schiller hatte Instinkt für das Wirkliche, nicht umsonst war er ein passionierter Historiker. Und als Theaterautor hatte er zudem Instinkt für das Wirkungsvolle in der Wirklichkeit. Schiller hat sich mit dem *Wallenstein*-Stoff schon im Rahmen seiner *Geschichte des Dreißigjährigen Krieges* (erschienen 1791–1793) beschäftigt. Ab Herbst 1796 arbeitete er an der dramatischen Gestaltung, die er im März 1799 abschloß. Als Historiker erblickte er in Wallenstein zunächst nur die Verkörperung des skrupellosen und machtsüchtigen Realisten. Später fiel sein Urteil über ihn differenzierter aus. Er erkannte in der Persönlichkeit Wallensteins auch Größe und erklärte seine Handlungsweise aus der Zwangslage, in die ihn seine Gegner hineinmanövriert hatten.

Der Dramatiker Schiller sieht das tragische Verhängnis eines Menschen, der Geschichte gemacht hat. Der Idealist Schiller wiederum bezweifelt die Größe und weist Wallenstein Schuld und Verrat nach, dem Kaiser gegenüber, aber auch gegenüber seinem eigenen Gewissen. So führt der Verrat am Kaiser zum Verrat der Generäle an ihm. So führt die politische Intrige Octavios, Anhänger Wallensteins dem Kaiser zurückzugewinnen, zu Wallensteins Ermordung.

»Ich fühl's, daß ich der Mann des Schicksals bin«, sagt Wallenstein einmal und will sich damit einreden, daß er noch immer Herr der Lage sei, genau wie nach der Entlassung auf dem Regensburger Fürstentag. Er will nicht wahrhaben, daß diesmal der Fall anders liegt. Selbst in Schuld verstrickt, kann er das, was er zunächst nur zögernd eingeleitet hat, nicht mehr zurücknehmen. Seine Reaktionen erwecken Gegenreaktionen, die nicht mehr zu steuern sind. Und die Zuflucht zur Astrologie lähmt wiederum die eigenen Reaktionen auf die Aktionen seiner Gegner. Auch Octavio als intriganter Gegenspieler kann nicht mehr aus seiner Rolle aussteigen, auch nicht, als er beim Verlust des Sohnes die Folgen seines Tuns überdeutlich erkennt. So steigert sich ein ursprünglich rein politisches Drama immer mehr in eine individuelle Tragödie hinein, entwickelt sich aus dem politischen Akt des Treueschwurs und der militärischen Verantwortung das private Problem der Erhaltung von Vertrauen und Wahrhaftigkeit, wird aus Tatendrang im Anspruch der Geschichte die Verlorenheit des einzelnen.

Schiller hat den gewaltigen Stoff in einem dreiteiligen dramatischen Gedicht in klassischer Formgebung ausgebreitet. Obwohl Wallenstein selbst nicht in *Wallensteins Lager* auftritt, ist er immer gegenwärtig, nur von ihm ist die Rede, der Zuschauer erlebt ihn im Spiegel seiner Soldaten und Bewunderer. In *Die Piccolomini* stehen sich Wallenstein und Octavio als Gegenspieler gegenüber, in einem gewagten Spiel, das Max in einen tödlichen Konflikt stürzt. In *Wallensteins Tod* erfüllt sich das Schicksal des Feldherrn. Die Teile der Trilogie wurden getrennt voneinander uraufgeführt, *Wallensteins Lager* am 12. Oktober 1798, *Die Piccolomini* am 30. Januar 1799 und *Wallensteins Tod* am 20. April 1799, alle drei in Weimar. Die Buchveröffentlichung erschien im Jahr 1800.

Für die Darstellung auf der Bühne ergibt sich die Frage, wie man die 7623 Verse der Trilogie spielen soll. An einem Abend, an zweien, oder gar an dreien, wie gelegentlich früher. Schiller selbst hat 1798 dem Wiener Burgtheater den Vorschlag gemacht, alle drei Stücke auf vier Stunden zusammenzustreichen.

Diese Praxis wechsels sich heute mit Aufführungen auf zwei Abende verteilt ab. So haben Hansgünther Heyme (1965 in Köln) und Hans Schalla (1968 in Bochum) den *Wallenstein* auf einen Abend gerafft. An zwei Abenden ließen ihn spielen Karl Heinz Stroux (1968 in Düsseldorf), Walter Felsenstein (1972 am Münchner Residenztheater, mit Ernst Schröder in der Titelrolle) und Klaus Emmerich (1985 in Berlin, mit Boy Gobert).

Maria Stuart

Trauerspiel in 5 Akten

PERSONEN

Elisabeth, Königin von England

Maria Stuart, Königin von Schottland, Gefangene in England

Robert Dudley, Graf von Leicester

Georg Talbot, Graf von Shrewsbury

Wilhelm Cecil, Baron von Burleigh, Großschatzmeister

Graf von Kent

Wilhelm Davison, Staatssekretär

Amias Paulet, Ritter, Hüter Maria Stuarts

Mortimer, sein Neffe

Graf Aubespine, französischer Gesandter

Graf Bellievre, außerordentlicher Botschafter von Frankreich

Okelly, Mortimers Freund

Drugeon Drury, zweiter Hüter Maria Stuarts

Melvil, Maria Stuarts Haushofmeister

Burgoyn, Maria Stuarts Arzt

Hanna Kennedy, Maria Stuarts Amme

Margareta Kurl, Maria Stuarts Kammerfrau

Sheriff der Grafschaft

Offizier der Leibwache

Französische und englische Herren, Trabanten, Hofdiener, Diener und Dienerinnen

ORT

England. Schloß Fotheringhay, Palast zu Westminster, Park.

ZEIT

1587

HANDLUNG

Zum geschichtlichen Hintergrund: Der englische König Heinrich VIII. hatte von seiner ersten Gemahlin nur eine Tochter und keinen Sohn. Er ließ sich von ihr scheiden und heiratete die Hofdame Anna Boleyn. Auch aus dieser Ehe entstammte wiederum nur eine Tochter, Elisabeth. Da der König seinen Wunsch nach einem männlichen Thronerben erneut unerfüllt sah, beschuldigte er seine Frau Nr. 2 des Ehebruchs, ließ sie enthaupten und ging eine dritte Ehe ein, aus der er endlich einen Sohn bekam, Eduard. Diese beiden letzten Vermählungen und noch zwei weitere, die der König später einging, wurden vom Papst für unrechtmäßig erklärt. Das bedeutete, daß nur die älteste Tochter rechtmäßige Thronerbin war. Für die katholische Seite galten Elisabeth und Eduard als unehelich und damit für die Thronfolge als nicht geeignet. Daraufhin sagte sich Heinrich VIII. von Rom los und errichtete in England die anglikanische Staatskirche. Eine ungeheure Provokation gegen die katholisch regierten Länder, die heftig protestierten. Vom Parlament ließ er seinen Sohn Eduard offiziell als Thronfolger bestätigen. Eduard aber starb bereits sechzehnjährig nach kurzer Regierungszeit. So kam die älteste Tochter Heinrichs auf den Thron und stellte mit blutiger Strenge den katholischen Glauben wieder her. Auch sie regierte nur kurz. Nach ihrem Tod kam nun Elisabeth, die Tochter Anna Boleyns, zum Zuge. Sie setzte in England erneut die von ihrem Vater gegründete, vom Papst unabhängige anglikanische Staatskirche durch. Die schottische, katholische Königin Maria Stuart hatte Titel und Wappen einer Königin von England angenommen, weil sie als Großnichte Heinrichs VIII. eher Anspruch auf den englischen Thron zu haben glaubte als die doch unehelich geborene Elisabeth. Obwohl Maria Stuart später ganz offiziell alle Ansprüche auf den englischen Titel begraben hatte, wurden ihr immer wieder Mordabsichten an Elisabeth unterschoben. Eine aufgedeckte Verschwörung gegen Elisabeth und Briefhinweise Maria Stuarts schienen diesen Verdacht zu erhärten, der schließlich zu Marias Verurteilung und Hinrichtung führte.

Das Drama Schillers:

Maria Stuart, die katholische Königin von Schottland, hat aus ihrem Land fliehen müssen, weil sie dort von vielen als Mörderin ihres Gatten angesehen wird. Sie sucht Hilfe bei Elisabeth, der englischen Königin. Diese läßt jedoch Maria gefangensetzen, weil sie deren frühere Ansprüche auf den englischen Thron immer noch fürchtet.

Maria Stuart soll vor ein englisches Gericht gestellt und mit Hilfe zweifelhafter Zeugenaussagen der Verschwörung gegen Königin Elisabeth überführt werden. Im Staatsgefängnis Schloß Fotheringhay, bewacht von dem strengen, aber redlichen Ritter Paulet und betreut von ihrer alten Amme Hanna Kennedy, wartet sie auf das Urteil.

Der junge Mortimer, der Neffe von Marias Bewacher Paulet, ist schwärmerisch in Maria verliebt. Er gesteht ihr, daß er in Frankreich – wo Maria Anhänger hat – katholisch geworden sei und sie gewaltsam aus dem Gefängnis befreien wolle. Maria versucht, Mortimer davon abzubringen, denn sie rechnet sich mehr Chancen für ihre Befreiung aus bei Elisabeths jetzigem Günstling, dem Grafen Leicester. Er war einst ihr Liebhaber gewesen. Sie bittet daher Mortimer, dem Grafen heimlich einen Brief mit ihrem Bildnis zu überbringen.

Marias erbittertster Gegner, der englische Großschatzmeister Baron von Burleigh, kommt ins Gefängnis und verkündet Maria den erwarteten Schuldspruch des obersten Gerichtshofes, der das Todesurteil bedeutet. Maria hört es mit Haltung, weist das Urteil aber zurück: ein englisches Gericht sei für sie nicht zuständig, und deshalb habe das Urteil keinerlei Rechtskraft. Ihr Stolz, ihre Würde reizen Burleigh aufs äußerste. Er legt Paulet die Ermordung Marias nahe, was dieser aber empört von sich weist.

Burleigh ist ein kühler Rechner. Er möchte nicht nur aus Gründen der Staatssicherheit die Hinrichtung Marias durchsetzen, auch wenn man dafür noch ein eigenes Gesetz schaffen müßte, er wünscht auch eine engere Bindung zwischen England und Frankreich mit Hilfe einer Ehe zwischen Elisabeth und dem französischen König. Der französische Unterhändler, Graf Aubespine, wird schon vorstellig. Er bittet dabei auch um die Freilassung Marias, worauf Elisabeth brüsk die Audienz beendet. Im Staatsrat drängt Burleigh die Königin zur Unterschrift unter das Todesurteil, damit man es vollstrecken könne. Der würdige Graf von Shrewsbury spricht sich gegen das Urteil aus und stimmt für Begnadigung. Der nach allen Seiten taktierende Graf Leicester hingegen hat zwar im Gericht für die Verurteilung gestimmt, rät jedoch jetzt, im Staatsrat, von einer Vollstreckung ab. Er möchte Zeit gewinnen und eine Begegnung der beiden Königinnen erreichen. Nur so noch, hofft er, sei Maria, die er immer noch liebt, zu retten. Bei so vielen Meinungen schiebt Elisabeth ihre Entscheidung, das Urteil zu vollstrecken, erst einmal auf.

Inzwischen hat Mortimer das Vertrauen der Königin Elisabeth gewinnen können. Mit Unruhe beobachtet Paulet diese Entwicklung, fürchtet er doch, daß man seinem Neffen ähnlich wie ihm die Ermordung Marias antragen wird. Und so ist es auch: Elisabeth legt Mortimer tatsächlich nahe, Maria heimlich beiseite zu schaffen. Mortimer, der Maria liebt, spielt jetzt ein doppeltes Spiel. Er geht zum Schein auf den Antrag ein, weil ihm dieser ungehinderten Zutritt zur Gefangenen verschafft und seine Befreiungspläne begünstigt. Nur ungern übergibt Mortimer Graf Leicester den Brief mit dem Bild Marias und weiht ihn in seine Pläne ein. Er bittet ihn, bei der Befreiung Marias mitzuhelfen, doch Leicester lehnt ab. Der Graf möchte erst alle anderen Möglichkeiten ausschöpfen, ehe er sich exponiert, und Mortimer hat ernsthafte Zweifel, ob er sich dem rechten Mann offenbart habe. Leicester verspricht sich am meisten von der Begegnung der Königinnen, denn nach geltendem Recht bedeutet das Erscheinen der Königin vor einem Todeskandidaten die Begnadigung, zumindest in eine lebenslange Haft.

Maria Stuart hatte bereits brieflich um ein persönliches Gespräch mit Elisabeth gebeten, und Leicester kann nun die Königin zu einem Treffen überreden. Bevor Burleigh etwas davon erfährt, kommt es zu der alles entscheidenden Begegnung im Park nahe dem Gefängnis. Doch das Gespräch zwischen den beiden Königinnen nimmt eine furchtbare Wendung. Als Elisabeth Marias Ehre als Frau angreift und ihr gar ihre zahllosen Liebesaffären vorwirft, ist es mit Marias Beherrschung vorbei. Sie kennt die wunde Stelle der Königin und macht drastisch davon Gebrauch: Wenn es in England rechtens zuginge, wäre nicht die uneheliche Elisabeth, sondern sie, Maria, Königin von England!

Damit ist Marias Untergang besiegelt. Wenig später wird auf Elisabeth ein Anschlag verübt, der allerdings mißglückt. Das Attentat wird Maria in die Schuhe geschoben, natürlich sind auch Mortimers französische Freunde verdächtigt, und der Gesandte von Frankreich wird des Landes verwiesen. Inzwischen läßt Lord Burleigh, stets die Staatssicherheit vor Augen, Marias Gemächer durchsuchen. Dabei wird ein Brief Marias an Graf Leicester gefunden, der die enge Beziehung zwischen beiden offenlegt. Leicester gerät dadurch in eine gefährliche Situation. Er ergreift die Flucht nach vorn und läßt Mortimer als Hochverräter verhaften, um damit einen Beweis seiner Treue zur Königin zu liefern. Mortimer entzieht sich aber der Verhaftung durch Selbstmord, kann also nicht mehr aussagen. Um seinen Kopf zu retten, behauptet nun Leicester, er habe Verschwörungspläne Marias gegen die Königin ausspionieren wollen. Auch er besteht jetzt natürlich auf der Urteilsvollstreckung. Lord Burleigh fordert als Treuebeweis seine Teilnahme an Marias Hinrichtung. Elisabeth unterzeichnet das Todesurteil, läßt aber den Zeitpunkt der Vollstreckung offen. Sie gibt ihrem Sekretär das Urteil, ohne klare Anweisung, ob er das Dokument weiterleiten solle oder nicht. Lord Burleigh entreißt jedoch dem Sekretär das Schriftstück und bereitet die Hinrichtung vor.

Maria sieht gefaßt ihrem Ende entgegen. Sie nimmt Abschied von ihrer

Dienerschaft und verteilt ihr Hab und Gut. Der ersehnte Trost der Kirche, der ihr zunächst versagt wurde, wird ihr doch noch zuteil: Ihr alter Haushofmeister Melvil ist heimlich Priester geworden, um ihr in ihrer letzten Stunde die Beichte abnehmen zu können.

Leicester und Burleigh kommen, um Maria zur Hinrichtung zu führen. Leicester ist nicht in der Lage, der Hinrichtung beizuwohnen. Als er das Beil fallen hört, bricht er zusammen.

Elisabeth scheint ihr Ziel, unangefochten Königin von England zu sein, erreicht zu haben. Als jedoch Belastungszeugen des Prozesses gegen Maria plötzlich ihre Aussagen widerrufen, macht Elisabeth andere für die überstürzte Hinrichtung verantwortlich: Ihren Sekretär, der sich das Todesurteil von Burleigh hat aus der Hand reißen lassen, läßt sie verhaften. Burleigh wird verbannt.

Elisabeth möchte jetzt den alten Grafen Shrewsbury zu ihrem engsten Vertrauten machen. Doch der erbittet seinen Abschied aus dem Hofdienst. Allein geblieben verlangt die Königin nach Leicester und erhält die Auskunft: »Der Lord läßt sich entschuldigen, er ist zu Schiff nach Frankreich.«

ERLÄUTERUNGEN

Um zwei große Auseinandersetzungen geht es in Schillers *Maria Stuart:* einmal um den persönlichen Gegensatz zweier grundverschiedener Frauen und zum anderen um einen weitreichenden politisch-religiösen Konflikt, der eng mit diesem Gegensatz zusammenhängt.

Die beiden Frauen, die ihre Rechte und Ansprüche verteidigen und diese aus den verworrenen Verhältnissen ihrer Herkunft ableiten, sind so verschieden voneinander wie nur irgend möglich. Elisabeth ist nicht nur die berechnende, kühl kalkulierende, aber einsame Königin Englands. Sie ist auch eine verbitterte, schnell alternde Frau. Der Herrscherin fehlt der weibliche Glanz ihrer Rivalin, deren viele Verehrer und Liebhaber sie nicht nur verurteilt, sondern um die sie Maria auch beneidet. Das macht Elisabeth, die leicht in ihrer Eitelkeit gekränkt ist, rachsüchtig und verführt sie dazu, den Justizmord in Kauf zu nehmen. Elisabeth vertritt zudem die von ihrem Vater Heinrich VIII. in England eingeführte anglikanische Kirche und damit die Loslösung vom Papst gegen alle katholisch regierten Länder.

Maria dagegen ist wesentlich jünger, von erotischer Ausstrahlung, sympathisiert als katholische Königin Schottlands mit Frankreich und Spanien und würde, falls sie auf den englischen Thron käme, ganz England wieder katholisch machen. Sie bekennt sich zu ihren Fehltritten in der Vergangenheit, ist aber schuldlos an dem ihr vorgeworfenen Hochverrat. Das Fehlurteil nimmt sie jedoch als Buße für ihre frühere Schuld auf sich. Das Drama spitzt sich zu in der persönlichen Konfrontation der beiden so unterschiedlichen Königinnen.

Schiller hat diese Auseinandersetzung, die sich über das ganze Drama erstreckt und genau in der Mitte des Stücks in der persönlichen Begegnung gipfelt, außerordentlich bühnenwirksam, spannungsvoll und dramatisch gestaltet. Er hat die tatsächliche, doch immerhin neunzehn Jahre dauernde Gefangenschaft Maria Stuarts in seinem Trauerspiel übersprungen und beginnt mit dem Höhepunkt des Konflikts am bitteren Ende ihres Lebens. Die Handlung konzentriert sich auf die letzten Tage der Maria Stuart 1587 im Staatsgefängnis Schloß Fotheringhay, wobei in der Rückschau die Anlässe und Ursachen dieser Entwicklung kurz aufleuchten. *Maria Stuart* ist ein Drama über den Preis der Macht. In der Gestaltung dieses Konflikts geht Schiller weit über die (von ihm wie immer genau studierten) Quellen hinaus. Die Begegnung der beiden Königinnen im Park von Fotheringhay hat in Wirklichkeit nie stattgefunden. Frei erfunden ist auch die zentrale Figur des jungen Mortimer, der die außerordentlich starke persönliche Ausstrahlung der schottischen Königin unterstreichen hilft.

Beide Königinnen zahlen den Preis der Macht, die eine mit ihrem Leben, die andere mit Vereinsamung. Als Elisabeth am Schluß die uneingeschränkte Macht in Händen hält, ist sie allein, verlassen von den wenigen Vertrauten – von Freunden gar nicht zu reden –, moralisch unterlegen und belastet mit der Schuld eines Justizmordes. Daß sie alle Verantwortung auf den unbeteiligten Sekretär und den übereifrigen Staatsbeamten abwälzt, spricht nicht für ihre herrscherliche und schon gar nicht für ihre menschliche Größe.

Gewinnerin ist, obwohl sie sterben muß, Maria. Sie ist im Tode moralisch geläutert, hat frühere Schuld abgebüßt und ist über jeden Makel erhaben, den Elisabeth ihr anlasten wollte. Marias Königtum ist in der Stunde ihres Todes groß und wahrhaft, Elisabeths schäbig und angeschlagen.

Aktuell ist diese *Maria Stuart*-Tragödie auch heute, denn sie zeigt Einsichten, Verhaltensmuster und politische Vorgänge, die auch im 20. Jahrhundert nicht unbekannt sind. So zum Beispiel die Tatsache, daß relativ unabhängige Männer ihre religiösen und politischen Überzeugungen binnen weniger Jahre wie Hemden wechseln können, daß Personenkult das Rechtsdenken lahmlegt und daß Gewaltenteilung im Staat notwendig ist, damit nicht eine willkürliche Gesetzgebung (»Maria Stuart-Gesetz«) die Unabhängigkeit der Justiz aufhebt, und daß Parlamentarismus und Verfassung im absolutistischen Herrschaftssystem schwach und läppisch sind.

Diese Einsichten in Machtformen und Herrschaftsstrukturen machen Schiller zum politischen Dichter. 1783, nach Abschluß von *Kabale und Liebe**, trug sich

Schiller bereits mit dem Plan eines *Maria Stuart*-Stücks und begann, historisches Material dazu zu sammeln. *Don Carlos** und *Wallenstein** kamen dazwischen, und erst 1799 wandte er sich wieder diesem Stoff zu. Die Uraufführung der *Maria Stuart* war dann am 14. Juni 1800 am Weimarer Hoftheater unter Schillers Regie. Die erste Buchausgabe erfolgte ein Jahr später.

Lange Zeit war auf der Bühne die Maria Stuart-Figur die dominierende Rolle. Im 20. Jahrhundert wuchs dann auch die Elisabeth als ebenbürtige Gegenspielerin zu darstellerischer Größe heran. Höhepunkt des Dramas ist stets die Auseinandersetzung der beiden Königinnen, und es ist wichtig, daß die beiden Rollen gleichwertig und hochrangig besetzt werden. Berühmte »Königinnen« waren nach dem Krieg Joanna Maria Gorvin und Elisabeth Flickenschildt (1952 in einer Jürgen Fehling-Inszenierung in Berlin), Paula Wessely und Käthe Dorsch (1956 am Wiener Burgtheater), Lola Müthel und Ruth Hausmeister im Deutschen Theater in München 1956, sowie Cornelia Froboess und Doris Schade 1979 an den Münchner Kammerspielen (Regie: Ernst Wendt). Als Doppelrolle empfand Ulrich Heising 1980 in Düsseldorf die beiden Königinnen und besetzte beide mit ein und derselben Schauspielerin, Christa Berndl.

Als *Maria Stuarda* kam das Drama Schillers auch auf die Opernbühne. Gaetano Donizetti schrieb diese nicht besonders erfolgreiche Oper, die 1834 in Neapel uraufgeführt wurde.

Wilhelm Tell

Schauspiel in 5 Akten

PERSONEN

Hermann Geßler, Reichsvogt in Schwyz und Uri

Werner Freiherr von Attinghausen, Bannerherr

Ulrich von Rudenz, sein Neffe

Landleute aus Schwyz:

Werner Stauffacher, Konrad Hunn, Itel Reding, Hans auf der Mauer, Jörg im Hofe, Ulrich der Schmid, Jost von Weiler

Landleute aus Uri:

Walter Fürst, Wilhelm Tell, Rösselmann, der Pfarrer, Petermann, der Sigrist, Kuoni, der Hirte, Werni, der Jäger, Ruodi, der Fischer

Landleute aus Unterwalden:
Arnold vom Melchthal, Konrad Baumgarten, Meier von Sarnen, Struth von
  Winkelried, Klaus von der Flüe, Burkhart am Bühel, Arnold von Sewa
Pfeifer von Luzern
Kunz von Gersau
Jenni, Fischerknabe
Seppi, Hirtenknabe
Gertrud, Stauffachers Gattin
Hedwig, Tells Gattin, Fürsts Tochter
Bertha von Bruneck, eine reiche Erbin
Armgart ⎫
Mechthild ⎬ Bäuerinnen
Elsbeth ⎪
Hildegard ⎭
Walther ⎫
Wilhelm ⎬ Tells Knaben
Frießhardt ⎫
Leuthold ⎬ Söldner
Rudolf der Harras, Geßlers Stallmeister
Johannes Parricida, Herzog von Schwaben
Stüssi, der Flurschütz
Der Stier von Uri
Ein Reichsbote
Fronvogt
Meister Steinmetz
Gesellen und Handlanger, öffentlicher Ausrufer, Barmherzige Brüder, Geß-
  lerische und Landenbergische Reiter, viele Landleute, Männer und Weiber
  aus den Waldstätten

ORT   ZEIT
An verschiedenen Orten in der Schweiz   Anfang des 14. Jahrhunderts

HANDLUNG
Das Schweizer Volk stöhnt unter den Schikanen der österreichischen Fremdherrschaft.

Konrad von Baumgarten ist auf der Flucht vor österreichischen Reitern. Er
hat einen kaiserlichen Reichsvogt, der seine Frau vergewaltigen wollte, mit der
Axt erschlagen. Der Fischer Ruodi weigert sich, den Flüchtling über den

Vierwaldstätter See ans andere Ufer zu rudern, weil ein Gewitter aufzieht. Wilhelm Tell wagt unter Lebensgefahr die Überfahrt und rettet Konrad. In blinder Wut, daß ihnen Konrad entkommen konnte, üben die Reiter des Kaisers blutige Vergeltung an den Viehherden und zünden die Hütten der Bauern an.

Der Reichsvogt Geßler hat sich für seine Kantone Schwyz und Uri eine besondere Schikane ausgedacht. Auf dem Marktplatz von Altdorf läßt er eine Stange mit einem Hut darauf aufstellen. Jeder, der vorübergeht, muß den Hut kniefällig grüßen. Unterlassung soll strengstens bestraft werden.

In der Bevölkerung regt sich der Widerstand gegen die fremden Besatzer. So treffen sich Gleichgesinnte aus den drei benachbarten Kantonen Uri, Schwyz und Unterwalden im Hause des Walther Fürst, um über die Lage zu beraten. Neben Fürst sind es noch Stauffacher und Melchthal. Melchthal erfährt, daß die Leibwächter des Landvogts seinem Vater wegen eines geringfügigen Anlasses die Augen ausgestochen haben. Die drei Männer schwören ein Treuegelöbnis gegen die Fremdherrschaft. Es ist der Auftakt zum Freiheitskampf.

Die Unruhe im Volk hat auch auf den Schweizer Landadel übergegriffen. Der alte Freiherr von Attinghausen ist empört über die Willküräkte, die sich die österreichische Besatzungsmacht seinem Volk gegenüber herausnimmt. Sein Neffe Rudenz dagegen ist fasziniert von dem üppigen Hofleben, das Geßler in Altdorf führt. Außerdem hat es ihm dort ein reiches Ritterfräulein angetan, Bertha von Bruneck. Rudenz will auf dieses Leben nicht verzichten und verläßt seinen Onkel.

Das Treuegelöbnis der drei Gesinnungsgenossen Fürst, Stauffacher und Melchthal ist nicht ohne Folgen geblieben. Auf dem Rütli, einer Bergwiese oberhalb des Vierwaldstätter Sees, treffen sich eines Nachts Vertreter der drei Kantone Schwyz, Uri und Unterwalden und beschließen den Aufstand. Die Reichsvögte des Kaisers sollen aus dem Land vertrieben werden und die Kantone sollen sich von Österreich lossagen. Die Versammelten schwören:

»Wir wollen sein ein einzig Volk von Brüdern,
In keiner Not uns trennen und Gefahr!«

Geeint in diesem Schwur, der sie zu »Eidgenossen« macht, beschließen sie, zu den Waffen zu greifen. An Weihnachten soll der Aufstand losbrechen.

Inzwischen hat Rudenz seine Verblendung erkannt. Bertha von Bruneck ist zu seiner großen Überraschung eine Anhängerin der Freiheitsidee und unterstützt die Interessen des unterdrückten Volkes. Sie bewirkt, daß Rudenz sich auf die Seite der Schweizer stellt.

In Altdorf ist immer noch die Stange mit dem Hut aufgerichtet. Während die meisten einen großen Bogen um den Platz machen, um den Hut nicht grüßen zu müssen, ist Wilhelm Tell mit seinem Sohn achtlos an dem Hut vorbeigegangen und hat ihm die geforderte Reverenz nicht erwiesen. Er wird sofort festgenommen. Das Volk strömt zusammen, darunter auch Walther Fürst und Melchthal, und man macht Anstalten, Tell gewaltsam zu befreien.

Der Menschenauflauf hat auch den Landvogt Geßler herbeigerufen. Rudenz und Bertha sind in seinem Gefolge. Geßler will ein Exempel statuieren und verkündet eine besonders heimtückische Strafe für Tell. Der Gefangene soll auf achtzig Schritt Entfernung seinem Sohn mit der Armbrust einen Apfel vom Kopf schießen. Wenn er danebenschießt, um etwa den Knaben zu schonen, dann ist er mit seinem eigenen Kopf dran.

Alle Bitten von seiten der umstehenden Schweizer, von Bertha und schließlich auch von Rudenz nützen nichts. Geßler will den Schuß sehen. Empört wendet sich Rudenz von Geßler ab und ergreift offen Partei für die Schweizer. Währenddessen hat jedoch Tell geschossen und den Apfel getroffen. Großer Jubel unter den Schweizern. Als Geßler nachfragt, weshalb Tell vor dem Schuß noch einen zweiten Pfeil zu sich genommen habe, antwortet Tell ihm offen, daß der für ihn, Geßler, bestimmt gewesen sei, falls er seinen Sohn getroffen hätte.

Geßler läßt Tell auf der Stelle wieder festnehmen. Er will ihn selbst gefesselt in den Kerker von Küßnacht ans gegenüberliegende Ufer des Vierwaldstätter Sees bringen. Auf dem See gerät das Schiff in einen Sturm. Geßler bleibt nichts anderes übrig, als dem kundigeren Tell das Steuer des Schiffes in die Hand zu geben. Der nützt die Gelegenheit. In der Nähe des Ufers springt Tell auf eine herüberragende Felsplatte und stößt das Schiff auf den See zurück.

In der Zwischenzeit hat der alte Attinghausen von dem Schwur der drei Kantone auf dem Rütli gehört. Er ist froh und glücklich, daß auch sein Sohn auf die Seite des Volkes zurückgefunden hat und stirbt mit der Mahnung zu Einigkeit.

Tell nimmt Rache an Geßler. In einem Schluchtweg bei Küßnacht, der »Hohlen Gasse«, lauert er dem durchreitenden Reichsvogt auf und erschießt ihn mit seinem Pfeil. Damit bricht vorzeitig der Aufstand im ganzen Land aus. Das Volk stürmt die Schlösser und Zwingburgen der Vögte und verjagt die Besatzungstruppen. Der Schwur auf dem Rütli ist eingelöst.

Die Siegesstimmung der Schweizer wird durch die Nachricht befeuert, daß der Kaiser von seinem Neffen, Herzog Johann von Schwaben, ermordet worden sei. Man erhofft sich jetzt von dem neuen Kaiser Frieden.

Der Kaisermörder Johann von Schwaben, er nennt sich jetzt Johannes Parricida, was soviel heißt wie »Vatermörder«, ist auf der Flucht. Von Tell erhofft er sich Hilfe und Verständnis für seine Tat, denn auch Tell habe schließlich einen Tyrannen ermordet. Doch Tell weist ihn zurück. Er habe aus berechtigter Notwehr gehandelt, um seine Kinder, seine Familie, seine Landsleute zu schützen, Herzog Johann jedoch aus Eigennutz, weil ihm sein Erbteil vorenthalten worden sei. Tell rät ihm, über die Alpen nach Rom zu pilgern und beim Papst Vergebung für seine Tat zu erflehen.

Wilhelm Tell wird von seinen Landsleuten stürmisch gefeiert. Bertha von Bruneck wird Rudenz heiraten, der seine Knechte zu freien Schweizern macht.

ERLÄUTERUNGEN

Wilhelm Tell von Friedrich Schiller ist das Drama des nationalen Freiheitskampfes, ein Stück über Ursachen, Notwendigkeiten, Abläufe und Ziele einer Revolution. Ein Volk gelangt unter dem Druck der Fremdherrschaft zur Erkenntnis des gemeinschaftlich notwendigen Handelns, zum Bewußtsein, sich unter Zusammenraffung aller Kräfte das Selbstbestimmungsrecht erkämpfen und bewahren zu können.

Schon mit seinem ersten Stück *Die Räuber** hat sich Schiller als Revolutionär erwiesen. Er mußte es ohne Namensnennung, also anonym, drucken lassen, sonst hätte es ihm wahrscheinlich lebenslange Haft eingebracht. Nur heimlich – mit großem persönlichen Risiko – hatte er an der Uraufführung teilnehmen können. *Die Räuber* sind ein einziger Zornesausbruch gegen Freiheitsbeschränkung und Autoritätsdenken. »In tyrannos« (»gegen die Tyrannen«) steht über der Buchausgabe. *Kabale und Liebe** wird dann zum Angriff auf die deprimierenden politischen Verhältnisse im damaligen Deutschland, und auch das letzte von ihm vollendete Stück, eben der *Wilhelm Tell,* hat revolutionäre Gedanken zum Inhalt.

Zwanzig Jahre liegen zwischen den *Räubern* und *Wilhelm Tell,* ein Zeitraum mit weitreichenden politischen Veränderungen. Allen voran der große weltgeschichtliche Umsturz, dem sich kein Staat auf der Welt hat entziehen können, ein Ereignis, das bislang gültige Werte grundsätzlich in Frage gestellt und eine umfassende gesellschaftliche Neuorientierung bewirkt hat: die Französische Revolution. Als Schiller seinen *Wilhelm Tell* schrieb, war die reale Revolution längst vorüber, sie hatte sich mit dem Terror einzelner Revolutionäre wieder zur Diktatur zurückentwickelt. Schiller zeigt in seinem Schweizer Freiheitsdrama die Utopie einer Revolution, wie sie in dieser für ein Volk idealen Form in der Geschichte nur selten verlaufen ist.

Gegen den Volksaufstand stellt Schiller die Tat eines einzelnen, der in

Eigenverantwortung und in persönlichem Gewissensentscheid einen politischen Mord begeht. Wilhelm Tell ist in Schillers Drama kein politisch handelnder Mensch, er schwört auch auf dem Rütli nicht mit. Die Gründe für seine Notwehr sind privat und ergeben sich aus dem Schutz für seine Familie. Aber seine Tat löst den Volksaufstand aus und bekommt dadurch eine politische Wirkung. Daß Tell aus privater Motivation zu privater Selbsthilfe greift, ist schließlich der Ansatzpunkt für das Volk, die Unterdrückung abzuwerfen. Das persönliche Geschick des einzelnen und der Notstand des Volkes kommen miteinander zur Deckung im privat angelegten und politisch sich auswirkenden Attentat.

Ausgangspunkt für Schillers Drama waren die historischen Ereignisse in der Schweiz zwischen 1291 und 1315, wie sie in der Schweizer Chronik des Ägidius Tschudi von 1734 beschrieben werden. Schiller hat diese Chronik genau studiert und ihr alle wesentlichen Handlungsteile sowie die Namen der beteiligten Personen entnommen. Auch von der Ermordung König Albrechts von Österreich durch seinen Neffen Herzog Johann von Schwaben wird bei Tschudi berichtet, während dagegen die Landadelsgeschichte um Attinghausen, Rudenz und Bertha von Bruneck Schillers Erfindung ist.

1802 beginnt Schiller mit der Gestaltung seines *Tell*-Dramas, unterbrochen allerdings noch durch die Arbeit an der *Braut von Messina*. 1804 ist das Werk abgeschlossen. Die Uraufführung erfolgt am 17. März 1804 im Weimarer Hoftheater; die Buchausgabe erscheint im selben Jahr.

Mit *Wilhelm Tell* hat das deutsche Theater stets seine Schwierigkeiten gehabt. Die Patrioten des 19. Jahrhunderts, die Nationalliberalen wie die Deutschnationalen und endlich die Nationalsozialisten haben sich jeweils ihren eigenen Vers auf das Stück gemacht. Rein deutsche Vorstellungen und Begrifflichkeiten sind stets in den *Tell* hineingelesen worden. Die Schweiz blieb nur im Text präsent und im lokalen Naturkolorit. So war es Lieblingsstück sowohl des deutschen Liberalismus wie auch des extremen nationalen Patriotismus. Einmal sah man in diesem Drama das Bekenntnis zur demokratischen Republik, ein andermal eine Verherrlichung der nationalen völkischen Idee. Beide Einstellungen haben sich meist gegenseitig behindert und erschwert. Das führte sogar zum behördlich verordneten Aufführungsverbot: In der Nazizeit zählte der *Tell* anfänglich zu den meistaufgeführten Schiller-Stücken. Dann wurde es 1941 per »Führeranweisung« verboten und mußte von den Bühnen, aus den Bibliotheken und auch aus dem Schulstoff des Deutschunterrichts entfernt werden: Die Wirkung des *Wilhelm Tell* auf das deutsche Publikum war im dritten Kriegsjahr bereits unberechenbar geworden; das Drama konnte plötzlich auch als aktuelles Schlüsselstück gegen die Diktatur angesehen werden. Am 20. April 1989, zum

100. Geburtstag Hitlers, hielt der Dramatiker Rolf Hochhuth im Wiener Burgtheater eine vielbeachtete Rede über *Wilhelm Tell* und die Formen des Widerstandes im Dritten Reich. Er stellte dabei den hingerichteten Schweizer Hitler-Attentäter Maurice Bavaud neben den Volkshelden Wilhelm Tell.

Nach dem Zweiten Weltkrieg ist *Wilhelm Tell* von den meisten Bühnen gemieden worden. Eine radikale Umdeutung der Figuren und Situationen in die politische Gegenwart der zwanziger Jahre und den heraufziehenden Faschismus unternahm Hansgünther Heyme 1966 in Wiesbaden und 1984 in Stuttgart. Er hat damit das vernachlässigte Drama in eine historische und damit politische Diskussion zurückgeholt. 1989 brachte Claus Peymann am Wiener Burgtheater eine realistisch-genaue, nüchtern-schöne Tell-Aufführung heraus.

HEINRICH VON KLEIST

Heinrich von Kleist wird am 18. Oktober 1777 in Frankfurt an der Oder geboren. Der Vater, wie seine Vorfahren preußischer Offizier, stirbt, als Kleist elf Jahre alt ist. Im Alter von 15 Jahren tritt Kleist selbst in die preußische Armee ein. Er nimmt an der Belagerung von Mainz 1793 und am Rheinfeldzug 1796 teil. Mit 20 Jahren wird er Leutnant, schon zwei Jahre später scheidet er aber aus der Armee aus, deren Drill ihm als »ein lebendiges Monument der Tyrannei« erscheint. In dieser schweren Zeit steht ihm seine Schwester Ulrike bei, und sie bleibt sein ganzes Leben lang die engste Vertraute, auch als er sich jetzt mit Wilhelmine von Zenge verlobt. Um ein Amt im Staatsdienst zu erlangen, studiert er in Frankfurt an der Oder Philosophie, Physik, Mathematik und Staatswissenschaften. Schon ein Jahr später bricht er das Studium ab; seine Braut läßt er wissen, daß er sich »jetzt für das schriftstellerische Fach« bilde.

Mit der Schwester reist Kleist nach Paris. Von 1801 bis 1802 ist er in der Schweiz, löst die Verlobung mit Wilhelmine, weil diese seinen Plan nicht teilt, am Thuner See ein einfaches Leben als Landwirt zu führen und das Rousseausche Naturideal zu verwirklichen. Von 1802 bis 1803 lebt er kurze Zeit bei dem hoch angesehenen Dichter Christoph Martin Wieland in Weimar, wo er auch Schiller und Goethe kennenlernt – Begegnungen, die ihm keine Förderung bringen.

1803 reist er über die Schweiz nach Paris. Dort hat er einen seelischen Zusammenbruch. In einem Anfall von Verzweiflung vernichtet er seine Papiere, darunter auch das Drama *Robert Guiskard,* von dem er später Bruchstücke rekonstruiert. Der Gedanke an Selbstmord taucht auf, doch ruhiger geworden tritt er 1804 in den preußischen Staatsdienst in Königsberg in Ostpreußen ein, den er 1806 bereits wieder quittiert. In den folgenden Jahren entwirft und vollendet Kleist seine bedeutendsten Werke.

Das Lustspiel nach Molière *Amphitryon,* in dem am Ende das echte und absolut verläßliche Gefühl einer Frau obsiegt, entsteht 1807. Im selben Jahr wird Kleist auf der Reise nach Dresden von den Franzosen als Spion verhaftet und gefangengesetzt. Wieder frei, gibt er in Dresden das Journal für die Kunst *Phöbus* mit heraus, das ebenso erfolglos ist, wie es die von 1810 bis 1811 von Kleist redigierten *Abendblätter* in Berlin sein werden.

1808 entsteht die Tragödie *Penthesilea,* die an die griechische Sagenwelt anknüpft, 1810 das romantisch-mittelalterliche Ritterschauspiel *Das Käthchen von Heilbronn.* Das Lustspiel *Der zerbrochene Krug*,* bereits 1803 entworfen, wird 1808 in Weimar uraufgeführt. Durch Goethes falsche Regieführung wird es ein großer Mißerfolg. 1810/11 kommen zwei Bände mit Erzählungen heraus, darunter *Michael Kohlhaas, Die Marquise von O., Das Erdbeben in Chili, Die Verlobung in St. Domingo, Das Bettelweib von Locarno* und *Der Findling*. Die Hoffnung Kleists, vom Schreiben auch leben zu können, erfüllt sich nur in geringem Maße. Unter dem Eindruck seines persönlichen Scheiterns als Dichter und Journalist, an menschlichen Bindungen zweifelnd und enttäuscht von der politischen Niederlage der Nation im Kampf gegen Napoleon, nimmt er sich gemeinsam mit der unheilbar kranken Henriette Vogel am 21. November 1811 am Berliner Wannsee das Leben. »Die Wahrheit ist, daß mir auf Erden nicht zu helfen war«, schrieb er kurz zuvor an seine Schwester.

1821 gibt Ludwig Tieck die hinterlassenen Schriften heraus, darunter das Schauspiel *Der Prinz von Homburg**, mit einem Stoff aus der preußischen Geschichte, und das Drama *Die Hermannsschlacht*.

Heinrich von Kleist ist der bedeutendste deutsche Dramatiker und Erzähler zwischen Klassik und Romantik. Thematischer Schwerpunkt seiner Werke ist der Konflikt zwischen Idee und Wirklichkeit, der Zusammenstoß von Individuum und schicksalhafter Vorbestimmung. Das Gefühl, dem Verstand überlegen, ist der Maßstab allen menschlichen Handelns. Von doppelter Sinngebung, ist es Quelle der Qual wie Ursache der Erhellung.

Der zerbrochene Krug

Lustspiel in einem Akt

PERSONEN

Walter, Gerichtsrat   Veit Tümpel, ein Bauer
Adam, Dorfrichter   Ruprecht, sein Sohn
Licht, Schreiber   Frau Brigitte
Frau Marthe Rull   Ein Bedienter, Büttel, Mägde
Eve, ihre Tochter

ORT
Ein niederländisches Dorf bei Utrecht

ZEIT
18. Jahrhundert

HANDLUNG

Eines Morgens trifft der Gerichtsschreiber Licht in der Amtsstube den Dorfrichter Adam in jämmerlich zugerichtetem Zustand an: quer über dem Kopf eine riesige Platzwunde, das Gesicht zerschunden, kurzum, wie durch die Mangel gedreht. Auf die besorgten Fragen des Schreibers führt Adam eine recht fadenscheinige Begründung an. Ausgerechnet beim Aufstehen aus dem Bett will er so zugerichtet worden sein.

Und noch etwas ist eigenartig: Die Amtsperücke fehlt, mit der Adam jetzt seinen zerschundenen Kahlkopf bedecken könnte. Pech für ihn obendrein, denn ausgerechnet an diesem Morgen soll, wie der Schreiber Licht erfahren hat, der Gerichtsrat Walter unerwartet zur Revision kommen. Im Nachbarort habe er bereits den dortigen Richter wegen dessen schlampiger und korrupter Amtsführung seines Dienstes enthoben, woraufhin der prompt einen Selbstmordversuch unternommen habe. Nun sei Walter jeden Augenblick auch hier im Ort zu erwarten. Für Adam eine Hiobsbotschaft, denn auch um seine Amtsführung steht es schlecht.

Adam kann kaum das Nötigste veranlassen, da steht auch wirklich schon der Gerichtsrat vor der Tür. Er kündigt an, am heutigen Gerichtstag zuerst einmal der Sitzung beiwohnen zu wollen und dann erst die Amtsbücher, die Registratur und die Kasse zu überprüfen.

Widerwillig und kahlköpfig läßt Adam nun die draußen bereits wartenden Leute in die Gerichtsstube. Beim Anblick der streitenden Parteien, über die er jetzt Gericht halten soll, fährt es ihm durch Mark und Bein. Offenbar soll hier ein Vorfall zur Sprache kommen, an dem er selbst massiv beteiligt ist. Bevor er also mit dem Verhör beginnt, nimmt er Eve, die mit ihrer Mutter, Frau Marthe Rull, auf die Verhandlung wartet, beiseite und droht ihr, von einem gewissen Dokument Gebrauch zu machen, wenn sie sich jetzt nicht »klug« verhielte.

Frau Marthe Rull tritt nun vor und beschuldigt den Bauernsohn Ruprecht, der mit Eve verlobt ist, im Zimmer ihrer Tochter einen kostbaren Krug zerbrochen zu haben. Sie habe nämlich nachts in der Kammer ihrer Tochter eine laute Männerstimme gehört und sei, von dem Tumult aufgeschreckt, zu ihrer Tochter geeilt. Dort habe sie die Kammertür gewaltsam aufgebrochen gefunden und Ruprecht im Zimmer bei Eve angetroffen. Am Boden lag in Scherben ihr kostbarer Krug.

Dagegen behauptet nun Ruprecht, mit dem Krug überhaupt nichts zu schaffen zu haben. Den Krug habe vielmehr ein anderer zerbrochen, und dies sei auch der Grund, weshalb seine Verlobung mit Eve in die Brüche gehe:

Er habe nämlich beobachtet, wie Eve nachts einen anderen Mann in ihre Kammer gelassen habe. Außer sich vor Wut habe er die Tür eingetreten, den Fremden aber in der Dunkelheit nicht mehr erkennen können. Der sei vielmehr Hals über Kopf aus dem Fenster gesprungen und er, Ruprecht, hinterher, wobei er ihm mit der Türklinke noch eins über den Schädel gezogen habe. Beinahe hätte er den Unbekannten noch zu fassen bekommen, wenn der ihm nicht im letzten Moment eine Handvoll Sand in die Augen geworfen hätte.

Frau Marthe ist empört über diese Aussage. Ein unbekannter Mann in Eves Zimmer? Das geht gegen die Ehre ihrer Tochter. Ruprecht bleibt bei seiner Aussage und beschimpft Eve als Hure. Doch Eve, die die Wahrheit sagen könnte, schweigt.

Dorfrichter Adam ist während dieser ganzen Vorgangsschilderung immer unruhiger geworden. Ganz offensichtlich fühlt er sich nicht wohl in seiner Haut, denn er unternimmt immer wieder Versuche, die Aussagen von Eve und Ruprecht zu beeinflussen.

Dem Gerichtsrat Walter ist diese Voreingenommenheit auch schon aufgefallen. Er stellt fest, daß Adam die Zeugen so einschüchtere und die Aussagen so eifrig manipuliere, als ob er einen Verdacht von sich abwälzen müsse; er fordert den Dorfrichter auf, der Sache nun endlich auf den Grund zu gehen. Dies hier jedenfalls werde Adams letzte Amtshandlung sein.

Richter Adam bricht der Schweiß aus. Heimlich, aber unmißverständlich warnt er noch einmal Eve, auf deren Aussage jetzt alles ankommt, sich die Antwort »genau zu überlegen«. Und er legt ihr den Namen des Flickschusters Leberecht, von dem Ruprecht kurz vorher gesprochen hat, als Übeltäter fast in den Mund. Doch Eve verweigert die Aussage. Ruprecht jedenfalls habe den Krug nicht zerschlagen.

Der Prozeß kommt nicht vom Fleck. Adam will Zeit gewinnen und von der Verhandlung ablenken, indem er dem Gerichtsrat eine Brotzeit aus seiner Küche aufzudrängen versucht.

Da plötzlich taucht eine neue Zeugin auf. Es ist Frau Brigitte, die die Perücke des Richters Adam bringt. Sie hing im Spalier vor Eves Zimmer. Außerdem habe sie Spuren eines Klumpfußes im Schnee entdeckt, die vom Spalier genau bis zum Haus des Dorfrichters führten. Das könne nur der Leibhaftige gewesen sein, meint sie. Doch auch Adam hat einen Klumpfuß.

Adam sieht sich in die Enge getrieben und verurteilt kurzerhand Ruprecht. Doch jetzt gibt Eve ihre Zurückhaltung auf: Er, Richter Adam, sei der

Schuldige. Er sei bei ihr in der Kammer gewesen, und durch ihn sei der Krug in die Brüche gegangen. Adam stürzt Hals über Kopf nach draußen. Eve wirft sich Walter zu Füßen. Richter Adam, sagt sie, habe sie zu erpressen versucht mit einem Einberufungsbescheid für ihren Verlobten Ruprecht in das mörderische Ostindien. Nur er allein, Adam, könne die Einberufung rückgängig machen. Unter dem Vorwand, ein Attest für Ruprecht ausfertigen zu wollen, habe er sich vergangene Nacht in ihr Zimmer geschlichen – und Eves Hingabe als Gegenleistung gefordert . . .

Schnell stellt sich heraus, daß jener Einberufungsbescheid eine Fälschung ist. Walter suspendiert den Richter Adam auf der Stelle und setzt dessen Schreiber Licht als Nachfolger ein. Er will jedoch von einer größeren Bestrafung des Richters absehen, wenn wenigstens die Gerichtskasse in Ordnung ist. Eve und Ruprecht versöhnen sich. Nur Frau Marthe Rull ist nicht zufrieden. Sie will sich jetzt an die nächsthöhere Instanz wenden, nach Utrecht, die ihr eine Entschädigung für den Krug zusprechen soll.

ERLÄUTERUNGEN

Was ist an diesem Lustspiel eigentlich so lustig? Dorfrichter Adam ist einem Bauernmädchen nachgestiegen. So weit, so gut. Aber er macht das so bedenken- und skrupellos, daß es kriminell wird. Er nimmt alles in Kauf, woran er sich als Amtsperson die Finger verbrennen könnte: Urkundenfälschung, Nötigung, Sachbeschädigung, versuchte Vergewaltigung. Sein Pech ist jetzt nur, daß durch höhere Fügung ein Revisor geschickt worden ist und er Gefahr läuft, erkannt zu werden. Er muß jetzt Ermittlung und Prozeß gegen Unbekannt führen und weiß doch, daß er selbst der Täter ist und daß es dafür sogar einen Zeugen gibt – Eve nämlich. Also vertuscht er, schüchtert ein, erpreßt. Heute würde man sagen: ein Untersuchungsausschuß, der selbst in der Affäre drinhängt.

Und dann der Gerichtsrat Walter, der zwar die Gerechtigkeit bringt, dem aber auch die »Ehre des Gerichts« übermäßig am Herzen liegt. Er läßt Adam zuerst einmal sein Fehlurteil sprechen, bevor er eingreift, und er will die Bestrafung des Richters mild ansetzen, wenn nur die Kasse stimmt. Auch so etwas gibt es heute: Zusammenhalt eines Berufsstandes, Kunstfehler-Solidarität.

Schauprozeß und Rechtsbruch – das ist zeitlos und beileibe nicht harmlos, und es wäre auch gar nicht komisch, wenn da bei Kleist nicht immer Humor und Witz den Handlungsablauf einmal derb, einmal feinsinnig aufbrechen würden, und wenn der im Grunde versöhnliche Schluß nicht wäre, der die Hoffnung auf Gerechtigkeit und Unbestechlichkeit wachhält.

Lustig im harmlos-unterhaltenden Sinn ist dieses Kleistsche Gerichtsstück um Korruption und Hoffnung auf Gerechtigkeit, das oft als größte deutsche Komödie bezeichnet wird, weiß Gott nicht. Viel steckt noch dahinter an Vertrauenskrisen, Untertanen-Ohnmacht, elterlicher Grausamkeit, dörflichen Moralzwängen und tödlichen Bedrohungen gar, was zumindest in der Theaterpraxis in vielen Aufführungen zu kurz kommt. Aber es gibt pralle Theatertypen in der Komödie, die aus dem vollen Leben gegriffen sind, handfeste Lustspielsituationen nebst einem zufriedenstellenden Prozeß-Happyend, eine kräftige, wunderbar frisch gebliebene Sprache und starke menschliche Gefühle.

Die Komödie: das ist die zunächst oberflächlich lustspielhafte Geschichte vom Richter, der einen Fall vertuschen möchte, weil er halt selbst der Täter war. So was kommt immer wieder vor in der Literaturgeschichte, man denke nur an Heinrich Spoerls *Maulkorb* oder in Umkehrung der Grundkonstruktion an den *König Ödipus** des Sophokles. Auch Ödipus muß einen Verbrecher herausfinden, der in Wahrheit er selbst ist. Nur weiß er das im Unterschied zu Kleists Dorfrichter Adam anfänglich nicht und bringt mit seinen Ermittlungen erst allmählich die entsetzliche Wahrheit hervor. Adam dagegen vertuscht die Wahrheit, die er von Anfang an kennt, weil er heil aus der Affäre kommen will. Die Komik liegt in dem Wie: wie er zu vertuschen sucht und sich selbst dabei immer mehr verfängt.

Dem Theaterleiter Goethe machte das Stück bei der Uraufführung 1808 in Weimar Ärger: »Sie wissen, welche Mühe und Probleme ich es mir kosten ließ, seinen Wasserkrug aufs hiesige Theater zu bringen«, klagte er und empörte sich: »Daß es dennoch nicht glückte, lag einzig in dem Umstand, daß es dem übrigens geistreichen und humoristischen Stoffe an einer rasch durchgeführten Handlung fehlt.« In Wahrheit ist Goethe an dem Uraufführungsmißerfolg nicht ganz unschuldig gewesen, weil er den Spannungsbogen des Einakters durch eine Pause unterbrochen hatte.

Kleist muß sich das Urteil Goethes wohl sehr zu Herzen genommen haben, denn er strich sein in den Jahren 1803 bis 1806 entstandenes Stück für den Druck radikal zusammen. 1811 erschien dann in Berlin »eine Abkürzung, die vielleicht auf das Theater gebracht werden könnte«, wie Goethe, wieder versöhnlich, an Johanna Schopenhauer schrieb. Kleist war inzwischen tot. Als *Der zerbrochene Krug* ging diese »Abkürzung« dann in die Lehr- und Spielpläne ein.

Heute spielt man gelegentlich wieder die ausführlichere Erstfassung, in der die Doppelbödigkeit des Stückes deutlicher wird und in der besonders die Figur der Eve wesentlich aufgewertet ist: ihre kritische Haltung dem Staat gegenüber und auch ihre reale Betrugsabsicht, um ihren Geliebten zu retten, treten hier klarer zutage.

Natürlich hat die Figur des Dorfrichters Adam als schauspielerische Parade-rolle ihre Anziehungskraft nie eingebüßt. Die deutsche Verfilmung aus dem Jahr 1937 wird ganz von Emil Jannings beherrscht. In den letzten Jahrzehnten waren es auf der Bühne vor allem Martin Benrath, Helmut Qualtinger, Gert Voss (als sehr junger Richter), Peter Roggisch und (in einer bayrischen Version) Gustl Bayrhammer.

Prinz Friedrich von Homburg

Schauspiel in 5 Akten

PERSONEN
Friedrich Wilhelm, Kurfürst von Brandenburg
Die Kurfürstin
Prinzessin Natalie von Oranien, Nichte des Kurfürsten, Chef eines Dragoner-
    regiments
Feldmarschall Dörfling
Prinz Friedrich Arthur von Homburg, General der Reiterei
Obrist Kottwitz, vom Regiment der Prinzessin von Oranien
Hennings
Graf Truchß } Obristen der Infanterie
Graf Hohenzollern, von der Suite des Kurfürsten
Rittmeister von der Golz
Graf Georg von Sparren
Stranz
Siegfried von Mörner } Rittmeister
Graf Reuß
Ein Wachtmeister
Offiziere, Korporale und Reiter, Hofkavaliere, Hofdamen, Pagen, Hei-
    ducken, Bediente, Volk

ORT
Bei Fehrbellin und in Berlin

ZEIT
1675, zur Zeit des Krieges zwischen Preußen und Schweden

HANDLUNG

Eines Nachts finden der preußische Kurfürst und seine Hofgesellschaft, darunter auch seine Nichte, die Prinzessin Natalie, den Prinzen von Homburg schlafwandelnd im Park vor. Dieser ist im Traum damit beschäftigt, einen Lorbeerkranz zu flechten. Wie zum Spaß nimmt der Kurfürst dem Schlafenden den Kranz aus der Hand, windet seine eigene Halskette mit hinein und gibt den Kranz an die Prinzessin Natalie weiter. Der Prinz ist im Schlaf aufgestanden, will Nataliens Hand ergreifen und spricht die Prinzessin als seine Braut an. Die Hofgesellschaft weicht erschrocken vor dieser offensichtlichen Entgleisung zurück. Als später der Prinz erwacht, hält er ratlos einen Damenhandschuh in der Hand.

Im Krieg zwischen Schweden und Preußen steht die entscheidende Schlacht unmittelbar bevor. Feldmarschall Dörfling erläutert seinen Offizieren den Schlachtplan und gibt die Befehle aus. Der Prinz von Homburg als General der Reiterei soll mit dem Eingreifen seiner Truppen so lange warten, bis ihm der ausdrückliche Befehl des Kurfürsten übermittelt worden ist.

Aber Homburg hat nur mit halbem Ohr zugehört. Er ist in Gedanken bei seinem Traum von vergangener Nacht, der ihm persönlichen Ruhm auf dem Schlachtfeld und die Erfüllung seiner Liebe zu Natalie verheißt. Ruhm, weil der Kurfürst den Siegeskranz aus Lorbeer mit seiner eigenen Halskette geschmückt hat, und Liebesglück, weil er am nächsten Morgen jenen Handschuh in Händen hält, der, wie sich gerade herausgestellt hat, tatsächlich Natalie gehört . . . Der Prinz sieht das als Bestätigung für die Wirklichkeit seines Traumes und eilt im Vorgefühl seines vorherbestimmten Sieges in die Schlacht.

Als das Gefecht begonnen hat, läßt sich der Prinz jedoch trotz aller vorausgehenden Warnungen, vor allem von seiten seines Obristen Kottwitz, dazu hinreißen, sich mit seiner Reiterei vorzeitig in den Kampf zu stürzen. Die Schweden werden dadurch zwar geschlagen, aber nach Ansicht des Kurfürsten doch nicht so vernichtend, daß der ganze Krieg damit entschieden wäre. Homburg dagegen sieht vorerst nur den Sieg, den er durch seinen persönlichen Einsatz errungen zu haben glaubt.

Doch zunächst einmal findet er die Kurfürstin und Natalie tief getroffen von der Nachricht, daß der Kurfürst angeblich gefallen sei. Homburg spendet Trost. Das schafft Vertraulichkeit, und als die traurige Botschaft zum Glück widerlegt wird, verlobt sich der Prinz heimlich mit Prinzessin Natalie, im Vorgefühl seiner baldigen Ehrung durch den Kurfürsten.

Ein Kriegsgericht, das auf Befehl des Kurfürsten zusammengetreten ist, verurteilt Homburg jedoch wegen Befehlsüberschreitung zum Tode. Noch nimmt der Prinz alles auf die leichte Schulter. Er ist überzeugt, daß es der Kurfürst nicht zum Äußersten kommen lassen wird, weil er schließlich doch gesiegt hat. Doch der Ernst der Lage wird ihm klar, als herauskommt, daß man bereits mit den Schweden Verhandlungen aufgenommen hat mit dem Ziel, Prinzessin Natalie durch eine Heirat an das schwedische Königshaus zu binden und dadurch den Frieden wiederherzustellen. Es ist damit zu rechnen, daß eine Weigerung Nataliens den Kurfürsten noch mehr gegen den Prinzen aufbringen wird. Als letzten Ausweg hofft Homburg auf die Fürsprache der Kurfürstin.

Auf dem Weg zur Kurfürstin kommt der Prinz an seinem eigenen Grab vorbei, das soeben geschaufelt worden ist. Von Todesangst geschüttelt wirft er sich der Kurfürstin zu Füßen und fleht um sein nacktes Leben. Sogar auf Natalie will er verzichten und aus der Armee ausscheiden, wenn nur sein Leben geschont wird.

Als der Kurfürst durch Natalie von der blanken Todesangst des Prinzen hört, begnadigt er ihn auf der Stelle. Aber er knüpft eine Bedingung daran: Der Prinz soll selbst das Urteil des Kriegsgerichts über ihn für ungerecht erklären. Damit legt er die Entscheidung über das eigene Schicksal in die Hände des Prinzen. Natalie bringt den Brief des Kurfürsten in den Kerker. Jetzt ist Homburg selbst zum Richter seines Verhaltens aufgerufen, und er muß verantwortlich handeln. Er erkennt sein Unrecht und ist bereit, die verhängte Todesstrafe anzunehmen. Dem Sterben kann er nun gefaßt entgegentreten. In wenigen Zeilen informiert er den Kurfürsten über seine gewandelte Gesinnung.

Das Drama nimmt humoristische Züge an in dem Streitgespräch zwischen dem Kurfürsten und Kottwitz, in dem der tapfere Obrist die Unschuld seines Reitergenerals Homburg beweisen will, dessen Handlungsweise er ja ursprünglich nicht gebilligt hat.

Der Kurfürst läßt den Prinzen holen, und dieser erläutert nun dem staunenden Offizierskorps, das sich sogar mit einer Bittschrift um Begnadigung für ihn eingesetzt hatte, sein begangenes Unrecht. Er besteht sogar auf der Vollstreckung des Todesurteils. Eine letzte Gnade erbittet er sich allerdings noch, bevor er zum Kerker zurückkehrt: den Frieden nicht mit der Verkuppelung Nataliens an einen schwedischen Prinzen zu erkaufen.

Die totale Unterwerfung Friedrichs von Homburg unter das Kriegsgesetz und die Einsicht in seine Tat machen es nun dem Kurfürsten leicht, die Begnadigung des Prinzen noch einmal vor allen Offizieren bekanntzugeben.

Die Traumvision des Prinzen im Park des Fehrbelliner Schlosses wiederholt sich und wird Wirklichkeit. Mit verbundenen Augen wird der Prinz, der sich auf dem Weg zur Hinrichtung glaubt, in den Park geführt. Dort nimmt man ihm die Binde ab, und der Kurfürst führt ihm Natalie zu, die in der Hand den

Lorbeerkranz mit der eingeflochtenen Kurfürstenkette hält. Natalie setzt ihm den Siegeskranz auf und drückt seine Hand an ihr Herz. Der Prinz fällt in Ohnmacht. Als er erwacht, fragt er:»Ist es ein Traum?« Kriegsgeschrei ertönt, der Krieg geht weiter.

ERLÄUTERUNGEN

Es geht um einen Fall fürs Kriegsgericht.»Insubordination«, Ungehorsam im Dienst, lautet die Anklage gegen den Offizier der preußischen Armee Prinz Friedrich Arthur von Homburg. Schon zweimal zuvor hatte er durch eigenmächtiges Handeln während des Gefechts den Sieg in Frage gestellt, und schon einmal und ausdrücklich hat ihn der Kurfürst vor der entscheidenden Schlacht davor gewarnt, seine Reiterei nicht vor Eintreffen des Befehls in den Kampf zu schicken. Und wieder durchbricht der Prinz die Befehlsgewalt seines Kurfürsten und setzt, wobei er sozusagen unerlaubt siegt, durch seinen Ehrgeiz und Leichtsinn das Leben vieler Soldaten aufs Spiel. Jedes Gericht der Welt würde diese Handlungsweise mit der Höchststrafe belegen, muß allein schon zur Abschreckung für den Wiederholungsfall ein Exempel statuieren.

Das Urteil des Kriegsgerichts ist also rechtens und begründet, die Vollstreckung nur eine Frage der Zeit. Trotz des offensichtlichen Machtmißbrauchs begnadigt der Kurfürst den Prinzen. Dies kann jedoch erst geschehen, nachdem der Kurfürst die Entscheidung über die Rechtmäßigkeit des Todesurteils in die Hände des Verurteilten gelegt und der Prinz seine militärisch unverantwortbare Eigeninitiative eingesehen hat. Homburg wird zum Richter über sich selbst und erkennt jetzt, daß er schuldig geworden ist. Was er vorher als bloße Formalität verharmlost hat, nimmt er jetzt mit allen Konsequenzen auf sich:

»Ich will das heilige Gesetz des Kriegs,
Das ich verletzt, im Angesicht des Heers,
Durch einen freien Tod verherrlichen!«

Nicht das Gefühl entscheidet mehr, sondern die Erfahrung der Notwendigkeit von Gesetzen und deren Einhaltung.

Aber Kleists Schauspiel enthält noch mehr als diese fälschlicherweise oft als typisch preußisch angesehene Befehlsethik. Es geht um den Widerstreit zwischen striktem Gehorsam und selbstverantwortlicher Entscheidungsfreiheit des Menschen, um die Macht des Gesetzes und die Kraft des Fühlens. Das »Gefühl«, das alle Kleistschen Bühnenfiguren so stark beseelt, steht im Gegensatz zur militärischen Tagesrealität. Die Stärke und Wirksamkeit dieses Gefühls als Antrieb für menschliche Handlungsweisen ist angesprochen, die letzte Glaubwürdigkeit des eigenen »Herzens«.

Dieses Gefühl zeigt sich im *Prinz von Homburg* unverstellt und unbeeinfluß-bar im Traum. Hier, im Traum des Prinzen, werden die Weichen gestellt für Friedrichs späteres Handeln, das dann so schroff und scheinbar unvereinbar mit der Wirklichkeit zusammenstößt. Am Schluß des Stückes erfüllt sich dann doch alles. Der Prinz glaubt sich im Traum, als er die Verwirklichung seiner höchsten Gefühle erlebt. Die Wirklichkeit hat den Traum eingeholt. Wenn das Kampfge-brüll »In den Staub mit allen Feinden Brandenburgs!« den Träumer aus seiner Ohnmacht zurückholt und die Generäle sich für neue Schlachten rüsten, ist die Realität wieder da, in der sich nun die gewandelte innere Haltung des Prinzen wird bewähren müssen.

Das ganze Stück ist von dieser Ambivalenz geprägt. Es verherrlicht auf der einen Seite die Staatsautorität, feiert aber auf der anderen Seite den freien, selbstverantwortlichen, zur Rebellion neigenden Staatsbürger.

Die Figur des Prinzen von Homburg bei Kleist hat mit der historischen nur den Namen gemein. Der preußische Prinz, der die Schlacht von Fehrbellin am 28. Juni 1675 mitgeschlagen hat, war alles andere als ein Träumer und idealisti-scher Gefühlsmensch. Er war ein gestandener Mann von Ende dreißig, Reiter-führer mit brutalen Zügen, Opportunist im Privatleben, Großgrundbesitzer mit autoritärem Herrschaftsdenken. Die von Kleist geschaffene Gestalt des Prinzen von Homburg konnte dagegen am damaligen preußischen Hof nur auf Unver-ständnis stoßen: ein Reitergeneral, der vor Todesfurcht zittert, zwar nicht in der Schlacht, aber angesichts seiner drohenden Hinrichtung, und der obendrein mondsüchtig ist und zweimal in Ohnmacht fällt ... Das von Kleist zwischen 1809 und 1811 geschriebene, der preußischen Prinzessin Amalie Marie Anne gewidmete und dem preußischen Königshaus übereignete Stück verschwand dann auch schnell in einem der Hofarchive. Die Prinzessin verhinderte eine Aufführung in Berlin, weil sie einen ihrer Vorfahren hier verunglimpft sah. Erst nach Kleists Tod verschaffte sich der Dichter Ludwig Tieck das Manuskript und veröffentlichte es 1821 als Buch. Das Wiener Burgtheater wagte am 3. Oktober 1821 die Uraufführung, allerdings unter dem Titel *Die Schlacht von Fehrbellin,* weil mehrere Prinzen von Homburg zur selben Zeit in der österreichischen Armee dienten.

Auch später hat es sich das Theater lange Zeit schwer gemacht mit diesem Schauspiel. Man wollte entweder nur das patriotische Heldendrama mit preu-ßisch-deutschem Bühnenmilitarismus sehen oder, in völlig gegensätzlicher Auffassung nach den Grausamkeiten verlorener Kriege, die Todesfurcht eines Prinzen, die sogar zur Läuterung der Generäle führen könne.

In unserer Zeit setzte vor allem in den siebziger Jahren eine neue Sichtweise auf das Schauspiel ein. Das scheinbar großzügige Verhalten des Kurfürsten tut seine gewünschte Wirkung: Homburg wird diszipliniert, einem autoritären Erziehungsvorgang unterworfen und in das ihm zustehende Soldatenkorsett zurückgeführt.

Die Inszenierung von Peter Stein an der Berliner Schaubühne 1972 verknüpfte den Prinzen von Homburg mit der Gestalt des Dichters Kleist. Stück und Dichterbiographie fallen zusammen: Wie Homburg, so konnte auch Kleist die grausame Wirklichkeit nur noch durch Flucht in den Traum ertragen. Seine eigenen düsteren Erfahrungen mit der Wirklichkeit konfrontiert Kleist in seinem Schauspiel unmittelbar vor seinem Freitod mit einer wunderbaren Utopie.

GEORG BÜCHNER

Georg Büchner wird am 17. Oktober 1813 in Goddelau bei Darmstadt als Sohn eines Arztes geboren. Nach der Gymnasialzeit in Darmstadt beginnt er 1831 Medizin in Straßburg zu studieren und vergleicht die verhältnismäßig freien politischen Verhältnisse in Frankreich mit denen im Großherzogtum Hessen–Darmstadt. Er hält eine Veränderung der Lage in Deutschland für erforderlich, notfalls auch mit Gewalt. 1833 kehrt er nach Hessen zurück, um in Gießen sein Studium zu beenden. Er schließt sich der radikal-politischen Freiheitsbewegung an, die gegen das herrschende Feudalsystem aufbegehrt, und gründet Anfang 1834 den Geheimbund »Gesellschaft der Menschenrechte«. Im Juli 1834 verfaßt er zusammen mit seinem Freund, dem Pastor Friedrich Ludwig Weidig, den *Hessischen Landboten,* die erste sozialistische Kampfschrift, mit dem Motto »Friede den Hütten! Krieg den Pallästen!« Er ruft damit die Bauern und das verarmte Volk des Großherzogtums zur Revolution auf. Vor der sofort einsetzenden Polizeiaktion versteckt er sich in seinem Elternhaus. Dort arbeitet er an dem historischen Drama *Dantons Tod**.

Einer gerichtlichen Vorladung im März 1835 entzieht er sich durch die Flucht nach Straßburg. Er setzt sein Studium der Philosophie und Naturwissenschaften fort und promoviert an der Universität Zürich mit der Abhandlung *Sur le système nerveux du barbeau (Über das Nervensystem der Fische)*. 1835 beendet er *Dantons Tod**, ein Stück, das auf historischen Quellen fußt und sich mit der Französischen Revolution auseinandersetzt und 1835 in einer verstümmelten Fassung im Druck erscheint. Die bittersüße Komödie *Leonce und Lena* entsteht 1836, Büchner hatte sie für ein Preisausschreiben des Cotta Verlages geschrieben. Das Manuskript trifft verspätet beim Verlag ein und wird zurückgesandt. 1836/37 schreibt Büchner das unvollendet gebliebene Stück *Woyzeck**, die Tragödie um einen – so Büchner – »der geringsten unter den Menschen«, in dem es ihm gelingt, Worte für die dumpfe kreatürliche Existenz und existentielle Angst zu finden. In dem Novellenfragment *Lenz* setzt sich Büchner mit dem Sturm-und-Drang-Dichter J. M. R. Lenz auseinander. Mit Ausnahme des *Danton* sind sämtliche Werke Büchners erst Jahre nach seinem Tod erschienen.

Im November 1836 wird Büchner in Zürich Privatdozent für vergleichende Anatomie und schreibt eine Habilitation über Schädelnerven. Seine erste und letzte Vorlesung im Wintersemester trägt den Titel *Zootomische Demonstrationen,* es ist eine vergleichende Anatomie von Fischen und Amphibien.

Büchner infiziert sich mit Typhus und stirbt nach 17 Krankheitstagen am 19. Februar 1837 in Zürich. Anläßlich einer bescheidenen Büchner-Feier am 4. Juli 1875 wird sein Grab in Zürich auf den Friedhof Hochbuck verlegt.

Georg Büchner nimmt mit seinem knappen literarischen Werk in der deutschen Literatur des 19. Jahrhunderts eine Sonderstellung ein. Er steht zwischen Romantik und Realismus und greift die Tendenzen des Sturm und Drangs wieder auf, indem er klassische Formen und Inhalte verwirft und soziale Themen wählt. In seiner Schreibweise und auch in seiner Weltsicht nimmt er naturalistische und sogar expressionistische Elemente vorweg, so etwa durch die Einbeziehung des Häßlichen und scheinbar Minderwertigen in die künstlerische Darstellung und durch die wirklichkeitsnahe, ungeschminkte Milieuschilderung in Monologfetzen und abrupten Bilderfolgen. Büchners Figuren suchen Antwort auf existentielle Fragen, die ihnen nicht gegeben wird. So ist ihre Einstellung zum Leben von tiefem Pessimismus und vom Gefühl der Sinnlosigkeit des Daseins geprägt. Erst das 20. Jahrhundert hat Büchners literarische Bedeutung voll erkannt.

Dantons Tod

Drama in 4 Akten

PERSONEN

Georg Danton	Philippeau	
Legendre	Fabre d'Eglantine	Deputierte des
Camille Desmoulins	Mercier	Nationalkonvents
Hérault-Séchelles	Thomas Payne	
Lacroix		
Robespierre	Collot d'Herbois	
St. Just	Billaud-Varennes	Mitglieder des Wohlfahrts-
Barère		ausschusses

Chaumette, Prokurator des Gemeinderats

Dillon, ein General

Fouquier-Tinville, öffentlicher Ankläger

Amar	Mitglieder des Sicherheitsausschusses
Vouland	
Herman	Präsidenten des Revolutionstribunals
Dumas	

Paris, ein Freund Dantons
Simon, Souffleur
Weib Simons
Laflotte
Julie, Dantons Gattin
Lucile, Gattin des Camille Desmoulins
Rosalie ⎫
Adelaide ⎬ Grisetten (leichte Mädchen)
Marion ⎭
Damen am Spieltisch, Herren und Damen sowie junger Herr und Eugenie auf
einer Promenade, Bürger, Bürgersoldaten, Lyoner und andere Deputierte,
Jakobiner, Präsidenten des Jakobinerklubs und des Nationalkonvents,
Schließer, Henker und Fuhrleute, Männer und Weiber aus dem Volk,
Grisetten, Bänkelsänger, Bettler

ORT
Paris

ZEIT
Die Tage vom 24. März bis zum 5. April 1794

HANDLUNG
Paris, 1794. Die große Französische Revolution, die noch vor fünf Jahren mit
einem mitreißenden Aufschwung die Veränderung der verrotteten gesellschaft-
lichen Verhältnisse herbeiführen wollte, ist drauf und dran, sich selbst den
Garaus zu machen: Die Revolutionäre von einst bringen sich gegenseitig aufs
Schafott.

Angewidert vom vielen Blutvergießen überlegen Danton und seine Anhänger
aus dem Nationalkonvent, wie die Revolution und damit der ständig wachsende
Terror zu beenden sei: »Die Revolution muß aufhören, und die Republik muß
anfangen.« Danton, der einstmals mitreißende Wortführer der Revolution, ist
müde geworden. Sein Ideal, das die Revolution eigentlich hätte verwirklichen
sollen, ist das Wohlbefinden der einzelnen und der vielen: eine Utopie des
Glücks statt einer Utopie der Tugend. Als Danton resigniert, nicht mehr an die
Durchsetzbarkeit seiner Vorstellungen glaubt, verliert er das Interesse an der
Politik und lebt nur noch für seinen persönlichen Genuß. Er zieht das ange-
nehme Leben mit seinen Freunden, seiner klugen Frau Julie und seiner Geliebten Marion dem aktiven gesellschaftsbezogenen Handeln vor.

Dantons Gegenspieler ist der Jakobiner Robespierre, einst sein Revolutionsgefährte, jetzt als Anführer des Wohlfahrtsausschusses sein erbittertster Gegner. Mit Fanatismus und Starrsinn predigt er ein Tugendideal, das nur totale Enthaltsamkeit duldet und jeden Lebensgenuß zum konterrevolutionären Akt erklärt.

Camille, Lacroix und Phillipeau warnen ihren Freund Danton: Robespierre und sein machtgieriger und mordbesessener Mitrevolutionär St. Just aus dem Jakobinerklub werden jede Gelegenheit wahrnehmen, Danton auszuschalten. Doch Danton glaubt nicht daran, daß man es wagen würde, Hand an ihn zu legen. Zu groß sei seine Popularität beim Volk. Man wolle ihn nur schrecken. Bei einem Spaziergang auf freiem Feld kokettiert er mit dem Tod: »Es ist ganz angenehm, so aus der Ferne mit dem Lorgnon mit ihm zu liebäugeln.« Nur das Grab gebe ihm noch Sicherheit.

Danton versucht Robespierre von der Unsinnigkeit weiteren Blutvergießens zu überzeugen. Die Revolutionsziele seien erreicht. In Wirklichkeit gehe es jetzt nicht mehr um die Durchführung eines Volksaufstandes. Was jetzt um sich greife, sei nur noch reines Morden. Robespierre setzt dem entgegen, daß die Revolution noch lange nicht am Ende sei und die alte Feudalgesellschaft noch nicht endgültig ausgerottet: Die Tugend müsse weiterhin mit blutiger Gewalt durchgesetzt werden.

Danton wird verhaftet. Robespierre und St. Just bereiten alles so vor, daß der Prozeß im Nationalkonvent in ihrem Sinne verläuft. Noch einmal verteidigt Danton vor den Schranken des Revolutionstribunals die Ideale der Revolution, und noch einmal vermag er mit seiner Redegewalt vor allem das Volk in seinen Bann zu ziehen. Mit einem Verfahrenstrick werden Danton und seine mitverhafteten Anhänger von der weiteren Verhandlung ausgeschlossen, um zu verhindern, daß er die Zuhörer aus dem Volk weiterhin in seinem Sinn beeinflußt. In seiner Abwesenheit wird er zum Tode verurteilt.

Im Kerker nehmen die Freunde Abschied voneinander. »Die Guillotine ist der beste Arzt«, meint Danton voller Lebensekel und Todessehnsucht. Mit der Überzeugung, daß das Leben keinen Sinn hat, daß kein Gott den Menschen erhört, geht Danton in den Tod: »Die Welt ist das Chaos. Das Nichts ist der zu gebärende Weltgott.«

Julie beschließt, ihrem Gatten in den Tod zu folgen. Als Zeichen für ihren gemeinsamen Weg schickt sie ihm eine Haarlocke ins Gefängnis. Am Hinrichtungstag vergiftet sie sich. Lucile, die Frau von Dantons bestem Freund Camille Desmoulins, ruft halb im Wahnsinn vor der Guillotine: »Es lebe der König!« Sie wird abgeführt, »im Namen der Republik!«

ERLÄUTERUNGEN

Büchners Drama *Dantons Tod,* in seiner Verzweiflung ein sehr deutsches
Revolutionsstück, orientiert sich rein äußerlich an historischen Daten und den
Ereignissen in Frankreich nach fünf Jahren blutiger Revolution. Für Danton und
seine Anhänger ist 1794 die Revolution beendet. Robespierre dagegen will die
bürgerliche Revolution überführen in das, was er die »soziale Revolution«
nennt. Danton will das Blutvergießen beenden, Robespierre aber hält es für
notwendig: er will die alten gesellschaftlichen Strukturen beseitigen, indem er
deren Repräsentanten und Verteidiger ermorden läßt.

Nun drohen Willkürmaßnahmen die Ideale von einst zu zerstören. Der
Schwung des Beginns rennt sich im kalten Denken der Funktionäre fest, die mit
Starrheit und Moral ihre Unfähigkeit zur Veränderung zutünchen. Die Frage
lautet: Wie kam, was sich einst so verheißungsvoll bewegt hat, zu solch
blutigem Stillstand? Der Gang der Geschichte ist ins Stocken geraten, während
die politische Theorie sich wie rasend beschleunigt. Politische Unvereinbarkei-
ten, konträre Ideologien und menschliche Gegensätze stoßen also an einem
bestimmten historischen Standort mit schrecklicher Konsequenz aufeinander.

Hinter diesem historischen Drama steckt jedoch auch das existentielle Drama
von Menschen, die sich dem zwanghaften Ablauf geschichtlicher Ereignisse
hilflos ausgesetzt fühlen und inneres Aufbegehren dagegen längst begraben
haben. Es geht um Menschen, die den Funktionären der Geschichte zum Opfer
fallen, weil sie den Glauben an die Sinnlosigkeit der Geschichte zu ihrer
Weltanschauung gemacht haben. Es geht also um Geschichtspessimismus und
Nihilismus.

Man muß in Büchners *Dantons Tod* nicht lange nach diesem existentiellen
Hintergrund suchen. Kaum sagt einer etwas Revolutionäres, schon erweitert es
ein anderer ins Philosophische. Wenn Danton mit seinen Freunden über Politik
und Gesellschaft diskutiert und mit Robespierre über die blutigen Alltagsereig-
nisse rechtet, geht es auch um den Sinn oder die Sinnlosigkeit Gottes, der
Menschen und der Welt.

Danton ist politisch unaktiv geworden und nur noch am privat-persönlichen
Genuß interessiert, nicht nur weil er die Revolutionsziele als erreicht ansieht,
sondern weil er ganz generell skeptisch geworden ist gegenüber den Gesetzmäßigkeiten der Tagesereignisse, die nicht mehr zu steuern sind. Mit dem Glauben
an die Revolution hat er auch den Glauben an den Sinn des menschlichen
Daseins verloren. Nicht er macht die Geschichte, sondern die Geschichte ihn,
und diese deprimierende Erkenntnis läßt ihn schließlich sogar am Sinn des
Lebens verzweifeln. Er flüchtet sich in pessimistische Passivität, in einen

Zustand existentiellen Überdrusses und liefert sich so seinen Gegenspielern als willenloses Opfer ans Messer.

Robespierre ist zwar noch sein dynamisch ungebrochener Gegenspieler, asketisch streng sich selbst und seinen Anhängern gegenüber, ein Fanatiker zwischen »Blutmessias« und Bürokrat. Aber auch er ist in Dantons Augen nur ein Produkt der Revolution, ein marionettenhaftes Objekt der Geschichte. Robespierres Aufgabe, lebendig-gegenwärtige Menschen zu töten für das mögliche Glück einer künftigen, abstrakten Menschheit ist für Danton nur hilflose Anmaßung, ein Ausdruck der Ohnmacht vor der Geschichte.

Die Geschichte der Französischen Revolution hat Danton schließlich Recht gegeben. Keine vier Monate nach Dantons Hinrichtung hat auch Robespierre ohne vorherigen Prozeß sein Ende auf dem Schafott gefunden. Die Revolutionsmaschinerie ist erst zum Halten gebracht worden durch die Einrichtung einer neuen Diktatur: 1799 stürzt Napoleon Bonaparte das regierende Direktorium und wird erster Konsul, 1804 französischer Kaiser.

Dantons Tod ist also sowohl ein Ideendrama der scheiternden Revolution als auch das psychologische Schicksalsdrama eines einzelnen. Als historisches Drama befragt *Dantons Tod* die Krise der Revolution, um das Ende der Revolution zu verstehen. Als existentielles Drama ist es ein Lehrstück über den Ekel am Dasein und die Sehnsucht nach dem Nichts.

Dantons Tod ist aber noch mehr. Es ist das literarische Produkt eines Betroffenen. Büchner war bereits mit der Gründung einer politischen Studentengruppe in Gießen, einer Sektion der Straßburger »Gesellschaft der Menschenrechte«, für die Veränderung der gesellschaftlichen Verhältnisse in Hessen eingetreten. Mit der Veröffentlichung einer radikalen sozialistischen Flugschrift, dem *Hessischen Landboten,* wagt er sich 1834 erstmals in eine größere Öffentlichkeit und sieht sich prompt polizeilicher Verfolgung ausgesetzt. Obwohl der unverhohlene Aufruf zum Umsturz ohne direkte Wirkung bei der Bevölkerung bleibt, werden Freunde Büchners und Hintermänner der Aktion, so der Pastor Friedrich Ludwig Weidig, an die Polizei verraten und verhaftet. Büchner selbst muß sich als steckbrieflich gesuchter Landesverräter vor dem Zugriff der Polizeigewalt verstecken und entkommt im März 1835 ins Ausland. In Straßburg schreibt er, nach gründlichen Studien der Französischen Revolution, sein Drama *Dantons Tod* zu Ende. *Dantons Tod* ist also auch vor dem biographischen Hintergrund des Autors zu sehen. Auf der einen Seite setzt Büchner sein revolutionäres Engagement literarisch in einem Drama der Revolution fort, auf der anderen Seite kommt die Enttäuschung des Dichters über das Scheitern seiner eigenen Demokratisierungsversuche zum Ausdruck. Büchner

sieht das Scheitern der Französischen Revolution von 1794, von der sich
anschließenden Wieder-Etablierung des feudalistischen Gesellschaftssystems,
von der Restauration her, an deren Festigkeit sein eigener Revolutionsversuch
von 1834 soeben gescheitert ist. Um sich und sein politisches Scheitern
begreifen zu können, muß Büchner die Ereignisse in Frankreich als Vorgeschichte seiner eigenen Erfahrungen begreifen. Was damals entstanden war,
macht jetzt seine Umwelt aus, die er haßt und nicht verändern kann.

Dantons Tod ist Büchners erste und einzige Dichtung, die zu seinen Lebzei-
ten, nämlich im Jahr 1835, offiziell gedruckt worden ist. Um der staatlichen
Zensur zuvorzukommen, ließ der Verleger den Text aber an vielen Stellen
ändern. Auch der Untertitel *Dramatische Bilder aus Frankreichs Schreckensherrschaft* wurde ohne Büchners Wissen bei der Buchausgabe eigenmächtig
hinzugefügt. Fast 70 Jahre dauerte es, bis Büchners *Dantons Tod* überhaupt auf
einer deutschen Bühne gespielt wurde, und weitere 14 Jahre, bis das Stück auf
unseren Theatern heimisch werden konnte. Noch im Jahre 1891 mußte der
verantwortliche Redakteur einer sozialdemokratischen Zeitung in Berlin vier
Monate Gefängnishaft auf sich nehmen, weil er *Dantons Tod* in seinem Blatt
abgedruckt hatte. 1902 spielte die Freie Volksbühne in Berlin das Drama zum
erstenmal, allerdings nur mit zwei Aufführungen. Der Regisseur Leopold
Jeßner inszenierte 1910 das Stück am Hamburger Thalia-Theater und 1911 ein
zweites Mal, ebenfalls in Hamburg. Mit diesen Aufführungen und den Inszenierungen zu Büchners 100. Geburtstag im Jahre 1913 wurde *Dantons Tod*
langsam Repertoirestück der deutschsprachigen Bühnen.

Nach dem Zweiten Weltkrieg wurde das Drama sowohl antirevolutionär wie
auch unhistorisch gesehen oder im Hinblick auf die Nachkriegserkenntnisse
gedeutet: Der Mensch stehe seiner Geschichte wie einem blinden Schicksal
hilflos gegenüber. Die Regisseure der 50er und frühen 60er Jahre (Hans Schalla,
Karl Heinz Stroux, Gustav Rudolf Sellner, Gustaf Gründgens zum Beispiel)
machten *Dantons Tod* zum Sterbelied der Revolution, an der die Massen längst
das Interesse verloren haben, zum Drama der menschlichen Existenz unter dem
Zwang der Geschichte. In den neuen Inszenierungen (zum Beispiel Hansgünther Heyme, Hans Neuenfels und Dieter Dorn) rückte das Interesse an der
historisch-politischen Dimension des Stücks mehr und mehr in den Hintergrund. Zwei grandiose, sich allerdings extrem widersprechende Aufführungen
stammten 1989 von Klaus Michael Grüber in Nanterre und Ruth Berghaus in
Hamburg. Der österreichische Komponist Gottfried von Einem hat Büchners
Drama zu einer Oper umgestaltet und vertont, die 1947 bei den Salzburger
Festspielen uraufgeführt wurde.

Woyzeck

Fragment in Prosa

PERSONEN
Woyzeck
Marie
Das Kind
Hauptmann
Doktor
Professor
Tambourmajor
Unteroffizier
Andres
Margreth
Ausrufer
Marktschreier
Alter Mann
Jude
Wirt
Zwei Handwerksburschen
Karl, der Idiot
Käthe
Großmutter
Kinder, Gerichtsdiener, Barbier, Arzt, Richter, Soldaten, Studenten,
  Burschen, Mädchen, Volk

ORT
Eine deutsche Garnisonsstadt in Hessen

ZEIT
Erstes Drittel des 19. Jahrhunderts

HANDLUNG
Der Soldat Woyzeck rasiert seinen Hauptmann, der ihm Vorhaltungen macht
von wegen seiner Unmoral und daß er ein uneheliches Kind habe. Doch
Woyzeck sieht nur seine Armut – wie soll er da noch Moral und Tugend haben:
»Unseins ist doch eimal unselig in der und der andern Welt.«
  Der Doktor mißbraucht Woyzeck für medizinische Experimente. Seit einem

Vierteljahr darf er nur Erbsen essen und muß auf Befehl pissen. Weil Woyzeck gelegentlich überwirkliche Stimmen zu hören glaubt, wird er als »casus« noch interessanter für den Doktor. Er kriegt Zulage.

Seinen Sold und das Geld, das er vom Doktor bekommt, gibt er Marie, mit der er das Kind hat und die er mit wortkarger Hingabe liebt. Marie betrügt Woyzeck mit dem Tambourmajor, einem geilen Hengst. Seiner derben Art der Anmache kann sich Marie nicht widersetzen.

Der Hauptmann läßt gegenüber Woyzeck genüßlich heraushängen, daß Marie ein Verhältnis mit dem Tambourmajor hat. Woyzeck beobachtet im Wirtshaus, wie Marie mit dem Tambourmajor tanzt. Der Tambourmajor prügelt Woyzeck blutig. Marie hat Gewissensbisse: »Ich bin doch ein schlecht Mensch. Ich könnt mich erstechen.«

Woyzeck kauft beim Juden ein Messer und übergibt seinem Kameraden Andres, mit dem er in der Kaserne das Bett teilt, seine Habseligkeiten. Andres denkt sich nicht viel dabei, er hält Woyzeck für fieberkrank.

Vor der Stadt am Teich ersticht Woyzeck Marie. Er wirft das Messer ins Wasser und geht zurück ins Wirtshaus: »Tanzt alle, immer zu, schwitzt und stinkt, er holt euch doch einmal Alle.«

Man entdeckt Blut an seinem Ärmel. Von Angst gepackt, man könne das Messer finden, eilt er zurück zum Teich. Er will sich das Blut abwaschen und das Messer weiter hinauswerfen. Auf der Straße spielt das Kind von Woyzeck und Marie Hoppe-Reiter. Als Woyzeck kommt, läuft es schreiend weg.

In einem anderen Schluß geht Woyzeck immer tiefer ins Wasser hinein. Sein Kind steht ahnungslos auf der Straße, ein anderes erzählt ihm von einer Leiche.

ERLÄUTERUNGEN

Ein regelrechtes Theaterstück *Woyzeck* von Georg Büchner gibt es nicht. *Woyzeck* ist nur als Fragment und in mehreren Einzelversionen überliefert. Vier Folgen bruchstückhafter Szenen überschneiden sich und ergänzen sich gegenseitig, ohne daß sie zusammengenommen ein eigenes Stück ergeben würden. Jede der vier Fragmentfassungen beginnt und endet mit einer anderen Szene. Seit das bis zur Unleserlichkeit verblaßte Manuskript 42 Jahre nach dem Tod Büchners mit Hilfe chemischer Mittel notdürftig entziffert und zuerst unzulänglich veröffentlicht wurde, sind immer wieder Versuche unternommen worden, die Szenenfolge zuverlässig zu bestimmen. Doch keine dieser Bestimmungen ist gänzlich verpflichtend. Damit ist dem Theater die Wahl und die Anordnung der Szenen zu einem guten Teil freigestellt. Mit der Auswahl und der Reihen-

folge der Szenen für die Bühnendarstellung fällt bereits eine gewisse Vorent-
scheidung über den Charakter der Aufführung und über die Darstellung der
Titelfigur.

Zwei Teilansichten lassen sich aus dem Fragment über das Stück und die
Gestalt des Woyzeck herauslesen: Die gesellschaftskritische Lesart sieht Büchners *Woyzeck* als Sozialdrama. Woyzeck ist die stumm leidende Kreatur, von
der Umwelt gedemütigt und geschunden, als Versuchskaninchen mißbraucht,
vereinsamt, unfähig, sich aufzulehnen. Der schäbige Soldat Woyzeck, der »sein
Mensch« totsticht, eher getrieben als bewußt handelnd, klagt durch seinen Mord
eine Gesellschaft an, der alle Ursachen für das sinnlose Verbrechen angelastet
werden. Woyzeck ist das Opfer einer inhumanen Gesellschaft, die ihn um den
Verstand bringt und zum Mörder macht. Der Mord ist also beileibe keine freie
Tat Woyzecks, die ein persönliches Eifersuchtsdrama blutig beendet, sondern
ein von den sozialen Lebensbedingungen und einer fatalistischen Grundhaltung
diktiertes Ereignis. Das Leben ist determiniert, vorausbestimmt, Woyzecks Tat
nicht frei verursacht. Wie Hohn klingt da die Moral des Doktors: »Woyzeck, der
Mensch ist frei, in dem Menschen verklärt sich die Individualität zur Freiheit.«

In einer anderen Lesart ist Woyzeck vor allem ein pathologischer Fall, das
Opfer seines eigenen verstörten Wesens, seiner Visionen und Ängste. Er leidet
unter Verfolgungswahn und fühlt sich von dunklen Mächten bedroht. Moral
kann er sich nicht leisten, und auch das wenige noch übriggebliebene natürliche
Empfinden ist verkrüppelt. Die geprügelte, ausgebeutete, ausgequetschte Natur
tritt nur noch als Unnatur in Erscheinung. Woyzeck ist seelisch zerstört, seine
Gefühlswelt ist erstarrt, seine Handlungsweise sozial defekt. Wenn er sich
auflehnt, dann nicht gegen seine Peiniger, sondern gegen das einzige, das
Liebste, was er auf der Welt hat, Marie. Der Mord an ihr ist die einzige
Umarmung, die ihm noch glückt.

Beide Aspekte des *Woyzeck*-Dramas, der gesellschaftskritische wie der
innerseelische, bedingen sich gegenseitig. Die Gesellschaft ist defekt und
entartet und hat Woyzeck kaputtgemacht, körperlich wie seelisch. Durch die
Gesellschaft wird Woyzeck zum zweifach pathologischen Fall. Um Weib und
Kind zu ernähren, verkauft er sich an die Wissenschaft, die ihn körperlich
ruiniert. Man experimentiert mit seinem Urin. Er hat ausschließlich Erbsen zu
fressen, was zur Folge hat, daß ihm die Haare ausgehen, Ausfallerscheinungen
wie Impotenz sich zeigen und sein Verstand sich trübt. Ein klinischer Befund,
der auch die Erkrankung der Gesellschaft verdeutlicht. Daraus entwickelt sich
die seelische Erkrankung Woyzecks. Durch Erniedrigung, verdrängte Sinnlichkeit, Eifersucht und Unterdrückung der Menschenwürde entsteht Woyzecks

Weltuntergangsgefühl, das im Wahnsinn und in einer Wahnsinnstat gipfelt – einer Tat immerhin, zu der der sonst handlungsunfähige Woyzeck imstande ist. Mag diese auch etwas Befreiendes haben, letztlich ist auch sie gesellschaftlich bedingt.

Die tödliche Krankheit, von der Woyzeck und seine Umwelt befallen sind, spiegelt sich wider in einer Szene auf dem Jahrmarkt. Dort erscheint der Mensch als Vieh, ein Affe als Soldat: Dies nun sollen die »Fortschritte der Zivilisation« sein? In dieser Welt herrscht Fremdheit unter den Menschen. Es gibt auch keinen Gott. Alles ist sinnlos, jeder irgendwo Opfer, das ausgeliefert ist an seine eigenen Zerstörungsängste, Obsessionen, Fehlleistungen, Zwänge und Zwangsvorstellungen: Der Hauptmann mit seiner angstvollen Melancholie, der an der »ungeheuren Zeit« leidet und sich fürchtet vor dem Kreisen des Globus und am allermeisten vor seiner Umwelt, den Menschen. Der Doktor mit seiner menschenverachtenden Fortschrittsgläubigkeit, ein grausamer Pessimist mit apokalyptischen Ideen, der hofft, eines Tages die Wissenschaft »in die Luft sprengen« zu können. Marie, die die Enge ihrer Existenz nicht mehr erträgt und in ihrer Triebhaftigkeit wie unter Zwang handelt. Der viehische, knopfsprengende Tambourmajor, der mehr Sexualkreatur ist als Mensch, ein »brünstiges Rind«, ein »bärtiger Löwe«.

Nicht umsonst gibt es im *Woyzeck* auch das beklemmende nihilistische Märchen von einer Welt, die nicht wiederzuerkennen ist, weil alles abgestorben, verwelkt und verfault ist. Das Waisenkind, von dem die Großmutter erzählt, wird nicht wie bei den Brüdern Grimm mit den zu Talern gewordenen Sternen belohnt, weil es fromm und gut ist, sondern landet am Ende seiner Suche nach einem besseren Leben in einem ausgekippten »Hafen«, einem Scheißhaufen: »Und wie auf der Erd Niemand mehr war, wollt's in Himmel gehn, und der Mond guckt es so freundlich an und wie's endlich zum Mond kam, war's ein Stück faul Holz und da ist es zur Sonn gangen und wie's zur Sonn kam, war's ein verwelkt Sonneblum und wie's zu den Sterne kam, warens klei golde Mück, die waren angesteckt wie der Neuntöter sie auf die Schlehen steckt und wie's wieder auf die Erd wollt, war die Erd ein umgestürzter Hafen und war ganz allein und da hat sich's hingesetzt und geweint, und da sitzt es noch und ist ganz allein.«

Büchners Danton fragt in *Dantons Tod**: »Was ist das, was in uns hurt, lügt, stiehlt, mordet?« Die Antwort gibt *Woyzeck*. Es ist das Elend in der Welt, das sich unheilbar in die Menschen gefressen hat und sie zu grotesken Marionetten verstümmelt.

Georg Büchners *Woyzeck*, 1836 in Zürich geschrieben, 1879 aus dem

Nachlaß veröffentlicht, wurde am 8. November 1913 am Münchner Residenz-theater zum erstenmal aufgeführt. Hugo von Hofmannsthal hatte aus Anlaß des 100. Geburtstages Georg Büchners den Anstoß für diese Uraufführung gegeben und sogar selbst eine Schlußszene zu den Fragmenten hinzugedichtet, die allerdings nicht gespielt wurde.

Wie kein anderes Werk des 19. Jahrhunderts hat *Woyzeck* auf die gesamte Dramenentwicklung des ausgehenden 19. und des 20. Jahrhunderts eingewirkt. Man sah es als Vorläufer des Naturalismus wie des Expressionismus. Für Gerhart Hauptmann, Frank Wedekind, Georg Heym, Franz Kafka war die Auseinandersetzung mit Georg Büchner und seinem Dramenfragment schöpfe-risch grundlegend. Brechts frühe Dramen, vor allem *Baal,* sind ohne *Woyzeck* kaum denkbar.

Woyzeck wurde Textbasis für eine der bedeutendsten Opern des 20. Jahrhun-derts, *Wozzeck* von Alban Berg (Uraufführung 1925 in Berlin).

FRIEDRICH HEBBEL

Christian Friedrich Hebbel wird am 18. März 1813 in Wesselburen/Dithmarschen als Sohn eines auf Tagesverdienste angewiesenen Maurers geboren. Er verlebt eine äußerst dürftige und entbehrungsreiche Jugend als Maurerlehrling. Nach dem Tod seines Vaters wird er mehr Laufbursche als Schreiber bei einem Pfarreivogt, in dessen reichhaltiger Bibliothek er sich autodidaktisch bildet. Er veröffentlicht in einem Heimatblättchen Gedichte und wird sofort von der Schriftstellerin Amalie Schoppe entdeckt und nach Hamburg geholt. Sie vermittelt auch weitere Gönner, so daß Hebbel das Gymnasium besuchen kann. Ab 1835 lebt er mit der um neun Jahre älteren Näherin Elise Lensing zusammen, die ihn in mühseliger Arbeit unterstützt und von der er zwei uneheliche, früh verstorbene Kinder hat. Ab 1836 studiert er Jura, später Geschichte, Literatur und Philosophie, zunächst in Hamburg, dann in Heidelberg und München. In bitterster finanzieller Not kehrt er in einem zwanzigtägigen Fußmarsch mitten im Winter nach Hamburg zurück, wo Elise Lensing den schwer Erkrankten pflegt.

Jetzt entsteht die Tragödie *Judith,* die durch Vermittlung Amalie Schoppes in Berlin 1841 uraufgeführt wird. Der dänische König, Landesherr seiner Heimat Dithmarschen, gewährt ihm ein Stipendium für eine Bildungsreise. Diese führt ihn zunächst nach Paris, wo er in dürftigen Verhältnissen lebt. 1843 entstehen die Verstragödie *Genoveva* und das bürgerliche Trauerspiel *Maria Magdalena** (uraufgeführt 1846 in Königsberg), das er seinem König widmet. Hebbel verläßt Paris, über Neapel und Rom kommt er im November 1845 völlig mittellos in Wien an. Hier lernt er die Burgschauspielerin Christine Enghaus kennen, die seinem Schaffen Verständnis entgegenbringt und die er im Mai 1846 heiratet. In gesicherten Verhältnissen kann er nun in Ruhe arbeiten. Es entstehen die Dramen *Herodes und Mariamne,* ein Stoff aus der jüdischen Geschichte (1849 am Wiener Burgtheater uraufgeführt), *Gyges und sein Ring* aus dem kleinasiatischen Sagenkreis (1856, uraufgeführt in Wien 1889), das deutsche Trauerspiel *Agnes Bernauer* (1852, uraufgeführt in München) und sein letztes Werk, *Die Nibelungen,* eine groß angelegte dramatische Darstellung des Nibelungen-Stoffes (1855–1860, uraufgeführt in Weimar 1861). Hebbel schreibt auch Erzählungen, Gedichte und Balladen sowie Tagebücher, in denen er tiefsinnig und gedankenreich seine tragische Weltsicht analysiert. Am 13. Dezember 1863 stirbt Hebbel in Wien.

Hebbel zählt zu den großen deutschen Tragikern des 19. Jahrhunderts. In seinen Ideendramen stehen sich Individuum und Welt gegenüber. Oft wird dieser Gegensatz demonstriert an einer großen Persönlichkeit, die in einer historischen Übergangszeit lebt. Thematische Bereiche sind auch der Geschlechterkampf sowie Gefühlskrisen, die ausgetragen werden müssen. Mit der in Prosa geschriebenen Tragödie *Maria Magdalena** gelingt Hebbel das erste moderne realistische Drama. Seine Lustspiele kranken an der schweren gedanklichen Konstruktion und sind heute meist für die Bühne verloren.

Maria Magdalena
Bürgerliches Trauerspiel in 3 Akten

PERSONEN
Meister Anton, ein Tischler
Seine Frau
Klara, seine Tochter
Karl, sein Sohn
Leonhard
Ein Sekretär
Wolfram, ein Kaufmann
Adam, ein Gerichtsdiener
Ein zweiter Gerichtsdiener
Knabe, Magd

ORT
Eine deutsche Kleinstadt

ZEIT
Erste Hälfte des 19. Jahrhunderts

HANDLUNG
Klara, die Tochter des strengen, auf Zucht und Ordnung bedachten Tischlermeisters Anton, ist von einem Sekretär, dem ihre Liebe galt, sitzengelassen worden. Aus Enttäuschung darüber und um dem Spott der Nachbarn zu entgehen, hat sie sich Leonhard zugewandt und sich mit ihm verlobt, obwohl sie ihn nicht liebt.

Leonhard, der insgeheim auf Klaras Mitgift spekuliert, fürchtet immer noch seinen früheren Konkurrenten, zumal dieser eines Tages wirklich wieder auftaucht. Aus Eifersucht und auch aus Angst, sie zu verlieren, setzt er Klara unter Druck. Entweder sie schläft mit ihm, dann kann er ihrer sicher sein. Denn ohne ihn wäre sie dann gesellschaftlich unten durch, weil sie nicht mehr Jungfrau ist, ein »gefallenes Mädchen«, vielleicht gar mit einem unehelichen Kind. Weigert sie sich jedoch, dann hat er Grund genug, die Verlobung mit ihr zu lösen. Sie wäre dann dort, wo sie schon vorher war, dem Gespött der Nachbarn ausgesetzt.

Klara läßt sich erpressen, um nicht ins Gerede zu kommen und sich wenigstens Leonhard zu erhalten. Wegen ihrer Religiosität und ihrer strengen Tugendvorstellungen hat sie nun Gewissensqualen. Sie fleht Leonhard an, sie so bald wie möglich zu heiraten.

Klaras Bruder Karl, in den Augen des Vaters allzu leichtlebig und verantwortungslos, will schon längst aus dem moralisch strengen und autoritären Elternhaus aussteigen, hat aber den Absprung bisher nicht geschafft. Nun wird er verdächtigt, Juwelen im Hause des Kaufmanns Wolfram gestohlen zu haben. Als Karl daraufhin zu Hause verhaftet wird und ein übereifriger Gerichtsdiener Haussuchung hält, trifft die gerade von einer schweren Krankheit genesene Mutter der Schlag.

Für Leonhard ist dieser Verdacht auf Diebstahl ein willkommener Anlaß, die Verlobung mit Klara offiziell zu lösen. Der eigentliche Grund liegt woanders: Leonhard hat kurz zuvor von Meister Anton erfahren, daß Klara doch nicht die erhoffte große Mitgift bekommt, sondern nur eine verschwindend geringe Summe.

In seiner Entrüstung allein schon über den Verdacht, daß sein Sohn ein Dieb sein könne, hat Meister Anton ihn für immer aus seinem Leben gestrichen. Nun nötigt er Klara am Totenbett der Mutter den Schwur ab, daß wenigstens sie ihrem Vater niemals Schande bereiten werde. Andernfalls werde er sich mit dem Rasiermesser umbringen. Klara beugt sich auch dieser Erpressung, obwohl ihr klar ist, daß die Katastrophe wohl nicht mehr aufzuhalten ist: sie ist nämlich schwanger.

Bald stellt sich heraus, daß Karl zu Unrecht verdächtigt worden ist. Dennoch kommt es nicht zu einer Versöhnung zwischen Vater und Sohn. Karl will seinem engstirnigen Vaterhaus endgültig den Rücken kehren und als Matrose zur See gehen, allerdings nicht ohne sich zuvor an dem Gerichtsdiener zu rächen, der seine Mutter auf dem Gewissen hat.

Klara sucht inzwischen verzweifelt nach einem Ausweg. Leonhard will für ihre Lage kein Verständnis aufbringen und weigert sich auch in Anbetracht ihrer

Schwangerschaft, Klara zu heiraten. Auch daß Karl rehabilitiert ist, zählt für
ihn nicht. Er hat jetzt eine andere, weit bessere Partie in Aussicht: die Nichte
des Bürgermeisters, bei dem er neuerdings als Schreiber arbeitet. Und auch
Klaras Jugendfreund, der Sekretär, der sie gerne zurückerobern und heiraten
wollte, wendet sich von ihr ab, als sie ihm ihre Schwangerschaft gesteht und
bei ihm Hilfe sucht: »Darüber kann kein Mann weg. Vor dem Kerl, dem man
ins Gesicht spucken möchte, die Augen niederschlagen müssen?«

Klara sitzt allein da. Sie hat nur noch die Wahl, ihrem Vater die
»Schande« eines unehelichen Kindes zu gestehen und ihn damit umzubringen
oder selbst ihrem Leben ein Ende zu machen. Um ihren Vater zu schonen,
bemüht sie sich, einen Unglücksfall vorzutäuschen, und stürzt sich in den
Brunnen.

Der Sekretär hat mittlerweile Leonhard zum Pistolenduell gefordert, um
Klaras Ehre zu retten und sie doch noch heiraten zu können. Er tötet Leonhard. Selbst schwer verwundet, schleppt er sich zu Meister Anton. Dort
erfährt er von Klaras Tod. Daß es ein Freitod war, bleibt nicht verborgen,
und den »schändlichen« Grund dafür kann jeder erraten . . .

Dem Sekretär öffnet der Schock die Augen: Sein Stolz und seine Angst
vor dem Spott Leonhards haben ihn Klara gegenüber schwer versagen lassen.
Bei Meister Anton aber, der die Tochter halb wissentlich in den Selbstmord
getrieben hat, entdeckt er weder Selbstzweifel noch Mitleid, sondern nur die
Furcht vor übler Nachrede. Er wirft dem Alten seine starre und selbstge-
rechte Haltung vor, von der das ganze Unglück ausgegangen sei. Doch
Meister Anton bleibt unbelehrbar. Ungerührt und innerlich verhärtet bleibt er
allein zurück: »Ich verstehe die Welt nicht mehr!«

ERLÄUTERUNGEN

Persönliche Erlebnisse während seiner Studienzeit in München sind der Ausgangspunkt für Hebbels bürgerliches Trauerspiel *Maria Magdalena* (entstanden
1843, Uraufführung in Königsberg 1846). Zwischen 1836 und 1839 wohnte
Hebbel in München bei dem Tischlermeister Anton Schwarz und war befreundet mit dessen Tochter Josefa. Die kleinbürgerliche Atmosphäre im Hause des
Tischlers war geprägt von eben jenem zähen Beharren auf herkömmlichen
patriarchalischen Anschauungen, die gefühllos und autoritär vertreten werden
und an denen dann im Drama die Jugend so hilflos zerbricht. Hebbel hatte vor,
das Stück ursprünglich nach der tragischen Hauptperson *Klara* zu nennen. Er
änderte dann den Titel in *Maria Magdalena,* nach der Gestalt der reuigen
»Sünderin« aus dem Neuen Testament. (Der häufig gebrauchte Titel *Maria*

Magdalene statt *Magdalena* rührt von einem Druckfehler des Erstdrucks her, den Hebbel sanktioniert hat.)

Hebbels Absicht war es zu zeigen, »daß auch im eingeschränkten Kreis eine zerschmetternde Tragik möglich ist, wenn man sie nur aus den rechten Elementen, aus den diesem Kreis selbst angehörigen, abzuleiten versteht.« Während Schillers Trauerspiel *Kabale und Liebe** seinen Konflikt noch aus dem Standesunterschied aristokratisch/bürgerlich bezieht, bleibt *Maria Magdalena* streng auf die kleinbürgerliche Welt beschränkt. Die dramatische Entwicklung wird nicht von irgendwelchen äußeren Ereignissen ausgelöst, sondern produziert sich in dieser eng umgrenzten Welt gewissermaßen von selbst. Die Bindung der Personen an gesellschaftliche Konventionen ist so erbarmungslos versteinert, daß niemand mehr willens oder fähig ist, Entscheidungen zu treffen, die den tragischen Ausgang verhindern könnten. So sind auch alle Gespräche so angelegt, daß sie eine klärende, das Unglück vielleicht noch verhindernde Aussprache unmöglich machen. Die Dialoge bestehen aus leeren Phrasen, sind selbst Ausdruck der Unfähigkeit, miteinander zu reden. Es herrscht eine Atmosphäre der Bedrückung und Ausweglosigkeit, die Meister Anton zu dem beängstigenden Satz befähigt:»Ja, ja, das ist ein kluger Kopf, der sich selbst köpft, wenn's Zeit ist.«

Einen einzigen kleinen Hoffnungsschimmer auf eine freiere Welt gibt es in diesem dumpfen, ausweglosen Leben: der Drang des Sohnes Karl in die Fremde, in ein aufgeschlosseneres Leben, dessen Symbol die See ist. Alle anderen Personen gehen an sich selbst, ihrem gesellschaftlichen Korsett, ihrer Unfähigkeit, miteinander zu reden und aus ihrem Dasein auszubrechen, einsam zugrunde. Der Schluß zeigt den tragischen Zusammenbruch des Bürgertums. Wenn Meister Anton, der Hauptrepräsentant dieses Bürgertums, die Welt nicht mehr versteht und sich nur noch eisiges Schweigen ausbreitet, ist der Untergang dieser bürgerlichen Welt abgeschlossen.

Aus heutiger Sicht ist der rein individuellen Tragödie eines »entehrten« Mädchens nur noch wenig Aktualität und Interesse abzugewinnen, die Zeiten und Sitten haben sich mittlerweile (gottlob und zu Recht) geändert. Was heute jedoch aktuell ist wie eh und je und deshalb der *Maria Magdalena* immer noch eine enorme Bühnenwirksamkeit verleiht, ist die Darstellung von Zwängen, in denen alle – besonders die Frauen und Mädchen – gefangen sind und innerhalb derer es keine Entfaltungsmöglichkeiten gibt. Mit diesem Zwang der Verhältnisse haben sich die alten Menschen im Laufe ihres Lebens mehr oder weniger widerstrebend arrangiert, und die jüngeren versuchen noch, sich dagegen aufzulehnen. Da aber die Strukturen des gesellschaftlichen Zustandes erstarrt sind, werden auch die Jüngeren sich eines Tages angepaßt oder ihr Leben an den Verhältnissen zerschlagen haben.

So gesehen ist das tragische bürgerliche Trauerspiel *Maria Magdalena* auch heute noch von erstaunlicher dramatischer Aussagekraft, was einige herausragende Inszenierungen nach dem Kriege bewiesen haben: Jürgen Fehling 1949 in München, Fritz Kortner 1966 in Berlin, Hansgünther Heyme 1972 in Köln und Hans Lietzau 1981 in München. Aktualisiert hat Franz Xaver Kroetz das Drama durch eine Neufassung des Textes (Uraufführung 1973 in Heidelberg). Kroetz hat von Hebbel nicht nur Titel, Story und Personen übernommen, sondern auch den gesamten dramatischen Aufbau. Radikal geändert hat er dagegen die Sprache, die jetzt bayerisch ist, und einige Handlungselemente, die für die Gegenwart sprechen sollen. Die uneheliche Schwangerschaft zum Beispiel ist jetzt keine so große Katastrophe mehr wie noch in der Mitte des 19. Jahrhunderts, und über Sex und Abtreibung kann recht direkt gesprochen werden. Aber der Zustand der menschlichen Isolation durch Unverständnis der Umwelt ist derselbe geblieben wie vor hundert Jahren. Das Klima individueller Ängste bleibt gleichermaßen bedrückend, auch wenn manches jetzt freier gehandhabt werden kann.

JOHANN NESTROY

Johann Nepomuk Nestroy wird am 7. Dezember 1801 in Wien als Sohn eines Gerichtsadvokaten geboren. Er studiert Jura in Wien und wird 1822 Opernsänger am Wiener Hoftheater (Debüt als Sarastro in Mozarts *Zauberflöte*). Er tingelt dann an verschiedenen Bühnen in Amsterdam, Brünn, Graz und Wien und übernimmt in zunehmendem Maße komische Rollen, besonders in den Zauber- und Märchenpossen des Wiener Theaterautors Ferdinand Raimund. 1831 wird Nestroy an das Theater an der Wien engagiert und ist ab 1845 am Leopoldstädter Theater, das 1847 in Carls-Theater umbenannt wird. Schon die ersten Stücke, die Nestroy jetzt schreibt, zeigen seinen Hang zur Parodie und seinen treffend angewandten Lustspielwitz: *Der konfuse Zauberer* (1832), *Robert der Teuxel* (1833), *Die beiden Nachtwandler* (1836), *Zu ebener Erde und erster Stock* (1838). Der Durchbruch zum anerkannten Dramatiker gelingt ihm mit der Zauberposse *Der böse Geist Lumpazivagabundus* (Uraufführung 1833 am Theater an der Wien).

Ab 1841 gastiert Nestroy als Schauspieler komischer Rollen in vielen Städten Deutschlands und Österreichs. Von 1854 bis 1860 ist er Pächter und Direktor des Carls-Theaters. Anstelle von Raimunds humoriger Phantasie treten nun entzaubernde Ironie und Skepsis in den Vordergrund des Volkstheaters.

Zwischen 1841 und 1850 kommen die großen Possen mit Gesang heraus. Sie werden am Theater an der Wien uraufgeführt: *Der Talisman** (1840), *Das Mädl aus der Vorstadt* (1841), *Einen Jux will er sich machen* (1842), *Der Zerrissene** (1844), *Der Unbedeutende* (1846), *Freiheit in Krähwinkel* (1848 am Carls-Theater).

1858 werden unter Nestroys Direktion zum erstenmal Operetten von Jacques Offenbach in deutscher Sprache gespielt. 1860 spielt er selbst den Jupiter in Offenbachs Operette *Orpheus in der Unterwelt*. Nestroy schreibt Parodien auf zeitgenössische Opernstoffe, zum Beispiel *Martha* (1848), und vor allem auf Opern Richard Wagners: *Tannhäuser. Zukunftsposse mit vergangener Musik und gegenwärtigen Gruppierungen* (1857) und *Lohengrin* (1859).

Am 30. Oktober 1860 gibt Nestroy seine Wiener Theaterdirektion ab und zieht sich nach Graz zurück. Die beiden Possen *Frühe Verhältnisse* und *Häuptling Abendwind* entstehen 1862. Bei einer Wohltätigkeitsveranstaltung in Graz am 29. April 1862 erkrankt Nestroy und stirbt kurz darauf am 25. Mai 1862. Der Leichnam wird nach Wien gebracht und unter großer Anteilnahme der Bevölkerung beigesetzt. 1881 wird der Leichnam auf den Wiener Zentralfriedhof überführt.

Johann Nestroy ist der erfolgreichste Autor des Wiener Volkstheaters in der Mitte des 19. Jahrhunderts. Er versteht es ebenso glänzend, Typen zu charakterisieren wie sie auf der Bühne darzustellen. Er hat seine Zeit und deren Gesellschaft mit Ironie, Witz und rücksichtslosem Spott aufs Korn genommen. Die Schwächen des Bürgertums zeigt er schonungslos und mit einiger Boshaftigkeit auf. Seine Vorliebe für Wortspiele, für dialektgefärbte, prägnante Dialoge, für Gesangseinlagen und für die Einbeziehung von aktuellen Zeitereignissen trugen bei zum bis heute andauernden Erfolg seiner Stücke.

Der Talisman

Posse mit Gesang in 3 Akten

PERSONEN

Titus Feuerfuchs, ein vazierender (d. h. arbeitsloser) Barbiergeselle

Frau von Cypressenburg, Witwe

Emma, ihre Tochter

Constantia, ihre Kammerfrau, ebenfalls Witwe

Flora Baumscheer, Gärtnerin, ebenfalls Witwe ⎫ im Dienste der
Plutzerkern, Gärtnergehilfe ⎭ Frau von Cypressenburg

Monsieur Marquis, Friseur

Spund, ein Bierversilberer

Christoph ⎫
Hans ⎬ Bauernburschen
Seppel ⎭

Hannerl, Bauernmädchen

Georg ⎫
Konrad ⎭ Bediente der Frau von Cypressenburg

Herr von Platt

Notarius Falk

Salome Pockerl, Gänsehüterin

Herren, Damen, Bauernburschen, Bauernmädchen, Bediente, Gärtner

ORT   ZEIT
Gut der Frau von Cypressenburg,   Erste Hälfte des 19. Jahrhunderts
nahe bei einer großen Stadt

HANDLUNG
Der Barbiergeselle Titus Feuerfuchs hat beruflich und privat so seine Probleme. Der Grund: er hat rote Haare, und dieser Makel drängt ihn überall ins Abseits. Und auch die ebenfalls rothaarige Gänsemagd Salome Pockerl, die in Titus verliebt ist, bekommt das Vorurteil ihrer Mitmenschen gegen rote Haare hautnah zu spüren.

Als Titus eines Tages den scheu gewordenen Gaul eines Friseurs zum Stehen bringt, beginnt sein kometenhafter Aufstieg. Der Friseur nämlich – er heißt Monsieur Marquis – schenkt ihm zur Belohnung eine schwarze Perücke.

Titus, nun schwarzgelockt, hat keine Augen mehr für die Gänsemagd Salome. Dank seiner dunklen Haare gewinnt er die Gunst der Gärtnerswitwe Flora Baumscheer. Sie steckt ihn sofort in die Kleider ihres Verblichenen und macht ihn zu ihrem Gartenaufseher. Als solchen erblickt ihn die verwitwete Kammerfrau Constantia, die ihn vom Fleck weg als Jäger engagiert. Auch sie löst prompt die ausstehende Garderobenfrage und verpaßt Titus die Uniform ihres verstorbenen Mannes.

Die Karriere des Titus Feuerfuchs kommt für einen Moment ins Stocken, als sich unvermutet der Friseur Marquis einmischt. Es stellt sich heraus, daß er der Kammerfrau Constantia schon seit längerem zugetan ist. Nun sieht er in Titus seinen Rivalen. Um ihm eins auszuwischen, stiehlt er ihm im Schlaf die Perücke.

Für Titus, der sein früheres Rotschopf-Dasein noch in bester Erinnerung hat, ist dies eine Katastrophe. Auf die karrierefördernde Kraft seiner Perücke kann er unter keinen Umständen mehr verzichten, und er verschafft sich im Perückenlager des Friseurs im letzten Moment eine neue Haarpracht, diesmal blond.

So verändert kommt er aufs Schloß der verwitweten Freifrau von Cypressenburg, die dem adretten Blondschopf schnell ihr Herz schenkt. Sie macht Titus zu ihrem Privatsekretär und läßt sich von ihm aus ihren eigenen Memoiren vorlesen.

Zu einer literarischen Abendgesellschaft hat sie eines Tages auch die Gärtnerswitwe Flora Baumscheer, die Kammerfrau Constantia und den Friseur Marquis eingeladen. Der Friseur entlarvt Titus vor versammelter Gesellschaft als Perückendieb. Entsetzt weichen die drei Witwen vor dem Rotschopf zurück. Titus hat alle Sympathien verloren und wird aus dem Schloß gejagt.

Ein steinreicher Onkel von Titus, der Schankwirt Spund, taucht plötzlich auf der Bildfläche auf. Ihn treibt sein schlechtes Gewissen, weil er sich seit

Jahren nicht mehr um seinen rothaarigen Neffen gekümmert hat. Als man im Schloß erfährt, welch reiches Erbe Titus einmal zu erwarten hat, möchte man am liebsten alles wieder ungeschehen machen. Bei so viel Geld spielt selbstverständlich die Haarfarbe keine Rolle mehr. Man beeilt sich, Titus zurückzurufen.

Titus möchte mit seinen roten Haaren dem Onkel nicht unter die Augen treten. Er beschafft sich erneut einen Haarersatz, diesmal in grau. Dem erstaunten Onkel erklärt er, aus Kummer über dessen Lieblosigkeit ergraut zu sein. Spund ist gerührt und will seinen Neffen sofort testamentarisch zu seinem Universalerben machen. Als es zur notariellen Beglaubigung kommt, wird jedoch Titus erneut als Perückenträger entlarvt. Titus beruhigt seinen aufgebrachten Onkel. Er verzichtet auf die große Erbschaft und will sich mit einem kleinen Bierladen begnügen, den sein Onkel ihm einrichten soll. Und weil die drei Witwen rote Haare nur im Zusammenhang mit viel Geld schätzen, will er auch keine von ihnen heiraten. Er nimmt die rothaarige Gänsemagd Salome Pockerl zur Frau, weil's ihm auf die Haarfarbe ja jetzt nicht mehr ankommt.

ERLÄUTERUNGEN

Nestroys Posse mit Gesang *Der Talisman* handelt von den Vorurteilen gegen die Roten, genauer gegen die Rothaarigen. Sie ist eine Satire auf eine Gesellschaft, die privates Glück, Berufskarriere und gesellschaftlichen Status von so lächerlichen Zufälligkeiten abhängig macht wie der Haarfarbe. Nicht die Gesinnung macht den Menschen, nicht Charakter, nicht Ehrbarkeit oder Ansehen, sondern die Perücke, das Hair-Styling. Die Neigung zum Vorurteil und die Orientierung an Äußerlichkeiten sind die Zielscheibe der Nestroyschen Satire.

Nestroy zielt aber noch weiter: Das Verhalten von Titus' Mitmenschen gegen seine ungewöhnliche Haarfarbe schildert er als diskriminierend und inhuman. Rothaarige sind völlige Außenseiter der Gesellschaft, die kein Anrecht beanspruchen dürfen auf eine menschenwürdige Behandlung. Rothaarige sind eine gesellschaftliche Minderheit wie Juden und Ausländer, der man unduldsam bis aggressiv gegenübersteht. Rothaarige, so heißt es im Stück, sollen falsch und gefährlich sein. Die rotschopfige Gänseliesl Salome kriegt dieses Vorurteil zu spüren. Sie wird von allen geschnitten, und niemand will sie zur Frau haben – außer Titus. Und auch Titus würde für immer im Asozialenmilieu verbleiben, wenn er sich nicht verkleiden würde. Die Lehre ist also: entweder Zeit seines Lebens diskriminiert bleiben oder sich anpassen und damit gesellschaftliche Anerkennung finden. Diese Anpassung wird durch das neue Haar erst möglich.

Das Haar ist der Talisman für den Eintritt in die Gesellschaft. Der rote Titus schafft mit einem Haarteil das, was ihm zuvor kategorisch verweigert wurde: den gesellschaftlichen Aufstieg. Und er schafft diesen Aufstieg mit egoistischer Härte, die allen als gesunder Menschenverstand erscheinen muß. Denn Titus wechselt schließlich nicht nur die Perücken so, wie er es braucht, sondern gleich die komplette Garderobe, den Beruf, die Frauen, sogar die Gesinnung.

Titus macht Karriere, weil er skrupellos nur auf seinen eigenen Vorteil bedacht ist. Je radikaler die Verstellung, desto höher der Aufstieg. Als eines Tages aber sein natürliches Haar, also der echte Titus, wieder zum Vorschein kommt, landet er beinahe dort, von wo er herkam, in der Gosse.

Hier nun könnte die Posse in eine Tragödie umschlagen, wenn nicht wie gerufen der reiche Brauereionkel zur Stelle wäre. Er erst versetzt Titus in die Lage, sich selbstbewußt zu seiner wahren Natur zu bekennen. Und auch in der Liebe braucht Titus sich und anderen nichts mehr vorzumachen. Er nimmt endlich die Richtige: Salome Pockerl.

Wie in vielen Stücken Nestroys wirkt dieser Deus ex machina-Schluß wie ein unwirklich herbeigeführtes, die Realität nur verhöhnendes Happy-End. So viel angestrengte Harmonie und Gerechtigkeit muß, so hofft Nestroy, dem Zuschauer dann doch auf die Nerven gehen und ihn zum Nachdenken zwingen.

Der Talisman ist 1840 entstanden und am 16. Dezember desselben Jahres mit Nestroy selbst als Titus im Theater an der Wien zum erstenmal aufgeführt worden. Der Vormärz, die Zeit also vor den Revolutionen von 1848, war Nestroys beste Zeit als Stückeschreiber. *Der böse Geist Lumpazivagabundus, Zu ebener Erde und erster Stock, Der Färber und sein Zwillingsbruder, Das Mädl aus der Vorstadt, Einen Jux will er sich machen* und *Der Zerrissene** sind damals entstanden. Viele dieser Stücke werden auch heute noch erfolgreich gespielt.

Zwar war Nestroy kein Revoluzzer mit gesellschaftsumstürzlerischen Ideen, sondern eher ein Privataufsässiger. Aber er schrieb immer haarscharf am Gefängnisgitter der Zensur entlang. Als sarkastischer Entlarver gesellschaftlicher Mißstände und menschlicher Schwächen riskierte er gerichtliche Eingriffe und Polizeistrafen. Seine Komödien schrieb er meist aus bereits vorhandenen Stoffen um. Auch die Vorlage des *Talisman* ist ein französisches Lustspiel. Aber er gab diesen Stoffen österreichisches Kolorit, einen Tropfen Menschenverachtung und das Feuer einer vehementen und facettenreichen Sprachkunst. Die Rollen schrieb er sich und seinen Schauspielerkollegen auf den Leib, und für die Couplets konnte er sich der eingängigen und treffsicheren Musik von Adolf Müller und Karl Binder bedienen.

Auch nach seinem Tod blieb Nestroy auf den Wiener Bühnen heimisch, zum Teil, weil man die Erinnerung an den unvergessenen Schauspieler wachhalten wollte, zum Teil wegen der unverwüstlichen Lebenskraft seiner Stücke.

Der *Talisman* ist später auf den Bühnen eines der berühmtesten Stücke Nestroys geworden und wird auch außerhalb der österreichischen Landesgrenzen immer gern gespielt. Es hält mit dem Titus Feuerfuchs eine ausgesprochene Paraderolle bereit, um die sich echte Komödianten, wie beispielsweise Nikolaus Paryla und Helmut Lohner, buchstäblich reißen.

Der Zerrissene

Posse mit Gesang in 3 Akten

PERSONEN
Herr von Lips, ein Kapitalist
Stifler ⎫
Sporner ⎬ seine Freunde
Wixer ⎭
Madame Schleyer
Gluthammer, Schlosser
Krautkopf, Pächter auf einer Besitzung des Herrn von Lips
Kathi, Patenkind des Herrn von Lips
Staubmann, Notar
Bediente bei Lips
Knechte bei Krautkopf

ORT
Im Landhaus des Herrn von Lips und acht Tage später auf Krautkopfs Pachthof

ZEIT
Erste Hälfte des 19. Jahrhunderts

HANDLUNG
Herr von Lips kommt vor Langeweile fast um. Einerseits ist er froh, daß er viel Geld hat: »Armut ist ohne Zweifel das Schrecklichste. Mir dürft' einer zehn Millionen hinlegen und sagen, ich soll arm sein dafür, ich nehmet's nicht.« Andererseits weiß er mit seinem Geld nichts mehr anzufangen. »Null Bock« heißt seine Stimmung. Lips ist ein »Zerrissener«.

Der Schlossermeister Gluthammer ist aufs Schloß zu Lips gerufen worden, um ein Balkongitter anzubringen. Auch er hat seine Probleme mit dem Dasein. Er hat nämlich in das Modegeschäft einer gewissen Mathilde sein ganzes Geld gesteckt. Kurz vor der Hochzeit ist die Angebetete jedoch spurlos verschwunden. Gluthammer glaubt an Entführung.

Die junge Kathi ist zu ihrem Paten Lips gekommen, um ihm aus freien Stücken das Geld zurückzugeben, das er ihrer Mutter vor Jahren einmal geliehen hatte. Im geheimen verehrt, ja liebt sie Lips, hatte er doch einmal ihrer Mutter erklärt, daß er es mit der Rückzahlung nicht so wichtig nähme. Um so mehr aber wollten Mutter und Tochter dem großzügigen Manne nichts schuldig bleiben. Dem Schlosser erzählt Kathi ihre Geschichte, und auch er schüttet ihr sein Herz aus.

Lips, umgeben von schmarotzenden Freunden, hat es satt, so weiterzuleben. Im öden Einerlei des Alltags sehnt er sich nach einem Schicksalsschlag, der seinem Dasein eine neue Richtung geben könnte. Aus lauter Verzweiflung beschließt er zu heiraten. Und zwar nicht eine Erwählte, sondern die Erstbeste, die ihm über den Weg läuft.

Die erste, die auftaucht, ist eine Madame Schleyer, ein heruntergekommenes Frauenzimmer von zweifelhafter Herkunft. Seinem Schwur gemäß macht Lips ihr sofort einen Heiratsantrag. Madame Schleyer ist zuerst überrascht, dann hocherfreut, denn es winkt viel Geld. Natürlich nimmt sie die Werbung an. Kathi ist von den Heiratsabsichten ihres Paten bitter enttäuscht.

Ausgerechnet diese Madame Schleyer ist aber Mathilde, des Schlossermeister Gluthammers einstige große Liebe. Gluthammer vermutet hinter dem Verschwinden seiner Braut Mathilde noch immer ein Verbrechen. Als er nun plötzlich die Angebetete bei Lips sieht, steht für ihn fest, daß Lips der Entführer ist. Es kommt zum Handgemenge zwischen beiden auf dem Balkon. Das Gitter gibt nach, und beide stürzen in den reißenden Gebirgsbach vor dem Haus.

Mit Mühe kann sich jeder von ihnen in Sicherheit bringen. Doch nun glauben sie beide, der jeweils andere sei ertrunken, und jeder hält sich selbst für einen Mörder.

Um dem Arm der Justiz zu entgehen, verkleidet sich Lips als Knecht. Er gibt sich den Namen »Steffl« und bietet seine Dienste dem Bauern Krautkopf an, seinem eigenen Gutspächter. Auf diesem Pachthof arbeitet als Wirtschafterin auch Kathi, die den vermeintlichen Tod ihres Paten Lips ehrlich betrauert. Jetzt endlich merkt Lips, daß Kathi ihm in aufrichtiger Liebe zugetan ist, und er gibt sich ihr zu erkennen.

Auch der Schlosser Gluthammer erscheint auf dem Krautkopf-Hof und bittet um ein Versteck vor der polizeilichen Verfolgung. Krautkopf verbirgt ihn im Getreidespeicher.

In der Zwischenzeit ist das Testament des für ertrunken geglaubten Lips geöffnet worden. Die falschen Freunde jubilieren, weil sie als Erben eingesetzt sind. Eilig besichtigen sie mit dem Notar den Krautkopf-Hof. Steffl, alias Lips, der alles mitanhört, erkennt die wahre Gesinnung seiner Freunde. Als niemand mehr im Zimmer ist, fügt er dem offen auf dem Tisch liegenden Testament eine Klausel an, die Kathi zur Alleinerbin macht. Dieser Zusatz stiftet verständlicherweise allgemeine Verwirrung, und Kathi, nunmehr reiche Erbin, sieht sich plötzlich umworben von Lips' ehemaligen Freunden, sogar von Krautkopf. Sie verkündet schließlich, daß Lips gar nicht ertrunken sei, sondern im Ausland weile. Dorthin will sie ihm sein Vermögen nachschicken.

Gleich darauf wird Lips als falscher Knecht erkannt. Der Notar will ihn als Mörder des Schlossers Gluthammer verhaften lassen und sperrt ihn in ebendemselben Getreidespeicher ein, in dem sich Gluthammer versteckt hat. Beide halten sich gegenseitig für Gespenster, bis sich dann doch alles aufklärt. Lips und Gluthammer reichen sich versöhnt die Hände. Gluthammers Liebe zur untreuen Mathilde ist erloschen. Und Lips wird nicht Frau Schleyer alias Mathilde heiraten, sondern Kathi. Er weiß jetzt auch, warum er immer so »zerrissen« war. Ihm hat die »eh'liche Hälfte« gefehlt.

ERLÄUTERUNGEN

Vier Jahre bevor in den deutschen Staaten und auch in Österreich die Revolution von 1848 ausbricht, tritt Nestroys *Zerrissener* auf in einer Posse, die mehr ungemütlich als lustbar ist und unbeschwerte Liebenswürdigkeiten nur noch sehr sparsam verteilt. Das angeblich gefällig-harmlose Biedermeier ist aufsässig geworden.

Nestroys Millionär, der Herr von Lips, ist Melancholiker. Er ist übersättigt, voll Lebensekel, Überdruß und Weltschmerz. Er ist nur glücklich, wenn er unglücklich sein darf. An seiner Verzweiflung sind nicht die allgemeinen gesellschaftlichen Verhältnisse schuld, sondern er selbst, präziser: sein Reichtum. Alles ist käuflich geworden für Lips: Eigentum, Freunde, Bräute, ja selbst das Abenteuer, weshalb dieses dann auch nicht mehr abenteuerlich ist. Weil alles käuflich ist, wird das Leben fad und langweilig. Selbst die Natur kränkelt für Lips vor sich hin an »unerträglicher Stereotypigkeit«. Selbstmordgedanken und Heiratsgelüste taugen gerade noch als kleiner Nervenkitzel, die einzige Zerstreuung im Nichtstun.

Nur eines hält ihn noch davon ab, völlig in krankhafter Depression zu versinken und eines Tages doch Ernst zu machen mit seinen Selbstmordgedanken: Lips räsoniert. Er beobachtet sich selbst und weiß, daß er im Grunde wie ein ungezogenes Kind verhauen werden müßte. Das müßten aber richtige Schicksalsschläge sein, meint er, die ihn noch zur Vernunft bringen könnten. Und eines Tages kommt der Schicksalsschlag tatsächlich – doch sieht er ganz anders als erwartet aus: Lips fällt ins Wasser. . .

Nestroy nannte seinen *Zerrissenen* im Untertitel »Posse«. Es ist eine tragische Posse mit bösem Hintergrund, mit Zeitsatire und etwas Sozialkritik: *Der Zerrissene* ist die Studie eines kapitalistischen Aussteigers, der die zweifelhafte Moral entnommen werden kann, daß Geld allein nicht glücklich macht. In seiner Haltung und in der Reflexion seines Zustandes ist Lips ein naher Verwandter des Prinzen Leonce aus Georg Büchners *Leonce und Lena*. Beide sind Philosophen des Nichtstuns.

Die Vorlage des *Zerrissenen* ist ein französisches Vaudeville, ein heiteres Bühnenstück mit Gesangseinlagen, das Nestroy innerhalb kürzester Zeit umgeschrieben hat. Er verwandelt jetzt die Charaktere in heimische Originale, die österreichischen Dialekt sprechen, vertieft den Inhalt und schreibt neue, witzig-schlagfertige Dialoge. Die Uraufführung am 9. April 1844 im Theater an der Wien mit Nestroy in der Rolle des Lips war ein Riesenerfolg. Auch heute gehört *Der Zerrissene* neben dem *Talisman** zu Nestroys meistgespielten Stücken, das um so größere Wirkung auf der Bühne erreicht, je weiter die Aufführung vom biedermeierlichen Amüsement wegstrebt und die satirische Schärfe des Textes realisiert.

Eine Opernvertonung stammt von dem österreichischen Komponisten Gottfried von Einem (Uraufführung 1965 in Hamburg).

HENRIK IBSEN

Henrik Ibsen wird am 20. März 1828 im norwegischen Skien als Sohn eines wohlhabenden Kaufmanns geboren. Als Achtjähriger erlebt er den Bankrott und die damit verbundene gesellschaftliche Ächtung seines Vaters mit, ein Schlüsselerlebnis, das später zum Hauptthema vieler seiner Dramen wird. Zum Broterwerb erlernt er von 1844 bis 1850 den Apothekerberuf und studiert anschließend einige Semester Medizin in Oslo/Kristiana. In der Revolution von 1848, die auch nach Norwegen hinüberschwappt, engagiert er sich politisch mit revolutionären Gedichten; sein erstes gesellschaftskritisches Drama *Catilina* (1850) entsteht.

Mit der Übernahme der künstlerischen Leitung des Theaters von Bergen verschafft sich Ibsen praktische Theatererfahrung und kann als Regisseur seine Stücke auf der eigenen Bühne erproben. Von 1857 bis 1862 ist er Direktor des »Norske Teatret« (Norwegisches Theater) in Oslo, dessen wirtschaftlicher Zusammenbruch ihn und seine Familie finanziell beinahe ruiniert. Hier in Oslo befreundet er sich mit dem Schriftsteller und späteren Nobelpreisträger für Literatur Björnstjerne Björnson, der ihm 1864 ein Auslandsstipendium vermittelt. Ibsen verläßt für 27 Jahre Norwegen und hält sich vier Jahre in Rom, sieben Jahre in Dresden und 16 Jahre in München auf. In dieser Zeit entstehen die großen Dramen, die schnell auch ins Deutsche übersetzt werden und heute zum Grundbestand des Bühnenrepertoires zählen. Nach anfänglich national- und geschichtsbetonter Themenwahl (Wikinger, Skalden, Nornen, heldische Weiber und unkönigliche Könige waren die Figuren) entstehen zwei große Ideenwerke, das dramatische Gedicht *Brand* (1866) und das Versdrama *Peer Gynt** (1867), mit der Forderung nach Übereinstimmung von Leben und Denken, ferner *Stützen der Gesellschaft* (1877), worin er Lüge und Heuchelei der Gesellschaft aufs Korn nimmt. *Nora** erscheint 1879 und die Familientragödie *Gespenster* 1881, zwei Stücke, in denen der Egoismus des Mannes im Eheleben angeprangert wird. *Gespenster* wurde zunächst von der Zensur verboten, und Ibsen antwortet 1882 mit dem Angriff auf öffentliche Unaufrichtigkeit in dem Drama *Ein Volksfeind* auf die Schmähungen, die ihm seine Stücke eingebracht hatten. In der *Wildente* (1884) entlarvt er die in der menschlichen Gesellschaft eingenistete Lebenslüge. Es folgen die Theaterstücke *Rosmersholm* (1886), *Die Frau vom Meer* (1888), *Hedda Gabler* (1890), *Baumeister Solness* (1892) und *John Gabriel Borkman* (1896).

In dem Epilog *Wenn wir Toten erwachen* (1899) hält Ibsen Gerichtstag über sich selbst. Unsicher geworden, ob seine lebenslange Suche nach unbedingter »Wahrheit« auch ehrlich gewesen sei, stellt er sich und sein ganzes Schaffen in Frage. Am 23. Mai 1906 stirbt er in Oslo.

Ibsen wurde durch die schonungslose Entlarvung gesellschaftlicher Mißstände zum Bahnbrecher des Naturalismus in Skandinavien und Deutschland. Mit hohem gesellschaftskritischen Engagement kämpft er gegen die bürgerliche Scheinmoral und den Selbstbetrug. Seine Themen sind vor allem die Lebenslüge, die Emanzipation der Frau und das Idealverhältnis zwischen Liebe und Ehe. In vielen seiner Stücke nimmt ein Symbolgegenstand eine wichtige Rolle ein, um den Handlungsablauf hintergründig zu begleiten, wie zum Beispiel die angeschossene Wildente im gleichnamigen Stück.

Peer Gynt

Dramatisches Gedicht in 5 Akten

PERSONEN

Aase, eine Bauernwitwe

Peer Gynt, ihr Sohn

Zwei Frauen mit Getreidesäcken

Aslak, ein Schmied

Hochzeitsgäste, Küchenmeister, Spielleute

Solveig

Solveigs Eltern und Solveigs Schwester Helga

Der Hägstadbauer

Ingrid, seine Tochter

Ingrids Bräutigam und dessen Eltern

Drei Sennerinnen

Die Grüngekleidete

Der Dovre-Alte

Hoftroll

Mehrere andere Trolle, Troll-Prinzen und Troll-Prinzessinnen, Hexen, Erdgeister, Kobolde

Der Große Krumme (Stimme im Dunkeln, Vogelstimme)

Ein häßlicher Junge

Kari, eine Häuslersfrau

Master Cotton, Engländer
Monsieur Ballon, Franzose
Herr von Eberkopf, Deutscher
Trumpeterstraale $\left.\vphantom{\begin{matrix}a\\b\\c\\d\end{matrix}}\right\}$ Reisende
Ein Dieb, ein Hehler
Anitra, Tochter eines Beduinenhäuptlings
Araber, Sklaven, tanzende Mädchen
Die Memnonssäule (singend)
Die Sphinx von Gizeh (stumm)
Professor Begriffenfeldt, Dr. phil., Direktor des Irrenhauses in Kairo
Huhn, ein Sprachverbesserer von der malabarischen Küste
Hussein, vormals ein orientalischer Minister
Ein Fellache mit einer Mumie
Mehrere Wahnsinnige nebst deren Wächtern
Ein norwegischer Schiffer und dessen Mannschaft
Ein Schiffskoch
Ein fremder Passagier
Ein Geistlicher, Leichengefolge, mehrere Burschen
Ein Amtmann
Der Knopfgießer
Der Magere
Kirchenbesucher

ORT
Im Gudbrandstal in Norwegen, im Hochgebirge, an der Küste von Marokko,
in der Wüste Sahara, im Irrenhaus zu Kairo, auf dem Meer.

ZEIT
19. Jahrhundert

HANDLUNG
Peer Gynt ist ein Sprücheklopfer, Abenteurer und Phantast. Er lebt mehr in
seiner Phantasie als in der Wirklichkeit, lügt sich und den anderen viel in die
Tasche und träumt sich in eine andere Welt hinein. Bei seinen Mitmenschen ist
er als notorischer Herumtreiber verschrien, sie nehmen deshalb seine phantastischen Lügengeschichten nicht ganz ernst. Seiner Mutter Aase tischt Peer zum
Beispiel die haarsträubende Geschichte von einer Bocksjagd auf, die er im
Hochgebirge erlebt haben will. Die Mutter lauscht atemlos und durchschaut erst
ganz zum Schluß den Schwindel.

Der Hof der Familie ist durch die Trunksucht des Vaters völlig heruntergekommen. Noch könnte Peer Gynt ihn vor dem Ruin retten. Er bräuchte nur die reiche Bauerntochter Ingrid zu heiraten. Aber er schaltet nicht. Irgendein Bauerndepp wird nun Ingrid heimführen. Peer eilt zur Hochzeit, wo er als ungebetener Gast von allen geschnitten wird. Einzig Solveig, die Tochter armer Leute, kümmert sich um ihn. Sie bringt ihm eine tiefe Zuneigung entgegen. Wegen Peers schlechtem Ruf darf aber auch sie mit ihm nicht tanzen.

Peer rächt sich an der Hochzeitsgesellschaft für die allgemeine Ablehnung. Er entführt die Braut Ingrid mitten aus der Hochzeitsfeier und flieht mit ihr ins Gebirge. Dort verführt er sie und gibt ihr anschließend den Laufpaß.

Auf der Flucht vor Ingrids Familie steigt Peer immer tiefer ins Gebirge hinein. Er treibt es mit drei Sennerinnen und begegnet der »Grüngekleideten«. Es ist die Tochter des Dovre-Alten, der über die Berggeister, die Trolle, herrscht. Sie lockt ihn mit verführerischen Worten ins Reich der Trolle, wo er mit ihr vermählt werden soll, um selbst Troll zu werden. Peer folgt ihr und schwört auf das oberste Trollgesetz: »Sei dir selbst genug!« Doch beim Hinweis, daß seine Umwandlung in einen Troll unwiderruflich sein wird, zögert er. Schließlich wehrt er sich mit letzter Anstrengung gegen die Verführung und die totale sinnliche Vereinnahmung. Die Geister werden nun gewalttätig gegen ihn und drohen ihn zu vernichten. Peer ruft nach der Mutter. Das Läuten der Kirchenglocken macht dem makabren Spuk ein Ende.

»Der Große Krumme«, eine verschwommene Un-Gestalt, stellt sich Peer in den Weg. Er fordert ihn auf, außen um ihn herumzugehen und damit jedem direkten Weg auf ein Ziel abzuschwören. Als Peer mit ihm kämpfen will, schlägt er nur ins Leere. Am Ende kämpft er gegen sich selbst. Noch einmal verscheuchen Kirchenglocken den Alptraum.

Peer baut sich eine einsame Waldhütte in den Bergen. Solveig findet den Weg zu ihm. Beinahe scheint es, daß Peer Gynts unstetes Leben nun endlich zur Ruhe kommt. Da taucht erneut die Tochter des Dovre-Alten auf, diesmal in Gestalt eines alten Weibes, das ihm ihr angeblich gemeinsames Kind vorführt, einen häßlichen Jungen mit Trollfratze. Peer kann die Erinnerung an seine ausschweifende Vergangenheit nicht loswerden. Sein schlechtes Gewissen bedrängt ihn. Er verläßt Solveig, die auf ihn warten wird.

Peer Gynt erscheint noch rechtzeitig am Sterbebett seiner Mutter Aase. Mit einer seiner gedankenreichen Phantasieerzählungen erleichtert er ihr das Sterben.

Viele Jahre später, in Marokko: Peer Gynt ist durch Sklavenhandel und den Export von Götterbildern nach China reich geworden. Er will Macht und mit

Hilfe seines Geldes Kaiser werden, weshalb er sich auch am griechisch-türkischen Krieg zu beteiligen gedenkt. Doch seine falschen Freunde und korrupten Begleiter legen ihn aufs Kreuz. Sie entführen seine Jacht mitsamt seinem Geld. Peer bittet Gott um Rache, und das Schiff explodiert.

Peer Gynt ist in der Wüste. Durch Zufall gelangt er in den Besitz kostbarer Gewänder und eines Schimmels. Von Wüstenbeduinen wird er für den Propheten gehalten und mit göttlichen Ehren überhäuft. Die Häuptlingstochter Anitra tanzt für ihn. Als er bei einem romantischen Stelldichein unter den Palmen einer Oase nur tiefsinnige Reden schwingt, schläft Anitra schnarchend ein.

Peer hat Anitra entführt. Bei einer Rast knöpft sie ihm sein ganzes Geld ab, haut ihm mit der Reitpeitsche eins über die Finger und läßt ihn mitten in der Wüste allein zurück.

Peer Gynt legt die türkischen Kleider wieder ab. Als »Europäer« will er den Spuren des Menschengeschlechtes »streng chronologisch« folgen und fängt bei den Pyramiden in Ägypten an. An der Sphinx in Gizeh begegnet ihm ein Deutscher, Professor Begriffenfeldt, der ihn nach Kairo einlädt. Er ist der Direktor der dortigen Irrenanstalt. Peer Gynt wird von den Insassen zum »Kaiser der Selbstsucht« gekrönt.

Wieder sind Jahre vergangen. Der alte Peer Gynt ist an Bord eines Schiffes, das ihn nach Hause bringen soll. Zum erstenmal befällt ihn Todesangst: Ein unheimlicher fremder Passagier spricht ihn an und fordert von ihm seinen Leichnam. Sturm kommt auf, das Schiff zerschellt in der Brandung. Peer Gynt und der Schiffskoch haben sich gerettet und halten sich an einem gekenterten Kahn fest. Um nicht selbst unterzugehen, stößt Peer den Koch in die Wellen.

In Norwegen durchstreift Peer Gynt die Schauplätze seiner einstigen ausschweifenden Jugendjahre. Er hört von Ferne Solveigs Stimme, und ihm wird klar, daß er nur bei Solveig sein Zuhause hätte finden können. Beim Zerpflücken einer Zwiebel überfällt ihn die Erkenntnis der Nutzlosigkeit seines bisherigen Handelns. Sein ganzes Leben war hohl, wie die Zwiebel ohne festen Kern.

Noch einmal begegnen ihm mythische Gestalten, die ihn bedrängen und auf sein vergeudetes Leben hinweisen, das nichts Halbes und nichts Ganzes gewesen ist. »Der Knopfgießer« will ihn zu bloßer Materie einschmelzen, damit er endlich eine ganze, fest umrissene Gestalt, nämlich er selbst, wird. Peer Gynt dagegen will den Beweis antreten, daß er doch irgendwo konsequent gelebt habe. Wenigstens als »großer Sünder« soll er gelten dürfen. Doch auch »der Magere«, der Teufel im Priesterrock, dem er sein Leben erzählt, sieht überall nur Halbheiten, ohne ernsthafte Willenskraft dahinter. Zu einem perfekten Sünder reicht das Register seiner Laster noch nicht aus. Nur Solveig kann das Maß seiner Lebensschuld noch vollmachen, weil er sie einst verlassen hat. Aber Solveig verzeiht ihm. Sie ist glücklich, daß er endlich zurückgekehrt ist, und nimmt ihn bei sich auf.

Die Sonne geht auf, und Peer birgt seinen Kopf in Solveigs Schoß. Hier fühlt er sich geborgen vor den Dämonen, die sein Leben begleitet haben. Solveig singt ihm ein Wiegenlied.

ERLÄUTERUNGEN

Peer Gynt, 1867 im Ausland, in Italien, geschrieben, ist Ibsens Abrechnung mit sich selbst und seiner Kindheit, sowie mit den Fehlern und Schwächen seiner Landsleute. Als Sohn eines Bankrotteurs hat sich Ibsen lange Zeit gesellschaftlich zurückgesetzt empfunden. Auch Peer Gynts väterlicher Hof steht vor dem Ruin. Aber während sich Peer Gynt durch die gesellschaftliche Diskriminierung zum Außenseiter entwickelt und in Illusionen und Phantasiespiele flüchtet, macht sich Ibsen von dem Gefühl gesellschaftlicher Deklassierung frei.

In *Peer Gynt,* dem Drama des an sich selbst scheiternden Menschen, reagiert Ibsen seine eigene Vaterfremdheit, seine Mutterbeziehung und seine Ichverlust-Ängste ab. Die vielen Symbole, Gleichnisse und Sagenmotive des Stückes dienen der Selbstidentifikation und Selbstdeutung.

Gleichzeitig beinhaltet das Stück aber auch eine ironische Reflexion über die aktuellen und realen Verhältnisse in Ibsens norwegischer Heimat. Es ist ein Angriff auf die Verlogenheit einer Gesellschaft, auf Willensschwäche und Engstirnigkeit.

Peer Gynt ist das Drama eines Irrwegs. Ein egozentrischer Träumer, Phantast, Erfolgsmanager durchläuft verbissen sein Leben, findet keinen Halt, hat kein Ziel und muß am Ende feststellen, daß er am Eigentlichen vorbeigelebt hat, weil er nur der Troll-Maxime »sei dir selbst genug« gefolgt ist. Ewig unbefriedigt und glücklos durchrast dieser labile Träumer sein Dasein, sucht nach immer neuen Identitäten und Rollen und bekäme schließlich sogar die Berechtigung seiner Existenz abgesprochen, wenn da nicht am Schluß die rettende Liebe eines anderen Menschen stünde.

Peer Gynts Irrweg ist eine Reise durch die Welt und das eigene Ich, vollgepackt mit Bildern aus allen Erdteilen, mit Gebirge, Wüste und Meer, mit Geisterreich, Großfinanz und Proletarierfrust, mit Abendland und Orient, mit Realismus, Allegorien und Visionen, mit Mythos und Tiefenpsychologie – ein Breitwandpanorama des 19. Jahrhunderts, ein modernes Spiel.

Alle Lebensstationen Peer Gynts kreisen um ein und dasselbe Grundthema. Auf der Suche nach sich selbst, nach Selbstdarstellung und Selbstverwirklichung, läuft er doch immer weiter vor sich selbst davon. Am Ende seines Lebens, als die personifizierte Todesangst ihm entgegentritt, als er feststellen muß, daß seine Mitmenschen ihn bereits für verstorben halten, und als unheimliche Wesen ihn auf das Ende vorbereiten wollen, erst dann wird ihm sein planloser Lebensleerlauf bewußt, und er nimmt sich zum erstenmal ein konkretes Ziel: Er kehrt zu Solveig zurück, ohne Umwege und ohne Kompromisse.

Dieser epische Handlungskosmos des *Peer Gynt,* die Überwindung der Dialektik von »Sei dir selbst genug« und »Sei du selbst« und schließlich das dominierende Motiv von der Erlösung durch das »Ewig Weibliche« haben, besonders in der ersten Hälfte unseres Jahrhunderts, dazu geführt, daß das Drama als der »nordische Faust« bezeichnet wurde. Wie Faust, so durchläuft auch Peer Gynt alle Stadien zwischen Himmel, Welt und Hölle und wird am Schluß durch die geduldige und keusche Liebe einer Frau erlöst. Beide, Faust wie Peer Gynt, erleben zahlreiche Begegnungen mit mythischen Gestalten, anonymen Mächten und Symbolfiguren. Peer Gynt wurde als »faustischer Mensch« verstanden, weil er rastlos strebend sich bemüht und »seinem Genius« treu bleibt. Deutscher Sucherdrang und germanische Weltsehnsucht glaubten sich in diesem kosmischen Stationendrama wiederzuerkennen. Nicht von ungefähr ist Ibsens *Peer Gynt* eines der meistaufgeführten Dramen auf deutschen Bühnen vor dem Ersten Weltkrieg gewesen.

Gefördert wurde diese mythische Deutung der Peer-Gestalt schließlich lange Zeit durch den Hitler-Propagandisten Dietrich Eckart, der 1918 eine »freie Übertragung« ins Deutsche vornahm und den Inhalt einseitig ideologisch kommentierte.

Heute ist Peer Gynt eher ein »Anti-Held« (Hans Mayer), der Individualität verkörpern will, obwohl er selbst dazu kein Format besitzt und die Gesellschaft ihn an seiner Selbstverwirklichung hindert. Peer Gynt ist nicht der trutzige Germanenheld, sondern eine Figur mit durchweg zwiespältigen Charakterzügen. Heute sieht man das Drama mit seinen szenischen Zukunftsvisionen und filmischen Vorstellungsweisen und seinen tiefenpsychologischen Einsichten als Vorläufer des gesamten modernen Theaters an. In vielen Bereichen ist expressionistisches wie surrealistisches Theater vorweggenommen, klingt Symbolismus an wie episches und absurdes Theater.

In seinen tiefenpsychologischen Ansätzen nimmt *Peer Gynt* bereits viel von Sigmund Freud vorweg. Der ganze fünfte Akt des Dramas ist im Grunde ein einziger Gang in und durch die Abgründe des menschlichen Unterbewußtseins. Peer Gynt steigt in immer tiefere Schichten seines Ichs hinab, zergliedert sich seelisch, was das Bild mit der Zwiebel verdeutlicht, bis er schließlich über die Gestalt Solveigs in den Mutterleib zurückfindet:

>Weib, Mutter, Geliebte, du sprichst mich los?
Oh, birg mich, verbirg mich in deinem Schoß!«

Sein innerster Wunsch ist gleichsam die Aufhebung seiner Existenz: »Hätt' meine Mutter mich nie geboren!«

Nach dem Zweiten Weltkrieg hatte es das Stück schwer, aus der einseitiggermanisierenden Sicht vor allem der Nazi-Zeit wieder herauszukommen. In Inszenierungen der fünfziger und sechziger Jahre wurden ganz neue Aspekte des Dramas zur Sprache gebracht, über die man bislang immer hinweggelesen hatte (Heinrich Koch zum Beispiel 1952 in Hamburg auf dekorationsloser Bühnenscheibe und Kurt Hübner 1968 in Bremen). Als ein elementares Theaterereignis wurde die *Peer Gynt*-Produktion der Schaubühne am Halleschen Ufer in Berlin von 1971 verstanden. An zwei Abenden haben Peter Stein und sein damaliger Dramaturg Botho Strauß Ibsens Dramatisches Gedicht fast in ganzer Länge, in üppiger szenischer Ausführung und faszinierender schauspielerischer Darstellung spielen lassen und dahinter ein Schlüsselstück für das Verständnis unserer bürgerlichen Gesellschaft entdeckt. 1981 brachte der französische Regisseur Patrice Chéreau in Villeurbanne eine aufsehenerregende Aufführung zustande.

Peer Gynt wurde am 24. Februar 1876 in Kristiania (heute Oslo) uraufgeführt. Bereits 1881 wurde das Stück ins Deutsche übersetzt. 1901 verfaßte Christian Morgenstern eine weitere Übertragung. Erste deutschsprachige Aufführungen waren in Wien und Berlin 1902. 1874 schrieb Edvard Grieg auf Anregung Ibsens eine romantische Bühnenmusik. Die Oper *Peer Gynt* von Werner Egk (1938) vereinfacht das Drama.

Nora oder Ein Puppenheim

Et dukkehjem

Schauspiel in 3 Akten

PERSONEN

Torvald Helmer, Rechtsanwalt
Nora, seine Frau
Christine Linde, Noras Freundin
Doktor Rank
Krogstad, Rechtsanwalt
Anne-Marie, Kindermädchen bei Helmers
Helene, Hausmädchen bei Helmers
Die drei kleinen Kinder der Helmers
Ein Dienstmann

ORT
Salon in Helmers Wohnung

ZEIT
Zweite Hälfte des 19. Jahrhunderts

HANDLUNG

Rechtsanwalt Torvald Helmer ist Bankdirektor geworden. Grund genug zum Feiern an diesem Weihnachtsnachmittag, denn die Zukunft für ihn und seine Familie steht nun endlich finanziell auf festen Beinen, nach langen Jahren der Unsicherheit. Torvald Helmer ist seit acht Jahren verheiratet. Seine Frau Nora ist ein kapriziöses Geschöpf, etwas leichtgläubig und ein wenig oberflächlich. Um die Zukunft hat sie sich nie große Sorgen gemacht. Sie lebt wohlbehütet und von Problemen scheinbar unbelastet in den Tag hinein, geliebt und verhätschelt von ihrem Mann, der sie als seinen »lockeren Zeisig«, als sein »Eichkätzchen« liebevoll umsorgt und seinem »Frauchen« auch manchmal die kleinen Anfälle von Verschwendungssucht nachsieht.

Daß Nora ein Geheimnis vor ihrem Mann hat, scheint ihr Glück sogar noch zu erhöhen. Sie hat ihm nämlich am Anfang ihrer Ehe durch eine geheimnisvolle Aktion sozusagen das Leben gerettet; er weiß nichts davon und soll auch nie etwas davon erfahren, denn es würde sein männliches Selbstgefühl kränken, wenn er wüßte, daß er ihr etwas zu verdanken hat. So jedenfalls äußert sich Nora ihrer alten Schulfreundin Christine Linde gegenüber, als diese nach zehnjähriger Abwesenheit überraschend bei ihr auftaucht und von ihrem Schicksal berichtet. Frau Linde war eine reiche Zweckehe eingegangen, die die Versorgung ihrer kranken Mutter und ihrer jüngeren Brüder sichern sollte. Inzwischen aber ist ihr Mann gestorben und hat ihr nichts hinterlassen. Nun hört sie von Nora, daß Torvald Helmer Bankdirektor geworden ist, und hofft, bei ihm eine Stellung zu finden. Nora verspricht ihr Hilfe. Ihre Ehe-Idylle scheint vollkommen zu sein.

Aber der Schein trügt. Ein dunkler Fleck in ihrer Vergangenheit taucht auf, als ein gewisser Herr Krogstad sie um ein Gespräch bittet. Er ist Angestellter in der Bank, die Helmer jetzt leitet. Diesem Krogstad steht das Wasser bis zum Hals, denn Helmer hat ihm wegen zurückliegender Betrügereien, einer Urkundenfälschung, gekündigt.

Und eben dies ist der Grund, weshalb Krogstad Nora aufsucht: Kurz nach der Hochzeit war Helmer schwer erkrankt. Um ihm den verschriebenen einjährigen Erholungsaufenthalt im Süden zu ermöglichen, hat Nora bei Krogstad ein Darlehen aufgenommen, das sie – wie vereinbart – nach und nach zurückzahlt. Nun hat Krogstad aber herausgefunden, daß Nora auf dem Schuldschein die Unterschrift ihres Vaters, der als Bürge angegeben war, gefälscht hatte. Der Vater war nämlich zu dem Zeitpunkt, an dem der Schuldschein ausgestellt wurde, schon drei Tage tot. Nun kommt Krogstad und fordert Nora auf, sich bei ihrem Mann dafür einzusetzen, daß seine Kündigung rückgängig gemacht wird. Andernfalls werde er von der einstigen Unterschriftsfälschung rücksichtslos Gebrauch machen. Nora ist diesem Erpressungsversuch hilflos ausgeliefert. Sie will unter keinen Umständen, daß ihr Mann von jenem »Fehltritt« erfährt, denn sie weiß um seine strengen Wertmaßstäbe in solchen Angelegenheiten.

Ihr Versuch, Helmer zur Wiedereinstellung Krogstads zu bewegen, schlägt jedoch fehl. Nora sucht nun Rat und Hilfe bei einem Freund des Hauses, Doktor Rank, dessen Sympathie sie sich sicher weiß. Doch der macht ihr ein Liebesgeständnis und bringt sie damit noch zusätzlich in Verwirrung. Für ihre Probleme findet sie kein Gehör.

Krogstad wiederholt seinen Erpressungsversuch bei Nora, wobei er allem Anschein nach noch mehr für sich herausschlagen will als nur seine Wiedereinstellung. Er hat ein Schreiben an Helmer mitgebracht, in dem er alles aufdeckt. Nora hört, wie er den Brief beim Weggehen in den Briefkasten wirft. Zu diesem hat aber nur Helmer den Schlüssel. Wann wird er das Schreiben entdecken? Nora schwankt zwischen Selbstmordgedanken und

Hoffnungen auf eine wunderbare Lösung. Schließlich vertraut sie sich Christine Linde an, denn die Freundin hat Lebenserfahrung, und wie sich herausstellt, kennt sie Krogstad. Wegen der notwendig gewordenen Versorgungsehe hatte sie ihm – dem Mann, den sie liebte – den Laufpaß geben müssen. Nun will sie die Beziehung zu ihm wieder herstellen, obwohl sie von seiner verkorksten Lebenssituation weiß, an der sie vielleicht mit Schuld trägt. Sie ist überzeugt, ihm den notwendigen Halt geben zu können. Nun, da sie von Nora seine Adresse erfährt, will sie ihn aufsuchen und dazu bewegen, den Brief wieder zurückzunehmen. Trotzdem rät sie Nora dringend, eine Aussprache mit Helmer herbeizuführen und nichts vor ihm zu vertuschen.

Doch Nora zögert und flüchtet sich in die Vorstellung, daß für einen kurzen Augenblick noch einmal alles so sein möge wie früher. Ein Kostümball, auf dem Nora als italienisches Fischermädchen verkleidet tanzen soll, ist bereits angesetzt. Helmer nimmt die letzte Probe ab und tadelt Noras befremdliche Wildheit im Tanz. Dann gehen beide zum Ball.

Früh heimgekehrt, ist Helmer verliebter denn je in seine charmante kleine Frau, deren Anmut alle bezaubert hat. Doch dann nimmt er den Brief aus dem Kasten. Er findet darin auch zwei Visitenkarten von Doktor Rank, auf denen der schwerkranke Freund zu verstehen gibt, daß er bald sterben werde. Doch Helmers Erschütterung darüber währt nur kurz, denn nun liest er den Brief Krogstads. Sofort überschüttet er Nora mit Vorwürfen, nennt sie eine Verbrecherin, der er leichtsinnig jahrelang sein Vertrauen geschenkt habe, und spricht ihr das Recht ab, ihre gemeinsamen Kinder weiterhin zu erziehen. Noras Hoffnung auf Verständnis bei ihrem Mann für ihren einstigen Fehltritt hat sich nicht erfüllt. Helmers einzige Besorgnis gilt seiner Bankkarriere und seinem Ruf in der Gesellschaft: kein Wort des Verständnisses für Noras Lage, auch nicht die Spur von Dankbarkeit Nora gegenüber, die schließlich den Schuldschein nur für ihn und seinen Genesungsaufenthalt gefälscht hatte.

Krogstad hat mittlerweile auf Drängen Christines einen zweiten Brief an Helmer geschrieben und darin alle Drohungen zurückgenommen, ja sogar den verfänglichen Schuldschein zurückgeschickt. Helmer atmet auf, seine Weste bleibt sauber. Nun ist er auch bereit, zu verzeihen und seinem »Frauchen« die Hand zur Versöhnung zu reichen. Doch jetzt spielt Nora nicht mehr mit. Ihr ist bewußt geworden, daß sie acht Jahre lang in einer ehelichen Schein-Idylle gelebt hat, sie war für ihren Mann ein Puppenspielzeug in einem Puppenheim, nie Partnerin.

Sie entscheidet sich zu einer Radikalkur: Nora verläßt ihren Mann und auch ihre Kinder, um sich auf eigene Füße zu stellen. Die Trennung von Helmer soll sie zu einem selbständigen Menschen machen. Vielleicht wird dann eines Tages ein Zusammenleben mit Helmer wieder möglich werden, auf einer neuen Basis.

ERLÄUTERUNGEN

Mit seinem sozialkritischen Schauspiel *Nora* goß Henrik Ibsen Öl ins Feuer einer überaus aktuellen Diskussion seiner Zeitgenossen, der leidenschaftlich geführten und sowohl mit Emotionen wie mit triftigen Sachargumenten kräftig angereicherten Debatte zum Thema Frauenemanzipation. *Nora* wurde als Provokation empfunden und stieß beim Publikum (wohl vorwiegend dem männlichen) auf wütende Ablehnung. Bei den Aufführungen in Hamburg und Wien wurde Ibsen sogar zu einem »versöhnlichen« Schluß genötigt, der Nora, vom Anblick der schlafenden Kinder sentimental berührt, wieder in ihr Puppenheim zurückzwang.

Und auch heute wirkt *Nora* so aktuell wie vor hundert Jahren, denn das Grundproblem ist noch lange nicht aus der Welt geschafft. So ist Nora zur Symbolfigur geworden für die Frauenbewegung von heute. Und das Stück liefert den Feministinnen noch immer gute Argumente, auch wenn sich manche historischen Akzente verschoben haben und sich thematische Nuancen nicht mehr als zeitgemäß erweisen.

Gleichwohl hat Ibsen nicht nur den eigentlichen Befreiungsakt Noras im Auge gehabt – Nora als Aussteigerin aus ihrem beengenden Ehealltag. Ibsen geht es auch um den allgemeinmenschlichen Anspruch auf Gleichberechtigung und Selbstwertgefühl. Mit voller Absicht hat der Autor deshalb sein Drama im norwegischen Original auch *Ein Puppenheim* genannt, um damit die Reduzierung der Nora auf die Größenordnung eines Spielzeugs in den Mittelpunkt zu rücken. Ibsens Thema ist die Ehe, nicht nur die unterdrückte Ehefrau oder das gemeinsame Heim, das dann plötzlich für einen Ehepartner unbewohnbar geworden ist.

In der acht Jahre dauernden Ehe Noras funktioniert ein genau geschilderter Unterdrückungsmechanismus, dem Nora – ohne daß sie es selbst deutlich empfindet – ausgeliefert ist und gegen den sie sich in keiner Weise wehrt. Nora spürt diese Beengung erst in der persönlichen Notsituation. Torvald Helmer, mit selbstherrlicher Autorität das Familienoberhaupt herauskehrend, hat Nora nie als gleichberechtigte Partnerin akzeptiert. Er gängelt sie, indem er vorgibt, sie zu schützen, hält sie im Zustand der Unmündigkeit, was allerdings Nora lange Zeit nicht bewußt wird. Nora ist für Helmer ein Spielzeug, das er zur gesellschaftlichen Reputation braucht und dem er seinen Schutz und auch seine Zuneigung je nach Stimmung und Wohlverhalten zukommen lassen kann. Als

Nora nun in eine für sie fast ausweglos erscheinende Situation gerät, in die sie sich ihrem Mann zuliebe gebracht hat, läßt Helmer sie auflaufen, weil ihm sein gesellschaftlicher Ruf und die Karriere wichtiger erscheinen. Hinter seinem Nesthäkchen-Getue Nora gegenüber tritt der krasse Egoist zutage, als der er sich bereits anderen gegenüber erwiesen hat. So läßt Helmer nicht nur Nora hängen, wenn's darauf ankommt, sondern schickt auch den Assessor Krogstad in die Wüste, dem das Wasser bis zum Hals steht. Für den todkranken Freund Doktor Rank fehlt ihm das richtige Verständnis, und auch über Christine, die sich hart durchs Leben beißen muß, um ihren Angehörigen die Versorgung zu sichern, äußert er sich abfällig.

Mit dem Schicksal Christine Lindes zeigt Ibsen im Kontrast zu Noras Leben ein anderes Frauenschicksal dieser Zeit. Christine mußte der Familie wegen ihre Liebe opfern zugunsten einer guten Versorgung. Dabei macht sie eine Entwicklung zu einer den eigenen Einsichten gehorchenden Persönlichkeit durch. Sie knüpft die Verbindung zu Krogstad, obwohl sie weiß, daß dieser zur fragwürdigen Person abgestempelt ist.

Und auch Nora wandelt sich unter dem Druck existentieller Angst und dem fehlenden Rückhalt Helmers von der Puppe zum selbständig denkenden Menschen. Am Rande des Selbstmords härtet sie sich, wirft ihre realitätsfeindlichen Illusionen über Bord und begreift ihr bisheriges Leben. Nora riskiert den Ausbruch aus Ehe und Familie »mit klarem Bewußtsein«. Sie will, wenn sie »aus alledem hier heraus und allein« ist, »der Sache auf den Grund gehen«. Am Schluß des Stückes steht die Szenenanweisung »Unten fällt eine Tür dröhnend ins Schloß«. Diese zugeschlagene Tür beendet eine Beziehung, die nie eine war, weil statt des partnerschaftlichen Nebeneinanders die eine Seite in die Rolle des Objekts gezwängt worden war.

Nora wurde am 21. Dezember 1879 in Kopenhagen uraufgeführt. Die deutsche Erstaufführung war am 3. März 1880 im Münchner Residenztheater. Auch heute, mehr als hundert Jahre später, übt das gesellschaftskritische Ehedrama mit seinen fünf konfliktreich aneinandergebundenen Hauptpersonen noch immer starken Reiz auf Regisseure, Schauspieler und Publikum aus. An jüngeren Inszenierungen haben 1967 die von Peter Zadek in Bremen, 1972 die von Hans Neuenfels in Stuttgart und ein Jahr später in Frankfurt, und 1976 die von Rudolf Noelte in Berlin größere Beachtung gefunden. Der britische Filmregisseur Joseph Losey hat *Nora* 1972 ins Kino gebracht, und auch Rainer Werner Fassbinders Film *Nora Helmer* von 1973 geht auf Ibsens Schauspiel zurück.

AUGUST STRINDBERG

August Strindberg wird am 22. Januar 1849 in Stockholm als Sohn in ärmlichen Verhältnissen lebender Eltern geboren. Die ständig gespannte, von Aggressionen bestimmte Atmosphäre im Elternhaus prägt sein Leben und sein dichterisches Schaffen nachhaltig und ist sicher auch Ursache für seine drei gescheiterten Ehen. 1867 studiert er ein Semester lang in Uppsala Medizin, wird Hauslehrer, nimmt 1869 Schauspielunterricht und studiert von 1870 bis 1872 erneut in Uppsala, diesmal Philosophie. Er beschäftigt sich mit der Darwinschen Abstammungslehre und mit Naturwissenschaften und wird Journalist und Schriftsteller bei verschiedenen Zeitungen in Stockholm. Seine ersten Dramen entstehen. Das Schauspiel *Meister Olof* (1872) macht ihn mit einem Schlag bekannt.

Von 1874 bis 1882 ist er Sekretär an der Königlichen Bibliothek in Stockholm. Nach der Enttäuschung über seine erste Ehe beginnt er 1883 ein reges Wanderleben durch Europa, das er als selbstgewähltes Exil betrachtet. Er lebt abwechselnd in Frankreich, in der Schweiz, in Deutschland, wo er zum zweitenmal heiratet, und Dänemark. 1887 trennt er sich auch von seiner zweiten Frau, im selben Jahr entsteht das Schauspiel *Der Vater*, 1888 der Einakter *Fräulein Julie**.

1894 bis 1896 gerät Strindberg in Paris in größte finanzielle Not, so daß Freunde für ihn Geld sammeln müssen. In einem krankhaften Prozeß der Selbstprüfung und Buße sucht er Lösungen und Auswege aus depressiven Zwangsvorstellungen und Bedrängnissen, gerät dabei in pseudo-religiöse und okkultistische Vorstellungen und unterwirft sich nicht greifbaren, unbekannten »Mächten«. Aus dieser Krise, die er in der Autobiographie *Inferno* beschreibt, geht er »geläutert und demütig« hervor. Seine nächsten Stücke sind von nun an tiefer, mit suggestiven Symbolen verschlüsselt und daher schwerer verständlich. Zwischen 1898 und 1907 entstehen das dreiteilige Bekenntnis- und Ideen-Drama *Nach Damaskus* (1900), *Totentanz* (1905) und die dramatisch-lyrische Phantasie *Ein Traumspiel,* uraufgeführt 1907 in Stockholm. Daneben schreibt Strindberg mit Erfolg historische Dramen, wie *Gustav Vasa, Erich XIV.* (beide 1899 uraufgeführt), *Gustav Adolf* (1900 erschienen). Seit 1899 lebt er wieder in Stockholm, heiratet ein drittes Mal, was wiederum schiefgeht, und gerät in immer größere Isolation. 1907 ist er Mitbegründer des »Intimen Theaters« in Stockholm, dem er die letzten Lebensjahre widmet und in dem nun seine Stücke

aufgeführt werden. Die berühmten Kammerspiele entstehen um 1910: *Wetter-leuchten, Die Brandstätte, Gespenstersonate* und *Der Scheiterhaufen.*
Strindberg stirbt am 14. Mai 1912 an Krebs.

August Strindberg ist der bedeutendste moderne schwedische Schriftsteller. Mit seinen Dramen hat er das Theater bis in unsere Gegenwart hinein beeinflußt, ist Hauptautor des schwedischen Naturalismus und Vorläufer des Expressionismus. Sein immer wiederkehrendes Zentralthema ist die angebliche Urfeindschaft der Geschlechter. Er entwickelt einen absurden Antifeminismus mit der krankhaft vertretenen Auffassung, daß die Frau dem Manne intellektuell und moralisch unterlegen, an Raffinesse jedoch überlegen sei. »Das Weib« wird für ihn zum Inbegriff der Erniedrigung des schöpferischen Menschen. Die Geschlechter sind in Haßliebe aneinandergekettet und befinden sich in einem ewigen Machtkampf.

Fräulein Julie

Fröken Julie

Naturalistisches Trauerspiel in einem Akt

PERSONEN
Fräulein Julie, 25 Jahre
Jean, Bedienter, 30 Jahre
Kristin, Köchin, 35 Jahre
Gesinde

ORT   ZEIT
Küche auf einem schwedischen Herrensitz   Um 1880

HANDLUNG
Julie, die 25jährige Tochter des Grafen, ist mit der Dienerschaft allein im Schloß. Es ist die Mittsommernacht, wo im Volk die alten Fruchtbarkeitsbräuche in ausgelassenen Festen wieder aufleben und man den Beginn der heißen Jahreszeit feiert.

Das Fest der Johannisnacht wird immer lauter und ungehemmter, die Stimmung ist schon kräftig angeheizt, und der Alkohol beginnt zu wirken. Julie, die erst vor vierzehn Tagen ihrem Verlobten den Laufpaß gegeben hat, nützt die Abwesenheit ihres Vaters dazu aus, den Hausdiener Jean anzumachen. Sie hat mit Jean gegen jeden »gesellschaftlichen Anstand« auffallend aufreizend und zudringlich getanzt, dann aber plötzlich wieder herrschaftliche Arroganz heraushängen lassen. Nun ist sie zu ihm und der Köchin Kristin in die Küche gekommen und beginnt Jean halb spielerisch-kokett, halb im Ernst zu verführen.

Jean hat sich anfänglich geschmeichelt gefühlt, weil sich die Tochter des Grafen mit ihm einlassen will. Eine Weile noch hat er auf Abstand gehalten, den Zorn seines Herrn und das Gerede der Leute fürchtend. Aber schließlich gibt er Julie doch nach. Als plötzlich das Gesinde im lärmenden Tanz auch in die Küche einzudringen droht, flüchten beide, um nicht überrascht zu werden, in Jeans Schlafzimmer. Dort passiert, was passieren muß.

Später. Der Rausch ist verflogen, Ernüchterung hat sich eingestellt. Jean, der auf Julies Anmache zunächst vorsichtig zurückhaltend reagiert und dann willig mitgemacht hat, ist plötzlich grob und brutal. Er läßt die Maske des Untergebenen fallen. Aus dem anfänglich bescheidenen Lakaien ist ein Macho mit allen Zügen der Brutalität geworden, der seinen Wert kühl abwägt und ins Spiel bringt, dann aber doch wieder in die Untergebenenrolle zurückfällt. So demütigt und erniedrigt er Julie, die ihrerseits zwischen Überheblichkeit und Liebesbettelei hin- und herschwankt. Denn nur allzu schnell begreift Julie die Tragweite ihres Abenteuers und erkennt bei jedem gewechselten Wort, daß außer dem kurzen sexuellen Erlebnis keine weiteren Übereinkünfte zwischen ihnen bestehen. Aber der Fehlschritt ist nicht mehr rückgängig zu machen, und das gemeinsame Leben unter einem Dach mit der täglichen Erinnerung an die erlittene Schmach erscheint ihr unerträglich.

Jean wird die heulende, nach Zärtlichkeit verlangende, dann wieder herrisch aufbrausende Julie schlechthin lästig. Gelangweilt versucht er, sie zur gemeinsamen Flucht ins Ausland zu überreden. Sie könnten gemeinsam ein Hotel aufmachen: Er hat Fach- und Sprachkenntisse, sie soll für das Kapital sorgen. Und Julie »besorgt« auch tatsächlich das nötige Geld aus der Schatulle des Vaters, nachdem sie vorher noch, halb betrunken, ihre mehr als brisante Familiengeschichte, in der ihre emanzipierte Mutter keine rühmliche Rolle spielt, preisgegeben und beklagt hat.

Als der zurückgekehrte Graf nach seinem Dienstpersonal läutet, ist Jean plötzlich wieder der unterwürfige Lakai. Julie, tief verstört und existentiell betroffen, sieht keinen Ausweg mehr aus ihrer Lage, in die sie sich selbst hineinmanövriert hat. Fast willenlos läßt sie sich von Jean zum Selbstmord überreden. Jean reicht ihr mit der entsprechenden Bemerkung sein Rasiermesser.

ERLÄUTERUNGEN

Fräulein Julie ist von Strindberg ganz bewußt als naturalistisches Drama aufgefaßt und sowohl im Untertitel wie auch in einem ausführlichen Vorwort so bezeichnet und erläutert worden: Die Wirklichkeit einer ganz bestimmten Situation soll unverfälscht und ohne Schönfärberei dargestellt werden. *Fräulein Julie* ist ein beispielhaftes Dokument des Naturalismus, das mit seinen psychoanalytischen Ansätzen, besonders dem sexualpsychologischen Aspekt, auch die Entwicklung des modernen Dramas entscheidend beeinflußt hat.

Der Grafentochter Julie werden die mitternächtliche Hingabe an den einerseits robust-primitiven, andererseits halbgebildet-gewitzten Lakaien Jean, ihr eigenes gefährdetes Wesen, die negative Erfahrung mit ihrem Verlobten und ihre Erziehung zum tödlichen Verhängnis. Julie ist, ganz nach naturalistischer Vererbungstheorie, bereits von Haus aus mit einer schlechten Erbanlage mütterlicherseits vorbelastet und obendrein noch gebeutelt von den verschiedenen Erziehungsvorstellungen der Eltern. Da ist der extrem autoritäre adlige Vater, dort die Mutter einfacher Herkunft, die ihren ungewöhnlichen Freiheitsdrang und ihren Haß auf Männer auf Julie übertrug. Kein Wunder, daß Julie in ihrem sexuellen Verhalten gestört ist, nämlich gleichzeitig gehemmt wie haltlos mannstoll. Die mit ihren bisherigen Erfahrungen verbundene sexuelle Frustration löst geradezu eine sexuelle Sucht aus, die sich fatalerweise mit sozialem Dünkel und Hochmut wie mit Männerhaß mischt: »Ich könnte Sie töten lassen wie einen tollen Hund«, sagt sie zu Jean.

Die gerade kaputtgegangene Verlobung, die erregende Atmosphäre der Mittsommernacht, der Standesunterschied als erotisches Stimulans, außerdem Julies »kritische Tage« und das Gefühl, endlich einmal der Kontrolle ihres strengen Vaters entronnen zu sein, sind die äußeren Auslöser des Geschehens. Die inneren liegen in Julies Wesen, ihrer Herkunft und ihrer sozialen Anlage begründet.

Julies anerzogener Haß auf den Mann als Geschlechtswesen, ihr leicht sadistischer Demütigungsdrang, fallen zusammen mit einem Zwang zur Selbsterniedrigung und offener Hörigkeitsbereitschaft. In der sexuellen Begegnung mit Jean konzentrieren sich diese Neurosen. Die Liebe bleibt dabei ausgeklammert. »Danach«, als alles vorbei ist, gibt es natürlich keinen Ausweg, denn die Standesmechanismen und -unterschiede funktionieren ja weiter: Eine Verbindung mit dem Domestiken im Schloß ist völlig ausgeschlossen; der Fluchtweg für den Diener in dem Moment versperrt, als sein Herr läutet. Für Julie kann nur das eigene Blut diesen Ehrenfleck noch reinigen.

Insofern hat *Fräulein Julie* neben dem psychopathologischen auch einen starken gesellschaftskritischen Aspekt, denn die Voraussetzungen und Bedingungen von Julies Handlungsweise werden in einer defekten Erziehung und der generellen Degenerierung des Adelsstandes gesehen. Julie ist den prägenden Gesellschaftsregeln, Ehrbegriffen und Männlichkeitsnormen unterworfen und wird von ihnen deformiert. Sie ist Erziehungsprodukt einer »emanzipierten« Mutter und eines erzkonservativen Vaters und symbolisiert in ihrem Absturz auch den Untergang der aristokratischen Gesellschaft. Dieser Absturz ist gleich zweifach veranschaulicht, durch Julies Selbstmord als einzige Lösung eines mißglückten Emanzipierungsversuchs und durch den Abstieg der dekadenten Aristokratin zum Gesinde, das andererseits in Gestalt eines Untergebenen nach oben auszubrechen versucht.

Fräulein Julie, heute eines der meistgespielten Dramen Strindbergs, konnte am 14. März 1889 in Kopenhagen nur in einer geschlossenen Vorstellung zum erstenmal gegeben werden. Auch später scheiterten viele Aufführungsversuche daran, daß keine Schauspielerin ihren guten Ruf durch die Darstellung der Titelrolle aufs Spiel setzen wollte. Die deutsche Erstaufführung war am 3. April 1892 in Berlin und wurde wegen der schockierenden Wirkung des Stückes gleich wieder abgesetzt. Erst 1893 kam *Fräulein Julie* auf der kleinen Avantgarde-Bühne des Pariser Théâtre Libre zu einem sensationellen Erfolg. Seit dieser Zeit hat sich Strindbergs »naturalistisches Trauerspiel« auf den Bühnen in Deutschland, Skandinavien und der angelsächsischen Welt gehalten. Man hat es kraß naturalistisch gespielt, so wie Strindberg es zunächst selbst haben wollte, dann klassenkämpferisch, bohrend psychoanalytisch, als Sexschocker oder tiefsinnig symbolistisch. 1960 sah man Joanna Maria Gorvin und Ullrich Haupt in einer berühmten Gründgens-Inszenierung in Hamburg. Bemerkenswerte Aufführungen waren die von Fritz Kortner (1967, Münchner Kammerspiele), Hans Neuenfels (1970 in Heidelberg), Rainer Werner Fassbinder (1974 in Frankfurt), Ernst Wendt (1979 wieder an den Münchner Kammerspielen) und Ingmar Bergman (1981 am Münchner Residenztheater). Eine Neuübertragung ins Deutsche stammt von Peter Weiss.

GERHART HAUPTMANN

Gerhart Hauptmann wird am 15. November 1862 im schlesischen Obersalz-
brunn (heute Polen) geboren. Er ist Enkel eines schlesischen Webers und
Sohn eines Hotelbesitzers. Die Schule macht ihm Schwierigkeiten, er will
Bildhauer, dann Schauspieler werden. Das Bildhauerstudium in Breslau
bricht er ab, hospitiert dann an der Universität Jena in geschichtlichen und
philosophischen Vorlesungen. Zwischen 1881 und 1884 unternimmt er eine
ausgedehnte Europareise, die er in Rom wegen Typhusgefahr abbricht. Die
Heirat mit einer Großkaufmannstocher 1885 macht ihn finanziell unabhängig. In den kommenden Jahren lebt er als freier Schriftsteller in Erkner bei
Berlin, nahe des Müggelsees. Er schließt sich dem Dichterverein »Durch« an
und hält Kontakt zu den beiden naturalistischen Schriftstellern Arno Holz
und Johannes Schlaf.

Der Durchbruch gelingt Gerhart Hauptmann 1889 gleich bei der Uraufführung seines ersten Dramas *Vor Sonnenaufgang:* Der Theaterskandal ist perfekt.
Die wirklichkeitsnahe Darstellung der Laster und Verschwendungssucht der
Reichen im schlesischen Bergbaugebiet und die bittere Armut bei den Bauern
und Grubenarbeitern, außerdem die deterministische Weltanschauung und das
Vererbungsproblem sind die Themen. Die Menschen sprechen den Dialekt ihrer
schlesischen Heimat.

In schneller Folge entstehen bis 1911 die Dramen, die Hauptmanns Weltruhm begründen. Höhepunkt des naturalistischen Theaters ist das soziale Drama
Die Weber* (1892), das erst nach einem Gerichtsverfahren 1894 öffentlich am
Deutschen Theater Berlin uraufgeführt werden darf: die Tragödie der schlesischen Weber, die sich 1844 in einer Hungerrevolte erhoben, aber von Truppen
blutig niedergeworfen wurden. Naturalistische Mittel setzt Hauptmann auch in
der Volkskomödie *Der Biberpelz** (Uraufführung 1893) ein. Herausragende
Werke, die Mitleid und Anteilnahme am Schicksal einfacher Leute erwecken,
sind die tragischen Stücke *Fuhrmann Henschel* (1898) und *Rose Bernd* (1903),
sowie die Lustspiele *Schluck und Jau* (1900) und *Die Ratten* (1911). Neue Wege
geht der Dichter mit den Traumspielen *Hanneles Himmelfahrt* (1893), *Die
versunkene Glocke* (1896) und *Und Pippa tanzt!* (1906). Achtzigjährig schreibt
Gerhart Hauptmann seine Atriden-Tetralogie *Iphigenie in Delphi* (1941), *Iphigenie in Aulis* (1944), *Agamemnons Tod* und *Elektra* (posthum erschienen
1948).

Zu seinem erzählerischen Werk gehören *Bahnwärter Thiel* (1892), *Der Narr in Christo Emanuel Quint* (1910) und *Der Ketzer von Soana* (1918).

Im Jahr 1901 erwirbt Hauptmann das Haus Wiesenstein in Agnetendorf im Riesengebirge. Er lebt nun abwechselnd in Berlin, Dresden und Hiddensee auf Rügen, wo er ebenfalls ein Anwesen besitzt. 1904 Ehescheidung und erneute Heirat. Er erhält zahlreiche Ehrungen und Würdigungen in aller Welt: 1905 den Ehrendoktor in Oxford, 1912 den Nobelpreis für Literatur, 1924 den Orden »Pour le mérite«, 1928 wird er Mitglied der Preußischen Dichterakademie.

Bei den Nazis stößt Hauptmanns Werk nicht auf Billigung, wird aber respektiert. Nach dem Zweiten Weltkrieg bleibt Hauptmann in seiner nun polnisch verwalteten Heimat und stirbt kurz vor der geplanten Übersiedlung nach Berlin am 6. Juni 1946 in Agnetendorf. Sein Leichnam wird nach Hiddensee überführt und dort beigesetzt.

Gerhart Hauptmann ist der Hauptvertreter des deutschen naturalistischen Dramas, er wurde beeinflußt von Ibsen, Zola und Tolstoi. Höhepunkt und Schlüsselwerk des Naturalismus sind *Die Weber**. Später reduziert Hauptmann die naturalistische Aussage zugunsten historischer Stoffe, Sagen und Mythen, Traumvisionen und Naturmystik. Im Vordergrund seines umfangreichen Bühnenschaffens stehen meist Einzelschicksale in proletarischem Milieu, Zerfall der Kleinbürgerwelt, Bürokratenanmaßung, Künstlerproblematik, religiöse Themen. Nur noch ein knappes Dutzend seiner Dramen sind heute am Bühnenleben.

Weitere Werke: *Das Friedensfest* (1890), *Einsame Menschen* (1891), *Kollege Crampton* (1892), *Florian Geyer* (1896), *Michael Kramer* (1900), *Der rote Hahn* (1901), *Der arme Heinrich* (1902), *Der weiße Heiland* und *Dorothea Angermann* (1926), *Die schwarze Maske* (1928), *Vor Sonnenuntergang* (1932), *Das Meerwunder* (1934).

Die Weber

Schauspiel aus den vierziger Jahren
In 5 Akten

PERSONEN

Dreißiger, Parchentfabrikant
Frau Dreißiger
Pfeifer, Expedient
Neumann, Kassierer
Der Kutscher Johann   } bei Dreißiger
Ein Mädchen
Weinhold, Hauslehrer bei Dreißigers Söhnen
Pastor Kittelhaus
Frau Pastor Kittelhaus
Heide, Polizeiverwalter
Kutsche, Gendarm
Welzel, Gastwirt
Frau Welzel
Anna Welzel
Wiegand, Tischler
Ein Reisender, ein Bauer, ein Förster
Schmidt, Chirurgus
Hornig, Lumpensammler
Der alte Wittig, Schmiedemeister

Die Weber:
Bäcker
Moritz Jäger
Der alte Baumert
Mutter Baumert
Bertha Baumert
Emma Baumert
Fritz, Emmas vierjähriger Sohn
August Baumert
Der alte Ansorge
Frau Heinrich
Der alte Hilse

Frau Hilse
Gottlieb Hilse
Luise, Gottliebs Frau
Mielchen, deren sechsjährige Tochter
Reimann
Heiber
Ein achtjähriger Knabe
Färbereiarbeiter, junge und alte Weber, Weberfrauen

ORT
Kaschbach im Eulengebirge, Peterswaldau und Langenbielau am Fuße des
Eulengebirges in Schlesien

ZEIT
In den vierziger Jahren des 19. Jahrhunderts

HANDLUNG
Im Hause des Textilfabrikanten Dreißiger liefern die Weber ihre in Heimarbeit
gewebten Stoffe ab. Der Expedient Pfeifer, ehemals selbst Weber und jetzt ein
brutaler Leuteschinder im Dienste des reichen Unternehmers, macht die Ware
madig, wo er nur kann, um den Lohn noch weiter zu drücken. Als die Weber um
einen Vorschuß betteln, werden sie von ihm mit dem Hinweis abgekanzelt, daß
man auf sie ja nicht angewiesen sei: »Weber hat's genug.« Ein junger Weber,
der »rote Bäcker«, versucht aufzumucken und bekommt daraufhin keine Arbeit
mehr. Die anderen Weber speist Pfeifer mit Hungerlöhnen ab.
    Die Angst vor dem Verlust der Arbeit erstickt jeden weiteren Protest der
Weber. Ein kleiner Junge bricht vor Entkräftung zusammen. Dreißiger läßt
ihn in sein Privatkontor bringen und beschwichtigt die Leute mit dem Hinweis, 200 neue Arbeiter einstellen zu wollen. In Wirklichkeit hat er mit
dieser Maßnahme eine Möglichkeit, aufmüpfige Weber zu feuern und die
Löhne zu drücken.
    Im Elendsquartier des alten Webers Ansorge lebt und arbeitet auch die
sechsköpfige Familie Baumert. Der Hund ist geschlachtet worden, weil seit
Jahren kein Fleisch mehr auf dem Tisch stand. Der Reservist Moritz Jäger ist auf
Heimaturlaub. Er führt Hetzreden gegen die ausbeuterischen Fabrikanten und
liest das berüchtigte Weberlied vom Blutgericht vor, das die Not der Weber
schildert und die Fabrikanten verflucht. Ausbeuter wie Dreißiger sind die
Henker, die den Armen ihr Hab und Gut wegnehmen und kein Mitleid mit den
im Elend Lebenden haben: »Gefällt's euch nicht, so könnt ihr gehn am Hunger-

tuche nagen.« Am Ende des Liedes sind sich alle in ihrer Verzweiflung einig: Es muß anders werden.

In einer Gaststube steigert sich die Unruhe unter den Webern. Das provozierende Weberlied ist mittlerweile von den Behörden verboten worden. Einzelne junge Männer heizen die Stimmung an, indem sie das Weberlied singen. Als der Gendarm Kutsche Ruhe gebieten will, wird die Lage für ihn bedrohlich. Die jungen Weber gehen auf die Straße und marschieren, das verbotene Lied singend, zu Dreißiger.

In Dreißigers Wohnung tritt der Hauslehrer Weinhold für mehr soziale Gerechtigkeit ein. Er wird vom Pastor Kittelhaus zur Ordnung gerufen. Dreißiger verbittet sich jegliches Humanitätsgedusel und droht Weinhold mit Entlassung.

Die aufrührerischen Weber sind im Anmarsch. Moritz Jäger ist als Rädelsführer der Weber festgenommen worden. Als die Polizei ihn gefesselt abführen will, bricht der Aufstand los. Die Weber befreien Moritz Jäger und verprügeln die Polizisten. Dreißiger kann sich mit seiner Familie gerade noch durch die Hintertür in Sicherheit bringen, bevor die aufgebrachte Menge die Villa stürmt und alles kurz und klein schlägt.

Der Weberaufstand breitet sich auf die Nachbardörfer aus. Militär ist im Anmarsch, um die Rebellion niederzuschlagen. Der fromme alte Weber Hilse ist entsetzt über den Aufruhr und mißbilligt die Gewalt, denn Gott werde es schon wieder richten. Eigensinnig in seiner Gottergebenheit bleibt er am Fenster an seinem Webstuhl sitzen und arbeitet weiter. Es kommt zu Straßenkämpfen zwischen den Webern und dem Militär. Steine fliegen, und die Soldaten eröffnen das Feuer. Eine verirrte Gewehrkugel trifft den unbeteiligten Hilse tödlich.

ERLÄUTERUNGEN

Das zunächst im schlesischen Dialekt geschriebene Drama *Die Weber* (1891 abgeschlossen) ist Gerhart Hauptmanns bedeutendstes Drama geworden, ein theatergeschichtlicher Höhepunkt des Naturalismus und des modernen Dramas überhaupt. Ziel des naturalistischen Theaters war es, die Erscheinungen der Wirklichkeit möglichst deckungsgleich wiederzugeben, wobei insbesondere die unteren sozialen Schichten bevorzugter Gegenstand der Darstellung wurden. Der normale Alltag wird in seiner Häßlichkeit gezeigt. Gegenüber außergewöhnlichen Gestalten und Ereignissen insbesondere aus Geschichte und Sage besteht Mißtrauen, die Darstellung selbst trägt meist eindeutig pessimistische Züge.

Die Weber sind, neben den bürgerlichen Trauerspielen Schillers und Hebbels und neben Büchners *Woyzeck**, das stärkste soziale Drama der deutschen

Literatur, ein Drama der deutschen Wirklichkeit im 19. Jahrhundert, kein revolutionäres Tendenzwerk oder gar ein Stück des Klassenkampfes, wie es manchmal mißdeutet wird und wogegen sich Hauptmann selbst gewandt hat, sondern eine echte Tragödie nach klassischem Vorbild. Nur daß diesmal statt des einzelnen tragischen Helden die Masse der Weber Hauptperson ist. Dieses tragische Kollektiv ist noch ohne Klassenbewußtsein. Es proklamiert noch nicht die längst fällige soziale Revolution, sondern kämpft einfach um mehr Lohn. Die Weber wollen ihre Not lindern und die individuellen Lebensbedingungen verbessern.

Es geht um einen Aufstand. Aber nicht um die Rebellion eines einzelnen gegen die Gesellschaft, sondern um den Konflikt zwischen zwei Klassen, dem verarmten und von nackter Existenznot getriebenen Proletariat und dem neuen Bürgertum, das durch die aufkommende Industrialisierung immer reicher wird. Eine Gruppe von Menschen will aus Elend und bitterster Not ausbrechen und verleiht ihrer Sehnsucht nach Verbesserung der Situation in Form einer Revolte Ausdruck. Die Rebellion erweist sich als sinnlos, die Menschen versinken von neuem in Elend und Hoffnungslosigkeit, und der Unbeteiligtste an diesem Aufstand, der alte Hilse, bleibt auf der Strecke. *Die Weber* appellieren an das menschliche Mitgefühl, ihre »Tendenz« ist nicht der Umsturz, sondern das Mitleid.

Ausgangspunkt für das Drama ist ein historisches Ereignis. Im Juni 1844 machten die schlesischen Weber einen spontanen Aufstand gegen die ausbeuterischen Arbeitgeber, der schließlich mit militärischer Gewalt niedergeschlagen wurde. Trotzdem sind *Die Weber* kein historisches Drama und damit der aktuellen Wirklichkeit entrückt. Die *Weber*-Szenen spiegeln die deutsche Alltagswirklichkeit gerade der achtziger und neunziger Jahre des vergangenen Jahrhunderts besonders glaubwürdig wider, in der Wirtschaftsmisere, menschenunwürdige Behandlung der Arbeiter und gefühlloses Unternehmertum ebenfalls aktuelle Themen waren. Obwohl viele Einzelheiten und Detailaspekte des historischen Aufstandes getreu wiedergegeben werden, sind die Protagonisten Menschen des Jahrhundertendes, der »rote Bäcker«, der Reservist Moritz Jäger zum Beispiel, oder der Kapitalist Dreißiger. Die Gegenwartsbezüge der *Weber* wurden auch sofort als solche erkannt und empfunden. Die wilhelminischen Zensurbehörden wurden aktiv. Die Polizei verbot die Aufführung der *Weber* mit der Begründung, es sei ein gefährliches sozialistisches Propagandastück, das dazu angetan sei, »Klassenhaß« zu erzeugen und den »zu Demonstrationen geneigten Teil der Bevölkerung Berlins« in Aufruhr zu versetzen. Auch Kaiser Wilhelm II. rügte: »Die ganze Richtung paßt uns nicht.«

Die erste Aufführung am 26. Februar 1893 war eine als privat ausgegebene Veranstaltung der Freien Bühne in Berlin. Die erste öffentliche Aufführung nach Aufhebung des Verbots, die der damals berühmte Regisseur Otto Brahm inszenierte, fand am 25. September 1894 am Deutschen Theater in Berlin statt. Kaiser Wilhelm II. kündigte daraufhin seine Hofloge im Deutschen Theater. Als Buch erschienen *Die Weber* 1892, in einer schlesischen Dialektfassung und einer dem Hochdeutschen angenäherten Sprachversion.

Die Graphikerin Käthe Kollwitz (1867–1945) schuf zwischen 1895 und 1898 nach dem Drama einen von starkem Mitgefühl geprägten Zyklus von Radierungen. Heute sind *Die Weber* von den deutschsprachigen Bühnen weitgehend verschwunden.

Der Biberpelz

Eine Diebskomödie in 4 Akten

PERSONEN

Von Wehrhahn, Amtsvorsteher
Krüger, Rentier
Doktor Fleischer
Philipp, sein Sohn
Motes
Frau Motes
Frau Wolff, Waschfrau
Julius Wolff, ihr Mann
Leontine ⎫
           ⎬ ihre Töchter
Adelheid ⎭
Wulkow, Schiffer
Glasenapp, Amtsschreiber
Mitteldorf, Amtsdiener

ORT
Irgendwo um Berlin

ZEIT
Gegen Ende der 1880er Jahre, während einer Zeit schwerer innenpolitischer Auseinandersetzungen im Deutschen Kaiserreich

HANDLUNG

Die tüchtige und resolute Waschfrau des Ortes, »Mutter Wolffen«, kommt spät am Abend mit einem gewilderten Rehbock nach Hause. Leontine, ihre Tochter, öffnet ihr verschlafen die Türe. Sie teilt der Mutter mit, daß sie heimgekommen sei, weil sie nicht mehr länger bei dem Rentier Krüger als Dienstmädchen arbeiten wolle. Noch abends um zehn hätte sie Holz von der Straße räumen und stapeln sollen. Die Wolffen sieht darin nur Faulenzerei und will die Tochter wieder zurück zu ihrer Herrschaft schicken, aber dann kommt ihr doch eine bessere Idee. Das Holz soll schön trocken sein und liegt noch auf der Straße vor Krügers Haus, überlegt die Wolffen . . . Für heute nacht kann Leontine jedenfalls zu Hause bleiben. Ihr Mann, der Julius, denkt die Wolffen, ist zwar ungebildet und lahm, aber mit einem Schnaps im Bauch ist er zu einem kleinen Raubzug schon noch zu gebrauchen.

Nun kommt erstmal der Spreeschiffer Wulkow herein, der das gewilderte Reh kaufen will; zwischen den beiden kommt es zu einer gewitzten Feilscherei, in der sie gegenseitig ihre Kräfte messen. Zum Schluß kann Mutter Wolffen mit dem erzielten Preis zufrieden sein.

Da erzählt die jüngste Tochter Adelheid, daß Frau Krüger für ihren Mann einen wertvollen Biberpelz gekauft habe. Einen Biberpelz! Ja, so einen hätte der rheumageplagte Wulkow auch gerne, sagt er, bevor er weggeht; 60 bis 70 Taler würde er dafür hinlegen. Der Wolffen ist das nicht entgangen. Aber erst muß das Holz noch unter Dach und Fach, denkt sie.

Der Amtsdiener Mitteldorf kommt noch zu später Stunde. Er hat doch glatt vergessen, Mutter Wolffen für den nächsten Tag zum Waschen bei der Frau Amtsvorsteherin von Wehrhahn zu bestellen. Ob sie jetzt doch noch kommen könne? Mutter Wolffen verspricht das, denn was sein muß, muß sein. Zusammen mit Mitteldorf verlassen die Wolffen und ihr Mann das Haus, und ahnungslos hält Mitteldorf die Laterne für den nächtlichen Beutezug zum Krügerischen Holzhaufen.

Am nächsten Morgen erstattet Krüger Anzeige wegen des Holzdiebstahls. Der Amtsvorsteher von Wehrhahn, stramm, erzkonservativ und königstreu bis in die Knochen, ist allerdings mehr daran interessiert, »freisinnige Umtriebe« aufzudecken, als Holzdieben nachzuspüren. In seinem Amtsbereich gibt es noch zu viele »dunkle Existenzen, politisch verfemte, reichs- und königsfeindliche Elemente«, die alle noch frei herumlaufen. So zum Beispiel diesen Privatgelehrten Dr. Fleischer, von dem ihm seine Spitzel berichtet haben, daß er zwanzig verschiedene Zeitungen liest und regelmäßig liberal denkende Literaten zu sich einlädt.

Daß der Rentier Krüger nun ausgerechnet auch mit diesem Dr. Fleischer befreundet ist, macht ihn dem Amtsvorsteher nicht gerade sympathisch. Für Wehrhahn ist Krüger mit seinem gestohlenen Holz ein lästiger Querulant, der ihn von seiner Hauptaufgabe, der Fahndung nach suspekten Elementen, nur ablenkt. Nun beschuldigt dieser Krüger auch noch Leontine, daß sie das Holz nicht gleich von der Straße weggeräumt habe, und will Schadensersatz dafür. Leontines Mutter, die gerade bei Wehrhahns wäscht, wird vom Waschtrog ins Amtszimmer geholt. Auf die Frage Wehrhahns, ob der Wolffen nicht etwas Verdächtiges in der Nacht aufgefallen sei, antwortet sie keck: »Ich war de Nacht erscht gar nich zu Hause. Ich mußte nach Treptow, Gänse einkoofen. Mitteldorf war ja dabei, als mer loszogen.« Nach einem heftigen Streit verlangt Wehrhahn nun von Krüger, daß er seine Anzeige erst einmal schriftlich einreichen soll.

Mittlerweile hat auch Herrn Krügers Pelzmantel den Besitzer gewechselt. Mutter Wolffen hat Wulkows Wunsch wohl vermerkt gehabt, und der ist glücklich über den günstigen Kauf.

Auch von der erneuten Anzeige Krügers wegen des gestohlenen Biberpelzes fühlt sich Wehrhahn durch den »notorischen Nörgler« nur unnötig behelligt. So nimmt Wehrhahn auch Dr. Fleischers Meldung nicht ernst, er habe bei einem einfachen Flußschiffer einen nagelneuen Biberpelz gesehen. Ausgerechnet von Wulkow, der auf das Amt kommt, um die Geburt einer Tochter zu melden, läßt sich Wehrhahn bestätigen, daß ein Biberpelz für einen Spree-Schiffer nichts Ungewöhnliches mehr sei. Die Geschäfte gingen im Augenblick ja recht gut.

Krügers erneute Aufforderung, die Diebstähle endlich aufzuklären, wimmelt Wehrhahn schließlich mit dem Hinweis ab: »Die Wolffen kann sich ja mal 'n bißchen rumhören.« Für den Amtsvorsteher ist Frau Wolffen eine wahrhaft »ehrliche Haut«, an der sich alle Bürger ein Beispiel nehmen sollten. Den unschuldigen Dr. Fleischer aber, diesen »lebensgefährlichen Kerl«, wird er schon noch einmal wegen Majestätsbeleidigung hinter Schloß und Riegel bringen.

ERLÄUTERUNGEN

Hauptmann ist mit dieser Komödie ein echter Wurf gelungen. Die Mutter Wolffen ist eine pralle Frauensperson, gewitzt, kraftvoll, mal pingelig ehrenhaft, mal bedenkenlos schlau, wenn es um den eigenen Vorteil geht. Da spielen dann Gesetz und Recht keine Rolle mehr. Und doch hat die Wolffen einen gesunden Menschenverstand und ein Herz, das sehr gut Gerechtes von Ungerechtem zu unterscheiden vermag.

Aber das Stück hat auch eine deutliche politische Aussage. Nach der

Veröffentlichung seines sozialkritischen naturalistischen Dramas *Die Weber**
im Jahre 1892 galt Gerhart Hauptmann im damaligen Bismarck-Deutschland als
liberal und war damit linksverdächtig. Die sogenannten »Sozialistengesetze«,
mit denen die Reichsregierung eine Ausschaltung der deutschen Sozialdemo-
kratie anstrebte, wurden sehr hart angewandt und waren für den Autor bei der
Konzeption und Niederschrift seiner Diebskomödie mit Sicherheit »erlebte
Gegenwart«. So vermittelt *Der Biberpelz* nicht nur in der Beobachtung der
dargestellten Personen und grotesken Situationen ein Stück deutscher Wirklichkeit, sondern spiegelt auch die politische Situation im Deutschen Kaiserreich
am Ende des 19. Jahrhunderts wider. In der Figur des Literaten Dr. Fleischer,
der eine Menge Zeitungen sowie politisch anrüchige Bücher liest und der
deshalb dem Amtsvorsteher von Wehrhahn höchst unangenehm auffällt, hat
Hauptmann sich selbst dargestellt.

Hauptmann hatte sich einige Jahre in einer ähnlichen Vorortgemeinde im
Umkreis der schnell wachsenden Weltstadt Berlin niedergelassen, in der auch
die *Biberpelz*-Komödie spielt. Im Amtsbezirk Erkner gehörte der junge Hauptmann damals zu jenem politisch verdächtigen Personenkreis, dem eine erhöhte
polizeiliche Aufmerksamkeit zuteil wurde. Die eingehende Post, besonders
Bücher und Zeitungen, wurde aufmerksam registriert, und ein Mitbewohner des
Hauses meldete die Besucher, die Hauptmann empfing. Schon das Jonglieren
mit Apfelsinen im Garten machte ihn, wie berichtet wird, verdächtig, denn für
die Denunzianten am Ort galt dies als Übung im Bombenwerfen. So geriet auch
Gerhart Hauptmann sehr schnell auf die schwarze Liste des örtlichen Amtsvorstehers. Auch Dr. Fleischer steht auf so einer Liste, und es nützt ihm überhaupt
nichts, daß er staatsbürgerlich loyal der Polizei Meldung macht von seinem
Verdacht, wer den gestohlenen Biberpelz nun besitzt. Der schnarrend-dumme
Wehrhahn will keine Amtshilfe von einem liberalen Subjekt, wie es Dr. Fleischer für ihn ist. Er hat sich auf Liberale und Demokraten eingeschossen und
rechnet zu dieser Gesinnungsgruppe auch Dr. Fleischer, den er hinter Gitter
bringen will.

Die Komik dieser Diebskomödie Gerhart Hauptmanns besteht in der bornierten Blindheit des Amtsvorstehers, der die sich geradezu aufdrängenden Möglichkeiten, die Diebin zu überführen, nicht wahrnimmt und vor lauter königs-
treuem Fanatismus und obrigkeitlicher Arroganz das Naheliegende nicht sieht.
Mutter Wolffen ist die schlaue Diebin, der alle Sympathie zufließt. (Sie und die
Ihren sprechen schlesischen Dialekt, was die naturalistische Darstellung noch
unterstreicht.) Diebereien zahlen sich bei der Wolffen aus, allerdings nur
deswegen, weil die politischen Verhältnisse so sind, wie sie dargestellt werden.

Die staatliche Gesinnungsschnüffelei, Bevormundung und Verfolgung Andersdenkender machen diese Art von Kriminalität erst möglich. Sie ist im *Biberpelz* noch relativ harmlos, hier sind es sozusagen Kavaliersdelikte. In der Fortsetzung des Stückes, der Tragikomödie *Der rote Hahn,* aber weitet sich die Kriminalität bis zur Brandstiftung mit Versicherungsbetrug aus.

Der Biberpelz hält mit der gerissenen, fleißigen, energischen Mutter Wolffen und dem dünkelhaften, korrekten, königstreuen Amtsvorsteher von Wehrhahn wahre schauspielerische Paraderollen bereit. Therese Giehse, Käthe Dorsch, Mila Kopp waren berühmte Darstellerinnen dieser Waschfrau Wolffen, Ernst Schröder und Theo Lingen stellten einen Bilderbuchassessor dar wie aus der satirischen Zeitschrift *Simplicissimus* entsprungen. Oft kommt es zum wahren Komödiantenduell zwischen beiden Glanzrollen. Am schönsten ist es natürlich, wenn keiner den anderen aussticht.

Der Biberpelz zählt neben Lessings *Minna von Barnhelm** und Kleists *Der zerbrochene Krug** zu den wenigen großen deutschen Charakterkomödien. Seine Uraufführung war am 21. September 1893 im Deutschen Theater Berlin mit Else Lehmann und Georg Engel in den Hauptrollen. Die Theaterabteilung des Berliner Polizeipräsidiums gab am 4. März 1893 die Genehmigung zur Aufführung mit folgender Begründung: »Kleinmalerei ohne alle Handlung von Belang, welche in solcher Ausdehnung nur langweilt. Bedenken gegen die Gestattung einer öffentlichen Aufführung werden nicht erhoben werden können. Daß das öde Machwerk mehrere Aufführungen erleben dürfte, steht kaum zu erwarten. Eine anstößige Stelle wurde gestrichen.«

ANTON TSCHECHOW

Anton Pawlowitsch Tschechow wird am 29. Januar 1860 in Taganrog, Südrußland, geboren. Der Großvater väterlicherseits war noch Leibeigener, der Vater ein kleiner Kaufmann. Von 1879 bis 1884 studiert Tschechow in Moskau Medizin; er verdient sich seinen Unterhalt selbst durch Schreiben humoristischer Skizzen und kleiner Geschichten. Einen ersten Erzählband gibt er 1884 unter einem Pseudonym heraus. Für kurze Zeit übt Tschechow den Arztberuf aus. Als er aber einer Familie, die an Typhus erkrankt ist, nicht helfen kann, gibt er den Beruf wieder auf. 1886 macht er die Bekanntschaft des Verlegers A. S. Suvorin, der die Novellensammlung *In der Dämmerung* jetzt unter Tschechows richtigem Namen herausbringt. Mit 27 Jahren ist Tschechow bereits ein berühmter Schriftsteller im Russischen Kaiserreich und erhält 1888 den Puschkin-Preis, eine begehrte literarische Auszeichnung.

1887 hat die Uraufführung seines Schauspiels *Iwanow* in Saratow großen Erfolg, und damit beginnt Tschechows Ruhm auch als Dramatiker. Aber bereits 1884 zeigen sich die ersten Anzeichen von Tuberkulose. 1890 reist Tschechow trotzdem noch zu einer Strafkolonie auf der Insel Sachalin und schreibt eine Abhandlung über die dortigen Verhältnisse. Von 1892 bis 1897 lebt er vorwiegend auf seinem Landgut bei Moskau und unternimmt Reisen nach Westeuropa. Die Komödie *Die Möwe* wird 1896 in Petersburg und *Onkel Wanja. Szenen aus dem Landleben* 1897 in der Provinz uraufgeführt (erste Aufführung in Moskau 1899).

Von seinem sich immer mehr verschlimmernden Lungenleiden sucht Tschechow Heilung in Biarritz, Nizza und Paris. 1899 siedelt er nach Jalta auf der Insel Krim um. 1901 kommt sein Schauspiel *Drei Schwestern** zur Uraufführung im Moskauer Künstlertheater. Tschechow heiratet die Schauspielerin Olga Knipper.

Er schließt Freundschaft mit Maxim Gorki. Als diesem die Ehrenmitgliedschaft der Petersburger Akademie der Wissenschaften wieder entzogen wird, verzichtet auch Tschechow auf die ihm angetragene Ehrung. Sein letztes Drama *Der Kirschgarten** findet seine Uraufführung 1904, wiederum in Moskau. Auf Anraten seiner Ärzte macht Tschechow eine Reise in den Schwarzwald. Dort, in Badenweiler, stirbt er am 15. Juli 1904 an Tuberkulose.

In seinen kleinen milieuschildernden Erzählungen und besonders in den Dramen, die er Komödien nennt, ist eine düstere, pessimistische Sicht auf die

Welt und das Leben vorherrschend. Allerdings sind die Milieudarstellungen oft von großer Komik und gleichzeitig verhaltener Wehmut und Melancholie. Die Inhalte sind handlungsarm und verhalten ausgebreitet, sie leben von Stimmungen und der Schilderung menschlicher Bedrängnisse. Die Handlung seiner Stücke kreist um die innere Verlassenheit der Menschen, um Lebensangst, Gleichgültigkeit und Lethargie. Die Dramatik ist ganz ins Innere der Handlung verlegt. Tschechow nennt seine Stücke auch deshalb Komödien, weil er es komisch findet, wie Menschen immer noch so tun, als hätten sie das Leben vor sich. In Wahrheit haben sie ihre Zukunft längst schon verspielt. Tschechows Stücke werden ab 1897 von dem von Stanislawski geleiteten berühmten Moskauer Künstlertheater uraufgeführt.

Drei Schwestern

Tri Sestry

Schauspiel in 4 Akten

PERSONEN
Andrej Sergejewitsch Prosorow
Natalja Iwanowna (Natascha), seine Braut, später seine Frau
Olga ⎤
Mascha ⎬ seine Schwestern
Irina ⎦
Fjodor Iljitsch Kulygin, Gymnasiallehrer, Maschas Mann
Alexander Ignatjewitsch Werschinin, Oberstleutnant, Batteriechef
Nikolai Lwowitsch Tusenbach, Baron, Leutnant
Wassili Wassiljewitsch Soljony, Stabskapitän
Iwan Romanowitsch Tschebutykin, Militärarzt
Alexej Petrowitsch Fedotik, Unterleutnant
Wladimir Karlowitsch Rode, Unterleutnant
Ferapont, ein Bote
Anfisa, Kinderfrau

ORT
In einer russischen Provinzstadt

ZEIT
19. Jahrhundert

HANDLUNG

Die drei Schwestern Olga, Mascha und Irina leben in einem russischen Provinznest, wohin ihr Vater vor elf Jahren als General versetzt worden war. Mittlerweile ist der Vater gestorben, und die Schwestern haben Angst, in der Kleinstadt zu versauern. Sie sehnen sich nach Moskau zurück, wo sie ihre Jugend verbracht haben. All ihre Hoffnung setzen sie auf den Bruder Andrej, der nach dem Willen des Vaters eine wissenschaftliche Laufbahn einschlagen soll. Sie rechnen damit, daß er eines Tages in Moskau Professor wird und sie dann mit ihm in die Hauptstadt ziehen können.

Olga, die älteste Schwester, plagt sich als Lehrerin am örtlichen Mädchengymnasium. Sie ist 28 Jahre alt, unverheiratet und sehnt sich nach einem Ehemann. Mascha, die zweite Schwester, ist mit dem unbedeutenden Lateinlehrer Kulygin verheiratet, der sie mehr oder weniger anödet, denn sein Horizont reicht über die Schule nicht hinaus. Die jüngste Schwester, Irina, ist dagegen voll Energie und Tatkraft. Sie sieht den Sinn des Lebens in einem arbeitsreichen Beruf, der einen auszufüllen vermag und alle Kräfte voll beansprucht. Aber sie hat diesen Beruf noch nicht.

Man feiert Irinas Namenstag. Zwei Offiziere des in der Kleinstadt stationierten Regiments machen Irina den Hof, der kultivierte, aber nicht sonderlich attraktive Baron Tusenbach und der Stabskapitän Soljony, der seine Schüchternheit mit rohem Zynismus zu vertuschen sucht. Auch Natascha ist da, eine unbedarfte, biedere Provinzpflanze, die sich in der feinen Gesellschaft der Schwestern nicht wohlfühlt. Als sie sich beim Essen ausgelacht glaubt, tröstet sie Andrej. Einem plötzlichen Impuls folgend, macht er ihr einen Heiratsantrag.

Jahre später. Aus dem spießigen und beschränkten Mauerblümchen Natascha ist die Herrin des Hauses geworden, gefährlich, mitleidlos und herrschsüchtig. Unverfroren und besitzgierig versucht sie die Schwestern nach und nach aus dem Haus zu ekeln und baut mit Hilfe immer neuer Schwangerschaften ihre Machtstellung zielbewußt aus. Sie verdrängt Irina aus deren Zimmer, weil sie einen sonnigen Raum für Söhnchen Bobbik zu brauchen glaubt, und auch die alte Kinderfrau Anfisa, die die drei Schwestern aufgezogen hat, wirft sie schließlich aus dem Haus. Daß sie bei alldem ein stadtbekanntes Verhältnis mit dem Vorgesetzten ihres Mannes pflegt, hebt ihre Position eher noch.

Das angebliche »Genie der Wissenschaft«, Andrej, auf das die Schwestern einst all ihre Hoffnung auf Veränderung gesetzt hatten, steht total unter dem Pantoffel seiner Frau. Ein resignierender Spießer ist aus ihm geworden, der sich aus Langeweile und aus Frustration über seinen tristen Ehealltag dem Spiel ergibt und dabei bereits das halbe Haus verscherbelt hat. Auch die Freunde des

Hauses sind fast alle unglücklich und frustriert. So zum Beispiel der Militärarzt Tschebutykin: als ein großer Brand in der Umgebung ausbricht, ist er betrunken und zu nichts nutze. Langsam sehen die Schwestern ein, daß sich ihre Übersiedlung nach Moskau nie wird verwirklichen können. Ihr Moskau bleibt eine schöne Illusion.

Olga fühlt sich alt und ausgemergelt und wird immer verbitterter über ihren stumpfsinnigen Lehrerberuf. Mascha, deren Ehe mit dem borniertem Gymnasiallehrer nur noch trostlos ist, fühlt sich zu dem Garnisonschef Oberstleutnant Werschinin hingezogen, der ebenfalls eine katastrophale Ehe führt. Als einzige der Schwestern erfährt wenigstens sie einmal das Erlebnis der großen, wenn auch am Ende – durch den Abzug des Regiments – hoffnungslosen Liebe. Ihr Mann tut so, als merke er von alledem nichts. Und die einst so tatendurstige und vitale Irina ist Telegrafistin, dann Sekretärin geworden. Sie wird immer noch von denselben beiden Bewerbern umschwärmt, Baron Tusenbach und Stabskapitän Soljony, deren Zuneigung sie aber auch jetzt noch nicht erwidern kann, weil sie auf die große Liebe wartet. »Ich habe kein einziges Mal im Leben geliebt«, sagt sie. »Oh, wie habe ich von der Liebe geträumt, ich träume schon so lange von ihr, Tag und Nacht, aber meine Seele ist wie ein kostbarer Flügel, der verschlossen und zu dem der Schlüssel verloren ist.«

Als Irina einsehen muß, daß sie vergeblich auf die Liebe wartet und sie dabei immer älter und ihr Leben immer hoffnungsloser wird, gibt sie der Werbung Tusenbachs nach. Sie verlobt sich mit ihm und will mit ihm wegziehen. Natalja kann ihre Freude über diese Entwicklung kaum unterdrücken. Sie wittert neue Möglichkeiten, das Haus zu verändern und sich nutzbar zu machen. Am Tag der Hochzeit wird Tusenbach jedoch von seinem Konkurrenten Soljony in einem vermutlich aus Eifersucht provozierten Duell erschossen. Der Militärarzt Tschebutykin, der dem Duell beigewohnt hat, erkennt wieder einmal seine Machtlosigkeit. »Ist ja alles gleich! Ist ja alles gleich«, sagt er.

Am Ende des Stückes sind alle Illusionen und Hoffnungen der Schwestern zerstört. Die herbe Olga wird ohne Mann bleiben und in saurer Altjüngferlichkeit einen Beruf ausüben, den sie nicht liebt, weil er sie überfordert. Das Regiment hat die Stadt verlassen, und mit ihm sind die letzten Freunde gegangen. Werschinin hat von Mascha Abschied genommen, ohne Hoffnung auf ein späteres Wiedersehen. Irina wird Volksschullehrerin werden und dabei ebenso abstumpfen wie Olga. Und Andrej, der Bruder, ist in der Ehe mit der kleinkarierten und unausstehlichen Natascha in Selbstmitleid und Lethargie versunken. Er wird dahinvegetieren, während seine Frau ihr Verhältnis mit seinem Vorgesetzten fortführt. Am Schluß stehen die Schwestern wie versteinert beisammen und versuchen sich Mut zu machen. Ihr Leben wird verblühen und verdämmern, und nichts wird sich ändern. »Die Zeit vergeht, und wir werden auf ewig dahingehen, man wird uns vergessen, unsere Gesichter, Stimmen, man wird vergessen, wieviele wir waren...«

ERLÄUTERUNGEN

Anton Tschechows Drama *Drei Schwestern* handelt vom verfehlten Leben, das an die Vergangenheit und an eine völlig illusionäre Zukunft vertan wird. In Moskau waren die Schwestern einst glücklich, dorthin sehnen sie sich zurück. Vereinsamt gaukeln sie sich ihre Vergangenheit in der Hauptstadt als Zukunft vor, zuerst konkret hoffend, dann resignierend, dann in wieder neuer Erwartung und schließlich ihr Schicksal triste besiegelnd: Die Sehnsucht nach einer Rückkehr nach Moskau bleibt ebenso unerfüllt wie die nach Liebesglück, und das Leben in der ungeliebten Provinzstadt ist freudlos und deprimierend. Zwischen verklärenden Erinnerungen und utopischen Träumen bleibt die Gegenwart leer und enttäuschend, die Menschen verkümmern darin seelisch wie körperlich. Man redet von Aktivität und Arbeit, um sich aus dem provinziellen Einerlei zu befreien, von Liebe und Veränderung in ein neues Leben, aber im Grunde tun diese Menschen nichts selbständig, alles geschieht ihnen. Die Wünsche nach Veränderung sind kraftlos, die Einsichten halb und die Tätigkeiten Zeitvertreib. Das Regiment, das für einen Moment Leben in die Kleinstadt gebracht hat, zieht wieder ab. Der Bräutigam der jüngsten Schwester, ein letzter Strohhalm für sie, fällt in einem nutzlosen Duell.

Die einzige Person in dieser Tragikomödie, die ohne Illusionen, Träume und Erinnerungen lebt und mit beiden Beinen im Alltag steht, ist Natascha. Sie läuft nicht Gefahr, in Unfähigkeit und Ohnmacht ihr Leben zerrinnen zu lassen, weil sie keinen Gedanken an ein Traum-Moskau verschwendet. Vulgär und rücksichtslos setzt sie ihre persönlichen Wünsche durch und erreicht alles: Sie verdrängt die drei Schwestern aus dem eigenen Haus, hat einen willenlosen Mann, der sich ihrer Haustyrannei widerspruchslos beugt, hat zudem einen Liebhaber und obendrein Kinder. Natascha, das ist Tschechows bitterste Pointe, brütet die Zukunft buchstäblich aus, während die Schwestern und die Männer von fernen, besseren Zeiten nur träumen.

Und noch eine Gestalt des Dramas ist zufrieden mit ihrem Dasein: Die 81jährige Magd Anfisa hat durch Olgas Güte einen Unterschlupf für ihre alten Tage gefunden, nachdem sie von Natascha vor die Tür gesetzt worden war. Vier Akte lang, das sind viereinhalb Jahre, suchen die vier Geschwister mit ihren falschen und Beinahe-Partnern vergeblich nach einer Glücksspur. Ausgerechnet die ärmste und am meisten erniedrigte Person erfährt am Schluß einen Hauch von Glück.

Anton Tschechow schrieb sein melancholisches Kammerspiel von den *Drei Schwestern* im Jahre 1900, zwischen den Stücken *Onkel Wanja* und *Der Kirschgarten**. Die Uraufführung fand am 31. Januar 1901 im Moskauer Künstlertheater mit mäßigem Beifall statt. Tschechows Werk ist eng mit diesem Theater und seinem Mitbegründer und Regisseur Konstantin Sergejewitsch Stanislawski (1863–1938) verknüpft, der bei der Uraufführung der *Drei Schwestern* Regie führte und den Werschinin spielte. Stanislawski gilt als der große Erneuerer des europäischen Theaters Ende des 19. Jahrhunderts. Sein Bühnenstil verband Realismus und Ensemblespiel mit einem Mindestmaß an Bühnenausstattung.

Die großen Dramen von Tschechow, allen voran die *Drei Schwestern* und *Der Kirschgarten**, sind seit etwa einem Vierteljahrhundert zu einem festen Repertoirebestandteil des Welttheaters geworden. Daran mag ein neu erarbeitetes Verständnis mitbeteiligt sein, das auf Manuskriptfunden und wissenschaftlichen Überlegungen aufbaut und sich von dem früher gepflegten sentimental-tränenseligen und übertrieben naturalistischen Tschechow-Stil eines Stanislawski abhebt. Neue Erkenntnisse laufen darauf hinaus, daß Tschechow seine Stücke viel farcenhafter und komischer aufgeführt wissen wollte, daß er seine Zuschauer nicht nur zum Weinen über menschliches Unglück, sondern auch zum Lachen über menschliche Hilflosigkeit bringen wollte. Die Passivität der Tschechow-Figuren ist tragisch und lächerlich zugleich, ist beängstigend und skurril. Der Zuschauer soll nicht in einer Stimmung des Mitleids und Mitfühlens versinken, er soll urteilsfähig und protestreif bleiben. Dabei soll stets das »Absurde« des menschlichen Daseins, das Gefühl der »Fremdheit«, der Leere, der Vergeblichkeit hervorgekehrt werden. Die bei Tschechow so bedeutsamen Pausen sind als Zeichen des Stillstands, des ohnmächtigen Verharrens, der Sprachlosigkeit zu sehen und sollen nicht mit Aktion aufgefüllt werden. In dieser Sicht wird Tschechow nicht zum Dramatiker des ausklingenden 19. Jahrhunderts, sondern zum Wegbereiter der Moderne, des Absurden Theaters, zum Vorläufer des französischen Dramatikers Eugène Ionesco und der Engländer Harold Pinter und Samuel Beckett.

Diese deutlichen Abweichungen von der Aufführungstradition Stanislawskis und seines Moskauer Künstlertheaters sind konzeptionelle Bestandteile der Nachkriegsinszenierungen eines Giorgio Strehler, Ingmar Bergman, Peter Zadek, Rudolf Noelte, Otomar Krejča, Claus Peymann und Peter Stein. Tschechows Texte haben nichts Sentimentales, sie sind im Grunde sozialpsychologische Fallstudien und müssen deshalb in einer unprätentiösen, natürlichen und nüchternen Sprache dargestellt werden. Die Neuübersetzung von Peter Urban ist sprachlich sehr differenziert, unpathetisch und wertneutral. Sie nimmt das folkloristische Kolorit der bisherigen Übersetzungen zurück zugunsten einer unsentimental-distanzierenden Sprache. Die Transkription in der Rechtschreibung ist allerdings allzu rigoros ausgefallen (zum Beispiel: Čechov, Vodka).

Der Kirschgarten

Višnevyj sad

Komödie in 4 Akten

PERSONEN
Ljubow Andrejewna Ranjewskaja, Gutsbesitzerin
Anja, ihre Tochter
Warja, ihre Pflegetochter
Leonid Andrejewitsch Gajew, ihr Bruder
Jermolaj Alexejewitsch Lopachin, Kaufmann
Pjotr Sergejewitsch Trofimow, Student
Boris Borissowitsch Simeonow-Pischtschik, Gutsbesitzer
Scharlotta Iwanowna, Gouvernante
Semjon Pantelejewitsch Jepichodow, Kontorist
Dunjascha, Zimmermädchen
Firs, ein alter Kammerdiener
Jascha, ein junger Diener
Ein Landstreicher
Personal des Gutshofs

ORT
Auf einem russischen Landgut

ZEIT
Um 1900

HANDLUNG
Der Kirschgarten gehört zu dem ehemals ansehnlichen Besitztum der Gutsherrin Ljubow Andrejewna Ranjewskaja. Die Ranjewskaja hat nach dem Tod ihres Mannes und dem Ertrinken ihres Sohnes mit ihrer Tochter Anja sehr verschwen-

derisch im Ausland, meist in Paris, gelebt. Jetzt kommt sie mit Anja zurück, da ihr Liebhaber, für den sie sich finanziell fast völlig ruinierte, sie sitzengelassen hat. Zu Hause scheint sich in den vergangenen sechs Jahren wenig geändert zu haben: Noch immer wohnt dort eine ganze Korona von Personen, die sich bei ihr eingenistet haben und von ihr leben, sei es aus althergebrachter Treue, sei es aus Lebensschwäche oder Berechnung. Sie alle tragen durch ihre Beziehungen zueinander zu der wunderlich-komischen, realitätsentrückten Atmosphäre des Gutes bei.

Da ist ihr arbeitsscheuer, liebenswürdiger Bruder Gajew, der am liebsten Delikatessen ißt, und die Pflegetochter Warja, die das Haus so gut es geht in Schuß hält und seit Jahren auf den Heiratsantrag des reich gewordenen Kaufmanns Lopachin wartet. Natürlich ist auch Lopachin selbst zur Stelle. Sein Vater hat noch als Leibeigener auf dem Gut gearbeitet, und er selbst ist sehr schnell zu viel Geld gekommen. So schwankt er zwischen Unterwürfigkeit und Anmaßung hin und her. Dann gibt es den Kontoristen Jepichodow. Obwohl am solidesten ausgebildet, traut er sich nichts zu, so daß ihm ein Mißgeschick nach dem anderen passiert. Er liebt das Stubenmädchen Dunjascha, das sich aber bald dem in Paris fein gewordenen Diener Jascha an den Hals wirft. Es fehlt auch nicht der ewige Student Trofimow, der frühere Lehrer des verunglückten Sohnes der Ranjewskaja. Der philosophiert von Freiheit und Besitzlosigkeit und hält sich für einen politisch denkenden Menschen. Er sucht die Nähe Anjas, die ihm ebenfalls zugetan ist, aber es ist Teil seiner Philosophie, sich über die Liebe zu erheben. Zu dem Völkchen gehört auch der Gutsbesitzer Simeonow, dem es stets im allerletzten Augenblick gelingt, seine Zinsen abzuzahlen. Bleibt noch der uralt gewordene Diener Firs, der nach festgelegtem Ritual seinem Herrn Gajew dient.

Das Gut der Ranjewskaja ist bereits mit hohen Hypotheken belastet, und auch das Bargeld ist ausgegangen . . . Der neureiche Lopachin teilt der Gutsherrin mit, daß der gesamte Besitz zur Versteigerung ausgeschrieben sei, weil die Banken auf der Rückzahlung der gewährten Darlehen beharren und nicht mehr länger warten wollen. Als Geschäftsmann sieht er nur noch einen Ausweg für die Ranjewskaja, um aus der Finanzmisere herauszukommen: Er rät ihr, den riesigen Kirschgarten abholzen zu lassen, den Grund zu parzellieren und mit Sommerhäuschen zu bebauen, die man dann einzeln verpachten könne.

Fassungslos weist die Ranjewskaja diesen Vorschlag zurück. Und auch ihr an Luxus gewöhnter Bruder Gajew lehnt das Ansinnen kategorisch ab, obwohl er keine Vorstellung davon hat, wie man sonst noch zu Geld kommen könnte.

Eine Stellung irgendwo anzunehmen, kommt für ihn sowieso nicht in Frage. Vielmehr erinnert man sich an irgendwelche Generäle unweit der Stadt, die Geld auf Wechsel geben sollen. Auch könnte die Tochter Anja vielleicht eine gute Partie machen. Und da ist ja auch noch eine entfernt wohnende reiche Tante, die man anpumpen könnte, aber die hat der Ranjewskaja nie verziehen, daß sie keinen Adligen geheiratet hat.

Man redet und redet und handelt nicht. Die Ranjewskaja klagt das Schicksal an, das ihr den ruinösen Liebhaber auf den Hals geschickt hat. Der meldet sich bereits täglich wieder aus Paris, er will sich wieder von ihr aushalten lassen. Die Zeit verstreicht, und der Versteigerungstermin rückt immer näher. Es stellt sich heraus, daß die Generäle nur in der Phantasie existieren und die reiche Tante nur einen Bruchteil der benötigten Summe herausrücken wird.

Am Tag der Versteigerung veranstaltet man einen großen Ball im Gutsge-bäude, zu dem die gesamte Nachbarschaft eingeladen ist. Man tanzt und amüsiert sich und hat insgeheim die Hoffnung, daß die Versteigerung vielleicht im letzten Augenblick ausgesetzt werden könnte. Bruder Gajew, der als stiller Beobachter bei der Versteigerung war, ist zurückgekommen. Er bringt einige Delikatessen aus der Stadt mit und sagt nichts über den Verlauf der Versteigerung. Lopachin dagegen meldet die Hiobsbotschaft: Das gesamte Gut einschließlich des Kirsch-gartens sei verkauft worden. Er selbst habe alles erworben.

Nun ist also doch eingetreten, was sich keiner in der Familie eingestehen wollte. Die Ranjewskaja bricht über der Nachricht zusammen, zumal Lopachin mit seinem frisch erworbenen Gut gebührend prahlt.

Es heißt Abschied nehmen. Bruder und Schwester sinken sich noch einmal in die Arme und trauern um den verlorenen Besitz, auf dem sie ihre Kindheit und Jugend verbracht haben. Die Ranjewskaja wird das von der verhaßten Erbtante geliehene Geld nicht mehr zurückgeben, sondern damit wieder nach Paris zu ihrem Geliebten reisen, und Gajew wird nun doch eine Stellung annehmen müssen. Anja fährt zunächst einmal mit der Mutter nach Moskau. Warja übernimmt einen anderen Haushalt, da Lopachin sich auch jetzt nicht traut, den Heiratsantrag auszusprechen. Der Student Trofimow reist ebenfalls in die Stadt; woher er das Geld für die Bahnfahrt nehmen wird, bleibt ein Geheimnis.

Kaum haben die Herrschaften das Haus verlassen, betritt der alte Kammer-diener Firs den Raum. Man sieht, daß er krank ist. Offensichtlich wurde er doch nicht ins Krankenhaus überwiesen, wie alle versicherten. Man hat ihn einfach vergessen . . . Nun setzt sich der Alte auf den Diwan und sorgt sich um seinen Herrn Gajew. Dann streckt er sich aus, um noch ein wenig zu ruhen. Die Fenster werden vernagelt und die Türen verschlossen. Von draußen hört man Axthiebe der Holzfäller, die mit der Abholzung des Kirschgartens begonnen haben. Der Geschäftsmann Lopachin macht das Grundstück rentabel.

Erläuterungen
Der Kirschgarten in Tschechows Komödie ist Bestandteil eines alten Adelsguts. Er ist der ganze Stolz seiner alten Besitzer und bereits so berühmt, daß er im »Enzyklopädischen Wörterbuch«, wie es heißt, erwähnt wird. Der Kirschgarten ist auch das Symbol einer vergangenen Zeit. Am Anfang des Stücks sieht man an einem sommerlichen Maimorgen durch die Fenster die blühenden Bäume des Gartens. Am Ende heißt es in der Szenenanweisung: »Man hört einen entfernten Ton, wie vom Himmel kommend, den Ton einer gesprungenen Saite, ersterbend, traurig. Stille tritt ein, und zu hören sind nurmehr fern im Garten die Axthiebe, mit denen Bäume gefällt werden.«

Am Anfang ist noch der Widerschein einer schönen und glücklichen Zeit zu spüren, die nicht mehr zu halten ist, weil die Menschen in ihr lebensuntüchtig geworden sind. Am Ende löst sich die Familie auf, und neue Besitzer aus einer neuen Gesellschaftsschicht werden die alten Besitztümer mit neuem Leben füllen. Die alte Gesellschaftsordnung ist nicht mehr intakt. Eine neue Zeit kündigt sich an.

Für die einen ist der Kirschgarten das Symbol ihres vergangenen Lebens, ihrer verflossenen Existenz, an der sie sehnsüchtig noch festhalten wollen und der sie schließlich nachtrauern. Für die anderen ist er die neue Existenz, eine Lebensgrundlage in Form von Grund und Boden, der nutzbar gemacht werden muß. Der Kapitalist löst den Feudalherrn ab.

Mit dem Kirschgarten wird Besitztum versteigert. Mit ihm kommen aber auch seine Besitzer unter den Hammer: Eine Gutsfrau, die nur ihrem Privatvergnügen nachgegangen ist. Ihr Bruder, der dem Billard verfallen ist und sein ganzes Geld für Süßwaren ausgibt. Ihre Pflegetochter, die ihr Leben und ihre Hoffnungen auf eine gute Heirat begraben muß. Und ihre leibliche Tochter, die keinen eigenen Lebenswillen entwickelt. Eine Zwangsvollstreckung also, die auch einen menschlichen, gesellschaftlichen Liquidationsprozeß beinhaltet.

Der Verkauf des Kirschgartens ist für die Familie nur äußerlich die Quittung für ihre Unfähigkeit, mit Geld umzugehen. Er ist auch der Beleg für eine Haltung, die darauf hinausgelaufen ist, immer nur den Kopf vor den Realitäten in den Sand zu stecken und die Augen vor den Tatsachen zu verschließen. Mit aufgesetzter Heiterkeit feiert die zu Ende gehende Zeit einen makabren Abschiedsball. Der Verlust des Kirschgartens symbolisiert den Niedergang eines Standes, dessen Daseinsberechtigung historisch beendet ist.

Deshalb ist Tschechows *Kirschgarten* vielfach als eine Vorausahnung der kommenden Revolution verstanden worden, was durch die Figur des revolutionären Studenten Trofimow noch unterstrichen wird. In der Sowjetunion wurde jedenfalls das Stück bis heute meist so gespielt. Der russische, marxistische Schriftsteller Maxim Gorki war im übrigen davon überzeugt, daß das Stück, das Tschechow nach dem *Kirschgarten* schreiben würde, unmißverständlich ein Revolutionsdrama sein müsse.

»Komödie« hat Tschechow seinen *Kirschgarten* genannt, und das war für viele Regisseure ein herausforderndes Rätsel. Früher hat man den *Kirschgarten* so gesehen, wie Stanislawski, der Leiter des Moskauer Künstlertheaters und Uraufführungsregisseur, ihn gedeutet hat: atmosphärisch, sentimental, tränenreich. Und man hat lange Zeit diese Darstellungsweise, in der Humor und Ironie zu kurz kommen, weitergepflegt, obwohl Tschechow selbst sich nach der Uraufführung gegen diese Interpretation gewandt hat: »Warum wird auf euren Plakaten und in allen Veröffentlichungen mein Stück als Drama bezeichnet? Nemirowitsch und Stanislawski sehen wirklich etwas anderes in dem Stück, als was ich geschrieben habe.« Und tatsächlich ist sehr vieles »komisch« in diesem *Kirschgarten*. Die Menschen werden in ihrem Tun und Treiben und auch in ihrem Charakter ironisch enthüllt, manche Absurditäten und negativen Eigenschaften haben lächerliche Züge. Der Untergang einer Idylle wird mit komischen Mitteln vorangetrieben. Komisch ist die krankhafte Egozentrik der Ranjewskaja, komisch die überflüssige Redseligkeit Gajews, und komisch sind die Reste eines Minderwertigkeitskomplexes bei Lopachin, der zwar bei der Realisierung seiner Finanzpläne zupackend praktisch ist, aber den Mund nicht aufkriegt, um der Pflegetochter Warja einen Antrag zu machen.

Insofern ist der *Kirschgarten* nicht nur ein bitteres Untergangswerk einer morbiden Gesellschaft, sondern auch eine Komödie, die heiter-elegisch das Treiben der Menschen während einer Zeitenwende spiegelt. Maxim Gorki hat diese Stimmung zwischen Heiterkeit und hintergründiger Trauer in einer Bemerkung zu Tschechow nach der Uraufführung des *Kirschgarten* zusammengefaßt: »Einen mutwilligen Spaß haben Sie da gemacht, Anton Pawlowitsch. Sie geben schöne Lyrik, und dann plötzlich schlagen Sie aus aller Kraft mit der Axt in die Wurzeln: zum Teufel mit dem alten Leben.«

Tschechow schrieb den *Kirschgarten,* sein letztes Stück, im Jahre 1903 in Jalta auf der Krim, wo er seiner schweren Lungenerkrankung wegen Erholung suchte. An den Proben in Moskau und an der Uraufführung am 17. Januar 1904, seinem 44. Geburtstag, konnte er noch teilnehmen. Ein halbes Jahr später starb er in Badenweiler, wo er einen Kuraufenthalt angetreten hatte.

Neben den zahlreichen gängigen Übersetzungen ins Deutsche ist die Neuübertragung des Slawisten Peter Urban am frischesten und direktesten. Sie ist
weniger umständlich und altertümelnd in den Satzkonstruktionen, griffiger in
vielen Formulierungen und schreckt auch vor dem Gebrauch des Jargon nicht
zurück.

Bemerkenswerte Aufführungen des *Kirschgarten* im deutschen Sprachraum
waren vor allem die von Peter Zadek (Stuttgart 1968), Hans Lietzau (Hamburg
1970), Rudolf Noelte (München 1970), Otomar Krejča (Düsseldorf 1976 und
Berlin 1987), Ernst Wendt (München 1983) und Peter Stein (Schaubühne Berlin
1989). Der Schweizer Komponist Rudolf Kelterborn hat den *Kirschgarten* zu
einer vieraktigen Oper vertont (Uraufführung 1984 in Zürich).

ARTHUR SCHNITZLER

Arthur Schnitzler wird am 15. Mai 1862 in Wien als Sohn eines Facharztes für Kehlkopfleiden geboren. Er studiert in Wien Medizin und promoviert 1885 zum Dr. med. Von 1885 bis 1888 ist er Arzt am Allgemeinen Krankenhaus und Assistent seines Vaters in der Poliklinik. Gleichzeitig beginnt er in regelmäßiger Folge Gedichte und Prosatexte in Zeitschriften zu veröffentlichen. Nach dem Tod des Vaters, 1893, läßt er sich als praktischer Arzt nieder. Freundschaftliche Beziehungen pflegt er zu dem Kollegen und Psychoanalytiker Sigmund Freud, dem Dichter Hugo von Hofmannsthal, dem Schriftsteller, Regisseur und Dramaturgen Hermann Bahr und zu Otto Brahm, der als Leiter des Lessing-Theaters in Berlin viele seiner nun entstehenden Stücke aufführt. An Sigmund Freuds Psychoanalyse geschult, der geistigen Kultur der Jahrhundertwende verpflichtet, zeigt er mit großer Genauigkeit, was in der Wiener Gesellschaft faul und morsch geworden ist. So ist etwa die Ansicht ». . . die Weiber haben nicht interessant zu sein, sondern angenehm . . .« das Thema des Schauspiels *Liebelei,* Schnitzlers erstem großen Bühnenerfolg bei der Uraufführung am Wiener Burgtheater 1895. 1897 entsteht die Komödie *Reigen**, die Schnitzler 1900 auf eigene Kosten drucken läßt. Erst am 23. Dezember 1920 wird die Erstaufführung in Berlin sein, zwei Monate später auch in Wien, mit anschließender Saalschlacht des Publikums. (1921 endet der Prozeß gegen Direktion und Regisseur des Kleinen Schauspielhauses Berlin wegen Erregen öffentlichen Ärgernisses durch die Aufführung des *Reigen* mit einem Freispruch.)

1898 wird aber erst einmal *Der grüne Kakadu* (1895 entstanden) in Berlin von der Zensur verboten. 1901 erscheint die Novelle *Leutnant Gustl.* Seit diesem Jahr gibt es immer wieder antisemitische Angriffe auf den »Juden« Schnitzler, besonders seitens der Reichswehr. 1902 bringt das Deutsche Theater Berlin den Zyklus *Lebendige Stunden* heraus, wofür Schnitzler ein Jahr später, 1903, den Bauernfeld-Preis erhält. Diese Preisvergabe zieht eine parlamentarische Anfrage nach sich – eben auch, weil Schnitzler Jude ist. 1903 ist auch das Jahr, in dem Schnitzler heiratet.

Zwischen 1904 und 1910 werden viele seiner Stücke uraufgeführt: *Der einsame Weg* (1904), *Zwischenspiel* (1905), *Zum großen Wurstel* (1906), *Komtesse Zizzi* (1909) und der 1893 als dramatische Skizze veröffentlichte, in der Konversationssprache der Wiener Gesellschaft geschriebene Zyklus *Anatol*

(1910 gleichzeitig in Berlin und Wien). 1908 erscheint der Roman *Der Weg ins Freie,* und 1911 wird die Tragikomödie *Das weite Land* zum größten Erfolg: es wird gleichzeitig an neun Theatern aufgeführt. In Vor- und Rückblenden stellt Schnitzler hier das leichtfertige Handeln eines Fabrikanten und Lebemanns dar, der sich die gesellschaftliche Konvention gewissenlos und ohne Rücksicht auf das Leben anderer zunutze macht.

Im Jahr 1912, zum 50. Geburtstag Schnitzlers, erscheint die erste Gesamtausgabe seiner Werke. Am 28. November 1912 wird die Komödie *Professor Bernhardi* in Berlin uraufgeführt. In Österreich bleibt das Stück – im Mittelpunkt steht ein jüdischer Arzt, gegen den eine Hexenjagd beginnt, weil er aus triftigen Gründen einem Priester den Zugang zu einer sterbenden jungen Frau verwehrt – bis zum Ende des Ersten Weltkriegs verboten. Erst 1920 erlebt die Komödie eine österreichische Erstaufführung und wird gleich mit dem Wiener Volkstheaterpreis ausgezeichnet.

Zahlreiche Erzählungen erscheinen: *Fräulein Else* (1924), *Traumnovelle* (1926) und der Roman *Therese,* die Chronik eines Frauenlebens (1928).

Am 21. Oktober 1931 stirbt Schnitzler in Wien und erhält ein Ehrengrab auf dem Wiener Zentralfriedhof.

Arthur Schnitzler ist der Autor der Wiener Jahrhundertwende und der Zeit vor dem Ersten Weltkrieg. Seine Charaktere in den Erzählungen und Dramen, insbesondere die Wiener Typen, werden beinahe schon psychoanalytisch beobachtet und mit großer Einfühlung dargestellt. Die Atmosphäre dieser Zeit, das dekadente Großbürgertum im Wiener Fin de siècle mit seiner typischen Langeweile, Melancholie, Resignation, seinem Lebensüberdruß, wird schonungslos, ironisch und mit objektiver Härte geschildert. Schnitzlers zynische Diagnose seiner Zeit führte gelegentlich zu Skandalerfolgen und Aufführungsverboten seiner Stücke. Schnitzler war einer der meistaufgeführten Autoren der Zeit vor dem Ersten Weltkrieg. Bei seinem Tod war er jedoch beinahe vergessen.

Reigen

Zehn Dialoge

PERSONEN
Die Dirne
Der Soldat
Das Stubenmädchen
Der junge Herr
Die junge Frau
Der Gatte
Das süße Mädel
Der Dichter
Die Schauspielerin
Der Graf

ORT
Wien

ZEIT
Um 1900

HANDLUNG
Zum Reigen formieren sich zehn Personen unterschiedlichen Standes, die paarweise sexuelle Beziehungen zueinander haben. Dabei wird nach jedem Beisammensein der eine Partner ausgetauscht, der dann wiederum die nächste Beziehung knüpft:

1. Die Dirne holt sich den Soldaten.
2. Der Soldat vernascht das Stubenmädchen.
3. Das Stubenmädchen ist dem jungen Herrn dienlich.
4. Der junge Herr hat eine Liaison mit der verheirateten jungen Frau.
5. Die junge Frau schläft mit ihrem Ehemann.
6. Der Ehemann betrügt seine Frau mit dem süßen Mädel.
7. Das süße Mädel hat ein schwärmerisches Abenteuer mit dem Dichter.
8. Der Dichter ist in Leidenschaft entbrannt zu der Schauspielerin.
9. Die Schauspielerin verführt den Grafen.
10. Der Graf ist Kunde der Dirne. –

Der Reigen hat sich geschlossen. Einer der Partner führt also immer den Reigen fort, vom Donauufer übers Chambre séparée ins eheliche Gemach, von der Dichterklause über das pompöse Himmelbett der Schauspielerin ins triste Dachkämmerlein des Straßenmädchens. Zehn Dialoge, die allesamt unmißverständlich auf das Eine abzielen, die allesamt Variationen ein und desselben Themas sind. Zehnmal Koketterie und Zärtlichkeit, Zynismus und Melancholie, Lüsternheit und Heuchelei, Triebhaftigkeit und Frivolität. Zehnmal Lust und Leid der Paarung.

ERLÄUTERUNGEN

Schnitzler beläßt seine zehn Figuren in der Anonymität ihres Standes oder ihres Typs. Im Geschlechtsakt schwinden ohnehin alle Unterschiede der gesellschaftlichen Stellung. Nur die Motiväußerungen, Rituale und Reaktionen davor und danach sind verschieden. Diese vielfältigen menschlichen Verhaltensweisen zwischen ehrlicher Zuneigung und oberflächlichem Amüsement sollen demonstriert werden, ohne daß sich individuelle Charaktere dabei darstellen und herausbilden können.

Die diversen Paarungen dieses erotischen Bilderbogens durchlaufen einen Kreis vom niederen sozialen Milieu bis hinauf in die sogenannte feine Gesellschaft und wieder zurück. Dabei werden, der gesellschaftlichen Hierarchie entsprechend, die Rituale um so komplizierter und die Verstellungen und Verlegenheiten um so raffinierter, je höher in der Gesellschaft die Figuren angesiedelt sind. Schnitzler gelingt damit auch ein Porträt seiner Zeit, der dekadenten Gesellschaft im Wien der Jahrhundertwende mit ihrer Doppelmoral, ihrer Bigotterie.

Die einzelnen Szenen des *Reigens,* »Dialoge« nennt sie Schnitzler, treiben jeweils unmißverständlich dem Höhepunkt zu, der in der Buchausgabe mit Gedankenstrichen markiert ist. Es ist ein Höhepunkt der Leere, nicht nur äußerlich im gedruckten Text, auch inhaltlich, an dem das Gefühl des höchsten Glückserlebens sofort umschlägt in das Bewußtsein der Einsamkeit. So wie der Geschlechtsakt im Text selber ausgespart bleibt, so wenig ist das, was sich dabei abspielt, auf der Bühne darstellbar (was auch für den Film gilt). Denn wenn zwei Menschen miteinander schlafen, ist das, was sie empfinden, für einen Zuschauer gar nicht wahrnehmbar. Schnitzler aber kommt es gerade auf diese Empfindung an. Man soll spüren, wie die Erwartung auf das sexuelle Erlebnis und ihre Erfüllung die Menschen verändert, wie teuer dieses Erleben manchmal bezahlt werden muß, in welche Leere es die Menschen zurückstößt, wie ehrliches Gefühl, Intimität und Zärtlichkeit nachher brutal weggeräumt werden.

Keiner ist dem anderen treu, Beteuerungen sind nie ernst gemeint, jeder spielt das Spiel der Verstellung. Die auf das rein Körperliche reduzierten

Beziehungen sind erfüllt mit Ungenügen und innerer Hohlheit und bedingen die zwanghafte Suche nach einem neuen Partner. Die Hoffnung auf eine Beziehung, die nicht wieder so herzlos und gefühlskalt endet wie die soeben erfahrene, hält den Reigen in Gang.

Schnitzler schrieb die zehn Dialoge des *Reigen* zwischen 1896 und 1897. Für seine Freunde hatte er das Stück 1900 im Privatdruck und in einer kleinen Auflage herausgegeben. An eine Aufführung auf der Bühne hat er zunächst überhaupt nicht gedacht. Die Reaktionen auf die offizielle Buchausgabe drei Jahre später waren zum Großteil gehässig und polemisch. Die meisten Rezensenten sahen in dem Stück nur eine große »Schweinerei«, ein obszönes Machwerk, das in höchstem Maße unsittlich wirkt. Nur die wenigsten beurteilten es richtig als formal virtuoses literarisches Kunstwerk von hohem ethischen Wert. Drei Szenen des *Reigen* wurden 1903 durch den Münchner Akademisch-dramatischen Verein aufgeführt. 1904 wurde die Buchausgabe in Deutschland beschlagnahmt, aber bald wieder freigegeben. Die Uraufführung des ganzen Zyklus' am 23. Dezember 1920 im Kleinen Schauspielhaus in Berlin löste prompt den Unmut aufgebrachter Bürger und Behörden aus, die die Demaskierung von Unmoral und Heuchelei bei Schnitzler als öffentliche Gefährdung empfanden. Die einstweilige Verfügung, die noch kurz vor der Aufführung wegen sittlicher Bedenken erlassen wurde, ist allerdings vom Ensemble ignoriert worden. Sie wurde auch wenige Tage später gerichtlich wieder aufgehoben.

Trotzdem blieb das Stück umstritten, wobei die positiven Urteile aus den Reihen der Kunst- und Theaterkritiker kamen, die negativen von seiten der damaligen Staatsautorität. Im November 1921 kam es zum Prozeß in Berlin. Die Motive der Sittenwächter im damaligen Berliner Polizeipräsidium waren dabei nicht sachbezogen, sondern ideologisch-emotional, deutschtümelnd und offen antisemitisch. Nicht das »sittengefährdende« Kunstwerk war der Skandal, sondern der Autor und seine »undeutsche« Gesinnung. Am Beispiel des *Reigen* wollte man gegen »artfremden Ungeist« und gegen »jüdisches Gesindel« vorgehen. Die preußische Justiz dagegen erwies sich, ungeachtet persönlicher und standesbedingter Voreingenommenheiten, zuverlässig in der Urteilsfindung. Es kam zum Freispruch aller Angeklagten. Trotzdem zog Schnitzler, verärgert und enttäuscht, derart mißverstanden worden zu sein, aus den vielen Aufführungsskandalen die Konsequenz. Er untersagte 1922 testamentarisch jede weitere Theateraufführung des Stückes und nahm den Text auch nicht in die Gesamtausgabe seiner Werke auf, obwohl das Gericht ihn von sämtlichen Anschuldigungen angeblicher Pornographie freigesprochen hatte.

50 Jahre nach Arthur Schnitzlers Tod, 1981, hob sein Sohn das Verbot wieder

auf. In der Silvesternacht 1981/82 wurde der *Reigen* in Basel zum erstenmal wieder gespielt. Eine Aufführungswelle an vielen Bühnen schloß sich an.

Bereits 1920 verfilmte Richard Oswald das damals umstrittene Werk zum erstenmal, wobei er auf die Nennung der literarischen Vorlage vorsichtshalber verzichtete. 30 Jahre später entstand die berühmte und unvergeßliche Filmversion von Max Ophüls, eine Legende der Leinwandgeschichte. Ophüls fügte einen distanzierenden Erzähler ein, den eleganten Adolf Wohlbrück, dazu ein immer wiederkehrendes Symbol, das Karussell, und ließ eine leicht eingängige Filmmusik mit einem immer wiederkehrenden musikalischen Leitmotiv von Oscar Straus komponieren.

Andere Neuverfilmungen erreichten nie mehr das atmosphärische Raffinement und die unvergleichlich sublime Erotik des Ophüls-Films. Bei dem französischen Regisseur Roger Vadim (1964) wird die Handlung nach Paris kurz vor Ausbruch des Ersten Weltkrieges verlegt. Immerhin schrieb Jean Anouilh für diesen Modernisierungsversuch mit Weltuntergangsstimmung die Dialoge. Eine deutsche Verfilmung erschien 1963 unter dem reißerischen Titel *Das große Liebesspiel*. 1973 nahm der Theaterregisseur Otto Schenk Schnitzlers *Reigen* als Vorlage für eine langweilige Sexnummernfolge in Kostüm und Maske.

LUDWIG THOMA

Ludwig Thoma wird am 21. Januar 1867 in Oberammergau als Sohn eines
Oberförsters geboren. Der Vater stirbt früh, und die Mutter läßt den Sohn unter
großen Entbehrungen Forstwirtschaft in Aschaffenburg, dann Jura in München
und Erlangen studieren. Thoma promoviert zum Dr. jur. Nach ersten Praktikan-
tenjahren in Traunstein läßt er sich 1893 als Rechtsanwalt in Dachau nieder.
Hier lernt er viele seiner späteren literarischen Figuren kennen: seine Landsleute, die als Ankläger oder Angeklagte zwischen angestammtem bayerischen
Brauch und Bürokratie einen Weg suchen.

Von 1897 bis 1899 ist Thoma Anwalt in München, und 1897 erscheint auch
seine erste oberbayerische Erzählung, *Agricola*. 1899 wird Thoma Redakteur
bei der satirischen Zeitschrift *Simplicissimus*. Unter dem Pseudonym Peter
Schlemihl geißelt er spießbürgerliche Engherzigkeit.

Die Schwänke und Komödien entstehen: *Witwen* (1900), *Die Medaille*
(1901), *Die Lokalbahn* (1902), dann der Erzählungsband *Lausbubengeschich-
ten* (1905) mit der Fortsetzung *Tante Frieda* (1907), die von dem Maler und
Zeichner Olaf Gulbransson illustriert werden und Thomas literarischen Ruhm
mitbegründen. 1906 sitzt Thoma für sechs Wochen im Gefängnis wegen Beleidigung der Sittlichkeitsvereine. 1907 wird er Mitherausgeber der Zeitschrift
März, einem süddeutschen Gegenstück zur Berliner *Neuen Rundschau*. Er lebt
nun als freier Schriftsteller in München und Rottach-Egern am Tegernsee.

Die nun entstehenden Komödien, *Moral**, uraufgeführt 1908, *Erster Klasse*,
1910, *Lottchens Geburtstag*, 1911, *Das Säuglingsheim*, 1913, zeichnen sich
durch Situationskomik und genau beobachtetes Lokalkolorit aus. 1906 und
1911 erscheinen die großen Bauernromane *Andreas Vöst* und *Der Wittiber*,
1918 *Altaich*. Das tragische bayerische Volksstück *Magdalena* (1912) läuft so
unerbittlich und ausweglos wie eine griechische Tragödie ab. Und wieder
erscheinen Komödien: *Die kleinen Verwandten* und *Waldfrieden* (1916) und
Gelähmte Schwingen (1918).

Mit den beiden Bänden *Briefe eines bayerischen Landtagsabgeordneten* und
Jozef Filsers Briefwexel (1909 und 1912) schreibt Thoma eine groteske Satire
über das bayerische Beamtentum. Im Ersten Weltkrieg ist Thoma Krankenpfle-
ger an der russischen Front. Im Krieg schreibt er die Gedichtfolge *Heilige Nacht*
(1916), in der die Weihnachtsereignisse ins Oberbayerische übertragen werden.
Ludwig Thoma glaubt auch noch nach der deutschen Niederlage an die

ungebrochene Kraft des Deutschtums und führt im *Miesbacher Anzeiger* einen erbitterten Kampf gegen alles, was einen Wiederaufstieg Deutschlands gefährden könnte. 1921 entsteht der Volksroman *Der Ruepp*. Im selben Jahr, am 26. August 1921, stirbt Ludwig Thoma in Rottach-Egern an den Folgen einer Bruch- und Magenoperation.

Ludwig Thomas Werk liegt stilistisch zwischen Naturalismus und Heimatkunst, schildert das oberbayerische Bauernleben und pflegt bissige Gesellschaftskritik und polemischen Spott gegen Spießer, Preußen und den Klerus. Seine Schwänke und Lustspiele zeichnen sich durch eine unvergleichliche Charakterisierungskunst aus. Sie waren bei den Uraufführungen im Tegernseer Bauerntheater gesellschaftliche und literarische Sensationen und hatten bei den großen Bühnen in München und Berlin jahrzehntelang volle Häuser.

Moral

Komödie in 3 Akten

PERSONEN

Fritz Beermann, Reichstagskandidat und Vorsitzender des Sittlichkeitsausschusses
Seine Frau
Seine Tochter
Bolland, Kommerzienrat
Professor Wasner, Gymnasiallehrer
Justizrat Hauser
Dobler, ein Dichter
Fräulein Koch-Pinneberg, Malerin
Frau Lund, eine alte Dame
Freiherr von Simbach, herzoglicher Polizeipräsident
Assessor Ströbel
Kammerherr von Schmettau
Reisacher, Schreiber
Madame Ninon de Hauteville, eine Private

ORT
Eine mitteldeutsche Residenzstadt. In Beermanns Wohnung, im Amtszimmer des Assessors Ströbel im Polizeipräsidium.

ZEIT
Etwa 1905

HANDLUNG

In der Hauptstadt des Herzogtums Gerolstein gibt es seit kurzem einen Sittlichkeitsverein, der sich vor allem um die Erhaltung der ehelichen Treue bemüht.
Ihm gehören die wichtigsten Honoratioren der Stadt an, der Reichstagskandidat
Beermann als Vorsitzender, der Kommerzienrat Bolland und der Altphilologe
Professor Wasner. »Germanische Tugend« und »vaterländische Gesinnung«
werden als Vorbild gepriesen, die sittliche »Gesundung des Volkes« ist Ziel
aller Bemühungen.

In der Stadt wohnt auch eine gewisse Therese Hochstetter. Vielen Bürgern
der Stadt ist sie besser bekannt unter dem Namen Madame Ninon de Hauteville,
unter dem sie, vorwiegend im horizontalen Gewerbe, arbeitet. Als sie eines
Tages von der Polizei verhaftet wird, scheint die Stunde des Sittlichkeitsvereins
gekommen. Doch Beklemmung breitet sich aus unter den Tugendwächtern.
Madame hat sorgfältig ein Tagebuch geführt, das nichts über ihre diversen
Besucher verschweigt. Die Namen der angesehensten Bürger der Stadt sind
darin vertreten, der Vorsitzende des Sittlichkeitsvereins Beermann zum Beispiel, auch die übrigen Vereinsmitglieder. Wenn Madame jetzt auspackt, kann
der Verein zumachen, und mit dem guten Ruf seiner Mitglieder ist es aus und
vorbei.

Eben dieses Tagebuch ist von der Polizei im Zusammenhang mit der
Verhaftung als Hauptbelastungsmaterial sichergestellt worden. Belastet wird
aber nicht nur Madame, sondern werden viel mehr noch ihre Kunden. So ist für
manchen Bürger der Stadt das Vorgehen der Polizei auf einmal vorschnell
gewesen und das Eingreifen der Behörde übereifrig.

Auch für eine andere bislang anonym gebliebene Person könnte die Verhaftung schwere Folgen haben. Das Gerücht geht nämlich um, daß ein hochangese-
hener Herr des Herzogtums gerade in dem Moment bei Madame war, als die
Polizei zur Verhaftung schritt. Dieser Herr habe sich allerdings noch rechtzeitig
im Wandschrank verstecken können.

Der Sittlichkeitsverein ist in arge Bedrängnis geraten. Die polizeilichen
Untersuchungen sind in den Händen des forschen und diensteifrigen Assessors
Ströbel. Und Madame scheint durchaus ihre Drohungen wahrmachen zu wollen, öffentlich die Namen ihrer Kunden zu nennen, falls sie nicht wieder auf
freien Fuß gesetzt wird.

Beermann versucht mit allen Mitteln, den drohenden öffentlichen Skandal zu
vermeiden, und interveniert bei Ströbel. Als er da nicht weiterkommt, stiehlt er
einfach das fatale Tagebuch aus dem polizeilichen Dienstzimmer.

Der Adjutant und Kammerherr des Erbprinzen, Freiherr von Schmettau, schaltet sich ein. Seine Hoheit selbst, Erbprinz Emil, war nämlich jene unbekannte Persönlichkeit bei Madame de Hauteville, die sich im Schrank verstecken mußte, als die Polizei kam. Schmettau verurteilt vor dem Polizeipräsidenten aufs schärfste jene übertriebene Polizeimaßnahme, die, wie er sich ausdrückt, eine Dame von Takt und hoher Gesinnung so in Verruf bringen kann. Er verlangt die schnelle und diskrete Bereinigung der Affäre.

Der Polizeipräsident von Simbach pfeift seinen allzu beflissenen Assessor Ströbel zurück. Nun ist es Ströbel, der Beermann beschwört, von seiten des Sittlichkeitsvereins nichts gegen Frau Hofstetter zu unternehmen. Wenn nämlich der Name des Erbprinzen im Zusammenhang mit dieser Affäre genannt werde, sei eine ernsthafte Staatskrise nicht auszuschließen.

Man ist sich einig, daß der Skandal vertuscht werden müsse. Madame Hofstetter soll mit einem Schweigegeld von 10 000 Goldmark aus der Kasse des Sittlichkeitsvereins dazu bewogen werden, schnell und unauffällig die Stadt zu verlassen. Beermann wird für seine wahrhaft patriotische Haltung belohnt: Freiherr von Schmettau stellt ihm das Adelsprädikat und den Hausorden Emils des Gütigen in Aussicht.

Erläuterungen

Was ist Moral? Für den Freiherrn von Schmettau und den herzoglichen Hof ist die Frage schnell beantwortet: »Solche Ausdrücke gehören in Asyle für Verwahrloste, aber man wendet sie nicht auf kavaliermäßige Vergnügen an.« Moral ist hier also ein Zweiklassenbegriff, ist nicht für alle bindend und verbindlich. Moral hat nur »persönliche Richtpunkte«, sagt Ludwig Thoma, ist nicht für jeden gleich gültig und hängt von den Begleitumständen ab, unter denen sie angewandt wird oder auch nicht. Moral ist folglich ein Gummibegriff, der für die eine Gesellschaftsschicht nicht existiert und für die andere erst durch den Reiz des Verbotenen Bedeutung erlangt.

Die verlogene Moral einer großbürgerlichen Spießergesellschaft und ein korrupter Staatsapparat treffen in Ludwig Thomas Komödie aufeinander. Ihre Überzeugungskraft ist zeitlos: Heuchelei, Scheinheiligkeit und Selbstgerechtigkeit wird es immer geben, und die Moralpredigt als deren Feigenblatt ebenso. Ludwig Thomas *Moral*-Komödie wird also immer aktuell und erfrischend lebendig bleiben. Wenn auch heute der Gegensatz zwischen verlogener Moralhüterei und vernünftiger Freisinnigkeit nicht mehr ganz so stark ausgeprägt ist wie zu Ludwig Thomas Zeit der Jahrhundertwende, aufgehoben ist er längst nicht, wie man täglich aus der einschlägigen Presse erfahren kann.

Auch der Gerichtsreferendar Ludwig Thoma hatte seine Erfahrungen mit obrigkeitlich verordneter Skandalvertuschung und gesellschaftlicher Doppelmoral machen müssen. Wegen einiger Witze in der satirischen Zeitschrift *Simplicissimus* geriet er in die Schußlinie der Sittlichkeitsvereine und wurde verurteilt, im Gefängnis Stadelheim seine »unmoralische« Haltung den Sittlichkeitsvereinen gegenüber neu zu überdenken. Thoma schrieb hier innerhalb von sechs Wochen sein schlagkräftigstes Stück, eine Abrechnung mit spießbürgerlicher Scheinheiligkeit, obrigkeitsfrommem Untertanengeist und korrupter Staatsverwaltung. Uraufgeführt wurde Ludwig Thomas *Moral* nicht in Bayern, sondern am 20. November 1908 in Berlin.

HUGO VON HOFMANNSTHAL

Hugo von Hofmannsthal wird am 1. Februar 1874 in Wien als Sohn eines jüdisch-böhmischen Bankiers und Juristen geboren. Schon in seiner Wiener Gymnasialzeit entwickelt er sich zum frühreifen Wunderkind, schreibt als Sechzehnjähriger unter einem Pseudonym seine ersten, in Wiener literarischen Kreisen vielbestaunten Gedichte. Er studiert ab 1892 Jura, dann Romanistik, promoviert 1898 zum Dr. phil. und habilitiert sich mit einer Schrift über den französischen Dichter Victor Hugo.

Bereits 1891 entsteht Hofmannsthals erstes Drama, *Gestern,* 1892 erscheint *Der Tod des Tizian,* ein lyrisches Drama, 1899 *Der Thor und der Tod,* ein Versdrama voll Musikalität und Todesangst, und 1903 *Das kleine Welttheater.* Seit 1901 lebt Hofmannsthal als freier Schriftsteller zurückgezogen in Rodaun bei Wien. Er unternimmt zahlreiche Reisen, besonders in die Mittelmeerländer und nach Frankreich. Freundschaftlich ist er Arthur Schnitzler verbunden und zeitweilig auch Stefan George, der ihn in seinen elitären Dichter- und Künstlerkreis zu ziehen hofft.

Der fiktive *Brief des Lord Chandos* von 1902 gibt Kunde von einer tiefgreifenden, nach sprachlichem Ausdruck suchenden Stil- und Schaffenskrise. Hofmannsthals Neigung zur Musik führt 1906 zur Zusammenarbeit mit dem Komponisten Richard Strauss. Mit dem Dramentext *Elektra* (1903 entstanden, Uraufführung 1909 in Dresden) beginnt die das ganze Leben andauernde, künstlerisch gleichrangige Schaffensgemeinschaft. Richard Strauss vertont mehrere Dramentexte Hofmannsthals und schafft damit herausragende Werke des Musiktheaters im 20. Jahrhundert mit aufsehenerregenden Uraufführungen: *Der Rosenkavalier* (1911), *Ariadne auf Naxos* (1912), *Die Frau ohne Schatten* (1919), *Die Ägyptische Helena* (1928) und *Arabella* (1933).

Im Ersten Weltkrieg ist Hofmannsthal Reserveoffizier und geht in politischer Mission nach Skandinavien und in die Schweiz.

Zwischen 1907 und 1911 entstehen die Dramen *Der weiße Fächer* (1907), *Cristinas Heimreise* (1910), *Alkestis* (1911) und *Jedermann**, eine Erneuerung des mittelalterlichen Mysterienspiels in christlicher Tradition. 1920 gründen Hofmannsthal, Max Reinhardt und Richard Strauss die Salzburger Festspiele. Hofmannsthals wichtigster Beitrag ist der *Jedermann,* der sich vage an Calderons *Das Leben ein Traum** anlehnt. 1921 und 1923 entstehen die problemtiefen

Komödien *Der Schwierige* und *Der Unbestechliche,* 1922 das dem österreichischen Barocktheater nachempfundene *Salzburger Große Welttheater.*
1923 bis 1925 erscheint in einer Zeitschrift *Der Turm* (zwei weitere Fassungen 1927 und 1929, die zweite Fassung wird 1928 gleichzeitig in Hamburg
und Wien uraufgeführt). 1932 wird posthum die 1899 entstandene Novelle
Das Bergwerk zu Falun veröffentlicht. Hofmannsthal stirbt am 15. Juli 1929
in Rodaun.

Als Lyriker, Erzähler, Essayist und Dramatiker hat Hofmannsthal das
literarische Wien der Jahrhundertwende maßgeblich beeinflußt. Seine frühen
Dramen sind geprägt von erlesener, äußerst verfeinerter Wortkunst. Die späten
Dramen sind geniale Neuinterpretationen antiker Stoffe, mittelalterlicher geistlicher Mysterienspiele und des österreichischen Barocktheaters. Im Briefwech-
sel mit Richard Strauss spiegelt sich die direktere Wesensart von Strauss wider,
während Hofmannsthal dem gepflegten, sublimen Konversationston, der »lyrischen Girlande« nachhängt.

Jedermann

Das Spiel vom Sterben des reichen Mannes

PERSONEN

Gott der Herr	Ein Schuldknecht
Erzengel Michael	Sein Weib
Tod	Buhlschaft
Teufel	Dicker Vetter
Jedermann	Dünner Vetter
Jedermanns Mutter	Mammon
Jedermanns guter Gesell	Jedermanns gute Werke
Der Hausvogt	Glaube
Der Koch	Mönch
Ein armer Nachbar	Engel

ORT
Im Himmel und auf Erden, in Jedermanns Haus

ZEIT
Allegorisches Mittelalter

HANDLUNG

Ein Herold kündigt das »geistlich Spiel« von der »Vorladung Jedermanns« an.

Gott der Herr ist erzürnt über die Menschen, die sich von ihm abgekehrt haben, die seine Erlösungstat am Kreuze vergessen haben und mißachten. Er gibt dem Tod den Auftrag, Jedermann vor seinen Richterstuhl zu laden. Hier soll dieser Rechenschaft ablegen über sein bisheriges Leben.

Jedermann, ein Kapitalist wie er im Buche steht, denkt nur an Geld und Besitz. In seiner Besessenheit, Reichtümer anzuhäufen, hat er Gott vergessen und ist zum Menschenverächter geworden.

Soeben hat er von seinem Hausmeister wieder einen Beutel mit Goldstücken gebracht bekommen. Damit will er seiner Geliebten, der Buhlschaft, ein Lusthaus bauen. Auf dem Weg zur Grundstücksbesichtigung tritt ihm sein verarmter Nachbar entgegen und bittet um finanzielle Hilfe. Er wird mit einem armseligen Trinkgeld abgefunden.

Jedermann begegnet seinem Knecht, der auf dem Weg zum Schuldturm ist, wohin Jedermann selbst ihn hatte abführen lassen, weil er seine Schulden nicht hat zurückzahlen können. Irgendwie rührt ihn die Not des anderen, der Familie zurückläßt, nun doch. Er besteht zwar noch auf der Strafe des Knechtes, will aber doch wenigstens für dessen Frau und die zwei kleinen Kinder sorgen.

Die Mutter macht Jedermann Vorwürfe wegen seiner unsoliden Lebensführung, seinem Egoismus und seiner Besitzgier und mahnt ihn, sich wieder an die Gebote Gottes zu erinnern. Mißgelaunt verspricht er ihr, solide zu werden und bald heiraten zu wollen.

Es ist Abend. Die Buhlschaft, in Begleitung von Spielleuten und Freunden, will Jedermann von seiner schlechten Laune abbringen. Man beschließt deshalb, ein Bankett zu veranstalten. Spaßmacher, Wein, Mädchen heizen die Stimmung an. Es geht laut und ausgelassen zu, doch Jedermann ist merkwürdig unbeteiligt und führt seltsame Reden. Erst in den Armen seiner Buhlschaft vergißt er die trüben Gedanken und feiert mit. Mitten im lautesten Treiben erscheint plötzlich der Tod und fordert Jedermann auf, ihm vor den Thron Gottes zu folgen. Entsetzt suchen alle das Weite. Ein einziges Zugeständnis macht der Tod Jedermann noch: Er darf nach einem Gefährten Ausschau halten, der ihn auf seinem letzten Weg begleiten will. Doch weder der angeblich beste Freund noch die Vettern sind dazu bereit. Und auch die Buhlschaft ist längst über alle Berge. Jedermann läßt seine Schatztruhe holen, denn auf die Macht seines Geldes hat er sich immer verlassen können. Da springt ihm Mammon entgegen, der Gott des Geldes, und lacht ihn aus. Nicht er, Mammon, habe Jedermann gedient, sondern umgekehrt Jedermann ihm.

In seiner Todesstunde merkt Jedermann, daß er von allen seinen Freunden im Stich gelassen wird und daß er auch mit seinem Geld nichts mehr bewirken kann. Allein will er den letzten Weg antreten. Da meldet sich doch noch eine schwache Stimme, um ihn zu begleiten. Es sind die guten Werke seines Lebens, die krank und gebrechlich am Boden liegen, weil sie so wenige waren. Sie versprechen ihm Hilfe, wenn er wenigstens bereut. Auch der Glaube tritt hinzu, denn trotz seines liederlichen Lebens hat Jedermann doch immer noch eine Spur von Gottesgläubigkeit bewahrt. Die Werke allein sind zu schwach, um Jedermann dem Zugriff des Teufels entziehen zu können; der Glaube erst eröffnet Jedermann den Sinn der Erlösungstat Christi am Kreuz: Mit seinem Tod hat Christus eine Vorleistung erbracht, durch die erst die Menschheit aus ihrer sündhaften Schuld erlöst werden kann. Auch zur Abbüßung von Jedermanns Schuld sei er gestorben. So gestärkt steigt Jedermann, begleitet von seinen guten Werken, ins Grab.

Erläuterungen

Jedermann ist ein Allegorienspiel »vom Sterben des reichen Mannes«, ein Stück gegen die Eitelkeit der Welt. In seiner Todesstunde erkennt Jedermann, daß er sein Leben nutzlos vertan hat, daß er falschen Vorstellungen und Werten nachgejagt ist, die ihm für das Leben nach dem Tode nun nichts mehr nützen. Genußsucht, Materialismus und Herzlosigkeit sind die Lebensinhalte, die den reichen Jedermann am Schluß dem Teufel ausliefern könnten, wenn da nicht der Glaube und einige wenige gute Taten als allegorische Figuren dem Jedermann zur Seite treten und die Bitte des Sterbenden um göttliches Erbarmen unterstützen würden.

Jedermann ist ein sakrales Spiel von den letzten Dingen des Lebens, das bereits im Mittelalter die Menschen auf die Todesstunde vorbereiten half. Hofmannsthal hat das anonym überlieferte englische *Everyman*-Spiel (Erstdruck 1509) und die *Comedi von dem reichen sterbenden Menschen, der Hecatus genannt* von Hans Sachs (1549) aufgegriffen und sie als zeitloses allegorisches Spiel für die Theaterbühne neu bearbeitet. Dabei hat er weitgehend die mittelalterlichen Grundzüge des Spiels konserviert, jedoch die allegorischen Gestalten aus ihren abstrakten Festlegungen befreit und sie damit lebendig gemacht. Den ganzen Text hat Hofmannsthal in eine kunstvolle Volkssprache, in gereimte Knittelverse, gegossen, die altdeutsch wirken und den mittelalterlichen Spielgestus der Handlung auch in Wortwahl und Ton unterstreichen sollen. Vielen erscheint heute dieser Sprachstil mit seinen kernigen »nits«, »gewests«, »selbigs« nur noch naiv-kunstgewerblich. Und auch manche Inhalte sind für den heutigen Zuschauer kaum noch verständlich und überzeugend. So wirkt dieser teils ehrlich schlichte und wahrhaft fromme, teils kunstgewerblich handgewebte Text in traditionsgebundenen Aufführungen meist nur noch altertümelnd und altmodisch.

Daß dieses schwächste Werk Hofmannsthals eine so ungeheure Popularität erlangen konnte, ist das Verdienst der Salzburger Festspiele. Zwar hatte Max Reinhardt 1911 diesen Hofmannsthalschen Erneuerungsversuch des mittelalterlichen Mysterienspiels in Berlin zum erstenmal in Szene gesetzt. Aber erst neun Jahre später, mit der Gründung der Salzburger Festspiele und der ersten Aufführung in Salzburg am 22. August 1920, hat das Sterben des reichen Jedermann Bühnenleben bekommen.

Ein furchtbarer Krieg war soeben mit unüberschaubaren Opfern zu Ende gegangen. Jetzt konnte die Botschaft von der Stärke des Glaubens ins Herz dringen und erschüttern. Die Jedermann-Rufe hoch oben vom Salzburger Festungsturm und die Glocken von den Kirchtürmen der Stadt verfehlten nicht ihre theatralische Wirkung, und die allegorischen Vorgänge bekamen gültige Nähe. Dazu kam der Festspiel-Gedanke: Universelles, festliches Theater mit Pathos und hoher Rhetorik war das von Hofmannsthal gegen die Zeit entworfene Programm. Es machte vergessen, was der Krieg allen angetan hatte, konkret sogar: daß in der Stadt zur Uraufführungszeit eine Hungersnot herrschte, die zu Revolten führte.

Bis zum heutigen Tag ist der *Jedermann* Kernstück der Salzburger Festspiele geblieben. Es sind stets festliche Inszenierungen mit schauspielerischer Glanzbesetzung bis in die kleinste Nebenrolle. An den wesentlichen Merkmalen der Reinhardtschen Regie von damals ist bis heute festgehalten worden, an der Tischgesellschaft als zentralem, dem Abendmahl nachgebildetem Ereignis, den blumenstreuenden Knaben, der Lachszene, der berühmten Geste, mit der der Tod dem Jedermann ans Herz greift. Zumindest in Salzburg hat man nie den Versuch unternommen, *Jedermann* durch Aktualisierungen in unsere Gegenwart zu versetzen. Allenfalls ist das kunstgewerblich wirkende Mittelalter durch ein möglichst stilecht wirkendes nachempfunden worden.

Von vielen wird daher der Salzburger *Jedermann* als museal empfunden: er scheint, hauptsächlich für die sommerlichen Touristenscharen, wertfrei konsumierbar und berührt kaum noch durch Glaubensaussagen. Eben dies ist aber das Phänomen dieses *Jedermann* in Salzburg. Viel geschmäht und doch viel geliebt, verspottet (von Helmut Qualtinger zum Beispiel) und vom Publikum geschätzt, ist er nach wie vor das lebendigste und begehrteste Theaterereignis der alljährlichen Salzburger Festspiele.

CARL ZUCKMAYER

Carl Zuckmayer wird am 27. Dezember 1896 in Nackenheim am Rhein als Sohn eines kleinen Fabrikanten für Flaschenkapseln geboren. Ab 1903 besucht er das Gymnasium in Mainz. 1914 meldet er sich bei Ausbruch des Ersten Weltkriegs als Freiwilliger und macht das Notabitur. Von 1914 bis 1918 kämpft er an der Westfront und ist bei Kriegsende Leutnant der Reserve. 1917 veröffentlicht er seine ersten Gedichte in einer Zeitschrift.

Im Winter 1918/19 studiert er an den Universitäten Frankfurt am Main und Heidelberg; sein Interesse schwankt zwischen Biologie und den Geisteswissenschaften. Im Herbst 1920 wird sein erstes Theaterstück *Kreuzweg* am Staatstheater Berlin uraufgeführt. Im selben Jahr siedelt Zuckmayer nach Berlin um und volontiert an verschiedenen Theatern. Er veröffentlicht Gedichte und kleinere Prosastücke im Berliner *Börsenkurier,* aber weitere Theaterstücke bleiben skizzenhaft und werden nicht vollendet. Im Jahr 1922 verbringt Zuckmayer einige Monate in Lappland und wird im Herbst Dramaturg am Stadttheater Kiel. Dort vernachlässigt er sein Büro und verwirklicht mit revolutionär gesinnten Schauspielern kabarettistische Matineen; es kommt 1923 zu seiner Entlassung. Jetzt wandert er durch Deutschland und findet am von Hermine Körner geleiteten Münchner Schauspielhaus ein Engagement als Dramaturg. Er befreundet sich mit Bertolt Brecht und dem Regisseur Erich Engel, und alle drei werden im Januar 1924 an Max Reinhardts Deutsches Theater nach Berlin engagiert.

1925 heiratet Zuckmayer. Im selben Jahr entsteht das Volksstück *Der fröhliche Weinberg,* das, nachdem es von allen Berliner Bühnen abgelehnt worden ist, mit dem Kleist-Preis ausgezeichnet wird. Im Dezember führt es dann das Theater am Schiffbauerdamm mit Starbesetzung auf, und es wird zu einem beispiellosen Erfolg, der sich am Tag darauf bei der Erstaufführung in Frankfurt am Main unter der Regie Heinz Hilperts wiederholt. Das Stück geht nun über alle deutschsprachigen Bühnen.

1927 beendet Zuckmayer das im Dialekt geschriebene balladeske Schauspiel *Schinderhannes,* das im selben Jahr im Lessing-Theater Berlin uraufgeführt wird. Ebenfalls in drastischem Dialekt ist das dritte Volksstück *Katharina Knie* verfaßt, ein Seiltänzerstück, das von den Problemen einer Zirkusdynastie erzählt (Uraufführung 1928 im Lessing-Theater Berlin). 1931 wird *Der Hauptmann von Köpenick. Ein deutsches Märchen** im Deutschen Theater Berlin uraufgeführt.

Zuckmayer macht aus seiner antifaschistischen Haltung keinen Hehl und bekommt 1933, sofort nach der Machtergreifung Hitlers, Aufführungsverbot für seine Stücke. Zuckmayer emigriert zuerst in die Schweiz und dann, nach Kriegsbeginn, im Herbst 1939, über Kuba in die USA. Eine Tätigkeit in Hollywood sowie andere Versuche, als Schriftsteller Fuß zu fassen, befriedigen ihn nicht. So siedelt er mit seiner Frau 1940 nach Barnard in Vermont über, pachtet eine einsam gelegene Farm und betreibt sie bis Ende des Sommers 1946.

Von 1942 bis 1945 arbeitet er an dem Drama *Des Teufels General,* dessen Held und Titelfigur Fliegergeneral Harras in Gewissenskonflikt mit den Nationalsozialisten kommt und im Krieg mit einem schadhaften Flugzeug den Tod sucht. Das Stück wird schnell zum Welterfolg. Die Erzählung *Der Seelenbräu* entsteht 1945 noch vor dem Kriegsende.

Von November 1946 bis April 1947 ist Zuckmayer Zivilangestellter der amerikanischen Regierung zur Untersuchung des Kulturlebens in Deutschland und Österreich und trägt viel zum gegenseitigen Verständnis der Völker bei. Zwischen 1951 und 1958 wechselt er seinen Wohnsitz häufig zwischen Amerika und Europa. 1958 bezieht Zuckmayer ein Haus in Saas Fee im Schweizer Wallis. Die Dramen, die entstehen, haben keinen großen Bühnenerfolg mehr, allenfalls noch *Das kalte Licht* (Uraufführung 1955 in Hamburg). Viel gelesen dagegen sind seine Erzählungen, darunter die 1959 erschienene *Fastnachtsbeichte.* 1967 kommt seine bewegende Autobiographie *Als wär's ein Stück von mir* heraus.

Carl Zuckmayer stirbt am 18. Januar 1977 in der Schweiz. Seine Theaterstücke sind von vitaler Sinnlichkeit, anschaulich und kraftvoll in der Sprache und leben von einem unerschöpflichen Handlungsreichtum. Derber, drastischer Witz, Dialekt und überschäumende Lebenslust prägen seine Bühnenfiguren, die direkt dem lebendigen Alltag entnommen zu sein scheinen. Die intellektuelle Problematik seiner späten Zeitstücke stand einer größeren Bühnenverbreitung im Wege. Von unbeschwerter Volkstümlichkeit sind viele seiner Erzählungen.

Der Hauptmann von Köpenick

Ein deutsches Märchen in 3 Akten

PERSONEN

Wilhelm Voigt
Friedrich Hoprecht, sein Schwager
Marie Hoprecht, Wilhelm Voigts Schwester
Bürgermeister Obermüller
Frau Mathilde Obermüller
Adolf Wormser, Uniformschneider
Zuschneider Wabschke
Hauptmann von Schlettow
Zeitgenossen aller Art

ORT

Berlin und Umgebung

ZEIT

Vor dem Ersten Weltkrieg. Der erste Akt um die Jahrhundertwende, der zweite und dritte zehn Jahre später

HANDLUNG

1. Szene: Uniformladen in Potsdam. Hauptmann von Schlettow probiert seine neue maßgeschneiderte Uniform an. Der Uniformschneider Wormser muß eine geringfügige, aber doch notwendige Änderung vornehmen. Der Schuster Wilhelm Voigt, auf der Suche nach Arbeit, wird aus dem Laden verwiesen.

2. Szene: Polizeibüro in Potsdam. Wilhelm Voigt hat zwei Freiheitsstrafen von zusammen mehr als 16 Jahren wegen Urkundenfälschung und Paßvergehen abgesessen. Er möchte jetzt seinen früheren Beruf als Schuster wieder aufnehmen. Weil er aber vor der letzten Freiheitsstrafe im Ausland gearbeitet hat, braucht er als Arbeitsloser jetzt eine amtliche Aufenthaltsgenehmigung: ohne sie keine Arbeit. Die Aufenthaltsgenehmigung wird ihm aber nur dann ausgestellt, wenn er bereits eine Arbeit vorweisen kann. Also müßte Voigt wieder im Ausland arbeiten. Dazu braucht er aber einen Paß, den nur die Heimatbehörde ausstellen kann. Die hat aber Voigt bereits aus ihren Melderegistern gestrichen. Voigt kriegt also weder Arbeit noch Aufenthaltsgenehmigung noch Paß. Behördlich gibt es ihn gar nicht.

3. Szene: Café National in der Friedrichstraße. Im für Militärpersonen

verbotenen Café National erzählt Voigt seinem Freund und gefängnisblassen Zuchthausgenossen Kallenberg, genannt Kalle, von den Vorzügen einer Uniform. Hauptmann von Schlettow, der als Militär dieses Etablissement eigentlich nicht betreten darf, spielt hier in Zivil Billard. Leider mischt er sich in einen Wirtshausstreit ein. So muß er mit zur Polizeiwache, er ahnt jetzt schon die Konsequenzen.

4. Szene: Personalbüro der Engros-Schuhfabrik »Axolotl«. Voigt versucht Arbeit zu bekommen, wird aber abgewiesen, weil er keine Papiere hat.

5. Szene: Möbliertes Zimmer in Potsdam. Weil Hauptmann von Schlettow sich in einem Zivilistenlokal »skandalös« betragen hat, mußte er seinen Abschied vom Militär nehmen. Die bei Wormser bestellte maßgefertigte Uniform kann er nun nicht mehr brauchen. Er schickt sie dem Uniformschneider Wormser zurück.

6. Szene: Herberge »Zur Heimat« im Berliner Norden. Voigt und Kallenberg planen einen Einbruch im Potsdamer Polizeirevier. Während Kalle es auf die Kasse abgesehen hat, will Voigt nur ein Paßformular mit Stempel, um sich selbst die nötigen Papiere ausstellen zu können.

7. Szene: Uniformladen in Potsdam. Wormser liest aus der Zeitung von einem mißglückten Einbruch zweier Zuchthäusler im Potsdamer Polizeirevier. (Voigt ist also wieder im Knast.) Der städtische Beamte Dr. Obermüller kauft die von Schlettow zurückgegebene Hauptmannsuniform.

8. Szene: Zuchthauskapelle in Sonnenburg. Zehn Jahre später. Wilhelm Voigt hat seine dritte Gefängnisstrafe fast abgebüßt. Bei einer Feier zum Jahrestag der Schlacht von Sedan fällt Voigt dem Gefängnisdirektor durch seine umfassenden militärischen Kenntnisse auf, die er sich während seiner zehn Jahre Haft erworben hat.

9. Szene: Bürgerliche Wohnstube in Rixdorf. Wilhelm Voigt hat nach seiner Entlassung kurzfristig Unterkunft bei seiner Schwester Marie gefunden. Sein Schwager Friedrich hofft, bei der bevorstehenden Landwehrübung zum Vizefeldwebel befördert zu werden, und hat sich vorsichtshalber schon den neuen Säbel gekauft, den er dann zur Uniform tragen darf.

10. Szene: Schlafzimmer des Bürgermeisters Obermüller in Köpenick. Dr. Obermüller ist mittlerweile Bürgermeister des Berliner Vororts Köpenick geworden. Als er für das bevorstehende Kaisermanöver die vor zehn Jahren bei Wormser erworbene Hauptmannsuniform anziehen will, muß er feststellen, daß er zu dick geworden ist. Große Aufregung und gegenseitige Beschuldigungen zwischen dem Ehepaar und den Kindern. Die Uniform kracht aus allen Nähten. Wormser muß noch in der Nacht eine neue Uniform liefern und nimmt die alte – wieder einmal – als Anzahlung zurück.

11. Szene: Ein Korridor im Rixdorfer Polizeirevier. Voigt will auf dem Polizeirevier in Rixdorf klären, wie er als ehemaliger Sträfling seiner Meldepflicht nachkommen kann, um nicht wieder ausgewiesen zu werden. Da wird eine plötzliche Einquartierung in den Ort Rixdorf angesagt und das Büro wegen Arbeitsüberlastung geschlossen. Voigt ist wie erschlagen und ahnt das kommende Unheil voraus.

12. Szene: Stube mit Bett. Voigt liest einem lungenkranken Mädchen, das bei seiner Schwester in Untermiete wohnt, aus den *Bremer Stadtmusikanten* vor. Der Postbote bringt den befürchteten Ausweisungsbefehl für Wilhelm Voigt. Wilhelm liest die Geschichte zu Ende: »Komm mit, sagte der Hahn – etwas Besseres als den Tod werden wir überall finden.«

13. Szene: Festsouper bei Dressel. Wormsers Tochter Auguste Victoria hat sich die von Obermüller ausrangierte Hauptmannsuniform angezogen und singt für die Offiziere ein schneidiges Lied. Wormsers tölpelhafter Sohn schüttet Sekt über seine Schwester. Die Uniform ist verdorben und wandert zum Trödler.

14. Szene: Bürgerliche Wohnstube in Rixdorf. Der Schwager Friedrich ist bei der Beförderung zum Vizefeldwebel übergangen worden. Voigt, der sich über die ungerechte Behandlung seines Schwagers empört, wird von Friedrich eines Besseren belehrt: den Entscheidungen der Obrigkeit muß man sich fügen, wenn Recht und Ordnung gelten sollen. Auch mit Voigts Ausweisungsbefehl ist es so: ein gehorsamer Untertan nimmt ihn an, ohne Widerspruch.

15. Szene: Kleiderladen in der Grenadierstraße. Der Trödler Krakauer verkauft Wilhelm Voigt die Hauptmannsuniform samt Säbel.

16. Szene: Allee im Park von Sanssouci. Voigt, die Uniform in einem Pappkarton neben sich, sitzt auf einer Parkbank und beobachtet die Leute.

17. Szene: Halle und Gang mit Abort im Schlesischen Bahnhof. In einer Toilette zieht sich Wilhelm Voigt um. Als er als »Hauptmann« die Kabine verläßt, stehen die Bahnbeamten stramm.

18. und 19. Szene: Vorhalle mit Treppen im Rathaus zu Köpenick. Amtszimmer des Bürgermeisters Obermüller in Köpenick. Als Hauptmann hat Wilhelm Voigt eine Abteilung Soldaten unter sein Kommando gestellt. Er läßt das Rathaus von Köpenick besetzen und den Bürgermeister Dr. Obermüller als Gefangenen zur Neuen Wache in Berlin bringen. Doch zu seiner großen Enttäuschung hat das Köpenicker Rathaus keine Paßstelle. Er beschlagnahmt die Gemeindekasse und verschwindet. Vorher hat er noch »seinen« Soldaten je eine Bockwurst und ein Bier spendiert.

20. Szene: Aschingers Bierquelle in der Neuen Friedrichstraße. In Windeseile hat sich die Nachricht von dem Köpenicker Handstreich herumgesprochen.

Wieder als Zivilist und unerkannt hört sich Voigt die Zeitungsmeldungen über den Streich des »Hauptmanns von Köpenick« an. Es heißt, sogar seine Majestät der Kaiser hätten geschmunzelt und ausgerufen: »Da kann man sehen, was Disziplin heißt! Kein Volk der Erde macht uns das nach!«

21. Szene: Vernehmungszimmer im Polizeipräsidium Alexanderplatz. Voigt hat sich auf die Zusage eines Passes hin der Polizei gestellt. Dort behandelt man ihn betont höflich und amüsiert sich königlich über den Sonderling. Voigt gibt das Geld aus der Stadtkasse Köpenick abzüglich der kleinen Auslagen für die Soldaten zurück. Auf Verlangen des Kriminaldirektors zieht er die Uniform noch einmal an. Er bittet um einen Spiegel, und als er sich darin sieht, überkommt ihn ein Lachanfall . . .

ERLÄUTERUNGEN

Wilhelm Voigt überfällt ein Rathaus mit Waffengewalt, nimmt die Kasse an sich und legt die Staatsmacht lahm. Ein Revoluzzer, Rebell oder gar Terrorist ist er trotzdem nicht. Deshalb konnten auch seine Majestät darüber lachen. Als Vorbestrafter und Arbeitsloser will Voigt nur eines, er will in die bürgerliche Ordnung zurückfinden. Und weil ihm das auf dem normalen Instanzen- und Behördenweg nicht gelingt, gebraucht er Gewalt: zuerst Einbruch, schließlich bewaffneter Überfall. Nichts weiter als einen Paß will er, der ihm auf legalem Weg von der Staatsbürokratie verwehrt wird. Und zur Erreichung dieses Zieles ist ihm die Magie der preußischen Uniform von Nutzen.

Uns Heutigen ist es nur noch sehr schwer vorstellbar, was den Untertanen Kaiser Wilhelms damals eine Uniform, vor allem die mit den Offiziersschulterstücken, bedeutet hat. Der Schneider Wormser formuliert das zutreffend: »Vom Gefreiten aufwärts beginnt der Darwinismus. Aber der Mensch fängt erst beim Leutnant an!« Und so ist auch für den korrekten Hauptmann von Schlettow der gesellschaftliche Abstieg nicht aufzuhalten und seine Militärkarriere beendet, nur weil er in Zivil in einem Zivilistenlokal unerkannt Billard spielen wollte und dabei in einen harmlosen Streit schlidderte. Noch einmal Wormser: »Der Doktor ist die Visitenkarte, der Reserveoffizier die offene Tür.« Die Antwort auf die preußisch-deutsche Standard-Frage »Haben Sie gedient?« ist gewissermaßen der Schlüssel zur gesellschaftlichen Einordnung und Akzeptanz. Und wer dann noch Uniform trägt, ist selbstverständlich ein Mensch besserer Ordnung. »Sone Uniform, die macht det meiste janz von alleene«, erklärt Voigt am Schluß vor den Polizeioffizieren sein Vorgehen und seinen Erfolg.

Typischerweise fragt in Zuckmayers Stück nur die Frau des Köpenicker Bürgermeisters nach der Legitimation des falschen Hauptmanns. Natürlich weiß der Bürgermeister und Reserveleutnant Dr. Obermüller ganz genau, daß eine derartige Frage barer Unsinn ist: Der Mann trägt schließlich zwei goldene Knöpfe auf den Schulterstücken und hat einen Befehl, dem er mit einer Abteilung Soldaten Nachdruck verleiht. Was braucht er mehr? Wenn das keine Legitimation ist! Die Ironie ist, daß dieser Bürgermeister zwar ohne schriftlichen Nachweis verhaftet werden kann, dagegen darf aber der Schuster Voigt ohne Papiere kein Mensch sein. Ohne sie existiert er für die Behörden überhaupt nicht. Sie nehmen ihn nur dann wahr, wenn er straffällig wird. Aber der falsche Hauptmann kann ohne schriftliche Legitimation eine ganze Bezirksregierung verhaften und die Gemeindekasse an sich nehmen.

Voigt ist im Zuchthaus und anderswo in das militärische Denken seiner Umwelt hineingewachsen. Im Zuchthaus hat er die *Preußische Felddienstordnung* auswendig gelernt, besonders einen Satz daraus, der ihm seinen Handstreich erst ermöglicht: »Der Offizier wird allein durch seine Rangabzeichen legitimiert. Ein Kommando unter Gewehr verleiht ihm absolute Gewalt.« Der Staat und seine Gesellschaft haben nichts unterlassen, Voigt die einschlägigen Kenntnisse über den Stellenwert des bunten Uniformtuches zu vermitteln. Wenn es schon aussichtslos ist, daß der arbeitslose und vorbestrafte Schuster jemals eine Uniform und damit Autorität bekommt, so kann er sich die Autorität wenigstens leihen. Voigt geht also ins Leihhaus, zum Trödler Krakauer, und ersteht das, was aus ihm einen neuen Menschen macht.

Der Hauptmann von Köpenick ist Carl Zuckmayers berühmtestes Stück geworden. In 21 Bildern läuft diese Tragikomödie des vorbestraften Schusters, dem die Resozialisierung so konsequent mißlingt, als szenische Reportage ab. Um den melancholisch verschmitzten Pechvogel Voigt, den der starre Bürokratismus zwingt, die Obrigkeit mit ihren eigenen Waffen zu schlagen, gruppieren sich lebendige Figuren und Individuen aus allen Ständen mit all ihren typischen Eigenschaften. Die Darstellung des wilhelminischen Milieus ist gerade durch die Vielfalt der Typen und Gestalten treffsicher gelungen.

Zuckmayer hat die Anregung zu seinem *Hauptmann von Köpenick* von Fritz Kortner bekommen. Dieser hat ihn auf ein wirkliches Vorkommnis in Berlin hingewiesen, nach dem ein mehrfach vorbestrafter Schuster am 17. Oktober 1906 in Hauptmannsuniform zwölf Soldaten des IV. Garderegiments nach Köpenick kommandiert, dort den Bürgermeister verhaftet und die Stadtkasse an sich genommen hatte. Zuckmayers Stück entstand 1930. Der Zeitpunkt konnte gar nicht aktueller gewählt sein, denn gerade zogen die Nationalsozialisten als zweitstärkste Partei in den Reichstag ein, und Militarismus und Faszination der Uniform erlebten neuen Aufschwung. Die Uraufführung am 5. März 1931 am

Deutschen Theater in Berlin mit Werner Krauss in der Titelrolle war, wie vorauszusehen, von Tumulten begleitet. Zuckmayer und der Regisseur Heinz Hilpert wurden von militanten vaterländischen Gesellschaften tätlich bedroht. Heute zählt das »deutsche Märchen«, wie Zuckmayer sein Stück im Untertitel benannt hat, längst zu den unwiderstehlichen »Klassikern« des deutschen Theaters.

Zwei berühmte Verfilmungen haben den Ruhm des *Hauptmann von Köpenick* auch außerhalb der Bühne gefestigt: 1931 in der Regie von Richard Oswald mit Max Adalbert in der Titelrolle und 1956 unter Helmut Käutner mit Heinz Rühmann. Heinz Rühmann hat diese Rolle im übrigen auch auf der Bühne verkörpert, 1962 in einer Inszenierung von August Everding an den Münchner Kammerspielen.

ÖDÖN VON HORVÁTH

Ödön von Horváth wird am 9. Dezember 1901 in Susak bei Fiume an der Adria geboren. Als Sohn eines ungarischen Diplomaten hat er eine unruhige Kindheit und Jugend, in der er fast jede Schulklasse in einer anderen Stadt besuchen muß. Nach dem Ersten Weltkrieg macht Horváth Abitur in Wien und studiert ab 1919 an der Universität in München Germanistik und Philosophie. Nebenbei schreibt er Beiträge für verschiedene Zeitschriften, darunter auch für den satirischen *Simplicissimus*.

1924 übersiedelt Horváth nach Berlin und versucht von hier aus, sich als Schriftsteller durchzusetzen. Seine ersten Stücke erscheinen im Druck. Trotz negativer Kritiken läßt sich Horváth nicht entmutigen, und nach der Komödie *Zur schönen Aussicht* (1927) stellt sich in Berlin mit dem Volksstück *Die Bergbahn* 1929 auch der erste Aufführungserfolg ein. Im selben Jahr wird am Lessing-Theater Berlin *Sladek, der schwarze Reichswehrmann*, eine *Historie aus dem Zeitalter der Inflation*, uraufgeführt. 1930 erscheint der Roman *Der ewige Spießer*.

Italienische Nacht erlebt seine Uraufführung 1931 im Theater am Schiffsbauerdamm in Berlin. In diesem Volksstück endet die Auseinandersetzung zwischen »Roten« und »Braunen« in kleinlicher Vereinsmeierei. Wenige Monate später wird Horváth in Murnau, wo seine Eltern ein Landhaus besitzen, in einem Prozeß über eine von den Nazis angezettelte Saalschlacht als Zeuge vernommen und daraufhin von diesen öffentlich angegriffen. Im Herbst desselben Jahres erhält der junge Schriftsteller auf Vorschlag von Carl Zuckmayer den Kleist-Preis, einen der begehrtesten Literaturpreise. Im November gelingt dann der endgültige Durchbruch mit dem Volksstück *Geschichten aus dem Wiener Wald** in der Inszenierung von Heinz Hilpert am Deutschen Theater Berlin. 1932 wird *Kasimir und Karoline,* die Ballade vom arbeitslosen Chauffeur Kasimir und seiner Braut, in Leipzig uraufgeführt. Nach der Machtergreifung Hitlers 1933 muß Heinz Hilpert das zur Uraufführung vorgesehene Stück *Glaube, Liebe, Hoffnung* wieder absetzen. In diesem »kleinen Totentanz« gerät das Mädchen Elisabeth in wirtschaftlicher Notlage auf die schiefe Bahn und unterliegt im »Kampf zwischen Individuum und Gesellschaft«, wie es Horváth selbst formuliert. Horváth verläßt Deutschland und geht nach Wien. Nun werden die Posse *Hin und Her* 1934 in Zürich und *Glaube, Liebe, Hoffnung* 1936 in Wien uraufgeführt. Die Komödie *Figaro läßt sich scheiden* ist eine ins

Exilmilieu übertragene Fortsetzungsgeschichte der beiden von Rossini und Mozart vertonten Figaro-Komödien von Beaumarchais (Uraufführung 1937 in Prag).

1934 kehrt Horváth mit einem ungarischen Paß noch einmal nach Berlin zurück, um den Nationalsozialismus zu studieren, über den er ein Theaterstück schreiben möchte. Für die Kinoindustrie schreibt er Filmdialoge, ohne dort recht Fuß zu fassen.

1937 erscheint der Roman *Jugend ohne Gott,* und der Roman *Ein Kind unserer Zeit* wird abgeschlossen. Am 12. Dezember 1937 hat das Schauspiel *Der jüngste Tag* im Deutschen Theater in Mährisch-Ostrau seine Uraufführung. Es ist die letzte Premiere, die Horváth miterlebt.

Als die Nazis Österreich »anschließen«, verläßt Horváth am 13. März 1938 Wien und fährt nach Budapest. Von dort reist er über Venedig und Mailand nach Zürich, dann, auf Einladung eines holländischen Verlegers, nach Amsterdam. Auf der Rückreise nach Zürich macht er in Paris Station. Am 1. Juni 1938 wird er auf den Champs Elysées von einem herabstürzenden Ast erschlagen. Er ist 37 Jahre alt. Horváth wird auf dem Pariser Friedhof von St. Ouen begraben. Carl Zuckmayer hält die Grabrede. 1988 werden seine sterblichen Überreste nach Wien überführt.

Aus dem Nachlaß werden die Komödie *Die Unbekannte aus der Seine* 1949 und das Schauspiel *Don Juan kommt aus dem Krieg* 1952 in Wien uraufgeführt. Horváths Dramen sind gesellschafts- und moralkritisch bestimmt und haben einen meist bitteren satirischen Einschlag. Seine Zeit- und Volksstücke aus dem Alltagsleben einfacher Leute spiegeln exakt das kleinbürgerliche Bewußtsein vor Hitlers Machtantritt wider. Diese Spießermentalität mit ihrer Dumpfheit und Niedertracht, ihrem Selbstmitleid und ihrer Brutalität bis hin zu ihrer faschistischen Konsequenz ist in den Stücken schonungslos sezierend dargestellt. Horváths Dramen sind heute fester Bestandteil des deutschsprachigen Bühnentheaters.

Geschichten aus dem Wiener Wald

Volksstück in 3 Teilen (15 Bildern)

PERSONEN
Alfred
Die Mutter
Die Großmutter
Der Hierlinger Ferdinand
Valerie
Oskar
Ida
Havlitschek
Rittmeister
Eine gnädige Frau
Marianne
Zauberkönig
Zwei Tanten
Erich
Emma
Helene
Der Dienstbote
Baronin
Beichtvater
Der Mister
Der Conférencier

ORT
Wien, Wiener Wald, Wachau

ZEIT
Anfang der dreißiger Jahre

HANDLUNG
Marianne ist von ihrem Vater, dem Inhaber der Spielwaren- und Scherzartikel-
handlung »Zum Zauberkönig«, dem rohen Fleischermeister Oskar versprochen.
Die beiden sind Nachbarn seit ihrer Kindheit. In der Woche vor der Verlobung
lernt Marianne den Hallodri Alfred kennen, der von Lotterie, Rennwetten und
dunklen Gelegenheitsgeschäften lebt und mit Valerie, einer schon älteren,

etwas matronenhaften Ladenbesitzerin aus dem Nachbarhaus auf der anderen Seite, verbandelt ist. Marianne verliebt sich in ihn. Sie lädt ihn zu der vom Vater angesetzten Verlobungsfeier mit Oskar im Wiener Wald ein und gibt – während eines allgemeinen Bads in der Donau – den Verführungsversuchen Alfreds nach. Die beiden werden überrascht, als sie sich umarmen. Marianne bekennt sich sogleich zu Alfred, während dieser lieber aus der Affäre herauskommen möchte. Der Vater verstößt seine mißratene Tochter.

Valerie hat sich indessen über den Verlust Alfreds mit dem zackigen Jura-Studenten und Früh-Nazi Erich hinweggetröstet, der sich von ihr später aushalten läßt.

Marianne zieht zu Alfred in sein enges, schäbig möbliertes Zimmer im Wiener achten Bezirk. Als sie ein Kind bekommt, ist Alfred ihrer endgültig überdrüssig. Immer mehr wird ihm ihre rührende Anhänglichkeit lästig, und er versucht, wieder von ihr freizukommen. Er drängt sie, einem Erwerb nachzugehen, und da sie eine Vorliebe für rhythmische Gymnastik hat, bringt Alfreds Freund sie in einer Tingeltangelgruppe unter. Das Kind gibt Alfred indessen zu seiner Großmutter in die Wachau, die auf alle Frauen eifersüchtig ist, mit denen Alfred sich einläßt, und von der er durch eine Geldschuld in Abhängigkeit geraten ist. Diese herrschsüchtige Frau unterdrückt auch ihre eigene Tochter, Alfreds Mutter, brutal. Klar, daß sie für das Kind Mariannes kein Herz hat.

Marianne landet schließlich im Nachtlokal Maxim, wo sie nackt in sogenannten »Lebenden Bildern« posieren muß. Dort wird sie von ihrem Vater und Valerie entdeckt. Verzweifelt und ratlos bittet Marianne ihren Vater um Verständnis, wird aber in unversöhnlicher Härte abgewiesen. Ein heurigenseliger Besucher fühlt sich von ihr bestohlen und sorgt dafür, daß sie ins Gefängnis kommt.

Der Metzger Oskar würde die Marianne immer noch heiraten wollen, wenn nur das Kind nicht da wäre. Alfred verspricht Oskar, ihm Marianne zu überlassen, und Oskar bringt dafür Alfred wieder mit Valerie zusammen. Valerie bemüht sich erfolgreich um die Aussöhnung zwischen Vater und Marianne. Auf dem Rücken Mariannes sind die ursprünglichen Beziehungen also wiederhergestellt.

Alfreds Großmutter hat inzwischen dafür gesorgt, daß das Kind an »einer Erkältung« gestorben ist. Gerade als sie zusammen mit Alfreds Mutter einen Brief an das »Fräulein« Marianne aufsetzt, um ihr den Tod des Buben mitzuteilen, kommt die ganze Gesellschaft zu Besuch. Marianne, die hofft, ihr Kind wiederzusehen, erfährt statt dessen von seinem Tod. Halb ohnmächtig vor Schmerz will sie sich auf die Großmutter stürzen, um sie mit ihrer Zither zu erschlagen. Doch Oskar preßt sie derb an sich. Er wird sie heimschleppen, ins Familienglück, in seine Metzgerei, wie ein Stück Fleisch:»Meiner Liebe wirst du nicht entgehen«, hat er zu ihr gesagt. Und während sie von Oskar geküßt wird, hört man die Großmutter aus dem Hause auf der Zither *G' schichten aus dem Wiener Wald* spielen.

ERLÄUTERUNGEN

»Ich hab mal Gott gefragt, was er mit mir vorhat. – Er hat es mir aber nicht gesagt, sonst wär ich nämlich nicht mehr da. Er hat mich überraschen wollen. – Pfui!« Das sagt die Marianne am Ende ihres Schicksalsweges, auf dem ihr alle Hoffnungen, Illusionen und Sehnsüchte brutal und systematisch ausgetrieben worden sind. Die Ehe mit dem primitiven Metzger wird ihren Tod auf Raten besiegeln.

Keine harmlose, melodienselige Operette, wie der Titel dieses nach einem Johann-Strauß-Walzer benannten Volksstückes vielleicht andeuten könnte, wird hier gespielt, sondern eher eine zynische Variation in Moll: ein Volksstück, das die Bigotterie und verlogene Lüsternheit unter der Oberfläche der Donauseligkeit aufdeckt und den Leidensweg eines liebesfähigen Mädchens zeigt, das an der Flachheit und Verlogenheit seiner Umgebung elend scheitern muß. Am Schluß kein Happy-End am Traualtar, auch wenn es so aussieht, sondern die Abschlachtung einer starken, elementaren Liebessehnsucht. Marianne, die einzige Person des Stückes, die wahrer Liebe fähig ist, wird ans Messer geliefert, während die Händler von Menschenfleisch, die Lüsternen, die Verklemmten und die Profitler Sieger bleiben. Vorgeführt wird der Mensch als Ware, die verwertbar ist, als Sexobjekt, dem die Liebesfähigkeit ausgetrieben wird. Mariannes Kind, ein lästiger Gegenstand, muß erst aus dem Weg geräumt sein, damit das Leben wieder in »normale Bahnen« gebracht werden kann.

Eine brutale »Gemütlichkeit« herrscht in dieser Welt voll verlogenem Kitsch und sentimentaler Idylle. Man läßt die Sau raus, wenn's an die Gemütlichkeit geht. Eine schreckliche Wirklichkeit ist das, die stille Brutalität des Alltags. Hier ist der Nährboden für die sich ankündigende Nazi-Diktatur.

Horváth hat mit seinen *Geschichten aus dem Wiener Wald* wohl sein reichstes, differenziertestes und stimmungsvollstes Stück geschrieben. Bis in die Nebenrollen hinein ist der ordinäre Kleinbürgermief der Wiener Vorstadt eingefangen, sind Kleinganovencharme und Spießerverklemmtheit trefflich typisiert. Der »Zauberkönig«, Mariannes Vater, ist mit seiner borniertten Hartherzigkeit und seinem Selbstmitleid ein Vorläufer des Herrn Karl, des Prototyps eines österreichischen Kleinbürgers, der von dem politischen Kabarettisten Helmut Qualtinger geschaffen wurde. Der Alfred jedoch ist eine Schlawinerfigur mit Charme und einer Mischung aus Weltläufigkeit und Schwachheit. Gegen seinen Willen wird er in den Mittelpunkt der Affäre gezogen, denn da, wo er nur ein Liebesabenteuer sucht, trifft er auf die Unbedingtheit einer großen Liebe, die ihm schnell »auf den Wecker geht«. Seine Hoffnung, Marianne wieder loszuwerden, wird durch die Geburt des Kindes untergraben. Am Ende wird ihn die dralle Valerie abschleppen. Die gespenstische Großmutter, die Tochter und Enkel dämonisch beherrscht, setzt in diesem Liebeskampf das Geld als Waffe ein und ist die personifizierte Todesdrohung. Und Marianne: sie ist eine der rührendsten Mädchenfiguren Horváths, von echtem Gefühl beseelt, elementar in ihrer Liebessehnsucht, sich verzweifelt gegen Gott und die Kirche auflehnend, um schließlich seelisch zu zerbrechen und sich selbst und alle ihre Wünsche aufzugeben.

Gegen den realistischen Handlungsablauf, die wirklichkeitsbezogenen Dialoge, die klare Typisierung der Personen setzt Horváth Chiffren, wie zum Beispiel Sexual- und Todessymbole. Sie sollen die gedankenlose und gefährliche Gemütlichkeit aufbrechen und denunzieren, in der alle, außer Marianne, wohlig leben. Auch der Sprachstil, der das Verstummen, die »organisierte Sprachlosigkeit« miteinbezieht, entlarvt die Menschen in ihren Haltungen.

Horváths Theaterstück, für das der Autor 1931 mit dem Kleist-Preis ausgezeichnet wurde, hat viele spätere deutsche und österreichische Autoren stark beeinflußt. In jüngerer Zeit ist dieser Einfluß besonders deutlich etwa bei Martin Sperr *(Landshuter Erzählungen)*, bei Franz Xaver Kroetz und Peter Turrini.

Die Uraufführung der *Geschichten aus dem Wiener Wald* fand in der Inszenierung von Heinz Hilpert am 2. November 1931 im Deutschen Theater in Berlin statt, mit so großartigen Darstellern wie Carola Neher, Peter Lorre, Hans Moser, Paul Hörbiger und Lucie Höflich. Wichtige Bühnenaufführungen gab es 1966 an den Münchner Kammerspielen (Regie: Otto Schenk), 1971 am Düsseldorfer Schauspielhaus (Regie: Hans Hollmann) und 1972 an der Berliner Schaubühne (Regie: Klaus Michael Grüber). Maximilian Schell verfilmte 1978 das Volksstück mit Birgit Doll und Helmut Qualtinger.

BERTOLT BRECHT

Bertolt Brecht wird am 10. Februar 1898 in Augsburg geboren. Er wächst in gutbürgerlichen Verhältnissen auf, lehnt sich aber schon als Junge mit respektlosem Benehmen und auffälliger Kleidung gegen alles Spießbürgerliche auf. 1917 beginnt er in München Medizin zu studieren. Im letzten Kriegsjahr 1918 leistet er Kriegsdienst in einem Augsburger Seuchenlazarett und setzt danach sein Medizinstudium fort. Die Freundschaft zu dem Augsburger Caspar Neher, seinem späteren Bühnenbildner, festigt sich.

1918 schreibt Brecht sein erstes, expressionistisch-anarchistisches Stück um einen wüsten Säufer, Herumtreiber und Mörder, den *Baal*. Durch *Baal* und auch durch sein zweites Drama *Trommeln in der Nacht* (entstanden 1919, 1922 ausgezeichnet mit dem Kleist-Preis) wird Brecht rasch zum Bürgerschreck. So läßt er zum Beispiel im Zuschauerraum Plakate aufhängen mit dem Text: »Glotzt nicht so romantisch«. 1923 wird *Im Dickicht der Städte* am Münchner Residenztheater durch Erich Engel uraufgeführt, einem Regisseur, der, wie Caspar Neher, den Autor ein Leben lang begleitet. Von 1924 bis 1926 ist Brecht Dramaturg beim Deutschen Theater in Berlin. Später lebt er als freier Schriftsteller und Regisseur. 1923 lernt er die Schauspielerin Helene Weigel kennen, die er 1929 heiratet. Er fördert die Theaterautorin Marieluise Fleißer (1901–1974), deren Stücke *Fegefeuer in Ingolstadt* (uraufgeführt 1926), *Pioniere in Ingolstadt* (uraufgeführt 1928) und *Der starke Stamm* (uraufgeführt 1950) von ihm beeinflußt und zur Uraufführung den Bühnen empfohlen wurden.

Grell, farbig, die bürgerlichen Konventionen verspottend wie seine ersten Dramen sind auch das 1926 erscheinende Stück *Mann ist Mann* und die *Dreigroschenoper**, 1928 in Berlin uraufgeführt. Zu dieser neuartigen Oper schrieb Kurt Weill die zündende Musik, ebenso wie zu dem *Berliner Requiem*, 1928, und zu der 1930 in Leipzig uraufgeführten Oper *Aufstieg und Fall der Stadt Mahagonny*.

Brecht studiert nun vor allem den Marxismus und sympathisiert mehr und mehr mit den Kommunisten. Davon kündet auch das Schauspiel *Die Mutter* nach Maxim Gorki, das er 1932 selbst inszeniert.

Nach dem Verbot des Drehbuches zu dem Film *Kuhle Wampe* durch die Filmprüfstelle und nach dem Reichstagsbrand in Berlin verläßt Brecht schon Ende Februar 1933 mit seiner Familie Deutschland, das jetzt unter dem Einfluß der Nazis steht. Während seine Familie sich nach Dänemark absetzt, flieht er über Wien, Prag und Zürich nach Paris. Dort schreibt er zusammen mit Kurt Weill *Die sieben Todsünden der Kleinbürger,* die er im Bühnenbild Caspar Nehers in Paris uraufführt. Nun folgt Brecht seiner Familie nach Dänemark. 1935 wird ihm die deutsche Staatsbürgerschaft aberkannt. Bei den öffentlichen Bücherverbrennungen in Berlin werden auch seine Bücher verbrannt. Ab 1937 ist er wieder in Paris und inszeniert die Uraufführungen von *Die Gewehre der Frau Carrar* und *Furcht und Elend des Dritten Reiches.*

Nach kurzen Aufenthalten in Schweden und Finnland flieht Brecht 1941 über Moskau und Wladiwostock nach Kalifornien. In Santa Monica bei Hollywood trifft Brecht auf andere Exilautoren wie die Romanschriftsteller Alfred Döblin und Heinrich Mann, sowie auf Charlie Chaplin, die Regisseure Fritz Kortner, Fritz Lang, Max Reinhardt, die Schauspielerin Elisabeth Bergner, den Komponisten Arnold Schönberg und den Philosophen und Musikwissenschaftler Theodor W. Adorno. Mit Lion Feuchtwanger schreibt er *Die Geschichte der Simone Marchand.* Trotz wirtschaftlicher Sorgen schuf Brecht gerade in den Exiljahren seine erfolgreichsten Stücke, wie das mehrfach umgearbeitete *Leben des Galilei** (1938/39), *Mutter Courage und ihre Kinder** (1939), ein im 30jährigen Krieg spielendes Antikriegsstück, *Der gute Mensch von Sezuan* (1942), *Der kaukasische Kreidekreis* (1945) und 1947 *Antigone – Modell 1948,* eine Neubearbeitung des Sophokles-Dramas (Titel nach dem Uraufführungsjahr 1948).

1947 verläßt Brecht die USA, nachdem er als Kommunist denunziert und von dem Ausschuß zur Untersuchung unamerikanischer Umtriebe einem peinlichen Verhör unterzogen worden ist. Er läßt sich 1947 am Zürichsee nieder. 1948 wird *Herr Puntila und sein Knecht Matti* dort uraufgeführt. Im selben Jahr geht Brecht nach Ost-Berlin zurück; die drei Westzonen der Bundesrepublik hatten ihn nicht aufnehmen wollen. Er wird Generalintendant des Deutschen Theaters. 1949 gründet er zusammen mit Helene Weigel das Berliner Ensemble. 1950 erhält er die Österreichische Staatsbürgerschaft, 1953 wird er Vorsitzender des PEN-Zentrums Ost und West. Im folgenden Jahr erscheint *Turandot oder Der Kongreß der Weißwäscher.* Das Theater am Schiffbauerdamm wird Sitz des Berliner Ensembles (1954).

Am 14. August 1956 stirbt Brecht in Berlin an einem Herzinfarkt.

Bertolt Brecht gehört zu den wichtigsten Theaterautoren des 20. Jahrhunderts. Er begann mit anarchistisch-nihilistischen Frühwerken, verfaßte Lehr- und Agitationsstücke und gelangte Ende der 30er Jahre mit seinen großen Parabelstücken zu internationalem Ansehen. In einer eigenen Theatertheorie formulierte Brecht seine Vorstellungen vom modernen Theater zusätzlich aus. Angesichts der weitreichenden gesellschaftlichen Veränderungen war für ihn eine neue Darstellungsweise der gesellschaftlichen Vorgänge auf der Bühne unumgänglich. Das Theater, so Brecht, muß Einfluß nehmen auf die Wirklichkeit. Um die gesellschaftlichen Verhältnisse kritisch zu prüfen und sie als veränderbar zu zeigen, bedient sich Brecht des sogenannten Verfremdungseffektes, dem Schlüsselbegriff seiner Dramaturgie. Dieser »V-Effekt« verwehrt dem Zuschauer die Identifikation mit dem Protagonisten eines Stückes. Dazu dient auch der Einsatz von Distanzierungsmitteln: Projektionen, Zwischentiteln, sichtbarem Bühnenumbau, distanziertem Rollenspiel, Unterbrechung durch Songs und Anreden der Zuschauer.

In den späten 50er und 60er Jahren gehörte Brecht auf den deutschsprachigen Bühnen zu den meistgespielten Theaterautoren. Im Augenblick machen gerade jüngere Regisseure um Brecht einen Bogen, es ist eine Brecht-Abstinenz erkennbar, eine vorsichtige Distanzierung von Ideologie- und Theorieüberfrachtung. Die Gefühlswelt, die große Emotion, ist heute auf der Bühne wieder mehr gefragt als die pädagogische Tendenz.

Weitere dramatische Werke Brechts, die allerdings nur noch selten gespielt werden, sind *Leben Eduards II.* nach Christopher Marlowe mit Lion Feuchtwanger als Co-Autor (1924), *Der Jasager* und *Der Neinsager* (1929/30), *Die Maßnahme* (1930), *Die heilige Johanna der Schlachthöfe* (1930), *Das Verhör des Lukullus* (1939), *Der aufhaltsame Aufstieg des Arturo Ui,* eine Hitler-Parodie (1941), *Schweyk im Zweiten Weltkrieg* (1944) und *Die Tage der Commune* (1949). Daneben verfaßte Brecht große, aussagestarke Lyrik und vor allem Texte zur Theatertheorie.

Die Dreigroschenoper

Ein Stück mit Musik in einem Vorspiel und 8 Bildern nach John Gays
The Beggar's Opera
Musik von Kurt Weill

PERSONEN
Macheath, genannt Mackie Messer
Jonathan Jeremiah Peachum, Besitzer der Firma »Bettlers Freund«
Celia Peachum, seine Frau
Polly Peachum, seine Tochter
Brown, oberster Polizeichef von London, genannt Tiger Brown
Lucy, seine Tochter

Die Spelunken-Jenny
Smith
Pastor Kimball
Filch
Ein Moritatensänger
Die Platte
Bettler, Huren, Konstabler

ORT
London, Soho

ZEIT
Ende des 19. Jahrhunderts

HANDLUNG
Auf dem Jahrmarkt von Soho, dem verrufensten Viertel von London: Ein
Straßensänger singt die Moritat von Mackie Messer, dem Mörder, Räuber,
Brandstifter und Frauenschänder, dem niemand etwas anhaben kann. –
»Und der Haifisch, der hat Zähne
Und die trägt er im Gesicht
Und Macheath, der hat ein Messer
Doch das Messer sieht man nicht...«
Und als Moritat läuft nun auch die Geschichte ab: Der Bettlerkönig Peachum
beklagt die zunehmende Verhärtung der Menschen. Um ihr zu begegnen, hat er
einen Laden eröffnet, wo er die Ärmsten der Armen so ausstattet, daß ihnen als
Bettler Mitleid sicher ist. Ein junger Mann, der bislang nur als Amateur
stümperhaft gebettelt hat, bekommt hier von ihm seinen professionellen Schliff.

In einem leeren Pferdestall mitten in Soho feiert der Bandit Macheath,
genannt Mackie Messer, Hochzeit mit Polly Peachum, der Tochter des Bettler-
königs. Polly singt die erschröckliche Ballade von der Tellerwäscherin Jenny,
die sich ein Seeräuberschiff mit 50 Kanonen herbeisehnt, dessen Mannschaft
jeden köpft, der ihr mißfällt. Auch Sheriff Tiger Brown, Mackie Messers
Armeekamerad aus dem Kolonialkrieg und heutiger Polizeichef von London, ist
zur Feier erschienen. Beide stimmen den Kanonen-Song an, eine sentimentale
Erinnerung an ihre gemeinsame Zeit in der Kolonialarmee.

Pollys Eltern sind empört über diese Heirat. Für den Bettlerkönig Peachum,
der an den harten Zeiten verdient und sie nur allzu gut kennt, ist der Verlust der
Tochter ein schwerer Schlag. Er könnte sie im Geschäft gut gebrauchen, gönnt
sie deshalb Macheath nicht. Schließlich ist der sein ärgster Konkurrent bei

seinen Geschäften und lebt überdies sehr gefährlich. Da könnte auch seine Tochter hineingezogen werden. So verlangt Peachum vom Polizeichef Tiger Brown, seinen neuen Schwiegersohn Mackie Messer hinter Schwedische Gardinen zu bringen. Der sei schließlich ein gesuchter Verbrecher. Tiger Brown muß dieser Forderung trotz seiner Freundschaft zu Macheath nachkommen, weil Peachum droht, sonst mit seiner Bettlerarmee den Krönungszug aufzuhalten.

Peachums Frau versucht indessen, eine Hure zu bestechen: sie soll Macheath bei seinem nächsten Bordellbesuch an die Polizei verraten. Mackie Messer wird aber gewarnt und bringt sich in Sicherheit. Polly übernimmt in der Zwischenzeit seine – ziemlich schmutzigen – Geschäfte.

Als sich Mackie Messer unvorsichtigerweise bei den Huren von Turnbridge vergnügt, wird er tatsächlich verraten, und die Polizei steckt ihn hinter Schloß und Riegel.

Vor dem Zellengitter treffen Polly und Lucy, die Tochter des Polizeichefs, aufeinander. Polly ist Mackies Frau, aber Lucy ist schwanger von ihm. Die beiden Frauen beschimpfen sich. Mackie flieht, nicht bevor ihm Lucy noch Stock und Hut geholt hat.

Mackie kann nicht von den Huren lassen. Er wird erneut gefaßt und eingebuchtet. Polly und Lucy versöhnen sich im gemeinsamen Schmerz um ihn. Aber helfen wollen sie ihm jetzt nicht mehr.

Bald ist das Urteil gefällt: Mackie soll gehängt werden. Ein letzter Versuch, den Wärter zu bestechen, scheitert mangels Geld. Mackies Bande will nicht die verlangte Summe aufbringen. Als Mackie schon die Schlinge um den Hals spürt, tritt die totale Wendung ein, die sich Brecht ausgedacht hat, um das Publikum an der Nase herumzuführen. Tiger Brown verkündet als reitender Bote die Begnadigung durch die Königin. Mehr noch: Der Verbrecher Mackie wird in den Adelsstand erhoben und erhält eine lebenslange Rente...

ERLÄUTERUNGEN

Was läßt sich der guten alten *Dreigroschenoper,* dem größten »Dauerbrenner« Brechts, heute eigentlich noch abgewinnen? Die Melodien von Kurt Weill sind längst zu gängigem Kulturgut geworden, zu Schlagern degradiert in der Unterhaltungsmusik von Louis Armstrong bis James Last. Texte und Musik hat man im Ohr. Man kennt über Schallplatten sogar die Interpreten von einst. Die Moritat von Mackie Messer ist nicht nur Brechts populärster Song, sie hat sich aus dem Stück heraus sogar verselbständigt. Das, was bei der spektakulären Uraufführung in Berlin 1928 noch wie eine Bombe eingeschlagen hat, diese absolut neuartige Verbindung von Handlung und Musik, wirkt heute schon fast historisch abgegriffen.

Und wie steht es mit dem eigentlichen Beweggrund Brechts, mit der sozialen Aussage? Brecht wollte das Erscheinungsbild der damaligen Gesellschaft des Bürgertums und des Kapitalismus im Jahre 1928 darstellen. Allerdings verlegt er die Handlung ins Viktorianische Zeitalter, um durch diese historische Distanz die kritische Reflexion über die geschilderten Zustände zu verbessern. Auch heute gäbe es eine Gesellschaftsordnung, so meint er, »in der so ziemlich alle Schichten der Bevölkerung, allerdings auf die allerverschiedenste Weise, moralische Grundsätze berücksichtigen, indem sie nicht in Moral, sondern natürlich von Moral leben.« Kann uns heute diese Weisheit, daß erst das Fressen komme und dann die Moral, überhaupt noch von den Sitzen reißen? Oder der Kanonen-Song? Die Anliegen des sozialkritischen Anarchisten Bertolt Brecht liefen schon in den 30er Jahren Gefahr, im angenehmen Gruseln und der Verruchtheit des Milieus unterzugehen.

Diese Fragen tauchen auf, wenn *Die Dreigroschenoper* auf der Bühne gespielt werden soll. Das gilt heute, wo der beabsichtigte aggressive Zubiß der Stückaussage verloren ist, die Haifischzähne sozusagen gezogen sind, ebenso, wie es schon in hohem Maße bei der Uraufführung galt. *Die Dreigroschenoper* wurde zwar immer als eine Art Bürgerschreck-Stück angesehen, aber anders, als es Brecht beabsichtigt hatte. Der Soziologe und Philosoph Theodor W. Adorno behauptete schon 1929, daß dieses Werk der Gesellschaft Appetit mache, daß sie drauf und dran sei, es »zu schlucken, so daß nichts mehr davon übrig bleibt.« Man war und ist beileibe nicht irritiert von der revolutionär sich gebenden Gesellschaftstheorie, die hinter dem Stück zu stecken scheint: Spießbürger und Gangster, so wird behauptet, gehören zusammen, und die Polizei tue nichts Besseres, als sich mit Verbrechern zu verbandeln und sie zu beschützen. Der Räuber Mackie Messer und der schein-christliche Bettlerkönig Peachum repräsentieren das Bürgertum, also den bürgerlichen Kapitalismus mit seinen räuberischen Anlagen. Weil Brecht davon ausgeht, daß Bürger auch Räuber sind, werden im Stück diese Räuber mit gutbürgerlichen, spießerhaften Verhaltensweisen und Reaktionen vorgeführt, nicht mit typisch räuberischen.

Das Publikum nahm diese Schlußfolgerung freilich nicht zur Kenntnis, sondern fand Vergnügen am dargestellten Milieu. Die Hurenszenen sind pikant, das Gangstertum kann als fidele Räuberromantik mißverstanden werden, Mackie Messer ist der elegant-geschmeidige Unterweltsboß, voll grenzenloser Amoralität, für dessen Ausstrahlung auf Frauen auch die Damen im

Parkett Verständnis aufbringen können. Was also als Provokation gedacht war, ist Amüsement geworden. Die Anklage hat Unterhaltungswert.

Brecht hat diesen kulinarischen Genuß seiner *Dreigroschenoper,* also das, was Adorno schon vorhersah, ebenfalls sehr schnell erkannt und war tunlichst bemüht dagegenzusteuern. 1930/31 verfaßte er ein Filmszenario mit dem Titel *Die Beule,* das die Handlung wesentlich schärfer, klassenkämpferischer akzentuiert.

Vorlage zur *Dreigroschenoper* ist die 1728 in London zum erstenmal aufgeführte *The Beggar's Opera* von John Gay, in deren Mittelpunkt der Hehler Peachum und der Bandenchef Macheath stehen. Der Konflikt zwischen beiden bricht aus, als sich die Tochter Polly gegen den Willen des Vaters in Macheath verliebt. Auch in der englischen Vorlage führen sich die Verbrecher wie normale Bürger auf. Da die Verbrecher erfolgreich sind, im Beruf, bei den Frauen, und auch sonst nicht unsympathisch, wirken sie wie normale Bürger. Sie haben die Sympathie des Publikums, eines ebenfalls normalen bürgerlichen Publikums.

Trotz aller heutigen Einwände hat die *Dreigroschenoper* doch viel an Anziehungskraft bewahrt. Vor allem die von Brecht und Weill so trickreichgenial komponierte ironisch-zynische Zitatmischung aus Schärfe und Poesie, dialektischem Humor und schlichten treuen Weisen, verruchter Spelunkenherrlichkeit und Operettenzauber haben es bis heute in sich. Das Gleichnis von den bürgerlichen Räubern, die für das räuberische Bürgertum stehen, behauptet sich auch heute noch auf den Bühnen als kräftige, lebendige Typenkomödie.

Die Uraufführung des Stückes fand am 31. August 1928 im Theater am Schiffbauerdamm, Berlin, in der Regie von Erich Engel statt. 1931 kam die *Dreigroschenoper* als Film heraus (Regie: Georg Wilhelm Papst, mit einer Reihe von hervorragenden Schauspielern wie Rudolf Forster, Carola Neher und Lotte Lenya), der von Brecht als »schamlose Verschandelung« und »trauriges Machwerk« abgelehnt wurde. Eine spätere Verfilmung stammt von Wolfgang Staudte (1962).

Mutter Courage und ihre Kinder

Eine Chronik aus dem Dreißigjährigen Krieg
Bühnenstück in 12 Bildern

PERSONEN

Mutter Courage	Ein Schreiber
Kattrin, ihre stumme Tochter	Ein junger Soldat
Eilif, der ältere Sohn	Ein älterer Soldat
Schweizerkas, der jüngere Sohn	Ein Bauer
Der Werber	Die Bauersfrau
Der Feldwebel	Der junge Mann
Der Koch	Die alte Frau
Der Feldhauptmann	Ein anderer Bauer
Der Feldprediger	Die Bäuerin
Der Zeugmeister	Ein junger Bauer
Yvette Pottier	Der Fähnrich
Der mit der Binde	Soldaten
Ein anderer Feldwebel	Eine Stimme
Der alte Obrist	

ORT

Feldlager in Dalarne (Schweden) und Norddeutschland

ZEIT

Frühjahr 1624 bis Januar 1636

HANDLUNG

Mitten im Dreißigjährigen Krieg: Die Marketenderin Anna Fierling, genannt Mutter Courage, zieht mit ihrem Wagen kreuz und quer durch Mitteleuropa, den Kriegsheeren hinterher. Ihr ist es egal, welcher Kriegspartei sie sich anschließt, sie will nur ihren Geschäften nachgehen. Sie möchte am Krieg »ihren Schnitt machen«, wie sie sagt, weil sie ihre drei Kinder durchbringen muß: die beiden Söhne Eilif und Schweizerkas und die stumme Tochter Kattrin. Mutter Courage lebt vom Krieg. Er bringt ihr das ein, was sie zum Leben braucht, wenngleich sie zahlen muß, was der Krieg von ihr fordert. Und das ist nicht wenig.

Im protestantischen Schweden geht ihr der erste Sohn verloren. Eilif wird von hinterhältigen Kriegswerbern zu den Soldaten geholt. Als die Courage zwei

Jahre später Eilif in Polen wiedertrifft, hat er gerade einen Raubzug gegen eine Handvoll Bauern geführt und wird dafür ausgezeichnet. Sofort macht auch die Courage mit den Beutestücken des Sohnes Geschäfte. Dem Leibkoch des Feldhauptmanns verkauft sie einen völlig überteuerten Kapaun.

Auch ihren zweiten Sohn muß die Courage drangeben: Schweizerkas wird, ebenfalls im Heer der Protestanten, Zahlmeister und muß die Regimentskasse hüten. Als die Katholischen das Lager überfallen, wird er gefangen, kann aber noch die Kriegskasse in Sicherheit bringen. Er kommt vors Kriegsgericht. Die Courage will sein Leben retten. Um an Bargeld zu kommen, versucht sie ihren Wagen der Lagerhure Yvette Pottier zu verpfänden und feilscht lange um den Preis. Zu lange, denn in der Zwischenzeit wird Schweizerkas erschossen. Und nun verleugnet sie, um sich und Kattrin zu retten, nach der Exekution ihren eigenen Sohn.

Die Courage zieht jetzt im Troß der Katholischen mit. Ein protestantischer Feldprediger hat bei ihr Unterschlupf gefunden. Er hilft ihr beim Handel und macht ihr gelegentlich Anträge.

Der kaiserliche Feldherr Tilly ist gefallen. Das kann den Frieden bringen, und der käme der Courage jetzt gar nicht recht, wo sie doch gerade neue Waren gekauft hat. Gottlob, der Krieg geht weiter, und Mutter Courage steht »auf der Höhe ihrer geschäftlichen Laufbahn«.

Der Krieg hat aber auch weiterhin seine Schattenseiten für sie: Die Tochter Kattrin wird von Soldaten überfallen und entsetzlich zugerichtet.

Die Courage wechselt wieder mal ins protestantische Lager über. Als König Gustav Adolf in der Schlacht bei Lützen fällt, muß sie erneut befürchten, daß es zum Frieden kommt. Tatsächlich herrscht für kurze Zeit Feuerpause. Eben die wird nun dem anderen Sohn, Eilif, zum Verhängnis. Weil er nämlich in diesen scheinbaren Friedenstagen das tut, wofür er im Krieg ausgezeichnet worden war – er plündert einen Bauernhof –, wird er jetzt hingerichtet.

Der Krieg geht weiter, und die Zeiten werden immer schlechter für die Courage. Beide Söhne hat sie verloren. Der Feldprediger verläßt sie. Der Koch, dem sie einst den teuren Vogel verkauft hat, möchte mit ihr nach Holland gehen, um dort zu zweit eine neue Existenz aufzubauen. Aber er will Kattrin nicht mitnehmen. Als die Courage sich weigert, ihre stumme Tochter zurückzulassen, verläßt sie auch der Koch.

Kattrin rettet die schlafende Stadt Halle vor einem Überfall der kaiserlichen Truppen. Sie klettert auf das Dach eines Bauernhauses vor den Toren der Stadt und warnt mit Trommelschlägen die Einwohner vor den heranrückenden Truppen. Damit rettet sie nicht nur ihre Mutter, die gerade in der Stadt ist, um

Geschäfte zu machen, sondern – und darum geht es ihr vor allem – das Leben vieler unschuldiger Kinder. Die feindlichen Soldaten erschießen Kattrin. Die Courage ist nun allein zurückgeblieben. Mit ihrem Wagen zieht sie weiter, immer dem Krieg hinterher. Nichts hat sie aus ihrem Unglück hinzugelernt.

ERLÄUTERUNGEN
Man muß sich das vor Augen halten: Dreißig Jahre lang, während der Lebenszeit einer ganzen Generation, tobt, hauptsächlich in Deutschland, ein Krieg, der unvorstellbare Greueltaten und Massenmorde speziell an der Zivilbevölkerung mit sich bringt. Es ist ein Glaubenskrieg, wie der Feldprediger sagt:»In diesem Krieg zu fallen ist eine Gnad' und keine Ungelegenheit, warum? Es ist ein Glaubenskrieg. Kein gewöhnlicher, sondern ein besonderer, wo für den Glauben geführt wird und also Gott wohlgefällig.«

Deutschland war Tummelplatz einer bezahlten, wüsten und enthemmten Soldateska, die mit Brand, Mord, Vergewaltigung und Raub kreuz und quer durchs Land zog. Der Krieg wurde geführt von Berufsheeren, die bezahlt und bei Laune gehalten werden mußten durch das stillschweigende Einverstandensein der Generäle mit Plünderungen und Vergewaltigungen. Die Zivilbevölkerung in den Städten ging notdürftig ihren Geschäften nach, ständig in der Angst vor dem nächsten Tag, der stets einen Landsknechtüberfall bringen konnte.»Frieden, das ist nur Schlamperei, erst der Krieg schafft Ordnung«, lautet im Stück die Devise der Soldaten. Und so sah diese Ordnung dann aus: 20 Millionen Menschen zählte die Bevölkerung bei Kriegsbeginn. Als der Krieg 1648 zu Ende war, waren nur noch 8 Millionen am Leben. Ganze Landstriche waren ausgestorben, die Städte lagen in Schutt und Asche.

Mutter Courage versucht wie alle kleinen Leute vergeblich, im großen Geschäft des Krieges mitzumischen,»ihren Schnitt« zu machen. Aber statt Nutznießerin des Krieges wird sie nur sein Opfer. Um ihre Kinder behalten zu können, will sie das Geschäft nicht verlieren. Sie verliert jedoch ihre Kinder wegen ihres Geschäftes und das Geschäft wegen des Krieges. Trotzdem lernt sie nichts daraus; sie glaubt, diesen Krieg zu brauchen. Sie betrachtet den Krieg weiterhin vom rein merkantilen Standpunkt und denkt als Kriegsgewinnlerin, auch wenn sie verliert. Mit ihrer Denkweise steht sie nicht allein: ob Sieger oder Besiegte, alle versuchen vom Krieg zu profitieren. Sogar der Feldprediger, der die Courage einmal»Hyäne des Schlachtfeldes« nennt, lebt vom Krieg und nicht vom Glauben. Krieg und Kapitalismus, so scheint es, gehören zusammen.

Am Vorabend eines neuen Krieges hebt Brecht mit dieser Chronik warnend den Finger. Er schreibt die *Mutter Courage und ihre Kinder* 1939, *vor* dem bereits drohenden neuen Krieg, der mit seinen Massenvernichtungen den Krieg der Landsknechte um ein Vielfaches übertrumpfen wird; und nicht zuletzt auch aus der Sorge heraus, daß sich die noch von Hitlers Eroberungsabsichten unberührten skandinavischen Exilländer mit dem Kriegstreiber arrangieren könnten. Es bestand Gefahr, daß manche Regierungen im großen Stil dieselben Geschäfte mit dem Krieg machen würden, wie sie die Courage im kleinen bereits vorpraktiziert hat.

Bei der Uraufführung dieser *Chronik aus dem Dreißigjährigen Krieg* am 19. April 1941 in Zürich (unter der Regie von Leopold Lindtberg mit Therese Giehse in der Titelpartie) wurde das Stück jedoch vielfach mißverstanden als eine Art »Niobe-Tragödie«, die von der »erschütternden Lebenskraft des Muttertiers« spricht. Das Mütterliche der Courage überdeckte also die Kriegs-gewinnlerin. Brecht nahm daraufhin Änderungen besonders in der Figur der Courage vor. Denn nicht die persönliche Tragik einer Mutter, die im Krieg ihre Kinder und ihre Habe verliert, sollte im Mittelpunkt stehen, sondern die überpersönliche, gesellschaftliche Problematik vom Krieg als Zerstörer von Moral und Menschenleben.

Für seine eigene und Erich Engels Inszenierung mit dem Berliner Ensemble am 11. Januar 1949 – Helene Weigel, Brechts Frau, war die Courage – hat Brecht deshalb jene Züge des Stücks und der Rolle prägnanter herausgearbeitet, die das merkantile Wesen des Krieges deutlich machen und die fehlende Einsicht der Courage in den Vordergrund rücken. Brecht: »Dem Stückeschrei-ber obliegt es nicht, die Courage am Ende sehend zu machen . . . ihm kommt es darauf an, daß der Zuschauer sieht.«

Ähnlich wie die *Dreigroschenoper** ist die *Mutter Courage* das tragikomi-sche Beispiel dafür, daß das Publikum sich den Teufel darum geschert hat, was der Autor beabsichtigte. Für den Zuschauer ist die Marketenderin Courage nämlich auch nach Brechts eigenhändigen Korrekturen eine der großen Frauen-gestalten der Bühnenliteratur, die nicht verurteilt, sondern beweint wird, genau wie die Mutter Wolffen in Hauptmanns *Biberpelz** trotz ihrer kriminellen Handlungsweise die Sympathien des Zuschauers immer auf ihrer Seite haben wird.

Tragisch ist dieses Mißverständnis für den Autor Bert Brecht, der mitansehen muß, daß seine Warnungen erneut in den Wind geschlagen werden. Der größte Massenvernichtungskrieg in der Geschichte der Menschheit ist gerade beendet, da rüstet man schon wieder auf, da eskaliert der Kalte Krieg zwischen Ost und

West, und in Korea wird bereits wieder geschossen. Skeptisch äußert Brecht: »Die Zuschauer des Jahres 49 und der folgenden Jahre sahen nicht die Verbrechen der Courage, ihr Mitmachen, ihr am Kriegsgeschäft mitverdienen wollen; sie sahen nur ihren Mißerfolg, ihre Leiden. Und so sahen sie den Hitlerkrieg an, an dem sie mitgemacht hatten: Es war ein schlechter Krieg gewesen, und jetzt litten sie. Kurz, es war so, wie der Stückeschreiber ihnen prophezeit hatte. Der Krieg würde ihnen nicht nur Leiden bringen, sondern auch die Unfähigkeit, daraus zu lernen. Das Stück ist heute kein Stück mehr, das zu spät gekommen ist, nämlich nach einem Krieg. Schrecklicherweise droht ein neuer Krieg. Niemand spricht davon, jeder weiß davon. Die große Menge ist nicht für den Krieg. Aber es gibt so viele Mühsale. Könnten sie nicht durch einen Krieg beseitigt werden? Hat man nicht doch ganz gut verdient im letzten, jedenfalls bis knapp vor dem Ende? Gibt es nicht doch auch glückliche Kriege? Der Stückeschreiber fragt sich, wie viele der Zuschauer von *Mutter Courage und ihre Kinder* die Warnung des Stücks heut verstehen.«

Den Namen der Hauptfigur hat Brecht einem 1670 erschienenen Roman von Grimmelshausen entnommen *(Lebensbeschreibung Der Ertzbetrügerin und Landstörtzerin Courasche)*. Das Stück ist neben der *Dreigroschenoper** das meistgespielte Bühnenwerk Brechts geworden. Mitbeigetragen zu diesem Erfolg haben einmal die zugkräftigen Songs Paul Dessaus (vor allem das Lied der Mutter Courage »Ihr Hauptleute, laßt die Trommeln ruhen« und ihr Lied von der »Großen Kapitulation«), aber auch die Tatsache, daß Brecht mit der Volksgestalt der Courage eine der wirkungssichersten Frauenfiguren der dramatischen Literatur geschaffen hat. Neben der Courage der Schweizer Uraufführung, der – so Brecht – »außerordentlichen« Therese Giehse, haben viele bedeutende Schauspielerinnen diese Paraderolle gestaltet, wie etwa Helene Weigel (Brechts Frau), Lotte Lenya, Hilde Krahl, Elisabeth Flickenschildt, Ida Ehre, Heidemarie Hatheyer, Ruth Drexel.

Leben des Galilei

Schauspiel in 15 Bildern

PERSONEN

Galileo Galilei

Andrea Sarti

Frau Sarti, Galileis Haushälterin, Andreas Mutter

Ludovico Marsili, ein reicher junger Mann

Der Kurator der Universität Padua, Herr Priuli

Sagredo, Galileis Freund

Virginia, Galileis Tochter

Federzoni, ein Linsenschleifer, Galileis Mitarbeiter

Der Doge

Cosmo de Medici, Großherzog von Florenz

Der Hofmarschall

Der Theologe

Der Philosoph

Der Mathematiker

Ein Astronom

Der sehr alte Kardinal

Pater Christopher Clavius, Astronom

Der kleine Mönch

Der Kardinal Inquisitor

Kardinal Barberini, später Papst Urban VIII.

Kardinal Bellarmin

Filippo Mucius, ein Gelehrter

Herr Gaffone, Rektor der Universität Pisa

Vanni, ein Eisengießer

Ratsherren, Hofdamen, Gelehrte, Nonnen, Soldaten, Prälaten, Mönche, Sekretäre

ORT

Padua, Florenz und Umgebung, Rom

ZEIT

1609–1640

HANDLUNG

Hintergrund dieses Stücks über den italienischen Naturwissenschaftler Galileo Galilei ist die Auseinandersetzung um zwei unterschiedliche Weltmodelle. Das Weltsystem des Ptolemäus (2. Jahrhundert n. Chr., in enger Anlehnung an die Beobachtungen und Vorstellungen des Aristoteles entwickelt) hat als Mittelpunkt die Erde. Um sie herum liegen zehn Sphären: sieben Planetenbahnen, das Firmament mit den Sternkreiszeichen und schließlich der Kristallhimmel. Das System wird umschlossen von der Wohnung Gottes. Das Weltsystem des Nikolaus Kopernikus (1473–1543) setzt die Sonne in den Mittelpunkt. Um die Sonne bewegen sich die Planeten. Einer davon ist die Erde mit ihrem Trabanten, dem Mond. Diese Erkenntnis, erst im Todesjahr des Kopernikus veröffentlicht, bleibt bis 1616 kirchlicherseits unbeanstandet. Dann wird sie als »absurd« und ketzerisch verworfen.

Padua, im Jahre 1609. Galilei veranschaulicht dem wißbegierigen elfjährigen Andrea Sarti, dem Sohn seiner Haushälterin, mit einfachen Mitteln das Kopernikanische System: Nicht die Erde ist Mittelpunkt der Welt, wie bislang gelehrt, sondern die Erde dreht sich um die Sonne. Frau Sarti warnt vor den Folgen dieses »Unsinns«.

Weil sein Gehalt als Lehrer an der Universität Padua nicht ausreicht, muß Galilei Stunden geben. Statt sich der Forschung zu widmen, bringt er reichen, aber uninteressierten Privatschülern die alte Wissenschaft des ptolemäischen, auf antiken Vorstellungen beruhenden Weltsystems bei. Einer seiner weltmännisch-gelangweilten Schüler berichtet von einem Fernrohr, das seit kurzem in Amsterdam verkauft werde; Galilei ist wie elektrisiert vor Neugier und Begeisterung.

Der Kurator der Universität will Galileis Gehalt nicht erhöhen. Die Freiheit, sagt er, die die Republik Venedig der Wissenschaft gewähre, habe ihren Preis. Andernorts zahle man vielleicht mehr, da aber regiere die Kirche, und die dulde keinen Gegensatz zwischen Wissenschaft und kirchlichem Weltbild. Man empfiehlt Galilei, doch wieder einmal etwas Praktisches zu erfinden, was den Rat von Venedig erfreuen könnte. Das bringe wenigstens etwas ein. Daraufhin baut Galilei das Amsterdamer Fernrohr nach. Er verbessert es zwar, bietet es aber dem hohen Rat als eigene Erfindung an. Die Begeisterung ist groß, und Galilei wird gut bezahlt dafür.

Sehr bald kommt der Rat dahinter, daß Galilei gar nicht der Erfinder des Fernrohrs ist. Galilei ist davon freilich unberührt, denn das Fernrohr ist ihm für seine eigenen wissenschaftlichen Forschungen von größtem Nutzen. Mit seiner Hilfe macht er eine umwälzende Entdeckung: er sieht die Monde, die um den

Planeten Jupiter kreisen. Damit bricht das alte Weltsystem endgültig zusammen. Nun hat er den Beweis, daß Jupiter nicht an einer kristallenen Schale befestigt sein kann, wie bisher behauptet und gelehrt wurde, denn wie sollten sonst Monde um ihn kreisen können. Andrea ist der erste, den er durch eigene Anschauung von diesem Weltsystem überzeugen kann. Galileis Freund Sagredo ahnt die Konsequenzen und ist entsetzt: wenn sich alle Gestirne frei im Raum bewegen, wo ist dann Gott?

Galilei verläßt mit Andrea die freie Republik Venedig, um nach Florenz zu gehen. Er hofft auf mehr Zeit für seine Forschungen. Sagredo warnt ihn vor Florenz, denn dort wacht die Inquisition über die Einhaltung der kirchlichen Lehren. Galilei schlägt alle Warnungen in den Wind. Er ist überzeugt von der Macht der Vernunft: Den Beweisen, die er für seine Entdeckungen vorlegen kann, werden sich selbst die Theologen nicht verschließen können.

Doch am Hof von Florenz stößt Galilei auf totale Ablehnung. Die wortführenden Mathematiker und Philosophen weigern sich, überhaupt durch das Fernrohr zu schauen. Sie setzen Galilei auseinander: Was nicht sein darf, kann auch nicht sein. Die Heilige Schrift kann nicht irren. Die Lehre des Aristoteles bleibt unumstößliche Autorität für die kirchliche Wissenschaft.

Lediglich der mit Andrea etwa gleichaltrige junge Großherzog Cosmo de Medici zeigt persönliches Interesse für Galilei und seinen Schüler. Als die Pest in Florenz um sich greift, schickt er ihnen einen Wagen zur Flucht vor der Epidemie. Galilei bleibt jedoch in der Stadt.

Nun wird Galilei nach Rom zitiert. Im Vatikan soll Pater Christopher Clavius, der Hauptastronom am Päpstlichen Kollegium, die ketzerischen Behauptungen Galileis vom wissenschaftlichen Standpunkt her beurteilen. Gespannt wartet man auf das Ergebnis. Clavius gibt Galilei recht.

Galileis Freude über die fachkundliche Bestätigung seiner Forschungen durch einen kirchlichen Wissenschaftler ist jedoch nur von kurzer Dauer. Man teilt ihm mit, daß trotz des Clavius-Gutachtens die neue Lehre auf den Index gesetzt worden ist. Als mathematische Hypothese ohne Beweiskraft darf sie zwar bestehenbleiben, weitergehende Forschung sowie ihre Verbreitung aber sind von nun an untersagt.

Acht Jahre lang unterwirft sich Galilei diesem Verbot. Mit seinen Schülern treibt er alltägliche Forschungsarbeiten, die ihn nicht in Konflikt mit der Kirche bringen können. Trotzdem stößt er auch hier immer wieder auf neue Erkenntnisse, die im Widerspruch zur Lehre des Aristoteles stehen.

Galilei ist durch seine wissenschaftlichen Arbeiten prominent geworden.

Seine Tochter Virginia genießt in Rom ein sorgloses Leben. Ihre Heirat mit einem reichen Großgrundbesitzer steht bevor.

Der Papst liegt im Sterben, und als sein möglicher Nachfolger ist Kardinal Barberini im Gespräch, der selbst Mathematiker und Naturwissenschaftler ist. Galilei glaubt an eine Wende in der starren kirchlichen Haltung und nimmt die verbotenen Forschungen ohne Genehmigung der Kirche wieder auf. Virginias Verlobter sieht durch Galileis erneute Forschungsarbeiten die bestehende Gesellschaftsordnung gefährdet. Er löst die Verlobung.

Galileis Hoffnungen auf den neuen Papst erfüllen sich nicht; Urban VIII. beugt sich trotz besserer Einsicht dem Druck der Inquisition. Galilei wird nach Rom zum Verhör gebracht. Als man ihm mit der Folter droht, widerruft er am 22. Juni 1633 seine Lehre.

Bis zu seinem Tod, 1642, lebt Galilei in der Nähe von Florenz als Gefangener der Inquisition. Virginia, verbittert geworden durch die Lösung ihrer Verlobung, wacht darüber, daß ihr Vater keine verbotenen Forschungen veröffentlicht. Alles, was er ihr diktiert, übergibt sie der Kirche, die es beschlagnahmt, auch die *Discorsi,* eine Abhandlung über die Mechanik und die Fallgesetze. Doch Galilei, fast erblindet, hat in hellen Mondnächten heimlich eine Abschrift davon angefertigt. Seinem ehemaligen Lieblingsschüler Andrea Sarti, der ihm seinen Widerruf und seine Unterwerfung unter die Inquisition nicht verzeihen kann, vertraut er bei einem Besuch die Abschrift an. Andrea soll sie heimlich über die Grenze in ein Land bringen, wo man in Freiheit forschen kann.

ERLÄUTERUNGEN

Die Physik ist der Stoff des Brechtschen Stücks, die Veränderung des Weltzustandes sein Anliegen. An einem entscheidenden Lebensabschnitt des italienischen Mathematikers und Astronomen Galileo Galilei (1564–1642) demonstriert Brecht den Konflikt, der zwischen revolutionären Forschungsergebnissen und einer herkömmlichen Lehrmeinung entsteht. Diese Lehrmeinung wird vertreten von der katholischen Kirche, die vielerorts gleichzeitig Obrigkeit ist. Galilei ist es zwar gelungen, die wichtigste These des Kopernikus, nämlich daß die Erde sich um die Sonne dreht, mit logischen Schlußfolgerungen zu beweisen und mit Hilfe des Fernrohrs klar vor Augen zu führen. Damit verstößt er aber gegen das auf der Bibel und den Lehren des Aristoteles ruhende Weltbild der Kirche, aus dem diese Kirche des 17. Jahrhunderts die Macht über die Gläubigen ableitet. So zieht er sich das Verbot seiner Behauptungen durch die Inquisition zu.

Zwar ist Galilei ein fanatischer Forscher, ein Wahrheitssucher aus Leidenschaft, ein intellektuelles Genie, aber er ist auch Genußmensch. Er ißt gern und lebt gern. »Die Fleischtöpfe« sind ihm wichtig, wie er sagt, und die Ruhe für seine Arbeit. Er hat Angst vor dem Schmerz, vor der Folter, deren »Instrumente« man ihm nur zu zeigen braucht, um ihn zum Widerruf zu bewegen. Obwohl er sich als Forscher berufen fühlt und sich mit Leib und Seele in seine Arbeiten versenkt, ist er sich doch im entscheidenden Augenblick als Märtyrer seines Forschens zu schade. Den Heroismus überläßt er den anderen. Er widerruft, was er über die Bewegungen der Himmelskörper weiß. Trotzdem arbeitet er mit List und Verschlagenheit insgeheim weiter und läßt die versteckten Aufzeichnungen seiner Erkenntnisse ins Ausland schmuggeln. Eine gebrochene Existenz.

Galilei erkennt zwar die Wahrheit, will sie aber nicht gegen die Obrigkeit vertreten. Er weiß, daß sich seine Wahrheit auf Dauer nicht verbieten läßt und eines Tages ans Licht kommen wird. Die Lüge schützt sein Leben, und indem er am Leben bleibt, kann er seine Forschungen insgeheim wieder aufnehmen. Als er vor der Inquisition widerruft, sind seine Schüler und Anhänger enttäuscht: »Unglücklich das Land, das keine Helden hat«, wirft ihm sein Lieblingsschüler Andrea Sarti vor. Galilei hält dagegen: »Nein, unglücklich das Land, das Helden nötig hat.«

Brecht schrieb die erste Fassung seines *Galilei* 1938/39 im dänischen Exil, zu einer Zeit also, als der Nationalsozialismus sich auf einem Höhepunkt seiner Machtentfaltung befand und weitgehend internationale Anerkennung registrieren konnte. Gleichzeitig schreckte ihn die Nachricht auf, daß Wissenschaftlern im Hitler-Deutschland die erste Atomkernspaltung gelungen sei.

Vor diesem Hintergrund gesehen ist der *Galilei* also kein unpolitisches, nur auf historischen Fakten beruhendes und mit historischen Figuren spielendes Theaterstück, sondern eine ernsthafte Auseinandersetzung mit Problemstellungen und Verhaltensweisen, die ein heutiger Wissenschaftler unter den heutigen Zeitumständen ebenfalls für sich verantworten muß. Es ist die Geschichte eines Mannes, der für ein neues, besseres Zeitalter kämpft, aber im entscheidenden Augenblick seines Lebens versäumt, dafür einzutreten.

Brecht versucht die Grundfrage, die ihn im Zusammenhang mit den weitreichenden weltpolitischen Veränderungen im Umfeld des Zweiten Weltkrieges besonders bewegt, in der Figur des historischen Astronomen und Physikers Galileo Galilei zu beantworten. Dabei macht diese Gestalt im Verlauf der zwanzigjährigen Arbeitsphase an diesem Drama entscheidende Veränderungen durch. Brecht stellt die Grundfrage nach dem Zusammenhang von wissenschaftlichem Fortschritt und sozialer Revolution. Wann hört Wissenschaft auf, der Gesellschaft zu dienen, wann beginnt sie, unmoralisch zu werden? Und soll ein Wissenschaftler sich in den Dienst der Mächtigen stellen, oder soll er sein möglicherweise gefährliches Wissen vor deren Zugriff schützen? Ist wissenschaftliches Forschen unter den gegebenen Zeitumständen eigentlich noch gutzuheißen, oder soll man sich als Widerstandskämpfer engagieren und sein Wissen widerrufen? »Ihr mögt mit der Zeit alles entdecken, was es zu entdecken gibt«, sagt Galilei, »und euer Fortschritt wird doch nur ein Fortschreiten von der Menschheit weg sein. Die Kluft zwischen euch und ihr kann eines Tages so groß werden, daß euer Jubelschrei über irgendeine neue Errungenschaft von einem universalen Entsetzensschrei beantwortet werden könnte.«

Galilei scheitert an dieser Frage, denn sein wissenschaftliches Forschen wird zum Selbstzweck, zum Laster, wie er sagt. Es dient nicht mehr der Verbesserung der Lebensbedingungen, sondern nur der Befriedigung seines eigenen wissenschaftlichen Ehrgeizes. Galilei schreibt zwar noch unter größter Anstrengung und Entbehrung sein Hauptwerk *Discorsi,* das die Revolution der Physik einleiten wird, zu Ende, aber er hat längst den Zeitpunkt verpaßt, mit seinen neuen wissenschaftlichen Erkenntnissen einer sozialen Revolution den Weg frei zu machen. Galilei zieht am Ende Bilanz: »Ich halte dafür, daß das einzige Ziel der Wissenschaft darin besteht, die Mühseligkeit der menschlichen Existenz zu erleichtern. Wenn Wissenschaftler, eingeschüchtert durch selbstsüchtige Machthaber, sich damit begnügen, Wissen um des Wissens willen aufzuhäufen, kann die Wissenschaft zum Krüppel gemacht werden (. . .) Und ich überlieferte mein Wissen den Machthabern, es zu gebrauchen, es nicht zu gebrauchen, es zu mißbrauchen, ganz wie es ihren Zwecken diente. Ich habe meinen Beruf verraten. Ein Mensch, der das tut, was ich getan habe, kann in den Reihen der Wissenschaft nicht geduldet werden.«

Diese Machthaber, vor denen Galilei kapituliert, haben ihn zwar forschen, aber nicht für die Allgemeinheit, zum Nutzen des Volkes, veröffentlichen lassen. Um die Gefährlichkeit dieser kirchlichen Obrigkeit deutlich zu machen, zeichnet Brecht die höhere Geistlichkeit, die Kardinäle und den Papst also, nicht als Karikaturen, sondern vorwiegend als das, was sie in erster Linie waren, als Politiker. In seinen frühen Notizen zum *Leben des Galilei* charakterisiert Brecht diese Geistlichkeit sehr gegenwartsbezogen: »drei kardinäle sprechen über die entdeckungen des galilei und daß man etwas dagegen tun muß. nicht sehr anders, als die executives eines chemietrusts über einen ihre monopole gefährdenden forscher sprechen würden.« Galileis Gegenspieler, die Kirche, ist die alles beherrschende Macht, die jedes nur denkbare Mittel, bis zu Folter, einzusetzen gewillt ist, um mögliche Erschütterungen ihrer Macht bereits im Keime zu ersticken.

Brecht hat sein Schauspiel im Laufe der politischen Entwicklungen vor und nach dem Zweiten Weltkrieg zwei gravierenden Umarbeitungen unterworfen, die in erster Linie die Rolle der Titelfigur betreffen. Im Zentrum der ersten Fassung von 1938 steht die Frage, wie in Zeiten der Unterdrückung und Verfolgung die Wahrheit bewahrt und weitergegeben werden kann. Soll der Wissenschaftler dem herrschenden Unrecht entgegentreten oder sich anpassen? In dieser Fassung, die am 9. September 1943 am Zürcher Schauspielhaus zum erstenmal gezeigt wurde, ist Galilei am Schluß nicht der Verräter, der abgeschworen und sich unterworfen hat, sondern der Sieger, dem es noch gelang, trotz aller Behinderungen die *Discorsi* zu schreiben.

Nach Abwurf der ersten Atombombe über Hiroshima 1945 unternahm Brecht zusammen mit dem Schauspieler Charles Laughton eine grundsätzliche Überarbeitung des Stücks. (Uraufführung dieser »amerikanischen« Fassung in der Übersetzung und Inszenierung von Charles Laughton am 30. Juli 1947 in Los Angeles.) Brecht verschärft die Problematik entscheidend zur Selbstanklage eines Wissenschaftlers. War in der ersten Version der Widerruf Galileis vor der Inquisition noch eine kluge List, um sich die Forschungsmöglichkeit zu bewahren, so bezichtigt sich in der neuen Fassung Galilei der Gewissenlosigkeit, inhuman zu forschen und seine Erkenntnisse nicht in den Dienst des Volkes gestellt zu haben. »Der Fall Galilei« war jetzt ein Sündenfall der Wissenschaft, der zur Atombombe geführt hat.

In der dritten Fassung, die 1954 bis 1956 in Berlin in enger Zusammenarbeit mit dem (Ost-)Berliner Ensemble entstand und am 15. Januar 1957 im Berliner Theater am Schiffbauerdamm zum erstenmal aufgeführt wurde, deutet Brecht seinen Galilei noch weiter zum »negativen« Helden um. Die Wasserstoffbombe war entwickelt worden und die Menschheit in immer größere Angst und Bedrängnis geraten durch die Tatsache, daß jetzt auch andere Staaten die Atombombe hatten und sich gegenseitig damit bedrohten. Galileis Widerruf vor der Inquisition ist kein raffinierter Schachzug mehr, er ist Verrat. An entscheidender Stelle am Schluß des Stückes fügt Brecht in einer Rede Galileis ein: »Hätte ich widerstanden, hätten die Naturwissenschaftler etwas wie den hippokratischen Eid der Ärzte entwickeln können, das Gelöbnis, ihr Wissen einzig zum Wohle der Menschheit anzuwenden! Wie es nun steht, ist das Höchste, was man erhoffen kann, ein Geschlecht erfinderischer Zwerge, die für alles gemietet werden können.«

Diese zweimalige Umwandlung des *Galilei* aufgrund aktueller Zeitereignisse ist allerdings auch für offenkundige Schwächen des Stücks verantwortlich zu machen. Der Charakter Galileis ist in den drei Versionen widersprüchlich. Denn als Brecht 1947 seinem Galilei die große Selbstanklage in den Mund legte, untergrub er gleichzeitig die selbstgeschaffene Figur. Vorher war sein Held listenreich, aber konsequent, ein Schweyk, der sich um des Überlebens willen arrangiert. Später wird er zum Sinnbild des amoralischen Forschers, der sich nicht der Verantwortung, die die Wissenschaft ihm auferlegt, stellt, sondern sich unter Druck veralteten Meinungen beugt. Aber daß sich Galilei am Schluß des Stückes als »sozialer Verräter« darstellt, wird nicht logisch entwickelt und wirkt deshalb aufgesetzt. An diesem Punkt setzt häufig die Kritik ein, weshalb viele Regisseure sich aus den drei vorhandenen Versionen eigene Fassungen zubereiten.

Trotzdem ist auch heute Brechts *Leben des Galilei* vielleicht sein wichtigstes Stück. Angesichts Tschernobyl, Gen-Technologie, Umweltzerstörung und Wettrüsten im Weltraum ist es aktueller denn je, weil die Wissenschaft, wie einst Galilei, ihrer moralischen Verpflichtung nicht gerecht wird.

FEDERICO GARCÍA LORCA

Federico García Lorca wird am 5. Juni 1898 in Fuente Vaqueros bei Granada als Sohn eines Gutsbesitzers und einer Lehrerin geboren. Er studiert zunächst Jura in Granada, dann auch Philosophie und Literatur in Madrid und fängt sehr früh zu schreiben an. Schon während seiner Studienzeit schließt er Freundschaft mit den Malern Salvador Dali, Pablo Picasso, dem chilenischen Lyriker Pablo Neruda und dem Filmregisseur Luis Buñuel. Bei dem Komponisten Manuel de Falla nimmt er Musikunterricht und sammelt mit ihm andalusische Volkslieder. García Lorca erweist sich als sehr vielseitig begabt. Er ist ein guter Zeichner, Musiker, Redner und Rezitator. Später illustriert und vertont er seine literarischen Werke selbst.

Nach dem Mißerfolg seines ersten Dramas *Die Hexerei des Schmetterlings* wird er mit seinen leidenschaftlichen Zigeunerromanzen (1924/28) schnell berühmt. Die Uraufführung seines zweiten Stückes *Mariana Pineda* – die Geschichte der andalusischen Freiheitsheldin und Märtyrerin Mariana – bringt ihm 1927 in Barcelona in der Ausstattung Dalis den durchschlagenden Erfolg.

García Lorca unternimmt zahlreiche Reisen durch Europa und setzt 1929/30 seine Studien in New York fort. Er bereist Kuba. 1930 ist er wieder in Spanien, und es entsteht die Volkskomödie *Die wundersame Schustersfrau*. 1932 übernimmt García Lorca die Mitdirektion der Studenten-Wanderbühne »La Barraca«, die Aufführungen spanischer Klassiker in die Provinz bringt. 1933 kommt das ebenso komödiantisch-groteske wie schmerzhaft traurige Kammerspiel *In seinem Garten liebt Don Perlimplin Belisa* heraus. Im selben Jahr reist García Lorca nach Südamerika und inszeniert in Argentinien einige seiner Stücke.

1933 und 1934 werden die in der Tradition Andalusiens wurzelnden Tragödien *Bluthochzeit** und *Yerma* in Madrid uraufgeführt. In diesen Stücken begehrt die Einzelpersönlichkeit gegen Unnatur und erstarrte Volksbräuche auf. Die dramatische Romanze *Doña Rosita bleibt ledig oder Die Sprache der Blumen* findet ihre Uraufführung 1935 in Barcelona. In der Frauentragödie *Bernarda Albas Haus* (1945), einem Spätwerk des Dichters, wird die Tyrannei der sinnentleerten Familienehre mit großer Eindringlichkeit entlarvt. Sie wird wie das Bekenntnisdrama *Das Publikum* (1978) erst aus dem Nachlaß veröffentlicht.

Durch sein »Theater der sozialen Aktion« bekämpft García Lorca die

Unterdrückung der Frau in der patriarchalischen Gesellschaft Spaniens. Er bleibt jedoch relativ unpolitisch und schließt sich keiner politischen Partei an. Trotzdem wird er zu Beginn des spanischen Bürgerkrieges von fanatisierten Franco-Anhängern festgenommen und – gerade erst 30 Jahre alt – am 19. August 1936 bei Viznar/Granada ermordet. Später hat das Franco-Regime die Umstände seines Todes zu vertuschen versucht und den Mord anonymen »unverantwortlichen Elementen« angelastet, »wie man sie stets in Zeiten der Wirren antrifft«. (Das Buch des irischen Hispanisten Ian Gibson *The Death of García Lorca,* 1971, befaßt sich detailliert und mit zahlreichen dokumentarischen Belegen mit diesen Vorgängen.)

Federico García Lorca ist als Dramatiker und Lyriker die bedeutendste Gestalt der spanischen Literatur im 20. Jahrhundert. Seine Werke sind geprägt von der Kultur und Landschaft seiner andalusischen Heimat. Die lyrische Gestaltung, von großer Musikalität und Ausdruckskraft, ist auch in den Dramen von großer stilistischer Bedeutung. Die Theaterstücke tragen Konflikte aus zwischen Schicksalsmächten und menschlichen Leidenschaften.

Bluthochzeit

Bodas de sangre

Lyrische Tragödie in 3 Akten (7 Bildern)

PERSONEN

Die Mutter	Die Frau Leonardos
Der Bräutigam	Die Schwiegermutter
Die Braut	Der Mond
Der Vater der Braut	Der Tod (als Bettlerin)
Die Magd	Drei Holzfäller
Leonardo	Nachbarinnen, Mädchen, Gäste

ORT

Spanisches Dorf, Wald

ZEIT

In den dreißiger Jahren, zur Zeit der Entstehung des Dramas, oder besser: Zeitlose Gegenwart

HANDLUNG

Das unentrinnbare Gesetz der Blutrache lastet auf den Menschen zweier Familien. Die Mutter lebt in ständiger Angst um ihren einzig noch verbliebenen Sohn, nachdem ihr anderer Sohn und ihr Mann bereits der Familienfehde zum Opfer gefallen sind. Schon ein harmloses Messer wird ihr zum Sinnbild drohenden Mordes. Nie wird sie vergessen, was geschehen ist, immer fürchtet sie um den Sohn, tief im Innern hofft sie auf Rache.

Nun will der Sohn heiraten, ein reiches Mädchen aus dem Ödland. Die Mutter soll für ihn werben. Aber sie zögert. War das Mädchen nicht schon einmal verlobt? Mit einem Mann, den sie dann nicht heiraten durfte, weil er nicht reich genug war? Und gehörte dieser Mann, Leonardo mit Namen, nicht der feindlichen Familie an, die ihren Mann und Sohn auf dem Gewissen hat?

Vor Jahren hat dieser Leonardo zwar resigniert und die mittellose Kusine der Braut geheiratet, aber die Braut, seine wahre Liebe, hat er nie vergessen können. Das ist der Grund für seine stete Unruhe. Nacht für Nacht hetzt er mit seinem Pferd übers Land und ins Gebirge und streift durchs Ödland, wo seine verflossene Braut wohnt.

Die Mutter weiß dies alles, hat aber dem Sohn zuliebe trotzdem die förmliche Brautwerbung übernommen. Jetzt, nach drei Jahren, steht die Hochzeit des Sohnes bevor. Die Brautwerbung ist nach streng festgelegten Ritualen erfolgt, und auch die Eheschließung und die Festlichkeiten sollen ganz nach den Regeln alten Brauchtums vollzogen werden.

Am Morgen des Hochzeitstages ist Leonardo als erster Gast im Hause der Braut, die sich für die Hochzeit mit dem anderen schmückt. Noch einmal gesteht er ihr seine unauslöschliche Leidenschaft. Und schwer lastet dieses Bekenntnis auf der Braut, ja sie bäumt sich dagegen auf – weiß sie doch, daß das Aufflammen einer alten Leidenschaft so kurz vor der Hochzeit mit einem anderen nur Unheil bringen kann.

Die Trauung findet statt wie vorgesehen, und der Abend mit der immer ausgelasseneren Fröhlichkeit eines Hochzeitsfestes bricht herein. Doch da werden alle aufgeschreckt durch den Ruf: die Braut ist auf und davon mit ihrem Jugendgeliebten, zu Pferd fliehen die beiden in die Nacht hinein. Sofort nimmt der Bräutigam mit seinen Freunden die Verfolgung auf, und die Gruppe der Hochzeitsgäste spaltet sich in die Partei der Braut und die des Bräutigams.

Im nächtlichen Wald, in dem die Liebenden Zuflucht suchen, werden die Stimmen der Natur, die Geheimnisse von Leben und Tod lebendig. Zwei Violinen erklingen. Holzfäller sinnieren über die Schuldfrage und sorgen sich um das Schicksal der Flüchtenden. Der Mond, der in der allegorischen Gestalt eines jungen Holzfällers auftritt, verhindert mit seinem hellen Schein die Flucht der Liebenden. Eine Bettlerin, die den Tod verkörpert, weist den Verfolgern den Weg. Und so gelingt es dem Bräutigam, das Paar zu stellen. Es kommt zum Zweikampf der beiden Rivalen, die sich gegenseitig erstechen.

Der Schluß des Dramas ist Totenklage. Die beiden toten Männer sind im Haus der Mutter aufgebahrt. Die Frauen bleiben allein zurück und tragen den Schmerz: Leonardos Frau, der er niemals wirklich angehört hatte und die darunter litt; die Mutter, die das Unabwendbare von Anfang an gespürt hat und deren Haus nun ohne Nachkommenschaft verödet; und die zurückgekehrte Braut, die, jungfräulich geblieben, Gatten und Geliebten gleichermaßen beklagt. Mit der Mutter besingt sie die »Stunde des Blutes« und das Geheimnis des Messers, das den Männern den Tod brachte.

ERLÄUTERUNGEN

García Lorcas wohl berühmtestes Stück hat seine Wurzeln in der andalusischen Wirklichkeit um 1930. Eine kurze Zeitungsnotiz berichtete von einer Braut, die an ihrem Hochzeitstag geflohen sei, nachdem Bräutigam und Liebhaber sich gegenseitig umgebracht hatten. Was wie ein Stoff für billiges Bauerntheater oder großtönende Blut-und-Boden-Dramatik wirkt, wird bei Lorca in mythisch-zeitlose Dimensionen erhoben, in das Urthema der ewigen Verflechtung von Geburt, Liebe, Hochzeit und Tod. Archaische Vorzeichen und Rollentypen, poetische Bilder mit starken Bedeutungsgehalten und symbolkräftige Motive wie das Blut und das Messer, die Zahl Drei, die Farbe Gelb, bestimmen das Spannungsfeld, in dem die Menschen als Rollenträger (zum Beispiel »Die Mutter«, »Die Braut«, »Der Bräutigam«) sich tragisch verstricken. Trotz der Einbindung ins Christliche schlägt eine Ur-Religion durch, eine Art Blutmythos, wie er nur im Land der Stierkämpfer, der »Toreadores«, entstehen kann, mit der häufigen Gleichsetzung von Stier (toro) und Mann.

Daneben steht die Gesellschaftskritik García Lorcas an dem bäuerlichen Verhaltenskodex, an Blutrache und Familienfehde, an engstirnigen Konventionen und sozialen Ausweglosigkeiten. Die Natur lehnt sich auf gegen das traditionelle dörfliche Sittengesetz, gegen unnatürliche Hochzeitsrituale, gegen die Besitzmentalität der Alten, gegen soziale Unterschiede, die ein Zusammenkommen nicht möglich machen. Aber die Liebe ist durch die strengen Rituale der Brautwerbung, der Eheschließung und der Blutrache nicht zu bändigen. Das erhitzte Blut rebelliert, ist stärker als alle Zwänge und Normen. Doch diese Revolte ist tragisch ausweglos. Der Ausbruch der Braut mit ihrem früheren, nicht standesgemäßen Geliebten am Tag der Hochzeit wird zum hoffnungslosen

Kraftakt, zum ausweglosen Versuch, individuelle Freiheit zu gewinnen. Die überlieferten Zwänge lassen nur den einen mörderischen Ausweg zu. Die Braut kehrt zurück in den gesetzmäßigen Zusammenhang des Gewohnten und zahlt auf Lebenszeit mit Trauer, Einsamkeit und Verödung.

Die menschliche Verstrickung in sozial bedingte Zwänge, der konkrete Konflikt also, ist eingebunden in mythisch-dunkle Ereignisse mit surrealistischen Wesenszügen. Die mythischen Mächte des Lebens und des Todes treten in dem Augenblick hervor, als die Menschen sich auflehnen gegen das Herkömmliche, im Wald, während der Flucht Leonardos und der Braut. Hier verschmelzen die realistischen mit den poetisch-symbolischen Vorgängen.

Diese Vermischung spiegelt sich wider in der sprachlichen Gestaltung. Die dramatischen Dialoge zwischen den Hauptpersonen sind in Prosa gesetzt, die allegorischen Szenen und die Rollen der Randfiguren, die das Geschehen nach Art des Chors in der antiken Tragödie begleiten, in Versform. Dazwischen eingestreut sind folkloristische Elemente, Lieder und Wechselgesänge, die das Schicksalhafte der Handlung beschwören. Wie ein Nachklang der griechischen Tragödie schreitet die Vers-Prosa-Mischung dahin, bildreich, schwermütig und klingend, ein spanischer Mythos von Liebe und Tod. Trotz aller direkten Bezüge ist García Lorcas *Bluthochzeit* eine lyrische Tragödie mit realistischem Hintergrund, nicht ein realistisches Stück mit lyrischen Einschüben.

Die Uraufführung fand am 5. März 1933 im Teatro Beatriz, Madrid, statt, die deutschsprachige Erstaufführung (Übersetzung: Enrique Beck) am 15. April 1944 im Zürcher Schauspielhaus. In Deutschland wurde das Drama am 19. Oktober 1947 im Staatstheater Stuttgart erstmals aufgeführt. Wolfgang Fortner schuf zu García Lorcas Stück eine Oper, die 1957 in Köln uraufgeführt wurde. Berühmt geworden ist der Film *Bluthochzeit* des spanischen Regisseurs Carlos Saura (1981), der das Stück nicht direkt verfilmte, sondern in enger motivischer Anlehnung an García Lorca eine getanzte Version nach der Choreographie des Tänzers Antonio Gades bietet.

TENNESSEE WILLIAMS

Tennessee Williams wird am 26. März 1911 in Columbus/Mississippi geboren. (Gelegentlich heißt es 1914, weil Tennessee Williams sich einmal wegen einer Wettbewerbsteilnahme um drei Jahre jünger machte.) Sein Vater ist Handlungsreisender mit einem ausgeprägten Hang zu Poker, Alkohol und leichten Damen, die Mutter ist sehr puritanisch; und dann gibt es noch die seelisch verstörte, aber zärtlich geliebte Schwester Rose. Tennessee Williams' Jugend ist schwierig, seine Pubertät belastet von extremer Schüchternheit. Während der Studienzeit in Iowa beginnt er Kurzgeschichten und Einakter zu schreiben. Es folgen schlimme Jahre, in denen er sich mit Gelegenheitsarbeiten über Wasser hält: er jobbt als Hilfsarbeiter in der Schuhbranche, als Hühnerrupfer auf einer Geflügelfarm, als Portier, als Kellner und Platzanweiser – ein Leben, das er nur erträgt, weil er in jeder freien Minute wie besessen schreibt.

1944 wird die Uraufführung der *Glasmenagerie* in Chicago zu einem überwältigenden Erfolg, der mit einem Schlag sein ganzes Leben verändert. Das Stück schildert Menschen, denen die Anpassung an den harten Alltag nicht gelingt und für die Hoffnungen und Enttäuschungen unerfüllten Lebens zum Dilemma werden. Hier findet Williams auch zu seinem Hauptthema, der Beschreibung brüchiger Gestalten, die im Spannungsfeld zwischen dem Glanz des alten Südens und der Gewöhnlichkeit der späteren Südstaatengesellschaft stehen. Charakteristisch hierfür ist die Blanche DuBois in seinem nächsten Stück *Endstation Sehnsucht** (uraufgeführt 1947), das sein erfolgreichstes wird. Hierfür erhält er den New Yorker Kritiker-Preis (wie schon für die *Glasmenagerie*) und den Pulitzer-Preis.

Dann der körperliche und seelische Zusammenbruch: Drogen, Alkoholmißbrauch und Depressionen bringen ihn schließlich vorübergehend in eine Heilanstalt. 1950 erscheint der Roman *Der römische Frühling von Mrs. Stone,* im selben Jahr ist die Uraufführung des Schauspiels *Die tätowierte Rose,* geschrieben für die italienische Filmschauspielerin Anna Magnani, und 1953 die von *Camino Real.* Zwei Jahre später erhält Williams erneut den Pulitzer-Preis, diesmal für *Die Katze auf dem heißen Blechdach.* 1956 schreibt er das Drehbuch zu *Baby Doll* (Verfilmung durch Elia Kazan), 1958/59 die Theaterstücke *Plötzlich im letzten Sommer* und *Süßer Vogel Jugend,* 1961 *Die Nacht des Leguan.* Die späteren Theaterstücke können an die großen Erfolge der 40er und 50er Jahre nicht mehr anknüpfen.

1972 verfaßt Williams seine Memoiren, in denen er mehr über seine homosexuellen Beziehungen als über seine Theaterstücke berichtet. Er stirbt am 24. Februar 1983, erstickt an dem Plastikverschluß einer Medikamentenpakkung.

Tennessee Williams ist neben Arthur Miller ein Klassiker des modernen amerikanischen Theaters. In seinen Theaterstücken ist er mehr an der Personencharakterisierung, an der Psyche seiner Gestalten als am Handlungsablauf interessiert. Im Mittelpunkt stehen immer Menschenschicksale, die trotz der Einbindung in die Südstaatenatmosphäre zeitlos gültig sind.

Endstation Sehnsucht

A Streetcar Named Desire

Schauspiel in 11 Szenen

PERSONEN
Blanche DuBois
Stella Kowalski, ihre Schwester
Stanley Kowalski, Stellas Mann
Harold Mitchell, ein Freund der Kowalskis, genannt Mitch
Steve Hubbell
Eunice Hubbell, seine Frau
Pablo Gonzales
Ein Arzt
Eine fremde Frau
Ein junger Mann
Verschiedene Gestalten aus dem Stadtviertel

ORT
Das französische Viertel von New Orleans

ZEIT
Gegenwart, in den vierziger Jahren. Die Handlung erstreckt sich über Frühjahr und Sommer bis zum Herbstbeginn.

HANDLUNG
Blanche DuBois hat den Besuch bei ihrer verheirateten Schwester Stella in New Orleans vage angekündigt. Wie angeraten, hat sie die beiden Straßenbahnen mit den Endhaltestellen »Sehnsucht« und »Friedhof« bis zur bezeichneten Station

benutzt und sucht nun das Haus in der von Stella beschriebenen Straße. Blanche kann kaum glauben, daß Stella in diesem miesen Viertel wohnt. Und auch das Haus scheint ihr mehr als heruntergekommen. Stella ist nicht zu Hause und wird von der gutmütig-liederlichen Hausbesitzerin Eunice geholt. Blanche wartet in Stellas Wohnung und findet schnell heraus, wo die Whiskeyflaschen aufbewahrt werden . . .

Stella kommt zurück. Mit gemischten Gefühlen begrüßt sie die Schwester: Einerseits freut sie sich, nach langer Zeit von zu Hause zu hören, andererseits hat sie ihrem Mann noch nichts von dem bevorstehenden Besuch erzählt. Blanche berichtet, daß sie am Rande eines Nervenzusammenbruchs war und sich von der Schule, an der sie unterrichtet, habe beurlauben lassen.

Stella ist verheiratet mit dem polnischen Einwanderer Stanley Kowalski, einem grobschlächtig-vitalen Proleten-Macho, mit dem sie eine triebhafte Liebe verbindet. Sie behauptet, mit ihm glücklich zu sein und sich seinem Milieu gut angepaßt zu haben. Die zerbrechliche und hypersensible Blanche dagegen betont gerade vor Stanley ihre gemeinsame Herkunft aus einer alten, vornehmen Pflanzerfamilie in den Südstaaten. Sie klagt unablässig über den Verlust des Familienbesitzes Belle Rêve, von dem offensichtlich kein Penny übriggeblieben ist.

Stanley geht das vornehme Getue von Blanche schnell auf die Nerven. In der beengten Einzimmerwohnung, die nur durch einen Vorhang in Schlaf- und Wohnzimmer unterteilt werden kann, kommt es bald zu Spannungen. Stanley spürt, daß Blanche sich in seine Ehe drängen und seine Frau ihm entfremden will. Er ist verärgert darüber, daß sich diese Schwägerin so arrogant bei ihm einnistet. Als sie ihn gar einen Untermenschen nennt und auch noch seine Frau gegen ihn aufhetzt, versucht er sie loszuwerden.

Dabei ist Blanche seelisch offenbar völlig kaputt. Sie ist auf der Flucht vor einer traurigen und enttäuschenden Vergangenheit und sieht in der Familie ihrer Schwester die letzte Möglichkeit, wieder mit ihrem Leben zu Rande zu kommen. Zu einem Freund der Kowalskis, zu Mitch, hat sie Vertrauen gefaßt. Mitch, der ihr schüchtern und unbeholfen den Hof macht, könnte ihr wieder auf die Beine helfen. Sie erzählt ihm von ihrer unglücklichen Ehe und deren tragischem Ausgang: Ihr Mann habe sich, als sie seine homosexuellen Neigungen entdeckte, erschossen. Sie selbst sei, auf den Richtigen wartend, allein zurückgeblieben.

Stanley hat inzwischen Erkundigungen über Blanches Vergangenheit eingeholt und herausgefunden, daß ihr bisheriges Leben recht zweifelhaft war. Er weiß, daß fast alles, was Blanche erzählt, erlogen ist. Grob und rücksichtslos deckt er das Lügengespinst auf, in das sich Blanche geflüchtet hat: Nach dem Tod ihres Mannes habe sie wahllos Männerbekanntschaften gepflegt und sich regelmäßig betrunken. Sie sei in Laurel, ihrer Stadt, als Prostituierte und Alkoholikerin verschrien und habe deshalb auch ihren Job als Lehrerin verloren. Mitch, dem Stanley alles brühwarm erzählt hat, zieht sich sofort zurück. Er empfindet für Blanche nur noch Verachtung und kommt auch nicht, wie ursprünglich versprochen, zu ihrer Geburtstagsfeier. Statt dessen überreicht ihr Stanley zynisch eine Rückfahrkarte für den Bus und legt ihr nahe zu verschwinden. Das ist zuviel für Blanche, und es kommt zwischen allen zum Streit. Brutal mißhandelt Stanley seine Frau, die ein Kind erwartet; und Blanche greift wieder einmal verzweifelt zur Flasche. Durch die Aufregung setzen bei Stella Wehen ein. Stanley bringt sie rasch in die Klinik. Als er zurückkommt, vergewaltigt er die betrunkene Blanche.

Für Blanche ist die letzte Hoffnung, mit Mitch als Lebenskameraden einen Ausweg aus ihrer Lebenskatastrophe zu finden, geschwunden. Der Wahnsinn ergreift Besitz von ihr. Sie spricht unzusammenhängendes Zeug, bringt Wirklichkeit und Illusion durcheinander und gaukelt sich vor, daß ein Ölmillionär aus Texas um ihre Hand anhalte. Ihr seelischer Zusammenbruch ist vollkommen. Stanley und Stella entschließen sich, sie in eine Heilanstalt zu bringen. Als der Irrenarzt und die Krankenschwester kommen, glaubt sie, der Ölmillionär ihrer Phantasie werde sie nun zu der versprochenen Seereise abholen. Hocherhobenen Hauptes folgt sie den Unbekannten ins Irrenhaus.

ERLÄUTERUNGEN

Die Endstation von Blanches Leben, ihrer Flucht und ihrer Sehnsucht ist der Wahnsinn. Im amerikanischen Original heißt *Endstation Sehnsucht: A Streetcar Named Desire*. Tennessee Williams berichtet, wie er die Anregung zu diesem Titel in New Orleans gefunden hat: »Ich wohnte ganz in der Nähe der Hauptstraße des alten Stadtviertels. Sie führt den Namen Royal. Diese Straße entlang, auf denselben Gleisen, fahren zwei Straßenbahnen. Die eine heißt Desire, Sehnsucht, die andere Cemetery, Friedhof. Ihre unentwegte Fahrt die Royalstreet hinauf und herab schien mir plötzlich von symbolischer Bedeutung für das Leben überhaupt.«

Eine Straßenbahn, die Sehnsucht heißt, gab es in New Orleans also wirklich. Sie war benannt nach dem Stadtteil Desire, was Sehnsucht, aber auch Begierde heißt. Mit dieser Straßenbahn kommt Blanche ins Haus ihrer Schwester, sucht dort Zuflucht vor ihrer Vergangenheit und wird dort mit einer härteren Wirklichkeit konfrontiert. Die Vergangenheit ist die heruntergekommene, ausgediente Pflanzeraristokratie, eine verwelkende Zivilisation, die Gegenwart die vitale und rüde Ellenbogen-Mentalität der amerikanisierten Einwanderer. Zwischen ihren eigenen realitätsfremden Phantastereien und der Härte und Häßlichkeit ihrer Wirklichkeit wird Blanche aufgerieben. Doch auch in ihrem Wahnsinn spielt sie weiterhin die Dame – die Psyche zerbricht, nicht aber der Automatismus ihrer aristokratischen Südstaatenmanieren.

Blanche DuBois ist eine an der Umwelt zerbrochene Frau. Maggie, eine andere Hauptfigur Tennessee Williams' in dem acht Jahre später entstandenen Stück *Die Katze auf dem heißen Blechdach,* wird anders reagieren. Sie ist durchaus bereit, den Kampf mit dem Leben aufzunehmen. Sie hat die Kraft, die Blanche fehlt. Der Zusammenbruch der Blanche ist gleichzeitig auch der Untergang der Kultur der Südstaaten. Deren alte Werte und Ordnungen können in der neuen geistlos-rüden Umwelt nicht überleben, wo unverbildete Natur mit brutaler Triebkraft die alten überfeinerten Traditionen ersetzt hat.

Die innere Spannung des Stückes entsteht aus diesem extrem ausgespielten Gegensatz zwischen Stanley und Blanche: zwischen Stärke und Schwäche, Brutalität und Zickigkeit, Triebhaftigkeit und Zivilisation, Selbstbewußtsein und Lebensuntüchtigkeit. Sie wird zu dramatischer Wirkung gesteigert durch den kontrastierenden Wechsel der Ausdrucksweisen, durch musikalische Leitmotive, durch Symbole und gedanklich verknüpfende Assoziationen. So wird Blanches elegisch-poetischer Sprache der energische, ordinär-direkte Umgangston von Stanley gegenübergestellt; hämmernde Jazzrhythmen stehen für seine ungebrochene Vitalität, während Blanche charakterisiert wird durch die Töne einer hektisch überdrehten Polka; das blutig rote Fleischpaket, das Stanley zu Beginn des Stückes mit nach Hause bringt, ist kontrastiert mit dem ätherischen Weiß, in das Blanche meist gekleidet ist.

Das Stück wurde ein Welterfolg auf den Bühnen. Nicht nur wegen seiner dramatischen Wirkung und der kulturkritischen Aussage, sondern auch wegen der drei effektsicheren Hauptpartien.

Die Uraufführung war am 3. Dezember 1947 im New Yorker Barrymore Theatre in der Regie von Elia Kazan. Die deutschsprachige Erstaufführung erfolgte durch Heinz Hilpert am 10. November 1949 im Zürcher Schauspielhaus. Williams wurde für dieses Drama mit dem Preis der New Yorker Theaterkritiker und mit dem Pulitzer-Preis ausgezeichnet. Mit beigetragen zum Welterfolg des Stücks hat der berühmte Film von Elia Kazan aus dem Jahr 1951, mit Vivian Leigh als Blanche und Marlon Brando als Stanley.

ARTHUR MILLER

Arthur Miller wird am 17. Oktober 1915 in New York geboren. Er stammt aus einer Familie österreichischer Juden, die vor dem Ersten Weltkrieg in die USA eingewandert war. Sein Vater, ein Kaufmann, verarmt 1929 während der Weltwirtschaftskrise, und dieses Erlebnis schärft den Blick des jungen Miller für das Unglück sozial Schwacher. Nach Beendigung der High-School jobbt Miller in verschiedenen Berufen. Er studiert an der Universität Michigan Literatur und Theater und finanziert sein Studium zunächst mit Ersparnissen, bekommt aber später ein Stipendium.

1938 wird Miller Redakteur des *Michigan Daily*. Seine ersten Dramen werden aufgeführt, allerdings noch ohne großen Erfolg. Im Zweiten Weltkrieg ist er bei der Marine. Nach Kriegsende siedelt er nach Hollywood über.

Arthur Miller hat über 20 Theaterstücke geschrieben. Den ersten großen Erfolg erlebt er 1947 mit dem Zeit- und Problemstück *Alle meine Söhne,* in dem ein Vater-Sohn-Konflikt im Mittelpunkt steht. Der Regisseur Elia Kazan bringt es am New Yorker Broadway heraus. Weltberühmt wird Miller mit dem Drama *Der Tod des Handlungsreisenden**, 1949 in New York uraufgeführt. In diesem Jahr erhält er auch den Pulitzer-Preis, die bedeutendste amerikanische Auszeichnung für Leistungen auf den Gebieten von Literatur, Musik und Journalismus. Wie viele Künstler und Kunstschaffende seiner Zeit wird er verdächtigt, Kommunist zu sein, und muß sich vor dem Untersuchungsausschuß für unamerikanische Umtriebe, dem berüchtigten McCarthy-Ausschuß, verantworten. Miller verweigert die Aussage und schreibt gegen diese McCarthy-Verfolgungen sein Drama *Hexenjagd,* das 1953 am New Yorker Martin-Beck-Theatre herauskommt. 1958 wird Arthur Miller rehabilitiert.

Weitere Stücke folgen: *Blick von der Brücke* (1955) und *Nach dem Sündenfall* (1964), in dem Miller unter anderem seine gescheiterte Ehe mit der Filmschauspielerin Marilyn Monroe, die von 1956 bis 1960 dauerte, verarbeitet. Formal ist dieses Stück der dramatische Monolog eines Mannes, der einem unbekannten Gegenüber Rechenschaft ablegt. Miller schreibt für Marilyn Monroe das Drehbuch zu *The Misfits* (1961, auf deutsch *Nicht gesellschaftsfähig*) und gibt ihr damit die Möglichkeit, sich als ernsthafte Schauspielerin zu erweisen – es war der letzte Film der Monroe. Ein weiteres Filmdrehbuch ist *Playing for Time (Spiel um Geld),* das mit der englischen Schauspielerin Vanessa Redgrave verfilmt wird. Es entstehen die Stücke *Zwischenfall in Vichy*

(1964), *Der Preis* (1968) und *Die Erschaffung der Welt und andere Geschäfte* (1972). Weiterhin schreibt Miller Hörspiele, Erzählungen, zwei Romane und mehrere Drehbücher. Von 1965 bis 1969 ist Arthur Miller Präsident des Internationalen PEN-Clubs.

Im Frühjahr 1983 inszeniert er als erster westlicher Regisseur am Pekinger Volkstheater sein Stück *Der Tod des Handlungsreisenden**. Zwei Jahre später produziert er mit Volker Schlöndorff als Regisseur und Dustin Hoffman in der Hauptrolle das Stück als Kinofilm. 1987 erscheint seine Autobiographie *Timebends (Zeitkurven)*. Arthur Miller lebt heute in New York.

Neben Eugene O'Neill, Tennessee Williams und Edward Albee gehört Miller zu den bedeutendsten amerikanischen Dramatikern dieses Jahrhunderts. In seiner Themenwahl, Ausdrucksstärke und Gestaltungsweise ist er Ibsen und Brecht verpflichtet. Miller setzt sich in gesellschaftskritischer Absicht mit dem amerikanischen Durchschnittsbürger auseinander, wobei er besonders das amerikanische Erfolgsstreben kritisch durchleuchtet. Er gestaltet seine Inhalte mit psychologisch-realistischer Einfühlung. Sein Hauptthema ist die Verantwortung des Menschen gegenüber Mitmensch und Gesellschaft.

Der Tod des Handlungsreisenden

Death of a Salesman

Zwei Akte und ein Requiem

PERSONEN

Willy Loman	Bernard
Linda, seine Frau	Stanley
Biff ⎫	Das Weib
Happy ⎭ seine Söhne	Jenny
Ben, sein Bruder	Fräulein Forsythe
Charley	Letta
Howard	

ORT
In Willy Lomans Wohnung in Brooklyn und auf imaginären Schauplätzen von Willys Erinnerungen

ZEIT
Gegenwart, in den vierziger Jahren

HANDLUNG

Willy Loman hat 34 Jahre lang als Handlungsreisender geschuftet und sich eingeredet, beliebt und erfolgreich zu sein. Mit zwei Musterkoffern ist er durchs Land gereist, von Montag bis Freitag, Woche für Woche. Jetzt ist er 63 Jahre alt und spürt, daß er nicht mehr kann. Die Konzentration läßt nach, am Steuer seines Autos ermüdet er immer schneller. Fast hätte er schon eine Frau überfahren. Er kann nicht mehr Schritt halten mit seinen Kollegen, ist den Veränderungen der Zeit nicht mehr gewachsen, der Schnellebigkeit, den neuen Kundenwünschen und seinen Familienverhältnissen. Er hat sein Haus, seinen Studebaker fast abbezahlt. Bald müßte er schuldenfrei sein. Doch ausgerechnet jetzt ist eine Versicherungssumme fällig geworden . . . Eigentlich sollte er noch mehr leisten, aber er schafft es nicht. Mit seinen erwachsenen Söhnen kann er nicht rechnen, denn sie haben es bisher zu nichts gebracht: Happy ist ein oberflächlicher Schürzenjäger. Biff hätte eine Sportlerkarriere einschlagen können, trieb sich aber herum und kam auf die schiefe Bahn. Heute lebt er von Gelegenheitsjobs.

Daß dies mit Biff so kam, trifft Willy Loman besonders hart. In seinen vielen Tagträumen – der Zuschauer erlebt sie mit – begegnet er immer wieder einem Schuldkomplex, den er aus seinem Bewußtsein verdrängt zu haben glaubte. Sein Sohn Biff ist seinerzeit beim Abitur durchgefallen und hat sich hilfesuchend an den Vater wenden wollen. Er fand ihn in einem Bostoner Hotelzimmer in den Armen einer fremden Frau. Dieses Erlebnis hat in Biff das Bild von seinem bis dahin verehrten Vater zerstört. Es hat ihm die Augen geöffnet über die Lügen, mit denen sie alle bislang gelebt haben und leben. Und für Loman wird diese Begebenheit zum Schlüsselerlebnis seines Versagens als Vater und Ehemann. Daß sein »Fehltritt« aus einem großen Einsamkeitsgefühl in den stets wechselnden Hotelzimmern geschehen ist, taugt ihm nicht als Entschuldigung.

Seine Frau Linda hat längst erkannt, daß ihr Mann über seine Kräfte lebt, daß er ihnen allen etwas vormacht, sogar das Geld leiht, das er als scheinbaren Verdienst nach Hause bringt. Sie sieht seine Verzweiflung und die Gefahr des Selbstmords. Sohn Happy hält den Vater für verrückt, Biff betrachtet die Frauenaffäre des Vaters als Verrat an der Mutter. Aber schließlich wollen doch alle die Illusion von einem guten Familienleben aufrechterhalten, und so steigern sie sich gemeinsam in berufliche Selbsttäuschungen. Jeder macht dem anderen vor, es sei noch alles drin, für den Vater wie für die Söhne.

Willy Loman will Howard Wagner, den Juniorchef seiner Firma, bitten, ihm eine ruhigere Position im Innendienst zu geben. Er hofft auf sein Verständnis. Schließlich kennen sie sich schon seit Howards Kindheit. Und auch mit

Howards Vater, dem Seniorchef, hat sich Loman immer gut verstanden. Doch Howard rät ihm, sich doch erst einmal zu beruhigen und eine Weile auszuruhen. Dann werde man schon sehen. Im Klartext ist das die Kündigung. Die Firma läßt Loman fallen, weil er nicht mehr das einbringt, was man von ihm erwartet.

Biff ist indessen auf Anraten des Vaters bei seinem früheren Arbeitgeber gewesen, um einen beruflichen Neuanfang zu versuchen, doch statt sich vorzustellen, stiehlt er heimlich einen Füllhalter vom Schreibtisch. Das hat neue Lügengeschichten zur Folge. Zu Hause wirft Biff seinem Vater fatale Selbstüberschätzung vor. Und für einen Moment zwingt er ihn, den Tatsachen, der Wahrheit über sich und die anderen ins Auge zu sehen: daß auch seine Söhne Nieten, gescheiterte Existenzen sind. Weil die Erwartungen des Vaters immer zu hoch gewesen seien, hätten er und Happy nie das leisten können, was sie vielleicht gekonnt hätten. Genau wie der Vater selbst ... Biff will sein Elternhaus nun endlich für immer verlassen und all die Lebenslügen, Illusionen und Selbsttäuschungen vergessen, mit denen er aufgewachsen ist und bislang gelebt hat.

Willy Loman weiß nicht mehr weiter. Seine Lebensversicherung beläuft sich auf 20 000 Dollar. Noch einmal, das letzte Mal, macht er allen etwas vor, seiner Frau, seinen Söhnen, seiner Versicherungsgesellschaft. Er setzt sich ans Steuer seines Wagens und rast in den Tod.

Sein alter Freund und Nachbar Charley spricht am Grab den Nachruf: »Er ist ein Mann, der irgendwie in der Luft schwebt, der mit seinem Lächeln reist und mit seiner Bügelfalte. Und wenn sein Lachen nicht mehr erwidert wird – dann stürzt eine Welt ein.«

ERLÄUTERUNGEN

Der Handlungsreisende Willy Loman, Vertreter der Gründergeneration seiner Firma, gehört zum alten Eisen. Er will es nicht wahrhaben und macht sich über seine Lage etwas vor. Die Geschäftspraktiken sind derber geworden, man kämpft mit härteren Bandagen. Die neue Zeit rationalisiert. Es ist die Tragödie des kleinen Mannes angesichts dieser Welt, die ihn nicht mehr braucht und die er nicht mehr versteht. Einer Welt von Käufern und Verkäufern, in der jeder unterliegt, der zu schwach ist. Einer Welt, in der man verlorengehen kann, ohne daß der Nachbar es merkt. Es ist die Welt von heute, unsere Welt. Willy Loman flüchtet vor dieser Welt, er flüchtet in die Lüge. Er baut sich eine Welt von Illusionen und Unwirklichkeiten auf, lebt mit einer »Lebenslüge«. Es ist die Lebenslüge, wie Henrik Ibsen sie sieht, als notwendige, glückbringende Illusion für den Durchschnittsmenschen. Doch je länger man sich mit ihr arrangiert, desto unauflöslicher wird sie, desto tödlicher ist der Moment, wenn die Augen geöffnet werden.

Loman kann die Neuerungen der Zeit nicht mehr in sich aufnehmen. Er hat sich festgebissen an seinen vergangenen Erfolgen. Weil er sich immer etwas vorgaukelt, muß ihn die Kündigung wie ein Schock treffen. Schlimmer jedoch ist, daß er seinen Söhnen Biff und Happy genau dieselbe Maskerade aufzwingt, unter der er lebt, nämlich sich selbst als Leitbild. Happy ist so ein Traumtänzer geworden, der ganz seinem Vater nachschlägt, während Biff wenigstens noch den Versuch unternimmt, festen Boden unter die Füße zu bekommen. Er zeigt zumindest Ansätze von Selbsterkenntnis: »In diesem Haus ist noch nicht eine Minute die Wahrheit gesagt worden.«

Der oft zitierte »amerikanische Traum« ist eine konkrete Utopie, die jedem Amerikaner Reichtum, Glück, Erfolg und Selbstverwirklichung verspricht. Wer sich diesem Glauben nicht mit höchstem Krafteinsatz verpflichtet, kommt unter die Räder. Er versagt. Und was noch schlimmer ist, er wird von Schuldgefühlen erdrückt. Die Lomans (außer der Ehefrau) sind solche Versager. Da sie sich dies aber nicht eingestehen dürfen, sind sie gezwungen, den »amerikanischen Traum« als Lebenslüge zu leben und sich gegenseitig zu versichern: »Aus dir wird noch etwas ganz Großes!« Als dieser Traum zerbricht, zerbricht auch die Familie Loman. Ständig verkehrt Loman in seinen Träumen – die auf der Bühne szenisch dargestellt werden und die eigentliche Handlung immer wieder unterbrechen – mit seinem Bruder Ben, dem Abbild des »amerikanischen Traums«, denn der hat es geschafft. Ob der Bruder tatsächlich so erfolgreich ist, wie sich Loman das ausmalt, bleibt unklar. Ben ist die ungelebte Möglichkeit von Willy Loman selbst, dessen gescheiterte Existenz im Gegenentwurf. Arthur Millers Stück ist die Kritik am »amerikanischen Traum«, am idealisierten Schlagwort vom »American way of life«.

Auch heute, 40 Jahre nach der Uraufführung, zeigt sich Arthur Millers *Handlungsreisender* als szenische Dichtung von brandaktuellem Zuschnitt. Willy Loman ist uns sogar noch um einiges näher gekommen. Anfang der 50er Jahre war das frisch gewonnene Wirtschaftswunder noch verführerisch und faszinierend. Mittlerweile haben wir die Überflußgesellschaft, und deren Schattenseiten senken sich auf uns als gesellschaftspolitische Probleme. Willy Loman betrifft uns mehr denn je. Das Stück ist aktuell, weil es an Dimensionen gewonnen hat. Es ist schon darum aktuell geblieben, weil die Identifikation mit der Hauptfigur in einer Welt von Angeboten und Abschlüssen so leicht ist: für den Freiberuflichen, weil er die sozialen Gefahren des eigenen Alters vor Augen hat und sie mit vorausgeplantem Vorsorgen auffangen muß, für den materiell

Gesicherten, weil er diese Sicherheit nicht ohne persönliche Kompromisse behalten kann.

Die Uraufführung des Stückes fand in der Regie von Elia Kazan am 7. Oktober 1949 im Morosco Theatre in New York statt; eine Voraufführung gab es im Locust Street Theatre in Philadelphia. Die deutsche Erstaufführung war am 26. April 1950 an den Münchner Kammerspielen und in Düsseldorf. Das mit dem Pulitzer-Preis ausgezeichnete Drama wurde mehrfach verfilmt: 1952 durch Laslo Benedek mit Frederic March in der Hauptrolle. Die erfolgreiche Inszenierung des Stückes 1984 am Broadway mit Dustin Hoffman als Willy Loman diente Volker Schlöndorff als Grundlage für seine Verfilmung. In einer Fernsehproduktion von 1968 (Regie: Gerhard Klingenberg) spielte Heinz Rühmann die Hauptrolle.

EDWARD ALBEE

Edward Franklin Albee wird am 12. März 1928 als uneheliches Kind unbekannter Eltern in Washington geboren und von dem wohlhabenden New Yorker Varieté-Manager und Theaterbesitzer Reed Albee adoptiert. Er wächst in ständigen Auseinandersetzungen mit seiner dominierenden Stiefmutter auf. Nach vielen Schul- und Internatswechseln, zunächst bedingt durch die häufigen Theaterreisen seiner Eltern, dann aber auch durch eigene innere Unruhe, macht er schließlich doch seinen Schulabschluß, besucht das Trinity-College in Hartford, Connecticut, und studiert Kunst und Literatur. Nach anderthalb Jahren verläßt er die Universität wieder und arbeitet mal als Laufbursche, mal als Verkäufer oder Telegrammbote. 1948 trennt er sich endgültig von seinen Adoptiveltern.

Nach einer Reihe schriftstellerischer Versuche auf verschiedenen Gebieten gelingt ihm 1959 zum erstenmal ein dramatischer Wurf mit dem Einakter *Die Zoogeschichte*. Das Stück wird in Berlin auf der Werkraumbühne des Schiller-Theaters uraufgeführt und erst danach in New York gespielt und beachtet. In der Folge gibt es zahlreiche Aufführungen an den verschiedensten Bühnen in den USA und Europa. Das Thema des Stückes ist die Rebellion eines Einzelgängers gegen eine angepaßte, ihn ignorierende Gesellschaft.

Es folgen weitere Kurzdramen wie *Der Tod der Bessie Smith* (1959), in dem die Macht der Weißen über die Minderheit der Farbigen symbolisch dargestellt wird, *Der Sandkasten* (1959) und *Der amerikanische Traum* (1960), in dem Albee die amerikanische Lebenslüge entlarvt.

Wer hat Angst vor Virginia Woolf? * (1962) ist die von Strindberg beeinflußte Darstellung des Geschlechterkampfes in einer Ehe. Es ist das erste Stück Albees, das am Broadway produziert wird, und sein größter dramatischer Erfolg. 1963 erscheint *Die Ballade vom traurigen Café*, 1965 *Winzige Alice*, eine Art Strindbergsches Traumspiel auf zwei Ebenen – einer religiösen und einer profanen. *Empfindliches Gleichgewicht* (1966) schildert, wie wenig es braucht, um das Gleichgewicht in den menschlichen Beziehungen wie Ehe, Eltern/Kind- und Geschwisterverhältnissen ins Wanken zu bringen. 1967 erhält Albee die bedeutendste amerikanische Auszeichnung für Literatur: den Pulitzer-Preis. Weitere Stücke sind *Alles im Garten* (1967), *Kiste – Worte des Vorsitzenden Mao Tse Tung – Kiste* (1968), *Alles vorbei* (1971), *Spielarten* (1976) und *Zuhören* (1978).

Seinem Mißbehagen an der Kritik gibt er 1983 Ausdruck. Er bringt eine Publikums- und Kritikerbeschimpfung auf die Bühne mit *The Man Who Had 3 Arms*. Seitdem läßt er auch keine Broadway-Premiere seiner Stücke mehr zu, sondern konzentriert seine Arbeit auf Studentenbühnen. Sein Stück *Marriage Play,* ein seelisches Folterkammerspiel, wird 1987 in Wien uraufgeführt. Albees späte Stücke haben keine große Resonanz mehr gefunden.

Edward Albees Gestalten schwanken zwischen der Verzweiflung über die Einsamkeit des Menschen und der Hoffnung auf individuellen Handlungsspielraum. Stets wiederkehrende Themen Albees sind die Kritik am »American way of life«, dann der Geschlechterkampf, besonders der Haß und die Angst des Mannes gegenüber der stärkeren Frau (was wohl noch aus dem Verhältnis zu seiner Adoptivmutter herrührt), und schließlich der Außenseiter, der sich von einer im Klischee erstarrten Gesellschaft absondert.

Wer hat Angst vor Virginia Woolf?

Who's Afraid of Virginia Woolf?

Stück in 3 Akten

PERSONEN
Martha
George
Putzi
Nick

ORT
Wohnzimmer eines amerikanischen Ehepaars

ZEIT
Gegenwart

HANDLUNG
George, ein erfolgloser Geschichtsprofessor an einem amerikanischen Provinz-College, und seine Frau Martha, Tochter des College-Präsidenten, kommen spät abends von einer Party nach Hause. Er ist übermüdet, sie noch voll aufgedreht. Ohne ihn zu fragen, hat sie den jungen Biologieprofessor Nick, einen karrierebewußten Schönling, der neu am College ist, mit seiner Frau Putzi zu einem nächtlichen Drink eingeladen. George weiß, was nun kommen

wird ... Er schärft Martha ein, auf keinen Fall ihren gemeinsamen Sohn zu erwähnen, um den es ein Geheimnis zu geben scheint. Martha aber will sich von ihrem Mann keine Vorschriften machen lassen – und so ist der Ehekrach in vollem Gang, als Nick und Putzi vor der Tür stehen.

»Gesellschaftsspiele« (so der Titel des ersten Aktes) sind angesagt, und das heißt soviel wie: Besäufnis, Sex, Wahrheitsspiele, gegenseitige Demütigung und Selbstentblößung. Der Alkohol baut die letzten Hemmungen ab. George und Martha stellen wechselweise die Schwächen des anderen zur Schau. Nach und nach versuchen sie, Nick und Putzi in ihr eheliches Schlachtfeld hineinzuziehen. Das junge Paar ist verunsichert, findet aber auch Gefallen an diesem perfiden Spiel, in dem Schläge unter die Gürtellinie erlaubt, ja sogar erwünscht sind. Besonders Nick genießt es, von Martha als strahlendes Gegenbild zu dem ältlichen, erfolglosen und scheinbar schwächlichen George aufgebaut zu werden. Martha demütigt George und reizt ihn aufs äußerste. Sie wirft ihm vor, im Beruf kläglich gescheitert zu sein und seine Chancen nicht genutzt zu haben, sie nennt ihn eine Niete auch im Bett und macht Anspielungen, er sei womöglich gar nicht der Vater ihres Sohnes. George trägt das alles scheinbar mit Fassung. Als Martha und Putzi sich kurz zurückziehen, dreht er den Spieß um und nimmt Nick in die Mangel. Er kehrt seine intellektuelle Überlegenheit heraus und macht sich lustig über Nicks dümmlich-naives sexuelles Selbstvertrauen. Er wittert, daß es auch in der Ehe des anderen Paares kriselt, und versucht, Details über deren Intimleben herauszubekommen. Besonders interessiert ihn zu erfahren, weshalb Nick und Putzi keine Kinder haben.

»Walpurgisnacht« heißt der zweite Akt: Immer mehr werden Nick und Putzi in die ehelichen Schaukämpfe mit hineingezogen. Die wichtigste Waffe heißt Indiskretion. George erzählt Nick die tragisch-absurde Geschichte von einem Jungen, der durch eine Verquickung von Zufällen Vater und Mutter umgebracht hat und im Irrenhaus gelandet ist. Martha plaudert nun aus, daß dieser Junge George selber sei. Schlimmer noch, sie verrät, daß George seine traumatischen Kindheitserlebnisse zu einem entsetzlich schlechten Roman verarbeitet habe, den zu veröffentlichen ihm von seinem Schwiegervater, dem mächtigen College-Präsidenten, verboten worden sei. George erfährt seinerseits von Nick, daß der seine unattraktive und dümmliche Frau nur um ihres Geldes willen und wegen einer eingebildeten Schwangerschaft geheiratet habe. Dies offenbart George sofort Putzi, die sich nie klargemacht hat, wie ihr Mann wirklich zu ihr steht. Putzi wird schlecht, sie stürzt hinaus.

Schließlich schnappt sich Martha Nick, um ihn in der Küche zu vernaschen. Doch sie hat Pech: Nick, »der Zuchtbulle«, wie George ihn nennt, versagt – er hat zuviel getrunken. George versucht währenddessen, äußerlich ganz ruhig zu bleiben, und zwingt sich zu lesen.

Putzi kommt wieder, ihr ist immer noch kotzübel. George entlockt ihr, daß sie eine panische Angst vorm Kinderkriegen hat und offenbar immer wieder abtreibt, ohne daß Nick davon weiß – der hält sie für unfruchtbar.

Immer wieder bricht Martha ihre Übereinkunft mit George und spricht von ihrem Sohn. Für George ist nach langem Stillhalten endlich der Augenblick gekommen zurückzuschlagen . . .

Im dritten Akt wird »Austreibung« gespielt: Exorzismus der Lebenslügen. George kündigt das Spiel »Wie sag ich's meinem Kinde« an. Es handelt vom Tod des Sohnes. Jetzt führt George Regie. Er erzählt nun ausführlich von dem Kind und versetzt auch Martha, obwohl sie Schlimmes ahnt, noch einmal in Begeisterung für ihren fabelhaften, talentierten und wohlgelungenen Jungen. Als George den Rahmen der üblichen Demütigungsrituale sprengt und mit Hilfe eines fingierten Telegramms den Tod des Sohnes verkündet, bricht Martha zusammen. Es stellt sich nun heraus, daß der Sohn nie existiert hat. George und Martha haben ihn sich erfunden, da sie wegen Marthas Unfruchtbarkeit nie eigene Kinder haben konnten. Die Illusion von dem erfolgreichen, rundum gelungenen amerikanischen Musterkind sollte ihnen helfen, ihre Lebensgemeinschaft aufrechtzuerhalten. Nun aber trägt George mit römisch-katholischem Beerdigungszeremoniell diesen Sohn zu Grabe . . .

Nick und Putzi brechen überstürzt auf; in Putzi ist der Wunsch nach einem Kind erwacht. George und Martha sind nun wieder allein miteinander. Sie spüren, daß sie nicht voneinander lassen können, daß sie aufeinander angewiesen sind und zusammenleben müssen, von jetzt an ohne Lüge. Vielleicht wird ihr Zusammenleben sich jetzt ändern? Zart legt George seine Hand auf Marthas Schulter . . .

ERLÄUTERUNGEN

Eine Party findet statt, keine gewöhnliche, sondern eine mit genau festgelegten Spielregeln. Ein fürchterliches Gesellschaftsspiel mit Variationen, in dessen Verlauf alle Beteiligten sich bis aufs Blut, nein, bis ins Mark hinein quälen. Wie sagt George: »Wir haben keine Ruhe, bis wir die ganze Haut abgekratzt haben, alle drei Schichten. Und wenn wir auch noch durch die Sehnen und durch die Muskelstränge durch sind und durch alle Innereien – falls noch vorhanden –, und wenn wir dann auf die Knochen stoßen, so sind wir noch immer nicht am Ziel . . . Das Mark in den Knochen: das ist unser Ziel!«

Ein Spiel, in dem sich Haßliebe und Selbstzerfleischung, Zerstörungswut und Katzenjammer, Whiskey-Orgie und Seelenstriptease abwechseln. Die Ehe als Fegefeuer, durch das man durch muß, um ein Zusammenleben möglich zu machen. Albees schrilles, effektvolles Stück ist zugleich die modellhafte Tragödie vom Kampf zwischen den Geschlechtern, aber auch das Psychogramm einer abgründigen ehelichen Beziehung zwischen zwei individuellen Charakteren. Zwei Akte lang halten die beiden eine heimtückische, aber durchaus funktionierende Balance aufrecht. Im dritten Akt dann der Exorzismus, die Austreibung. Auch eine Abtreibung, wie die vielen vorher von Putzi. In einem grausigen Ritual wird dem Wahn vom gemeinsamen Kind, das es in Wirklichkeit nie gab, ein Ende bereitet.

Dieses fiktive Kind ist nicht einfach Ausgeburt der Phantasie einer sterilen Frau. Ihr gemeinsames Traumgebilde gehört für George und Martha einer ganz anderen Kategorie an als die durchkomponierten Gesellschaftsspiele. Die Existenz des Sohnes (er ist kurz vor seinem 21. Geburtstag, heißt es) ist Geheimnis und Lebensstütze für die beiden, die einander genau kennen und um die seelischen Abgründe des jeweils anderen wissen. Ihre fortgesetzte Ehefehde ist die Kehrseite eines tiefen Verbundenseins, das ihnen nun, nach dem »Tod« des Sohnes, wieder bewußt wird.

Wer hat Angst vor Virginia Woolf? – von Martha anfangs als Witz, als Verballhornung eines Kinderreims formuliert – meint natürlich, wer hat Angst davor, sein Leben ohne Lebenslüge, ohne falsche Illusionen zu leben. Langsam werden die Illusionen von Martha und George aufgerollt und demontiert. Zug um Zug treten die inneren Motive der vier Personen zutage. Nick und Putzi, das scheinbar bieder-brave, konventionelle Paar, kommen dabei nicht besser weg als Martha und George mit ihrer lauten, exzentrischen Ehehölle. Eine schmerzhafte Vivisektion findet statt, bis alle, gemartert und erschöpft, im fahlen Morgenlicht verstummen. Im alkoholverhangenen Prozeß der Besinnung zeichnet sich langsam die Andeutung einer »Katharsis«, einer Läuterung, ab. Nach der Dämonenbeschwörung, der Austreibung aller falschen Voraussetzungen und Illusionen sind die beiden Ehepartner enger, vielleicht gar friedlicher, jedenfalls resignierter aneinandergeschmiedet. George und Martha werden vielleicht um eine Nuance bewußter weiterleben und ihr Dasein, so wie es ist, ertragen. Von Erlösung ist nicht die Rede, nur die Chance der Läuterung mag eine vielleicht bessere Zukunft versprechen.

Natürlich ist es zutreffend, daß sich das Stück auf die amerikanische Gesellschaft mit ihrem Universitätssystem bezieht. Nicht alles läßt sich dabei auch auf deutsche Verhältnisse übertragen. Das US-Universitätssystem unterscheidet sich vom unsrigen, und die Phantasien über den rundum gelungenen fiktiven Sohn sind deutlich vom »American dream« inspiriert, der auch hier, wie so häufig im modernen amerikanischen Drama, als irreführend entlarvt wird. Dennoch hat Albees Tragikomödie einer Ehe auch außerhalb des amerikanischen Umfelds Geltung, denn sie handelt vom Konflikt zwischen Matriarchat, verkörpert in der mächtigen Frauenfigur, und dem männlichen Prinzip, das seinerseits auf Macht aus ist. Die unversöhnliche Gier nach gegenseitiger Beherrschung oder gar Vernichtung wird vorexerziert, ein Geschlechterkampf, neben dem sich die Strindbergschen Ehedramen fast idyllisch ausnehmen.

In dem Historiker George und dem Naturwissenschaftler Nick sind auf einer ganz anderen als der geschlechtlichen Ebene noch einmal zwei konträre Prinzipien, ja Weltanschauungen einander gegenübergestellt: der intellektuelle Grübler, der über Wahrheitsfindung nachdenkt und hinter die Kulissen vordergründiger Realitäten schaut, stößt zusammen mit dem selbstbewußten Tatmenschen, der mit angeblich »harten«, sicheren Fakten operiert und weitgehend erfolgreich seine Ziele und Zwecke verfolgt. Diesem Menschenschlag, so legt es der Autor George in den Mund, gehöre die Zukunft.

Die Uraufführung des Stückes fand am 13. Oktober 1962 unter der Regie von Alan Schneider im Billy Rose Theatre in New York statt und wurde als das Theaterereignis der Saison 1962/63 gefeiert. Sie fand begeisterte Zustimmung, aber auch herbe Kritik. Tennessee Williams sah in Albee »den einzigen bedeutenden Dramatiker, den wir jemals in Amerika gehabt haben«. Dagegen warfen ihm manche Zeitungskritiker vor, er habe keine moralischen Maßstäbe, sei ein geschickter Bluffer und schreibe nur, um Effekte zu erzielen und das Publikum bei Laune zu halten.

Die deutsche Erstaufführung (Übersetzung: Pinkas Braun, Regie: Boleslaw Barlog) war am 13. Oktober 1963 im Berliner Schloßpark-Theater. In den siebziger Jahren hielten sich die deutschsprachigen Bühnen auffallend zurück und spielten das Stück selten. In den Achtzigern gab es dann wieder eine regelrechte Aufführungswelle. Verfilmt wurde das Schauspiel 1965 mit Elizabeth Taylor und Richard Burton. Regie in diesem legendären Film führte Mike Nichols.

JEAN-PAUL SARTRE

Jean-Paul Sartre wird am 21. Juni 1905 in Paris geboren. Er studiert an der École Normale Supérieure und knüpft dort seine lebenslange Freundschaft mit Simone de Beauvoir, die später selbst Schriftstellerin wird und sich in ihren Romanen mit der Situation der Frau auseinandersetzt. In der avantgardistischen Literaturzeitschrift *Bifur* erscheint 1931 Sartres erste Prosa-Arbeit *Die Legende der Wahrheit*. Im selben Jahr wird er Gymnasiallehrer in Le Havre. 1933 bis 1934 lebt er als Stipendiat am Institut Français in Berlin und studiert die zeitgenössische deutsche Philosophie, besonders Friedrich Hegel, Edmund Husserl und Martin Heidegger. Die Veröffentlichung seines ersten Romans, auf deutsch *Der Ekel* (1938), verschafft ihm mit einem Schlag literarisches Ansehen. 1939 erscheint die Erzählung *Die Mauer*. Im selben Jahr (Beginn des Zweiten Weltkriegs) wird Sartre als Sanitäter einberufen und gerät 1940 bis 1941 in deutsche Kriegsgefangenschaft. Nach der Freilassung beginnt er mit der Niederschrift seines philosophischen Hauptwerkes *Das Sein und das Nichts*.

1942 bis 1944 arbeitet er aktiv in der Résistance, dem Widerstand gegen Hitler-Deutschland, mit. 1943 erscheint sein erstes Theaterstück *Die Fliegen,* ein Résistance-Drama, das die Freiheit menschlichen Handelns am antiken Stoff der Orestie demonstriert. Es wird von den deutschen Besetzern nicht als Aufruf zum Widerstand erkannt. 1944 beginnt Sartre mit der Romantrilogie *Die Wege der Freiheit*. Unmittelbar nach Abzug der Deutschen aus Paris wird Sartres vielleicht bestes Theaterstück, *Geschlossene Gesellschaft**, uraufgeführt.

1945 gibt Sartre den Lehrberuf auf und lebt von nun an als freier Schriftsteller und Philosoph in Paris. Er gründet und leitet die politisch-literarische Zeitschrift *Les Temps Modernes*. Der Versuch der Gründung einer nichtkommunistischen Linkspartei schlägt fehl. 1946 erscheinen sein grundlegendes Essaywerk *Der Existentialismus ist ein Humanismus,* der Essay *Überlegungen zur Judenfrage* und die Dramen *Tote ohne Begräbnis* und *Die ehrbare Dirne*. 1947 schreibt er das Filmdrehbuch *Das Spiel ist aus*.

1948 werden Sartres Werke auf den Index der verbotenen Schriften der katholischen Kirche gesetzt. Im selben Jahr erscheinen das Filmszenario *Im Räderwerk* sowie das Drama *Die schmutzigen Hände*. Sartre schreibt weiter an dem Essay-Werk *Situationen* (10 Bände, 1947–1976) und veröffentlicht den

Roman *Der Pfahl im Fleische* sowie die Dramen *Der Teufel und der liebe Gott* (1951) und *Kean* (1954). 1956 protestiert er gegen das sowjetische Vorgehen in Ungarn und veröffentlicht zwei Jahre später die *Erklärung zum Recht auf Kriegsdienstverweigerung im Algerienkrieg.* Er schreibt den Artikel *Das Gespenst Stalin* und das Drama *Nekrassow.* 1959 erscheint das Theaterstück *Die Eingeschlossenen von Altona,* ein Jahr später die *Kritik der dialektischen Vernunft.* 1962 verübt die rechtsradikale Terrororganisation OAS einen Bombenanschlag auf Sartres Wohnung.

Sartre veröffentlicht die Autobiographie seiner Kindheit, *Die Wörter* (1964), und die Schrift *Marxismus und Existentialismus.* Den ihm zuerkannten Nobelpreis für Literatur von 1964 lehnt er ab. 1965 erscheinen *Die Troerinnen* nach Euripides. 1968 engagiert sich Sartre in der französischen Studentenrevolte. 1971/72 erscheint die umfangreiche Flaubert-Studie *Der Idiot der Familie.* 1974 besucht Sartre den deutschen Terroristen Andreas Baader in der Haftanstalt Stammheim, um sich über dessen Haftbedingungen zu informieren, und löst damit Kontroversen in Deutschland und Frankreich aus.

Am 15. April 1980 stirbt Sartre – seit einigen Jahren fast erblindet – in Paris.

Sartre schuf den Begriff der »littérature engagée« – eine Literatur, die politisch-sozial deutlich Stellung bezieht. Als Philosoph und Essayist ist er außerdem der Begründer des französischen Existentialismus, der eine von Gott unabhängige Menschlichkeit vertritt. Er hat lange Zeit die Jugend der Welt beeinflußt, und seine Ideen finden noch heute häufig Niederschlag in der modernen Literatur. Der Mensch steht einer entleerten Welt gegenüber. Er ist zur Freiheit verurteilt und damit voll verantwortlich für sein Tun. In einer Welt ohne Gott gibt es auch keine Sünde, keine Reue, keine Gnade. Das Urteil der Mitmenschen, der Gesellschaft, bestimmt Wert und Unwert menschlichen Handelns. Der Sinn des Daseins wird gegeben durch die Tat.

Geschlossene Gesellschaft

Huis clos

Drama in einem Akt

PERSONEN
Ines
Estelle
Garcin
Der Kellner

ORT
Ein Salon im Second-Empire-Stil

ZEIT
Gegenwart. Nach dem Tode

HANDLUNG
Drei Personen, ein Mann und zwei Frauen, werden von einem schweigsamen Kellner nach und nach in ein geschmacklos möbliertes Zimmer geführt. Sie werden hier bleiben, eingesperrt auf Ewigkeit, sich selbst überlassen. Was sie hier erwartet, ist das Leben nach dem Tode. Es ist ihre eigene Hölle.

Die drei Toten: Garcin, ein Journalist, hat seine Frau auf dem Gewissen und wurde bei Kriegsausbruch als Deserteur erschossen. Ines, die ehemalige Postangestellte, ist lesbisch, hat den Mann ihrer Freundin in den Tod getrieben, um sich an die Frau heranzumachen. Diese hat dann eines Tages den Gashahn aufgedreht und Ines und sich selbst umgebracht. Schließlich Estelle, kokett und nymphomanisch auf Männer aus: sie hat ihr außereheliches Kind ermordet, worauf sich dessen Vater, ihr Geliebter, erschoß. Sie selbst starb an Lungenentzündung, betrauert von ihrem ahnungslosen Ehemann.

Alle drei sind Mörder oder zumindest indirekt mit Morden belastet. Ihre Hölle ist, sich im nachhinein voreinander zu rechtfertigen. Es gibt keinen Weg nach draußen, keinen Schlaf, keine Spiegel und keine Dunkelheit. Immer wird das penetrant künstliche Licht das Zimmer erhellen. Keiner kann sich vor dem anderen verkriechen.

Und so sieht die Qual aus, die sie sich in Fortsetzung ihres früheren Lebens gegenseitig bereiten müssen: Die lesbische Ines stellt Estelle nach. Erfolglos, denn die wiederum ist exklusiv und dringend auf Männer aus, will also nur was von Garcin. Und diesen wiederum plagen ganz andere Sorgen. Im Leben hat er im entscheidenden Moment versagt, war in den Augen seiner Freunde ein Feigling und kann dem Zwang nach immer neuer, immer vergeblicher Selbstrechtfertigung nicht entrinnen. Er wird ausgerechnet von Ines abhängig, die ihn klug durchschaut und als einzige in der Lage wäre, auf seine Selbstvorwürfe einzugehen, um sie zu entkräften, wenn sie nur wollte. Jeder ist also in der Hand des anderen, quält dabei den dritten und hat doch nie Aussicht, erhört zu werden. Nach einem der vielen erregten Wortwechsel greift Estelle sogar einmal zum Messer und bringt Ines mehrere Stiche bei. Die lacht nur: Umbringen geht doch nicht mehr, wir sind ja längst tot. So wird jeder zum Peiniger und Gepeinigten. Garcin erkennt es am Schluß: »Also, dies ist die Hölle. Niemals hätte ich geglaubt . . . Ihr entsinnt euch: Schwefel, Scheiterhaufen, Bratrost . . . Ach, ein Witz! Kein Rost erforderlich, die Hölle, das sind die anderen.«

ERLÄUTERUNGEN

Jean-Paul Sartres *Geschlossene Gesellschaft,* 1944 geschrieben, ist das große Bekenntnisdrama des Existentialismus in den 50er Jahren. Drei Tote, ein »Trio Infernal«, kettet Sartre zum ewigen Wachsein aneinander. Im spiegellosen Raum spiegeln sie sich im jeweils anderen, dürfen nicht mehr verdrängen, leugnen und verharmlosen, müssen sich und ihr posthumes Leben wahrnehmen ohne Aussicht auf Wiedergutmachung und Erlösung. »Nackt bis auf die Knochen« sollen sie einander sehen, so heißt es bei Sartre, und im schonungslosen, unabschaltbaren Licht ihre existenznotwendigen Abhängigkeiten entlarven. Dies ist also die Höllenqual der Verdammten von heute, die lastende Dauerpein von Sartres existentialistischem »Jenseits«.

Geschlossene Gesellschaft veranschaulicht, wie die meisten anderen Stücke Sartres auch, im dramatischen Geschehen philosophische Lehren des Existentialismus. Gott gibt es nicht. Der Mensch ist frei und handelt selbstverantwortlich. Die Grenze dieser Freiheit ist der Freiheitsanspruch des anderen, aus dem tragische Konflikte entstehen müssen. Austragungsort des Konfliktes mit dem Mitmenschen ist am Ende die Hölle. Wenn der Mensch frei ist, verantwortet er auch selbst seine Existenz. Der Tote bleibt, was er zuletzt als Lebender war. Je schlimmer, moralisch schlimmer, das Leben, desto schlimmer die Aufarbeitung, die pausenlose Austragung dieses Lebens nach dem Tode mit dem anderen. Dieser andere ist dann der unbestechliche Spiegel, der zum Eingeständnis der bitteren Wahrheit zwingt.

Das heißt aber auch, daß ein sittlich gut geführtes Leben keine quälende Auseinandersetzung im Jenseits nach sich zieht. Der Mensch hat also sein Leben, seine ihm anhaftende Existenz in der Hand. »In welchem Teufelskreis wir auch immer sind«, sagt Sartre, »wir sind frei, ihn zu durchbrechen. Und wenn die Menschen ihn nicht durchbrechen, dann bleiben sie, wiederum aus freien Stücken, in diesem Teufelskreis. Also begeben sie sich aus freien Stücken in die Hölle.«

Die Uraufführung der *Geschlossenen Gesellschaft* war am 27. Mai 1944 im Pariser Théâtre du Vieux-Colombier, die deutsche Erstaufführung im April 1949 an den Kammerspielen in Hamburg. *Geschlossene Gesellschaft* (das Stück heißt auf deutsch gelegentlich auch *Hinter geschlossenen Türen*) war eine der ersten Sensationen des Existentialismus auf dem Theater und wurde von den verschiedensten Interpreten immer wieder tief und erschöpfend ausgedeutet. In den 50er und frühen 60er Jahren galt das Stück als unverwüstlicher Repertoire-bestandteil aller Kellertheater und Kleinbühnen.

SAMUEL BECKETT

Samuel Beckett wird am 13. April 1906 in Foxrock, einem südlichen Vorort von Dublin (Irland) geboren. 1923 bis 1927 studiert er am Trinity College in Dublin Französisch, Italienisch und Neuere Literatur. Nach kurzer Lehrtätigkeit am Campbell College in Belfast geht er 1928 als Englisch-Lektor nach Paris an die École Normale Supérieure. Dort lernt er seinen Landsmann James Joyce, den Autor des Romans *Ulysses,* kennen, der ihn in seinen Freundeskreis aufnimmt, in dem auch Marcel Proust und Franz Kafka sind. Eine erste Veröffentlichung erscheint in einer französischen Zeitschrift. 1930 geht Beckett als Assistent für Französisch nach Dublin zurück, macht seinen Studienabschluß und kommt 1932 wieder nach Paris, das wenige Jahre später zu seiner Wahlheimat wird. Es beginnt eine Zeit der literarischen Arbeiten, Übersetzungen und Reisen.

Nach Kriegsausbruch arbeitet er in der Résistance gegen die Deutschen mit. 1942 kommt Beckett der Verhaftung durch Flucht nach Südfrankreich zuvor und lebt bis zum Kriegsende in der Vaucluse. 1945, nach Kriegsende, arbeitet er als Dolmetscher und Lagerverwalter beim irischen Roten Kreuz in der Normandie und kehrt dann endgültig nach Paris zurück. Durch seine Roman-Trilogie *Molloy, Malone stirbt* und *Der Namenlose* (1951–1953), die er in französischer Sprache schreibt, macht sich Beckett in literarischen Kreisen einen Namen, und mit der Aufführung von *Warten auf Godot** (1953), ebenfalls in französischer Sprache geschrieben, wird er mit einem Schlag weltweit bekannt. Er beginnt mit der Übersetzung seiner Texte ins Englische. In schneller Folge veröffentlicht er jetzt Romane, kurze Texte, Gedichte und vor allem seine Theaterstücke und Theaterszenen, Hörspiele, Filme und Fernsehstücke, wie *Endspiel** (1957), *Das letzte Band* (1958), *Glückliche Tage* (1961), *Spiel* (1963), *Kommen und Gehen* (1966), *Atem* (1969), *Nicht ich* (1972), *Damals* (1976), *Rockaby* (1981), *Katastrophe* (1982), *Was wo* (1983).

1969 erhält Beckett den Nobelpreis für Literatur. Er inszeniert viele seiner Stücke selbst auf der Bühne, im Rundfunk und im Fernsehen. Am 22. Dezember 1989 stirbt Beckett in Paris und wird auf dem Friedhof Montparnasse bestattet.

Beckett demonstriert in seinen Stücken ein sinnloses Warten in endlos scheinendem Leerlauf. Die Personen sind austauschbar, kontaktlos. Sie befinden sich gemeinsam in gleicher Situation und sind dadurch aufeinander angewiesen. Das Leben ist Spiel, und der Mensch muß darin seine Rolle spielen. In den letzten Stücken Becketts treten keine Menschen mehr auf, sondern die Figuren sind reduziert auf Körperteile, Mund oder keuchende Kehle. Die Stücke schrumpfen auf reine Darstellungsmittel zusammen (*Atem* ist nur 35 Sekunden lang). Was Beckett diesen Menschenresten am Schluß noch abnötigt an Worten, Gestammel, Schreien, schwankt zwischen einem verkümmerten Rest von Theatersprache und neu sich entfaltender Lyrik.

Warten auf Godot

En attendant Godot

Schauspiel in 2 Akten

PERSONEN
Estragon
Wladimir
Lucky
Pozzo
Ein Junge

ORT
Eine Landstraße

ZEIT
Zeitlose Gegenwart

HANDLUNG
Die beiden Tramps Wladimir und Estragon haben auf der Landstraße eine Verabredung mit einem gewissen Herrn Godot. Sie kennen ihn nicht. Sie wissen auch nicht so genau, ob und wann er kommt und was sie sich überhaupt von ihm erwarten. Sie wissen nur, daß sie auf ihn warten müssen.

Unter einem kahlen Baum vertreiben sie sich die Zeit mit allerlei Späßen, leerem Gerede, sinnigen und unsinnigen Aktionen. So setzen sie ihre Hüte ab und wieder auf, ziehen ihre Schuhe aus und an, essen Rüben und versuchen ohne Erfolg, sich aufzuhängen. Sie spielen gegen die Langeweile an.

Godot kommt zwar noch nicht, dafür aber überraschend ein Herr Pozzo mit seinem Diener Lucky. Pozzo, dröhnend und lautstark, hält den gepäckbeladenen Lucky an einem Strick und treibt ihn mit der Peitsche vor sich her. Endlich kommt Abwechslung in das Warten Wladimirs und Estragons. Es passiert etwas. Anfänglich halten sie Pozzo für den erwarteten Godot, was sich bald als Irrtum herausstellt. Pozzo unterhält sich leutselig mit den beiden Vagabunden und schwingt große Reden, während er Lucky dabei wie einen Hund schindet. Um ihnen die Zeit zu vertreiben, muß Lucky etwas vorführen, zuerst eine groteske Tanznummer, dann wird ihm befohlen zu denken. Man setzt ihm seinen Hut auf, und Lucky sprudelt sofort wie ein Sprachcomputer eine sinn- und ausdruckslose Wortflut unzusammenhängender Begriffe aus sich heraus, ein gespenstisches Chaos von Wissens- und Bildungsfetzen mit refrainartigen Wiederholungen von »man weiß nicht warum«. Pozzo leidet sichtlich unter diesem »Denken«. Er unterbricht Lucky gewaltsam und trampelt auf dessen Hut herum.

Schließlich ziehen Pozzo und Lucky weiter. Wladimir und Estragon bleiben zurück. Sie warten weiter. Es wird Nacht. Ein Junge erscheint mit der Nachricht, Godot werde heute nicht mehr kommen können, aber ganz sicher dann morgen.

Der nächste Tag geht vorbei wie der vergangene. Wladimir und Estragon warten unter dem Baum, der jetzt allerdings einige grüne Blätter trägt. Man streitet ein wenig, spielt und redet Unsinn, um die Zeit totzuschlagen und »um nicht denken zu müssen«. Wieder kommen Pozzo und Lucky vorbei, jetzt sehr verändert. Pozzo ist erblindet und Lucky verstummt.

Als Pozzo hinfällt, versuchen alle, ihm wieder auf die Beine zu helfen. Dabei fallen sie selbst hin. Man diskutiert über die Notwendigkeit von Hilfeleistungen und über Profitdenken, über allgemeine Gewohnheiten und über das Glück, zu wissen, was man ausgerechnet hier auf dieser Landstraße macht, nämlich darauf zu warten, daß Godot kommt. Der Junge erscheint wieder und entschuldigt Godot. Sicher werde er morgen kommen. Noch einmal scheitert der Versuch der beiden Landstreicher, sich aufzuhängen. Morgen werden sie wiederkommen und es mit einem besseren Strick noch einmal versuchen. Es sei denn, Godot kommt.

ERLÄUTERUNGEN

Zwei Menschen warten – sie warten auf Godot, und keiner weiß, wer oder was Godot ist, wer die zwei sind und warum sie auf diesen Unbekannten warten. Becketts Stück ist eine Parabel, eine »negative Parabel« nennt es der Schriftsteller Günther Anders. Ein Gleichnis des menschlichen Lebens, das sich im Warten auf eine nie eintretende Erfüllung, auf eine Sinngebung, erschöpft.

In der Hoffnung, im immer wiederkehrenden Alltagsdasein einen Sinn zu entdecken, spielt der Mensch in ewiger Wiederholung die gleichen Rituale. Er täuscht sich über die Realität und über fehlende Antworten hinweg, lenkt sich ab, macht sich was vor. Er dreht sich im Kreise, nur um die Zeit totzuschlagen, und bleibt doch immer am selben Fleck stehen. »Sie gebären rittlings über dem Grabe, der Tag erglänzt einen Augenblick und dann von neuem die Nacht«, sagt Pozzo einmal. Warum danach fragen? »Eines Tages wurden wir geboren, eines Tages sterben wir.« Das muß genügen.

Das Leben als verzweifelt heiteres Zwischenspiel zwischen Geburt und Grab. Alles ist unsicher in diesem Zwischenspiel, keine Sehnsucht wird erfüllt. Was bleibt, ist Warten. Das rettende Ereignis wird zwar jeden Abend in Aussicht gestellt, tritt aber nicht ein.

Anders als Franz Kafkas Landvermesser K., der immerhin noch versucht, ins *Schloß* einzudringen, haben Becketts Figuren jetzt diese immerhin noch tröstliche Eigeninitiative verloren. Sie warten nur noch, ohne selbst etwas dazuzutun. Das einzige, was sie wissen, ist dies: Sie warten auf Godot. Es ist sogar ein Glück, dies zu wissen, sagt Wladimir einmal. Und wer ist Godot? Gott, das Nichts, der Tod, ein anonymes Ereignis, irgendetwas Unbegreifliches? Es gibt keine Auskünfte darüber. »Wenn ich es wüßte, würde ich es sagen«, erläutert Beckett.

Wladimir, Estragon, Pozzo, Lucky sind menschliche Chiffren, Typen, Figuren, keine Individuen: die beiden Tippelbrüder mit grotesk erbärmlichen Menschlichkeitsmerkmalen, Gefühlen, Verhaltensweisen. Das andere Paar menschlich entartet in Gemeinheit und Elend, in Ausbeutertum und Versklavung, in Primitivität und intellektueller Verblödung. Dabei sind sich die beiden Landstreicher noch relativ ähnlich und voneinander unabhängig, bleiben in ihrer hoffenden Wartestellung stabil; Pozzo und Lucky dagegen sind aufeinander angewiesen, keiner kann sich vom anderen freimachen. Sie kommen nur zusammen vor. Dabei zerfallen sie innerlich und äußerlich sichtlich. Sie werden blind und stumm, verlieren das Gedächtnis. Trotzdem bleiben sie in ihrem praktisch-nützlichen Abhängigkeitsverhältnis ineinander verklammert, spielen ihr Herr-Knecht-Spiel lustvoll und qualvoll weiter. Ihnen bleibt das vorenthalten, was Wladimir und Estragon stets hoffnungsfroh erwarten, eine mögliche Erlösung.

Dennoch ist Becketts *Warten auf Godot* keine dramatisierte Philosophie, kein metaphysisches Denkmodell, sondern handfestes clowneskes Theater. Die Tragikomik des Clowns wird hier sichtbar, der immer wieder neue Anläufe unternimmt, sein Problem zu lösen, und dabei immer auf die Nase fällt.

Kein Stück der zeitgenössischen Theaterliteratur ist so offen für Interpretationen und Deutungsversuche wie *Warten auf Godot*. Keines bietet auch so viel Raum für Identifikationen. Es ist eine dramatisierte Metapher für das Leben, in der alle Grundtatsachen unserer Existenz angesprochen werden, widersprüchlich und ohne Lösung.

Manche Interpretationen in der mittlerweile schon fast vierzig Jahre dauernden Aufführungsgeschichte dieses modernen »Klassikers« wagten sich deshalb auch weiter weg vom Beckettschen Text, als es dem Autor recht sein konnte. Schon Bert Brecht machte sich 1953 Gedanken darüber, wie er das Stück ins Gesellschaftskritische verändern könne. Das Münchner Theater der Jugend brachte 1984 *Warten auf Godot* für Kinder ab neun. George Tabori zeigte im selben Jahr im Werkraum der Münchner Kammerspiele nicht die Aufführung des Stückes, sondern das Entstehen, das Eindringen der Darsteller (Peter Lühr und Thomas Holtzmann) in Becketts Figuren. Als eine niederländische Theatergruppe das Stück mit vier Frauen besetzen wollte, erhob Beckett Einspruch. Er ging vor Gericht und verlor.

Warten auf Godot wurde am 5. Januar 1953 im Théâtre de Babylone in Paris durch Roger Blin uraufgeführt. Die deutsche Erstaufführung (Übersetzung: Elmar Tophoven) inszenierte Karl Heinz Stroux am 8. September 1953 im Berliner Schloßpark-Theater. Bei vielen stießen die ersten Aufführungen des Schauspiels noch auf völliges Unverständnis. Nur wenige ahnten, daß dies einer der bedeutsamsten Momente der Theatergeschichte in unserem Jahrhundert war. Noch als Fritz Kortner das Werk 1954 mit Heinz Rühmann, Ernst Schröder, Rudolf Vogel und Friedrich Domin an den Münchner Kammerspielen in einer großartigen Inszenierung herausbrachte, waren öffentliche und veröffentlichte Meinung reichlich zwiespältig. Heute ist der Schock von damals verflogen. Trotzdem wirkt Becketts verschlüsselte Offenbarung immer noch spannend aktuell und alles andere als angestaubt.

Endspiel

Fin de partie

Stück in einem Akt

PERSONEN
Nagg
Nell
Hamm
Clov

ORT
Ein Zimmer ohne Möbel

ZEIT
Gegenwart oder Zukunft

HANDLUNG

Ein kahler Raum mit zwei hohen kleinen Fenstern. Trübes graues Licht. Hamm ist blind und an den Beinen gelähmt. Deshalb sitzt er im Rollstuhl. Sein Diener Clov ist steifbeinig und kann nicht mehr sitzen. Nagg und Nell, die Eltern von Hamm, stecken in zwei Mülltonnen an der Wand. Sie haben auf der Straße nach Sedan in den Ardennen einen Verkehrsunfall mit ihrem Tandem gehabt und dabei ihre Beine verloren.

Draußen vor der Tür ist die Welt erstorben. Irgendeine Katastrophe muß alles Leben vernichtet haben. Die vier Invaliden im Zimmer sind die einzigen Überlebenden. Oder glauben es wenigstens zu sein.

Hamm und Clov können ohne gegenseitige Hilfe nicht existieren. Hamm muß sich in seinem Rollstuhl füttern lassen und schikaniert Clov mit seiner Trillerpfeife. Clov wiederum ist von Hamm abhängig, weil dieser die noch übriggebliebenen Essensvorräte unter Verschluß hält. Beide variieren dabei in grotesken Dialogen immer aufs neue das Herr-Knecht-Verhältnis und liefern sich absurde Machtkämpfe. Oft schon hat sich Clov mit dem Gedanken getragen, einfach alles hinzuschmeißen und abzuhauen. Aber das wäre nicht nur Hamms Ende, auch er selbst ginge dabei drauf.

Gelegentlich läßt sich Hamm von Clov in seinem Rollstuhl im Zimmer herumschieben, von einer Wand zur anderen. Am Ende seines Ausflugs aber muß er den alten Platz wieder eingenommen haben, auf den Zentimeter genau, im Mittelpunkt seiner Welt. Hamm läßt Clov die winzigen Fenster hinaufklettern, um zu erspähen, wie es draußen ist: Nichts ist zu sehen. Auf dem Land regt sich nichts, und selbst die Gezeiten des Meeres gehören der Vergangenheit an. Die Wogen sehen aus wie Blei, und die Sonne existiert nicht mehr.

Dann wiederum ist Hamm nur kindisch und voller Selbstmitleid, wenn er sich mit seinem dreibeinigen Spielzeughund beschäftigt. Oder er spinnt seine Geschichte fort, die er – um neue Episoden erweitert – jeden Tag erzählt.

Einmal entdeckt Clov einen Floh in seiner Hose – noch ein Lebewesen, das überlebt hat. Schnell rückt er ihm mit Insektenpulver zu Leibe.

Die beiden beinamputierten Eltern in ihren Mülleimern öffnen ab und zu die Deckel ihrer Behausung, streiten mit ihrem gelähmten Sohn und erinnern sich an früher, zum Beispiel an eine Bootsfahrt auf dem Comer See.

Im Grunde sähe Hamm die Mülltonnen samt Inhalt am liebsten im Meer. Und so fällt die Trauer auch kurz aus, als Nell, die Mutter, stirbt.

Als Clov wieder einmal auf die Leiter steigt, um die Welt draußen in Augenschein zu nehmen, sieht er so etwas wie einen Knaben. Doch Hamm hat kein Interesse mehr an dieser Nachricht. »Es ist zu Ende, Clov, wir sind am Ende«, meint er und schickt Clov fort. Clov packt seine Sachen und zieht seinen Mantel an. Er bleibt aber regungslos und unbeteiligt stehen, während Hamm weiter vor sich hin räsoniert. Es bleibt offen, ob Clov wirklich fortgehen wird.

ERLÄUTERUNGEN

Zwei Beinamputierte vegetieren in Abfalleimern, und ein lädiertes Herr-Diener-Paar klammert sich in einem Ritual von Befehlserteilung, Kadavergehorsam und gelegentlichem Aufmucken aneinander; draußen ist die Erde tot und das Meer bleiern. – So sieht also die Welt »danach« aus, nach einer möglichen Katastrophe oder auch nur in der sinnentleerten Vorstellung der vier Überlebenden. Jedenfalls bleibt es dem Zuschauer überlassen, wie er diese zerstörte Welt verstehen will – vielleicht als Chiffre einer existentiellen menschlichen Situation unmittelbar vor dem Tod? Oder handelt es sich statt um vier Überlebende in Wirklichkeit nur um eine einzige Persönlichkeit, die sich in verschiedene Daseinsaspekte aufspaltet? Ein Symbol für die menschliche Existenz? Becketts Stücke lassen sich immer sehr vielschichtig deuten.

Es herrscht eine menschliche Endphase: Jeder lebt auf das Ende hin, wünscht es herbei, weil es den grauenhaften Zustand, der herrscht, beenden würde, und fürchtet sich doch zugleich vor diesem Ende, weil niemand weiß, was danach kommt.

In *Warten auf Godot** bestand noch die halbherzige Hoffnung auf eine fragwürdige unbekannte Erlösungsgestalt. Im *Endspiel* gibt es keine Hoffnung mehr. Man wartet auf etwas Bestimmtes, eben das Ende, und es besteht nicht die geringste Aussicht, daß irgendein Godot noch kommen und dem Dasein einen Sinn geben könnte. In dieser Situation ist jeder abhängig vom anderen und nicht in der Lage, individuelle Freiheit zu verwirklichen. So ist es am Schluß auch Clov unmöglich, zu tun, was er schon immer gewollt hat, obwohl er es jetzt endlich tun könnte: nämlich einfach gehen und sich von Hamm lösen. Lieber spielt man sich durch clownesken Unsinn das Gefühl oder die Idee von Freiheit vor: das Spiel als Existenzmöglichkeit.

Mit den Stücken *Warten auf Godot* und *Endspiel* – zu denen dann noch *Das letzte Band* und *Glückliche Tage* kommen – hat das sogenannte »Absurde Theater« (dieses Etikett hat hauptsächlich der Theaterwissenschaftler Martin Esslin propagiert) eine dichterische Vollendung gefunden, die alle anderen Hervorbringungen dieser Richtung als zweitklassig erscheinen lassen. Hätte Beckett nichts anderes geschrieben, es hätte bereits ausgereicht, ihn zu dem wichtigsten Schriftsteller seiner Epoche zu machen. In diesen Stücken, so fremd sie auf den ersten Blick erscheinen, sind Menschheitserfahrungen in Bilder gefaßt, wie sie gerade für die zweite Hälfte unseres Jahrhunderts unverwechselbar, typisch und maßgebend sind. Denn hier sind gewisse Tendenzen und Befindlichkeiten unseres Zeitalters auf die Spitze getrieben und zu Ende gedacht: Was in einer Welt nach Auschwitz und Hiroshima denkbar geworden ist, davon wissen Becketts *Endspiel*-Szenerien zu berichten. Streng genommen ist es geradezu unsinnig, Becketts Dichtungen als absurd zu bezeichnen. Denn widersinnig, ungereimt, sinnlos sind ja nicht die sprachlichen und theaterhaften Formen, sondern die Situationen des menschlichen Scheiterns. Diese widersinnige Situation ist gerade im *Endspiel* in eine überaus durchsichtige und unverstellte Parabel gekleidet. Das Leben als aussichtsloser Zeitvertreib. Oder auch nur als Spiel, so wie das Stück nach Becketts eigenem strikten Deutungsverbot angesehen werden soll: »Endspiel wird bloßes Spiel sein. Nichts weniger. Von Rätseln und Lösungen also kein Gedanke. Es gibt für solches ernstes Zeug Universitäten, Kirchen, Cafés du Commerce usw.«

Die Uraufführung von *Endspiel* war am 3. April 1957 im Royal Court Theatre London in französischer Sprache (Regie: Roger Blin). Die deutsche Erstaufführung fand am 30. September 1957 im Berliner Schloßpark-Theater in der Inszenierung von Hans Bauer statt. Als Musteraufführung galt Becketts eigene Inszenierung in der Werkstatt des Berliner Schiller-Theaters am 26. September 1967 mit Ernst Schröder als Hamm und Horst Bollmann als Clov.

WOLFGANG BORCHERT

Wolfgang Borchert wird am 20. Mai 1921 in Hamburg geboren. Schon als Gymnasiast verfaßt er seine ersten Gedichte. Er beginnt eine Buchhandelslehre und hat bereits »Kontakt« mit der Gestapo wegen unerwünschter Gedichte. Er nimmt Schauspielunterricht in Hamburg und erhält 1941 ein Engagement am Lüneburger Theater. Im selben Jahr wird er jedoch an die Ostfront eingezogen. Er ist, wie er selbst bekennt, ein »Scheißsoldat«, wird wegen Selbstverstümmelung vor Gericht gestellt und wegen politischer Witze, also »wehrkraftzersetzenden Äußerungen«, wie es in dieser Zeit heißt, inhaftiert. Ein Wunder, daß er nicht zum Tode verurteilt wird – er kommt vielmehr nach kurzer Haft »zur Frontbewährung« wieder nach Rußland.

Schwerkrank kehrt er nach Kriegsende zurück in seine Vaterstadt Hamburg. Hier ist er vorübergehend als Kabarettist und Regieassistent tätig.

1946 entsteht eine Reihe von Erzählungen, die er in dem Sammelband *Die Hundeblume* veröffentlicht und die ihn sogleich berühmt machen. Im selben Jahr gelangt auch die Gedichtsammlung *Laterne, Nacht und Sterne* in den Druck. Im Januar 1947 entsteht binnen acht Tagen sein einziges Theaterstück, *Draußen vor der Tür**. Die Hörspielfassung davon wird am 13. Februar 1947 gesendet und löst leidenschaftliche Reaktionen aus.

Borchert, der sich von seinen schweren Kriegsverletzungen nicht erholen kann, wird zur Kur in ein Krankenhaus in Basel gebracht. Als er dort am 20. November 1947 erst 26jährig stirbt, wird sein Schauspiel gerade an den Hamburger Kammerspielen zur Uraufführung vorbereitet. Einen Tag nach seinem Tod ist die Premiere. Sie begründet, zusammen mit den Erzählungen, Borcherts Ruhm als Nachkriegsschriftsteller.

Aus dem Nachlaß erscheinen 1962 seine Erzählungen *Die traurigen Geranien* – zehn sparsam und knapp gehaltene Genrebilder aus dem großstädtischen Alltag, Musterstücke der Gattung Kurzgeschichte.

Wolfgang Borchert ist der Autor der deutschen Kriegs- und Nachkriegsgeneration, der durch Diktatur und Krieg »verratenen Generation«; mit seiner schwärmerisch-melancholischen Lyrik und seinen dynamischen Erzählungen wird er zum Wegbereiter der Nachkriegsliteratur. Sein einziges Drama gilt als wichtigstes Dokument der »Trümmerliteratur«. Borcherts Sprachstil ist expressionistisch, er schwankt zwischen extremer Sachlichkeit und starken Symbolvorgängen.

Draußen vor der Tür

Ein Stück, das kein Theater spielen und kein Publikum sehen will

PERSONEN
Beckmann, einer von denen
seine Frau, die ihn vergaß
deren Freund, der sie liebt
ein Mädchen, dessen Mann auf einem Bein nach Hause kam
ihr Mann, der tausend Nächte von ihr träumte
ein Oberst, der sehr lustig ist
seine Frau, die es friert in ihrer warmen Stube
die Tochter, gerade beim Abendbrot
deren schneidiger Mann
ein Kabarettdirektor, der mutig sein möchte, aber dann doch lieber feige ist
Frau Kramer, die weiter nichts ist als Frau Kramer, und das ist gerade so
    furchtbar
der alte Mann, an den keiner mehr glaubt
der Beerdigungsunternehmer mit dem Schluckauf
ein Straßenfeger, der gar keiner ist
der Andere, den jeder kennt
die Elbe

ORT
Hamburg

ZEIT
1947

HANDLUNG
Der Rußlandheimkehrer Beckmann will seinem Leben ein Ende machen. Drei
Jahre war er in sibirischer Gefangenschaft, und als er jetzt, 1947, endlich nach
Hause kommt, findet er seine Frau in den Armen eines anderen. Sein Sohn, den
er nie gesehen hat, liegt begraben unterm Trümmerschutt. Beckmann geht in die
Elbe. Doch die wirft den Lebensmüden wieder ans Ufer. Sie will sein armseli-
ges Leben nicht. »Lebe erst mal«, sagt sie, und: »Suche dir ein anderes Bett,
wenn deins besetzt ist.«
    Ein Mädchen nimmt Beckmann bei sich auf und schenkt ihm die Kleider
ihres verschollenen Ehemannes. Bis der eines Tages vor der Tür steht. Auch er

ein Rußlandheimkehrer, ausgehungert und beinamputiert. Ein Durchhaltebefehl Beckmanns bei Stalingrad hatte ihn zum Krüppel gemacht.

Beckmann sucht seinen ehemaligen Oberst zu Hause auf. Zwanzig Mann hatte ihm der Oberst damals an der Front für einen Erkundungszug anvertraut. Elf Kameraden kamen nicht mehr zurück. Jetzt will Beckmann dem Oberst »die Verantwortung zurückbringen«, deren Folgen ihn noch belasten und nicht schlafen lassen. Doch der Oberst bricht in schallendes Gelächter aus. Beckmann sollte auf die Bühne gehen mit seiner Nummer, rät er ihm. »Hab doch nicht geahnt, was Sie für ein Komiker sind.«

Ein Kabarettdirektor will Beckmann einstellen, wegen seiner grotesken Gasmaskenbrille. Als Protestfigur soll er Kunst machen, nichts Abgeklärtes, sondern so eine Art Aufschrei: »Frage, Hoffnung, Hunger!« Doch Beckmanns monotonen Liedern fehlt die »diskrete pikante Erotik«, die sich der Direktor wünscht. »Zu wenig Esprit.« Und er wird abgefertigt mit Plattheiten und nutzlosen Überlebensbelehrungen.

Beckmann will seine Eltern besuchen. An der Wohnungstür öffnet ihm ein fremdes Gesicht, Frau Kramer. Dies sei ihre Wohnung, behauptet sie, und die alten Herrschaften, die hier mal gewohnt hätten, seien längst tot. Den Gashahn hätten sie aufgedreht, nach dem Krieg, sozusagen sich selbst »entnazifiziert«. »Ich halt es nicht aus«, sagt Beckmann leise.

Wieder, wie schon früher, steht »der Andere« neben ihm. Es ist Beckmanns Alter ego, sein anderes Ich, das ihm Mut zusprechen will.

Beckmann hat einige Begegnungen. Er spricht mit Gott, einem weinerlichen alten Mann, der ihm nicht helfen kann. Beckmann schickt ihn weg, weil ohnehin niemand mehr an ihn glaubt. Ein Straßenfeger gibt sich als Angestellter des Beerdigungsinstituts »Abfall und Verwesung« zu erkennen. Und der vollgefressene Beerdigungsunternehmer, dessen Geschäfte jetzt so gut gehen, ist in Wahrheit der Tod.

Noch einmal erscheinen Beckmann im Traum seine Mitmenschen, all diejenigen, die ihn vor die Tür gesetzt, davongejagt, sich über ihn halb totgelacht haben. Und auch der einbeinige Krüppel taucht auf, bei dessen Mädchen Beckmann Aufnahme gefunden hatte. Er ist ins Wasser gegangen und will Beckmann jetzt zur Rechenschaft ziehen.

Als Beckmann aufwacht, ist auch »der Andere« verstummt. Beckmann ist allein. »Wohin sollen wir denn auf dieser Welt! (. . .) Gibt denn keiner Antwort?«

ERLÄUTERUNGEN

Draußen vor der Tür von Wolfgang Borchert ist ein Heimkehrer-Drama, ein Stück über die Gegenwart gleich nach dem Zweiten Weltkrieg, aus dieser erlebten Gegenwart unmittelbar heraus entstanden und sie charakterisierend.

Ein Landser kommt von der Ostfront nach Hause. Er hat acht Jahre seines Lebens für Krieg und Gefangenschaft geopfert, ist betrogen worden um seine Jugend und seine Ideale und sieht sich jetzt, bei seiner Heimkehr, am Nullpunkt dieses Lebens angelangt. Es ist das Allerweltsschicksal dieser Zeit, das Schicksal von Millionen Kriegsheimkehrern, Flüchtlingen, Heimatvertriebenen, die dem Kriegschaos entkommen sind. Eine ganze Generation steht vor der Stunde Null: für einige ist es das Ende, für die meisten der Versuch des Neubeginns. Es ist die Geschichte »von einem Mann, der nach Deutschland kommt, einer von denen. Einer von denen, die nach Hause kommen und die dann doch nicht nach Hause kommen, weil für sie kein Zuhause mehr da ist. Und ihr Zuhause ist dann draußen vor der Tür. Ihr Deutschland ist draußen, nachts im Regen, auf der Straße. Das ist ihr Deutschland«, heißt es in der Vorbemerkung zum Stück. *Draußen vor der Tür* ist das Drama einer unmöglich gemachten Heimkehr, einer Wanderung durch das Grauen jener Zeit, das Dokument einer Welt am Neuanfang.

Keiner gibt dem Kriegsheimkehrer Beckmann sein früheres Zuhause zurück, gibt ihm Hoffnung auf eine neue Zukunft oder überhaupt nur eine Antwort auf die Frage, wo er hin soll. Auch sein anderes Ich nicht, das ihn zwar in- und auswendig kennt, von der Schulbank bis Stalingrad, das immer dabei ist, wenn die Türen vor Beckmann zugeschlagen werden, das ihn aber am Ende doch allein läßt, weil die Zwiesprache nutzlos war. Auch die Elbe will ihn nicht – die Natur verweigert sich –, und weder Gott noch der Tod schenken ihm Gehör.

Beckmann kann nicht Fuß fassen, weil die Menschen gedankenlos zur Tagesordnung übergehen, über das erlebte Grauen hinwegleben und ihn dabei ins Abseits stellen.

Draußen vor der Tür ist nebenbei auch eine Abrechnung mit der politischen Vergangenheit des deutschen Kleinbürgers, mit der bedenkenlosen Biederkeit, in der viele die Augen verschlossen hielten. Im Stück wird erzählt, daß die Eltern des Heimkehrers Beckmann in den Tod gegangen seien, weil sie Nazis gewesen waren und im Zusammenhang mit ihrer Entnazifizierung Wohnung und Pension verloren haben. Auch Borcherts Eltern waren in der Partei, die Mutter zudem in der NS-Frauenschaft.

Draußen vor der Tür entstand im Januar 1947 als Hörspiel für den Nordwestdeutschen Rundfunk Hamburg. Der Schauspieler Hans Quest, dem das Stück zugeeignet ist und der auch der erste Beckmann war, erinnert sich: »Es hat wohl kaum ein Hörspiel gegeben, das so wie ein Blitz einschlug und so viele Menschen bewegte: Innerhalb einer Woche wurde es dreimal gesendet.« Wenig später kam es dann auch auf die Bühne der von Ida Ehre geleiteten Kammerspiele in Hamburg. Es war der 21. November 1947. Borchert hat die Premiere nicht mehr erlebt, er starb einen Tag davor in einem Basler Krankenhaus.

Die Hamburger Uraufführung sollte den Namen Borcherts über Nacht bekannt und zugleich zum Mythos machen. In der Vielzahl der meist ausländischen Theaterstücke, die unmittelbar nach dem Krieg wieder auf deutschen Bühnen gespielt werden durften, nahm Borcherts *Draußen vor der Tür* eine besondere Stellung ein. Das Stück kam aus dem eigenen Land, aus einem aktuellen Notstand heraus und berührte ein Problem, das fast alle anging. Was sich hier Gehör verschaffte, war das komprimierte Leid, die komprimierte Wut des invaliden Heimkehrers. Und all das frisch von der Leber weg formuliert, ohne Anspruch auf poetische Weihen. In seiner Anlage und seiner Ausdrucksart war es ein später Nachzügler der deutschen expressionistischen Dramatik mit dem herausgeschrienen O-Mensch-Pathos und seiner pazifistischen Grundhaltung. Der menschliche Verzweiflungsschrei, mit dem ein Vierteljahrhundert zuvor der Expressionismus auf den Ersten Weltkrieg geantwortet hatte, konnte jetzt, nach den fürchterlichen psychischen und äußeren Zerstörungen des Zweiten Weltkriegs, ohne weiteres nachempfunden werden.

Borchert wurde deshalb mit einem Schlag zum Dichter jener »Generation der Vergangenheit, ohne Anerkennung, ohne Spur, ohne Bindung, ohne Abschied«, die er selbst mit diesen Worten beschrieben hat. Borchert wurde zur Symbolfigur, zur Legende.

Viele Theater spielten das Drama sofort nach. Der Spielfilm machte sich eine eigene Version daraus: *Liebe 47* (Regie: Wolfgang Liebeneiner, mit Karl John und Hilde Krahl). Die so strikt ausgespielte Zeitbezogenheit hatte jedoch zur Folge, daß Borchert in den darauffolgenden Jahren, den sogenannten »Wirtschaftswunderjahren«, sehr schnell wieder von den Spielplänen verschwand. Diejenigen, die ihn noch unmittelbar nach dem Kriege gelesen und sich in seinen Figuren wiedererkannt hatten, vergaßen jene Zeitereignisse oder verdrängten sie. Borchert, der Dichter einer ganz bestimmten Stunde, war unaktuell geworden. Dann, Ende der fünfziger Jahre, hatte man sich wieder besonnen und hinter dem damaligen Notschrei das Mahnwort herausgehört, daß es so weit nie wieder kommen dürfe.

Es hat sich gezeigt, daß Borcherts Drama ein reifes Werk ist, das seine Wahrheit über die unmittelbaren Nachkriegsjahre hinaus bewahrt hat. Die

Hamburger Fernsehfassung 1957 von Rudolf Noelte hat das in erster Linie bewiesen, und viele Bühnenproduktionen, die daraufhin folgten, kehrten denselben Aspekt hervor. Seit 1975 etwa ist *Draußen vor der Tür* wieder zunehmend präsent und nach wie vor fesselnder Diskussionsstoff in den Schulen. Die deutschsprachige Buchausgabe hat mittlerweile die Zweimillionen-Auflage überschritten.

Im Frühjahr 1988 verkleidete sich der Schauspieler Peter Höschler als Penner und hockte sich vor das Wolfgang-Borchert-Theater im Hauptbahnhof Münster oder kauerte manchmal in einer Ecke des Zuschauerraums, wenn *Draußen vor der Tür* gespielt wurde. Vielen Theatergängern war die herumlungernde Gestalt ein Ärgernis, die Bahnpolizei schritt auch einige Male ein. So jedenfalls berichtete die Frankfurter Allgemeine Zeitung. Groß war jedesmal die Überraschung, wenn der Penner während der Vorstellung die Bühne betrat und sich als Borchert-Figur zu erkennen gab. Für den Schauspieler, aber auch für manchen Theaterbesucher war dies Grund zum Nachdenken: So fern ist uns heute Borcherts expressives Heimkehrer-Stück gar nicht, denn auch heute gibt es die Außenseiter, denen die Tür vor der Nase zugeschlagen wird, gibt es Menschen ohne Bleibe. Dies sogar noch, oder erst recht, in einer sogenannten Wohlstandsgesellschaft.

MAX FRISCH

Max Frisch wird am 15. Mai 1911 als Sohn eines Architekten in Zürich geboren. Von 1931 bis 1933 studiert er einige Semester Germanistik und schreibt als Journalist Reiseberichte aus den Balkanstaaten und der Türkei. 1936 beginnt er in Zürich Architektur zu studieren und eröffnet vier Jahre später ein Büro als Architekt. Er gewinnt gegen 82 Konkurrenten den ersten Preis in einem Architekturwettbewerb um das Zürcher Freibad. Zu Beginn des Zweiten Weltkrieges wird er zum Grenzdienst verpflichtet. Nach Kriegsende unternimmt er ausgedehnte Reisen vor allem nach Polen, Deutschland, Frankreich und Italien.

Einige seiner Erzählungen sind bereits vor und während des Krieges entstanden. 1944 bis 1946 schreibt er seine ersten Stücke: das poetische Traumspiel *Santa Cruz* – die Flucht vor endgültiger Festlegung in einem Dreiecksverhältnis – und *Nun singen sie wieder,* den Versuch eines Requiems, in dem das Kriegsgeschehen des Faschismus der Welt der Toten gegenübersteht. Die Toten sind umsonst gestorben, sie haben nichts bewirken, nichts abwenden können. – Dann folgen Texte in verschiedenen Theaterformen wie Farce, Zeitstück, Moritat, Groteske: *Die chinesische Mauer* (1947), *Als der Krieg zu Ende war* (1949), eine weitere Auseinandersetzung mit Schuld und Vorurteil, und *Graf Öderland* (1951).

1951/52 unternimmt Frisch mit Hilfe der Rockefeller-Stiftung eine Studienreise nach Amerika und Mexiko. Dann läßt er sich als freier Schriftsteller in Zürich nieder.

In seinen nächsten Stücken rückt der Zweifel an überlieferten Normen, herkömmlichen Ordnungen und der Daseinsgesichertheit – und damit auch die Auseinandersetzung mit dem Tod – in den Vordergrund. In seiner geistreichen Komödie *Don Juan oder Die Liebe zur Geometrie* (1953) variiert Max Frisch den alten Stoff: Don Juan auf einer grotesken Flucht vor der dauernden Bindung an eine Frau. *Biedermann und die Brandstifter* (1958) ist die Parabel einer Machtergreifung im Kleinbürgermilieu. Der Bürger mit dem schlechten Gewissen reicht dem Brandstifter noch das Streichholz zum Anstecken der Lunte. *Andorra** (1961), Frischs größter Theatererfolg, zeigt die zerstörende Gewalt des Vorurteils. In *Biografie: Ein Spiel* (1968) darf der Verhaltensforscher Kürmann seine Vergangenheit in immer neuen Spielversuchen verändern. In *Triptychon* (1978) variiert Frisch sein Grundthema, den engen Zusammenhang von Leben und Tod, das Leben als Sterben und der Tod als Ausgangspunkt des Lebens. Diese Identitätsproblematik, um die seine Stücke immer wieder kreisen, entfaltet er auch in seinen bedeutenden Romanen, in *Stiller* (1954), *Homo faber* (1957) und *Mein Name sei Gantenbein* (1964), aber auch im kargeren Spätwerk, der Erzählung *Montauk* (1975) zum Beispiel. Von grundlegender Bedeutung ist das *Tagebuch* (1940–1972).

Von 1961 bis 1965 lebt Frisch in Rom, ab 1965 im Tessin. 1971 erscheint die kurze Schrift *Wilhelm Tell für die Schule,* die vergnügliche Entmythologisierung einer Legende, 1979 das Buch *Der Mensch erscheint im Holozän* und 1982 die Erzählung *Blaubart.*

Am 4. April 1991 stirbt Max Frisch in Zürich an einem Krebsleiden.

Max Frisch ist zusammen mit Friedrich Dürrenmatt der führende deutschsprachige Schweizer Dramatiker der Gegenwart. Sein schriftstellerisches Werk ist außerordentlich variantenreich und zeitkritisch. Immer wieder weist er auf die Widersprüche in der menschlichen Existenz hin und führt mahnend die Zweifel an eingespielten Verhaltensweisen vor Augen.

Andorra

Stück in 12 Bildern

PERSONEN

Andri	Der Tischler
Barblin	Der Doktor
Der Lehrer	Der Geselle
Die Mutter	Der Jemand
Die Señora	Ein Idiot
Der Pater	Die Soldaten in schwarzer Uniform
Der Soldat	Der Judenschauer
Der Wirt	Das andorranische Volk

ORT
Verschiedene Schauplätze in einem europäischen Land

ZEIT
Zeitlose Gegenwart

HANDLUNG

Das »weiße« Andorra wird von seinen Nachbarn, den »Schwarzen«, bedroht. Die Andorraner rühmen sich, ein friedfertiges, ehrsames und gerechtigkeitsliebendes Volk zu sein, die »Schwarzen« sind gefürchtet wegen ihrer Terroraktionen und der Judenverfolgungen.

In Andorra ist man stolz auf die eigene Toleranz. Den Juden zum Beispiel, die aus dem Nachbarland vertrieben wurden, hat man schon immer geholfen. Deshalb hat auch der Lehrer vor Jahren seinen unehelichen Sohn als jüdisches Pflegekind ausgegeben, das er vor den »Schwarzen« an der Grenze gerettet haben will. Seine mutige Tat ist damals von allen Andorranern als große Geste der Menschlichkeit gefeiert worden. Aus Angst vor Schande hat er dabei aber nicht nur verschwiegen, daß er ein uneheliches Kind hat, sondern auch, daß die Mutter des Kindes »von drüben« ist, eine von den verhaßten »Schwarzen«.

Mittlerweile ist der Sohn Andri herangewachsen. Außer seinem Vater weiß niemand, auch er selbst nicht, daß er in Wirklichkeit kein Jude ist. Andri, der Jude, der keiner ist, wird gut behandelt, aber eben doch als Jude behandelt. Noch demonstriert man in Andorra zumindest verbal die weltweit gerühmte andorranische Toleranz. Und dabei bleibt es vorerst, auch als insgeheim der Antisemitismus in Andorra zu wachsen beginnt. Noch nimmt niemand an Andris angeblich jüdischer Herkunft Anstoß.

Aber bedrohliche Vorkommnisse an der Grenze zu den »Schwarzen« schrecken manche auf. Die Lage ist gespannt. Brave Bürger entdecken plötzlich, daß sich dieser Andri von den »reinen Andorranern« doch beträchtlich unterscheide. Rassisch bedingte Klischeevorstellungen machen sich breit. Andri geht zu einem Tischler in die Lehre, zu maßlos überteuertem Lehrgeld. Denn: »Die Andorraner sind gemütliche Leut, aber wenn es ums Geld geht . . . sind sie wie der Jud.« Der Tischlermeister jedoch meint, daß Andri nie ein echter Tischler werden könne, weil er es nämlich nicht »im Blut« habe. Im Laden sei er besser aufgehoben; verkaufen soll er.

Andri liebt Barblin, die eheliche Tochter des Lehrers, mit der er auch aufgewachsen ist. Der Lehrer kommt damit in schwere Bedrängnis. Er muß Andri die Hand des Mädchens verweigern, da sie ja in Wirklichkeit seine Halbschwester ist. Er verschweigt den beiden aber diesen Sachverhalt. Für Andri ist klar, warum er Barblin nicht bekommen soll: weil er ein Jud ist.

Der Soldat Peider, der Barblin schon seit längerem nachstellt, verführt sie und mißhandelt Andri.

Andri wird durch Vorurteile, Demütigungen und Gehässigkeit zunehmend in die Isolation gedrängt. Die Bürger meiden ihn mehr und mehr, manche verhöhnen ihn offen. Auch der Pater stößt ins gleiche Horn: Andri sei nicht schlechter, sondern nur anders als die Andorraner. Andri soll es mutig auf sich nehmen, ein Jude zu sein.

Schließlich nimmt Andri das Zerrbild an, das die anderen vom Juden haben. Eines Tages kommt aus dem Lande der »Schwarzen« eine unbekannte Frau, die Señora. Sie ist Andris Mutter. Sie sieht, wie Andri schikaniert wird, und verlangt vom Lehrer, daß er endlich die Wahrheit sagt. Doch dem fehlt der Mut, und er bittet den Pater, mit Andri zu sprechen. Aber Andri lehnt die Wahrheit ab. Man hat ihn zum »Jud« gemacht, jetzt will er auch der »Jud« bleiben. Er ist durch die Isolierung längst »anders« geworden, ein Sonderling, mit sich allein.

Die Andorraner erschlagen Andris Mutter, die Señora, als Spitzel von drüben, in »nationaler Erregung«, wie es heißt, und schieben den Totschlag Andri in die Schuhe. Einem »Jud« ist schließlich auch ein Mord zuzutrauen.

Diese Tat nehmen die »Schwarzen« zum Anlaß, in Andorra einzumarschieren. Es gibt keinen Widerstand, das Land ist schnell besetzt. Auf dem Marktplatz führen die »Schwarzen« eine amtliche »Judenschau« durch, um alle Juden auszusondern. Die Bürger Andorras müssen barfuß und mit verbundenen Augen vorbeigehen. Andri wird ausgesondert und zur Liquidation abgeführt.

Zu spät beteuert der Lehrer, daß Andri in Wirklichkeit kein Jude ist. Die Bürger Andorras wollen sich da raushalten und die Wahrheit nicht wissen. Der Lehrer erhängt sich, und Barblin, die den Verstand verloren hat, weißelt den Platz, um wieder ein »weißes Andorra« zu bekommen.

Eingestreut in die Handlung sind in Form von Zwischenszenen die nachträglichen Versuche der Andorraner, sich vor einem nicht näher definierten Gericht zu rechtfertigen. Natürlich fühlt sich keiner schuldig. Und je weiter die Handlung auf die Katastrophe zutreibt, desto eindringlicher sind die Argumente der Andorraner, mit denen sie ihre Unschuld beteuern.

ERLÄUTERUNGEN

Andorra ist das Modell eines charakteristischen menschlichen Verhaltens. Wenn ein Vorurteil sich festgesetzt hat, ist es nicht mehr auszurotten, es wird zum Klischee. Konventionen werden geglaubt und übernommen, ohne daß sich irgend jemand die Mühe macht, ihre Voraussetzungen zu überprüfen oder die Frage nach ihrer Glaubwürdigkeit zu stellen. Vor lauter Vorurteilen sehen die

Andorraner nicht die eigentliche Wahrheit, die sie umgibt. Am Schluß, bei der amtlichen »Judenschau«, mißtrauen sie ihrem eigenen Wahrheitsfinden sogar mehr als der Unfehlbarkeit ihrer Unterdrücker.

Andri unterscheidet sich in keiner Weise von allen anderen ehrbaren Bürgern Andorras. Er, der Nichtjude, wird das Opfer einer Klischeevorstellung vom »Jüdischen«. Wie ein Jude zu sein hat, hat sich in den Köpfen der andorranischen Bürger festgefressen. Diese Vorstellung beherrscht die öffentliche Meinung des Landes. Andri darf nicht er selbst sein, sondern ist das, was die anderen von ihm denken. Dieses Denken wird für ihn zur tödlichen Bedrohung.

Das andorranische Vorurteil vom Juden bewirkt schließlich dasselbe wie die direkte Judenverfolgung der »Schwarzen«. Beides ist Antisemitismus mit allen Konsequenzen und gleichem tödlichen Ende. Was die einen latent und unreflektiert praktizieren, führen die anderen gemäß ihrer Rassenlehre offen und legal aus. Keiner fühlt sich also schuldig. Der Soldat und der »schwarze« Judenschauer berufen sich auf Befehl und obrigkeitlichen Erlaß. Die Andorraner beteuern, daß sie es mit ihren Vorbehalten gegen Andris Judentum ja nicht so gemeint hätten. Keiner will persönlich an dem Verbrechen schuld sein, weil alle daran schuld sind. Und schließlich: »Einmal muß man ja auch vergessen können.« Die Schuld der Andorraner ist ihre eigene Unbelehrbarkeit. Sie stumpfen in ihren Vorurteilen ab und werden gefühllos und unmenschlich.

Max Frisch führt in dieser szenischen Parabel den versteckten Antisemitismus vor, der zur offenen Judenverfolgung wird. Es ist ein Antisemitismus ohne einen Juden. Der Antisemitismus schafft sich seinen Juden selbst künstlich durch das Bild, das er sich mit seinen Vorurteilen vom Juden macht. Andorra, so erklärt Max Frisch, hat nichts zu tun mit dem Kleinstaat in den Pyrenäen. *Andorra* ist ein Modell für Vorurteil, Klischeedenken, Inhumanität. Andorra kann für NS-Deutschland stehen, muß aber nicht. Die »Schwarzen« sind nicht die SS, der Judenschauer ist nicht Himmler, und nicht einmal der Jude ist ein Jude. *Andorra* ist nicht die Darstellung dessen, was war, sondern dessen, was jederzeit und überall möglich ist. *Andorra* sind die Hexenverfolgungen des Mittelalters, die spanische Inquisition und der Stalinismus des 20. Jahrhunderts. Es ist die Apartheid Südafrikas, die Kurdenvertreibung im Irak, der mittelamerikanische Diktaturalltag. Aber auch im Ansatz bereits der harmlose Witz über Minderheiten. Das Unerträgliche dieses Modells ist die Tatsache, daß es immer noch gilt, daß, was in *Andorra* geschieht, immer wieder geschehen kann, weil Klischees kaum ausrottbar sind und stets passend zur Verfügung stehen.

Aus einer längeren Prosafassung in seinem *Tagebuch 1946–1949* hat Max Frisch den Stoff vom andorranischen Juden dramatisiert und dabei mehrmals umgearbeitet. Am 2. November 1961 wurde das Stück am Zürcher Schauspielhaus in der Inszenierung von Kurt Hirschfeld zum erstenmal aufgeführt. Deutsche Erstaufführungen fanden gleichzeitig in München, Hamburg und Düsseldorf statt. *Andorra* war lange Zeit eines der erfolgreichsten deutschsprachigen Stücke.

FRIEDRICH DÜRRENMATT

Friedrich Dürrenmatt wird am 5. Januar 1921 im Schweizer Kanton Bern als Sohn eines Pfarrers geboren. Er studiert in Zürich und Bern, zeichnet und malt. Seine frühen Prosawerke, die Anfang der 40er Jahre entstehen, erinnern an Kafka. Sein erstes Schauspiel, das Wiedertäufer-Drama *Es steht geschrieben,* kommt 1947 heraus und verursacht bei der Uraufführung in Zürich einen Theaterskandal. Dürrenmatt schreibt Theaterkritiken, Kriminalromane, Kabarett-Texte und Hörspiele. 1948 wird die ungeschichtliche historische Komödie *Romulus der Große,* in der sich Romulus aus dem Unterdrückerstaat Rom zurückzieht, statt das einfallende Germanenheer zu besiegen, zu einem großen Erfolg. 1952 erscheint der Kriminalroman *Der Richter und sein Henker.* In dem Drama *Die Ehe des Herrn Mississippi* (Uraufführung 1952 an den Münchner Kammerspielen) führt er Altes Testament und Marxismus ins Absurde.

In den kommenden Jahren schreibt er Geschichten und Erzählungen mit kriminalistischem Hintergrund, *Der Verdacht, Die Panne,* außerdem die fröhliche Prosakomödie *Grieche sucht Griechin* (1955).

Mit der Uraufführung des Stückes *Der Besuch der alten Dame* am Zürcher Schauspielhaus (1956) und der neun Jahre später erfolgten Verfilmung mit Ingrid Bergman und Anthony Quinn erlangt er Weltruhm: In einer furiosen Handlung wird die Käuflichkeit der Welt demonstriert. 1960 kommt das Drama *Frank V., Oper einer Privatbank* heraus.

Ebenfalls weltweites Echo haben *Die Physiker** (1962). 1966 ist die Uraufführung des Dramas *Der Meteor* in Zürich. 1970 erscheint das *Porträt eines Planeten,* ein echtes Schauspielerstück, in dem vier Götter der Explosion der Sonne zuschauen und sich dabei Gedanken über die menschliche Existenz machen. In Zürich und anderen Städten arbeitet Dürrenmatt an den Inszenierungen seiner Stücke mit und wird 1968/69 Mitdirektor am Basler Schauspielhaus.

In den 70er Jahren entstehen zahlreiche Bearbeitungen und Neufassungen seiner eigenen, aber auch fremder Stücke, so *Urfaust* nach Goethe, *König Johann* und *Titus Andronicus,* beide nach Shakespeare. Aus Strindbergs *Totentanz* wird *Play Strindberg.* 1973 erscheint *Der Mitmacher,* 1977 die Komödie *Die Frist,* die das lange Sterben des spanischen Diktators Franco zum Inhalt nimmt. 1983 kommt *Achterloo* in Zürich heraus. Dürrenmatt inszeniert es 1988 selbst bei den Schwetzinger Festspielen. 1986 erscheint die Novelle *Der*

Auftrag oder Vom Beobachten des Beobachters der Beobachter, 1989 der Roman *Durcheinandertal.*

Friedrich Dürrenmatt lebte bis zu seinem Tod am 14. Dezember 1990 in Neuchâtel in der Schweiz.

Dürrenmatt ist ein leidenschaftlicher Satiriker und Moralist mit einem Hang zur grotesken Übertreibung. Besonders seine Bühnenwerke leben von zynischem Humor und von schockierenden Einfällen. Gerechtigkeit und Gnade sind Grundthemen seiner Stücke, die er nicht in Form von Tragödien gestaltet, sondern tragisch-grotesk abwandelt. Er vertritt die Auffassung, daß unserer heillosen Welt nur mit Mitteln der Komödie beizukommen ist. Damit erreicht er, ähnlich wie Brecht, eine »Nicht-Identifikation« des Zuschauers mit den Handlungsträgern und somit eine bessere kritische Reflexion des dargestellten Konflikts.

Die Physiker

Komödie in 2 Akten

PERSONEN
Fräulein Doktor Mathilde von Zahnd, Irrenärztin
Marta Boll, Oberschwester
Monika Stettler, Krankenschwester
Uwe Sievers, Oberpfleger
McArthur, Pfleger
Murillo, Pfleger
Herbert Georg Beutler, genannt Newton, Patient
Ernst Heinrich Ernesti, genannt Einstein, Patient
Johann Wilhelm Möbius, Patient
Missionar Oskar Rose
Frau Missionar Lina Rose
Adolf-Friedrich ⎫
Wilfried-Kaspar ⎬ ihre Buben
Jörg-Lukas ⎭
Richard Voß, Kriminalinspektor
Guhl, Polizist
Blocher, Polizist
Gerichtsmediziner

ORT
Ein privates Nervensanatorium irgendwo in der Schweiz

ZEIT
Gegenwart

HANDLUNG
In der privaten Nervenheilanstalt von Fräulein Doktor Mathilde von Zahnd leben drei verrückt gewordene Physiker. Einer hält sich für Isaac Newton, der andere für Albert Einstein, und dem dritten, Möbius, erscheint ständig König Salomon.

Merkwürdige Dinge passieren in dem Sanatorium. Zum zweitenmal muß jetzt schon Kriminalinspektor Voß kommen. Wieder geht es um einen mysteriösen Mordfall. Der Patient Ernesti, der sich für Einstein hält, hat seine Krankenschwester erdrosselt. Vor drei Monaten war es der Patient Beutler, der »Newton«, der eine Krankenschwester ermordet hat. Inspektor Voß ist einigermaßen hilflos. Die Täter sind schließlich unzurechnungsfähig.

Jetzt wartet er fast ergeben auf ein Gespräch mit der buckligen Irrenärztin, die erst einmal dafür sorgt, daß sich Ernesti/Einstein mit Geigenspiel von dem Mord abreagiert. Doch dann zeigt sie sich erstaunlich kooperativ und ist bereit, von jetzt ab Pfleger statt Krankenschwestern in ihre Dienste zu nehmen. Das teilt Fräulein Doktor von Zahnd auch gleich der einzigen noch überlebenden Krankenschwester Monika mit.

Inzwischen bekommt Möbius Familienbesuch. Seine Frau, die sich nach seiner Einweisung in die Klinik von ihm scheiden ließ, hat gerade wieder geheiratet. Sie ist mit ihren drei Buben und ihrem neuen Mann, dem Missionar Oskar Rose, gekommen, um sich vor ihrem Auslandsaufenthalt zu verabschieden. Möbius bleibt geistesabwesend. Erst als die Söhne ihm ein Flötenständchen bringen, erscheint ihm wieder einmal Salomon, und er jagt alle zum Teufel.

Schwester Monika teilt dem ruhiger gewordenen Möbius mit, daß sie die Klinik verlassen muß. Sie gesteht ihm ihre Liebe und auch, daß sie Möbius nicht für geisteskrank hält und mit ihm wegziehen möchte. Sie habe ihn bereits bei seinen Physikerkollegen rehabilitiert. Möbius ist aufs tiefste erschrocken. Er fühlt Sympathie für Monika. Trotzdem muß er sie umbringen . . . So kommt es wenige Stunden nach dem zweiten zum dritten Mord. Jetzt wird die Anstalt vom Kriminalinspektor endgültig dichtgemacht.

Beim gemeinsamen Abendessen der drei »Geisteskranken« kommt die Wahrheit ans Licht: Möbius, Ernesti und Beutler sind gar nicht geistesgestört . . . Möbius hat vor Jahren eine umwerfende physikalische Entdeckung gemacht. Er hat eine Formel gefunden für ein System aller denkbaren Erfindungen. Durch diese Formel wäre er in der Öffentlichkeit zum größten Wissenschaftler aller Zeiten geworden. Sie hätte aber auch die Welt – wäre sie in falsche Hände gelangt – in einen Abgrund gestürzt. Möbius hat sich daraufhin verrückt gestellt, um in ein Irrenhaus eingewiesen zu werden. Hier konnte er sich sicher fühlen und die verhängnisvolle Formel schützen.

Seine Angst um die Formel war tatsächlich nicht aus der Luft gegriffen: In einschlägigen Kreisen wußte man bereits, daß Möbius über sie verfügt. Und so sind auch Beutler und Ernesti, die Mitinsassen der Anstalt, keineswegs Geisteskranke, sondern wie Möbius Physiker, gleichzeitig aber auch Geheimagenten zweier Großmächte. Sie haben den unmißverständlichen Auftrag, die Weltformel für ihr jeweiliges Land zu beschaffen, koste es, was es wolle. Die drei Krankenschwestern wurden dabei zu einem unvorhergesehenen Risikofaktor. Sie hatten sich in ihre Patienten verliebt. Als sie Verdacht schöpften und den wahren Geisteszustand ihrer Patienten erkannten, mußten sie sterben. Die beiden Agenten bedrohen schließlich Möbius mit der Waffe, um an die Formel heranzukommen.

Doch Möbius hat seine Forschungsergebnisse längst vernichtet. Und auch die Drohungen der Agenten können ihm nichts mehr anhaben. Er überzeugt schließlich seine beiden Physikerkollegen, es ihm nachzutun. Auch sie seien hier im Irrenhaus vor den unweigerlich folgenden Nachforschungen ihrer Regierungen so gut wie sicher. Als geistig Umnachtete könnten sie hier ihr Leben beschaulich zu Ende führen, und die Menschheit hätte noch eine Chance. Zweifel an ihrer geistigen Verwirrung ließen sich schnell zerstreuen, denn jeder von ihnen habe schließlich gemordet, unschuldige Schwestern! Die ärztliche Diagnose auf unheilbare Geisteskrankheit sei damit unmißverständlich belegt.

Da betritt die Chefärztin das Zimmer. Fräulein Doktor von Zahnd hat längst die Identität der drei Physiker durchschaut und sich die universale Entdeckung des Möbius angeeignet. Sie besitzt schon lange in Fotokopie alle Manuskripte, die Möbius im Original vernichtet hatte. Triumphierend hält sie den drei Physikern ihre Situation vor Augen: Nie werden sie die Anstalt wieder von außen sehen. Schließlich gelten sie jetzt als gefährliche Geisteskranke. Sie selbst aber habe bereits einen eigenen Rüstungskonzern aufgebaut, der die sensationelle Entdeckung des Möbius auswerte. Auch ihr sei nämlich der König Salomon im Traum erschienen. In seinem Auftrag werde sie jetzt die Weltherrschaft antreten: »er, der tausend Weiber besitzt, wählte mich aus . . . Mein Trust wird herrschen, die Länder, die Kontinente erobern, das Sonnensystem ausbeuten, nach dem Andromedanebel fahren. Die Rechnung ist aufgegangen. Nicht zugunsten der Welt, aber zugunsten einer alten, buckligen Jungfrau.«

Nachdem die Ärztin gegangen ist, bleibt Newton, Einstein und Möbius nur die bittere Erkenntnis, daß die Welt in die Hände einer verrückten Irrenärztin gefallen ist und daß sie die Rollen weiterspielen müssen, die sie sich auferlegt haben.

ERLÄUTERUNGEN

Der Physiker Möbius erreicht, wie der Ödipus der antiken Sage, das Gegenteil seines Zieles. Alle seine Anstrengungen, dem Unheil auszuweichen und es zu verhindern, erweisen sich als vergeblich: Möbius geht freiwillig ins Irrenhaus, um die Welt vor seinem Wissen zu schützen, und muß feststellen, daß die Irrenärztin bereits den Weltuntergang mit Hilfe seiner Entdeckungen vorbereitet. Die Irrenärztin erweist sich schließlich als die einzig wirklich Irrsinnige. Die Suche nach Wissen und Erkenntnis führt zur Katastrophe. Das galt für König Ödipus, das gilt auch für den Physiker Möbius. (Siehe *König Ödipus* von Sophokles.)

»Was einmal gedacht wurde, kann nicht mehr zurückgenommen werden«, sagt Möbius zum Schluß. Auch wenn der einzelne versuchen sollte, sein Wissen vor der Welt zu verstecken, er wird die Welt nicht vor der Anwendung dieses gefährlichen Wissens retten können, es ist nur eine Frage der Zeit, bis Wissenschaftler, die mit weniger Skrupeln belastet sind, die gleiche Entdeckung machen oder sich die unter Verschluß gehaltenen Erkenntnisse aneignen.

Brecht hat in seinem Schauspiel *Leben des Galilei** die Frage nach der Verantwortung des Naturwissenschaftlers noch mit der Alternative Verweigerung oder Anpassung gestellt und sie zu einem Problem der persönlichen Ethik des Wissenschaftlers gemacht. Bei Dürrenmatt läßt sich die Menschheit des 20. Jahrhunderts nicht mehr durch die Verweigerung eines einzelnen retten, sondern nur noch durch die kollektive Erkenntnis, welche Gefahr diese Art Wissen für die Erde in sich birgt. Jetzt ist die Solidarität der gesamten Welt aufgerufen! »Der Inhalt der Physik geht die Physiker an, die Auswirkung alle Menschen. Was alle angeht, können nur alle lösen. Jeder Versuch eines einzelnen, für sich zu lösen, was alle angeht, muß scheitern«, sagt Dürrenmatt im Anhang.

Spätestens nach Tschernobyl ist klar, daß auch die friedliche Nutzung der Atomenergie eine zerstörerische sein kann. »GAU«, »größter anzunehmender Unfall«, ist das, was Möbius mit seiner Weltformel möglich macht. Wer diesen Begriff akzeptiert, akzeptiert den Untergang der Erde. Es ist die Vision des

Physikers Möbius am Ende des Stückes: »Ich bin Salomo. Ich bin der arme König Salomo. Einst war ich unermeßlich reich, weise und gottesfürchtig . . . Nun sind die Städte tot, über die ich regiere, mein Reich ist leer, das mir anvertraut worden war, eine blauschimmernde Wüste, und irgendwo um einen kleinen, gelben, namenlosen Stern kreist, sinnlos, immerzu, die radioaktive Erde. Ich bin Salomo, ich bin der arme König Salomo.«

Die unvermeidliche Weltkatastrophe der *Physiker* kann – so argumentiert der Autor – kein Stoff für eine Tragödie sein. Wenn die Welt aus dem Lot gerät, ins Groteske verzerrt ist, so kann man diesem Zustand nur noch mit der Komödie beikommen. Der Zuschauer identifiziert sich dann nicht mit den Personen der Handlung, sondern überdenkt kritisch den dargestellten Konflikt. Dürrenmatt unterwirft diese schwarze Komödie der strengen, klassischen Einheit von Ort, Zeit und Handlung. Denn, so Dürrenmatt, ein Geschehen unter Verrückten ist nur in strenger klassischer Form zu vergegenwärtigen.

Die Uraufführung der *Physiker* fand am 21. Februar 1962 im Zürcher Schauspielhaus in der Inszenierung von Kurt Horwitz statt, mit Therese Giehse, Hans Christian Blech, Gustav Knuth, Theo Lingen in den Hauptrollen. Eine exzellente Fernsehumsetzung des Stückes gelang 1964 dem Regisseur Fritz Umgelter mit einem intensiv spielenden Schauspielerteam, allen voran Therese Giehse und Wolfgang Kieling.

ROLF HOCHHUTH

Rolf Hochhuth wird am 1. April 1931 in Eschwege/Nordhessen geboren. Er wird Buchhändler in Marburg, Kassel und München und ab 1955 Verlagslektor und Herausgeber von Klassikerausgaben und Anthologien beim Bertelsmann-Lesering in Gütersloh. Seit 1963 lebt er als freier Schriftsteller in der Nähe von Basel.

Seine ersten literarischen Veröffentlichungen sind Erzählungen, bis er 1963 mit der Uraufführung von *Der Stellvertreter** an der Freien Volksbühne Berlin eine leidenschaftliche Diskussion über die Stellung der katholischen Kirche während der Naziherrschaft auslöst. Vier Jahre später kommt ein ähnlich brisantes Stück heraus, *Soldaten. Nekrolog auf Genf* (1967), das die Position des englischen Premierministers Churchill zu den Luftangriffen auf deutsche Städte während des Zweiten Weltkriegs untersucht. Eine Aufführung des Dramas war zunächst in England verboten. Das Stück entstand in der Zeit, als die Amerikaner gerade Vietnam bombardierten.

Aktuelle Zustände spricht Hochhuth an in *Guerillas* (1970). Zwei politische Lehrstücke in Komödienform sind *Die Hebamme* (1972) und *Lysistrate und die NATO* (1974). In *Tod eines Jägers* (1977) stellt Hochhuth den Selbstmord Hemingways dar. *Ärztinnen* (1980) ist ein Angriff auf falsch verstandenen Medizinerehrgeiz und auf die Macht der Pharmakonzerne. Im selben Jahr werden auch die *Juristen* uraufgeführt. Es geht um den Fall eines ehemaligen Nazirichters, der in der Bundesrepublik der Gegenwart noch immer ein einflußreicher Jurist ist. Bei den Recherchen stößt Hochhuth auf Dokumentarmaterial, das den ehemaligen Ministerpräsidenten von Baden-Württemberg, Filbinger, schwer belastet und ihn schließlich zum Rücktritt zwingt. *Judith* (1984 in Glasgow uraufgeführt) ist ein Drama über das Für und Wider des politischen Attentats. *Unbefleckte Empfängnis. Ein Kreidekreis* (uraufgeführt 1989 am Berliner Schiller-Theater) befaßt sich mit Leihmüttern und Retortenbabys. *Sommer 14* hat den Beginn des Ersten Weltkriegs zum Thema (uraufgeführt am 18. Dezember 1990 am Wiener Akademietheater).

Neben Theaterstücken veröffentlicht Hochhuth auch zahlreiche Erzählungen, Gedichte und Essays, zum Beispiel *Die Berliner Antigone* (1965), *Eine Liebe in Deutschland* (1978). Er erhält viele Preise und Auszeichnungen, so 1976 den Basler Kunstpreis, 1980 den Geschwister-Scholl-Preis in München, 1981 den Lessing-Preis in Hamburg, 1991 den Jakob-Burckhardt-Preis in Basel.

Rolf Hochhuth ist einer der erfolgreichsten und zugleich umstrittensten Dramatiker des heutigen Theaters. Seine Stücke orientieren sich an aktuellen und zeitgeschichtlichen Ereignissen und Zuständen und greifen meist Themen der Nazizeit auf, die nach wie vor virulent sind, also akute Bedeutung besitzen. Hochhuth:»Für mich liegt die Auseinandersetzung mit Hitler allem zugrunde, was ich schrieb und schreibe.« Er benützt vorwiegend die Form des Dokumentarstückes, was teilweise zu dramaturgischen Schwächen führt, und reichert seine Dramen oft mit einem zusätzlichen Dokumentenapparat an. Bei dem Versuch, seine Themen trotz des dokumentarischen Beweis- und Belastungsmaterials für die Bühne lebendig zu machen, kann er Kolportage und Simplifizierung nicht immer vermeiden.

Der Stellvertreter

Ein christliches Trauerspiel in 5 Akten

PERSONEN
Papst Pius XII.
Baron Rutta, Reichsvereinigung Rüstung
Pater Riccardo Fontana SJ
Kurt Gerstein, SS-Obersturmführer
Der Doktor
Ein Kardinal
Prof. Hirt, »Reichsuniversität« Straßburg
Der Apostolische Nuntius zu Berlin
Luccani Senior, ein katholischer Jude
Graf Fontana, Syndikus beim Heiligen Stuhl
Diener bei Fontana
Oberst Serge beim Oberkommando des Heeres
Ein Ordensgeneral
Müller-Saale, Kruppwerke Essen
Eichmann, Obersturmbannführer
Ein Fabrikant, Häftling der Gestapo
Dr. Lothar Luccani
Dr. Fritsche, Sturmbannführer
Salzer, Chef der deutschen Polizei in Rom
Offizier der Schweizergarde (im Hause Fontana)

Julia Luccani
Ihre Kinder: Ein Junge von neun, ein Mädchen von fünf
Regierungsrat Dr. Pryzilla
Ein römischer Schuhhändler
Ein Fotograf
Bruder Irenäus
Helga
Carlotta
Frau Simonetta
Ein Pater in der Nuntiatur
Witzel, Feldwebel der SS
Ein jüdischer Kapo
Jacobson
Der »Korrekte« von der faschistischen Miliz
Der wachhabende Offizier in Auschwitz
Leutnant von Rutta, Luftwaffe
Katitzky, SS-Soldat
Ein Schreiber beim Papst
Dr. Littke, Oberarzt des Heeres
Der »Ganove« von der faschistischen Miliz
Wachhabender Schweizer im päpstlichen Palast
Der Sprecher der Monologe

ORT
Nuntiatur in Berlin, Wohnung Gersteins in Berlin, Haus Fontana in Rom,
Vatikan, Auschwitz.

ZEIT
August 1942 bis etwa Sommer 1944

HANDLUNG
Das Stück gliedert sich in fünf Akte mit den programmatischen Überschriften:
»Der Auftrag«, »Die Glocken von St. Peter«, »Die Heimsuchung«, »Il Gran
Rifiuto« und »Auschwitz oder Die Frage nach Gott«.
    Berlin, August 1942. SS-Obersturmführer Kurt Gerstein sucht den Apostoli-
schen Nuntius, den Gesandten des Heiligen Stuhles in Berlin, auf, um ihn zu
einem Protest der katholischen Kirche gegen die systematische Deportation und
Massenvernichtung der europäischen Juden durch die Nazis zu bewegen.
Gerstein ist in Wahrheit ein Gegner des Nazi-Regimes. Er ist nur deshalb in die

SS eingetreten, um sich Möglichkeiten zu verschaffen, den Hitler-Staat von innen her zu bekämpfen. Nun hat er den dienstlichen Befehl erhalten, die Lieferung von Blausäure für die Vernichtungslager Treblinka und Belzec zu organisieren. Das muß den Papst alarmieren, denkt er. Aber der Nuntius komplimentiert ihn hinaus.

Der junge Jesuitenpater Riccardo Fontana, der sich gerade zu Besuch in der Nuntiatur aufhält, ist durch den Bericht Gersteins über die Judenvernichtung zutiefst betroffen. Seiner Ansicht nach muß die katholische Kirche sofort reagieren. Als höchste moralische Instanz in der Welt habe sie sogar die Pflicht, gegen dieses Morden zu protestieren, selbst wenn dadurch der Bestand der Kirche und sogar das Leben vieler gläubiger Katholiken im Hitler-Deutschland gefährdet seien. Schließlich habe die katholische Kirche auch in einem anderen Fall mit Erfolg Druck ausüben können, nämlich beim Protest des Bischofs von Münster, Graf Galen, gegen das staatlich verordnete Euthanasieprogramm, das die Beseitigung von sogenanntem »unwerten Leben« zum Ziel hat. Und auch das Konkordat, das seit 1933 die Beziehungen zwischen dem Reich und dem Vatikan regelt, böte eine Handhabe. Hier seien der katholischen Kirche Wirkungsmöglichkeiten verbrieft worden, die Hitler nicht so ohne weiteres ignorieren könne. Wenn Hitler sich gegen den Papst stelle, würde er die Sympathien zumindest des katholischen Teils der deutschen Bevölkerung verlieren.

Aber der Nuntius verhält sich sehr zurückhaltend und kann Riccardo keine verbindliche Zusage einer kirchlichen Stellungnahme zu diesem Thema machen. So beschließt Riccardo, nach Rom zu gehen und selbst den Papst aufzusuchen. Er hat genügend Beziehungen und Kontakte im Vatikan, die es ihm möglich machen werden, bis zum Papst vorzudringen. Schließlich stammt er aus einer hochangesehenen römischen Diplomatenfamilie.

In einer Privataudienz fordert er Papst Pius XII. auf, in diesem Falle nicht als Staatsmann und Politiker zu handeln, sondern als Stellvertreter Christi auf Erden aufzutreten. Er habe sogar die Pflicht, gegen dieses Unrecht zu protestieren, auch auf die Gefahr hin, dadurch die Existenz der Kirche und das Leben vieler gläubiger Katholiken aufs Spiel zu setzen.

Aber der Papst verweigert sich dieser Forderung. Er argumentiert rein realpolitisch: »Deutschland ist heute Hitler. Hitler allein, lieber Graf, verteidigt jetzt Europa. Die Staatsräson verbietet, Herrn Hitler als Banditen anzuprangern, er muß verhandlungswürdig bleiben. Wir haben keine Wahl.«

Die Sorge des Papstes gilt der Sicherheit vor dem Kommunismus und der Sicherung des kirchlichen Besitzstandes in den von Hitler kontrollierten Ländern. Und er ist auch dann nicht zu einer scharfen Verurteilung der Massenmorde zu bewegen, als gemeldet wird, daß bereits in Rom Judendeportationen durchgeführt werden. (Als Verbündeter des Deutschen Reiches ist der italienische »Duce« Mussolini mit Hitlers Rassenpolitik einverstanden.) Daraufhin verweigert Riccardo in Anwesenheit seines Vaters und eines Kardinals dem Papst den Gehorsam. Er verkündet seinen unabänderlichen Entschluß, für die verfolgten Juden einzutreten, und steckt sich zum Zeichen seiner Solidarität mit den Juden den gelben Davidstern an die Soutane.

Als in Rom ein weiterer Judentransport nach Auschwitz geht, schließt sich Riccardo ihm an, um als Märtyrer das Schicksal mit den Juden zu teilen. Stellvertretend für den Stellvertreter Christi auf Erden geht er ins Konzentrationslager. Dort herrscht der »Doktor«, ein teuflischer Lagerkommandant, der sich zynisch »Seele von Auschwitz« nennt. Mit ihm führt Riccardo ein Gespräch über die Situation der Christen in einer vom Bösen beherrschten Welt, das auf seiner Seite von starkem christlichen Denken und hoher Verantwortung dem Nächsten gegenüber durchdrungen ist.

Riccardo trifft im Lager auf Gerstein, der als SS-Offizier dorthin abkommandiert worden ist. Beide kennen sich noch von ihrer Begegnung in der Berliner Nuntiatur her. Gerstein sieht, daß sein innerer Protest gegen das Regime nichts bewirkt hat, und macht aus seiner wahren Haltung nun kein Hehl mehr. Beide, Riccardo und Gerstein, werden von den KZ-Schergen liquidiert.

ERLÄUTERUNGEN

Wie Marquis Posa in Schillers *Don Carlos** König Philipp um Hilfe für die unterdrückten Flandern angeht, so bestürmt in Hochhuths *Stellvertreter* der Jesuitenpater Riccardo den Papst, öffentlich all seine Macht und Autorität einzusetzen, um dem organisierten Judenmord ein Ende zu bereiten. Aber der Papst denkt politisch, sieht den die Kirche bedrohenden Kommunismus, macht Politik zwischen Hitler, Stalin und Roosevelt und entschließt sich zu schweigen. Hochhuth macht kein Hehl aus seiner Auffassung, daß der Papst von dem Holocaust an den Juden nicht nur gewußt habe und dann schwieg, sondern daß er auch einiges hätte verhindern können. Wer sonst als er hätte sich in dieser schlimmen Zeit überhaupt noch als moralische Institution zu Wort melden sollen? Der Papst habe seine Macht, obwohl er sie kannte, nicht genutzt. Zwar habe er pauschal die »Schrecken des Krieges« verdammt, aber letztlich nicht Gott im Auge gehabt, sondern das Gleichgewicht in Europa. Hochhuth spricht den Papst schuldig.

Hochhuths Verdienst ist es, diesen Vorwurf in Bühnenform ausgedrückt und damit an die Öffentlichkeit gebracht zu haben, denn schließlich ist dieses

Problem vor ihm nie mit öffentlichem Widerhall diskutiert worden. Allein aus diesem Grund ist das Stück notwendig und tut auch heute noch seine Wirkung, nicht als theatralisches Kunstwerk und nicht als Drama zwischen lebendigen Menschen, sondern als dialogisierte Klage und Anklage.

Nach der New Yorker Premiere des *Stellvertreter* im Februar 1964 befand der Theaterkritiker der New York Times Howard Taubmann: »Als ein Schauspiel ist *Der Stellvertreter* fragwürdig. Als Polemik ist das Stück heftig und unwiderstehlich. Da es mit einem der wichtigsten Probleme unserer oder jeder beliebigen Zeit fertig zu werden versucht, sollte man es sehen, diskutieren und sich zu Herzen nehmen.«

In der Diskussion über das Stück sind Hochhuths Thesen von kirchlicher Seite aus stets sehr vehement zurückgewiesen worden. Prominente Katholiken haben seither in materialreichen Texten und Verlautbarungen Pius XII. gegen Hochhuth in Schutz genommen. Die kirchliche Hierarchie und ihre Wortführer haben für die Rechtfertigung Pius' XII. getan, was sie nicht unterlassen durften. Übersehen wurde dabei, daß Hochhuth im *Stellvertreter* eine generelle Frage stellt, die jederzeit und auch heute aktuelle Frage nach den Möglichkeiten und Grenzen des politischen Engagements der Kirche. Notwendigerweise muß diese Frage an einem konkreten historischen Fall festgemacht werden. Daß es gerade Pius XII., ein Papst unserer Zeit ist, haben Hochhuth viele Katholiken bis heute nicht verziehen.

Aber Hochhuth spricht nicht nur von der Schuld des Papstes, er fragt auch nach der Mitschuld der deutschen Katholiken. Ihre Schuld ist das absichtliche Wegsehen, der still-gemütliche Zynismus, die verwaltete Korrektheit im Angesicht des Bösen. Diese Schuld wird nicht geleugnet. Schließlich war der deutsche Katholizismus unter Hitler im großen und ganzen genauso »nazifiziert« wie die übrigen Volksteile auch. Von Einzelausnahmen, zumal gegen Kriegsende hin, abgesehen, war die offizielle katholische Kirche in Deutschland zu einer geschlossenen Reaktion gegen Hitler gar nicht fähig und auch nicht gewillt. (Bereits bei den Frühjahrswahlen von 1933 stimmten schließlich nur noch ein Teil der Katholiken, etwa 5,5 Millionen, für die katholischen Parteien.) Das Stück stellt also nicht allein die Frage, warum der Papst versagt hat, sondern auch, warum die Christen in ihrer Gesamtheit sich hier passiv verhalten haben. Trotzdem: diese passive Mitschuld, nämlich nicht gebührend reagiert zu haben, ändert wiederum nichts am Schweigen des Papstes.

Als Hochhuth sein »christliches Trauerspiel« schrieb, war bereits seit einigen Jahren eine heftige innerkatholische Diskussion im Gange, die eine seit langem fällige Anpassung der katholischen Kirche an die Erfordernisse der modernen

Zeit und die Einigung der christlichen Kirchen herbeiführen sollte. Höhepunkt dieser Reformbestrebungen war die Einberufung des Zweiten Vatikanischen Konzils durch den charismatischen, auch von Nichtkatholiken hochgeachteten Papst Johannes XXIII. In dieses Konzil wurden sehr hohe Erwartungen und Hoffnungen gesetzt, insbesondere auch, was ein neu zu formulierendes Verhältnis der katholischen Kirche zu den Juden anbelangt. Notwendigerweise mußte diese neue Fragestellung mit einer Kritik des traditionellen Selbstverständnisses beginnen und die Aufarbeitung der historischen Wahrheit bei der Stellung der Kirche zum Nationalsozialismus sich zum Ziel machen. Papst Johannes XXIII. hatte damals noch auf die Frage, was man gegen Hochhuths Stück tun solle, geantwortet: »Was kann man gegen die Wahrheit tun?«

Hochhuths *Stellvertreter* kam aber nicht nur zum Zeitpunkt des sich entfaltenden katholischen Reformwillens heraus, er platzte mitten hinein in die juristische Aufarbeitung der sogenannten »Endlösung der Judenfrage«. In Israel wurde 1961 Adolf Eichmann, einem Mitorganisator dieser »Endlösung«, vor der ganzen Weltöffentlichkeit der Prozeß gemacht, und in Frankfurt begann wenig später der Auschwitz-Prozeß, der der deutschen Öffentlichkeit in aller Deutlichkeit die Greueltaten der Nazis an den Juden vor Augen führte.

Die damalige Rezeption des Hochhuth-Stücks ist also in engerem Zusammenhang zu sehen mit den gleichzeitig sich ausbreitenden Aktivitäten der deutschen Vergangenheitsbewältigung. Es kam zu extrem heftigen Auseinandersetzungen, weniger im Zusammenhang mit der eigentlichen Aufführung des Bühnenstückes, sondern hauptsächlich im Vorfeld der Bühnenpräsentation und im nachhinein. Selten sind die Wogen der Erregung noch vor der Premiere eines Theaterstückes so hochgegangen. Es versteht sich bei der Themenstellung Hochhuths von selbst, daß es sich dabei weniger um einen Theaterskandal handelte als um politische Demonstrationen.

Gegen-Stücke zum *Stellvertreter,* also Anti-Hochhuth-Stücke, blieben nicht aus. So kam 1964 in New York *The Comforter* eines Pater Malloy heraus, der Pius XII. als unermüdlichen Friedensmittler vor Augen führt, aber die Kernfrage meidet, ob Pius Hitler deutlicher hätte entgegentreten sollen. In Spanien, wo Hochhuths *Stellvertreter* weder verlegt noch aufgeführt werden durfte, erschien 1965 das Schaustück eines Juan Antonio de la Iglesia, betitelt *Der Stellvertreter Gottes.* Darin stürzt sich ein deutscher Bibliothekar namens Rolfus (= Rolf Hochhuth) mit gezücktem Messer auf den Papst, um ihn umzubringen. Als sein Mordversuch scheitert, droht er dem Papst, ihn später mit seinem Theaterstück zu diffamieren.

Auch heute, 25 Jahre nach der Uraufführung, sind die Wogen nicht geglättet.

Konservative Politiker und Kirchenleute haben anläßlich einiger Wiederaufführungen in Wien und München gegen das Stück mobil gemacht und Zensur und Absetzung gefordert. Trotzdem bleibt der historische Sachverhalt über das vielleicht kluge, gewiß aber beschämende päpstliche Schweigen im Zusammenhang mit dem nazistischen Judenmord bestehen.

Die Uraufführung war am 20. März 1963 im Theater am Kurfürstendamm Berlin (Freie Volksbühne) durch Erwin Piscator, in einer gekürzten Version. Das Stück als Ganzes ist für eine Abendveranstaltung zu lang. Jede Aufführung muß den Stücktext neu einrichten und nimmt dabei zwangsläufig Entschärfungen und Entstellungen vor. Die Buchausgabe enthält einen Anhang mit »historischen Streiflichtern«.

Gewidmet hat Hochhuth sein Trauerspiel Pater Maximilian Kolbe, Häftling Nr. 16670 in Auschwitz, und Prälat Bernhard Lichtenberg, Domprobst zu St. Hedwig, Berlin. Beide kamen in Auschwitz um.

PETER WEISS

Peter Weiss wird am 8. November 1916 bei Berlin geboren. Er wächst in Berlin und Bremen als Sohn eines aus Prag stammenden Textilfabrikanten und einer Schauspielerin auf. 1934 emigriert er mit den Eltern über London nach Prag; dort besucht er die Kunstakademie. Nach dem Einmarsch der Deutschen in die Tschechoslowakei übersiedelt er 1939 nach Schweden, wo er bis zu seinem Lebensende ansässig ist. 1940 zeigt er in Stockholm in einer ersten Ausstellung seine Bilder, und ab 1946 erscheinen, zunächst in schwedischer Sprache, die ersten Prosagedichte. 1948 entsteht aus einem Hörspiel das Drama *Der Turm,* 1952 die Satire *Die Versicherung,* der autobiographische Züge tragende Roman *Abschied von den Eltern* (erschienen 1961) und der avantgardistische Prosatext *Der Schatten des Körpers des Kutschers,* der 1960 erscheint und nachhaltig diskutiert wird. Der autobiographische Roman *Fluchtpunkt* (1962) beschreibt die Situation der Emigranten. Peter Weiss dreht in dieser Zeit außerdem viele Experimental- und Dokumentarfilme.

Der internationale Durchbruch gelingt ihm 1964 mit *Die Verfolgung und Ermordung Jean Paul Marats dargestellt durch die Schauspielgruppe des Hospizes zu Charenton unter Anleitung des Herrn de Sade** (letzte der fünf Fassungen 1965, Film 1966) – das Stück wird weltweit aufgeführt. *Die Ermittlung. Oratorium in elf Gesängen* (Musik: Luigi Nono), ist eine szenische Dokumentation des Frankfurter Auschwitz-Prozesses (1965).

1967 erscheint *Gesang vom Lusitanischen Popanz,* ein Agitationsstück gegen die portugiesische Kolonialpolitik in Angola, 1968 *Diskurs über die Vorgeschichte und den Verlauf des lang andauernden Befreiungskrieges in Viet Nam als Beispiel für die Notwendigkeit des bewaffneten Kampfes der Unterdrückten gegen ihre Unterdrücker sowie über die Versuche der Vereinigten Staaten von Amerika, die Grundlagen der Revolution zu vernichten* – so der Originaltitel. Im selben Jahr erscheint auch die Moritat *Wie dem Herrn Mockinpott das Leiden ausgetrieben wird.* Mit *Trotzki im Exil* (1970) wendet sich Weiss wieder vom Lehrtheater ab. 1971 kommt das lebhaft diskutierte Schauspiel *Hölderlin* heraus, das Hölderlin als verhinderten Revolutionär zeigt. Weiss dramatisiert Franz Kafkas Roman *Der Prozeß* (1975) und verändert ihn später weiter in ein antikapitalistisches Lehrstück mit dem Titel *Der neue Prozeß* (1982). Ein Roman mit autobiographischen, literaturtheoretischen und gesell-schaftskritischen Elementen ist *Die Ästhetik des Widerstands* (1975–1981).

Peter Weiss wird Mitglied des PEN-Zentrums der Bundesrepublik Deutschland und erhält zahlreiche Literaturpreise, darunter auch den im Deutschen Bundestag kontrovers diskutierten Thomas-Dehler-Preis (1977) und den Georg-Büchner-Preis (1982). Wohnort bleibt Stockholm, wo er am 10. Mai 1982 stirbt.

Peter Weiss ist einer der bedeutendsten deutschen Schriftsteller und Theaterautoren nach dem Zweiten Weltkrieg. Mit seinen Stücken hat er besonders vehement auf das aktuelle politische Zeitgeschehen eingewirkt, deutsche Vergangenheitsbewältigung unternommen und generelle Fragen des menschlichen Zusammenlebens aufgeworfen und durchleuchtet. Er hat die geistig-literarische und politische Szene der beiden noch getrennten deutschen Staaten beeinflußt und beiden seine provozierenden Fragen gestellt. Sein *Trotzki*-Stück stieß im östlichen Nach-Stalinismus auf starke Ablehnung. Aber die Wahrheitsfindung war für ihn wichtiger als jede »zeitbedingte parteipolitische Rücksichtnahme«, wie er sagt.

Die Verfolgung und Ermordung Jean Paul Marats dargestellt durch die Schauspielgruppe des Hospizes zu Charenton unter Anleitung des Herrn de Sade

Drama in 2 Akten

Musik von Hans-Martin Majewski

PERSONEN

Marquis de Sade

Jean Paul Marat

Simonne Evrard, Marats Lebensgefährtin

Charlotte Corday

Duperret, girondistischer Abgeordneter

Jacques Roux, ehemaliger Priester, radikaler Sozialist

Die vier Sänger: Kokol, Baß, Polpich, Bariton, Cucurucu, Tenor,
                 Rossignol, Sopran

Patienten, Ausrufer, Musikanten, Pfleger, Schwestern

Coulmier, Direktor der Anstalt

Coulmiers Frau und Tochter

ORT
Der Badesaal der Irrenanstalt zu Charenton

ZEIT
1808

HANDLUNG
In der Irrenanstalt zu Charenton bei Paris, im Jahre 1808. Der dort inhaftierte Marquis de Sade führt im Badesaal der Anstalt mit den Patienten sein jüngstes Stück über das berühmt gewordene Marat-Attentat auf – der radikale Revolutionär der Französischen Revolution, Jean Paul Marat, war 1793 von einer gewissen Charlotte Corday in der Badewanne erstochen worden.

Der Anstaltsdirektor Coulmier hat nämlich erlaubt, daß de Sade hin und wieder eines seiner Stücke mit den Mitinsassen der Anstalt einstudieren und aufführen darf. Coulmier betrachtet das Theaterspielen als Heiltherapie für Geisteskranke, und den Patienten ist es eine willkommene Abwechslung im eintönigen Ablauf des Anstaltsalltags, zumal einige von ihnen gar nicht geisteskrank sind, sondern aus politischen Gründen interniert wurden. Diese Theatervorstellungen sind öffentlich und gelten als ganz besonders schickes Vergnügen für höhere Pariser Gesellschaftskreise. Zu einer derartigen Veranstaltung hat der Anstaltsdirektor, begleitet von seiner Frau und seiner Tochter, wieder einmal Gäste der feinen Gesellschaft eingeladen.

Der Marquis de Sade hat also für die Anstalt, für die Direktion und deren Gäste, in Wahrheit aber für sich selbst, das Spiel von der Ermordung Marats geschrieben. Und dieses Spiel hat es in sich, denn es behandelt nicht nur das Attentat selbst, sondern auch die Ursachen, Ziele und Ergebnisse der blutigen Französischen Revolution sowie die Frage nach dem Sinn von Revolutionen überhaupt. Noch einmal treten die Helden von 1793 auf und werden in einem komplizierten Geflecht von Rückblenden und Vorgriffen auf die napoleonische Ära mit den verschiedenen Phasen der Revolution konfrontiert: da ist Marat, der Gewalt und Terror befürwortende radikalsozialistische Revolutionär, der von einem an Paranoia (Wahnvorstellungen) leidenden Patienten gespielt wird; dann die idealistisch-romantische Charlotte Corday, verkörpert von einer Schlafwandlerin, die immer wieder aus ihrer Rolle zu kippen droht; außerdem der mit der Corday befreundete Abgeordnete Duperret, dargestellt von einem in die Anstalt abgeschobenen Erotomanen (sein Geschlechtstrieb ist krankhaft gesteigert); und schließlich der ehemalige Priester Jacques Roux, der wie Marat zum Sozialisten wurde und dessen Darsteller in einer Zwangsjacke steckt. Andere Anstaltsinsassen verkörpern Gestalten der Revolution oder stellen, mit häufig wechselnder Tendenz, »des Volkes Stimme« dar. De Sade spielt sich selbst.

Den Kern des Stückes bildet ein (von de Sade erfundenes) Streitgespräch zwischen ihm selbst und Marat. Während Marat zur Linderung eines juckenden Hautausschlags in der Badewanne sitzt, führen die beiden Männer einen heftigen Disput über den Sinn der Französischen Revolution und die Funktion von Gewalt. Beide sind ja indirekt Opfer dieser Revolution (Marat wurde ermordet, de Sade lebenslänglich interniert), beide halten sie im Rückblick für gescheitert, denn die jetzt regierende napoleonische Gesellschaft setzt die Ausbeutung der Armen fort; an die Stelle der Adelsherrschaft ist die Herrschaft der Wohlhabenden getreten, was vor allem Marat aufbringt.

Zwei grundverschiedene Auffassungen prallen aufeinander. Marat ist der aktive Revolutionär, der trotz zahlreicher Rückschläge und Enttäuschungen am Prinzip des Weltverbesserns durch Revolutionen festhält. Um seine politischen Ziele durchzusetzen, nimmt er Fehler, Kompromisse und vor allem auch Gewalt mit in Kauf. De Sade dagegen kann an die Ideale der Revolution, die von ihm einst befürwortet und mitgetragen wurden, nicht mehr glauben. Zu viel an planmäßig und technisch perfekt durchgeführtem Massenmord ist im Namen der Revolution geschehen, und die menschliche Individualität droht ausgelöscht zu werden. De Sade will aber seine Individualität bewahren und versucht das durch das Ausleben sinnlicher Bedürfnisse zu erreichen. Von Charlotte Corday läßt er sich auspeitschen, um sich die individuelle Befreiung im Schmerz und in der Lust bewußt zu machen.

Wiederholt schaltet sich der ehemalige Priester Jacques Roux in diesen Streit ein. Er vertritt mit leidenschaftlichem humanitären Engagement die Interessen der Armen und Entrechteten und wirft Marat vor, sich zu sehr von abstrakten Prinzipien leiten zu lassen.

Währenddessen verlangt immer wieder das Bürgermädchen Charlotte Corday Einlaß in Marats Haus. Dreimal klopft sie an Marats Haustür. Erst beim drittenmal läßt Marats Freundin und Haushälterin Simonne sie ein – und mit traumwandlerischer Sicherheit findet Charlotte Corday den Weg zu Marat und stößt ihm das Messer in die Brust.

Unterbrochen wird dieses Geschehen von geschickt inszenierten Aufmärschen und Protestkundgebungen, gespielt von weiteren Kranken der Anstalt, die immer wieder Wirklichkeit und Darstellung verwechseln. Sie fallen aus den vorgegebenen Rollen und müssen von den Wärtern wieder zur Räson gebracht werden. Vergeblich bemüht sich der Direktor, im Bühnengeschehen keinerlei Kritik an der Gegenwart des Jahres 1808 zuzulassen: Die Revolution ist schließlich vorbei, und das Kaiserreich setzt auf Ruhe und Ordnung. De Sade hat das bedacht. Der Ausrufer, der die Zuschauer mit Erklärungen, überleitenden Anmerkungen und Kommentaren durch das Stück führt, versucht scheinbar abzuwiegeln und entschuldigt sich mit viel Ironie für manch umstürzlerisch klingende Töne, die dem Publikum vielleicht zu weit gehen könnten. Trotzdem gerät am Schluß alles aus den Fugen und artet aus in einen chaotisch-taumelnden Marschtanz. Die Besucher fühlen sich bedroht. Die Patienten werden von den Pflegern brutal niedergeknüppelt. Der Marquis lacht triumphierend . . .

ERLÄUTERUNGEN

Der Bühnenautor Peter Weiss läßt in diesem Stück mit Hilfe des berüchtigten Marquis de Sade, der im Irrenhaus von Charenton ein Revolutionsstück inszeniert, die historischen Ereignisse Revue passieren. Dieser Kunstgriff erlaubt ihm, die relativierenden Kommentare der damaligen Gegenwart von 1808 zu den Ereignissen von 1789 mitliefern zu können. Es geht dabei um Massenrevolution und Individuum, um Realität, aber auch um Einbildungskraft, um die Standpunkte von gestern und heute. Peter Weiss versteht es auf sehr raffinierte Weise, mit den vielfältigen Theatermitteln dem Publikum von damals, aber auch dem heutigen solche politischen Zusammenhänge vor Augen zu führen und ins Allgemeingültige zu erheben. Es ist ein virtuoses Ineinandergreifen von philosophischem Disput und Klamauk, von Denken und Singen, Pantomime und Wortschwall, Historiengemälde und Karneval, Prosa und Vers, Rohem und Zartem, lebendem Bild und Bewegung, von mehreren Zeitebenen und vom Spiel im Spiel mit zwanghaftem Heraustreten aus dem Spiel. Hier ist wie in einem Brennspiegel zusammengeführt, was das Theater an Sprech- und Spielarten überhaupt aufzuweisen hat.

Drehscheibe der Handlung ist der von Peter Weiss erfundene philosophische Disput zwischen de Sade und Marat, in den immer wieder die reale Außenwelt des Jahres 1808 mit gewaltigen Exzessen einbricht.

Auf der einen Seite steht der historische Marquis de Sade, der ein gutes Jahrhundert vor Sigmund Freud erkennt, daß Sexualität und Gewalt, Lust und Grausamkeit nicht voneinander zu trennen sind. Er wendet sich von der Revolution ab, weil er deren Ausschreitungen als sexuellen Blutrausch begreift. Angesichts von sinnloser Zerstörungswut und der Gleichgültigkeit der zur Masse gewordenen Menschen gegenüber menschlichem Leid setzt er auf Individualität. Er will nicht mehr die Welt verändern, sondern sucht privates Glück in der Befreiung menschlicher Triebe und der Befriedigung stark empfundener sinnlicher Wünsche.

Als sein Gegenspieler vertritt Marat die Ideologie, die die Revolution antreibt und für die bedenkenlos Blut fließen darf, weil es »reinigt«. Der Dialog entzündet sich am Höhepunkt der Revolution im Jahre 1792 und zielt dabei gleichnishaft auf die napoleonische Machtherrschaft von 1808 ab und auf den Terror aller Diktaturen, die es bereits gegeben hat und in der Zukunft geben wird. Der Marquis pfuscht in seinem selbstgeschriebenen Stück Marat und Napoleon gewissermaßen ins blutige Handwerk und entlarvt damit eine Revolution, die ihre Ziele nicht erreicht hat. Beide, Marat und Napoleon, stehen sowohl für die historischen Personen, für Revolution und Restauration, wie auch für jede andere Form von Fanatismus, Machtwahn und politischem Extremismus.

Die Irren spielen die Wirklichkeit, mal ihre eigene, mal die von Marat und de Sade, mal die von Peter Weiss, also die unsere. Die Darstellung durch Irre oder scheinbar Irre stilisiert den historischen Tatbestand. Sie löst ihn aus der Vergangenheit heraus und zeigt eine Verirrung, die die gesamte Weltsituation des Menschen bestimmt und nicht nur diese eine Revolutionsgeschichte meint. Im Zeitalter der Konzentrationslager kann diese Darstellung nicht mehr ausschließlich eine Auseinandersetzung mit einer bestimmten geschichtlichen Phase, dem Mechanismus der Französischen Revolution, sein, sondern dient als Aufhänger für eine Vielzahl von Argumenten und Gegenargumenten über Themen wie Macht, Gewalt, Gerechtigkeit, Pazifismus, Idealismus, Sozialismus und natürlich auch Revolution.

Gleichzeitig entsteht durch die doppelte Verfremdung des Spiels im Spiel eine Relativierung der vorgetragenen Ideologien: des Individualismus von de Sade und des sozialen Revolutionsanspruchs von Marat. Auf der Bühne von heute wird ein Stück gespielt, das im Jahre 1808 spielt, aber die Zeit von 1793 meint und auf das Heute Bezug nimmt. Mehr noch: Was sich als ein aus den Fugen geratenes Pandämonium der Sinne, Sehnsüchte und Symbole darstellt, ist in Wahrheit eine Parabel für das Welt-Irrenhaus, in dem der Mensch nach seiner Bestimmung sucht.

Das Stück *Marat/Sade* wurde am 29. April 1964 im Schiller-Theater Berlin in der Regie von Konrad Swinarski und unter Mitbeteiligung des Autors uraufgeführt. Die Aufführung, die zu einem der sensationellsten Theatererfolge der deutschen Bühnengeschichte nach dem Krieg wurde, endete in einem wahren Grusel-Knalleffekt. Aus der Versenkung steigt Napoleon, als Erfüller der Revolution, wie man zunächst glaubt. Doch als er sich umdreht, ist es ein Totengerippe, das die Irren in einen zuckenden Totentanz führt.

Als wüsten Exzeß von Grausamkeit, Unterdrückung und Gewalt, mit grellen

Pointen und artistischen Nummern, inszenierte Peter Brook das Stück in London mit der Royal Shakespeare Company (1964) und machte es damit zum Welterfolg (verfilmt 1966). Das Volkstheater Rostock spielte den prämarxistischen Revolutionär Marat gegen den Revolutionsverräter de Sade aus, eine Tendenzumkehrung, die Peter Weiss billigte und die in den letzten Fassungen des mehrfach umgeschriebenen Stücks bereits angelegt war.

Mittlerweile ist *Marat/Sade* in fast alle Kultursprachen übersetzt und in vielen Ländern gespielt worden. Fernsehen und Hörfunk haben eigene Versionen vorgestellt.

HEINER MÜLLER

Heiner Müller wird am 9. Januar 1929 in Eppendorf in Sachsen geboren. Der Vater kommt nach der Machtergreifung der Nazis 1933 als sozialdemokratischer Funktionär ins Konzentrationslager. Die Verhaftung muß der Vierjährige hilflos mitansehen. 1945, noch unmittelbar vor Kriegsschluß, wird Müller von der Oberschule weg noch zum Reichsarbeitsdienst und zum Volkssturm eingezogen. Nach 1945 holt er das Abitur nach und ist in verschiedenen Berufen tätig. Er wird Journalist und Redakteur, 1951 fängt er an, Stücke zu schreiben. 1958/59 ist er Mitarbeiter am Berliner Gorki-Theater. 1959 erhält er gemeinsam mit seiner Frau Inge Müller den Heinrich-Mann-Preis für das Stück *Der Lohndrücker*. Nach der Uraufführung der *Umsiedlerin* 1961 fällt er bei den Behörden der DDR in Ungnade und wird aus dem dortigen Schriftstellerverband ausgeschlossen. Bis 1973 erscheint keines seiner Werke mehr auf den maßgeblichen Bühnen Ost-Berlins. 1973 startet der DDR-Autor Wolfgang Harich in der Zeitschrift *Sinn und Form* eine heftige Attacke gegen Heiner Müller und wirft ihm »Geschichtspessimismus« vor.

1970 bis 1976 ist Heiner Müller Dramaturg bei dem einst von Bert Brecht gegründeten Berliner Ensemble. 1975 erhält er den Lessing-Preis. In den 70er Jahren vollzieht sich im gesamten literarischen Spektrum der DDR ein grundlegender Wandel, der sich in einer verstärkten Zuwendung zur eigenen Geschichte, in der Besinnung auf neue Möglichkeiten menschlicher Selbstverwirklichung und in individuellen Schreibweisen manifestiert. Ein Sinneswandel der DDR-Behörden Heiner Müllers Werk gegenüber macht sich bemerkbar. 1976 wird Müller Dramaturg an der (Ost-)Berliner Volksbühne. 1983 nimmt ihn die Akademie der Künste in der DDR als Mitglied auf.

1985 erhält er den Georg-Büchner-Preis der Bundesrepublik. Im selben Jahr wird das einst mißliebige Stück *Die Umsiedlerin* am Staatsschauspiel Dresden aufgeführt. 1986 erhält er den DDR-Nationalpreis 1. Klasse für sein Gesamtwerk, er wird wieder in den Schriftstellerverband zurückgeholt und erhält eine Berufung in den Beirat für Dramatik beim Ministerium für Kultur (1988). 1989 erscheint die erste gedruckte Gesamtausgabe seiner Werke in der DDR.

Die meisten Theaterstücke Heiner Müllers sowie seine ins Sozialkritische versetzten Bearbeitungen klassischer Stücke hatten große Resonanz und sind von vielen deutschsprachigen Bühnen sofort nachgespielt worden; zum Beispiel *Der Lohndrücker* (1958), *Die Umsiedlerin* (1961), *Ödipus, Tyrann* (1967),

Philoktet* (1968), *Prometheus* (1969), *Macbeth* (1972), *Herakles 5* (1974), *Germania Tod in Berlin* (1978), *Leben Gundlings Friedrich von Preußen Lessings Schlaf Traum Schrei* (1979), *Hamletmaschine* (1979), *Der Auftrag* (1980), *Quartett* (1982), *Verkommenes Ufer Medeamaterial Landschaft mit Argonauten* (1983). Müller arbeitet zusammen mit Robert Wilson an *The Civil Wars.* 1984 erscheint *Anathomie Titus Fall of Rome. Ein Shakespearekommentar* und 1986/87 *Wolokolamsker Chaussee,* 1988 findet eine große Heiner-Müller-Werkschau in West-Berlin statt. Am Ost-Berliner Deutschen Theater inszeniert er Shakespeares *Hamlet**. Während der halbjährigen Probenzeit zwischen September 1989 und April 1990 löst sich der SED-Staat DDR auf. Heiner Müller wird als Nachfolger von Manfred Wekwerth Präsident der Ost-Berliner Akademie der Künste.

Heiner Müller zählte bis zur deutschen Wiedervereinigung zu den häufig gespielten Dramatikern nicht nur des deutschen, sondern des europäischen Theaters. Die ersten Stücke, die er schreibt, Lehrstücke in Brechtscher Manier, nehmen trotz grundsätzlicher Bejahung des Sozialismus eine skeptische Haltung gegenüber dem DDR-Alltag ein. Dann überwiegen Übersetzungen und Bearbeitungen klassischer Werke. Seine Auseinandersetzung mit der Geschichte, speziell der deutschen Geschichte, geht von der Erkenntnis aus, daß die Vergangenheit nie wirklich aufgearbeitet wurde, weil sie bedrückende Gegenwart geblieben ist in Gestalt nie aussterbender Militärdiktatoren, Religionsfanatiker und Parteibonzen. Die jahrhundertealten Spannungsverhältnisse zwischen Mächtigen und Ohnmächtigen, zwischen Tätern und Opfern sind heute ebenso aktuell und in aller Welt blutig nachweisbar wie zu jedem anderen Zeitpunkt der Menschheitsgeschichte.

Philoktet

Schauspiel

PERSONEN
Philoktet
Odysseus
Neoptolemos

ORT   ZEIT
Insel Lemnos   Kurz vor Ende des Krieges um Troja

HANDLUNG

Das Stück spielt während des Trojanischen Krieges. Vor zehn Jahren, als die Griechen mit einem gewaltigen Heer in den Feldzug aufgebrochen waren, hatte sich ihnen mit seinen Männern auch Philoktet angeschlossen, jener Krieger, der einst von dem sterbenden Herakles dessen berühmten Bogen und die unfehlbar tödlichen Giftpfeile erhalten hatte. Unterwegs mußte dem Gott Apollon ein Opfer gebracht werden. Während der Opferhandlung kroch eine giftige Wasserschlange an Land und biß Philoktet in den Fuß. Die Wunde begann sofort zu eitern und so unerträglich zu stinken, daß die Griechen beschlossen, sich von ihrem fußkranken Verbündeten zu trennen. Auf Betreiben des Odysseus setzten sie Philoktet auf der unbewohnten Insel Lemnos aus, nahmen die Streitmacht des Philoktet unter ihr Kommando und zogen weiter nach Troja. Zurück blieb, außer sich vor Wut, Philoktet.

Zehn Jahre später ist Troja noch immer nicht gefallen, und ein Orakel will wissen, daß es nur noch mit Hilfe des Bogens und der vergifteten Pfeile zu erobern sei, die Philoktet einst von Herakles geerbt hatte.

Hier setzt die Handlung des Stücks ein. Odysseus benutzt das Orakel sofort für seine Zwecke. Er nimmt es als willkommenes Propagandamittel, um die kriegsmüden Soldaten vor Troja wieder auf Vordermann zu bringen: Philoktet und seine Giftpfeile, das ist die Wunderwaffe, mit der man den Krieg gewinnen kann. Er bricht selbst nach Lemnos auf, um den Verbannten zurückzuholen.

Leicht wird es nicht sein. Odysseus weiß, daß Philoktet ihn haßt. Schließlich war er der Drahtzieher für Philoktets Ausschluß aus dem Heer. Seitdem wirkt auf Philoktet alles, was griechisch heißt, wie ein rotes Tuch, und ganz besonders verhaßt ist ihm Odysseus. So nimmt denn Odysseus zur Sicherheit noch einen unverdächtigen Mittelsmann mit nach Lemnos, den jungen Neoptolemos, der nicht dabei war, als die Griechen den Philoktet auf der Insel ausgesetzt hatten. Auch dieser Neoptolemos ist nicht gerade gut auf Odysseus zu sprechen. Als Achilles, sein Vater, vor Troja umgekommen war, hatte Odysseus nämlich sofort dessen Waffen und Rüstung an sich gerissen und den Sohn dadurch um sein Erbe gebracht. Trotzdem hat sich Neoptolemos jetzt von Odysseus für diesen Auftrag einwickeln lassen. Mit List und falschen Versprechungen soll Neoptolemos den Philoktet in den Endkampf nach Troja zurückholen.

Natürlich weigert sich Philoktet, den Griechen zu helfen. Andererseits ist er nach zehn Jahren Ausgesetztsein auf der menschenleeren Insel aber auch froh, endlich wieder Menschen zu begegnen, mit denen er reden kann. Auch findet er in Neoptolemos einen Gleichgesinnten im gemeinsamen Haß auf Odysseus.

Doch Neoptolemos ist nicht gefestigt genug, um tatsächlich umzuschwenken und ganz für Philoktet Partei zu ergreifen. Er ist ein naiver junger Mann, von hilfloser Offenheit und leicht manipulierbar. Odysseus zieht ihn mit wenigen politischen Argumenten schnell wieder auf seine Seite: es gehe nicht um persönliche Streitigkeiten, sondern um den Endsieg gegen die Trojaner. Als nun Philoktet den listen- und lügenreichen Odysseus in einem Wutanfall umbringen will, ersticht Neoptolemos ihn hinterrücks.

Den Griechen gegenüber wird Odysseus später den Tod Philoktets als Terroranschlag der Trojaner darstellen. Damit kann er die Griechen erneut aufs Kämpfen einstimmen. Und mit dem Wunderbogen des Herakles läßt sich dann auch noch leicht der Endsieg in Aussicht stellen. Odysseus' Rechnung geht eben auch mit dem toten Philoktet auf. Er muß nur alles in die passende Propaganda verpacken. Während er den Toten aufs Schiff schleppt, studiert er bereits die Leichenrede ein.

ERLÄUTERUNGEN

Heiner Müllers Drama bezieht sich auf antike Vorlagen, ändert die Handlung aber in entscheidenden Punkten und setzt neue Schwerpunkte. In der griechischen Mythologie und im *Philoktet*-Drama des Sophokles verläuft die Geschichte etwa so: Nach zehn Jahren erfolgloser Belagerung Trojas wird den Griechen der Sieg verheißen, wenn sie Philoktet mit dem Herakles-Bogen wieder in ihre Armee aufnehmen. Odysseus und sein Kampfgefährte Diomedes fahren nach Lemnos, bemächtigen sich des Bogens und bringen Philoktet nach Troja, wo er durch das Eingreifen des göttlichen Herakles geheilt wird und den Helena-Räuber Paris im Kampf mit einem Pfeilschuß tötet.

Bei Heiner Müller dagegen sind diese Wendung zum Guten und die ganzen Götter- und Orakelgeschichten restlos ausgeklammert. Entthront ist der Deus ex machina Herakles, der vom Himmel herabschwebt, um den Tragödienverlauf ins Harmonische zu wenden. Jetzt verkrallen sich die Menschen selber tödlich ineinander. Es geht um blanke Kriegspolitik, um Manipulation, Demagogie und Propaganda. Müllers *Philoktet* ist ein Lehrstück über politischen Pragmatismus und über Kriegsdiplomatie. Es ist aber auch ein Stück über das Exil, über Isolation und Aussonderung.

Odysseus ist der verlogene Machtpolitiker, der zynische Kriegsideologe, der mit Hinterlist und trickreichen Winkelzügen seine Kriegsinteressen vorantreibt. Er will einen Krieg gewinnen und kalkuliert um dieser Sache willen Grausamkeiten ebenso ein wie den Tod. In Neoptolemos hat er einen Vertreter der verführten Jugend vor sich, einen der vielen naiv-willigen Mitläufer, die sich leicht für das Kriegsanliegen vereinnahmen lassen und in diese Richtung manipulierbar sind. Persönliche Feindschaften werden zurückgestellt, man braucht sie nicht einmal zu verleugnen, nur werden sie angesichts des gemeinsamen militärischen Ziels unwichtig. Philoktet ist der Kriegsdienstverweigerer aus persönlichen Gründen. Er hat seine Erfahrungen mit den Mächtigen gemacht, haßt hemmungslos und leidet haßerfüllt an allem, was griechisch ist.

Das alles geht weit über Sophokles hinaus. Nur ein deutscher Nachkriegsautor kann das ersinnen, der sein Volk in zwei Weltkriegen manipuliert und ins Unglück geführt weiß. Philoktet ist im Grunde als Mensch nutzlos geworden und kann nur noch aus dem Wege geräumt werden. Was zählt, ist sein »Image«, das den Krieg voranbringen soll. Mit seiner Leiche läßt sich Propaganda machen. Der Tote ist für diesen Krieg genauso brauchbar wie der Lebende, wenn nicht gar geeigneter.

Philoktets Vereinsamung und sein Haß auf die Welt haben ihn unfähig gemacht, diesen Mechanismus zu durchschauen. Er erkennt nicht mehr das Lügengespinst, das ihn einwickelt, und fällt der Heimtücke zum Opfer.

Heiner Müller demonstriert, wozu ein propagandistisch geschulter General fähig ist, was dabei aus harmlosen jungen Leuten wird und was mit denen zu allen Zeiten geschieht, die unbeugsam bleiben. Er führt keine historischen Fakten vor, sondern nimmt das Geschehen als Parabel für geschichtliche und gegenwärtige Vorgänge. Wer nicht töten will, muß getötet werden, lautet die Maxime. Der Mord an Philoktet ist kein verabscheuungswürdiges Verbrechen, sondern eine ganz normale, rational begründbare Tat, die mit dem Hinweis auf das übergeordnete Ziel gerechtfertigt werden kann und für die Odysseus ein perfektes ideologisches Unterfutter geschaffen hat.

Heiner Müller hat seine *Philoktet*-Version in eine komplizierte, metaphernreiche, sorgfältig stilisierte und rhythmisch streng geführte Sprache gefaßt. Diese sehr beherrscht wirkende Sprache hat durchaus ihre notwendige dramaturgische Funktion. Wenn Philoktet seine Einsamkeit und seinen angestauten Haß in sprachliche Monotonie münden läßt, so ist das ein in Worte und Schreie nicht mehr zu fassendes Übermaß an Leid. So wie sich die Personen im Gespinst der Argumente wirr verstricken, so mühevoll ist es für den Zuschauer, die rhetorischen Verkürzungen und grammatischen Finessen auf Anhieb zu durchschauen. Es ist eine Sprache, die keine Möglichkeit der geistigen Entspannung zuläßt, und sie entspricht darin der inhaltlichen Aussage. So mag vieles beim ersten Anhören der verschlungenen Schachtelsätze und der ungewöhnlichen Verknüpfungen verlorengehen: wer das Stück nicht genau kennt und es vorher nicht gelesen hat, wird es nur schwer Satz für Satz verstehen. »Sie haben nichts zu lachen, bei dem, was wir jetzt miteinander machen«, heißt es im Prolog. Die

Sprache ist ein Appell an die Konzentration des Zuschauers und an seine geistige Bereitschaft, teilnehmen zu wollen an Argumentationen zwischen den pragmatischen Sachzwängen nationaler Kriegspflicht einerseits und ideeller Menschlichkeit andererseits. *Philoktet* wurde von Hans Lietzau im Münchner Residenztheater am 13. Juli 1968 uraufgeführt.

THOMAS BERNHARD

Thomas Bernhard wird am 10. Februar 1931 im holländischen Heerlen als Sohn eines österreichischen Tischlers und der Tochter eines Schriftstellers geboren. Er hat den Vater nie kennengelernt und wächst bei den Großeltern mütterlicherseits auf, zunächst in Wien und am Wallersee, dann im oberbayerischen Traunstein. Dem Großvater verdankt er die erste Berührung mit Literatur und Philosophie und die Förderung eines frühen Musik- und Zeichenunterrichts. 1943 kommt er in ein zuerst streng nationalsozialistisch, dann streng katholisch geführtes Internat in Salzburg. 1947 bricht er die Gymnasialausbildung im Salzburger Johanneum ab, um eine kaufmännische Lehre aufzunehmen. Schon 1949 zwingt ihn eine schwere Lungenerkrankung zu einem zweijährigen Sanatoriumsaufenthalt. Von 1952 bis 1957 absolviert er ein Musik- und Schauspielstudium am Salzburger Mozarteum mit einer Abschlußarbeit über Antonin Artaud und Bertolt Brecht. Das Studium finanziert er durch journalistische Tätigkeiten als Kunstkritiker und Gerichtsreporter für das Salzburger *Demokratische Volksblatt*. In diese Zeit fallen auch die ersten schriftstellerischen Arbeiten.

Von 1957 an lebt er als freier Schriftsteller zunächst in Wien und Klagenfurt, später auf einem Bauernhof in Ohlsdorf bei Gmunden in Oberösterreich. Er unternimmt zahlreiche Reisen und hält sich längere Zeit in England und Polen auf.

1963 gelingt ihm mit dem Roman *Frost* der literarische Durchbruch. Von nun an veröffentlicht er in schneller Folge seine zahlreichen Romane und Erzählungen, wie etwa *Der Kulterer. Eine Filmgeschichte* (1974), *Der Stimmenimitator* (1978), *Wittgensteins Neffe. Eine Freundschaft* (1982), *Der Untergeher* (1983) und *Holzfällen* (1984). Er schreibt zahlreiche Theaterstücke, die fast ausschließlich von Claus Peymann mit seinen Protagonisten an den Theatern von Hamburg, Stuttgart, Bochum, Wien und bei den Salzburger Festspielen zur Uraufführung gebracht werden, viele mit Bernhard Minetti in der Hauptrolle. Mittlerweile haben sich diese Theaterstücke, die anfänglich als kaum spielbar eingeschätzt worden sind, im Bühnenrepertoire festgesetzt.

Am 12. Februar 1989 stirbt Thomas Bernhard an der unheilbaren Herz-Lungenkrankheit, an der er über 40 Jahre lang litt.

Thomas Bernhard hat zahlreiche Literaturpreise erhalten, darunter den Österreichischen Staatspreis und den Georg-Büchner-Preis. Seine wichtigsten

Stücke sind *Ein Fest für Boris* (1970), *Der Ignorant und der Wahnsinnige* (1972), *Die Jagdgesellschaft* (1974), *Die Macht der Gewohnheit* (1975), *Minetti* (1977), *Vor dem Ruhestand* (1979), *Über allen Gipfeln ist Ruh* (1981), *Der Theatermacher** (1983, Uraufführung 1985), *Ritter Dene Voss* (1984) und *Heldenplatz* (1988). Die Aufführung seiner Werke in Österreich hat Thomas Bernhard vorerst testamentarisch untersagt.

Thomas Bernhard ist einer der wichtigsten österreichischen Autoren der Gegenwart. Seine Texte kreisen thematisch oft um Fälle von unheilbarer seelischer und körperlicher Erkrankung, um menschliche Isolation, Vereinsamung und Selbstzerstörung innerhalb der modernen Gesellschaft. Man hat ihn gelegentlich mit dem Etikett »negative Heimatliteratur« versehen, weil er in vielen seiner Werke eine stark engagierte Polemik gegen Österreich ausbreitet, gegen bigottes Kleinbürgertum und gegen die von ihm als latent vorhanden gesehene Kunst- und Menschenfeindlichkeit seiner Landsleute. Viele begriffen nach der von öffentlichen Protesten begleiteten Uraufführung von *Heldenplatz* am Wiener Burgtheater, daß Thomas Bernhards Beziehung zu Österreich zwar eine Haßliebe ist, bei der aber doch eher die Liebe als der Haß die dichterische Aussage bestimmt.

Der Theatermacher

Stück in 4 Akten

PERSONEN
Bruscon, Theatermacher
Frau Bruscon, Theatermacherin
Ferruccio, deren Sohn
Sarah, deren Tochter
Der Wirt
Die Wirtin
Erna, deren Tochter

ORT
Utzbach, Österreich

ZEIT
Heute

HANDLUNG

Der Theatermacher Bruscon, der »größte aller Staatsschauspieler«, betritt den schäbigen Tanzsaal des Gasthofes »Zum Schwarzen Hirschen« in Utzbach. Utzbach, das trostloseste aller denkbaren Provinznester mit nur 280 Einwohnern, ist Tourneestation von Bruscons Wandertruppe, die aus seiner vierköpfigen Familie besteht. Hier in Utzbach will Bruscon sein selbstverfaßtes Jahrhundertwerk *Das Rad der Geschichte – eine Menschheitskomödie* zur Aufführung bringen, hier in der muffigen Atmosphäre eines österreichischen Hinterlandkaffs, wo seit über 40 Jahren nicht mehr renoviert wurde, wo es nach Schweinemist stinkt und wo noch immer neben dem Rehgeweih ein Führerbild die Wirtshauswand schmückt, an dem sich nach Aussage des Wirtes allerdings »bis jetzt niemand gestoßen« hat.

Große Figuren der Weltgeschichte will Bruscon in seiner Komödie auftreten und von dem Familienensemble verkörpern lassen: Caesar, Nero, Metternich, Madame Curie, Napoleon – und Hitler. Er ist sich klar darüber, daß er mit seiner Kunst hier zwar »Perlen vor die Säue« wirft, aber er meint, daß auch diese ländliche Kulturlosigkeit mit seiner großen Darstellungskunst konfrontiert werden muß. Am Ende des Stückes, sozusagen als Höhepunkt der Aufführung, will er im Saal das Notlicht löschen lassen. Allerdings steht die Zustimmung des zuständigen Feuerwehrmannes noch aus, dessen Familie einmal während eines Gewitters von einer umstürzenden Buche erschlagen wurde.

Bis zum Beginn der Aufführung sind es noch einige Stunden hin. Bruscon nutzt die Zeit und räsoniert über Gott und die Welt. Er nörgelt, lamentiert, phantasiert, reflektiert, philosophiert, konstatiert, übertreibt, verurteilt. Er redet an gegen seine Verzweiflung am Leben, gegen sein ständiges Scheitern und sein vorhersehbares Scheitern am Abend, läßt sich aus über das Theater, die Kunst, über Österreich, die katholische Religion, das Mineralwasser, wettert gegen seine Nächsten, das Publikum, die Frauen, die Ärzte, die Schauspielerkollegen.

Als es Zeit für die abendliche Veranstaltung wird, schlägt ein Blitz in den Pfarrhof ein und steckt ihn in Brand. Das Theaterpublikum eilt zur Brandstätte, um zuzuschauen, wie der Hof niederbrennt. Es zieht das wirkliche Geschehen dem gespielten in der Wirtsstube vor.

ERLÄUTERUNGEN

Ein schäbiger Gasthof wird zum Spielort eines Theaterbesessenen. Zwischen Mittag und Abend findet Welttheater statt, in Utzbach, auf modrigen Bühnenbrettern, die hier nicht die Welt, sondern das Elend der Provinz bedeuten. Hier wurstelt sich einer durchs Leben, großmäulig und ideenbegeistert, naiv und hochgemut, mit vollem Glauben an die Kunst, aber zum Scheitern verurteilt, weil sich Provinzialität und lächerlich übersteigerter Kunstanspruch nicht vereinbaren lassen.

Einer, der an den Moden des Theaters vorbeiproduziert hat und deshalb im Wirtshausstumpfsinn steckenbleibt, muß feststellen, wie sinnlos, ja geradezu pervers es ist, in dieser Welt weiter Theater zu machen, überhaupt zu leben. »Als ob ich es geahnt hätte«, ist die tragikomische Erkenntnis des Theatermachers, und der Theatervorhang fällt.

Die Uraufführung des *Theatermachers* inszenierte Claus Peymann am 17. August 1985 bei den Salzburger Festspielen mit Traugott Buhre in der Titelpartie. An den Münchner Kammerspielen spielte Lambert Hamel den Bruscon in einer Inszenierung von Hans Lietzau (Premiere war am 18. Dezember 1988).

FACHBEGRIFFE

Absurdes Theater: Sammelbegriff für Theaterstücke der 50er Jahre, in denen die menschliche Existenz als absurde Gegebenheit dargestellt wird. In unserer Alltagswelt werden metaphysische Fragen entdeckt und in szenische Bilder umgesetzt. Die Menschen nehmen ihre Außenwelt nur durch den Filter ihrer Ängste und Zwangsvorstellungen wahr. Wichtigste Autoren des Absurden Theaters sind Arthur Adamov, Samuel Beckett, Eugène Ionesco (*Die Nashörner*, ein Parabelstück), Fernando Arrabal, Jean Genet, Harold Pinter.

Adaption: Bearbeitung eines literarischen Werkes für andere Erfordernisse, meist für eine andere Gattung oder ein anderes Medium. Zum Beispiel Bühnenfassung eines Romans, Filmversion eines Theaterstücks.

Akt: deutlich voneinander abgesetzte, in sich geschlossene Unterteilung eines dramatischen Werkes. Im griechischen Drama galt noch die lockere Gliederung, im späteren europäischen Drama die Einteilung in drei oder fünf Akte. In der → Sturm-und-Drang-Dichtung wird auf diese obligate Einteilung zugunsten einer losen Szenenfolge verzichtet. Die gänzliche Auflösung einer festen Struktur zeigen das expressionistische Theater (→ Expressionismus) und große Bereiche der modernen Theaterdichtung.

Allegorie: bildhafte Darstellung eines abstrakten Begriffs, einer Idee oder einer moralischen Kategorie. Im Allegorienspiel (Blütezeit ist die Renaissance und das Barock) verkörpern die auftretenden Figuren Begriffe wie Glaube, Tod, Schönheit, Jugend und Alter. Allegorien treten auf in Hofmannsthals *Jedermann* und auch in Goethes *Faust II* (»Der Mangel«, »Die Sorge«, »Die Schuld«, »Die Not«).

Antikes Theater: Sammelbegriff für das griechische und römische Theater des Altertums, das sich aus kultischen Ursprüngen ableitet und durch besondere Formen des Theaterbaus, der Spielbedingungen, der Handlungsführung und der Inszenierungsweise gekennzeichnet ist. Die Griechen spielten in einem Rund oder Halbrund, von dem aus stufenweise die Zuschauerplätze nach oben anstiegen; in Anlehnung daran schufen die Römer die halbrunde Arena mit ebenfalls ansteigenden Zuschauerplätzen. Die Schauspieler und der → Chor des griechischen Dramas bewegten sich rhythmisch, trugen Masken und hochgebaute Schuhe (Kothurn). Die erste große Blütezeit war im Athen des 5. Jahrhunderts v. Chr. mit den großen Tragikern Aischylos, Sophokles und Euripides sowie mit den Komödien des Aristophanes. Das römische Theater übernahm Bearbeitungen der griechischen Tragödien und Komödien, bildete aber bald ein eigenständiges Drama heran mit Stoffen aus der römischen Geschichte und dem römischen Alltagsleben. Wichtigste Neuerung ist die Erfindung des Vorhangs. Bedeutende Autoren sind Seneca, Plautus, Terenz.

Aufklärung: geistige Strömung des 18. Jahrhunderts, die eng verbunden ist mit dem Erstarken des Bürgertums in wirtschaftlicher und gesellschaftlicher Hinsicht. Geistesgeschichtliche Wurzeln liegen in der zunehmenden Bedeutung der Wissenschaften, im Protestantismus, der die Selbstverantwortung des einzelnen für sein Leben betont, und in der Philosophie des Rationalismus, die die Welt als logisch aufgebaut, gesetzmäßig berechenbar und mit den Mitteln des Verstandes vollständig erfaßbar ansieht. Religiöse, politische und soziale Verhältnisse werden kritisch überprüft. Schlagworte sind Natur, Vernunft, selbständiges Denken, Menschenrechte. Das Theater wird als Instrument der Aufklärung verstanden und richtet sich besonders bei Lessing mit der Forderung nach Toleranz gegen jeglichen Dogmatismus, vor allem gegen den der Kirche.

Barocktheater: Theater im Barock, der europäischen Kulturepoche zwischen etwa 1600 und 1750, der Renaissance folgend und in Rokoko und Klassizismus sich auflösend. Die gesamte Barockkultur steht im Zeichen einer Theatralisierung. Das Theater wird zum Abbild und Sinnbild der Welt. Es arbeitet mit einem kolossalen Aufwand an sinnlichen Eindrücken, an Maschinen und Effekten. Dialog und Wort treten zurück zugunsten von Massenszenen mit Menschen, Tieren und Naturgewalten. Gleichzeitig gewinnen theatralische Darstellungen wie Oper, Feuerwerk, Wasserspiele an tragender Bedeutung. Die Barockbühne braucht umfangreiche technische Einrichtungen zur Verlebendigung von Schauplätzen der Erde, des Himmels, der Hölle, des Meeres. Das Barocktheater erreicht seine prunkvollsten Höhepunkte an den großen Fürstenhöfen und den Ordensklöstern in den katholischen Ländern Europas. Wichtige Autoren sind in Deutschland Andreas Gryphius und Daniel Casper von Lohenstein, in Spanien Calderón de la Barca und Lope de Vega, in Frankreich Pierre Corneille mit seinen frühen Stücken und Molières Ballettkomödien für Ludwig XIV. In England haben die Spätwerke Shakespeares (*Das Wintermärchen, Der Sturm*) Elemente barocker Phantasie.

Bürgerliches Trauerspiel: Dramengattung des 18. und 19. Jahrhunderts, beeinflußt durch das Emporkommen des Bürgertums in Großbritannien, Frankreich und Deutschland vor allem im wirtschaftlichen, sozialen und kulturellen Bereich (→ Aufklärung). Bürger erscheinen in tragischen Rollen auf der Bühne, die Themen sprechen das mittelständische bürgerliche Publikum an. Standesbewußte Gesellschaftskritik findet statt. In Deutschland schrieb Lessing nach englischem Vorbild mit *Miß Sara Sampson* (1755) das erste deutsche bürgerliche Trauerspiel. Ferner: Lessings *Emilia Galotti* (1772), *Die Soldaten* von Jakob Michael Reinhold Lenz (1776), Schillers *Kabale und Liebe* (1784), Hebbels *Maria Magdalena* (1846).

Charakter: im Theater die Verbindung der psychischen, physischen und intellektuellen Einzelzüge einer Figur. Ausgesprochene Charakterrollen sind etwa Schillers Wallenstein, Goethes Götz von Berlichingen, Shakespeares Falstaff in *Heinrich IV.,* der Dorfrichter Adam in Kleists *Der zerbrochene Krug* oder Brechts Mutter Courage. Der dramatische Konflikt eines Stücks kann durch den Charakter einer Figur ausgelöst werden. In der Charakterkomödie liegt der Schwerpunkt der Darstellung in der Steigerung eines Charakterzugs zu lächerlicher Größe (zum Beispiel bei Molière).

Chor: ursprünglich eine Gruppe von kultischen Tänzern, deren Auftreten als Keimzelle des → antiken Theaters gilt. Ab dem 6. Jahrhundert v. Chr. wurde der Chor wichtiger Bestandteil des antiken Dramas mit 12, bei Sophokles 15 Choreuten. Der Chor fungiert als Betrachter und Kommentator des Bühnengeschehens, ist auf Ausgleich in der dramatischen Zuspitzung bedacht, kann auch gelegentlich in den Handlungsablauf eingreifen.

Commedia dell'arte: italienische Volkskomödie, Stegreifspiel (→ Stegreiftheater), aus dem Augenblick geboren, bei dem lediglich Typen (Masken) und ein grober Handlungsgrundriß feststehen. Entstanden etwa um die Mitte des 16. Jahrhunderts in Venedig und der Lombardei. Zum festen Figurenarsenal der Commedia dell'arte gehören: Arlecchino (der Diener aus Bergamo mit rhombisch gescheckem Kostüm), Brighella (der schurkisch-schlaue Diener), der bäuerliche Truffaldino, der anzügliche Pulcinella (eine Vorform des Hanswurst), Pantalone (der düpierte Vater und Ehemann), Dottore (Jurist, Arzt oder Philosoph aus Bologna, meist ein geschwätziger Gelehrter), Capitano (ein soldatischer Liebhaber und Maulheld), die gewitzte Dienerin Colombina und die Verliebten Florindo und Isabella. Carlo Goldoni, ursprünglich wichtigster Vertreter der Commedia dell'arte, wird schließlich deren Reformator. Er versucht, die lebensunfähig gewordenen Maskenrollen durch realistische Charaktere zu ersetzen.

Couplet: Lied mit gleicher (meist bekannter) Melodie in allen Strophen und mit einem meist witzigen, zweideutigen oder auf aktuelle Ereignisse sich beziehenden Kehrreim. Berühmte Couplets gibt es in den Lokalpossen Nestroys.

Deus ex machina: wörtlich übersetzt »der Gott aus der Maschine«, die göttliche Instanz, die im letzten Augenblick durch ihr Eingreifen die Katastrophe zum Guten wendet. Häufig angewandt in der antiken Tragödie, besonders bei Euripides. Im weiteren Sinne ist damit auch der Auftritt eines menschlichen Akteurs gemeint, der eine verfahrene Situation rettet, zum Beispiel der Bote des Königs in Molières *Tartuffe.* Parodiert wird die »Deus ex machina«-Lösung am Schluß von Brechts *Dreigroschenoper.*

Dialog: im Gegensatz zum → Monolog das Wechsel- oder Zwiegespräch, die abwechselnd geführte Rede und Gegenrede. Der Dialog ist das grundlegende sprachliche Charakteristikum des Dramas. Er treibt die Handlung voran, legt deren Voraussetzungen dar, und in ihm enthüllen sich die Charaktere der dargestellten Personen. Entstanden ist der Dialog im → antiken Theater aus der Wechselrede zwischen → Chor und → Protagonisten.

Dokumentarisches Theater: Sammelbegriff für deutsche Stücke der 60er Jahre, denen dokumentarisches Material wie Akten, Protokolle, Aufzeichnungen, Presseberichte, aber auch Fotos, Filme und Tonbänder zugrundeliegt. Typische Beispiele sind Heinar Kipphardts *In der Sache J. Robert Oppenheimer* (1964), *Die Ermittlung* von Peter Weiss (1965), Tankred Dorsts *Toller* (1968), Hans Magnus Enzensbergers *Das Verhör von Habana* (1970). Die tragenden Personen sprechen meist wörtlich aus den Quellen. Bei Rolf Hochhuth *(Der Stellvertreter, Die Soldaten)* sind dagegen die Quellen in einem Anhang gesammelt. Die Themen des Dokumentartheaters entstammen fast immer dem politischen und historischen Bereich, die Stücke haben eine aufklärerische, oft auch agitatorische Tendenz.

Drama: Das Wort Drama kommt aus dem Griechischen und bedeutet Handlung. Im Gegensatz zu Lyrik (Gedichten) und Epik (erzählenden Texten) stellt das Drama eine Handlung leibhaftig und in Rede und Gegenrede auf die Bühne. Im Theater ist das Drama im engeren Sinn der textliche Bestandteil einer Aufführung.

Einheit von Handlung, Ort, Zeit: Ausgangspunkt der Theorie der drei Einheiten ist die Poetik des Aristoteles (384–322 v. Chr.), der anhand der griechischen Tragödien Gesetzmäßigkeiten für das Drama formulierte. Die Haupthandlung wird, mit strenger Unterordnung der Nebenhandlungen, ununterbrochen durchgeführt, der einheitliche Ort duldet keinen Wechsel von Schauplätzen, und die Zeit des Handlungsablaufs ist auf 24 Stunden begrenzt. Im französischen Drama des 18. Jahrhunderts ist diese Einheit Hauptmerkmal (Racine). Shakespeare hält sich nicht an die Einheiten-Regel, und nach seinem Vorbild verwirft sie auch der → Sturm und Drang (Goethes *Götz von Berlichingen*), während die Weimarer → Klassik wieder auf sie zurückgreift (Goethes *Iphigenie auf Tauris*).

Ensemble: die Gesamtheit aller an einem Theater engagierten Schauspieler, die, aufeinander abgestimmt, eine künstlerische Gemeinschaft bilden.

Episches Theater: Begriff, der zuerst von Bertolt Brecht und dem Regisseur Erwin Piscator benutzt wurde, um damit das Einbauen nichtdramatischer Formen, vorwiegend episch-erzählerischer Art, aber auch lyrischer und musikalischer, in das Drama zu bezeichnen. Zweck dieses Kunstgriffes ist es, die Emotion, die Einfühlung des Zuschauers in den Drameninhalt und die Identifikation mit den Handlungsträgern zu verhindern und so das Nachdenken zu fördern.

Existentialismus: eine unter dem Einfluß der deutschen Existenzphilosophie in Frankreich Anfang der 40er Jahre entstandene philosophische Richtung, die die Grundbefindlichkeit des Menschseins ohne metaphysischen Hintergrund, allein aus dem konkreten, diesseitigen Leben heraus zu definieren sucht. Hauptvertreter sind Jean-Paul Sartre und Albert Camus, die darauf begründete menschliche Verhaltensweisen im Drama dargestellt haben.

Exposition: im Drama der Einstieg in die Handlung, die Einführung in Situation, Vorgeschichte und Personenkonstellation.

Expressionismus: in der Zeit um den Ersten Weltkrieg vor allem in Deutschland einsetzende Strömung in der Literatur und der bildenden Kunst, die eine objektive Weltdarstellung ablehnte und eine subjektive Ausdruckssteigerung anstrebte. Ziel ist eine Verdichtung und Leidenschaftlichkeit des Erlebens, Kunst soll mehr sein als die bloße naturalistische Wiedergabe der Wirklichkeit. Schlagwort des Expressionismus ist der Schrei nach dem »neuen Menschen«. Mit dem Expressionismus ist im Theater eine wesentliche Erweiterung der Ausdrucksmittel erreicht worden. Wichtige Dramatiker sind Reinhard Johannes Sorge, Walter Hasenclever, Georg Kaiser, Ernst Barlach, Ernst Toller, Fritz von Unruh.

Farce: Ursprünglich Zwischenspiel derb-komischen Inhalts bei den französischen geistlichen → Mysterienspielen. Später weiterentwickelt zu kurzen, eigenständigen Stücken, in denen menschliche Schwächen und Torheiten verspottet werden. Bei Molière bekommt die Farce literarischen Rang und dient dann zu Zwecken der → Satire und → Parodie. Seit dem 19. Jahrhundert wird Farce zum Sammelbegriff für komisches Theater.

Frauentheater: Theater von, für und mit Frauen und über frauenspezifische Themen seit Ende der 60er Jahre. Als Dramatikerinnen spielen Frauen noch immer eine untergeordnete Rolle. In Deutschland sind nach dem Ersten Weltkrieg erwähnenswert Marieluise Fleißer und Else Lasker-Schüler, nach 1945 haben sich durchsetzen können etwa Gerlind Reinshagen, Elfriede Jelinek, Friederike Roth und Barbara Frischmuth.

Groteske: auf dem Theater Bezeichnung für ein komisches Stück, das Reales verzerrt zur Skurrilität, zum Alptraumhaften, zur Deformation. Das Lächerliche liegt eng neben dem Traurigen und Schreckenerregenden. Dürrenmatt definiert die Groteske als einzig mögliche Vision in einer fragwürdig gewordenen Welt (»Unsere Welt hat ebenso zur Groteske geführt wie zur Atombombe«). → Tragikomödie

Impressionismus: Nach dem Vorbild der impressionistischen Malerei sollen momenthafte sinnliche Eindrücke zu einem Bild der Wirklichkeit zusammenkommen. Seelenzustände und zufällige Stimmungen werden geschildert, während die Darstellung der äußeren Handlung zurücktritt. Auf dem Theater nur von geringer Bedeutung, etwa bei dem frühen Hofmannsthal.

Improvisation: das spontane, freie Spiel ohne exakte, vorher festgelegte szenische Textabläufe. Von Bedeutung vor allem in der → Commedia dell'arte, in der die Darsteller einen festgelegten Rollentypus variierten und mündlich überlieferte Texte durch Extemporieren, d. h. durch Formulieren aus dem Stegreif (→ Stegreiftheater), auf die aktuelle Aufführungssituation beziehen. Heute ist das Improvisieren unter dem Diktat des Regietheaters mehr und mehr verkümmert.

Inszenierung: Die Inszenierung im Theater überträgt den Dramentext mit den Regieanweisungen (aber auch ohne sie) in eine szenische Darstellung. Entscheidend dazu sind die Anweisungen des Regisseurs. Größere Diskussionen lösen im heutigen Theater meist Klassiker-Inszenierungen aus, weil sich da ästhetische Fragen in gesteigerter Schärfe stellen. Drei Inszenierungsmöglichkeiten sind grundsätzlich denkbar: 1. die genaue Rekonstruktion der Absicht des Bühnenautors und des Inszenierungsstils seiner Zeit; 2. der Verzicht auf szenische Möglichkeiten, den Text nur in Form einer schlichten Lesung »für sich sprechen« zu lassen; 3. die im Stück gemachten Aussagen neu zu definieren, in andere Zeiten zu versetzen, deren historische Ursachen aufzuzeigen und dabei auch die Verletzung der ästhetischen Konstruktion in Kauf nehmen. → Regie

Ironie: Form von Spott, Kritik und Entlarvung. Durch scheinbare Anerkennung wird eine Person bloßgestellt oder lächerlich gemacht. Oft ist das Gegenteil von dem gemeint, was gesagt wird. In → Komödien allgemein ein Mittel der Komik (zum Beispiel bei Molière), das sich vom Humor durch die kritische Absicht und einen oft bissigen Unterton unterscheidet. Die »dramatische Ironie« besteht darin, daß der Zuschauer mehr weiß als die Personen im Stück. In der »tragischen Ironie« mißversteht der Held in seiner Verblendung Sinn und Zweck seiner Handlungsweise und führt statt der Lösung des Konflikts seinen Untergang herbei. Berühmtestes Beispiel ist *König Ödipus* von Sophokles.

Jambus: Versmaß aus einer Senkung und einer Hebung, d. h. einer unbetonten und einer betonten Silbe. Der für das deutsche klassische Drama typische fünffüßige Jambus wurde erstmals von Lessing in seinem *Nathan* benutzt (1779). → Vers

Kammerspiel: Kleinform des Dramas, die sich ganz auf das Innenleben der handelnden Personen ausrichtet. Stücke mit dieser speziellen Bezeichnung schrieben zum Beispiel August Strindberg und Arthur Schnitzler. »Kammerspiele« ist daneben eine nach der Jahrhundertwende aufgekommene Benennung kleinerer Theater, die einen psychologischen, diskreten, intimen Spielstil anstreben. Heute sind sie meist das einer Bühne angeschlossene »kleine Haus«, oft eine Spielstätte für risikoreiche Stücke.

Katharsis: Begriff aus der Poetik des Aristoteles: die reinigende Befreiung von angestauten Affekten wie Furcht und Mitleid, die im Zuschauer beim Betrachten einer Tragödie ausgelöst wird.

Klassik: Anknüpfend an das Theater der Antike (→ antikes Theater), vor allem Griechenlands, entwickeln sich in Europa zwischen dem 16. und dem frühen 19. Jahrhundert verschiedene Phasen der Klas-

sik. Die französische Klassik ist die Blütezeit des Theaters etwa zwischen 1630 und 1760 mit den Autoren Corneille, Racine, Molière, Marivaux und Voltaire. Die 1680 gegründete Comédie Française in Paris bewahrt deren Bühnentradition und Repertoire bis heute. Maßgebend ist die Poetik des Aristoteles mit ihren Normen und Zielsetzungen, besonders die Lehre von der Läuterung der Leidenschaften (→ Katharsis) und die von den drei Einheiten (→ Einheit von Handlung, Ort, Zeit). Die deutsche Klassik lehnt sich ebenfalls eng an das antike Vorbild an. Allerdings ist deren zeitlicher Rahmen sowie die Autoren- und Stückanzahl wesentlich eingeschränkter als in Frankreich. Sie reicht von etwa Goethes *Italienischer Reise* bis zum *Faust I,* also von 1786 bis 1808. Zentrum der deutschen Klassik war Weimar. Die Theaterproduktion umfaßt im wesentlichen das Werk Goethes in seiner mittleren Schaffensperiode und Schillers Werke nach dem → Sturm und Drang sowie Friedrich Hölderlin mit seinem *Empedokles* und den Sophokles-Übertragungen. Gemeinsame Grundgedanken der Klassik sind Maß und Form, Humanität, sittliche Werte, Tendenz zur Idealität, Schicksalhaftigkeit der menschlichen Existenz.

Komödie: Stück mit vorwiegend komischen Situationen und Charakteren und mit Happy-End. Die dauerhafteste und formenreichste Gattung im westlichen Theater von der Antike bis heute. Höhepunkte sind die märchenhaften, poetischen und phantastischen Komödien Shakespeares, tragisch verschattet vor allem in dessen Spätwerk, in Frankreich die großen Charakterkomödien Molières, in Italien die realistischen Komödien Goldonis, im Rußland des 19. Jahrhunderts die gesellschaftlichen Komödien Gogols und Ostrowskis. Problemtiefe Komödien schrieb Hugo von Hofmannsthal; satirische Komödien gibt es bei Carl Sternheim, groteske bei Friedrich Dürrenmatt. Im 18. Jahrhundert tritt in Deutschland zeitweilig die Bezeichnung →»Lustspiel« an die Stelle von »Komödie«. Derbere Formen der Komödie sind → Farce, → Posse, Schwank.

Lehrstück: von Brecht in den Jahren 1928 bis etwa 1933 entwickelte, eng mit dem → Epischen Theater verwandte Form von Arbeiter- und Schülertheater-Stücken. Sie werben für eine – meist politische – Überzeugung und wollen beim Zuschauer eine Einstellungsänderung bewirken. Sie sind meist kurz gehalten und heben sich in der Dramaturgie, der Personenbezeichnung und der Sprachbehandlung deutlich von den übrigen Stücken Brechts ab. So etwa das *Badener Lehrstück vom Einverständnis* (1929) und *Der Jasager* und *Der Neinsager* (1931).

Lustspiel: oft als Synonym für → Komödie gebraucht. Im engeren Sinn angewandt als Bezeichnung für Komödien besonders aus dem deutschen Sprachraum, die auf drastische Komik verzichten, ihre Figuren nicht der Lächerlichkeit preisgeben, sondern einen versöhnlichen, heiter-beschwingten Grundton haben. Ein typisches Beispiel ist Lessings *Minna von Barnhelm*.

Monolog: im Gegensatz zum → Dialog Selbstgespräch, die Rede einer einzelnen Person auf dem Theater ohne Ansprechpartner auf der Bühne. Der Monolog ist, meist als innere Reflexion, direkt und nachdrücklich an das Publikum gerichtet und damit von großer Aussagekraft und Wirkung. Er kann Gefühle und Gedanken enthüllen und führt damit ins Innere der Figur,

er kann aber auch durch Bericht und Erzählung den Handlungsverlauf vorantreiben.

Moritat: öffentlich vorgetragenes Lied in Verbindung mit einer Bilddemonstration. Meist hat die Moritat Nachrichten über Katastrophen, Unglücksfälle oder über politische Ereignisse zum Thema.

Mysterienspiel: Bezeichnung für geistliche Spiele des Mittelalters, besonders in England und Frankreich. Dramatischer Kern ist meist die Auseinandersetzung zwischen Gut und Böse. Themen aus der Bibel, der Apostelgeschichte und den Heiligenlegenden sollen einem Laienpublikum anschaulich und eindrucksvoll dargestellt werden.

Mythos: Erzählung von Göttern und sagenhaften Vorfahren, von Heroen, aber auch exemplarischen Figuren wie zum Beispiel Faust, Don Juan. Die Stoffe der griechischen Tragödien stammen fast ausschließlich aus der Heldensage, besonders häufig geht es um die Atriden, um Ödipus, Herakles und Theseus. Im weitesten Sinn ist Mythos jene Überlieferung, die es mit heiligen, schwer begreifbaren Kräften, mit Utopien und Phantasien zu tun hat.

Naturalismus: Die naturgetreue Abbildung der Wirklichkeit bis ins kleinste Detail im Kunstwerk ist das erklärte Ziel des Naturalismus, der im europäischen Raum zwischen 1880 und 1900 besonders in der dramatischen Literatur auftritt. Merkmale des naturalistischen Dramas sind eine analytisch aufgebaute Handlung, ausführliche Bühnenanweisungen, Alltagssprache und Dialekt; die Zeitabläufe auf der Bühne können denen des dargestellten realen Lebens entsprechen, es findet keine Raffung oder dramatische Bündelung statt. Inhaltliche Schwerpunkte sind die Probleme des Proletariats, der Asozialen und Kranken, der Außenseiter der bürgerlich-kapitalistischen Gesellschaft. Literarisch bedeutend ist Gerhart Hauptmann mit den Dramen *Vor Sonnenaufgang* (1889), *Die Weber* (1892/93), *Der Biberpelz* (1893), *Fuhrmann Henschel* (1898), *Rose Bernd* (1903), *Die Ratten* (1911). In der nordeuropäischen Literatur zählen zum Naturalismus Werke von Henrik Ibsen, etwa *Stützen der Gesellschaft* (1877), *Nora* (1879), *Gespenster* (1881), *Hedda Gabler* (1890), ebenso die Hauptwerke August Strindbergs, wie *Fräulein Julie* (1889), *Der Vater* (1887) und *Totentanz* (1901).

Pantomime: stummes Theater. Nur Gebärde, Mimik und Tanz, oft mit musikalischer Begleitung, dienen zur theatralischen Darstellung. Blütezeit im antiken Rom und in der → Commedia dell'arte. Berühmte Solo-Pantomimen sind heute Marcel Marceau und Samy Molcho.

Parabel: Gleichnis, lehrhafte Erzählung. Ein theologischer, philosophischer, ethischer oder sozialer Sachverhalt wird in ein einprägsames, bildhaftes und ausdeutbares Handlungsmuster übertragen (zum Beispiel die Ringparabel in Lessings *Nathan der Weise*). Brecht hat die Parabel oft zum Kernstück eines Dramas gemacht. Ein derartiges Brechtsches Parabelstück ist zum Beispiel *Der gute Mensch von Sezuan*.

Parodie: die verspottende, verzerrende oder übertreibende Nachahmung der Eigenwilligkeiten eines ernstzunehmenden Textes. Dabei werden häufig der Satzrhythmus und andere sprachliche Merkmale dieses Textes beibehalten, das Feierliche, Ernste, Anspruchsvolle aber durch Banalitäten ersetzt und dadurch lächerlich gemacht oder entlarvt. Große Parodisten sind zum Beispiel Aristophanes, Shakespeare, George Bernard Shaw, außerdem Nestroy, der Friedrich Hebbel und Richard Wagner verspottete, und Jacques Offenbach, der sich in seinen komischen Opern über die antike Mythologie lustig machte.

Politisches Theater: als Begriff durch den Regisseur Erwin Piscator (1893–1966) eingeführt. Politik, also Fragen des menschlichen Zusammenlebens, der Macht, des Rechts einschließlich Machtmißbrauch und Rechtsbeugung sind Themen auf dem Theater. Zu den Höhepunkten des politischen Theaters zählen die griechischen Tragödien, die Historien Shakespeares sowie Werke von Schiller und Büchner (besonders *Dantons Tod*). Im Gegenwartstheater häufig mit historisch-politischen Fragestellungen und politischer Parteinahme verbunden, zum Beispiel bei Hochhuth, Peter Weiss, Heinar Kipphardt *(In der Sache J. Robert Oppenheimer)*, Günter Grass *(Die Plebejer proben den Aufstand)*. Seit der Studentenrevolte der späten 60er Jahre besonders auch politisches Agitationstheater. In den USA Stücke gegen den Vietnamkrieg.

Posse: satirisch-komisches Theaterstück. Konfliktsituationen werden durch Situations- und Typenkomik so dargestellt, daß sie zum Lachen anregen. Bei Nestroy werden die gesellschaftlichen Erschütterungen der Zeit in handfestem populärem Lachtheater aufgearbeitet. Die »Lokalposse« ist ein heiteres Bühnenstück im kleinbürgerlichen Milieu, zum Beispiel bei Ludwig Thoma. → Komödie

Prosa: die nicht durch → Vers oder Reim gebundene Sprache. Als Stilmittel wird die Prosa-Sprache im → Sturm und Drang und besonders im naturalistischen Drama (→ Naturalismus) verwendet, um eine sachliche, wirklichkeitsnahe Darstellung zu erreichen.

Protagonist: im griechischen Theater der Erste Schauspieler und Regisseur. Im übertragenen Sinn heute die Hauptfigur eines Stücks, derjenige, der das Spiel bestimmt.

Realismus: die objektiv-getreue Wiedergabe der Wirklichkeit. Literarisch am bedeutsamsten im Prosaroman des 19. Jahrhunderts (Balzac, Stendhal, Tolstoi, Fontane), dann auch auf der Bühne bei Büchner *(Woyzeck)*, Gogol *(Der Revisor)*, Ibsen, Tschechow, Schnitzler, Gorki. In angelsächsischen Dramen mit realistisch-psychoanalytischer Darstellung und sozialer Analyse der Umwelt und der menschlichen Lebensbedingungen (Sean O'Casey, Eugene O'Neill, Tennessee Williams, Arthur Miller, John Osborne, Edward Bond).

Regie: die Einrichtung, Einstudierung und künstlerische Leitung einer Theaterinszenierung. Sie reicht von Versuchen einer originalgetreuen Interpretation über die kritische Auslegung eines Werkes nach ausgewählten Gesichtspunkten bis zur freien Produktion, für die der Text nur noch Ausgangspunkt ist. → Inszenierung

Renaissance: Die vom Italien des 14. Jahrhunderts ausgehende Kulturwende vom Mittelalter zur Neuzeit. Hauptmerkmale sind die Bewußtwerdung der Persönlichkeit, des eigenen Ich, die Ausbildung eines neuen, freieren Lebensgefühls und die Rückbesinnung auf die Antike. In England entwickeln sich im sogenannten Elisa-bethanischen Zeitalter daraus die Voraussetzungen des modernen europäischen Theaters, gleichzeitig dessen erster Höhepunkt mit der überragenden Gestalt Shakespeares.

Repertoire: die Gesamtheit der Stücke eines Theaters, die für den laufenden Spielplan einstudiert und jederzeit abrufbar sind. Voraussetzung dazu ist ein fest engagiertes → Ensemble. Gegensatz zu diesem Repertoire-Theater ist das En-suite-Theater, das nur ein einzelnes Stück in Serien spielt.

Requisit: ein realer Gegenstand, der für eine Aufführung benötigt wird und zur festen Ausstattung des Stücks gehört. Das Requisit kann wichtiger Bestandteil einer Aufführung werden, wie zum Beispiel der Brief in Ibsens *Nora*.

Romantik: die Epoche der deutschen Literatur von den 90er Jahren des 18. Jahrhunderts bis etwa um 1830. Die Romantik beruht auf einem Lebens- und Kunstverständnis, das Gefühl, Innerlichkeit und freie Subjektivität in den Mittelpunkt rückt. Sie setzt sich bewußt vom Rationalismus der Spätaufklärung (→ Aufklärung) und von der Weimarer → Klassik ab. In Frankreich und Spanien behauptet sich diese Kunstrichtung erst später. Das deutsche Theater der Romantik interpretiert und übersetzt vorwiegend Calderón de la Barca und Shakespeare (die Brüder Schlegel, Ludwig Tieck). Die dramatische Produktion besteht fast ausschließlich aus ausufernden, unaufführbaren Lesedramen. Am sehenswertesten ist heute noch Ludwig Tiecks *Der gestiefelte Kater*. Mit *Leonce und Lena* schrieb Georg Büchner ein romantisches Lustspiel, das die ganze Gattung bereits parodistisch auflöst.

Satire: literarisches Werk beliebiger Gattung, das Mißstände, kritikerenswerte Anschauungen oder Personen durch Spott, → Ironie oder Übertreibung anprangert und lächerlich macht.

Schauspiel: generell die Aufführung eines Theaterstücks vor Publikum. Im deutschen Sprachgebrauch Sammelbegriff für alle Gattungen von Theaterstücken. Im engeren Sinn gilt »Schauspiel« auch als Bezeichnung für Dramen ernsten, gehobenen, nicht-komischen Charakters ohne den üblichen tragischen Ausgang, zum Beispiel Lessings *Nathan,* Schillers *Wilhelm Tell,* Kleists *Prinz von Homburg.*

Stegreiftheater: Spiel aus dem Stegreif, entsteht fast ohne Vorbereitung im Prozeß des Spielens bei festgelegtem Handlungsgefüge. → Improvisation → Commedia dell'arte

Sturm und Drang: Bezeichnung für die deutsche Literaturepoche zwischen 1769 und 1786, abgeleitet aus dem gleichnamigen Drama von Friedrich Maximilian Klinger. Eine auf Deutschland beschränkte Revolution in der Literatur mit einer Verschärfung der Sozialkritik und dem Ideal des schöpferischen Genies, das sich über herkömmliche Regeln hinwegsetzt und sich zu individuellen Rechten und Freiheiten bekennt. Das Drama ist die wichtigste Dichtungsgattung des Sturm und Drang. Autoren sind Johann Gottfried Herder, Jakob Michael Reinhold Lenz, Heinrich Leopold Wagner, Klinger, der junge Goethe *(Götz von Berlichingen)* und der frühe Schiller *(Die Räuber).* Auf dem Theater beginnt während des Sturm und Drang eine intensive Rezeption der Werke Shakespeares. In Anlehnung an ihn bricht der Sturm und Drang mit den bis dahin im deutschen Drama geltenden Regeln und gestaltet lockere Szenenfolgen.

Surrealismus: die literarische Darstellung von unterbewußten Strukturen und Prozessen, die weder an Konventionen festhält noch Tabus akzeptiert. Die Sprache soll eine Befreiung von gesellschaftlichen Zwängen ermöglichen. Der Surrealismus entwickelt sich nach 1924 in Paris. Wortführer ist André Breton, weitere wichtige Autoren sind Antonin Artaud, Roger Vitrac sowie Eugène Ionesco und Arthur Adamov mit ihren frühen Stücken. Als Vorreiter des Surrealismus werden angesehen Alfred Jarry mit *Ubu roi* (1896) und August Strindberg mit *Traumspiel* (1907).

Szene: im antiken griechischen Theater das halbkreisförmig errichtete Gebäude im Bühnenhintergrund, den Zuschauerreihen gegenüber. Innerhalb eines Stückes ist die Szene zum einen der Handlungsschauplatz, zum anderen auch die kleinste Gliederungseinheit im Handlungsablauf. Eine neue Szene beginnt beim Hinzu- oder Abtreten einer Bühnenfigur.

Tetralogie: allgemein Bezeichnung für eine Folge von vier zusammengehörigen künstlerischen Werken. Im antiken Drama die Kombination von drei Tragödien und dem nachfolgenden parodistisch-komischen Satyrspiel. Alle vier Stücke standen in einem stofflichen Zusammenhang, ein Merkmal, das auch maßgebend für moderne Tetralogien ist, wie zum Beispiel Richard Wagners *Ring des Nibelungen* oder die *Atriden*-Tetralogie von Gerhart Hauptmann.

Tragikomödie: Dramenform mit ernstem Charakter, aber ohne tödlichen Ausgang; eine der schwierigsten Kunstformen des Theaters, deren Wesensmerkmal der Spannungsbezug von Tragik und Komik ist. Lachen und Grauen bedingen sich gegenseitig. So etwa in vielen Stücken Shakespeares, vor allem in den »bitteren Komödien«. Malvolio in *Was ihr wollt* ist eine derartige tragikomische Figur. Auch bei Heinrich von Kleist *(Amphitryon)* und Georg Büchner *(Leonce und Lena),* bei Frank Wedekind *(Der Kammersänger, Der Marquis von Keith)* und Luigi Pirandello *(Sechs Personen suchen einen Autor)* gibt es tragikomische Charaktere. Drei der größten Theaterautoren des 20. Jahrhunderts greifen fast ausnahmslos auf die Form der Tragikomödie zurück: Samuel Beckett, Eugène Ionesco und Friedrich Dürrenmatt. → Groteske

Tragödie: Dramenform, im antiken griechischen Theater (→ antikes Theater) entstanden mit den drei Hauptautoren Aischylos, Sophokles und Euripides. Inhalt ist der »tragische« Zusammenprall des Helden mit der Gottheit, von Mensch und Schicksal. In den Tragödien Shakespeares geht es um den Konflikt zwischen menschlichem Wollen und menschlichen Möglichkeiten; in den deutschen Tragödien von Lessing bis Hebbel um den Widerstreit zwischen sittlicher Norm und Wirklichkeit im Innern des Helden. Im 20. Jahrhundert versuchte man mit Hilfe der Psychoanalyse, der Existenzphilosophie und des Marxismus die Form der Tragödie wiederzubeleben. Seit dem 17. Jahrhundert tritt im deutschen Sprachraum auch die Bezeichnung »Trauerspiel« auf.

Trilogie: drei stofflich zusammenhängende Dramen oder andere künstlerische Werke eines Autors.

Vers: Gliederungseinheit in der gebundenen, das heißt künstlerisch rhythmisierten Rede (zum Beispiel eines Versdramas oder eines Gedichts). Der Versrhythmus hat eigene Formgesetze, orientiert sich aber am natürlichen Sprachrhythmus. Im antiken Vers ist die lange Silbe, im abendländischen Vers die betonte Silbe rhythmustragend. → Jambus

Zeitstück: Schauspielform, die aus dem neu erwachten politischen Bewußtsein nach dem Ersten Weltkrieg und in bewußter Abwendung von der unpolitischen Kunstidylle der Vorkriegszeit seine Themen bezog: Kriegsgefahr, Abtreibung, Probleme der Jugend und Jugenderziehung, Todesstrafe, Justizwillkür, Unterdrückung der Frau. Geschrieben wurden Zeitstücke aus aktuellem Anlaß, sie verloren nach erreichtem Ziel oft ihre Daseinsberechtigung.

Register

Die Seitenangaben in halbfett verweisen auf Kapitel, in denen die genannten Autoren ausführlich beschrieben werden.